U0878893

"十四五"职业教育国家规划教材

供护理、助产及其他医学相关类专业使用

# 内 科 护 理

NEIKE HULI

主　编　张晓萍
副主编　王振丽　郭　蓉　李　永
编　者　（按姓氏汉语拼音排序）
陈　军（北京市昌平卫生学校）
葛　楠（重庆市医药卫生学校）
郭　蓉（邯郸市卫生学校）
李　娟（湛江中医学校）
李　永（广元市利州中等专业学校）
李艳红（郑州市卫生学校）
刘宾秀（来宾市卫生学校）
皮流丽（重庆市医药学校）
沈永利（浙江省桐乡市卫生学校）
石　明（广西来宾市人民医院）
王振丽（新疆巴州卫生学校）
杨金燕（云南省红河州卫生护理学校）
杨新芳（新疆巴州卫生学校）
余绪明（广西融水民族卫生学校）
张利苹（西安市卫生学校）
张晓萍（重庆市医药卫生学校）
赵　辉（首都医科大学附属卫生学校）
赵　欣（黑龙江省黑河市职教中心）
编写秘书　葛　楠

科 学 出 版 社

北　京

## 内 容 简 介

内科护理是中等职业教育护理、助产专业的一门重要的临床专业课程。本教材从培养高素质护理技术专业人才的目标出发，以专业培养目标为导向，以职业技能培养为根本，以突出实用性、实践性为原则，按照护理程序编写。本教材共10章，每章疾病患者的护理均按照概述、护理评估、护理问题、护理措施、健康指导5部分来编写；通过实训指导增强学生临床实践能力与分析能力；培养学生整体护理的思维方式和工作方法。教材内容体现了理论和实践相结合的特点，突出了护理职业教育教材的个性，既反映了当代护理理论和护理技术的发展方向，又立足于培养目标，加强针对性和应用性，把握教学内容的深度和广度。

本教材可供全国中等职业教育护理、助产及其他医学相关类专业使用，也可供广大护理工作者学习、参考。

**图书在版编目（CIP）数据**

内科护理 / 张晓萍主编. —北京：科学出版社，2018.5
"十四五"职业教育国家规划教材
ISBN 978-7-03-055354-6
Ⅰ. 内… Ⅱ. 张… Ⅲ. 内科学-护理学-中等专业学校-教材
Ⅳ. R473.5

中国版本图书馆 CIP 数据核字（2017）第 280830 号

责任编辑：孙岩岩 丁海燕 / 责任校对：张凤琴
责任印制：赵 博 / 封面设计：铭轩堂



科学出版社 出版
北京东黄城根北街 16 号
邮政编码：100717
http://www.sciencep.com

北京华宇信诺印刷有限公司印刷
科学出版社发行 各地新华书店经销

*

2018 年 5 月第 一 版 开本：787×1092 1/16
2025 年 7 月第八次印刷 印张：22 3/4
字数：539 000

**定价：49.80 元**

（如有印装质量问题，我社负责调换）

# 中等职业教育数字化课程建设教材

# 中等职业教育数字化课程建设教材

## 教材目录

| 书　名 | 主编名 | 书　号 |
|---|---|---|
| 1. 语文 | 孙敬华　李经春 | 978-7-03-055597-7 |
| 2. 英语 | 方　莉 | 978-7-03-055594-6 |
| 3. 医护英语 | 曹　岚 | 978-7-03-055598-4 |
| 4. 计算机应用基础 | 张全丽 | 978-7-03-055596-0 |
| 5. 职业生涯规划与就业指导 | 宋晨升 | 978-7-03-055723-0 |
| 6. 护理礼仪 | 李　蕾 | 978-7-03-055595-3 |
| 7. 人际沟通 | 王艳华 | 978-7-03-055397-3 |
| 8. 解剖学基础 | 万爱军 | 978-7-03-055390-4 |
| 9. 生物化学 | 钟楠楠　丁金娥 | 978-7-03-055482-6 |
| 10. 化学（第3版） | 丁宏伟 | 978-7-03-055914-2 |
| 11. 医用物理（第2版） | 李长驰 | 978-7-03-055913-5 |
| 12. 生理学基础 | 柳海滨 | 978-7-03-055393-5 |
| 13. 病理学基础 | 周士珍　卢桂霞 | 978-7-03-055395-9 |
| 14. 药物学基础 | 符秀华　付红焱 | 978-7-03-055387-4 |
| 15. 医学遗传学基础 | 王　懿 | 978-7-03-055349-2 |
| 16. 病原生物与免疫学基础 | 郑小波　王有刚 | 978-7-03-055449-9 |
| 17. 护理学基础 | 郭　蔚 | 978-7-03-055480-2 |
| 18. 内科护理 | 张晓萍 | 978-7-03-055354-6 |
| 19. 外科护理 | 王　萌　郝　强 | 978-7-03-055388-1 |
| 20. 妇产科护理 | 李民华 | 978-7-03-055355-3 |
| 21. 儿科护理 | 李砚池 | 978-7-03-055394-2 |
| 22. 健康评估 | 袁亚红　程　颖 | 978-7-03-055391-1 |
| 23. 社区护理 | 马　英 | 978-7-03-055389-8 |
| 24. 老年护理 | 杨建芬　张　玲 | 978-7-03-055350-8 |
| 25. 传染病护理 | 曾志励 | 978-7-03-055720-9 |
| 26. 中医护理基础 | 韩新荣 | 978-7-03-055558-8 |
| 27. 急救护理技术 | 程忠义 | 978-7-03-055396-6 |

# 前　言 QIAN YAN

党的二十大报告指出："培养造就大批德才兼备的高素质人才，是国家和民族长远发展大计。"教材是教学内容的重要载体，是教学的重要依据、培养人才的重要保障。本次教材编写旨在贯彻党的二十大报告精神和党的教育方针，落实立德树人根本任务，坚持为党育人、为国育才。科学出版社组织全国多家医药职业院校优秀教师依据教育部最新《中等职业学校专业教学标准（试行）》要求，结合我国医药职业院校当前的教学要求编写了本套教材。本套教材具有以下特点。

1. 新形态教材　本套教材是以纸质教材为核心，通过互联网尤其是移动互联网，将各类教学资源与纸质教材相融合的一种教材建设的新形态。读者可通过中科云教育平台，快速实现图片、音频、视频、3D模型、课件等多种形式教学资源的共享，并可在线浏览重点、考点及对应习题，促进教学活动的高效开展。

2. 对接岗位需求　本套教材中依据科目的需要，增设了大量的案例和实训、实验及护理操作视频，以期让学生尽早了解护理工作内容，培养学生学习兴趣和岗位适应能力。教材中知识链接的设置，旨在扩大学生知识面，鼓励学生探索钻研专业知识，不断进步，更好地对接岗位需求。

3. 切合护考大纲　本套教材紧扣最新《护士执业资格考试大纲（试行）》的相关标准，清晰标注考点，并针对每个考点配以试题及相应解析，便于学生巩固所学知识，及早与护考接轨，适应护理职业岗位需求。

4. 落实立德树人根本任务　将思政教育融入专业知识的学习过程中，着力培养医学专业学生敬佑生命、救死扶伤、甘于奉献、大爱无疆的崇高精神。

《内科护理》是本套教材中的一本。《内科护理》编写特色：①坚持教材的"三基""五性"原则，特别强调实用性与适用性，紧紧围绕培养目标，突出核心知识、核心技能和内科护理工作特点。②编写内容按照中等卫生职业教育护理专业的教学目标，参照国家护士执业资格考试大纲的要求，既以护理程序为框架，又充分考虑临床的实用性和适用性，每一种疾病所编写的内容主要包括概述、护理评估、护理问题、护理措施及健康指导等。③表现形式符合中专生的认知特点。每章的开始有概述，简单介绍了该系统的解剖生理功能和辅助检查，便于学生复习前面的基础知识，明确该系统主要的辅助检查；每节前都编写了导课病例，实训中也附有典型病例，以引导学生贴近临床，培养学生分析问题、解决问题的能力；根据需要在正文中设置护考考点内容提示和知识链接。④为避免教学内容的重复，各章节交叉的内容，一般均注明与之相关的章节；课程之间交叉的内容，如急性肾衰竭、肾病综合征等已分别编入《外科护理》和《儿科护理》，本教材不再编写。本教材既适用于中等卫生职业教育护理、助产专业的教师与学生，也可供临床护理工作者参考。

本教材由全国 16 所中等卫生职业学校教学经验丰富的内科骨干教师共同完成，编写过程经历了编者初稿、交叉初审、二审、主编终审等阶段，全体编者以高度认真负责、科学严谨、精益求精的态度，确保了教材的编写质量以及顺利完成，在此表示感谢！由于编者水平有限，教材中的疏漏和不妥之处在所难免，敬请专家、同行和广大读者提出意见和建议，以利再版时修正和完善。

编 者

2023 年 5 月

# 目录 MU LU


**第1章　绪论**……1

**第2章　呼吸系统疾病患者的护理**……3

第1节　概述……3
第2节　呼吸系统疾病常见症状和体征的护理……4
第3节　急性上呼吸道感染患者的护理……11
第4节　慢性支气管炎、阻塞性肺气肿患者的护理……13
第5节　支气管哮喘患者的护理……17
第6节　肺炎患者的护理……22
第7节　支气管扩张患者的护理……26
第8节　肺结核患者的护理……28
第9节　原发性支气管肺癌患者的护理……33
第10节　慢性肺源性心脏病患者的护理……38
第11节　呼吸衰竭患者的护理……43

**第3章　循环系统疾病患者的护理**……52

第1节　概述……52
第2节　循环系统疾病常见症状和体征的护理……53
第3节　心力衰竭患者的护理……60
第4节　心律失常患者的护理……68
第5节　风湿性心脏病患者的护理……77
第6节　原发性高血压患者的护理……82
第7节　冠状动脉粥样硬化性心脏病患者的护理……87
第8节　感染性心内膜炎患者的护理……99
第9节　心肌炎患者的护理……103
第10节　心肌病患者的护理……105

**第4章　消化系统疾病患者的护理**……116

第1节　概述……116
第2节　消化系统疾病常见症状与体征的护理……118
第3节　胃炎患者的护理……125
第4节　消化性溃疡患者的护理……131
第5节　肝硬化患者的护理……136
第6节　原发性肝癌患者的护理……141
第7节　肝性脑病患者的护理……146
第8节　急性胰腺炎患者的护理……150
第9节　上消化道出血患者的护理……155
第10节　溃疡性结肠炎患者的护理……159

**第5章　泌尿系统疾病患者的护理**……169

第1节　概述……169
第2节　泌尿系统疾病常见症状和体征的护理……170
第3节　尿路感染患者的护理……176
第4节　慢性肾小球肾炎患者的护理……180
第5节　慢性肾衰竭患者的护理……183

**第6章　血液系统疾病患者的护理**……191

第1节　概述……191
第2节　血液系统疾病常见症状和体征的护理……193
第3节　缺铁性贫血患者的护理……198
第4节　再生障碍性贫血患者的护理……202

第 5 节　特发性血小板减少性紫癜患者的护理……206
第 6 节　白血病患者的护理……210

**第 7 章　内分泌系统疾病患者的护理……221**

第 1 节　概述……221
第 2 节　内分泌系统疾病常见症状和体征的护理……221
第 3 节　甲状腺疾病患者的护理……224
第 4 节　糖尿病患者的护理……232
第 5 节　痛风患者的护理……240
第 6 节　皮质醇增多症患者的护理……242

**第 8 章　风湿性疾病患者的护理……248**

第 1 节　概述……248
第 2 节　风湿性疾病常见症状和体征的护理……248
第 3 节　类风湿关节炎患者的护理……251
第 4 节　系统性红斑狼疮患者的护理……254

**第 9 章　神经系统疾病患者的护理……259**

第 1 节　概述……259
第 2 节　神经系统疾病常见症状和体征的护理……261
第 3 节　急性炎症性脱髓鞘性多发性神经病患者的护理……269
第 4 节　面神经炎患者的护理……272
第 5 节　脑血管疾病患者的护理……274
第 6 节　癫痫患者的护理……286

**第 10 章　传染病患者的护理……295**

第 1 节　概论……295
第 2 节　传染病常见症状和体征的护理……301
第 3 节　病毒性肝炎患者的护理……304
第 4 节　流行性乙型脑炎患者的护理……311
第 5 节　细菌性痢疾患者的护理……314
第 6 节　狂犬病患者的护理……318
第 7 节　获得性免疫缺陷综合征患者的护理……321

**实训部分……328**

实训 1　呼吸系统常用诊疗技术及护理……328
实训 2　循环系统常用诊疗技术及护理……330
实训 3　消化系统常用诊疗技术及护理……332
实训 4　泌尿系统常用诊疗技术及护理……335
实训 5　血液系统常用诊疗技术及护理……336
实训 6　神经系统常用诊疗技术及护理……338

**参考文献……341**

**教学基本要求……342**

**自测题参考答案……354**

# 第1章 绪论

## 一、概　　述

内科护理学是研究内科患者健康问题的发生、发展的规律，并运用护理程序评估和处理患者的健康问题，以达到预防疾病、减轻痛苦、恢复和保持健康的一门临床护理的综合性学科。内科护理学与临床各学科也有密切的联系，其阐述的关于认识及预防疾病、治疗和护理患者、促进康复、增进健康的理论和技能也同样适用于其他临床学科，是各临床护理学科的重要基础。随着医学科技的发展，"以人的健康为中心"现代理念的建立和整体护理观的形成，内科护理学也在发生质和量的变化，内科护理学内容也将不断更新和拓展。

## 二、《内科护理》的内容

内科护理学涉及的范围广，内容丰富，知识体系整体性强，实践技能要求高；其内容随着社会进步、医学发展和护理观念的转变而不断更新、充实和完善。根据中等卫生职业教育护理专业的培养目标，参照国家护士执业资格考试大纲的要求，本教材内容主要包括呼吸系统疾病、循环系统疾病、消化系统疾病、泌尿系统疾病、血液系统疾病、内分泌系统疾病、风湿性疾病、神经系统疾病和传染病患者的护理。各系统所选疾病均为常见病、多发病，与国家执业护士资格考试大纲的要求内容一致。既以护理程序为框架组织教学内容，又充分考虑临床的适用性和实用性，每一种疾病所编写的内容主要包括概述、护理评估（健康史、身心状况、辅助检查、治疗要点）、护理问题、护理措施（一般护理、病情观察、配合治疗的护理、心理护理）、健康指导等；既全面和系统地介绍了运用护理程序评估、诊断、护理内科疾病患者的基本理论、基本知识和基本技能，也将近年来内科护理的新进展、新技术融于其中。

## 三、内科护理学的学习要求与目标

内科护理学内容广泛，理解性、记忆性、应用性要求均较高，因此，学习的方法要灵活多样，理论和实践并重，既要注意基本知识、基本理论的学习，更要注重基本技能的训练。要注意理论联系实际，勤学苦练，夯实基础。通过内科护理学的学习，使学生树立"以人的健康为中心"的护理理念，掌握内科护理学的基本理论、基本知识和基本技能，具有良好的学习和工作态度，并能运用护理程序对内科常见病、多发病患者进行整体护理，为患者减轻痛苦、促进康复、预防疾病、保持健康提供良好服务，成为知识、能力、素质综合发展的应用型护理人才。通过内科护理学的学习，要求学生能够达到以下目标。

1. 职业道德素质　培养高尚的职业素质，热爱护理专业，时刻牢记"白衣天使"的神圣使命，充分理解"生命所系，性命相托"的深刻含义，秉承南丁格尔精神，以救死扶伤、促进健康、全心全意为人民服务为宗旨，履行护士的职责；按照"三基"（基本理论、基本知识和基本技能）、"三严"（严谨态度、严格要求和严肃作风）的工作要求，以自己的真心、爱心、责任心对待所护理的每一位患者，把毕生精力奉献给护理事业。

2．专业素质　具有扎实的内科护理学专业理论和技术；具有一定独立分析问题、解决问题的能力；具有对内科患者实施整体护理的能力，能运用护理程序对内科患者进行资料收集、护理评估，提出相应的护理诊断或护理问题，制订合理的护理措施；具有对内科常见病患者病情变化、心理变化和治疗反应进行观察和初步处理的能力；熟悉内科常见急危重症患者的抢救原则，并能进行初步应急处理和抢救配合；能正确书写内科护理记录；能按操作规程正确进行内科常用诊疗护理技术操作及护理。

3．身心素质　具有良好的心理素质、身体素质、守法和维权意识。内科护士工作量大，工作风险高，因此应当具备强健的身体素质、良好的心理素质，要增强守法和依法维权意识，杜绝医疗护理中的违法违纪现象，避免不必要的护患纠纷。

4．人际交往能力　具有良好的人际关系、沟通能力和团结协作精神，能运用预防保健知识和人际沟通技巧，按护理对象的基本需求向个体、家庭、社区开展健康教育，提供保健服务。

随着社会经济的发展、医学技术的进步、医学模式的转变以及人民群众对健康和卫生保健需求的日益增长，护理工作作为卫生事业的重要组成部分，在防治疾病、维护和促进人民群众健康等方面发挥着越来越重要的作用。护士已不再单纯致力于疾病的护理，而是转向“以人的健康为中心”的整体护理，使护理涵盖人的生理、心理、社会、精神、环境等多方面的健康需求；护理服务领域在不断拓宽和延伸，护士角色亦随之向教育者、咨询者、健康生活方式的倡导者、护理科学的研究者转变。内科护士角色的多元化对当代内科护士提出了更高的要求，希望同学们要善于学习、勇于实践、精益求精、不断进取，以适应现代护理工作的需要，做一名合格的白衣天使。

（张晓萍）

# 第2章 呼吸系统疾病患者的护理

## 第1节 概　述

近年来，由于大气污染、吸烟及人口老龄化等因素的影响，呼吸系统疾病的发病率和死亡率逐年增高，且多数疾病呈慢性病程，支气管哮喘和支气管肺癌发病率呈增高的趋势，慢性阻塞性肺疾病发病率居高不下，肺结核虽得到一定程度的控制，但在我国仍属于高流行地区，因此，呼吸系统疾病的防治和护理显得尤为重要。

### 一、呼吸系统的结构与功能

（一）呼吸道

呼吸道是气体进出肺部的通道，以环状软骨为界，分为上、下呼吸道。

1. 上呼吸道　包括鼻、咽、喉。鼻腔对吸入的气体有过滤、加温、保湿的作用；咽部是呼吸系统和消化系统的共同通路；喉部是发音的主要器官，在咳嗽中起重要的作用。

2. 下呼吸道　包括气管、支气管。气管在隆突处（位于胸骨角）分为左右主支气管，右支气管粗、短而陡直，左支气管相对细长，走向趋于水平，因此，异物吸入更容易进入右肺。自气管至终末细支气管是气体进出的通道，不能进行气体交换，称为传导性气道。自呼吸性细支气管至肺泡囊，为气体交换的场所。

（考点：气体交换的部位）

（二）肺

肺位于胸腔内纵隔的两侧，左右各一。左肺分为上下两叶，右肺分为上、中、下三叶。肺泡是气体交换的场所，其周围有丰富的毛细血管网，有利于气体交换。

肺部的血液由肺循环和支气管循环双重血液供应，肺循环由肺动脉-肺毛细血管-肺静脉组成，进行气体的交换。支气管循环由支气管动脉和静脉组成，与支气管伴行，为支气管壁、肺泡和胸膜提供营养（图 2-1）。

（三）胸膜腔

胸膜腔是由脏胸膜和壁胸膜构成的潜在的密闭腔隙。正常胸膜腔内呈负压，腔内还有少量浆液起润滑作用。因为壁胸膜有感觉神经分布，各种病变累及胸膜时可引起胸痛。

（四）肺的呼吸功能

肺具有通气与换气的功能。肺通气是肺与外环境之间的气体交换，肺换气是肺泡与毛细血管血液之间通过呼吸膜以弥散方式进行的气体交换。

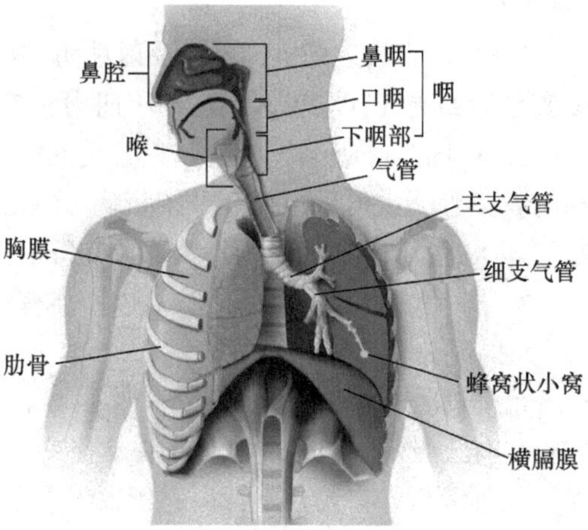

图 2-1　呼吸系统解剖示意图

（五）防御与免疫功能

呼吸系统具有阻止有害物质入侵的功能。呼吸道黏膜和纤毛运载系统，可以净化空气和清除异物；咳嗽、喷嚏及支气管收缩等反射防御功能可将异物排出呼吸道；以肺泡巨噬细胞为主的防御组织，对吸入的尘粒、微生物有吞噬和解毒的作用。

## 二、实验室及其他辅助检查

1. 血液检查　血常规检查白细胞计数增加、中性粒细胞增加；嗜酸性粒细胞增加提示过敏性因素或寄生虫感染。其他血清学抗体试验，如荧光抗体、酶联免疫吸附测定等，对病毒、支原体等感染的诊断有一定的帮助。

2. 痰液检查　目的是协助病因诊断及观察疗效和预后。黄色脓痰提示化脓性感染；铁锈色痰见于大叶性肺炎；棕褐色痰提示阿米巴肺脓肿；痰液恶臭提示厌氧菌感染。痰涂片检查可发现致病菌，对肺部感染病因诊断和药物的选择有重要的价值。反复作痰脱落细胞检查，有助于肺癌的诊断。

3. 影像学检查　包括胸部X线检查、电子计算机体层扫描（CT）和磁共振（MRI）。CT可进一步明确病变部位、性质，以及气管、支气管通畅程度；MRI能多方位成像，对纵隔、心脏、胸壁病变的诊断有较大帮助；血管造影用于肺栓塞和各种先天性血管病变或获得性血管病变的诊断；支气管动脉造影对咯血有较好的诊断价值。

4. 纤维支气管镜检查　纤维支气管镜可直接观察呼吸道有无充血、水肿、溃疡及是否有异物，也可用于组织病理学的检查，通过它可以取出异物、诊断咯血、治疗良恶性肿瘤。

5. 肺功能测定　分析肺功能测定值可了解疾病对肺功能的损害程度，对疾病的诊断、治疗及预后均有价值。测定内容有肺容量、小气道功能测定、气道反应性、弥散功能等。

6. 肺活组织检查　肺活检可通过纤维支气管镜进行，也可在CT、超声引导下做经胸壁穿刺肺活检，必要时可做剖胸肺活检。

# 第2节　呼吸系统疾病常见症状和体征的护理

呼吸系统疾病常见的症状有咳嗽与咳痰、咯血、胸痛及肺源性呼吸困难等。

## 一、咳嗽与咳痰

（一）概述

1. 概念　咳嗽是机体一种反射性防御动作，通过咳嗽可以清除呼吸道分泌物及气道内异物。咳痰是借助支气管黏膜纤毛运动、肌肉收缩和咳嗽动作排出痰液的动作。

2. 病因　呼吸系统感染是最常见的病因，如支气管炎、肺炎、支气管哮喘、肺结核、肺癌和胸膜炎等。也可见于循环系统疾病（左心衰竭的心脏病）、理化因素（吸烟、刺激性气体、冷空气等）、过敏因素、异物、胸部创伤等。

3. 分类　咳嗽分为干性咳嗽（不伴有痰液的咳嗽）和湿性咳嗽（伴有咳痰的咳嗽）。

（二）护理评估

1. 健康史　评估患者有无呼吸道感染、支气管炎、支气管哮喘、肺炎、肺结核、胸膜炎等病史；有无吸烟、吸入刺激性气体、冷或热空气的刺激、过敏因素等诱因；有无异物、肿瘤、胸部创伤等因素；有无心血管疾病所致的左心衰竭引起的肺水肿；其中，呼吸道感染是引起咳嗽与咳痰最常见的病因。

2．身心状况

（1）咳嗽的性质：干性咳嗽或刺激性咳嗽常见于急性或慢性咽喉炎、急性支气管炎、气管受压、支气管异物；湿性咳嗽常见于慢性支气管炎、肺炎、支气管扩张、肺脓肿和空洞型肺结核。

（2）咳嗽的时间：突然发作的咳嗽，常见于刺激性气体所致的急性上呼吸道炎症及气管、支气管异物；夜间或晨起时咳嗽加剧，常见于慢性支气管炎、支气管扩张、肺脓肿及慢性纤维空洞型肺结核；长期反复发作的慢性咳嗽，常见于慢性支气管炎、慢性肺气肿、肺结核等。

（3）咳嗽的音色：犬吠样咳嗽，多见于会厌、喉部疾病或异物；金属音咳嗽，多见于支气管管腔狭窄或受压，如支气管肺癌、纵隔肿瘤等。

（4）痰的性质和量：痰可分为黏液性痰、浆液性痰、脓性痰及血性痰等。痰液由白色泡沫或黏液状转为脓性多为细菌性感染；大量黄脓痰多见于肺脓肿或支气管扩张；红棕色胶冻样痰见于肺炎克雷伯杆菌感染；咖啡样痰常见于肺阿米巴病；果酱样痰常见于肺吸虫病；铁锈色痰常见于肺炎球菌肺炎；粉红色泡沫痰常见于急性肺水肿；痰有恶臭味常见于厌氧菌感染和大肠埃希菌感染。

（考点：痰的性状和量变化的常见疾病）

（5）心理、社会状况：长期频繁、剧烈的咳嗽，会出现烦躁不安、失眠、注意力不集中、焦虑及抑郁等，影响生活和工作；痰中带血时患者可出现紧张甚至恐惧等。

3．辅助检查

（1）痰液检查：痰液涂片或痰细菌培养检查可了解有无致病菌，有助于诊断和治疗。

（2）血液检查：中性粒细胞增加提示感染。

（3）影像学检查：胸部 X 线、胸部 CT 可确定病变的部位、性质及范围。

（4）其他检查：肺功能测定可以了解肺功能的变化。

（三）护理问题

清理呼吸道无效　与呼吸道分泌物过多、痰液黏稠、胸痛、意识障碍导致咳嗽无效有关。

（四）护理措施

1．一般护理

（1）休息：为患者提供安静、整洁、舒适的环境，保持室内空气清新、洁净，注意通风。保持合适的室温（18～20℃）和湿度（50%～60%），尽可能让患者取高枕卧位或采取舒适坐位，有利于改善呼吸和痰液的排出。

（2）饮食：慢性咳嗽患者能量消耗增加，给予高蛋白、高维生素、足够热量饮食，避免油腻、辛辣食物的刺激而加重咳嗽。保持每日饮水量在 1500ml 以上，以保证呼吸道黏膜的湿润和病变黏膜的修复，有利于痰液稀释和排出。

2．病情观察　密切观察痰液的色、量、质，并注意咳嗽、咳痰性质及伴随症状，详细记录。正确收集痰液标本，并及时送检。

3．配合治疗的护理　促进有效排痰。

（1）指导患者有效咳嗽：此方法适用于神志清醒、能够配合的患者。有助于气道远端分泌物及痰液的排出、保持呼吸道通畅。患者取坐位或立位，先进行 5～6 次深而慢的呼吸，在一次深吸气后屏住呼吸 3～5 秒，身体前倾，咳嗽数次将痰液咳至咽部附近，同时收缩腹肌增加腹压，再用力咳嗽将痰液排出。

（2）湿化气道：此方法适用于痰液黏稠且不易咳出者，常用超声雾化吸入法和蒸汽吸入法。临床上常在湿化的同时加入药物，如痰溶解剂、抗生素、平喘药等。

（3）胸部叩击：此方法适用于久病体弱、长期卧床、排痰无力者。禁用于咯血、未经引流的气胸、肋骨骨折、有病理性骨折史、低血压及肺水肿等患者。①操作前准备：向患者介绍操作的方法、注意事项，取得患者的配合。②操作方法：患者取侧卧位或在他人协助下取坐位，操作者将手的五指并拢、向掌心微弯曲呈空心掌状，以手腕的力量，从肺底自下而上、由外向内迅速而有节律地叩击患者胸壁，震动气道，每肺叶叩击1～3分钟，每分钟叩击120～180次，叩击时发出一种空而深的拍击声则表明操作正确。同时鼓励患者咳嗽，以促进痰液的咳出。③注意事项：胸部叩击力度要适中，以不使患者感到疼痛为宜，叩击时间每次为5～15分钟，应在餐后2小时至餐前30分钟进行，避免治疗中发生呕吐。④操作后护理：操作后密切注意患者的反应及痰液的情况，评估生命体征及肺部呼吸音的变化，协助患者做好口腔的护理。

（4）体位引流：利用重力的作用使肺、支气管内的分泌物排出体外的过程，适用于支气管扩张、肺脓肿等有大量痰液且排出不畅，呼吸功能尚好者。禁用于心肺功能不全、有明显呼吸困难和发绀、近1～2周有大咯血史、年老体弱不能耐受者。

（5）机械吸痰：适用于痰液黏稠、意识不清或排痰困难者。可经口、鼻腔、气管插管或气管切开处行负压吸痰。每次引流时间不超过15秒，两次抽吸间隔时间大于3分钟；在吸痰前、后适当提高吸入氧的浓度，避免吸痰而发生低氧血症；严格无菌操作，避免呼吸道交叉感染。

4．配合治疗的护理　遵医嘱给予抗生素、止咳祛痰药物，告知患者正确使用药物的方法和不良反应，不滥用药物，如排痰困难者不应服用强镇咳药。

（考点：促进有效排痰的方法）

5．心理护理　帮助患者了解咳嗽咳痰的相关知识并给予心理支持，减轻患者的焦虑。

（五）健康指导

1．疾病知识指导　告知患者戒烟，避免接触烟雾、粉尘和刺激性气体。

2．预防呼吸道感染　告知患者呼吸道感染流行期间，尽量少去公共场所，并注意防寒、保暖，避免淋雨、疲劳等诱发因素。

3．指导有效排痰　指导患者及家属掌握促进排痰的正确方法。

## 二、咯　血

（一）概述

1．概念　咯血是指喉部及以下呼吸道或肺组织出血经口腔咯出。

2．病因　主要见于呼吸系统疾病如肺结核、支气管扩张、肺癌等；循环系统疾病如风湿性二尖瓣狭窄；血液病、某些急性传染病及风湿性疾病等。

（二）护理评估

1．健康史　评估患者有无肺结核、支气管扩张、肺炎、肺癌等呼吸系统疾病；有无风湿性二尖瓣狭窄、急性肺水肿等循环系统疾病；有无再生障碍性贫血、急性白血病等血液系统疾病；在我国，肺结核是引起咯血最常见的原因。

2．身心状况

（1）咯血先兆：咯血前患者常有胸闷、喉痒及咳嗽等先兆症状。

（2）咯血程度：根据咯血量，临床将咯血分为痰中带血、少量咯血（＜100ml/24 小时）、中等量咯血（100～500ml/24 小时）、大量咯血（＞500ml/24 小时，或＞300ml/次）。痰中带血见于肺结核、肺癌。

（考点：咯血的程度）

（3）伴随症状：伴发热、脓痰见于肺结核、肺炎、支气管扩张等；伴呼吸困难、胸痛见于肺炎、肺结核、支气管肺癌、肺梗死等；伴皮肤黏膜出血见于血液病、钩端螺旋体病、流行性出血热等；伴杵状指见于支气管扩张、肺脓肿及支气管肺癌等。

（4）窒息表现：窒息是大咯血最严重的并发症，也是咯血患者死亡的主要原因。患者出现情绪紧张、面色灰暗、胸闷气促、咯血不畅、喉部有痰鸣音等往往为窒息先兆，应引起警惕。若患者出现表情恐怖、张口瞠目、大汗淋漓、抽搐、两手乱抓、唇指发绀和意识丧失，提示发生了窒息。

（考点：咯血引起窒息的先兆及临床表现）

（5）心理、社会状况：患者初次咯血时，多数会紧张、焦虑、烦躁不安和恐慌；大咯血或并发窒息，患者及家属可产生极度恐惧心理。

3．辅助检查

（1）血液检查：大咯血及反复咯血的患者可出现不同程度的贫血。

（2）其他检查：X 线检查、纤维支气管镜检查、动脉血气分析、心电图检查等，有助于明确病因。

（三）护理问题

1．有窒息的危险　与大咯血引起气道阻塞有关。

2．恐惧　与突然大咯血或咯血反复发作有关。

（四）护理措施

1．一般护理

（1）休息：病室内保持安静。小量咯血者应静卧休息，大量咯血患者需绝对卧床休息，减少身体翻动，协助患者取患侧卧位或平卧位头偏向一侧，以利于健侧肺通气和防止窒息，对于肺结核患者可防止病灶扩散。

（2）饮食：大咯血者应暂时禁食，小量咯血者宜进少量温凉流质饮食，多饮水及多食富含纤维素、易消化的食物，以保持大便通畅。避免饮用浓茶、咖啡、酒等刺激性饮料。

2．病情观察　密切观察患者咯血的量、次数、颜色、性质及出血速度，定时监测生命体征、瞳孔及意识变化。一旦发现患者出现呼吸困难、气促、胸闷、发绀、烦躁不安等窒息征兆，立即报告医师并协助抢救。

3．配合治疗的护理

（1）窒息的预防：患者发生大咯血及意识不清时，宜取患侧卧位，保持健侧呼吸功能。告知患者身体放松，防止声门痉挛或屏气而发生窒息。充分吸氧，保持呼吸道通畅，床旁备好抢救用品，如吸痰器、气管镜、气管插管、鼻导管及气管切开用具等。

（2）窒息的抢救：①体位引流。立即置患者于头低足高 45° 俯卧位，并拍其背部，使气管内血块排出。②负压抽吸。迅速清除口腔、鼻腔内血凝块，用鼻导管经口或鼻腔抽吸，必要时可行气管插管或用气管镜在直视下吸出血凝块。③高流量吸氧。若患者自主呼吸仍未恢复者，应行人工呼吸，并给予高流量吸氧以改善组织缺氧，按医嘱应用呼吸兴奋剂或其他辅助呼吸措施。

（3）呼吸恢复后护理：患者呼吸恢复后仍需严密观察病情变化，监测血气分析和凝血功能，警惕再窒息的发生。

4．配合治疗的护理

（1）止血药：遵医嘱给予止血药物，注意观察药物疗效及不良反应。大量咯血使用垂体后叶素 5～10U加入 10%葡萄糖液 40ml 缓慢静脉注射，用药过程中需观察有无恶心、面色苍白、心悸等不良反应，冠心病、高血压患者及妊娠者禁用。

（2）镇静剂：对于烦躁不安的患者可遵医嘱给予镇静剂如地西泮肌内注射，禁用吗啡、哌替啶，以免引起呼吸抑制。

（3）镇咳剂：伴有剧烈咳嗽的患者可遵医嘱给予可待因皮下注射或口服。肺功能不全、年老体弱的患者慎用，以免抑制咳嗽反射。

5．心理护理　大咯血患者常情绪紧张，当咯出较多新鲜血液时会产生恐惧心理，使出血加重。护士应指导患者，说明咯血时不应屏气，以免诱发喉头痉挛、血液引流不畅形成血块导致窒息。协助患者清理血咯出后被污染的环境和用具，以减少对患者的不良刺激。

（五）健康指导

1．疾病知识指导　向患者及家属解释咯血的原因，消除患者紧张情绪。

2．生活指导　指导患者充分休息，避免剧烈运动，饮食要合理，保持大便通畅，避免用力。

## 三、胸　　痛

（一）概述

1．概念　胸痛是指胸部的感觉神经纤维受到某些因素（如缺血、缺氧、炎症、物理和化学因子等）刺激后，产生冲动传至大脑皮质的痛觉中枢而引起的局部疼痛。

2．病因　呼吸系统疾病主要有胸膜炎、自发性气胸、肺炎、支气管肺癌、胸膜肿瘤等，其他因素如胸壁疾病、心血管疾病、纵隔疾病等。

（二）护理评估

1．健康史　评估患者有无呼吸系统疾病如胸膜炎、自发性气胸、肺炎、原发性支气管肺癌、胸膜肿瘤等。有无其他原因如带状疱疹、肋间神经炎、心绞痛、急性心肌梗死、食管病变等均可导致胸痛。

2．身心状况

（1）胸痛的特点：胸壁病变所致的胸痛，疼痛一般固定于病变部位，且局部有压痛；自发性气胸所致的胸痛在剧烈咳嗽或劳动中突然发生且较剧烈；肋间神经痛沿肋间神经呈带状分布，呈刀割样、触电样或灼痛；胸膜炎所致的胸痛，以腋下为明显，呈尖锐刺痛或撕裂痛，可因咳嗽和深呼吸而加剧；冠心病的胸痛位于胸骨后或心前区，呈压榨样痛或濒死感，可向左肩和左臂内侧放射；食管病变引起的胸痛多在胸骨后，呈烧灼样。

（2）伴随症状：胸痛伴有咳嗽、咯血者提示肺部疾病，如支气管肺癌、肺炎、肺结核等；胸痛伴有呼吸困难者提示肺部大面积病变，如肺梗死、气胸及渗出性胸膜炎等。

（3）心理-社会状况：胸痛发作时常使患者产生烦躁不安、焦虑、恐惧的心理。

3．辅助检查　血常规、痰液和胸腔积液检查、X 线检查、心电图、心脏彩超及 CT 检查等，可协助胸痛的病因诊断。

（三）护理问题

疼痛：胸痛　与病变累及胸膜或胸骨、肋骨及肋间神经等有关。

（四）护理措施

1．一般护理　协助患者采取舒适的体位，如半坐位、坐位，以防疼痛加重。胸膜炎、肺结核患者多采取患侧卧位，以减少局部胸壁与肺部的活动，并有利于健侧肺呼吸，缓解疼痛。

2．病情观察　密切观察患者胸痛发作的时间、部位、性质、程度及诱因。

3．配合治疗的护理

（1）指导患者在咳嗽或深呼吸时用手按压疼痛部位制动，减轻疼痛。

（2）因胸部活动引起剧烈疼痛者，可在呼气末用 15cm 宽胶布固定患侧胸廓（胶布长度超过前后正中线），以降低呼吸幅度，缓解疼痛。

（3）局部冷湿敷或肋间神经封闭疗法减轻疼痛。

（4）对胸痛剧烈者，可遵医嘱给予麻醉性镇静药，观察并记录药物疗效及不良反应。

（5）指导患者采用放松疗法，如局部按摩、穴位按压、听音乐等，转移患者的注意力，以减轻疼痛。

4．心理护理　向患者解释引起胸痛的病因及护理措施，缓解患者紧张不安的情绪。

（五）健康指导

向患者及家属解释引起胸痛的原因，消除患者紧张不安的情绪，配合医生治疗。

## 四、肺源性呼吸困难

（一）概述

1．概念　肺源性呼吸困难是由于呼吸系统疾病而引起的通气、换气功能障碍，发生缺氧和（或）二氧化碳潴留所致。患者主观感觉空气不足、呼吸费力，客观上表现为呼吸频率、深度及节律异常，严重时出现鼻翼扇动、张口或端坐呼吸。

2．病因　常见于喉头水肿、痉挛，气管异物，支气管哮喘，慢性阻塞性肺气肿，重症肺炎，肺结核，大量胸腔积液或气胸等。

（二）护理评估

1．健康史　评估患者有无因喉、气管、大支气管管腔狭窄所致的疾病，例如喉水肿、痉挛，气管异物、肿瘤或受压；有无因肺组织弹性减弱及小支气管痉挛狭窄所致的疾病，例如支气管哮喘、慢性阻塞性肺气肿；有无因广泛性肺部病变使呼吸面积减少所致的疾病，例如重症肺炎、重症肺结核、大量胸腔积液或气胸等。

2．身心状况

（1）临床类型：按肺源性呼吸困难的特点可将其分为三种类型。

1）吸气性呼吸困难：吸气时呼吸困难显著，患者出现吸气费力，吸气时间明显长于呼气时间，严重者出现“三凹征”，即胸骨上窝、锁骨上窝、肋间隙凹陷，常伴干咳及高调哮鸣音（图 2-2）。主要见于气管异物、喉水肿、肿瘤等引起的上呼吸道梗阻等疾病。

2）呼气性呼吸困难：呼气费力，呼气时间延长，常伴有哮鸣音，主要见于阻塞性肺气肿、支气管哮喘等。

3）混合性呼吸困难：吸气与呼气均感费力，呼吸频率增快、变浅，常伴呼吸音减弱或消失，主要见于重症肺炎、肺结核、大量胸腔积液、气胸等。

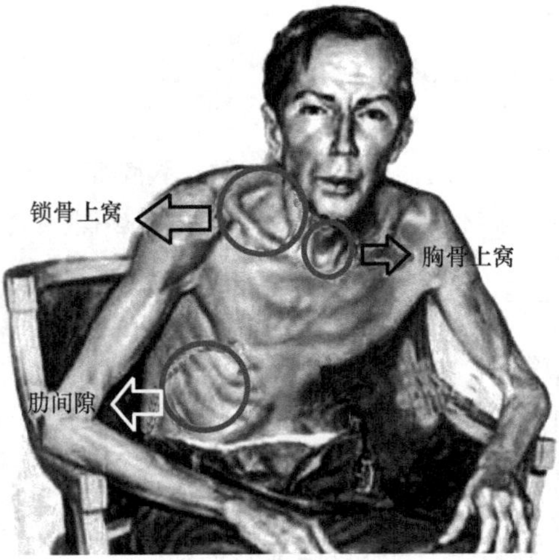

图 2-2　三凹征

（2）伴随症状：呼吸困难伴发热者多见于呼吸道感染性疾病；呼吸困难伴胸痛者多见于肺炎、急性渗出性胸膜炎及自发性气胸等；呼吸困难伴昏迷者多见于休克型肺炎、肺性脑病等。

（考点：肺源性呼吸困难的特点及常见病）

（3）心理-社会状况：呼吸困难加重时，患者可出现焦虑、紧张、烦躁不安、失眠甚至恐惧等心理。

3．辅助检查

（1）动脉血气分析：有助于测定低氧血症和二氧化碳潴留的程度。

（2）肺功能测定：可了解肺功能障碍的程度和类型。

（3）胸部 X 线、CT 检查：有助于病因诊断，可了解有无肺炎、肺癌、气胸或胸腔积液等。

（三）护理问题

1．气体交换受损　与呼吸道痉挛、呼吸面积减少及换气功能障碍有关。

2．活动无耐力　与呼吸功能受损导致机体缺氧有关。

（四）护理措施

1．一般护理　协助患者采取端坐位或半卧位，以减轻呼吸困难，必要时设置跨床小桌，以便患者伏桌休息，减轻体力消耗。保持病室安静、舒适、温湿度适宜，哮喘患者房间内应避免吸入刺激性气体或放置花草、羽毛等易引起过敏的物质，保证患者良好的休息。

2．病情观察　密切观察患者呼吸困难的特点，呼吸节律、频率、深度及动脉血气分析结果，发现异常及时上报医生处理。

3．配合治疗的护理

（1）氧疗护理：氧气疗法是纠正缺氧、缓解呼吸困难最有效的方法。吸氧可以提高动脉血氧分压，减轻组织的损伤，恢复器官功能，提高机体的运动耐力。临床上根据病情及血气分析结果采取合理的给氧方法，如缺氧严重而无二氧化碳潴留者，可用面罩给氧；缺氧伴二氧化碳潴留者，可用鼻导管或鼻塞法给氧。

（2）呼吸功能训练：指导患者采取有效的呼吸方法，如缩唇呼吸、腹式呼吸等，以改善呼吸功能。详见本章第 4 节。

（3）药物治疗的护理：遵医嘱给予抗生素、支气管扩张剂、祛痰药及呼吸兴奋药，注意观察药物的疗效和不良反应。

（4）保持呼吸道通畅：气道分泌物较多者，协助患者排出。张口呼吸的患者应每日清洁口腔 2～3 次，并补充因呼吸丧失的水分。

4．心理护理　根据患者呼吸困难的类型，进行必要的解释，增加巡视次数，对患者进行心理安慰，以缓解其紧张情绪。

（五）健康指导

1．疾病知识指导　向患者及家属解释引起呼吸困难的病因以及缓解呼吸困难的方法。

2．氧疗指导　指导患者及家属合理用氧的方法。

3．生活指导　协助患者制订合理饮食、休息与活动计划。

## 第 3 节　急性上呼吸道感染患者的护理

**案例 2-1**　患者，男，18 岁。受凉后咳嗽、打喷嚏、流清水样鼻涕 2 天，体温 38℃，伴有咽痛、头痛。体格检查：鼻腔黏膜充血、水肿、有分泌物，咽部充血发红。

问题：1. 为明确诊断应首先做哪些检查？

2. 主要的护理诊断有哪些？

3. 该案例中患者最主要的护理措施有哪些？

急性上呼吸道感染简称上感，是鼻腔、咽部及喉部急性炎症的总称，全年皆可发病，冬春季节多发，气候突变时可造成流行。

### 一、概　　述

（一）病因及发病机制

1．病因　急性上呼吸道感染有 70%～80%由病毒引起，包括流感病毒、副流感病毒、鼻病毒、呼吸道合胞病毒、腺病毒、柯萨奇病毒等。少数上感可由细菌感染引起，以溶血性链球菌多见，其次为流感嗜血杆菌、肺炎球菌、葡萄球菌等。主要通过飞沫或被污染的物品传播。

2．诱因　常在受凉、淋雨、过度疲劳等呼吸道防御功能下降时诱发。

（考点：急性上呼吸道感染的常见病因）

（二）转归

急性上呼吸道感染传染性强，但本病预后良好，不留后遗症。病毒感染的患者，目前没有特效的抗病毒药物，以对症治疗为主，细菌感染的患者应用抗生素治疗。

### 二、护 理 评 估

（一）健康史

评估患者有无受凉、淋雨、过度疲劳等诱因；有无与上呼吸道感染患者密切接触史；有无呼吸道慢性炎症等。

（二）身心状况

1．症状与体征

（1）普通感冒：俗称“伤风”，以鼻咽部卡他症状为主要表现，又称急性鼻炎或上呼吸道卡他。起病较急，初期表现为打喷嚏、鼻塞、流清水样鼻涕，2～3 天后分泌物变黏稠，也可表现为咳嗽、咽干、咽痛、喉痒等。一般无发热，或仅有低热、全身不适等症状。体检一般可见鼻黏膜充血、水肿，咽部充血。

（2）急性病毒性咽炎和喉炎：病毒性咽炎主要由鼻病毒、腺病毒、流感病毒引起，主要表现为咽痒和灼热感，咽痛不明显。体检一般可见咽部充血、水肿，局部淋巴结肿大或触痛。病毒性喉炎主要由流感病毒、副流感病毒和腺病毒引起，主要表现为声音嘶哑，可有咳嗽、咽痛、发热等，体检可见喉部充血、水肿，局部淋巴结肿大和触痛。

（3）急性疱疹性咽峡炎：主要由柯萨奇病毒 A 组引起，多见于儿童，夏季好发。主要表现为咽痛、发热。体检一般可见咽部充血，咽部及扁桃体表面有灰白色疱疹和浅表性溃疡，周围伴有红晕。

（4）急性咽结膜热：主要由腺病毒和柯萨奇病毒引起，多见于儿童，好发于夏季，经游泳传播。主要表现为发热、咽痛、流泪、畏光。体检一般可见咽部及结膜明显充血。

（5）急性咽扁桃体炎：主要由溶血性链球菌引起。起病急，咽痛明显，伴发热、畏寒，体温可达39℃以上。体检一般可见咽部明显充血，扁桃体肿大，表面有黄色的脓性分泌物。

2. 并发症　急性鼻窦炎、中耳炎、气管-支气管炎。部分患者可并发风湿热、肾小球肾炎、病毒性心肌炎等。

3. 心理-社会状况　患者心理上比较轻松，部分患者因发热等症状情绪低落，或因为并发症而产生焦虑心理。

（三）辅助检查

1. 血常规　当病毒感染时，白细胞计数一般正常或偏低，淋巴细胞比例会升高。当细菌感染时，白细胞计数和中性粒细胞增多。

2. 病原学检查　必要时可做病毒分离，判断病毒的类型。细菌培养可判断细菌类型并作药物敏感试验。

（四）治疗要点

1. 对症治疗　嘱患者多饮水、多休息；对发热、全身酸痛者给予解热止痛药；咳嗽者适当使用祛痰止咳药；咽痛时含消炎咽喉片等。

2. 抗病毒治疗　早期应用抗病毒药有一定疗效，可选用利巴韦林、金刚烷胺、奥司他韦、吗啉胍等抗病毒药。

3. 抗细菌治疗　病毒感染者一般不用抗生素。如果合并细菌感染可根据药物敏感试验选用抗生素，如青霉素类、头孢菌素类、大环内酯类等抗菌药物。

## 三、护理问题

1. 舒适度减弱：鼻塞、流涕、咽痛、头痛　与病毒或细菌感染有关。

2. 体温过高　与病毒或细菌感染有关。

## 四、护理措施

（一）一般护理

1. 休息　适当休息，减少体力活动，发热、全身酸痛患者应卧床休息，保持室内温湿度适宜和空气的流通。

2. 饮食　给予清淡、易消化、高热量、高维生素饮食。发热的患者应多补充水分。

（二）病情观察

定时监测生命体征及主要症状并记录，警惕并发症，若咳嗽加重、咳脓痰、体温升高，提示可能并发下呼吸道感染；若耳鸣、听力减退，提示可能并发中耳炎；若头痛伴有脓性鼻涕，提示可能并发鼻窦炎；若出现眼睑水肿、血尿、血压升高，提示可能并发肾小球肾炎。

（三）配合治疗的护理

1. 用药护理　全身酸痛伴发热，可遵医嘱给予阿司匹林、感冒解毒颗粒等解热止痛药；咽痛、声音嘶哑可用润喉片含服，局部雾化治疗；鼻塞、流涕可用1%麻黄碱滴鼻。

2. 采用合理的降温方式，如头部冷敷、温水及酒精擦浴等。必要时遵医嘱给予药物降温。

3．患者退热时大汗淋漓，应及时更换衣服，寒战患者注意保暖。

（四）心理护理

向患者解释本病预后良好，缓解患者焦虑情绪，促进疾病康复。

## 五、健 康 指 导

1．疾病知识指导　指导患者及家属了解疾病防治知识，强调预防的重要性，指导口服板蓝根冲剂或注射流感疫苗进行预防。

知识链接

**流 感 疫 苗**

流感疫苗用于预防流行性感冒。每年在流行季节前接种 1 次，大约半个月后产生抗体，免疫力可持续 1 年。

1．接种时间　在我国接种最佳时机为冬春季，9、10 月份是最佳接种时机。

2．接种对象　任何可能感染流感病毒的人群。

3．接种反应　疫苗接种后可能会出现低热，注射部位会有红肿，无须处理。少数人会出现高热、呼吸困难、喘鸣、头晕等现象，应立即就医。

2．用药指导　强调遵医嘱用药及了解用药注意事项；介绍物理降温的意义，能通过物理方法降温者不用退热剂。

3．康复指导　指导患者生活规律，劳逸结合，戒烟；呼吸道感染流行期间避免去人群密集的公共场所；避免过度疲劳、受凉、淋雨等诱因；疾病恢复后加强体育锻炼，增强身体抵抗力，加强机体耐寒训练，如冷水洗脸等。

# 第 4 节　慢性支气管炎、阻塞性肺气肿患者的护理

**案例 2-2**　患者，男，60 岁。吸烟 30 年，患有慢性支气管炎 20 年，近半年来出现呼吸困难，活动后明显气促。3 天前开始咳嗽、咳黄色脓痰。护理体检：T 38.3℃，P 105 次/分，R 34 次/分。神志清楚，口唇轻度发绀，桶状胸，双肺叩诊呈过清音。$PaO_2$ 65mmHg，$PaCO_2$ 55mmHg。

问题：1．最可能的临床诊断是什么？

2．主要的护理诊断有哪些？

3．护理措施有哪些？

慢性支气管炎（简称慢支），是指气管、支气管黏膜及其周围组织的慢性非特异性炎症。阻塞性肺气肿是指终末细支气管远端（呼吸细支气管、肺泡壁、肺泡囊和肺泡）的气道弹性减退，并同时伴有肺泡壁和细支气管破坏的病理状态。当慢性支气管炎和（或）肺气肿患者肺功能检查出现气流受限并且不能完全可逆时，诊断为慢性阻塞性肺疾病（COPD），简称慢阻肺。慢性阻塞性肺疾病是呼吸系统疾病中的常见病和多发病，患病率和病死率高。

## 一、概　　述

（一）病因及发病机制

COPD 病因尚未完全明了。一般认为与下列因素有关。

---

注：1mmHg≈0.133Pa

1．吸烟　是重要的发病因素，香烟当中的有害成分可损伤气道上皮细胞，使纤毛运动减退和巨噬细胞功能降低，刺激腺体增加黏液分泌，导致气道净化功能下降。

知识链接

**吸烟的危害**

香烟在点燃时会释放6800种化学物质，对人体有害的有3800种，其中含有致癌物质，如焦油、尼古丁。香烟在燃烧的过程中会产生一氧化碳，一氧化碳吸入肺中，阻碍氧气运输，受害最明显的是心脏，当心肌供氧不足时，可诱发心绞痛和心肌梗死。缺氧还影响中枢神经系统功能。吸烟还会引发孕妇流产、死产、早产，造成婴儿心智障碍和体重轻。

2．感染　是本病发生与发展的重要因素，常见病毒感染有鼻病毒、流感病毒、腺病毒及呼吸道合胞病毒，常见细菌感染有肺炎球菌和流感嗜血杆菌等。

3．大气污染　大气当中刺激性的烟雾、刺激性的气体（二氧化硫、二氧化氮、氯气、臭氧等）、粉尘等对支气管黏膜的损伤，为细菌的侵入创造了条件。

4．其他因素　免疫、年龄等因素均与慢性支气管炎有关，$\alpha_1$抗胰蛋白酶的缺乏与肺气肿有着密切的关系。

（二）转归

肺功能进行性减退严重影响了患者的劳动力和生活质量，阻塞性肺气肿一旦形成，部分患者可发展至呼吸衰竭和右心衰竭。

## 二、护理评估

（一）健康史

评估患者有无吸烟史、慢性咳嗽、咳痰史；是否有引起慢性支气管炎的各种因素，如感染、大气污染等；是否每次发作与寒冷和气候的变化有关。

（二）身心状况

1．慢性支气管炎

（1）症状：①慢性咳嗽：一般晨间起床时咳嗽明显，白天较轻，睡眠时有阵咳或咳痰。②咳痰：一般为白色黏液或浆液性泡沫痰，偶带血丝，清晨咳痰较多，起床或体位变动时可刺激排痰，急性发作伴有细菌感染时可咳大量脓痰。③喘息：喘息明显者称为喘息性支气管炎，患者由于支气管痉挛而出现喘息，部分可能伴支气管哮喘。

（2）体征：慢性支气管炎早期无明显体征，伴感染时在背部或双肺可闻及湿啰音，咳嗽后可减少或消失，喘息型患者可闻及广泛哮鸣音并伴呼气期延长。

2．阻塞性肺气肿　慢性支气管炎反复发作，不断加重可发展为阻塞性肺气肿。

（1）症状：在慢性支气管炎的症状基础上出现逐渐加重的呼吸困难，这是COPD标志性的症状。早期仅在体力劳动后出现，后逐渐加重，日常活动或休息时也会感到气短。

（2）体征：典型体征为桶状胸、呼吸运动减弱，触觉语颤减弱或消失，叩诊呈过清音，肺下界和肝浊音界下移，听诊双肺呼吸音减弱，呼气时间延长，肺部感染的患者可有湿啰音。

3．COPD 病程分期　①急性加重期：在短时间内咳嗽、咳痰、气短、喘息加重，痰液呈脓性，可伴有发热症状。②稳定期：咳嗽、咳痰、气短等症状较轻或趋于稳定。

4．并发症　COPD 可并发呼吸衰竭、慢性肺源性心脏病、自发性气胸等。

（考点：慢性支气管炎、肺气肿的临床特征）

5．心理-社会状况　COPD 病程长、反复发作、长期治疗增加家庭的经济负担，患者和家属极易出现焦虑、悲观、抑郁的心理状态。

（三）辅助检查

1．血常规　红细胞计数和血红蛋白升高。当感染时，白细胞总数及中性粒细胞比例升高。

2．X 线检查　早期胸部 X 线片可无变化，随着病情的进展可出现肺纹理粗乱改变。肺气肿的典型 X 线改变为胸廓前后径增大，肋间隙增宽，两肺透亮度增加，心脏呈垂位，心影长（图 2-3）。

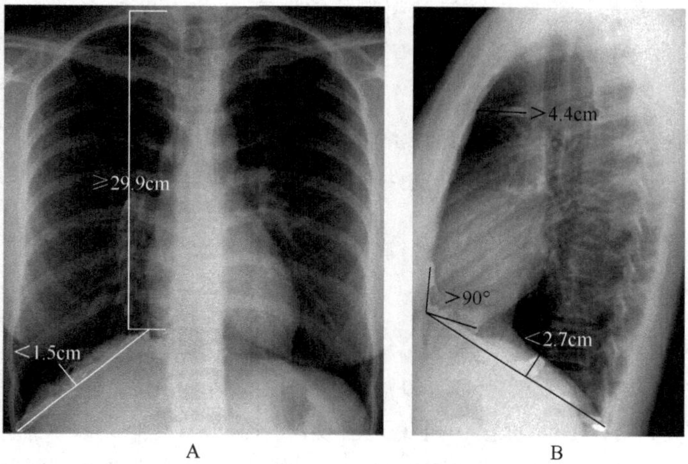


图 2-3　肺气肿 X 线表现

3．肺功能检查　第 1 秒用力呼气容量占用力肺活量百分比减少（$FEV_1/FVC < 70\%$），残气量占肺总量百分比值增加（$RV/TLC > 40\%$），是诊断肺气肿的重要指标。

4．动脉血气分析　发展至 COPD 后，可出现低氧血症、高碳酸血症，可出现失代偿性呼吸性酸中毒。

（四）治疗要点

1．慢性支气管炎的治疗　急性加重期的治疗应控制感染，祛痰止咳，解痉平喘。稳定期治疗应戒烟，避免有害气体和其他有害污染物的吸入；增强体质，预防感冒；反复呼吸道感染者可应用免疫调节药或中药治疗。

2．阻塞性肺气肿和慢性阻塞性肺疾病的治疗

（1）抗生素：应根据致病菌的性质及药物敏感程度选择。较轻的患者，多选择口服或肌内注射抗生素，而对于病情较重患者，多选用静脉注射抗生素。常用抗生素包括青霉素类、头孢菌素类、大环内酯类、氨基糖苷类和喹诺酮类。

（2）支气管扩张药：$\beta_2$受体兴奋药如沙丁胺醇；茶碱类如氨茶碱；抗胆碱能药物如异丙基阿托品等，可扩张支气管平滑肌，缓解支气管痉挛的症状。

（3）祛痰镇咳：对痰多不易咳出者可选用盐酸氨溴索、溴己新等，也可使用中药化痰。对于老年人、体弱者及痰多者，不应使用镇咳药如可待因等。

（4）雾化吸入：痰液黏稠者可采用雾化吸入，雾化液中可加入抗生素及痰液稀释药。

（5）糖皮质激素：糖皮质激素与长效 $\beta_2$ 肾上腺素受体激动药联合剂，可增加运动耐量，减少急性加重发作频率、提高生活质量。常用剂型有沙美特罗加氟替卡松、福莫特罗加布地奈德。

（6）长期家庭氧疗：对 COPD 慢性呼吸衰竭者可提高生活质量和生存率。

## 三、护理问题

1．气体交换受损　与气道阻塞、通气功能障碍、残气量增加有关。

2．清理呼吸道无效　与分泌物增多、痰液黏稠及无效咳嗽有关。

3．活动无耐力　与慢性阻塞性肺气肿引起的缺氧有关。

4．营养失调：低于机体需要量　与咳嗽、呼吸困难、疲乏等引起食欲降低、能量消耗增加有关。

5．焦虑　与病程长、疗效差、家庭经济负担过重有关。

6．潜在并发症：慢性呼吸衰竭、自发性气胸、慢性肺源性心脏病。

## 四、护理措施

1．一般护理

（1）休息：患者采取舒适体位，保证充分睡眠，视病情安排适当的活动量，活动以不感到疲劳、不加重症状为宜。急性加重期或 COPD 患者宜采取身体前倾位，使辅助呼吸肌参与呼吸。室内保持合适的温湿度，冬季注意保暖，避免直接吸入冷空气。

（2）饮食：鼓励患者多饮水，使痰液稀释，易于排出。给予高热量、高蛋白、高维生素、清淡易消化饮食。腹胀患者应进食软食，细嚼慢咽。避免进食产气食物，如汽水、啤酒、豆类、马铃薯等。

2．病情观察　密切观察患者生命体征的变化；观察咳嗽、咳痰情况，包括痰液的性状、颜色、量以及咳痰是否顺畅；观察呼吸的频率、节律、深度及其变化特点；有无心悸、胸闷、水肿及少尿；定期监测动脉血气分析和水、电解质、酸碱平衡等情况。

3．配合治疗的护理

（1）氧疗护理：遵医嘱给予氧疗，呼吸困难伴低氧血症者，一般采用鼻导管低流量（1～2L/min）、低浓度（25%～29%）持续给氧，使 $PaO_2$ 控制在 60mmHg 或略高，以防因缺氧完全纠正，外周化学感受器失去低氧的刺激而抑制自主呼吸，加重缺氧和二氧化碳潴留。提倡每天进行持续 15 小时以上的长期家庭氧疗。

（2）用药护理：遵医嘱给予解痉平喘、镇咳祛痰和抗感染药物。注意观察药物的疗效和不良反应，不宜选用强烈镇咳药如可待因，因其有恶心、呕吐、便秘等不良反应，且有成瘾性，并因抑制咳嗽而加重呼吸道阻塞；祛痰药溴己新偶见恶心、氨基转移酶增高，胃溃疡者慎用。

（3）保持呼吸道通畅：及时清除呼吸道分泌物，指导患者有效咳嗽、咳痰，协助患者翻身、胸部叩击、雾化吸入等。

（4）呼吸功能锻炼：指导稳定期患者进行腹式呼吸和缩唇呼吸，以加强膈肌运动，提高支气管内压和通气量，改善呼吸功能。

1）腹式呼吸：通过腹肌的舒张与收缩加强腹肌的训练，可使呼吸阻力减低，肺泡通气量增加，提高呼吸功能。具体方法：患者取立位或半卧位，双手分别放在腹部和胸前，全身肌肉放松，静息呼吸。吸气时用鼻吸入，尽量挺腹，胸部不动。呼气时用口呼出，同时收缩腹部，胸廓保持最小活动幅度，深吸缓呼，增加肺泡通气量（图 2-4）。

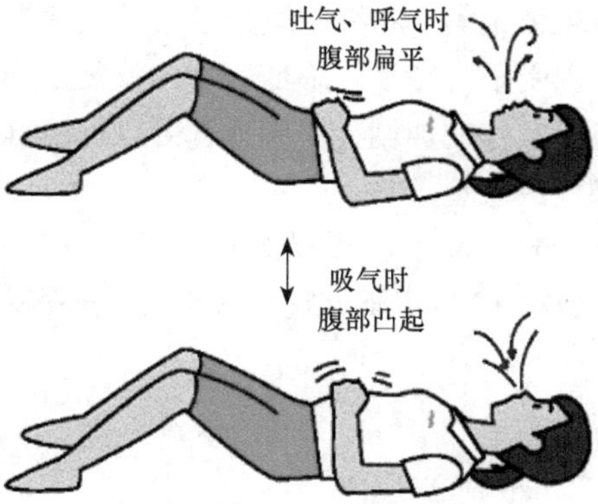


图 2-4　腹式呼吸示意图

2）缩唇呼吸：可提高支气管内压，防止呼气时小气道过早陷闭，以利于肺泡内气体的排出。具体方法：患者闭嘴用鼻吸气，呼气时口唇缩拢似吹口哨状，持续缓慢呼气，同时收缩腹部。吸与呼时间之比为 1∶2 或 1∶3。缩唇大小程度与呼气流量有关，以能使距口唇 15～20cm 处、与口唇等高水平的蜡烛火焰随气流倾斜又不至于熄灭为宜。

腹式呼吸和缩唇呼吸每日练习 2 次，每次 10～20 分钟，每分钟 7～8 次，如此反复训练，熟练后逐渐增加次数。

（考点：呼吸功能锻炼的方法）

4．心理护理　护士应多聆听患者的叙述，安慰患者，帮助患者了解疾病的过程，积极协助患者取得家庭和社会的支持，培养患者的生活情趣，分散其注意力，以消除焦虑，缓解压力。

## 五、健 康 指 导

1．疾病知识指导　向患者及家属解释慢性阻塞性肺疾病的相关知识，劝导患者戒烟，避免粉尘和刺激性气体的吸入；尽量避免去人群密集的公共场所；避免受凉，注意保暖。

2．用药指导　嘱遵医嘱用药，不要随意滥用镇静剂、止咳剂，教会患者及家属观察药物的不良反应。

3．家庭氧疗指导　让患者及家属了解吸氧的目的及必要性，取得患者的积极配合，指导患者每天氧疗的时间必须超过 15 小时，告知患者吸氧时注意安全，严禁烟火，防止爆炸。氧疗装置要定期更换、清洁和消毒。

4．康复指导　根据患者的心肺功能和体力情况，为患者制订康复锻炼计划，提高机体抵抗力。坚持进行缩唇呼吸和腹式呼吸锻炼，遵循饮食原则和计划，以便合理安排工作和生活。

# 第 5 节　支气管哮喘患者的护理

**案例 2-3**　患者，女，9 岁。1 小时前在郊外游玩时突然出现张口喘息，大汗淋漓。自幼年起于每年春季类似病情均有发生，其父患有过敏性疾病。T 36.3℃，P 132 次/分，R 33 次/分，BP 108/72mmHg，意识清楚，说话不连贯，表情紧张，端坐位，口唇发绀，双肺叩诊过清音，呼气时间明显延长，双肺广泛哮鸣音。

**问题**：1．该案例中患者患有何病？请对患者进行护理评估。

2．主要的护理问题是什么？

3．你将给患者采取什么护理措施？

支气管哮喘简称哮喘，是由多种炎性细胞（如嗜酸性粒细胞、肥大细胞、T 淋巴细胞、中性粒细胞等）和细胞组分参与的气道慢性炎症性疾病。以气道反应性增加和广泛多变的可逆性气流受限为特征。临床表现为反复发作的喘息、气急、胸闷或咳嗽等症状，常在夜间和（或）清晨发作或加剧，多数患者可自行缓解或治疗后缓解。长期反复发作可产生气道不可逆性缩窄和气道重塑。

全球约有1.6亿支气管哮喘患者，发达国家高于发展中国家。我国的哮喘患病率为1%～4%，半数在12岁以下起病，成年男女患病率大致相同。

## 一、概　　述

（一）病因

尚未完全清楚，目前认为是遗传因素和环境因素双重影响的结果。

1．遗传因素　哮喘是一种复杂的、具有多基因遗传倾向的疾病，发病具有明显的家族集聚现象，亲缘关系越近，患病率越高。

2．环境因素　是哮喘的激发因素，主要有以下几种：

（1）吸入性变应原：如花粉、尘螨、动物毛屑、刺激性气体。

（2）食物：鱼、虾、蛋类、牛奶。

（3）感染：细菌、病毒、寄生虫等。

（4）药物：阿司匹林、普萘洛尔等。

（5）其他：大气污染、吸烟、运动、肥胖等。

（考点：支气管哮喘的病因）

（二）发病机制

哮喘的发病机制复杂，气道炎症、变态反应、气道高反应性、气道重构和神经因素及其相互作用被认为与哮喘的发生关系密切。其中免疫介导的气道慢性炎症是哮喘发病的本质。气道高反应性是哮喘的基本特征，可通过支气管激发试验来量化和评估。

（三）转归

合理的治疗和护理，可减轻发作或减少发作次数，部分患者可以治愈。25%～75%的儿童，经过治疗或到成年期可完全缓解，如哮喘反复发作而加重，可并发肺气肿、肺心病，预后较差。

## 二、护理评估

（一）健康史

详细询问有无接触花粉、动物皮毛、鱼虾等变应原，有无应用某些药物（普萘洛尔、阿司匹林等）或气候变化、运动、妊娠等激发因素，有无哮喘家族史。

（二）身心状况

1．症状　常有干咳、打喷嚏、流泪、流鼻涕等先兆症状。典型表现为发作性呼气性呼吸困难或发作性胸闷、咳嗽，被迫采取端坐位；部分患者发作时以咳嗽为唯一症状，称咳嗽变异性哮喘；对以胸闷为唯一症状的不典型哮喘称为胸闷变异性哮喘；有些青少年表现为运动时出现胸闷、咳嗽和呼吸困难，称运动性哮喘。夜间及凌晨发作或加重是哮喘的特征之一。

2．体征　发作时胸部呈过度充气状态，广泛哮鸣音及呼气音延长。

3．哮喘持续状态　指哮喘严重发作，持续24小时不缓解。表现为烦躁不安，张口呼吸，大汗淋漓，面色苍白，发绀，胸腹矛盾运动，寂静胸等，危重者出现意识障碍。引起的原因有变应原或致喘因素持续存在；$\beta_2$受体激动剂应用不当和（或）抗炎治疗不充分；突然停用激素引起的"反跳现象"等。

（考点：支气管哮喘的临床表现）

4．分期

（1）急性发作期：气促、咳嗽、胸闷等症状突然发生或加重，常有呼吸困难，以呼气流量降低为特征，多与接触变应原等刺激物或治疗不当有关。

（2）非急性发作期：哮喘患者虽然没有急性发作，但在相当长的时间内仍不同程度地出现症状，肺通气功能下降。

5．并发症　急性发作时可并发气胸、纵隔气肿、肺不张；长期反复发作和感染可并发慢性支气管炎、阻塞性肺气肿和肺源性心脏病等。

6．心理-社会状况　发作时因严重呼吸困难而产生焦虑、恐惧心理；长期反复发作，影响工作和生活，患者可产生悲观情绪。

知识链接

**探望患者，别送鲜花**

鲜花是常见的变应原，可能引发或加重呼吸道等器官产生多种疾病。卖花者又常在花篮上喷洒香水，更容易诱发过敏性疾病，加重皮肤及呼吸道的病情。对花粉敏感的人群要比对青霉素过敏的人群多得多。目前已证明，至少有 200 多种花粉可诱发人体出现异常变化。另外，鲜花在夜间要消耗大量氧气，与患者争夺室内氧气，直接影响患者的康复。专家建议：在探视呼吸道疾病、过敏性疾病、有伤口或免疫力低下的患者时，不要送鲜花。

（三）辅助检查

1．实验室检查　①血液一般检查：哮喘发作时嗜酸性粒细胞升高，并发感染时白细胞总数和中性粒细胞增高。②痰液检查：痰液涂片可见较多嗜酸性粒细胞。

2．动脉血气分析　哮喘发作时可出现低氧血症，气道阻塞严重时，在 $PaO_2$ 下降的同时可有 $PaCO_2$ 升高，重症哮喘可出现呼吸性酸中毒或合并代谢性酸中毒。

3．胸部 X 线检查　哮喘发作时两肺透亮度增加，呈过度充气状态。

4．呼吸功能检查

（1）通气功能检测：哮喘发作时呈阻塞性通气功能障碍，缓解期通气功能指标可逐渐恢复。病变迁延、反复发作者，其通气功能可逐渐下降。

（2）支气管激发试验：用以测定气道反应性。

（3）支气管舒张试验：用以测定气道的可逆性改变。

（4）最大呼气流量（PEF）及其变异率测定：哮喘发作时 PEF 下降，若昼夜 PEF 变异率≥20%，提示存在可逆性的气道改变。

5．变应原检测　皮肤变应原测试，通过皮肤点刺等方法进行，用于指导避免变应原接触和脱敏治疗。

（四）治疗要点

目前哮喘不能根治，但长期的规范化治疗可使大多数患者达到良好或完全的临床控制，哮喘治疗的目标是长期控制症状、预防未来风险的发生。防止病情恶化，提高生活质量。

1．去除病因和诱因　避免接触引起哮喘发作的变应原或其他非特异刺激因素，防止感染。

2．控制急性发作　急性发作期的治疗目标是尽快缓解气道痉挛，纠正低氧血症，预防进一步恶化或再次发作，防治并发症。

（1）解痉平喘

1）$\beta_2$受体激动剂：是控制哮喘急性发作的首选药物，如沙丁胺醇、特布他林等。用药方法有定量吸入、口服或静脉注射。

2）茶碱类：有松弛支气管平滑肌、增强膈肌收缩力的作用。可口服或静脉给药。

3）抗胆碱药物：与$\beta_2$受体激动剂联合吸入有协同作用，尤其适用于夜间哮喘和痰多者。

4）糖皮质激素：是目前控制哮喘发作最有效的抗炎药物。其作用机制是抑制气道变应性炎症，降低气道高反应性，可通过吸入、口服和静脉给药。吸入治疗是目前推荐长期抗炎治疗哮喘最常用的方法。常用吸入药物有氟替卡松、倍氯米松、布地奈德等。静脉给药用于重度或严重哮喘发作时，症状缓解后逐渐减量，然后改为口服和吸入药物维持。

5）其他药物：白三烯调节剂可通过调节白三烯的生物活性而发挥抗炎作用，常用的有孟鲁司特、扎鲁司特等；钙离子拮抗药如硝苯地平、维拉帕米等；酮替芬和新一代组胺$H_1$受体拮抗药阿司咪唑、曲尼斯特对轻症哮喘和季节性哮喘有一定效果。

（2）促进排痰：可根据病情选用补液、应用祛痰药、超声雾化吸入等方法使气道湿化、稀释痰液，以利于排痰。

（3）积极控制感染：根据病情选用有效抗生素。

（4）氧疗与辅助通气：经鼻导管、面罩或鼻罩吸氧，可缓解通气/血流比例失调。

3．重症哮喘的治疗

（1）吸氧：低流量持续吸氧，注意加湿保温和气道通畅。如果病情恶化缺氧不能改善时，可进行机械通气。

（2）解痉平喘：静脉应用氨茶碱；静脉滴注糖皮质激素；持续雾化吸入$\beta_2$受体激动剂。

（3）控制感染：静脉滴注有效抗感染药物。

（4）补液、纠正酸碱失衡及电解质紊乱。

（5）其他：湿化气道，促进排痰，处理并发症等。

4．慢性持续期和缓解期的治疗　主要治疗目的是争取长期缓解，预防复发。

（1）特异性免疫疗法（脱敏疗法）：如采用特异性变应原（如螨、动物毛、花粉等）反复做定期皮下注射，剂量、浓度由低至高，使患者产生免疫耐受性而脱（减）敏。

（2）非特异性免疫疗法：如注射卡介苗、转移因子等生物制品抑制变应原反应的过程。

（3）药物预防：常选用色甘酸钠，对预防运动和变应原诱发的哮喘最有效。

（考点：哮喘的药物治疗）

## 三、护理问题

1．低效性呼吸型态　与支气管痉挛、气道炎症等因素有关。

2．清理呼吸道无效　与痰液黏稠、气道黏液栓形成等因素有关。

3．知识缺乏：缺乏自我监测病情及正确使用吸入器等相关知识。

4．潜在并发症：自发性气胸、纵隔气肿、肺不张。

## 四、护理措施

1．一般护理

（1）休息：提供安静、舒适的休息环境，保持室内空气流通，病室不能放置花草、地毯，不养宠物。哮喘发作时，协助患者取适当的半卧位或坐位，提供床旁桌支撑，以减轻患者体力消耗。

（2）饮食：提供清淡、易消化、热量充足、富含维生素的食物。忌食易过敏的食物，戒烟戒酒。哮喘发作时，鼓励每日饮水 2000ml 以上，必要时遵医嘱静脉补液，稀释痰液，以防痰栓形成阻塞气道。

2．病情观察　监测生命体征、呼吸音及肺部哮鸣音变化，观察发绀程度，注意痰液的量、黏稠度及能否顺利排出；如患者呼吸无力、发绀明显、说话不连贯、大汗淋漓、心率增快、奇脉、哮鸣音减少、呼吸音减弱或消失等，提示病情严重或出现并发症，应迅速通知医生救治。

3．配合治疗护理

（1）$\beta_2$受体激动剂：常见不良反应有头痛、头晕、心悸、肌肉震颤等，心功能不全、高血压、甲状腺功能亢进患者慎用。

（2）茶碱类药物：主要不良反应包括胃肠道、心脏和中枢神经系统的毒性，可引起恶心、呕吐、头痛、失眠、心律失常等，严重者可导致室性心动过速、抽搐甚至死亡；静脉注射药物浓度不宜过高、速度不宜过快，以免引起严重副作用。

（3）抗胆碱药：偶见口干、口苦感。

（4）糖皮质激素：激素吸入治疗的全身性不良反应少，主要为口咽部真菌感染、咳嗽、声音嘶哑和局部皮肤变薄等。应叮嘱患者吸入激素后立即漱口、洗脸并做好口腔护理；静脉应用或口服激素时，需密切观察患者有无呕血、黑便现象，监测血清电解质，注意血糖和血压的变化，口服激素宜在饭后进行，以减轻对胃肠道的刺激。停用激素时应按医嘱逐渐减量，患者不能自行停药或减量。

（5）酮替芬：有镇静、头晕和嗜睡等不良反应，慎用于高空作业、驾驶员。色甘酸钠：有咽喉不适、胸闷、偶见皮疹者及孕妇慎用。

（6）氧疗护理：给予鼻导管或面罩供氧，氧流量一般为 2～4L/min，可根据病情和动脉血气分析结果及时进行调整。病情加重应准备进行机械通气。

（7）定量雾化吸入器和干粉吸入器的使用方法

1）定量雾化吸入器：用药时先将盖子打开，摇匀药液，深呼气至不能再呼时，将定量雾化吸入器喷嘴置于口中，双唇包住喷口，以慢而深的方式经口吸气，同时用手指按压喷药，至吸气末屏气 10 秒，使较小的雾粒沉降于气道远端，然后缓慢呼气，休息 3 分钟后可再重复使用 1 次。

2）干粉吸入器：经常使用的有蝶式吸入器、都保装置和准纳器。护士应指导患者将药物正确装入干粉吸入器，吸入前先呼气，然后用口唇含住吸嘴用力深吸气，屏气 5～10 秒，用后关闭容器。

（8）促进排痰：保持呼吸道通畅，痰液黏稠不易咳出时，可行雾化吸入，以湿化呼吸道促进排痰。

4．心理护理　对急性发作期的患者，护士应加强巡视，安慰患者，使患者产生信任和安全感，减轻紧张、恐惧心理。

## 五、健康指导

1．疾病知识指导　防止吸入花粉、烟尘和刺激性的烟雾；避免食用易过敏的食物；不饲养宠物，避免接触动物皮毛，不使用皮毛制品；应用色甘酸钠或注射哮喘菌苗等，预防哮喘发作。

2．生活指导　养成良好的生活习惯，避免身心过劳，注意防寒保暖，戒除烟酒，避免辛辣刺激食物，坚持体育锻炼，增强体质。

3．疾病监测指导　有条件者指导应用峰流速仪监测 PEF 值，将每日的症状、用药情况和 PEF 值等记入哮喘日记。

（考点：支气管哮喘的健康指导）

## 第 6 节　肺炎患者的护理

**案例 2-4**　患者，女，33 岁。淋雨受凉后出现寒战、高热，咳嗽、胸痛、咳铁锈色痰 2 天。患者焦虑不安，神志清，急性面容，呼吸急促，T 39. 2℃，P 108 次/分，R 32 次/分，BP 105/75mmHg，左下肺闻及支气管呼吸音。血常规：WBC $14\times10^9$/L。胸部 X 线片示左下肺大片状阴影。

**问题：** 1．该案例中患者患有何病？请对患者进行护理评估。

2．该患者有哪些护理问题？

3．作为该患者主管护士，你将给患者采取什么护理措施？

肺炎是指终末气道、肺泡和肺间质的炎症，可由病原微生物感染、理化因素（如有害气体、化学物质、放射线、食物或呕吐物的吸入等）、免疫损伤等引起。

肺炎可根据解剖学、病因及患病环境进行分类。

1．解剖学分类　大叶性（肺泡性）肺炎、小叶性（支气管性）肺炎和间质性肺炎。

2．病因分类　分为细菌性肺炎、病毒性肺炎、非典型病原体（如军团菌、支原体和衣原体等）所致肺炎、真菌性肺炎、其他病原体所致肺炎和理化因素所致肺炎等，其中细菌性肺炎是最常见的肺炎。

3．患病环境分类　①社区获得性肺炎：是指在医院外罹患的感染性肺实质炎症，包括有明确潜伏期的病原体感染，入院后在平均潜伏期内发病的肺炎。常见病原体有肺炎链球菌。②医院获得性肺炎：亦称医院内肺炎，是指患者入院时不存在、也不处于潜伏期，于入院 48 小时后在医院内发生的肺炎，主要病原菌为革兰阴性杆菌。多见于年老体弱、营养不良、慢性呼吸系统疾病及长期使用免疫抑制药致机体免疫功能低下者。

本节主要介绍肺炎球菌肺炎患者的护理。

肺炎球菌肺炎是由肺炎球菌感染引起的肺实质炎症，约占社区获得性肺炎的 50%，是最常见的感染性肺炎。冬季与初春为本病高发季节，发病人群多为既往体健的青壮年、老年人及婴幼儿，近年来因抗生素及时、有效的应用，轻症和不典型者较多见，少数情况下可发生菌血症和感染性休克，甚至危及生命。

### 一、概　述

1．病因及发病机制　肺炎球菌为革兰染色阳性球菌，肺炎球菌为上呼吸道的正常菌群，当机体呼吸道局部防御功能下降、全身免疫力低下时才致病。常见诱因有受凉、淋雨、疲劳、醉酒和病毒感染史。

2．病理　典型的病理改变可分为 4 期：充血期、红色肝样变期、灰色肝样变期、消散期。

3．转归　肺炎球菌肺炎预后良好，但如患者年老体弱，有慢性心、肺、肝、肾疾病者，免疫缺陷者，病变广泛和并发症严重者则预后差。

## 二、护 理 评 估

### （一）健康史

询问患者既往健康状况，有无慢性呼吸系统及全身性疾病，有无吸烟、酗酒史，是否长期使用肾上腺糖皮质激素、免疫抑制药。询问有无导致患者机体防御机制下降的诱发因素存在，如受凉、淋雨、疲劳、淋雨等，有无身体其他部位感染灶，有无接触变应原或遭受理化因素影响等。

### （二）身心状况

1．症状

（1）全身症状：起病急骤，先有寒战，继之高热。体温高达 39～41℃，呈稽留热型。可有头痛、全身不适、食欲减退。部分患者可有恶心、呕吐等消化道症状；严重者出现烦躁、意识障碍等神经精神症状。

（2）呼吸系统症状

1）咳嗽、咳痰：早期干咳，可有少量黏液痰，以后咳黏液脓性痰，咳铁锈色痰为其特征性表现。

2）胸痛：多发生于患侧，咳嗽、深呼吸时加剧。

3）呼吸困难：病变范围较广时，可出现呼吸困难和发绀。

（考点：肺炎球菌肺炎的临床表现）

2．体征　急性病容、鼻翼扇动，口唇和鼻周可有单纯疱疹，典型者可有肺实变体征，患侧呼吸运动减弱、语颤增强、叩诊浊音，病变处可闻及支气管呼吸音及湿啰音，累及胸膜时，可闻及胸膜摩擦音。

3．并发症

（1）中毒性（休克型）肺炎：重症患者出现感染性休克称休克型肺炎。最常发生在病程的 72 小时内，尤其是发病的 24 小时内。临床表现为血压突然下降，多在 80/60mmHg 以下，烦躁不安、嗜睡、意识模糊，面色苍白、四肢厥冷、脉搏细速、唇指发绀，少尿或无尿。

（2）其他并发症：胸膜炎、脓胸、心包炎等。

4．心理-社会状况　由于起病急骤，短期内出现高热等全身中毒症状，患者常出现焦虑不安。当出现休克型肺炎等严重并发症时，常有紧张、恐惧心理。

### （三）辅助检查

1．血常规　白细胞计数升高，中性粒细胞百分比达 0.8 以上，伴核左移，细胞内出现中毒颗粒。

2．痰液检查　痰涂片及培养可见革兰阳性球菌。

3．X 线检查　典型表现为与肺叶、肺段分布一致的片状均匀致密阴影（图 2-5），病变累及胸膜时，可见肋膈角变钝或少量胸腔积液征象。

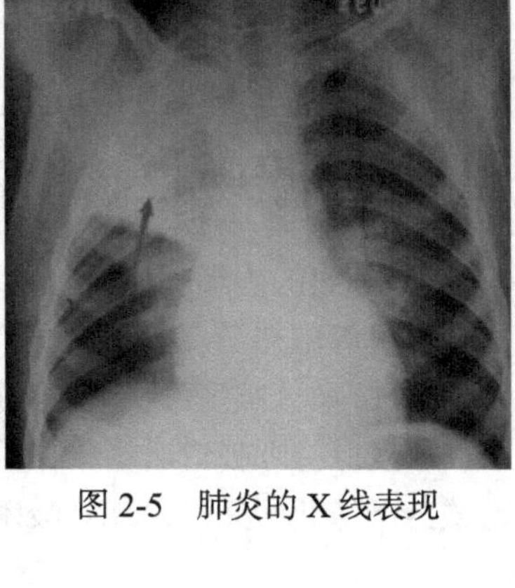

图 2-5　肺炎的 X 线表现

（四）治疗要点

1．抗感染治疗　是肺炎球菌肺炎治疗的主要环节，首选青霉素，抗菌疗程一般为5～7天，或在热退后3天停药。

（考点：肺炎球菌肺炎的治疗）

2．支持治疗　卧床休息，补充足够热量、蛋白质和维生素的食物，鼓励多饮水；尽量不用退热药，以免大量出汗干扰热型，影响临床诊断，有低氧血症者应给予吸氧。

3．并发症的治疗　一旦出现休克型肺炎，应积极采取下列治疗措施。

（1）补充血容量：首先输注右旋糖酐，以扩充血容量，降低血液黏稠度，改善微循环，预防弥散性血管内凝血（DIC）的发生，然后输注其他药物。注意输液不宜过快过多，宜在中心静脉压监测下调整速度，以防诱发肺水肿和心力衰竭。

（2）血管活性药物：使用合适的血管活性药物，使收缩压维持在90～100mmHg，保证重要器官的血液供应。

（3）纠正酸中毒：常用5%碳酸氢钠溶液静脉滴注。

（4）抗感染：宜选用2～3种广谱抗生素，早期、联合、足量静脉给药。

（5）其他：病情严重者可使用糖皮质激素。

（考点：休克型肺炎的抢救配合）

## 三、护理问题

1．体温过高　与细菌引起肺部感染有关。

2．清理呼吸道无效　与支气管分泌物多、痰液黏稠等因素有关。

3．疼痛：胸痛　与肺部炎症累及胸膜有关。

4．气体交换受损　与肺部炎症，肺泡呼吸面积减少有关。

5．潜在并发症：休克型肺炎。

## 四、护理措施

（一）一般护理

1．休息　患者采取有利于呼吸的体位（半卧位或者高枕卧位），以减轻体力和氧的消耗。胸痛患者可取患侧卧位，以减轻疼痛。

2．饮食　给予足够热量、高蛋白、高维生素的易消化流质或者半流质饮食，鼓励患者多饮水，每日1500～2000ml，以加快毒素排泄和热量的散发，并有利于排痰。

（二）病情观察

严密观察生命体征，当出现高热骤降至常温以下，脉搏细速、呼吸浅快、烦躁不安、四肢厥冷、少尿等休克征象时，应立即报告医师并配合抢救。

（三）对症护理

1．高热的护理　患者应卧床休息，寒战时应注意保暖，高热时以物理降温为主，不宜使用阿司匹林等解热药。大量出汗者应及时更换衣服和被褥，做好口腔和皮肤的护理。

2．咳嗽、咳痰的护理　鼓励患者深呼吸，指导有效咳嗽；协助翻身拍背及胸部叩击，促进排痰，以保持呼吸道通畅，有利于肺部气体交换；痰液黏稠不易咳出时，鼓励多饮水，应用祛痰药或给予雾化吸入。出现呼吸困难及发绀时给予吸氧，流量2～4L/min。

3．胸痛的护理　嘱患者取患侧卧位，指导患者深呼吸和咳嗽时用手按压患侧胸部以限制患侧胸部活动，从而减轻疼痛。胸痛明显者可应用少量止痛剂，如可待因。对烦躁、谵妄者遵医嘱给予地西泮等镇静剂。

（四）配合治疗护理

遵医嘱使用抗生素，注意观察疗效和不良反应。用药前应详细询问过敏史，凡对青霉素类药物过敏者，禁止使用此类药物，并不再做皮肤过敏试验，以免发生意外。有药物过敏或药疹等病史者，应该在病史中及病例卡的显著部位标明禁用此类药物。

（五）休克型肺炎的护理

1．安置患者　绝对卧床，取仰卧中凹位，头胸抬高 20°，下肢抬高 30°，有利于呼吸和静脉回流；尽量减少搬动，注意保暖，但忌用热水袋，以防血管扩张导致血压下降。

2．给予高流量吸氧，保持 $PaO_2$＞60mmHg。

3．建立两条静脉通道。

4．应用 5%碳酸氢钠时，因碱性药物配伍禁忌较多，应先行输入，后给其他药物。

5．血管活性药物使用时应由单独一路静脉给药，以便根据血压调整滴速，滴注时药物不得外渗，以防局部坏死。若不慎药物漏出，应立即停止滴注，行局部封闭或用硫酸镁湿热敷。

6．疗效观察　严密监测患者的生命体征和尿量变化，如果患者出现口唇红润、肢体变暖、神志渐清醒、表情安静、脉搏有力、收缩压＞90mmHg、尿量＞30ml/h，提示血容量补足。如果血容量已补足，但尿量＜400ml/d，尿比重＜1.018，应注意是否合并急性肾衰竭。

（六）心理护理

护士应主动询问和关心患者，对焦虑不安的患者做好解释工作，介绍肺炎的相关知识，给予心理支持。

## 五、健康指导

1．疾病知识指导　向患者宣传肺炎的基本知识，强调预防的重要性。平时应注意锻炼身体，尤其要加强耐寒锻炼，对老年人及患有慢性病的患者尤应注意气温变化，随时增减衣服，预防上呼吸道感染。对老年体弱、免疫功能减退的患者，推荐注射肺炎球菌疫苗，预防再次感染。

知识链接

**肺炎球菌疫苗**

接种肺炎球菌疫苗是有效的特异性预防措施。目前普遍应用的预防肺炎链球菌疾病的疫苗主要有两类：多糖疫苗（适用于 2 岁以上适合人群）和蛋白结合疫苗（可用于 2 岁以下婴幼儿）。绝大多数接种多糖疫苗的健康人，在接种后 2～3 周内，均能产生抵抗大部分肺炎球菌的保护性抗体，免疫功效可维持 5 年。

2．生活指导　增加营养，保证充足的休息时间，以增强机体对感染的抵抗能力。

3．疾病监测指导　指导患者按医嘱用药，出院后定期随访，出现高热、心率加快、胸痛等症状应及时就诊。

# 第7节　支气管扩张患者的护理

**案例 2-5**　患者，男，15岁。平素健康，偶因感冒而短暂咳嗽，1周前又感冒并伴有轻度咳嗽，昨晚突然咯血，开始为2～3口血痰，继之大口咯血。护理体检：左下肺有湿啰音，余未见具体病灶，既往年幼时患过百日咳。

**问题：** 1. 该案例中患者患有何病？请对患者进行护理评估。

2. 该患者有哪些护理问题？

3. 作为该患者主管护士，你将给患者采取什么护理措施？

支气管扩张是指支气管及其周围组织的慢性炎症导致管壁肌肉和弹性组织破坏所引起的管腔异常和持久性扩张。主要临床表现为慢性咳嗽，咳大量脓性痰和（或）反复咯血。随着医疗水平的提高，麻疹、百日咳疫苗的预防接种，支气管扩张的患病率已明显降低。

## 一、概　　述

1．病因及发病机制

（1）支气管-肺组织感染和阻塞：感染和阻塞相互影响，常见于婴幼儿麻疹、百日咳或支气管肺炎等疾病。感染是支气管扩张最常见的病因。

（2）支气管先天性发育障碍和遗传因素，较少见。

（考点：支气管扩张的病因）

2．转归　大多患者治疗效果良好，少数慢性重症患者，肺功能严重障碍，劳动力明显减退，则预后较差。

## 二、护理评估

（一）健康史

询问有无与支气管扩张相关的呼吸系统感染病史，有无各种可导致支气管阻塞的原发病变，有无支气管先天性发育障碍和遗传因素存在等。

（二）身心状况

1．症状

（1）慢性咳嗽和大量脓痰：咳嗽呈阵发性，与体位的改变有关，引起的原因是支气管扩张部位的分泌物，随体位变化发生移动，从而刺激支气管黏膜引起咳嗽和排痰。当感染急性发作时，痰液呈黄绿色脓性，痰量明显增多，每日可达数百毫升，痰液静置后有分层的特征：上层为泡沫，中层为混浊黏液，下层为坏死组织沉淀物。合并厌氧菌感染时，痰液有恶臭味。

（2）反复咯血：患者大多有不同程度的咯血症状，咯血量与病情严重程度、病变范围有时并不一致。部分患者仅有反复咯血，临床称之为“干性支气管扩张”，病变多在引流较好的上叶支气管。

（3）反复肺部继发感染：同一肺段反复发生肺炎且迁延不愈。

（4）慢性感染中毒症状：可出现发热、乏力、食欲减退、消瘦、贫血等，儿童可影响发育。

2．体征　早期或干性支气管扩张，多无明显肺部体征，典型患者常可闻及下胸部及背部固定而持久的局限性粗湿啰音，有时出现哮鸣音。慢性反复感染者，可伴有消瘦、贫血、发绀、杵状指等。

（考点：支气管扩张的临床表现）

3．心理-社会状况　大量或反复咯血者，易出现焦虑、紧张和恐惧心理。

（三）辅助检查

1．影像学检查

（1）胸部 X 线检查：典型 X 线表现呈轨道征和卷发样阴影。

（2）胸部 CT 检查：可显示管壁增厚的柱状扩张或成串成簇的囊状改变。高分辨率 CT 能够显示以次级肺小叶为基本单位的肺内细微结构，对支气管扩张有确诊价值。

（3）支气管碘油造影：可明确支气管扩张的部位、形态、范围和病变严重程度（图 2-6），仅用于准备外科手术的患者。

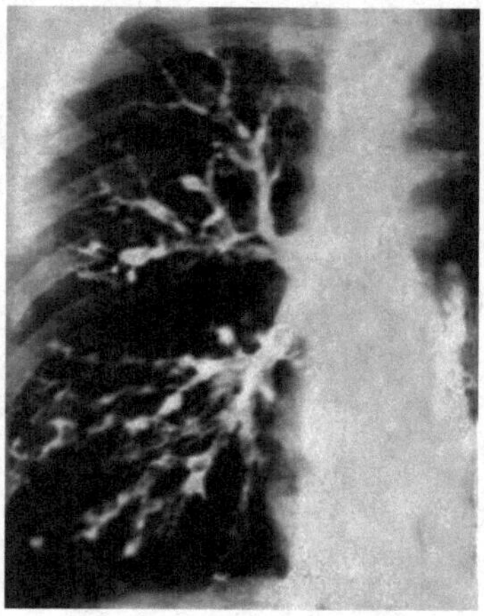
图 2-6　支气管碘油造影

2．纤维支气管镜检查　有助于发现出血部位或阻塞原因，还可进行局部灌洗和取灌洗液做细菌学、细胞学检查等。

（四）治疗要点

1．控制感染　有发热、咳脓痰等急性感染征象时需应用抗生素，可根据病情选用，必要时参考细菌培养及药敏试验结果选择抗菌药物。轻症者一般口服半合成青霉素如阿莫西林、第 1 代头孢菌素、喹诺酮类等药物；重症患者需选用敏感抗菌药物联合静脉给药，如第 3 代头孢菌素加用氨基糖苷类；有厌氧菌感染者，加用甲硝唑、替硝唑或克林霉素。体温恢复正常，全身中毒症状消失后 1 周左右可停药。

2．促进痰液引流　可减少继发感染和减轻全身中毒症状。应用祛痰药、支气管舒张药稀释脓痰，促进痰液排出并缓解支气管痉挛，再经体位引流清除痰液，必要时还可经纤维支气管镜吸痰，同时进行局部灌洗并注入抗菌药物。

3．咯血治疗　详见第 8 节。对于药物治疗无效的大咯血患者可以行支气管动脉栓塞治疗。

知识链接

**支气管动脉栓塞术**

支气管动脉栓塞术适应证：① 治疗各种原因引起的支气管动脉损害所造成的咯血；② 阻断胸部肿瘤的血供；③ 治疗胸壁窦道和出血。

4．外科治疗　病变较局限、全身状况良好、经内科治疗无效者可考虑手术切除病变肺段或肺叶。

## 三、护理问题

1．清理呼吸道无效　与痰多黏稠和无效咳痰有关。

2．营养失调：低于机体需要量　与慢性感染导致机体消耗增加而摄入不足有关。

3．焦虑　与担心疾病预后有关。

## 四、护理措施

（一）一般护理

1．休息　保持室内空气新鲜及适宜的温湿度。病情加重时需卧床休息，大咯血患者应绝对卧床休息。

2．饮食　提供高热量、高蛋白、富含维生素的饮食，过冷或过热食物易诱发咳嗽而引起咯血，咯血期间食物以温凉为宜。鼓励多饮水，以利于痰液稀释和排出。

3．保持呼吸道通畅　指导有效咳嗽和排痰的方法，雾化吸入支气管舒张药，以稀释痰液和缓解支气管痉挛，提高排痰效果，必要时实施体位引流（详见实训 1）。

（二）病情观察

观察患者生命体征是否平稳，痰液的色、质、量、气味及与体位的关系；注意有无咯血及咯血量和性状，有无呼吸困难及缺氧情况，警惕窒息等并发症的表现，并备好抢救药品和物品以配合抢救。

（三）配合治疗护理

遵医嘱应用抗菌药物、祛痰药及支气管舒张药等，注意观察药物疗效及不良反应。

（四）心理护理

介绍支气管扩张最新的治疗进展，帮助患者树立战胜疾病的信心，缓解焦虑不安情绪。

## 五、健康指导

1．疾病知识指导　向患者及家属阐明支气管扩张的发生和发展与呼吸道感染和阻塞密切相关，指出积极防治呼吸道感染的重要性，教会患者体位引流的方法并掌握有效咳嗽及排痰技巧。

2．生活指导　说明加强营养和建立良好的生活习惯对机体康复的重要作用，指导摄取必需的营养素，以增强机体的抗病能力。鼓励参加适当的体育锻炼，以增强机体免疫力和抗病能力。注意生活规律、劳逸结合，避免过度活动或情绪激动而诱发咯血。

3．疾病监测指导　一旦发现症状加重如痰量增多、咯血、呼吸困难加重、畏寒、发热、胸痛等应及时就诊。

# 第 8 节　肺结核患者的护理

**案例 2-6**　患者，男，36 岁。咳嗽、咳痰半年余，痰中带血 1 周。咳嗽多为干咳、痰量不多，有胸闷及盗汗，发病以来食欲差、消瘦。查体：T 38.1℃，P 88 次/分，R 22 次/分，BP 105/75mmHg。精神差，气管居中，右锁骨下闻及细湿啰音。痰液涂片抗酸染色见分枝杆菌；X 线胸片示右锁骨下片絮状阴影，边缘模糊。

问题：1．该案例中患者患有何病？请对患者进行护理评估。

2．主要的护理问题是什么？

3．你将给患者采取什么护理措施？

结核病是严重危害人类健康的全球流行传染性疾病之一。我国结核病的流行形势十分严峻，在我国曾受到结核分枝杆菌的感染者约有 5.5 亿，中国被世界卫生组织（WHO）列为全世界第 2 位的结核病高负担、高危险性国家。2000 年统计结果显示，我国活动性肺结核患者约有 500 万，占世界结核患者总数的 1/4，每年因结核病死亡的人数约 13 万。因此，结核病的防治是一个严重、需要高度重视的公共卫生问题。

肺结核是结核分枝杆菌引起的肺部慢性传染性疾病。

## 一、概　　述

1．病原体　结核分枝杆菌因染色具有抗酸性故又称为抗酸杆菌，分为人型、牛型、非洲型和鼠型 4 类，肺结核的致病菌 90%以上是人型结核分枝杆菌，少数为牛型和非洲型分枝杆菌。结核分枝杆菌为需氧菌，生长缓慢、对外界抵抗力较强，在阴冷潮湿环境下能生存 5 个月以上。但在阳光下暴晒 2 小时、病房常用紫外线灯消毒 30 分钟、70%乙醇接触 2 分钟、1.5%甲酚皂（来苏儿溶液）接触 2～12 小时或煮沸 5 分钟均可被杀灭。最简便有效的杀菌方法是将痰液吐在纸上直接焚烧。

2．传染源　结核病的传染源主要是痰中带菌的肺结核患者。

3．传播途径　飞沫传播是最重要的传播途径。

4．易感人群　婴幼儿、老年人、HIV 感染者、免疫抑制药使用者、慢性疾病患者等免疫力低下者，是结核病的易感人群。

（考点：肺结核的传播途径）

5．发病机制　人体感染结核分枝杆菌后是否发病，与结核分枝杆菌的数量、毒力、人体的免疫力与变态反应有关。

6．转归　肺结核经过积极正规治疗，可以好转、痊愈。如果治疗不正规，或者产生了耐药性可使病情恶化、迁延不愈，甚至导致死亡。

## 二、护 理 评 估

### （一）健康史

询问有无与结核患者密切接触史、疫苗接种史，有无导致机体免疫功能降低的病情，如麻疹、糖尿病、艾滋病、营养不良、慢性疾病或使用糖皮质激素、免疫抑制药等；有无过度疲劳、生活不规律、妊娠、分娩等结核病的诱发因素。

### （二）身心状况

1．症状

（1）全身症状：最常见的表现为发热，多为午后低热，伴盗汗、乏力、食欲减退、体重减轻等。

（2）呼吸系统症状：①咳嗽和咳痰：是肺结核最常见症状。早期为干咳或者仅有少量黏液痰，伴继发感染时，痰呈黏液脓性或脓性。②咯血：近 50%患者可发生不同程度的咯血。炎性病灶的毛细血管扩张，通透性增加可引起痰中带血，小血管损伤或结核空洞内血管瘤破裂，则可致中量、大量咯血，甚至发生失血性休克。③胸痛：结核病变波及胸膜可引起胸痛，并随呼吸及咳嗽加重。④呼吸困难：多见于慢性重症肺结核或大量胸腔积液患者。

2．体征　肺结核好发于上叶尖后段，肩胛间区或锁骨上下部位听到细湿啰音；当肺部渗出病变范围较大或有干酪样坏死时可出现相应的肺实变体征，有结核性胸膜炎时可出现胸腔积液体征；当出现慢性纤维空洞型肺结核或胸膜粘连增厚时，患侧胸廓塌陷，气管向患侧移位。

3．临床类型（图 2-7）

（1）原发型肺结核（Ⅰ型）：多见于儿童或者边远地区的成年人。症状多轻微，类似感冒，病灶多位于肺通气较好部位，并引起淋巴管炎和淋巴结炎。肺内原发病灶、引流的淋巴管炎和肿

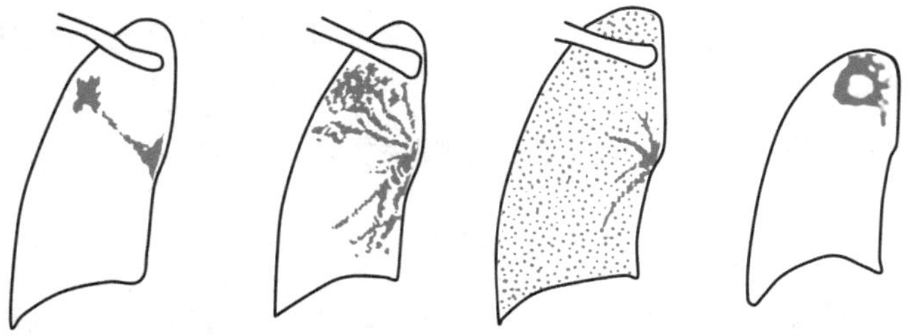


图 2-7 肺结核类型

A. 原发型肺结核；B. 浸润型肺结核；C. 血行播散型肺结核；D. 慢性纤维空洞型肺结核

大的肺门淋巴结统称原发复合征，呈哑铃形阴影。

（2）血行播散型肺结核（Ⅱ型）：包括急性血行播散型肺结核（急性粟粒型肺结核）及亚急性、慢性血行播散型肺结核。急性血行播散型肺结核，小儿多见，起病急、全身中毒症状重，半数以上合并结核性脑膜炎。亚急性、慢性血行播散型肺结核，起病慢，中毒症状轻。

（3）继发型肺结核（Ⅲ型）：包括浸润型肺结核、纤维空洞型肺结核、结核球和干酪样肺炎等。多见于成人，其中浸润型肺结核是最常见的继发型肺结核，慢性纤维空洞型肺结核是肺结核的重要传染源。

（4）结核性胸膜炎（Ⅳ型）：包括结核性干性胸膜炎、结核性渗出性胸膜炎和结核性脓胸。干性胸膜炎主要表现为胸痛，渗出性胸膜炎主要表现为呼吸困难。

（5）其他肺外结核：如肠结核、肾结核等。

（6）菌阴肺结核：为 3 次痰涂片及 1 次痰培养阴性的肺结核。

（考点：肺结核的临床类型）

4．心理-社会状况　肺结核病程长，患者社会交往减少，常产生孤独、自卑、多疑心理；因担心对学习、工作等的不良影响，常出现焦虑和情绪不稳。

（三）辅助检查

1．影像学检查　胸部 X 线检查是诊断肺结核的重要方法，对临床分型，确定病变部位、范围、性质，选择治疗方案，判断疗效具有重要价值（图 2-8）。

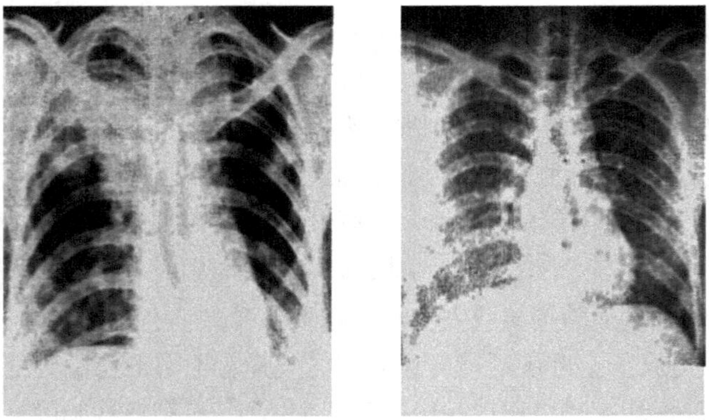

图 2-8　肺结核 X 线表现

A. 浸润型肺结核；B. 血行播散型肺结核

2．痰结核分枝杆菌检查　确诊肺结核最可靠的方法，也是制订化疗方案和考核治疗效果的主要依据。肺结核患者的排菌具有间断性和不均匀的特点，故应多次查痰。痰菌阳性说明病灶是开放性的，并具有传染性。

3．结核菌素试验　主要用于检出结核分枝杆菌的感染，进行结核感染的流行病学调查。目前临床广泛应用的是结核菌素的纯蛋白衍生物（PPD）。

（1）试验方法：在前臂屈侧中上部 1/3 处皮内注射 0.1ml（5U）PPD，48～72 小时后观察和记录结果。

（2）结果判断：皮肤硬结直径＜5mm 为阴性反应（－），5～9mm 为弱阳性反应（＋），10～19mm 为阳性反应（＋＋），＞20mm 或局部起水疱、组织坏死为强阳性反应（＋＋＋）。手指轻触硬结边缘，测量硬结的横径和纵径，得出平均直径＝（横径＋纵径）/2。

（3）临床意义：成人结核菌素试验阳性仅表示曾受过结核分枝杆菌感染或接种过卡介苗，并不表示患病，但 3 岁以下婴幼儿结核菌素试验强阳性有诊断价值，表示有新近感染的活动性结核。成人阴性反应可视为未受过结核分枝杆菌的感染，但出现下列情况，如结核感染后 4～8 周以内处于变态反应前期、重症结核病、应用糖皮质激素或免疫抑制药、危重患者、免疫系统缺陷、严重营养不良等，结核菌素反应可呈假阴性。

（考点：结核菌素试验）

（四）治疗要点

合理使用敏感的抗结核药物是治愈结核病的主要方法，活动性肺结核患者均需进行化学药物治疗。

1．化疗原则　早期、规律、全程、适量、联合。达到早期杀菌、避免耐药、降低毒副作用、提高疗效和减少复发的治疗目的。

2．常用的抗结核药物　见表 2-1。

**表 2-1　常用的抗结核药物及不良反应**

| 药名（缩写） | 主要不良反应 |
|---|---|
| 异烟肼（H，INH） | 周围神经炎，偶有肝功能损害 |
| 利福平（R，REP） | 肝功能损害、过敏反应 |
| 链霉素（S，SM） | 听力障碍、眩晕、肾功能损害、口周麻木、过敏性反应 |
| 吡嗪酰胺（Z，PZA） | 胃肠道不适、肝功能损害、高尿酸血症 |
| 乙胺丁醇（E，EMB） | 球后视神经炎 |
| 对氨水杨酸钠（P，PAS） | 胃肠道反应、过敏反应、肝功能损害 |

3．治疗方案　常采用短程化疗、间歇用药，选择药物时常选用具有较强杀菌作用的异烟肼及利福平，疗程 6～9 个月；也可根据病情选择联合药物和疗程。

4．对症治疗

（1）毒性症状：在有效抗结核治疗 1～2 周内多可消失，无须特殊处理。有高热或大量胸腔积液者，可在使用抗结核药物的同时，加用糖皮质激素（如泼尼松），通常使用中小剂量，疗程在 1 个月以内。

（2）咯血：若少量咯血，以卧床休息、止咳等对症治疗为主；中等或大量咯血时，应严格卧床休息，按医嘱应用垂体后叶素，必要时可经支气管镜局部止血。

5．手术治疗　适用于化学药物治疗无效，多重耐药的厚壁空洞、大块干酪灶、结核性脓胸、支气管胸膜瘘和大咯血保守治疗无效者。

知识链接

**结核病的防治规划**

2010年国务院制定的《全国结核病防治规划（2001—2010年）》指导原则中指出：我国是世界上22个结核病高负担国家之一，结核病患者数量居世界第二位，其中80%在农村。结核病是我国农村因病致贫、因病返贫的主要疾病之一。我国结核病防治工作实行分类指导，对西部地区和贫困人群给予重点帮助。实行肺结核病治疗费用“收、减、免”政策，对没有支付能力的传染性肺结核病患者实行免费治疗。

## 三、护理问题

1. 营养失调：低于机体需要量 与机体消耗增加、食欲下降有关。
2. 体温过高 与结核分枝杆菌感染有关。
3. 有孤独的危险 与结核病患者实施呼吸道隔离有关。
4. 知识缺乏：缺乏结核病治疗的相关知识。
5. 潜在并发症：咯血、窒息。

## 四、护理措施

（一）一般护理

1. 休息 保持病室空气流通、环境整洁，以利患者休息和心境愉悦；痰菌阳性的肺结核患者最好安排住单间，每日紫外线照射消毒。大量胸腔积液、咯血、高热等严重结核毒性症状者，应卧床休息，恢复期可适当增加户外活动，加强体质锻炼，如散步、打太极拳等，充分调动人体内在的自身康复能力，提高机体的抗病能力。

2. 饮食 肺结核是一种慢性消耗性疾病，保证足够的营养对满足机体基本需要、增强修复能力很重要。①给予高热量、高蛋白、富含维生素的食物，如鱼、肉、蛋、奶、豆制品等动、植物蛋白和新鲜蔬菜、水果。②鼓励患者多饮水，每日不少于1500～2000ml，必要时静脉补液。

（二）病情观察

注意血压、脉搏、呼吸、瞳孔、意识状态等方面的变化，严密观察咯血的量、颜色、性质、出血的速度及有无烦躁不安等窒息先兆，发现异常立即通知医生，并积极配合处理。每周测1次体重并记录，以判断患者营养状况是否改善。

（三）配合治疗护理

1. 用药护理 鼓励患者坚持全程化疗，指导患者正确用药、建立按时服药的好习惯和学会识别药物的不良反应，一旦出现药物不良反应需及时与医生沟通后按医嘱进行调整，不要擅自停药，以防治疗失败和诱发产生耐药菌株，增加治疗的困难和经济负担。

（考点：抗结核药物的不良反应）

2. 发热护理 注意室内通风，保持病房适宜的温、湿度。发热者应多饮水，必要时给予物理降温或小剂量解热镇痛药。盗汗患者睡眠时被盖不宜太厚，应及时帮助患者擦干身体和更换汗湿的衣服、被单等。

（四）咯血护理

1. 少量咯血者应静卧休息；大量咯血者需要绝对卧床休息，协助患者取患侧卧位，以减少患侧活动度，防止病灶向健侧扩散，同时有利于健侧肺部的通气。

2．咯血时不要屏气，将血轻轻咯出，以免诱发喉头痉挛，造成呼吸道阻塞、窒息。

3．大量咯血患者可使用垂体后叶素，其可收缩小动脉，减少肺血流量，减轻咯血。垂体后叶素静脉滴注时速度不能过快，以免引起恶心、便意、心悸、面色苍白等不良反应。高血压、冠心病患者及妊娠妇女忌用。

（五）心理护理

充分理解和尊重患者，向患者介绍肺结核病的知识，告知其肺结核病是可以治愈的，树立战胜疾病的信心。指导患者家属关心爱护患者，给予患者精神上的支持，减轻患者的心理压力。

## 五、健 康 指 导

（一）疾病知识指导

1．控制传染源　预防传染的最主要措施是控制传染源。早期发现患者并登记管理，及时给予合理化学治疗和良好护理，是预防结核病疫情的关键。

2．切断传播途径　痰菌阳性者需独居一室，离开病室应戴口罩，避免与他人面对面讲话。注意个人卫生，咳嗽、打喷嚏时用双层纸遮掩口鼻，严禁随地吐痰，可将痰吐于纸袋中焚烧处理，或将痰液吐入含 1%含氯消毒液的有盖容器中混合浸泡消毒 1 小时后弃去，接触痰液的双手须用流水清洗。餐具用后应先煮沸 5 分钟再清洗，剩余饭菜煮沸 5 分钟后弃去；同桌共餐时使用公筷，被褥、书籍在烈日下暴晒 6 小时以上。

3．保护易感人群　给未受过结核分枝杆菌感染的新生儿、儿童及青少年接种卡介苗（活的无毒牛型结核菌苗），使人体对结核分枝杆菌产生获得性免疫力，以减少感染后的发病和减轻发病的病情。对受结核分枝杆菌感染易发病的高危人群，如 HIV 感染者、糖尿病患者等，可应用预防性化学治疗。

（二）生活指导

宣传结核病的基本知识，合理安排休息和保证营养，避免劳累、情绪波动及呼吸道感染，戒烟、戒酒，加强体育锻炼，增强体质。鼓励有条件的患者选择空气新鲜、气候温和的地方疗养。

（三）疾病监测指导

向患者介绍结核病用药过程中可能出现的不良反应，如出现药物不良反应须随时就医。告知家属在结核病全程化疗过程中应督促患者按医嘱规律、全程地服药，以提高治疗成功率。定期复查 X 线胸片、肝肾功能和痰液结核菌检查，了解治疗反应和病情变化。

（考点：肺结核的健康指导）

# 第 9 节　原发性支气管肺癌患者的护理

**案例 2-7**　患者，男，58 岁。咳嗽、咳痰半年，痰中带血 1 周。半年前无明显诱因出现刺激性咳嗽，咳少量灰白色黏痰，伴右胸前疼痛。1 周来间断痰中带血。吸烟 30 多年。查体：体温 37.3℃，脉搏 82 次/分，呼吸 20 次/分，血压 124/84mmHg，明显消瘦，心（－），右上肺可闻及干湿啰音，余无异常。辅助检查：胸部 X 线片示右上肺前段有一约 3cm×4cm 椭圆形阴影，边缘模糊，可见细短的毛刺影。

**问题：** 1．该案例中患者患有何病？诊断依据是什么？

2．该患者主要的护理问题是什么？

3．你将如何对患者进行护理，具体护理措施是什么？

原发性支气管肺癌（简称肺癌），是原发于支气管黏膜或腺体的恶性肿瘤。肺癌是目前发病率最高的恶性肿瘤之一，近年有上升趋势，40 岁以上人群多发，发病高峰在 60～79 岁，男女患病比例为 2.3∶1。

知识链接

**肺癌的流行病学**

肺癌是当今世界各地最常见的恶性肿瘤之一，是一种严重危害人类健康和生命的疾病，根据世界癌症研究机构（IARC）的数据统计，2012 年全球肺癌新发病例约 182.5 万例，死亡病例约 159.0 万例，我国肺癌新发病例约 65.3 万例，死亡病例约 59.7 万例，可见肺癌是危害居民生命健康最主要的恶性肿瘤。随着我国工业化、城市化进程的进一步加速所导致的空气污染及吸烟率的居高不下，肺癌的危害将继续加剧。到 2025 年我国肺癌发病人数将超过 100 万/年，成为世界第一肺癌大国。

## 一、概　　述

（一）病因及发病机制

病因和发病机制尚未明确，目前认为与下列因素有关：

1. 吸烟　是公认的肺癌重要的危险因素，纸烟中含有的苯并芘、尼古丁、亚硝胺和少量放射性元素钋等均有致癌作用，特别是引起鳞状上皮细胞癌。男性肺癌 80%～90%与吸烟有关，且吸烟量越大，吸烟时间越长，开始吸烟年龄越早，肺癌的发病率和死亡率越高，女性肺癌与被动吸烟关系密切。

2. 职业因素　石棉、烟煤、沥青等均有致癌作用。石棉与吸烟有协同致癌作用，石棉厂吸烟工人肺癌的死亡率是一般吸烟者的 8 倍。

3. 空气污染　包括室内污染和室外污染。室内污染有被动吸烟、燃料燃烧和烹调时产生的油烟雾，室外污染常见的有汽车废气、工业废气、公路沥青粉尘，主要含苯并芘等致癌物。

4. 电离辐射　大剂量电离辐射可引起肺癌，如铀、镭、中子和α射线等放射性物质，据统计医疗照射占 44.6%，其中 X 线诊断占 36.7%。

5. 饮食与营养　食物中摄入维生素 A、β 胡萝卜素的含量少时，患肺癌的危险性增高。

6. 其他　结核病、病毒感染、真菌毒素、内分泌失调及家族遗传等均对肺癌的发生起一定的促进作用。

（考点：肺癌最常见病因）

（二）分类

1. 按解剖学分类　分为中央型肺癌（多为鳞癌和小细胞癌）和周围型肺癌（以腺癌较多见）。

2. 按组织病理学分类（表 2-2）

**表 2-2　肺癌组织学分类**

| 项目 | 鳞癌 | 小细胞癌 | 腺癌 |
|---|---|---|---|
| 特点 | 最常见的类型 | 恶性程度最高 | 瘢痕癌 |
| 发病年龄 | 多见于老年男性 | 多见于 40～50 岁 | 女性多见 |
| 吸烟 | 关系密切 | 多有吸烟史 | 与吸烟关系不大 |
| 部位 | 中央型肺癌多见 | 中央型肺癌多见 | 周围型肺癌多见 |

（1）鳞状上皮细胞癌（鳞癌）：最常见，与吸烟关系密切，多见于老年男性。生长速度较慢、转移较迟，治疗首选手术，对放、化疗不敏感。

（2）小细胞未分化癌（小细胞癌）：恶性程度最高，生长快，转移早，对放、化疗敏感。

（3）腺癌：恶性程度介于鳞癌和小细胞癌之间，局部浸润和血行转移较早，易转移至肝、脑和骨，更易累及胸膜而引起胸腔积液，对放、化疗敏感性较差。多见于女性和不吸烟者。

鳞癌是肺癌最常见的组织学类型；小细胞肺癌恶性程度最高，预后最差。

（考点：肺癌最常见的组织学类型，男性多见类型、女性多见类型）

## 二、护理评估

### （一）健康史

了解患者吸烟史、职业史、慢性肺部疾病史和家族史。询问患者有无吸烟史及开始吸烟的年龄、烟龄及每日吸烟的支数；了解生活环境和职业及生产劳动保护条件，是否长期接触有害气体；了解既往健康情况，有无慢性肺部疾病史；家族中有无类似疾病患者。

### （二）身心状况

肺癌的临床表现与其部位、大小、类型、发展阶段、有无并发症或转移有密切关系。

1．由原发肿瘤引起的症状和体征

（1）咳嗽：为早期常见的症状，表现为刺激性干咳。当肿瘤引起支气管狭窄时，咳嗽可加重，多为持续性，且呈高调金属音性咳嗽或刺激性呛咳；伴有继发感染时，痰量增加，且呈黏液脓性。

（2）咯血：约 1/3 以上患者以咯血为首发症状，以中央型肺癌多见，多为痰中带血或间断血痰，如侵蚀大血管，则可引起大咯血。

（3）胸闷、气短或喘鸣：若肿瘤及肿大淋巴结导致支气管狭窄、受压，或肿瘤引起部分气道阻塞，患者可出现呼吸困难、胸闷、气短、喘息，偶尔有局限性喘鸣。当病灶广泛播散或出现大量胸腔积液时，气急加重。

（4）体重下降：消瘦为恶性肿瘤的常见症状之一。肿瘤发展到晚期，因肿瘤毒素、长期消耗、感染及疼痛等原因，患者可表现为消瘦或恶病质。

（5）发热：多由继发感染引起，由于肿瘤组织坏死可引起发热，多数发热是由于肿瘤压迫、支气管阻塞而导致肺不张、肺炎，抗生素治疗效果不佳。

2．肿瘤局部扩展引起的症状和体征

（1）胸痛：近 50%患者可因肿瘤细胞直接侵犯，或阻塞性炎症波及部分胸膜和胸壁，出现模糊或难以描述的胸痛或钝痛，疼痛于呼吸、咳嗽时加重；侵犯肋骨和脊柱时可有压痛点，但与呼吸、咳嗽无关。

（2）呼吸困难：因肿瘤压迫大气道引起。

（3）吞咽困难：肿瘤侵犯或压迫食管所致；也可引起食管-气管瘘，导致肺部感染。

（4）声音嘶哑：因肿瘤侵犯或压迫喉返神经所致。

（5）上腔静脉阻塞综合征：肿瘤侵犯或压迫上腔静脉，导致上腔静脉曲张、上肢及颈面部水肿等症状。

（6）霍纳（Horner）综合征：常由于肺尖部肺癌所致。肿瘤侵犯或压迫颈交感神经，引起患侧眼睑下垂、瞳孔缩小、眼球内陷、同侧额部与胸壁无汗或少汗、感觉异常。

（考点：肿瘤压迫其他器官引起的临床表现）

3. 肿瘤胸外转移引起的症状和体征

（1）神经系统症状：肺癌转移至中枢神经系统时，可发生头痛、呕吐、眩晕、复视、共济失调、偏瘫等，严重时可出现颅内压增高症状。

（2）骨骼症状：转移到骨骼，特别是肋骨、脊椎骨、骨盆时，可有局部疼痛和压痛。

（3）肝症状：转移肝，可有厌食、肝区疼痛、肝大、黄疸和腹水等。

（4）锁骨上淋巴结肿大：淋巴结转移是肺癌转移的常见体征，肺癌多转移至右锁骨淋巴结。

4. 肿瘤的胸外表现

（1）肥大性肺性骨关节病：多见于鳞癌，表现为杵状指、骨关节痛、骨膜增生等。

（2）分泌促性腺激素：男性乳腺增大。

（3）分泌促肾上腺皮质激素：库欣综合征的表现。

（4）神经肌肉综合征：多见于小细胞未分化癌，表现为重症肌无力、多发性肌肉神经痛等。

（5）高钙血症：多见于鳞癌。

（三）心理-社会状况

一旦确诊癌症，患者表现为惊恐、沮丧、孤独、退缩；随着病情的不断恶化，治疗效果不佳，产生抑郁、自卑、悲观绝望甚至自杀的念头。

（四）辅助检查

1. 胸部影像学检查　发现肺癌最主要的方法。包括胸部X线、CT、MRI、支气管或血管造影等。X线胸片可以区分是中央型肺癌（图2-9）或周围型肺癌（图2-10）。胸部CT、MRI能够显示较小的病灶，且定位准确，为诊断及确定分期提供依据。

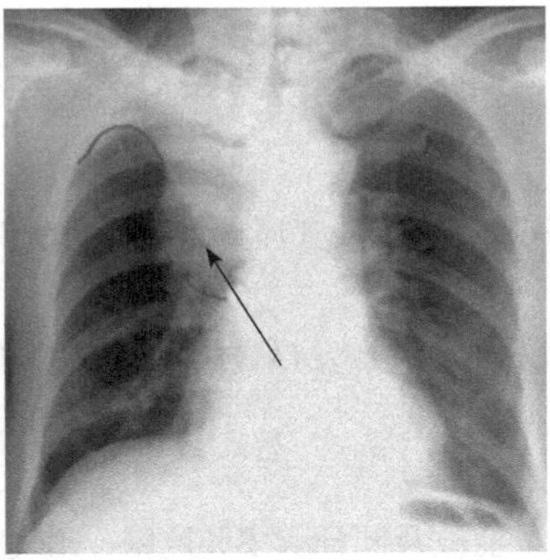

图2-9　中央型肺癌

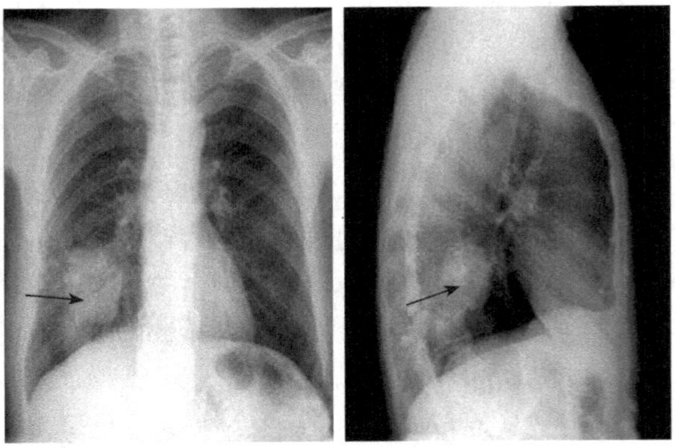

图2-10　周围型肺癌

2. 痰脱落细胞检查　可找到癌细胞，是简单有效的早期诊断方法，阳性率一般在70%～80%。

3. 纤维支气管镜检查　是诊断肺癌最可靠的手段。

4. 其他　胸壁肺穿刺检查、开胸手术探查、胸腔积液癌细胞检查、淋巴结活检、癌胚抗原检测等。

（考点：肺癌的早期诊断方法）

（五）治疗要点

肺癌的治疗方案包括手术治疗、化学药物治疗及放射治疗等综合治疗方案。

1. 化学药物治疗（简称化疗）　多种药物联合化疗可增加患者生存率，缓解症状，提高生活质量。化疗是肺癌的主要治疗方法，90%以上的肺癌需要接受化疗。常用化疗药物有环磷酰胺、多柔比星、长春新碱等，化疗原则为联合、短程、间歇。对化疗最敏感的是小细胞未分化癌，鳞癌其次，腺癌效果最差。化疗也是治疗非小细胞肺癌的主要手段，使非小细胞肺癌的肿瘤缓解率达到 40%～50%。化疗一般不能治愈非小细胞肺癌，只能延长患者生存时间，改善生活质量。

2. 放射治疗　简称放疗，对小细胞肺癌疗效最佳，鳞状细胞癌次之，腺癌最差。肺癌放射治疗照射野应包括原发灶、淋巴结转移的纵隔区。同时要辅以药物治疗。鳞状细胞癌对射线有中等度的敏感性，病变以局部侵犯为主，转移相对较慢，故多采用根治疗法。腺癌对射线敏感性差，且容易发生血道转移，故较少采用单纯放射治疗。放射治疗是一种局部治疗，常常需要联合化疗。

3. 手术治疗　是肺癌首选和最主要的治疗方法。主要适用于早中期肺癌。手术切除的原则：彻底切除原发灶和胸腔内有可能转移的淋巴结，且尽可能保留正常的肺组织，全肺切除术宜慎重。

（考点：肺癌的主要治疗原则）

## 三、护 理 问 题

1. 恐惧　与肺癌的确诊、面临治疗对机体功能的影响及死亡威胁有关。
2. 疼痛　与癌细胞的浸润、肿瘤压迫或转移有关。
3. 营养失调：低于机体需要量　与癌肿致机体过度消耗、化疗致食欲下降等有关。
4. 气体交换受损　与肺组织损伤，通换气障碍有关。
5. 潜在并发症：呼吸衰竭、化疗药物毒性反应、放疗的不良反应等。

## 四、护 理 措 施

### （一）一般护理

1. 休息　提供安静的环境，根据病情调整舒适体位，保证患者充分休息，如大量咯血者需绝对卧床休息，并协助患者取平卧位，头偏向一侧；对疼痛明显者指导患者采取舒适体位，尽量避免突然扭曲或转动身体；对于呼吸困难者，给予半坐卧位。

2. 饮食　给予高蛋白、高热量、高维生素易消化饮食，避免食用产气多的食物，少量多食。有吞咽困难者给予流质饮食，进行鼻饲或静脉输入脂肪乳剂、复方氨基酸和含电解质的液体，保证营养供给；必要时酌情输血、血浆或清蛋白，增强机体抗病能力。病情允许指导患者取半坐卧位进餐，进餐宜慢，以免发生吸入性肺炎或呛咳。

### （二）病情观察

监测患者生命体征的变化；注意观察患者的常见症状如胸痛、呼吸困难、吞咽困难等的动态变化；观察是否出现肿瘤转移症状；监测体重、尿量、血白蛋白和血红蛋白；密切观察放、化疗的不良反应。

### （三）配合治疗的护理

1. 药物护理　评估化疗药物的不良反应；监测血常规，注意骨髓抑制程度，预防感染，保护血管，加强防感染护理，做好口腔及皮肤护理。

2. 放疗护理　向患者讲明放疗的目的、方法、副作用，告知患者放疗本身无痛苦以解除思想顾虑。

（1）皮肤护理：在皮肤放射部位涂上标志，照射结束后切勿擦去。做好皮肤护理，保持皮肤干燥，宜穿宽松柔软的衣物；避免搔抓、挤压、摩擦照射皮肤；照射部位只能用清水洗而忌用肥皂等刺激性洗液，避免直接阳光照射和冷热刺激；不能在照射部位涂擦凡士林、红汞、乙醇、各种乳液和药粉等，忌贴胶布。

（2）饮食护理：防止放射性食管炎的发生，有咽下疼痛或吞咽困难的患者，遵医嘱可给予氢氧化铝凝胶口服，必要时应用利多卡因胶浆，饮食给予无刺激性的流食或半流食。

（3）并发症护理：一旦出现放射性肺炎，协助患者进行有效排痰，遵医嘱及早使用抗生素、糖皮质激素治疗。

3．疼痛的护理　疼痛常给患者带来躯体的折磨和精神困扰，也是产生绝望的原因之一。根据疼痛程度给予相应镇痛措施，如局部按摩、冷敷、变换体位、支托痛处等；也可让患者听音乐等转移对疼痛的注意力；指导和协助患者在咳嗽、变换体位时用手或枕头按住胸部以减轻疼痛；必要时给予药物止痛。

（四）心理护理

了解患者及家属心理及承受能力，根据患者的年龄、职业、文化、性格等情况以适当的方式和语言告知患者病情并与其讨论，引导患者面对现实，积极配合相关检查和治疗。多与患者交谈，耐心倾听患者的诉说，并指导家属关心、支持患者，以唤起患者求生的欲望，树立与病魔作斗争的信心。

## 五、健康指导

1．疾病知识指导　告知患者及其家属肺癌的防治知识，正确认识肺癌，鼓励患者正确面对疾病，坚持定期化疗、放疗，定期复查。采取健康的生活方式、戒烟酒，积极改善生活和工作环境，加强职业接触中的劳动保护，减少或避免吸入有致癌危险的粉尘和气体，术后注意劳逸结合。避免过度劳累，适当进行户外活动及轻度体育锻炼，以增强体质，防止感冒及其他并发症的发生，保持心情舒畅和充足的睡眠。

2．用药指导　坚持规律治疗，遵医嘱服药。

3．病情监测指导　要注意患者用药后的不良反应，病情变化时立即复诊。

# 第10节　慢性肺源性心脏病患者的护理

**案例 2-8**　患者，男，70岁。10年前受凉后渐起咳嗽、咳脓痰，每年发作1～2次，多在冬春季。5年前因上述症状加重，活动后感心悸、气促，在当地就诊，诊断为“慢性支气管炎，肺气肿”。1周前受凉后咳嗽加重，咳黄色脓性痰伴发热，出现明显气促和双下肢水肿。有35年吸烟史。护理体检：T 38℃，P 114次/分，R 32次/分，BP 100/60mmHg，$SpO_2$ 92%。神清，颈静脉充盈，桶状胸，触觉语颤减弱，叩诊过清音。双下肢轻度凹陷性水肿。$PaO_2$ 73mmHg，$PaCO_2$ 56mmHg，肺动脉瓣第二心音（$P_2$）亢进，三尖瓣区收缩期杂音。

**问题**：1．该案例中患者患有何病？诊断依据是什么？

2．该患者主要的护理问题是什么？

3．你将如何对患者进行氧疗？

慢性肺源性心脏病，简称慢性肺心病，是由于支气管、肺、胸廓、肺动脉血管等慢性病变导致肺动脉高压，右心负荷加重，从而引起了右心室肥厚、扩大，最终发生右心衰竭的心脏病。慢性肺心病是我国呼吸系统的常见病，患病率随着年龄增长而增高，其主要的原因为慢性阻塞性肺疾病（COPD）。

## 一、概　　述

（一）病因

1．支气管、肺疾病　最多见为慢性阻塞性肺疾病，占 80%～90%，其次为支气管哮喘、支气管扩张、肺尘埃沉着病、重症肺结核、肺纤维化。

2．胸廓运动障碍　较少见，严重的脊柱后侧凸、脊椎结核、胸膜广泛粘连及胸廓成形术后等造成胸廓和脊柱畸形。

3．肺血管疾病　少见，肺小动脉炎、慢性血栓栓塞性肺动脉高压，以及原因不明的肺动脉高压。

慢性肺源性心脏病的致病因素最多见的为慢性阻塞性肺疾病（COPD）。

（考点：慢性肺源性心脏病的最主要病因）

（二）发病机制

1．肺动脉高压的形成　气道的反复感染、低氧血症和（或）高碳酸血症，导致一系列体液因子和肺血管的变化，使肺血管阻力增加、肺动脉血管重构，肺动脉高压形成。其中，缺氧是肺动脉高压形成的最重要因素，而肺动脉高压的形成是肺源性心脏病发生的关键环节（图 2-11）。

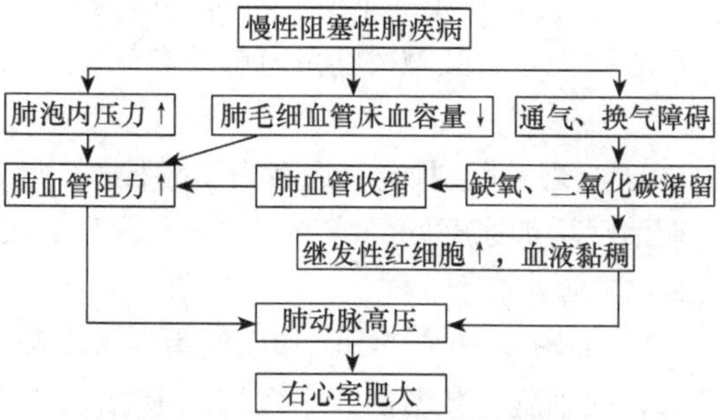

图 2-11　肺源性心脏病的发病机制

知识链接

**肺动脉高压**

肺动脉高压是由心肺和血管疾病引起的以肺血管阻力进行性增加为特征的临床常见病症。可分为原发性肺动脉高压和继发性肺动脉高压。诊断标准：在海平面、静息状态下，右心导管测量平均肺动脉压（mPAP）≥25mmHg。肺动脉升高的程度分为三度，轻度 26～35mmHg；中度 36～45mmHg；重度＞46mmHg。

2．右心室肥大和右心功能不全　长期肺循环阻力增加，右心负担加重，右心室代偿性肥厚，随着病情发展，肺动脉压持续升高，超过右心室的负荷时，右心室急性扩张，最后右心失代偿而导致右心衰竭。此外，缺氧、高碳酸血症、酸中毒、相对血容量增多等因素，不但可以引起右心室肥厚，还可以引起左心室肥厚，甚至导致左心衰竭。

（考点：慢性肺源性心脏病发病的主要病理改变）

## 二、护理评估

（一）健康史

了解患者既往史，有无 COPD、支气管哮喘、支气管扩张、重症肺结核、肺尘埃沉着病等慢性肺部疾病，以及严重胸廓、脊柱畸形和神经肌肉疾病等病史；了解此次患病的诱发因素、表现特点和诊治经过等。

（二）身心状况

1．肺心功能代偿期

（1）症状：咳嗽、咳痰、气促，活动后可有心悸、呼吸困难、乏力和活动耐力下降，急性感染可加重上述症状。

（2）体征：可有不同程度的发绀和肺气肿体征，以及肺动脉高压和右室肥厚的体征。

2．肺心功能失代偿期　以呼吸衰竭为主要表现，或伴有心力衰竭。

（1）呼吸衰竭：是肺功能不全的晚期表现。常因急性呼吸道感染诱发而致。患者呼吸困难加重、夜间更甚，发绀明显，甚至出现烦躁、谵妄、嗜睡、昏迷、抽搐等肺性脑病的表现。体征表现为明显发绀，球结膜充血、水肿，视盘水肿，周围血管扩张，如皮肤潮红、多汗。

（2）右心衰竭：症状有明显气促、心悸、食欲缺乏、恶心、呕吐、腹胀。体征表现为严重发绀、颈静脉怒张、肝大并有压痛、肝颈静脉回流征阳性、下肢水肿、心率增快，严重者有腹水，可出现心律失常，三尖瓣区收缩期吹风样杂音，并可闻及舒张期奔马律。

3．并发症　由于低氧血症和高碳酸血症，多个重要脏器受累，出现严重并发症，如肺性脑病、心律失常、酸碱失衡及电解质紊乱、上消化道出血、弥散性血管内凝血等。

（考点：肺心功能失代偿期的表现）

4．心理-社会状况　患者由于病程长、疗效差，生活质量下降，家庭及社会支持系统失衡等，长期治疗增加家庭的经济负担，以及医疗费用保障不足，会出现悲观、绝望等心理。

（三）辅助检查

1．血液检查　红细胞和血红蛋白可增高，系缺氧所致，全血黏度和血浆黏度增加；合并感染时，白细胞总数增加，中性粒细胞增高或有核左移。

2．胸部X线检查　除原发病的X线征象外，尚有肺动脉高压和右心室肥大的征象，肺动脉段明显突出。

3．心电图检查　心电图表现为右心房肥大图形，P 波尖而高耸，其振幅≥0.25mV，以Ⅱ、Ⅲ、aVF 导联表现最为突出，又称“肺型 P 波”，以及右心室肥大的改变（图 2-12）。

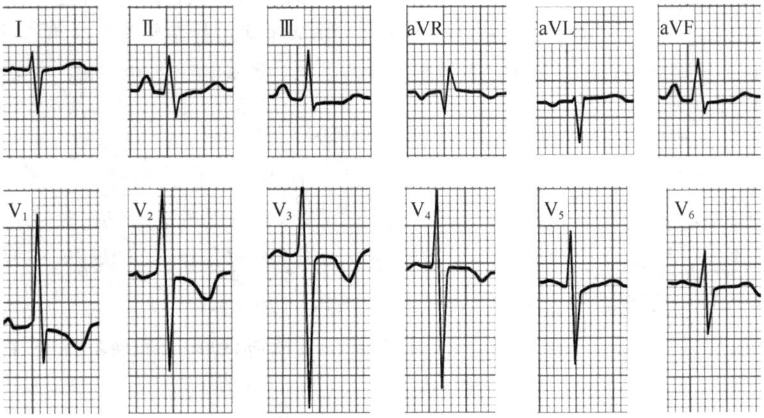


图 2-12　肺心病心电图改变

4．超声心电图　可显示肺动脉内径增大、右心室流出道内径增宽、右心室内径增大、心室壁和室间隔增厚。

5．血气分析　出现低氧血症、高碳酸血症，当 $PaO_2<60mmHg$、$PaCO_2>50mmHg$ 时，提示呼吸衰竭。

6．其他检查　肺功能检查对早期或缓解期肺心病患者有意义。肺心病急性加重期通过痰细菌学检查可指导抗生素的选用。

（四）治疗要点

治疗原则：控制感染，通畅呼吸道，改善呼吸功能，纠正缺氧和二氧化碳潴留，纠正呼吸和心力衰竭。

1．急性加重期

（1）控制感染：积极控制感染是治疗的关键，可根据痰培养及药物敏感试验选择抗生素。

（2）维持呼吸道通畅：合理用氧（通常采用低浓度、低流量、持续吸氧），纠正缺氧和二氧化碳潴留，改善呼吸功能，使用祛痰平喘药物，翻身、拍背、胸壁震荡、雾化吸入等。

（3）控制心力衰竭：慢性肺心病患者一般在积极控制感染，改善呼吸功能后，心力衰竭便能得到改善；对治疗无效的重症患者，适当选用利尿、强心或血管扩张药物控制心力衰竭，慎用镇静剂。

1）利尿药：有减少血容量，减轻右心负荷，消除水肿的作用。以缓慢、小量和间歇用药为原则，常用药物有氢氯噻嗪，或选用保钾利尿药，如氨苯蝶定。

2）强心剂：宜选用速效、排泄快的制剂，剂量宜小，用常规剂量的 1/2～2/3。常用药物有毒毛花苷 K 或毛花苷丙，加入 10%葡萄糖液内缓慢静脉注射。

3）控制心律失常：一般经过抗感染、纠正缺氧等治疗后，心律失常往往可自行消失；如果持续存在，应根据心律失常的类型选用药物。

4）血管扩张药：可减轻心脏前、后负荷，降低肺动脉压，如酚妥拉明、硝普钠、硝苯地平、卡托普利等。

2．缓解期　以中西医结合的综合治疗为原则，防治原发病，去除诱发因素，避免或减少急性发作，提高机体免疫功能，延缓病情的发展。

## 三、护理问题

1．气体交换受损　与呼吸肌疲劳、肺泡呼吸面积减少有关。

2．清理呼吸道无效　与分泌物过多、痰液黏稠及咳嗽无力有关。

3．活动无耐力　与心、肺功能减退有关。

4．体液过多　与体循环淤血、心排血量减少、肾血流量减少有关。

5．营养失调：低于机体需要量　与咳嗽、呼吸困难、体循环淤血等引起的食欲减退有关。

6．焦虑　与病程长、疗效差、经济负担重有关。

7．潜在并发症：肺性脑病、酸碱失衡及电解质紊乱。

## 四、护理措施

（一）一般护理

1．休息　保持环境安静、舒适、空气清新，维持适宜的温度及湿度，避免强烈光线刺激和噪声。协助患者采取舒适卧位，如半卧位或坐位，以减少机体耗氧量，心、肺功能失代偿患者应卧床休息。

2．饮食　摄取低盐、低热量、清淡、易消化和富含维生素及纤维素的饮食。限制钠盐摄入，钠盐＜3g/d，入液量限制在 1～1.5L/d。根据患者饮食习惯，少量多餐。应用排钾利尿剂的患者注意钾的摄入，鼓励患者多吃含钾高的食物和水果，如山药、香蕉等，保持大便通畅。避免含糖高的饮食，以免引起痰液黏稠。

（二）病情观察

密切观察患者的生命体征及意识状态，注意有无发绀、呼吸困难及其严重程度；有无心悸、胸闷、腹胀、尿量减少、下肢水肿等右心衰竭表现；密切观察患者有无头痛、烦躁不安、神志改变等肺性脑病的表现。

（三）配合治疗的护理

1．促进排痰　加强巡视，保持呼吸道通畅。指导患者深吸气后咳嗽，翻身拍背，酌情采用胸部叩击和震荡、体位引流、吸痰等方法以利排痰，保持气道通畅。对昏迷患者，可进行机械吸痰。

2．氧疗护理　根据缺氧和二氧化碳潴留程度不同，合理给氧。患者缺氧伴二氧化碳潴留时，则持续（＞15h/d）、低流量（1～2L/min）、低浓度（25%～29%）给氧，使 $PaO_2$ 控制在 60mmHg 或略高。其原因是当缺氧伴二氧化碳潴留时，呼吸中枢对二氧化碳的刺激已不敏感，主要依靠缺氧刺激颈动脉窦、主动脉体的化学感受器来维持呼吸，低浓度吸氧，防止因缺氧完全纠正，使外周化学感受器失去低氧血症的刺激而抑制自主呼吸，从而加重缺氧和二氧化碳潴留。

氧疗有效指标：患者呼吸困难减轻、呼吸频率减慢，发绀减轻，心悸缓解、活动耐力增加或 $PaO_2$ 达到 60mmHg 以上，$PaCO_2$ 呈逐渐下降趋势。

（考点：慢性肺源性心脏病的氧疗护理）

3．皮肤护理　水肿明显者应加强皮肤护理，避免腿部和踝部交叉受压，保持衣服宽大、柔软，在受压部位垫气圈或海绵垫，有条件者用气垫床，帮助患者抬高下肢，促进静脉回流，定时更换体位，预防压疮。

4．用药护理

（1）利尿剂：尽可能在白天给药，以免因频繁排尿而影响患者夜间睡眠。用利尿药后易出现低钾、低氯性碱中毒，避免过度脱水，以免引起血液浓缩、痰液黏稠不易排出，使用排钾利尿药时遵医嘱补钾。

（2）强心剂：遵医嘱给药，注意药效并观察毒性反应。由于肺心病患者长期处于缺氧状态，对洋地黄类药物耐受性很低，故疗效差、易中毒，注意观察药物毒性反应。

（3）呼吸兴奋剂：遵医嘱使用呼吸兴奋剂，注意保持呼吸道通畅，适当增加吸入氧浓度，用药过程中如出现恶心、呕吐、震颤甚至惊厥，提示药物过量，及时通知医生。

（4）镇静剂、麻醉剂：对二氧化碳潴留、呼吸道分泌物较多的重症患者慎用镇静剂、麻醉剂、催眠剂，如必须使用，用药后必须密切观察是否抑制呼吸中枢和咳嗽反射情况。

（四）心理护理

进行适当引导和安慰，减轻心理压力，使患者了解到充分的休息、良好的心态对心肺功能恢复的重要性。

## 五、健康指导

1．疾病知识指导　教会患者呼吸训练的方法，如腹式呼吸和缩唇呼吸，并嘱家属督促其长期坚持；教会患者和家属观察病情，患者如感到呼吸困难加重、咳嗽剧烈、咳痰、尿量减少、水肿明显，或家属发现患者神志淡漠、嗜睡或兴奋躁动、口唇发绀，提示病情变化或加重，应及时就诊。

2．生活知识指导　向患者宣传及时控制呼吸道感染、增强体质、改善心肺功能、防止肺心病进一步发展的重要性；积极防治呼吸道慢性疾病，避免各种诱发因素；增加营养，保证足够的蛋白质及热量的供应，以补充机体消耗，增加抗病能力。

3．用药指导　合理使用药物和注意观察药物的不良反应，坚持家庭氧疗和定期随访。

## 第 11 节　呼吸衰竭患者的护理

**案例 2-9**　患者，男，68 岁。慢性咳嗽、咳痰 7 年，活动后气短、心悸 2 年，发热 3 天，咳黄色脓痰，但不易咳出。查体：T 38.8℃，P 102 次/分，R 26 次/分，BP 160/100mmHg，神志清楚，口唇发绀，呼吸费力，双侧下肢水肿，颈静脉怒张，桶状胸，两肺干啰音，心律齐，未闻及杂音，腹部(—)，膝反射正常，巴宾斯基征(—)。实验室检查：血常规示 RBC $5.6\times10^{12}$/L，Hb 167g/L，WBC $14.5\times10^{9}$/L。血气分析示 $PaO_2$ 50mmHg，$PaCO_2$ 60mmHg。

**问题：** 1．该患者可能的诊断是什么？诊断依据是什么？

2．该患者主要的护理问题是什么？

3．该患者应采取何种氧疗？为什么？

呼吸衰竭是指在静息状态下各种原因引起的肺通气和（或）换气功能严重障碍，不能维持足够的气体交换，导致缺氧和（或）二氧化碳潴留，从而出现病理生理改变和相应临床表现的综合征。依据动脉血气分析，即在静息状态、海平面大气压、呼吸空气的条件下，动脉血氧分压（$PaO_2$）＜60mmHg，伴或不伴二氧化碳分压（$PaCO_2$）＞50mmHg，并除外心内解剖分流和原发于心排血量降低等因素所致的低氧血症，即为呼吸衰竭。

按起病急缓，将呼吸衰竭分为急性呼吸衰竭和慢性呼吸衰竭，本节主要介绍慢性呼吸衰竭。

### 一、概　　述

（一）病因及发病机制

1．呼吸道病变　支气管的炎症、痉挛、异物等阻塞气道，引起通气不足，导致通气/血流比例失调，发生缺氧和二氧化碳潴留。

2．肺组织病变　慢性阻塞性肺疾病（COPD）、重症哮喘、肺炎、严重肺结核、弥散性肺纤维化、急性呼吸窘迫综合征（ARDS）等，引起肺容量、通气量减少，通气/血流比例失调导致肺动脉分流，引起缺氧和二氧化碳潴留。

3．胸廓病变　常见于胸廓外伤、气胸、大量胸腔积液、胸廓畸形等，影响胸廓运动，导致通气减少。

4．神经肌肉病变　如脑血管疾病、颅脑外伤、脑炎、多发性神经炎、脊髓颈段或高位胸段损伤、重症肌无力等。直接或间接抑制呼吸中枢，导致缺氧或合并二氧化碳潴留而发生呼吸衰竭。

引起慢性呼吸衰竭的众多病因中，以 COPD 最为常见；呼吸道感染是慢性呼吸衰竭最常见的诱因。

（二）分类

根据血气分析的变化将呼吸衰竭分为：

1. Ⅰ型呼吸衰竭　又称缺氧性呼吸衰竭，缺氧而无二氧化碳潴留，主要为换气功能障碍的疾病（通气/血流比例失调、弥散功能损害和肺动-静脉分流），如急性呼吸窘迫综合征（ARDS）。

2. Ⅱ型呼吸衰竭　又称高碳酸性呼吸衰竭，缺氧伴二氧化碳潴留，常因肺泡通气不足所致，如慢性阻塞性肺疾病（COPD）。

（考点：呼吸衰竭的分类）

（三）转归

慢性呼吸衰竭在病情危重时，如果处理不及时，会发生多器官功能损害，甚至危及生命。

## 二、护理评估

（一）健康史

了解患者有无基础疾病如COPD、重症哮喘、肺气肿、重症肺结核等病史；有无呼吸道感染等诱因；了解生活环境和是否吸烟及烟量。

（二）身心状况

1. 症状　除原发病症状外，主要是缺氧和二氧化碳潴留引起的呼吸困难和多器官功能受累的表现。

（1）呼吸困难：是缺氧最早、最突出的症状，有呼吸频率、节律、深度的改变。表现为呼吸费力伴呼气延长，严重时呼吸浅快，点头或提肩呼吸，并发二氧化碳潴留时，出现浅慢呼吸或潮式呼吸，严重时会出现间歇样呼吸。

（2）发绀：是缺氧的典型表现，尤其以口唇、指（趾）甲等处较为明显。贫血者可不明显或不出现，而红细胞增多者发绀更明显。

（3）精神神经症状：轻度缺氧有注意力不集中、定向力减退，随缺氧加重逐渐出现烦躁、嗜睡甚至昏迷。轻度二氧化碳潴留表现为兴奋症状，如烦躁、多汗、昼睡夜醒等；中度二氧化碳潴留表现为皮肤温暖、红润多汗、球结膜充血水肿等外周血管扩张症状；严重时出现肌群抽搐、神志恍惚、昏迷等二氧化碳麻醉现象，称肺性脑病。

（4）心血管系统症状：早期心率增快、血压升高，晚期心率减慢、血压下降、心律不齐等。

（5）其他：严重呼吸衰竭对肝、肾功能和消化系统都有影响。如氨基转移酶升高，部分有黄疸；尿中有蛋白、红细胞和管型；部分可因应激性溃疡而出现上消化道出血。

2. 体征　外周体表静脉充盈、皮肤潮红、温暖多汗及球结膜充血水肿；血压早期升高，后期下降；心率多数增快；部分患者可出现视神经盘水肿，瞳孔缩小，腱反射减弱或消失，锥体束征阳性等。

（考点：呼吸衰竭的临床表现）

3. 心理-社会状况　由于受长期慢性基础疾病的折磨，特别是呼吸困难，患者常出现焦虑、恐惧、绝望等心理，加上病情突然加重，采用人工气道或机械通气时，患者出现情绪低落、精神错乱，甚至不配合治疗。部分患者过分依赖呼吸机，撤机时会对自主呼吸缺乏信心。

（三）辅助检查

1. 动脉血气分析　$PaO_2$＜60mmHg，伴或不伴$PaCO_2$＞50mmHg，作为呼吸衰竭重要的诊断依据。

2. 血pH及电解质测定　主要有低氧血症、高碳酸血症、酸中毒、高钾血症等。$PaCO_2$增高＞

45mmHg，提示呼吸性酸中毒；减少＜35mmHg，提示呼吸性碱中毒。

（四）治疗要点

慢性呼吸衰竭治疗的基本原则：治疗原发病、保持气道通畅、纠正缺氧和改善通气，维持心、脑、肾等重要脏器的功能，预防和治疗并发症。

1．保持呼吸道通畅　是呼吸衰竭最基本、最重要的治疗措施。主要措施：清除呼吸道的分泌物及异物；积极使用支气管扩张药物缓解支气管痉挛；对昏迷患者采取仰卧位，头后仰，托起下颌，并将口打开；必要时采用气管切开或气管插管等方法建立人工气道。保持呼吸道通畅是有效吸氧、缓解二氧化碳潴留的重要环节。

（考点：呼吸衰竭的最基本、最重要的治疗措施）

2．合理氧疗　吸氧是治疗呼吸衰竭必需的措施。

3．机械通气　对于呼吸衰竭严重，经上述处理不能有效改善症状者可考虑机械通气。根据患者病情选用无创机械通气或有创机械通气。

4．控制感染　呼吸道感染是呼吸衰竭的最常见诱因，应选用敏感有效的抗生素控制感染。

5．呼吸兴奋药的应用　必要时给予呼吸兴奋药如尼可刹米等兴奋呼吸中枢，增加通气量。

6．纠正酸碱平衡失调　以机械通气的方法能较为迅速地纠正呼吸性酸中毒，补充盐酸精氨酸和氯化钾可同时纠正潜在的碱中毒。

## 三、护理问题

1．低效性呼吸型态　与肺通气不足、通气/血流比例失调、肺泡弥散障碍有关。

2．清理呼吸道无效　与呼吸道分泌物多而黏稠、咳嗽无力、意识障碍或人工气道有关。

3．焦虑　与呼吸困难、病情危重、死亡威胁等有关。

4．营养失调：低于机体需要量　与食欲减退、久病消耗增多、人工气道有关。

5．有受伤的危险　与意识障碍、气管插管及机械呼吸有关。

6．潜在并发症：消化道出血、感染等。

## 四、护理措施

（一）一般护理

1．休息　病室保持安静、空气新鲜、温湿度适宜。协助患者取舒适体位（半卧位或坐位有利于改善呼吸状态），卧床休息，尽量减少活动。

2．饮食　给予高热量、高蛋白、富含维生素的易消化、少刺激性的流食或半流食，做好昏迷患者的饮食护理。

（二）病情观察

严密观察呼吸困难的程度及呼吸频率、节律和深度，并记录患者的生命体征、意识状态、皮肤黏膜色泽、尿量变化等，监测并记录出入量，并配合进行血气分析和血生化的监测；观察呕吐物和粪便性状，观察有无神志恍惚、烦躁、抽搐等肺性脑病表现。

（三）配合治疗的护理

1．氧疗

（1）氧疗的意义、指征和原则

1）意义：氧疗能提高动脉血氧分压，纠正缺氧，减轻组织损伤，恢复脏器功能。

2）指征：慢性呼吸衰竭 $PaO_2$<60mmHg 是氧疗指征。

3）原则：是在畅通气道的前提下，Ⅰ型呼吸衰竭的患者可短时间内间歇给予高浓度（>35%）或高流量（4～6L/min）吸氧；Ⅱ型呼吸衰竭的患者应给予低浓度（25%～29%）、低流量（1～2L/ min）持续吸氧，使 $PaO_2$>60mmHg 或 $SaO_2$ 在 90%以上，以防因缺氧纠正过快使外周化学感受器失去低氧血症的刺激导致呼吸抑制，加重 $CO_2$ 潴留。

（2）吸氧方法：包括鼻导管、鼻塞、面罩、气管内和呼吸机给氧。临床常用、简便的方法是鼻导管、鼻塞法吸氧，吸氧过程中应注意保持吸入氧气的湿化，输送氧气的面罩、导管、气管应妥善固定并保持通畅，定期更换消毒，防止交叉感染。吸入氧浓度的计算方法：吸入氧浓度（%）＝21＋4×氧流量（L/min）。

（3）疗效：给氧过程中若呼吸困难缓解、心率减慢、发绀减轻、尿量增多、神志清醒、皮肤转暖，提示氧疗有效；若呼吸过缓或意识障碍加深，要警惕二氧化碳潴留，应根据动脉血气分析结果和患者的临床表现，及时调整吸氧的流量和浓度。

2．保持呼吸道通畅　气道通畅是改善呼吸功能的重要环节。做好咳嗽咳痰的护理。建立人工气道，做好气管插管或气管切开的准备，当病情严重时配合医生建立人工气道，进行机械通气。做好人工气道和机械通气的常规护理，如保持气管切开伤口无菌，吸引器和呼吸器的消毒，以及密切观察呼吸机的工作状况和详细记录各项数据等。

3．用药护理　严格按医嘱给药，并密切观察药物的疗效和不良反应。长期应用抗生素的患者，注意其有无“二重感染”。在呼吸道通畅的情况下，遵医嘱使用呼吸兴奋剂，适当提高吸入氧流量及氧浓度，静脉输液速度不宜过快，可出现恶心、呕吐、烦躁、面色潮红及皮肤瘙痒等，提示呼吸兴奋剂过量，需减量或停用。对烦躁不安、夜间失眠的患者禁用麻醉剂，慎用镇静剂，防止引起呼吸抑制。

（考点：呼吸衰竭的给氧原则）

（四）心理护理

多了解和关心患者的心理状况，尤其是使用呼吸机者，要学会与其进行语言或非语言交流以安慰患者情绪，指导并协助患者分散注意力，缓解其紧张和焦虑。

## 五、健康指导

1．疾病知识指导　向患者及家属介绍慢性呼吸衰竭发生、发展和病情恶化的原因、诱因；向患者说明积极治疗基础疾病和避免诱因可延缓呼吸功能恶化的进程；强调防治呼吸道感染的重要性，鼓励患者进行耐寒锻炼（如冷水洗脸）和呼吸功能锻炼（腹式呼吸法、缩唇呼吸法），以增强抗病能力、改善呼吸功能。

2．生活指导　指导患者保持规律生活，多食高热量、高蛋白、富含多种维生素、易消化、少刺激的流质或半流质饮食，加强营养，注意休息；劝告吸烟者戒烟。

3．用药指导　指导患者及家属遵医嘱正确用药，了解药物的用法、用量及注意事项、不良反应。强调家庭氧疗的重要性，并指导患者及家属学会氧疗的方法和注意事项；指导他们观察病情变化，出现异常立即就诊。

## 自测题

$A_1$ 型题

1. 呼吸系统疾病最常见的致病因素是（　　）
   A. 感染　　B. 理化因素
   C. 过敏因素　　D. 变态因素
   E. 全身性疾病
2. 吸气性呼吸困难常见于（　　）
   A. 上呼吸道梗阻性病变
   B. 肺血管病变
   C. 胸膜病变
   D. 支气管病变
   E. 肺组织病变
3. 大量咯血是指 24 小时咯血量超过（　　）
   A. 200ml　　B. 300ml
   C. 400ml　　D. 500ml
   E. 600ml
4. 咳脓臭痰提示患者为（　　）
   A. 肺炎球菌感染　　B. 铜绿假单胞菌感染
   C. 厌氧菌感染　　D. 真菌感染
   E. 其他化脓菌感染
5. 慢性支气管炎最突出的症状是（　　）
   A. 长期反复咳嗽　　B. 反复咳脓性痰
   C. 间歇少量咯血　　D. 逐渐加重的呼吸困难
   E. 活动后喘息
6. 慢性支气管炎合并慢性阻塞性肺气肿时主要的临床表现是（　　）
   A. 突然发作呼吸困难　　B. 进行性呼吸困难
   C. 心悸　　D. 咳粉红色泡沫痰
   E. 咯血
7. 指导肺气肿患者学习缩唇呼吸，错误的动作是（　　）
   A. 经鼻腔缓慢吸气
   B. 短暂屏气
   C. 口唇缩拢缓慢呼气
   D. 呼与吸之比为 1∶2
   E. 避免大口吸气与呼气
8. 支气管哮喘首选的支气管解痉剂是（　　）
   A. 异丙肾上腺素　　B. 氨茶碱
   C. 氯喘　　D. 氢化可的松
   E. 沙丁胺醇
9. 支气管扩张患者如有厌氧菌感染，则痰的特征为（　　）
   A. 痰量与体位改变有关
   B. 每日痰量可达数百毫升
   C. 痰呈黄绿色
   D. 痰放置后可分为 3 层
   E. 痰有恶臭
10. 可成为重要社会传染源的肺结核类型是（　　）
    A. 原发型肺结核
    B. 急性血行播散型肺结核
    C. 浸润型肺结核
    D. 慢性纤维空洞型肺结核
    E. 结核性胸膜炎
11. 原发性支气管肺癌早期最常见的表现是（　　）
    A. 刺激性咳嗽　　B. 顽固性胸痛
    C. 声音嘶哑　　D. 锁骨上淋巴结肿大
    E. 霍纳（Horner）综合征
12. 肺心病、心力衰竭的治疗中最主要的是（　　）
    A. 控制感染，改善通气功能
    B. 应用利尿剂
    C. 应用强心剂
    D. 应用脱水剂
    E. 糖皮质激素的应用
13. 排除痰液的护理措施，下列哪项不妥（　　）
    A. 痰液黏稠可使用祛痰剂
    B. 限制水分摄入，以免痰液生成过多
    C. 对症使用有效的中成药
    D. 行蒸汽吸入或药物超声雾化吸入
    E. 对痰多而无力咳出者协助翻身拍背，或导管插入吸痰
14. 慢性呼吸衰竭最常见的病因是（　　）
    A. COPD　　B. 呼吸道感染
    C. 肺结核　　D. 肺肿瘤

E. 胸廓畸形

15. 呼吸衰竭患者最早、最突出的表现是（　　）

A. 发绀　　B. 呼吸困难

C. 心率加快　　D. 血压下降

E. 肝、肾功能损害

$A_2$型题

16. 患者，男，75 岁。被诊断为肺炎，咳大量黄色脓痰，最有可能感染的是（　　）

A. 肺炎链球菌　　B. 金黄色葡萄球菌

C. 冠状病毒　　D. 白念珠菌

E. 肺炎支原体

17. 患者，男，74 岁。慢性阻塞性肺疾病病史 30 年，今日中午在家抬重物时，突然感右侧胸刺痛，逐渐加重，伴喘息、发绀。此患者最可能发生的是（　　）

A. 急性心肌梗死　　B. 胸腔积液

C. 自发性气胸　　D. 肺栓塞

E. 支气管阻塞

18. 患者，男，66 岁。慢性阻塞性肺疾病，出院后拟进行长期家庭氧疗，护士应告知患者每日吸氧的时间是不少于（　　）

A. 5 小时　　B. 8 小时

C. 10 小时　　D. 12 小时

E. 15 小时

19. 患者，男，68 岁。患慢性支气管炎伴阻塞性肺气肿，近日痰不易咳出，常有喘鸣，头痛，烦躁，白天嗜睡，夜间失眠，应考虑（　　）

A. 脑疝先兆　　B. 呼吸性酸中毒

C. 肺性脑病　　D. 窒息先兆

E. 休克早期

20. 患者，女，25 岁。因春游赏花。出现咳嗽、咳痰伴喘息，呼气性呼吸困难。查体：喘息貌，口唇发绀，在肺部可闻及广泛哮鸣音。医疗诊断为支气管哮喘。下面哪种是最有效的抗炎药物（　　）

A. 氨茶碱　　B. 糖皮质激素

C. 色甘酸钠　　D. 氯苯那敏

E. 沙丁胺醇

21. 患者，男，50 岁。因支气管哮喘发作到某医院就诊，因护士操作不当，快速静脉注射某药后，患者出现头晕、心悸、心律失常、血压剧降，此药可能是（　　）

A. 沙丁胺醇　　B. 氨茶碱

C. 异丙托溴铵　　D. 地塞米松

E. 色甘酸钠

22. 患者，男，25 岁。突起畏寒、发热 1 天，伴咳嗽，右胸痛，痰呈铁锈色。查体：体温 40℃，血压 86/54mmHg，右上胸语颤增强，管状呼吸音，白细胞 $26.2\times10^9$/L，X 线示右上肺大片致密阴影，诊断为（　　）

A. 右上肺干酪性肺炎

B. 肺炎克雷伯杆菌肺炎

C. 肺炎球菌肺炎伴胸膜炎

D. 肺炎球菌肺炎伴休克

E. 肺结核

23. 患者，男，28 岁。以突然畏寒、高热、咳嗽 1 天就诊。查体：右下肺呼吸音低，可闻及湿啰音，胸片示右下肺有大片炎性阴影，拟诊为肺炎链球菌肺炎，首选的药物为（　　）

A. 头孢菌素　　B. 林可霉素

C. 链霉素　　D. 青霉素

E. 氯霉素

24. 患者，男，17 岁。平素健康，1 周前感冒并伴有轻度咳嗽，昨晚突然咯血，开始为 2～3 口血痰，继之大口咯血。查体：左下肺有湿啰音，余未见具体病灶，既往年幼时患过百日咳。咯血原因最可能是（　　）

A. 肺结核　　B. 支气管扩张

C. 肺炎　　D. 支气管哮喘

E. 急性支气管炎

25. 患者，女，24 岁。患支气管扩张 8 年，常反复咯血。因剧咳而致大咯血 1 天入院，住院期间突然出现咯血终止，患者表情恐怖，张口瞠目，两手乱抓，应考虑发生下列何种紧急状况（　　）

A. 肺梗死　　B. 窒息

C. 休克　　D. 呼吸衰竭

E. 心力衰竭

26. 患者，女，24 岁。咳嗽 2 个月，咳白色黏痰，内带血丝；午后低热，面颊潮红，疲乏无力，常有心悸、盗汗，较前消瘦。经 X 线检查，发现右上肺第 2 肋前部有云雾状淡薄阴影。痰菌 3 次检验阴性。你认为以下哪项护理不必要（　　）
A. 住院隔离
B. 给予高热量、高维生素、高蛋白饮食
C. 按医嘱给予抗结核药物治疗，并观察药物不良反应
D. 对患者的食具、用品、痰等进行消毒处理
E. 定期复查 X 线检查以了解病灶情况

27. 患者，男，65 岁。低热、咳嗽并痰中带血丝 3 个月。胸片显示左肺上叶不张。少量胸膜腔积液。为确诊，进一步检查应首选（　　）
A. 胸部 CT　B. 剖胸探查
C. 胸腔镜检查　D. 支气管镜检查
E. 经胸壁穿刺活组织检查

28. 患者，男，49 岁。刺激性咳嗽 5 个月，视物不清 10 天。胸片示左肺上叶尖段边缘有直径 8cm 不规则块状阴影。此病变造成的颈交感神经综合征不包括（　　）
A. 面部无汗　B. 瞳孔缩小
C. 眼球内陷　D. 声音嘶哑
E. 上眼睑下垂

29. 某肺心病患者，血气分析：$PaO_2$ 45mmHg，$PaCO_2$ 75mmHg。应给予哪种氧疗法（　　）
A. 持续低流量、低浓度给氧
B. 持续高流量、高浓度给氧
C. 间歇低流量、低浓度给氧
D. 间歇高流量、高浓度给氧
E. 间歇高流量、乙醇湿化给氧

30. 患者，女，55 岁。因肺心病急诊入院。急诊室给予静脉输入抗生素、吸氧，现准备用平车送入病区，护送途中下列哪项是错误的（　　）
A. 护送中注意保暖　B. 安置合适卧位
C. 注意安全　D. 注意观察病情
E. 暂停输液、吸氧

31. 肺心病患者进行强心、利尿治疗，不正确的措施是（　　）
A. 快速、大量使用利尿剂
B. 快速、小剂量使用洋地黄
C. 使用洋地黄前应纠正缺氧
D. 使用洋地黄前应数脉搏
E. 使用后，密切观察疗效

32. 某慢性肺心病患者，喘憋明显，略有烦躁。在治疗过程中应慎用镇静剂，以避免（　　）
A. 洋地黄中毒　B. 双重感染
C. 脱水、低血钾　D. 诱发肺性脑病
E. 加重心力衰竭

33. 患者，男，73 岁。COPD 15 年，肺心病 5 年，体质虚弱，近日来因上感，大量脓痰不易咳出神志恍惚，昏睡。护士为其清理呼吸道最适宜的护理措施是（　　）
A. 指导有效咳嗽　B. 胸部叩击
C. 湿化气道　D. 体位引流
E. 机械吸痰

34. 患者，男，60 岁。呼吸衰竭，进行氧疗中呼吸困难缓解、心率减慢、发绀减轻。表明（　　）
A. 缺氧不伴有二氧化碳潴留
B. 缺氧伴有二氧化碳潴留
C. 需加用呼吸兴奋剂
D. 需调整给氧浓度和流量
E. 氧疗有效，维持原治疗方案

35. 某呼吸衰竭患者，应用辅助呼吸和呼吸兴奋剂过程中，出现恶心、呕吐、烦躁、面颊潮红、肌肉颤动等现象应考虑（　　）
A. 肺性脑病先兆　B. 通气量不足
C. 呼吸兴奋剂过量　D. 呼吸性碱中毒
E. 痰液阻塞

36. 患者，男，70 岁。患慢性支气管炎合并肺气肿 30 年，近日因感冒诱发肺部感染，导致Ⅱ型呼吸衰竭，其护理诊断是（　　）
A. 呼吸道阻塞与感染有关
B. 呼吸道阻塞与痰液增多、黏稠有关
C. 呼吸衰竭与气体交换受损有关
D. 呼吸衰竭与呼吸道阻塞有关
E. 气体交换受损与呼吸道阻塞有关

$A_3$型题

（37～39题共用题干）

患者，女，35岁。咳嗽1周，近两日咯血数次，每次咯血量不等，最多一次达300ml，护理体检：左侧肺上部呼吸音减弱，患者精神紧张。

37．该患者目前最主要的护理诊断问题是（　　）

A．气体交换受损　B．有感染的危险

C．潜在并发症　D．清理呼吸道无效

E．有体液不足的危险

38．入院后第2天，该患者突然出现咯血不畅、表情恐怖、两手乱抓、大汗淋漓，进而意识突然丧失，护士应首先考虑患者发生了（　　）

A．休克　B．左心衰竭

C．支气管哮喘　D．窒息

E．呼吸衰竭

39．这时护士应首先采取的措施是（　　）

A．开放静脉通道　B．立即通知医师

C．判断患者昏迷程度

D．给予高流量吸氧

E．立即取头低足高45°俯卧位，面部侧向一边，轻拍背部

（40、41题共用题干）

患者，男，75岁。慢性咳嗽、咳痰、喘息20年，活动后气急4年，诊断为慢性支气管炎，慢性阻塞性肺气肿。

40．对该患者进行护理体检，胸廓有可能出现（　　）

A．扁平胸　B．桶状胸

C．鸡胸　D．胸廓一侧隆起

E．胸廓一侧凹陷

41．针对该患者的护理诊断问题：气体交换受损，护理措施不妥的是（　　）

A．取坐位或半卧位

B．指导患者正确咳嗽

C．指导患者缩唇呼吸

D．指导患者加快呼吸频率

E．指导患者腹式呼吸

（42、43题共用题干）

患者，男，25岁。以突然畏寒、高热，伴恶心、呕吐就诊。查体：T 40℃，P 120次/分，R 28次/分，BP 60/40mmHg，右下肺呼吸音低，可闻及湿啰音，血常规WBC $20\times10^9$/L，中性粒细胞0.9，诊断为休克性肺炎。

42．对该患者的治疗中，首先应采取的措施是(　　)

A．补充血容量

B．选用氨基糖苷类抗生素

C．尽早使用退热药

D．尽早进行胃镜检查

E．进行体位引流

43．对该患者的护理措施错误的是（　　）

A．给予患者休克卧位　B．保暖

C．迅速建立静脉通道　D．低流量吸氧

E．输液速度先快后慢

（44、45题共用题干）

患者，男，30岁。儿童时曾患麻疹肺炎，被诊断为支气管扩张症已10余年，近1周来咳嗽、咳痰加重，痰呈脓性，每日约500ml，伴低热。

44．该患者所患支气管扩张症的发病基本因素是（　　）

A．全身免疫功能低下

B．支气管防御功能退化

C．支气管平滑肌痉挛

D．支气管感染和阻塞

E．支气管变态反应性炎症

45．由支气管扩张症基本发病因素而引起的最主要的护理问题是（　　）

A．体温过高　B．清理呼吸道无效

C．气体交换障碍　D．潜在咯血

E．潜在窒息

（46、47题共用题干）

患者，男，55岁。刺激性咳嗽，痰中带血2周。X线胸片示左肺门增大。

46．最可能的诊断是（　　）

A．肺癌　B．肺结核

C．肺良性肿瘤　D．转移癌

E．支气管扩张

47．需进一步作（　　）

A．纵隔镜检查　B．结核菌素试验

C．支气管镜检查　D．晨痰培养加药敏试验

E．放射核素检查

（48～50 题共用题干）

患者，男，62 岁。咳嗽 30 年，近日咳大量脓痰，气憋，下肢水肿。

48．首先应考虑（　　）

A．支气管扩张症　B．慢性阻塞性肺疾病

C．支气管哮喘　D．慢性肺脓肿

E．肺癌感染

49．下肢水肿应考虑何故（　　）

A．肺心病右心衰竭　B．低蛋白血症

C．摄盐过多　D．下肢静脉血栓

E．合并肾炎

50．本病最主要的治疗原则是（　　）

A．扩张支气管

B．低浓度吸氧

C．消除肺部感染

D．治疗心力衰竭

E．应用祛痰药

（51、52 题共用题干）

患者，男，58 岁。反复咳嗽、咳痰 20 年，近 1 个月来上述症状加重伴气促、双下肢水肿、纳差，自服双氢克尿噻 25mg，3 次/天，双下肢水肿稍好转，但气促加重，并出现心悸、烦躁不安、四肢抽搐，被家人送入医院。

51．此时最急需的辅助检查是（　　）

A．肾功能　B．脑电图

C．腹部 B 超　D．血气分析

E．X 线胸片

52．经吸氧 4L/min、头孢拉啶、氨茶碱治疗 1 天，患者开始出现白天嗜睡，此时最可能的原因是（　　）

A．烦躁不安后疲劳

B．低氧血症未纠正

C．二氧化碳潴留加重

D．并发代谢性酸中毒

E．抗生素不敏感，感染加重

（陈　军　余绪明　葛　楠　张晓萍　杨新芳）

# 第3章 循环系统疾病患者的护理

## 第1节 概　述

循环系统的组成包括心脏和血管两大部分，故循环系统疾病也合称为心血管病。循环系统的主要生理作用是为全身组织和器官运送血液，将氧、营养物质和激素等供给组织，并将组织代谢废物运走，以保证人体正常新陈代谢的需要。心血管病根据病因分为先天性和后天性两大类。先天性心血管病，为心脏或大血管在胎儿期发育异常而引起的，如室间隔缺损、动脉导管未闭、法洛四联症等；后天性心血管病，为出生后心脏受到外来因素或机体内在因素影响而发病。病因可分为动脉粥样硬化性、风湿性、高血压性、肺源性、贫血性、感染性、内分泌及代谢性疾病等。

### 一、循环系统的结构和功能

（一）心脏

1．心腔　位于胸腔的中纵隔内，是一个圆锥形、中空的肌性器官，分四个腔室，即左心房、左心室、右心房、右心室。左、右心房之间为房间隔，左、右心室之间为室间隔。左心房、室之间的瓣膜为二尖瓣，右心房、室之间的瓣膜为三尖瓣，位于左心室与主动脉之间的瓣膜为主动脉瓣，位于右心室与肺动脉之间的瓣膜称为肺动脉瓣。

2．心脏壁　可分为3层：内层为心内膜，由薄结缔组织与内皮细胞构成；中层为心肌层，是构成心壁的主体，分为心房肌和心室肌，心房肌较薄，心室肌较厚；外层为心外膜，即心包的脏层，紧贴于心脏表面，与心包壁层之间形成一个腔隙为心包腔，含有少量浆液，起润滑作用。

3．心脏传导系统　位于心壁内，由特殊分化的心肌细胞组成，主要功能是产生和传导冲动，控制心脏的节律性活动。包括窦房结、房室结、房室束、左右束支及其分支和浦肯野纤维。

4．心脏的血液供应　供应心脏的动脉是左、右冠状动脉，均发自升主动脉起始部。

（二）血管

血管分为动脉、静脉和毛细血管三类。动脉是将血液从心脏运输到全身各部毛细血管的血管。动脉管壁由平滑肌、弹力纤维和胶原纤维构成，能在各种血管活性物质的作用下收缩和舒张，改变血流的外周阻力，影响血压，又称“阻力血管”；静脉是将毛细血管内的血液运回心脏的血管，容量大，人体内的血液半数以上存在于静脉中，又称为“容量血管”；毛细血管是极其微细的血管，介于动、静脉之间，管壁薄且分布范围广，并互联成网，是血液与组织之间进行物质交换的场所，又称“功能血管”。

（三）循环系统的神经体液调节

循环系统受交感神经和副交感神经的双重支配。当交感神经兴奋时，产生兴奋作用，使心率加快，心肌收缩力增强，外周血管收缩，血管阻力增加，血压升高；当副交感神经兴奋时，产生抑制效应，引起心率减慢，心肌收缩力下降，外周血管扩张，血管阻力减小，血压下降。体液调节因素有肾素-血管紧张素-醛固酮系统、某些激素和代谢产物等。

## 二、实验室及其他辅助检查

（一）心电图检查

心电图检查包括普通心电图、24 小时动态心电图、运动试验心电图、食管导联心电图、人工心脏起搏心电图等。

1．普通心电图　是循环系统疾病患者最常用的无创性检查之一，是诊断心律失常和冠心病最早、最常用、最基本的诊断方法。

2．24 小时动态心电图　又称 Holter 心电图，能记录患者连续 24 小时甚至更长时间内日常生活或工作状态下的心电活动情况。

3．运动试验心电图　目前临床上常采用的运动方式是平板或踏车运动，可用于早期冠心病的诊断和心功能的评价。

（二）实验室检查

实验室检查包括血常规、血培养、心肌坏死标志物、生化检查、肝肾功能、血电解质和免疫学检查等。

（三）心脏影像学检查

心脏影像学检查包括 X 线检查、CT 检查、MRI 检查、超声心动图和心血管造影等。

# 第 2 节　循环系统疾病常见症状和体征的护理

循环系统疾病常见症状和体征有心源性呼吸困难、心源性水肿、心悸、心前区疼痛和心源性晕厥等。

## 一、心源性呼吸困难

（一）概述

1．概念　心源性呼吸困难又称气急或气促，是指由各种心血管疾病引起的呼吸困难。患者自觉空气不足，呼吸费力，并伴有呼吸频率、节律与深度的异常，严重时可出现皮肤发绀、端坐呼吸。

2．病因及发病机制　最常见的病因是原发性高血压、冠状动脉粥样硬化性心脏病、心脏瓣膜病等引起的左心衰竭，也可见于各种原因引起的右心衰竭、心包积液。心源性呼吸困难发生前常有感染、精神紧张和体力活动等诱发因素。

（考点：心源性呼吸困难的病因）

（二）护理评估

1．健康史　询问患者既往有无高血压、冠状动脉粥样硬化性心脏病、心脏瓣膜病等病史；发病前有无体力活动、感染或情绪激动等诱发因素。了解心源性呼吸困难的发作时间、发展过程及减轻或缓解的方法，了解其发生与活动的关系，是否有精神紧张、焦虑不安等心理。

2．身体状况　发作前常有感染、精神紧张和体力活动等诱因。心源性呼吸困难按程度不同可分为：

（1）劳力性呼吸困难：最早出现也是病情最轻的一种。其呼吸困难在体力活动时发生或加重，休息后缓解或消失。系因运动时回心血量增多，加重了肺淤血。最初多发生在进行较重体力活动时，随着病情进展，进行较轻活动时亦可出现，如穿衣、吃饭等。

（2）夜间阵发性呼吸困难：是左心衰竭的典型表现。患者于夜间睡眠过程中突然胸闷、气急而憋醒，被迫坐起或下床，醒后惊恐不安。轻者于数分钟或数十分钟内症状缓解，重者常有发绀、咳嗽、咳粉红色泡沫痰，发展为急性肺水肿。

（3）端坐呼吸：是严重肺淤血的表现，为左心衰竭晚期的重要症状。患者完全休息时也感气急，不能平卧，被迫取端坐位或半卧位以缓解呼吸困难。因端坐位可减少回心血量，减轻肺循环淤血，且膈肌下降使肺活量增加，有利于缓解呼吸困难。

（4）急性肺水肿：是心源性哮喘的进一步发展；是左心衰竭呼吸困难最严重的表现形式。

（考点：心源性呼吸困难的表现形式）

（5）心源性呼吸困难与肺源性呼吸困难的鉴别见表3-1。

**表3-1　心源性呼吸困难与肺源性呼吸困难的鉴别**

| 项目 | 心源性呼吸困难 | 肺源性呼吸困难 |
|---|---|---|
| 发病年龄 | 多在青壮年以后起病 | 多于儿童或青年时期起病 |
| 基础病史 | 动脉硬化、高血压或冠心病史 | 家族史或哮喘发作病史 |
| 诱发条件 | 劳累、剧烈活动或情绪激动等 | 感染、季节变化或接触过敏物质等 |
| 痰液标本 | 粉红色泡沫样痰 | 白色黏液样或泡沫样痰 |
| 心脏体征 | 左心增大、心动过速或瓣膜杂音 | 心脏形态正常等 |
| 胸部体征 | 双肺底可闻及湿啰音 | 双肺弥漫性干啰音、哮鸣音 |
| 影像检查 | 心影改变，肺门充血 | 肺纹理有改变 |

（6）心理-社会状况：随着心功能不全的发展，患者呼吸困难症状逐渐加重，严重影响日常生活及睡眠质量，患者常有焦虑、紧张和忧郁，甚至可出现恐惧感。

3．辅助检查　评估血氧饱和度和血气分析结果，判断缺氧程度及酸碱失衡状况，胸部X线可帮助了解心脏病变及肺淤血、肺水肿或肺部感染的情况。

## （三）护理问题

1．气体交换受损　与肺淤血、肺水肿或并发感染有关。

2．活动无耐力　与心功能不全，心排血量降低有关。

## （四）护理措施

1．一般护理

（1）休息与活动：保持病室安静、整洁，利于患者休息。根据患者呼吸困难的类型和程度采取适当的休息方式和体位。劳力性呼吸困难者，应减少活动量，活动时以不引起症状为宜；夜间阵发性呼吸困难者，应加强夜间巡视，协助患者坐起；患者呼吸困难明显时应卧床休息，协助患者采取半卧位或端坐位；注意患者体位的舒适与安全，可用枕或软垫支撑肩、臂、膝部，以免受压，必要时加用床挡，防止坠床。

（考点：心源性呼吸困难患者的休息体位）

（2）吸氧：保持呼吸道通畅。根据病情的轻重选择不同的氧流量和吸氧方法，氧流量一般为2～4L/min，肺心病患者应低流量（1～2L/min）持续给氧，急性左心衰竭患者宜高流量（6～8L/min）给氧。氧疗方法包括鼻导管吸氧、面罩吸氧、无创正压通气吸氧（NIPPV）等。

2．病情观察　密切观察患者呼吸变化，详细记录生命体征、意识状态、皮肤黏膜颜色、血气分析结果等情况，必要时给予抢救。

3．用药护理　遵医嘱给予强心、利尿、扩血管等药物，可增强心肌收缩力、改善肺泡通气。注意观察药物疗效及不良反应。

4．心理护理　向患者解释心源性呼吸困难出现的原因和诱因，指出情绪的稳定可减慢心率，从而减轻呼吸困难；及时安慰患者及家属，采取积极的态度面对疾病；鼓励患者与自信的病友交流、沟通，提高患者战胜疾病的信心。

（五）健康指导

1．疾病知识指导　指导患者积极治疗原发病，保持良好心态，注意休息，避免过劳、情绪激动、预防感染，以免诱发心源性呼吸困难。

2．用药指导　遵医嘱坚持服药，注意药物的不良反应。

3．病情监测指导　定期门诊复查，防止病情进展。

## 二、心源性水肿

（一）概述

1．概念　是指因钠水潴留和（或）静脉淤血使毛细血管内压力增高，致使机体组织间有过多的液体积聚所出现的肿胀。

2．病因及发病机制　最常见的病因是右心衰竭，也可见于全心衰竭、渗出性心包炎或缩窄性心包炎。钠水摄入过多是水肿常见的诱发因素。

（二）护理评估

1．健康史　详细询问导致水肿的病因和诱因；了解水肿初始出现的部位、程度及发展速度；了解患者日常饮水量、摄盐量、尿量等情况；既往有无治疗，曾用药物名称、剂量、方法及疗效。了解是否存在循环系统疾病，如右心衰竭或全心衰竭等。

2．身体状况

（1）症状：水肿早期出现于身体下垂部位，如足踝、小腿，长期卧床患者则出现于腰骶部，逐渐蔓延累及大腿、生殖器和腹壁，严重者可发展为全身性水肿，表现为胸腔积液、腹水。水肿呈对称性发展，指端加压水肿部位，局部可出现凹陷。

（2）体征：因循环障碍，可出现水肿部位皮肤青紫，感觉迟钝，容易发生破溃和感染。水肿常于下午活动后出现或加重、休息时缓解或消失。此外，患者还会出现尿量减少和近期体重增加等症状。

（考点：心源性水肿的症状特点）

（3）心源性水肿与肾源性水肿的鉴别，见表 3-2。

**表 3-2　心源性水肿与肾源性水肿的鉴别**

| 项目 | 心源性水肿 | 肾源性水肿 |
|---|---|---|
| 诱因 | 钠水摄入过多 | 多见于感染 |
| 病因 | 右心衰竭或全心衰竭 | 急、慢性肾炎，肾病综合征等 |
| 部位 | 早期出现于身体下垂部位、足、踝等，严重者可出现全身水肿 | 多从眼睑、颜面部开始，可发展为全身水肿 |
| 指压试验 | 阳性 | 阳性 |
| 饮食原则 | 低盐、高蛋白、易消化饮食 | 低盐、适量蛋白、足够热量饮食 |

（4）心理-社会状况：患者因水肿久不消退而导致形象改变，易出现焦虑、烦躁，或因病情反复而失去信心。

3. 辅助检查　血尿常规检查、血生化检查等，了解有无低蛋白血症及电解质紊乱等。

（三）护理问题

1. 体液过多　与钠水潴留、体循环淤血有关。

2. 有皮肤完整性受损的危险　与水肿、营养不良有关。

（四）护理措施

1. 一般护理

（1）休息与活动：轻度水肿者应限制活动，重度水肿者应卧床休息，合并腹水或胸腔积液者宜采取半卧位，并抬高下肢，有利于水肿消退。

（2）饮食护理：向患者说明限制水钠的重要性，给予低盐、高蛋白、易消化的饮食，每日食盐摄入量在5g以下为宜。限制含钠量高的食物，如罐头、味精、海产品等。严重水肿且利尿剂效果不佳时，应遵循"量出为入"原则，即当日进液量为前一日尿量加500ml左右。

（考点：心源性水肿患者的饮食护理）

（3）皮肤护理：保持床褥柔软、干燥，内衣宽松、舒适，定时协助或指导患者更换体位，翻身时动作轻柔，避免擦伤皮肤，经常按摩踝、足跟等处，严重水肿者可使用气垫床；保持局部皮肤清洁、干燥，发生会阴部水肿时，男患者可用托带支撑阴囊部；一旦皮肤发生破损或溃烂时，遵医嘱进行相应的护理措施。

2. 病情观察　准确记录24小时出入液体量，每日测量体重；注意观察水肿的消长情况，有腹水者应每天测量腹围一次。

3. 配合治疗的护理　遵医嘱正确使用利尿剂、清蛋白，注意观察和预防药物的副作用。使用排钾利尿剂时应注意补充钾盐，口服补钾应在餐后或将水剂与果汁同饮，以减轻对胃肠道的刺激。静脉补钾时，每500ml液体中氯化钾含量不宜超过1.5g，以免诱发静脉炎。同时多补充含钾丰富的食物，如菠菜、香蕉、无花果等。

4. 心理护理　向患者解释心源性水肿出现的原因和特点，告知患者病情控制后水肿随之会缓解或消失，从而减轻患者的紧张和焦虑。

（五）健康指导

1. 疾病知识指导　指导患者积极治疗原发病。向患者及家属说明低盐饮食的重要性，摄取高蛋白、富营养、清淡、易消化的饮食，多食蔬菜、水果，预防便秘。

2. 用药指导　遵医嘱用药，注意药物之间的不良反应。

3. 病情监测指导　注意保护水肿部位的皮肤。定期门诊复诊。

## 三、心　悸

（一）概述

1. 概念　心悸是患者自觉心跳或心慌，并伴有心前区不适感。

2. 病因及发病机制　最常见的病因为各种类型的心律失常，如心动过速、心动过缓、期前收缩等。也可因器质性心脏病或全身性疾病如贫血、发热、低血糖等所致心搏增强引起。健康人在剧烈运动、精神紧张、饮浓茶或咖啡等情况下，也可发生心悸。

（二）护理评估

1. 健康史　询问患者有无心血管系统疾病、贫血及甲状腺功能亢进症等病史；发作前有无情绪激动、剧烈活动、吸烟及饮酒等诱发因素；了解患者既往发作情况及缓解方式，以及对日常生活、工作的影响。

2. 身体状况

（1）症状：心悸的严重程度不一定和病情成正比，初发、体质敏感者，或在紧张、焦虑、注意力集中时心悸较明显，持续较久者经自身适应后则感觉减轻。

（2）体征：心悸时，心率可快可慢，当心率加快时，患者常感心脏跳动不适，心率减慢时则感觉到心脏搏动有力。

（3）并发症：心悸本身并无危险性，但少数由严重心律失常所致者可发生猝死。此时多有血压下降、神志改变或意识障碍等表现。

（4）心理-社会状况：患者因突然出现心悸或心悸久不消失，造成心理上的紧张，甚至会产生焦虑，这种不良情绪使交感神经兴奋，心脏负荷增加而迫使心悸症状加重，故应指导患者正确面对疾病，减轻紧张情绪，保持良好的心态，积极配合医护人员治疗。

3. 辅助检查　心电图检查是判断心律失常类型及监测病情变化的重要手段，可确诊有无心律失常、心肌缺血等情况；心肌酶谱、血红蛋白、血糖、甲状腺功能检查、超声心动图及 X 线胸片等检查结果，可协助判断心悸的病因。

（三）护理问题

1. 活动无耐力　与心悸发生时心前区不适、胸闷等有关。

2. 舒适度减弱　与各种原因所致的心脏搏动感增强有关。

（四）护理措施

1. 一般护理

（1）休息与体位：保持环境安静、舒适。心悸明显者应卧床休息，可取半卧位，但应避免左侧卧位。协助患者做好生活护理，避免和减少不良刺激。心悸严重影响睡眠者，可遵医嘱服用少量镇静剂。必要时给予中等流量氧气吸入。

（2）饮食护理：建立良好的生活及饮食习惯，避免辛辣、刺激性的食物，避免过饱，禁饮浓茶、咖啡和酒。

2. 病情观察　伴有严重心律失常的心悸患者应密切观察心率和心律的变化，必要时实施心电监护，发现异常或出现晕厥或抽搐时，应立即报告医生并配合抢救。

3. 心理护理　向患者解释焦虑不安的情绪可加重心悸；对无器质性心脏病的心悸患者，应保持情绪稳定；指导家属关心、陪伴患者，增强患者战胜疾病的信心，提高患者对疾病的应对力，使患者情绪稳定，保持良好的心理状态，积极配合治疗以期早日康复。

（五）健康指导

1. 疾病知识指导　指导生理性心律失常患者正确对待心悸症状，保持乐观、稳定的情绪，积极参加社会活动，建立良好的生活秩序，以减轻心悸感。告知病理性心律失常患者，应建立良好的生活习惯，避免不良刺激而诱发心律失常的发作。

2. 用药指导　遵医嘱服用抗心律失常药物，注意药物不良反应。

3. 病情监测指导　定期医院随诊。

## 四、心前区疼痛

（一）概述

1．概念　心前区疼痛是循环系统疾病常见症状之一，指由各种化学因素或物理因素刺激而引起的心前区或胸骨后疼痛。

2．病因及发病机制　常见的病因为冠状动脉硬化性心绞痛、急性心肌梗死；也可由急性主动脉夹层动脉瘤、急性心包炎、重度主动脉瓣狭窄或关闭不全等所致。器质性心血管病引起的心前区疼痛发作前常有诱因，如情绪激动、体力活动等；而心脏神经症患者的疼痛常与精神刺激、压力过大等因素有关，且伴有神经衰弱症状。

（考点：心前区疼痛的病因）

（二）护理评估

1．健康史　了解有无心血管疾病病史和家族史；有无糖尿病及高脂血症；发作是否与精神因素有关；详细询问心前区的疼痛部位、性质、严重程度和持续时间及缓解方式等，有无伴随心律失常或心力衰竭等表现。

2．身体状况

（1）症状：①典型心绞痛疼痛部位在胸骨体中、上段的后方，波及心前区，可向左肩臂内侧放射，多为紧缩性疼痛，常由精神刺激或体力活动所诱发，经休息或含服硝酸甘油后症状缓解或消失。②急性主动脉夹层患者可出现胸骨后或心前区撕裂性剧痛或烧灼痛，向背部放射。③急性心包炎引起的疼痛可因呼吸或咳嗽而加剧，呈刺痛，持续时间较长。④心血管神经症者，为短暂的针刺样疼痛或持续性隐痛，疼痛部位常不固定。

（2）常见疾病胸痛特点鉴别，见表3-3。

**表3-3　常见疾病胸痛特点比较**

| 类型 | 特点 |
|---|---|
| 心绞痛 | 发作前常有情绪激动或体力活动等诱因，疼痛位于胸骨中上段后方，呈压迫样和紧缩感样，经休息和含服硝酸甘油后可缓解 |
| 心肌梗死 | 疼痛前多无明显诱因，持续时间长，程度重，可出现严重心律失常和心力衰竭，经休息和含服硝酸甘油无效 |
| 肥厚型心肌病 | 因心肌耗氧量增多引起疼痛，可在运动或屏气后加重疼痛，含服硝酸甘油后可加重病情 |
| 急性心包炎 | 疼痛位于心前区，呈尖锐样刺痛，与呼吸运动有关，可因咳嗽、变换体位而加重疼痛 |
| 急性主动脉夹层 | 突发的、剧烈的、腰腹或心前区撕裂样剧痛，伴有难控性高血压 |

（3）心理-社会状况：由于疼痛反复发作，严重影响工作和日常生活，患者可出现忧郁、焦虑及恐惧等心理。

3．辅助检查　心电图、超声心动图、胸部X线检查及心肌酶学检查等可协助判断疼痛的原因。

（三）护理问题

1．疼痛　与冠状动脉供血不足、炎症累及心包或精神紧张有关。

2．恐惧　与剧烈疼痛伴濒死感有关。

（四）护理措施

1．一般护理

（1）休息与活动：疼痛发作时，嘱患者立即停止活动，卧床休息；安慰患者，减轻其紧张和不安感；避免过度体力劳动、用力排便、情绪激动、饱餐及寒冷等，以免诱发疼痛发作。

（2）减轻疼痛：遵医嘱给予镇痛剂、镇静剂及对症治疗，必要时可给予氧气吸入，以改善心肌缺血。

2. 病情观察　观察患者疼痛发作的部位、性质、持续时间、诱因及缓解方式，是否伴有面色苍白、皮肤湿冷、脉搏细速等休克体征；注意观察疼痛发作时的心率与心电图变化。

3. 配合治疗的护理　遵医嘱使用硝酸酯类、吗啡、溶栓药、β受体阻滞药及钙通道阻滞药等药物解除疼痛，疼痛缓解后继续给药或采用非药物疗法，改善心肌供血，减少心前区疼痛的发作，必要时按医嘱使用镇静药。

4. 心理护理　心前区疼痛发作时，护士应陪伴在患者身旁，告知患者疼痛的可控性，增加患者的安全感；指导患者采用放松技术如深呼吸、全身肌肉放松；病情允许时可让患者收听广播、看电影、看报纸杂志等转移患者对疼痛的注意力。

（考点：心前区疼痛的护理措施）

（五）健康指导

1. 疾病知识指导　告知器质性心脏病患者，必须积极治疗原发病，养成良好的生活习惯，避免劳累及情绪激动，以减少疼痛发作。鼓励患者积极参加运动锻炼，进行心理辅导，消除思想负担。

2. 用药指导　遵医嘱服用止痛或镇静类药物，注意药物不良反应及副作用。

3. 病情监测指导　自测病情，当疼痛部位、性质、时间及特点发生改变时，及时就诊。

## 五、心源性晕厥

（一）概述

1. 概念　心源性晕厥是指因各种心脏病所致心排血量骤减或中断，或因严重低血压使脑组织一过性缺血缺氧而导致短暂的意识丧失，常伴有肌张力减退。一般认为，脑血流中断2～4秒即出现黑矇，中断5～10秒可出现意识丧失，中断10秒以上就会出现抽搐。这种由心排血量突然下降所致的晕厥称阿-斯综合征（Adams-Stokes syndrome）或心源性脑缺血综合征。

2. 病因及发病机制　心源性晕厥常见于严重心律失常、重度主动脉狭窄、梗阻性肥厚型心肌病、心脏压塞、急性心肌梗死等。

（考点：心源性晕厥的概述）

（二）护理评估

1. 健康史　了解患者有无严重心律失常、心肌缺血性疾病病史；有无脑动脉硬化、低血糖及重度贫血等病史；发病前有无诱发因素，如活动或用力、恐惧、紧张及剧痛等；询问晕厥发生时间，历时长短及缓解方式。

2. 身体状况

（1）症状：在活动或用力的当时即可发生短暂的意识丧失或伴有严重抽搐，可伴有发绀、呼吸困难、心律不齐等表现，一般在1～2分钟内恢复，部分患者发作前可有心悸、乏力、黑矇等先兆表现。少数严重者可发生猝死。

（2）心理-社会状况：患者醒后自觉病情严重，思想负担沉重，而出现紧张、焦虑等情绪。

3. 辅助检查　心电图、超声心动图等检查，有助于心源性晕厥的病因诊断。

（三）护理问题

1. 有受伤的危险　与晕厥发作有关。

2. 焦虑　与晕厥频繁发作有关。

（四）护理措施

1. 一般护理　向患者解释晕厥的原因、诱因和预防发作、防止外伤的方法。嘱患者避免剧烈活动；告知患者如有晕厥先兆时，如头晕、黑朦时应立即下蹲或平卧，以免摔伤。晕厥发作频繁者应卧床休息，加强生活护理。

2. 发作时处理　晕厥发作时，安置患者于空气流通处，取头低足高平卧位，松开衣领，改善脑部供血，注意保暖；必要时可给予氧气吸入，氧流量为4～6L/min。备好各种抢救药品及器械，密切观察患者的生命体征及神志变化，一旦出现意识丧失、呼吸暂停应立即配合医生进行抢救。

3. 心理护理　解释发病原因，消除患者的恐惧感，给患者以心理支持，安定患者情绪，减轻其精神压力。

（五）健康指导

1. 疾病知识指导　向患者及家属解释晕厥产生的原因及防止外伤的方法，指导患者积极治疗原发病，保持良好的心态，避免单独外出，以免发生意外。

2. 用药指导　遵医嘱服用药物，注意药物不良反应及副作用。

3. 病情监测指导　定期医院随诊。

## 第3节　心力衰竭患者的护理

心力衰竭是由各种心脏结构或功能性疾病导致心室充盈和（或）射血能力受损而引起的综合征。常因心肌收缩力减弱使心排血量不能满足机体代谢的需要，器官、组织血液灌注不足，同时出现肺循环和（或）体循环淤血。心力衰竭的临床类型按其发展速度可分为急性和慢性两种，以慢性居多；按其发生的部位可分为左心衰竭、右心衰竭和全心衰竭，其中以左心衰竭最为常见。

### 一、慢性心力衰竭

**案例 3-1**　患者，男，76岁。因劳累后出现心悸、呼吸困难5年，咳嗽、咳白痰2周，下肢水肿3天入院。护理体检：体温37.6℃，脉搏95/分，呼吸30次/分，血压165/85mmHg。口唇发绀，颈静脉怒张，双肺底闻及少量细湿啰音，心率95次/分，心音低钝，心尖部可闻及2/6级收缩期柔和杂音。肝右肋缘下2cm，有肝区叩痛。

**问题：** 1. 请对患者进行护理评估。

2. 该患者主要的护理问题是什么？

3. 住院过程中，患者自行调快输液速度，突发严重呼吸困难伴频繁咳嗽。如何配合抢救？

慢性心力衰竭也称慢性充血性心力衰竭，是大多数心血管病的最终归宿，也是最主要的死亡原因。

（一）概述

1. 基本病因

（1）原发性心肌损害：最常见的有冠心病心肌缺血和（或）心肌梗死；其次为心肌炎、心肌病，其中以病毒心肌炎及原发性扩张型心肌病多见；还可见于心肌代谢障碍性疾病，糖尿病心肌病最为常见。

（2）心脏负荷过重

1）压力负荷（后负荷）过重：如高血压、主动脉瓣狭窄主要导致左心室压力负荷增加。肺动脉高压、肺动脉瓣狭窄主要引起右心室压力负荷过重。

2）容量负荷（前负荷）过重：如二尖瓣、主动脉瓣关闭不全等引起的血液反流；先天性心脏病如室间隔缺损及动脉导管未闭引起的血液分流；甲亢、慢性贫血引起的持续性血流加速，回心血量增多；妊娠等引起的全身性血容量增多。

（考点：慢性心力衰竭的基本病因）

2．诱因　常见诱因有感染、心律失常、过多过快的输血/输液、过度体力劳动或情绪激动、治疗不当等。其中呼吸道感染是最常见、最重要的诱因。

（考点：慢性心力衰竭最常见的诱因）

3．发病机制　心力衰竭是一个慢性的发展过程，在各种病因的作用下，心脏为了保证有效的血液循环，通过代偿性肥厚、扩大，同时交感神经兴奋、肾素-血管紧张素-醛固酮系统激活及内分泌各种体液因子共同参与代偿。但这种代偿是有限的，当心肌肥厚到一定程度时，可造成心肌损伤、坏死；持续的心脏扩大使心肌耗氧量增加，加重心肌损伤；神经内分泌系统长期活性增加不仅加重血流动力学紊乱，还直接损伤心肌细胞，最终导致失代偿，不能维持心排血量，发生心力衰竭。

4．转归　慢性心力衰竭是大多数心血管病终末表现和最主要的死因。心力衰竭患者4年死亡率达50%，严重心力衰竭患者1年死亡率高达50%。尽管心力衰竭的治疗有了很大进展，心力衰竭患者的死亡数仍在不断增加。

（二）护理评估

1．健康史　询问患者有无慢性心力衰竭的病因，如风湿性心瓣膜病、冠心病、高血压、心肌炎、扩张型心肌病、慢性肺心病等；了解有无导致心力衰竭的诱因，如感染、心律失常、过多过快的输血/输液等；询问患者既往和目前的检查与治疗情况。

2．身心状况

（1）左心衰竭：主要表现为肺循环淤血和心排血量降低。

1）症状：①心源性呼吸困难。不同程度的呼吸困难是左心衰竭最主要的症状。最早表现为劳力性呼吸困难，最典型表现是夜间阵发性呼吸困难，严重表现为端坐呼吸，最严重表现为急性肺水肿。②咳嗽、咳痰和咯血。肺泡和支气管黏膜淤血可引起咳嗽与咳痰，痰多呈白色浆液性泡沫状，偶见痰中带血丝，当肺淤血明显加重或有肺水肿时，咳粉红色泡沫痰。长期慢性肺淤血肺静脉压力升高可使支气管黏膜下形成血管扩张，此种血管一旦破裂可致大咯血。③心排血量降低为主的症状。可表现为乏力、疲倦、头晕、嗜睡或失眠、心悸、发绀、少尿等，主要是由于心、脑、肾及骨骼肌等器官组织血液灌注不足及代偿性心率加快所致。长期慢性的肾血流量减少可致血尿素氮、血肌酐升高并出现肾功能不全的相应症状。

2）体征：除原发心脏疾病的体征外，还可出现心界向左下扩大，心率加快、舒张期奔马律及肺动脉瓣听诊区第二心音亢进。部分患者可出现交替脉。肺部可闻及湿啰音。

（考点：左心衰竭的最主要症状）

（2）右心衰竭：主要表现为体循环淤血。

症状：消化道症状是右心衰竭常见的症状，由胃肠道及肝淤血所致，常见的有食欲缺乏、恶心、呕吐、腹痛和腹胀等。肾脏淤血引起尿量减少、夜尿增多。

（考点：右心衰竭的主要症状）

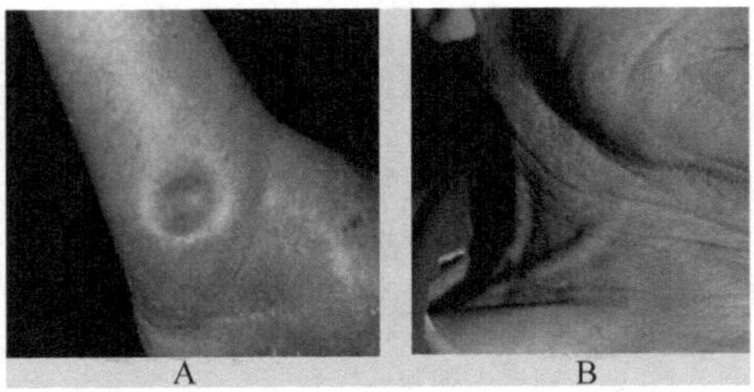

图 3-1 下肢水肿和颈静脉怒张
A. 下肢水肿；B. 颈静脉怒张

体征：①水肿。轻者见于身体下垂部位如足踝和胫前部（图 3-1A），常于晚间出现，休息后可消失，严重者可呈现全身性水肿，并伴有胸腔积液、腹水。②颈静脉征。颈静脉怒张是右心衰竭的主要体征（图 3-1B），而肝颈静脉反流征阳性更具有特征性。③肝大和压痛。肝脏因淤血而增大，常伴有压痛，长期肝内淤血可导致心源性肝硬化。④心脏体征。除原有心脏病的体征外，右心衰竭时可因右心室显著扩大而出现三尖瓣关闭不全的反流性杂音。

（考点：右心衰竭的特征性体征）

（3）全心衰竭：临床常见先有左心衰竭，而后出现右心衰竭。当右心衰竭继发于左心衰竭时，右心排血量减少，肺淤血缓解，因此呼吸困难等肺淤血症状反而有所减轻。

（4）心功能分级：根据患者自觉的活动能力，采用美国纽约心脏病协会（NYHA）心功能分级方法（表 3-4）而分成四级。

**表 3-4 NYHA 心功能分级方法**

| 心功能分级 | 特点 |
|---|---|
| Ⅰ级 | 心脏病患者日常活动量不受限，一般活动不引起乏力、心悸、呼吸困难等心衰症状 |
| Ⅱ级 | 体力活动轻度受限，休息时无自觉症状，一般活动可出现心衰症状，休息后很快缓解 |
| Ⅲ级 | 体力活动明显受限，休息时无症状，低于平时一般活动即引起心衰症状，休息较长时间后方可缓解 |
| Ⅳ级 | 不能从事任何体力活动，休息时也有心衰症状，活动后加重 |

（考点：心功能分级）

知识链接

**6 分钟步行试验**

6 分钟步行试验是一项简单易行、安全、方便的试验，用以评定慢性心力衰竭患者的运动耐力的方法。要求患者在平直走廊里尽可能快地行走，测定 6 分钟步行距离，若 6 分钟数步行距离＜150m，表明为重度心功能不全；150～425m 为中度心功能不全；426～550m 为轻度心功能不全。本试验除用以评估患者的运动耐力和心脏储备功能外，常用以评价心力衰竭的治疗效果及预后。

（5）心理-社会状况：由于心力衰竭的反复发作，患者长期受疾病折磨，体力活动又受到限制，甚至不能从事任何体力活动，生活上需要他人照顾。家属和亲人也可因长期照顾患者感到疲劳，从而忽视患者的心理感受，常使患者焦虑、内疚、绝望。

3. 辅助检查

（1）实验室检查：包括血常规、尿常规、肝肾功能、血糖、血脂、电解质、利钠肽、肌钙蛋白等。

（2）心电图检查：心力衰竭并无特异性心电图表现，但能帮助判断心肌缺血、既往心肌梗死、传导阻滞及心律失常等。

（3）胸部 X 线检查：左心衰竭时出现肺门阴影增宽，肺纹理增粗等肺淤血表现；右心衰竭时常见右心室增大，偶伴胸腔积液影。

（4）超声心动图：可显示各心腔大小变化，心瓣膜结构及功能情况，左心室射血分数（正常值＞50%）对心脏收缩功能的判断有重要的意义。

（5）心导管检查：对急重症心力衰竭患者必要时可将漂浮导管经皮静脉穿刺送至右心房、右心室、肺动脉，可测定肺毛细血管楔压（PCWP）和心脏指数（CI），直接反映左心功能状况，中心静脉压反映右心功能状况。

4．治疗要点　慢性心力衰竭宜采取长期的综合性治疗措施。治疗目的是缓解症状、提高运动耐量、改善生活质量、阻止或延缓心室重塑（心室重塑是指心室损伤和负荷增加所产生的大小、形态和组织结构变化的过程），防止心肌损害进一步加重，降低病死率。

（1）病因治疗：包括治疗原发病，积极控制和消除诱因。

（2）减轻心脏负荷：主要措施有适当休息、控制钠盐摄入、应用利尿药和血管扩张药等。其中，利尿药是心力衰竭治疗中最常用的药物，可通过排钠排水减轻心脏的容量负荷，缓解淤血症状，减轻水肿。常选用排钾类利尿药如氢氯噻嗪（双氢克尿塞）、呋塞米（速尿）；保钾利尿药如氨苯蝶啶、阿米洛利、螺内酯（安体舒通）。螺内酯尚有拮抗醛固酮受体、抑制心血管重塑的作用。

（3）增强心肌收缩力：常选用洋地黄类药物，可增强心肌收缩力，抑制心脏传导系统，兴奋迷走神经和对抗交感神经，增加心排血量，改善症状，提高运动耐量。

1）适应证与禁忌证：主要适用于心力衰竭，在利尿药、ACEI和β受体阻滞药治疗过程中持续有症状的患者，可考虑加用地高辛，但不同原因所致的心力衰竭对洋地黄反应不尽相同，如伴有心房颤动是应用洋地黄的最好指征；对贫血性心脏病、甲状腺功能亢进、心肌炎等所致的心力衰竭治疗效果欠佳，肺源性心脏病所致的右心衰竭、急性心肌梗死所致的心力衰竭应慎用；病态窦房结综合征、二度或完全房室传导阻滞、肥厚型心肌病应禁用。

（考点：洋地黄的作用）

2）常用制剂及用法：地高辛口服，用于中度心力衰竭的维持治疗；毛花苷丙静脉注射，用于急性心力衰竭和慢性心力衰竭加重时；毒毛花苷K静脉注射，用于急性心力衰竭。

3）洋地黄中毒的表现：①消化系统表现。表现为食欲缺乏、恶心、呕吐、腹痛、腹泻等，常是洋地黄中毒的首发症状。②心脏表现。洋地黄中毒最严重的反应是各类心律失常，最常见的是室性期前收缩，多表现为二联律；快速房性心律失常伴有传导阻滞是洋地黄中毒的特征性表现。洋地黄可引起心电图ST-T改变，但不能据此诊断洋地黄中毒。③神经系统表现。表现为头痛、头晕、嗜睡、抑郁、对刺激过敏、疲乏无力、视物模糊、黄视、绿视等。

（考点：洋地黄中毒反应）

4）洋地黄中毒的处理：①停用洋地黄。②如血钾低应补充钾盐，可口服或静脉补充氯化钾，同时停用排钾利尿药。③纠正心律失常，如血钾不低的快速性心律失常，首选利多卡因或苯妥英钠，心率缓慢者可用阿托品0.5～1.0mg皮下或静脉注射。电复律一般禁用，因易致心室颤动。

（考点：洋地黄中毒处理）

（4）延缓心室重塑：ACEI除有扩血管作用而改善血流动力学、减轻淤血外，更重要的是降低心力衰竭患者的神经体液因子的不利影响，限制心肌、血管的重塑，以保护心功能，推迟心力衰竭的进展，降低远期病死率。常用卡托普利、贝那普利、培哚普利等。对不能耐受其不良反应者，可改用血管紧张素Ⅱ受体阻滞药如氯沙坦、缬沙坦等。

（5）其他治疗

1）β受体阻滞药是目前很受重视的一类药物，主要是通过抑制体内的去甲肾上腺素的作用而发挥疗效，长期应用能显著地改善患者的症状，降低心力衰竭患者的病死率，提高患者的生活质量，目前此类药物的应用越来越多。常用的有美托洛尔、比索洛尔、卡维地洛等。由于此类药物具有抑制心肌收缩和延缓心脏传导的作用，支气管痉挛性疾病、心动过缓、二度及二度以上房室传导阻滞应禁忌使用。

2）对难治性心力衰竭高度顽固水肿也可试用血液超滤，对不可逆心力衰竭如扩张型心肌病晚期，可考虑心脏移植。

（三）护理问题

1．气体交换受损　与左心衰竭致肺循环淤血有关。

2．体液过多　与右心衰竭致体循环淤血，钠、水潴留有关。

3．活动无耐力　与心排血量下降有关。

4．潜在并发症：洋地黄中毒。

（四）护理措施

1．一般护理

（1）休息：适当安排休息与活动。了解患者目前的心功能状态和日常活动量。向患者解释休息是心力衰竭的基本治疗措施，包括体力和精神上的休息，可使心脏负荷减轻，利于心功能的恢复。根据患者心功能状态决定其活动量，与患者及家属一起制订活动计划。心功能Ⅰ级：不限制一般体力活动，适当参加体育锻炼，但应避免剧烈运动。心功能Ⅱ级：适当限制体力活动，增加午睡时间，可轻体力工作或家务劳动。心功能Ⅲ级：严格限制一般体力活动，以卧床休息为主，鼓励患者日常生活自理或在协助下自理。心功能Ⅳ级：绝对卧床休息，日常生活由他人照顾。

（考点：根据心功能分级合理安排休息与活动）

（2）饮食：给予低热量、低钠、高蛋白质、高维生素、清淡易消化、避免产气的饮食。低热量饮食可减轻心脏负荷；进食清淡易消化食物，避免豆类等产气食物，且少量多餐，以免加重胃肠道淤血。限制水、钠摄入，减轻水肿等症状，每天食盐控制在5g以下为宜，服利尿药者可适当放宽。限制含钠量高的食品如发酵面食、腌腊制品、海产品、味精、啤酒、碳酸饮料等，可用糖、醋、蒜调味以增进食欲。

2．病情观察　观察患者呼吸困难、咳嗽、咳痰、乏力、恶心及腹胀等心力衰竭症状的变化情况；监测呼吸的频率、节律以及心率、心律的变化；监测发绀的程度及肺部啰音的变化；观察水肿出现或变化的时间、部位、性质及程度等，每日测量体重和腹围，准确记录24小时出入液量；同时观察水肿局部皮肤有无感染及压疮的发生。控制输液量和输液速度，滴速以20～30滴/分为宜，防止输液速度过快。

3．配合治疗护理

（1）氧疗护理：根据患者缺氧的程度给予氧气吸入，一般给予2～4L/min，严重缺氧可给4～6L/min，注意合并肺心病者应给予持续低流量（1～2L/min）吸氧，嘱患者及家属勿随意调高氧流量，以免损伤呼吸道黏膜及肺泡。

（2）用药护理

1）应用洋地黄类药物的护理：由于洋地黄类药物的治疗量和中毒量接近，故使用时应特别注意预防洋地黄中毒。要严格按医嘱给药，服药前，应询问患者有无恶心、呕吐、乏力、色视等，并听诊 1 分钟心率。如使用毛花苷丙和毒毛花苷 K 时必须稀释后缓慢静脉注射，同时听诊心率、心律；必要时监测血清洋地黄药物浓度和心电图。用药过程中，密切观察患者有无食欲缺乏或恶心、呕吐加重，有无心律失常或心力衰竭加重，有无头痛、黄视等神经系统症状等，发现中毒症状应立即通知医师并协助处理。

2）应用利尿药的护理：①服药时间。一般情况下，应用利尿药的时间宜选择在早晨或日间，以免夜间排尿过频而影响患者的休息；口服补钾药物宜在饭后服用或与果汁同饮，以减轻胃肠道不适。②观察利尿药的不良反应。排钾利尿药主要的不良反应是低钾血症，严重者伴碱中毒，从而诱发心律失常或洋地黄中毒。故应监测血钾，注意有无腹胀、肠鸣音减弱、乏力等低钾血症的症状；噻嗪类利尿药可抑制尿酸排泄，引起高尿酸血症，长期使用还可干扰糖及胆固醇代谢，要注意监测。使用排钾利尿药应多补充含钾丰富的食物，如瓜果、大枣、蘑菇、深色蔬菜等，必要时按医嘱补充钾盐。保钾利尿药可产生高钾血症，肾功能减退出现少尿或无尿时应慎用。

3）ACEI：其主要的不良反应为咳嗽、低血压、头晕、肾损害、高血钾及血管神经性水肿等。用药期间需监测血压，避免体位突然改变，监测血钾和肾功能。若出现患者不能耐受的咳嗽或血管神经性水肿应停止用药，可按医嘱更改药物。

4）β 受体阻滞药：临床应十分慎重。应待心力衰竭情况稳定后，从小剂量开始，逐渐增加剂量，重点监测心率变化，症状改善常在用药后 2～3 个月才出现。

4. 心理护理　对高度紧张、焦虑、精神不易放松的患者，除借助小剂量镇静药外，更重要的是取得患者对医护人员的信赖。护士以认真、负责的工作态度，处处为患者着想，并为患者提供一切方便和积极的心理支持，以缓解心理压力，消除不良情绪。

（五）健康指导

1. 疾病知识指导　向患者和家属介绍心力衰竭的病因和诱因、积极治疗原发病，避免各种诱发因素，积极预防上呼吸道感染，防止过度劳累，保持情绪稳定，控制输液速度等；告知可能出现的并发症及自我护理的方法。育龄妇女应注意避孕。

2. 生活指导　饮食宜清淡、低盐、易消化、营养丰富、含适量纤维素，多食蔬菜、水果，防止便秘，排便不可用力，以免诱发心力衰竭。劝戒烟酒。合理安排活动与休息，根据心功能状态进行体力活动锻炼，即使心功能恢复，也应尽量从事轻工作，避免重体力劳动和过劳；避免精神紧张、兴奋，睡眠要充足。

3. 用药指导　强调严格按时、按量服药，不随意增减或撤换药物的重要性；服洋地黄的患者偶尔出现漏服，不应补服，以免中毒，并应教会患者自我用药监测，如服洋地黄时要学会自测脉率，若脉率小于每分钟 60 次，并有厌食、恶心、呕吐，为洋地黄中毒，应停服并就诊；用血管扩张药者，改变体位时动作不宜过快，以防发生直立性低血压。

4. 病情监测指导　出院后应经常自测脉搏，观察体重、尿量，有无足踝部水肿、气急加重、夜间平卧时出现咳嗽、夜尿增多等症状，若出现异常应及时就诊。

## 二、急性心力衰竭

**案例 3-2**　患者，男，48 岁。夜间睡眠中突然感到呼吸困难受“憋”而醒，被迫坐起，额部冷汗，端坐呼吸，口唇发绀，阵阵咳嗽，咳出粉红色泡沫状痰。近半年来，已有 2 次类似发作，但程度均较轻。查体：T 37℃，R 30 次/分，BP 120/80mmHg，P 110 次/分；两肺闻及哮鸣音，两肺底可闻及湿啰音；心界叩诊呈梨形，下肢无水肿。

问题：1. 为更好地护理患者，你还应对患者进行哪些护理评估？
2. 该患者主要的护理问题是什么？
3. 你将给患者采取什么护理措施？

急性心力衰竭是指心力衰竭的症状和体征急性发作和（或）急性加重的一种临床综合征，可表现为急性新发或慢性心力衰竭急性失代偿。临床以急性左心衰竭最常见，多表现为急性肺水肿。

（一）概述

1．病因及发病机制

（1）病因：①急性心肌坏死和（或）损伤，如急性心肌梗死或不稳定型心绞痛、急性重症心肌炎等。②急性血流动力学障碍：如感染性心内膜炎引起的瓣膜穿孔、腱索断裂所致急性心脏瓣膜性反流、高血压危象等。③严重心律失常，可见于原有心脏病基础上出现持续发作的快速型或严重缓慢型心律失常。④慢性心衰急性加重等。

（2）发病机制：由于心脏解剖或功能的突发异常，使心排血量急剧降低，左心室舒张末压迅速升高，肺静脉回流不畅，肺静脉压快速升高，肺毛细血管压随之升高使血管内液体外渗到肺间质和肺泡内形成急性肺水肿。

2．转归　急性肺水肿发作过后，如原发病因得以去除，患者可完全恢复；若原发病因继续存在，患者可有一段稳定时间，待有诱因时又可再次发生心力衰竭。

（二）护理评估

1．健康史　了解有无引起急性心力衰竭的原发病因，如急性广泛性心肌梗死、严重的二尖瓣狭窄、高血压危象等；有无严重心律失常、静脉输液过多过快等。

2．身心状况

（1）症状：急性左心衰竭患者病情发展常极为迅速且十分危重。表现为突发严重呼吸困难、强迫坐位、发绀、大汗淋漓、烦躁，同时频繁咳嗽、咳大量粉红色泡沫样痰。严重者可因脑缺血而致神志模糊。

（2）体征：呼吸频率常达30～40次/分，血压早期可一过性升高，随后下降，严重者可出现心源性休克，两肺满布湿啰音和哮鸣音；心率增快，心尖部第一心音减弱，可闻及舒张期奔马律，肺动脉瓣区第二心音亢进。

（考点：急性左心衰竭的特征性表现）

3．治疗要点　急性肺水肿属危急重症，应积极而迅速地抢救。急救原则：减轻心脏负荷、增强心肌收缩力、解除支气管痉挛、去除诱因及病因治疗。常用治疗措施：

（1）体位：立即取坐位，双腿下垂，以减少回心血量从而减轻肺部淤血。

（2）吸氧：采用高流量面罩吸氧。

（3）吗啡：静脉注射可使患者镇静，减少躁动，还可扩张小血管，从而减轻心脏的负荷。吗啡3～5mg静脉注射，必要时每间隔15分钟重复1次，共2～3次。

（4）快速利尿剂：静脉给予呋塞米，可快速利尿，并有扩张静脉的作用，有利于缓解肺水肿。呋塞米20～40mg静脉注射，2分钟内推完，10分钟内起效，必要时4小时可重复1次。

（5）血管扩张药：可选用硝普钠、硝酸甘油等血管扩张药，硝普钠为扩张动、静脉血管扩张药，可以减轻心脏前负荷和后负荷，改善心功能。

（6）洋地黄制剂：可选用毛花苷丙，首剂可给 0.4～0.8mg 稀释静脉缓慢注射，此药最适合用于有快速心室率的心房颤动并心室扩大伴左心室收缩功能不全者。急性心肌梗死 24 小时内一般不宜使用。

（7）氨茶碱：解除支气管痉挛，还可增强心肌收缩力，扩张周围血管，降低肺动脉和左心房压力。

（8）其他：应用糖皮质激素、四肢轮流结扎等。

（三）护理问题

1．气体交换受损　与急性肺水肿有关。

2．恐惧　与突发病情加重而担心疾病的预后有关。

3．潜在并发症：心源性休克、猝死。

（四）护理措施

1．一般护理

（1）休息：安置患者于重症监护病房，立即协助患者取端坐位，双腿下垂，以减少回心血量。

（2）饮食：病情危重期间需禁食，病情稳定后给予低热量、低盐、清淡易消化饮食，少量多餐，避免进食产气食物，以免影响膈肌活动加重呼吸困难。

2．病情观察　采用多功能监护仪，监测血压、脉搏、呼吸、血氧饱和度等，并做好详细记录。根据监测结果调整输液速度；根据血氧饱和度判断缺氧情况，随时调整吸氧浓度。检查血电解质、血气分析有无异常。如出现血压下降、四肢厥冷、意识障碍等休克表现时，应立即报告医师，配合抢救。

3．配合治疗护理

（1）氧疗：给予高流量吸氧，6～8L/min，并通过 20%～30%的乙醇湿化，以降低肺泡内泡沫的表面张力使泡沫消散，增加气体交换面积。严重者采用无创面罩呼吸机持续加压（CPAP）给氧，一方面可以改善气体交换功能，另一方面可以减轻肺水肿。

（考点：不同疾病氧疗护理时的氧流量）

（2）用药护理：迅速开放两条静脉通道，按医嘱正确使用药物，观察药物不良反应。控制静脉输液速度，一般为每分钟 20～30 滴。在使用吗啡过程中注意有无呼吸抑制、心动过缓等。用利尿剂要严格记录尿量。血管扩张药使用时注意输液速度和血压变化，防止低血压发生。硝普钠见光易分解，代谢产物为氰化物和硫氰酸盐，应现用现配，用药时间不宜连续超过 24 小时，避光滴注，密切观察血压，根据血压的变化调节滴速，有条件者可用输液泵控制，维持收缩压在 90～100mmHg。洋地黄制剂静脉使用时要稀释，推注速度宜缓慢。

4．心理护理　抢救过程中医护人员必须保持镇静、操作熟练、忙而不乱，使患者产生信任和安全感，同时避免在患者面前讨论病情，以减少误解。症状缓解后分析产生恐惧的原因，鼓励患者说出内心感受，指导患者进行自我放松，如深呼吸、放松疗法等，并向患者解释恐惧对心脏的不利影响，使患者主动配合，保持情绪稳定。

（五）健康指导

向患者及家属讲解急性心力衰竭的诱因，应积极治疗原有心脏疾病。在日常静脉输液中，嘱患者要主动告知医护人员自己有心脏病病史，以便在输液时控制输液量及滴速。

# 第4节 心律失常患者的护理

**案例 3-3** 患者，女，36岁。因心悸、乏力及胸闷2周入院。护理体检：体温36.8℃，脉搏96次/分，律不齐，血压110/70mmHg，两肺呼吸音粗，未闻及啰音，心率121次/分，心律不规则，第一心音强弱不等，心尖区可闻及4/6级舒张期隆隆样杂音。

**问题：** 1. 该患者的脉律和心律有何特点？
2. 对该患者首先考虑进行哪项辅助检查？
3. 该患者主要的护理问题是什么？

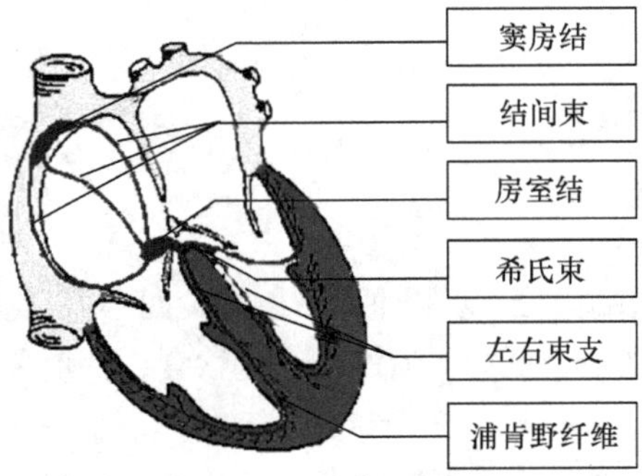

图3-2 心脏传导系统

心律失常是指心脏冲动的频率、节律、起源部位、传导速度或激动次序的异常。正常心脏冲动起源于窦房结，先后经结间束、房室结、希氏束、左右束支及浦肯野纤维到达心室（图3-2）。

## 一、心律失常的分类

（一）按其发生机制分类

1. 冲动形成异常

（1）窦性心律失常：包括窦性心动过速、窦性心动过缓、窦性心律不齐和窦性停搏。

（2）异位心律：①主动性异位心律。包括期前收缩（房性、房室交界区性、室性）、阵发性心动过速（房性、房室交界区性、室性）、心房扑动与颤动、心室扑动与颤动。②被动性异位心律。包括逸搏和逸搏心律。

2. 冲动传导异常　如房室传导阻滞、束支传导阻滞、室内阻滞、预激综合征等。

（二）按照心律失常发生时心率的快慢分类

1. 快速性心律失常　包括期前收缩、心动过速、扑动和颤动等。

2. 缓慢性心律失常　包括窦性心动过缓、房室传导阻滞等。

## 二、常见心律失常患者的护理

（一）概述

1. 病因

（1）心脏疾病：各种器质性心脏病是引发心律失常最常见的原因，包括冠状动脉粥样硬化性心脏病、高血压性心脏病、风湿性心脏病、心肌炎、心肌病、先天性心脏病、心力衰竭等，可出现各种心律失常。

（2）心外疾病：发热、甲状腺功能亢进症、贫血、休克、电解质紊乱等可引起心动过速与期前收缩；甲状腺功能减退症、颅内疾病、严重缺氧、阻塞性黄疸等可引起窦性心动过缓。

（3）药物影响：肾上腺素、异丙肾上腺素、阿托品等药物可致窦性心动过速；β受体阻滞剂、胺碘酮、非二氢吡啶类钙通道阻滞剂、拟胆碱药等可致窦性心动过缓；洋地黄中毒常引起室性心律失常；奎尼丁、胺碘酮中毒可出现阵发性室性心动过速、心室扑动与心室颤动。

（4）生理因素：健康人在情绪激动、体力活动、睡眠不佳、烟酒过量、饮浓茶或咖啡等情况下，可引起窦性心动过速或诱发期前收缩；健康的青年人、运动员及睡眠状态可出现窦性心动过缓。

（5）其他：如心导管检查、心脏手术、麻醉、电击、溺水等可引发心律失常。

2．转归　心律失常的预后取决于心律失常的类型及患者所患器质性心脏病的严重程度。发生在无器质性心脏病者，对血流动力学无明显影响，病程短，预后较好；发生于严重器质性心脏病者，有严重血流动力学改变，病程较长，可诱发心绞痛、休克、心力衰竭、晕厥甚至猝死。

（二）护理评估

1．健康史　询问有无冠心病、风心病、心肌炎、心肌病、高血压性心脏病、肺心病等病史；有无发热、甲亢或甲减、贫血、休克、缺氧、电解质和酸碱平衡失调等；是否正在服用阿托品、洋地黄、肾上腺素等；有无心脏手术或创伤；有无情绪紧张或激动、过劳、剧烈运动、饱餐、饮酒或浓茶、饮咖啡、吸烟等诱发因素。

2．身心状况　心律失常的表现取决于心律失常的类型、心室率的快慢、发作持续时间长短、对血流动力学的影响，也与引发心律失常基础疾病的严重程度有关。

（1）症状

1）窦性心律失常：成人窦性心律的频率超过 100 次/分，称为窦性心动过速，通常逐渐开始并逐渐终止，患者可无症状或有心悸。成人窦性心律的频率低于 60 次/分，称为窦性心动过缓，可有头晕、乏力及胸闷等心排血量下降的表现。

2）期前收缩：窦房结以外的异位起搏点提前发出冲动，引起心脏提前收缩，又称为过早搏动，是临床最常见的心律失常。期前收缩可为偶发（＜5 次/分）或频发（＞5 次/分）；每个窦性搏动之后出现 1 个期前收缩，称为二联律；每 2 个窦性搏动之后出现 1 个期前收缩称为三联律；每个窦性搏动之后接连出现 2 个期前收缩，称为成对出现的期前收缩；期前收缩的 QRS 波群发生在前一次心搏的 T 波之上，称 R on T 型期前收缩；期前收缩由多个异位起搏点引起，称为多源性期前收缩。偶发期前收缩可无症状，亦可有心悸或心跳暂停感，类似电梯快速下降的失重感或代偿间歇后有力的心脏搏动。频发室性期前收缩可致头晕、乏力甚至晕厥等，原有的心脏病可因此诱发或加重心绞痛和心力衰竭。

（考点：最常见的心律失常）

3）阵发性心动过速：心脏的异位起搏点连续出现 3 次或 3 次以上的期前收缩，称阵发性心动过速。可分为房性阵发性心动过速、房室交界区性阵发性心动过速和室性阵发性心动过速（简称室速）。其中房性和交界区性阵发性心动过速，在心电图上常难以区别，且异位起搏点均位于房室束以上，故统称为阵发性室上性心动过速（简称室上速）。其特点是阵发性，突然发作和突然停止。①室上性阵发性心动过速时，患者多表现为心悸、乏力及胸闷，重者可出现头晕、黑矇、晕厥、心绞痛及心力衰竭。②室性阵发性心动过速发作时，患者多有晕厥、呼吸困难、低血压，甚至抽搐及心绞痛。

4）扑动与颤动：是一种较阵发性心动过速频率更快的主动性异位心律。心房颤动患者多有心悸、乏力及胸闷，严重者可引起心力衰竭、心绞痛和晕厥；心室颤动为临床最严重的心律失常，一旦发生，患者可立即出现意识丧失、抽搐，继之呼吸心跳停止，甚至死亡。

（考点：最严重的心律失常）

5）房室传导阻滞：指冲动从心房传至心室的过程中，冲动传导的延迟或中断。按阻滞程度分为三度。①一度房室传导阻滞。传导时间延长，全部冲动仍能传导。临床常无症状。②二度房室传导阻滞。分为莫氏Ⅰ型和莫氏Ⅱ型。Ⅰ型表现为传导时间进行性延长，直至一次冲动不能传导；Ⅱ型表现为间歇出现的传导阻滞。二度房室传导阻滞症状轻重取决于心室脱漏次数，一般可有乏力、头晕、心悸、胸闷与心搏脱漏感，脱漏频繁或连续脱漏可发生晕厥。③三度（完全性）房室传导阻滞。此时全部冲动不能传入心室。三度房室传导阻滞除上述症状外，若心室率过慢可导致脑缺血，有暂时性意识丧失，严重者表现为阿-斯综合征甚至猝死。

（2）体征

1）窦性心律失常：窦性心动过速，心率超过 100 次/分；窦性心动过缓，心率低于 60 次/分；节律整齐。

2）期前收缩：心律不规则，心搏提前出现，之后有一较长的代偿间歇，第一心音多增强，第二心音多减弱或消失，桡动脉搏动减弱或消失。

3）阵发性心动过速：室上性阵发性心动过速心律规则，第一心音强弱一致；室性阵发性心动过速心率略不规则，第一心音强弱不一致。

4）房、室颤动：心房颤动第一心音强弱不等，心室律绝对不规则，脉率慢于心率（脉搏短绌）；心室颤动时，脉搏触不到，听诊心音消失，血压亦无法测到。

（考点：心房颤动的临床特点）

5）房室传导阻滞：一度房室传导阻滞第一心音减弱；二度房室传导阻滞有心搏脱漏，Ⅰ型者第一心音逐渐减弱，Ⅱ型者强度恒定；三度房室传导阻滞心率慢而规则，第一心音强弱不等，间或可听到响亮而清晰的第一心音（大炮音）。

（3）心理-社会状况：患者由于心律失常引起的躯体不适及反复发作，常出现精神紧张、焦虑不安，当病情加重时恐惧、悲观。

3．辅助检查

（1）心电图检查：是诊断心律失常最常用的无创性检查技术。

（考点：诊断心律失常最常用的辅助检查）

1）窦性心律失常：正常心脏的起搏点位于窦房结，起源于窦房结的心律称为窦性心律，成人频率为 60～100 次/分。心电图特征：P 波在Ⅰ、Ⅱ、aVF 导联直立，aVR 导联倒置，P—R 间期 0.12～0.20 秒（图 3-3）。窦性心律失常是指窦房结冲动发放频率、节律的异常或窦性冲动向心房传导受阻导致的心律失常。

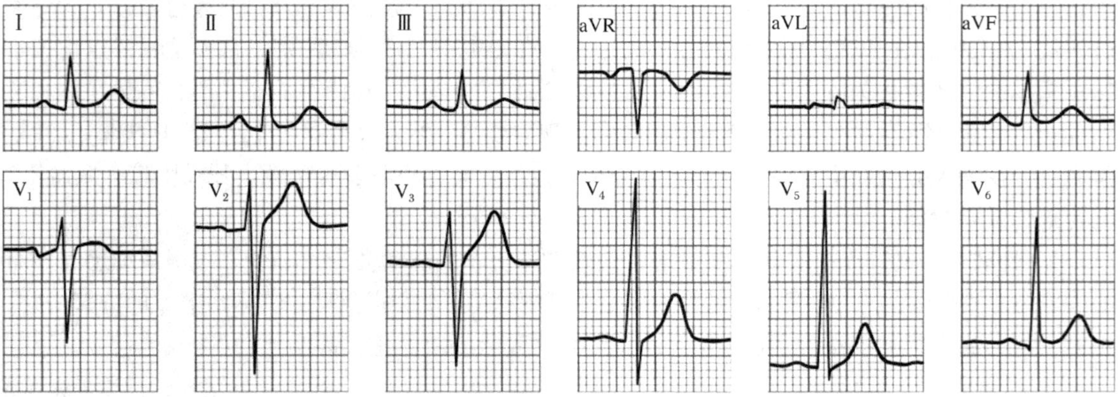


图 3-3 正常窦性心律

A．窦性心动过速：窦性 P 波规律出现，成年人频率大多在 100～150 次/分，P—P 间期＜0.60 秒（图 3-4）。

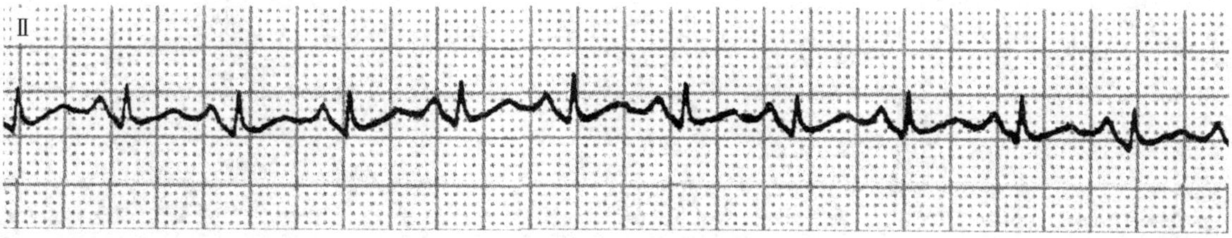


图 3-4　窦性心动过速

B．窦性心动过缓：窦性 P 波规律出现，频率＜60 次/分，P—P 间期＞1.0 秒（图 3-5）。常伴窦性心律不齐（不同 P—P 间期之差＞0.12 秒）。

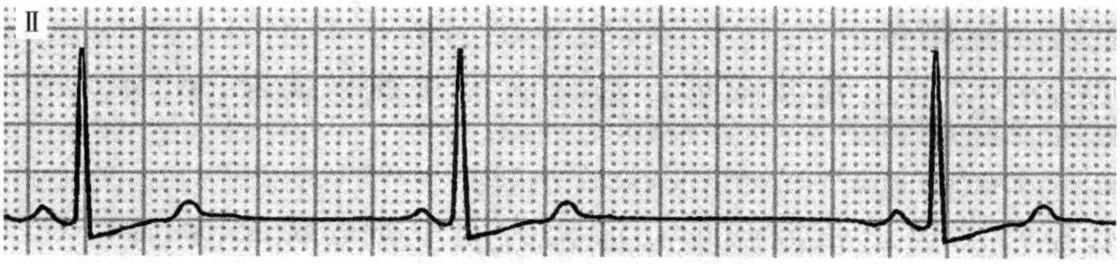


图 3-5　窦性心动过缓并窦性心律不齐

2）期前收缩

A．房性期前收缩：P 波提前出现，其形态与窦性 P 波有所不同，提前发生的 P 波 P—R 间期＞0.12 秒；P 波后的 QRS 波群形态大多正常；多为不完全性代偿间歇（期前收缩前后 2 个窦性 R—R 间期之和小于 2 个正常 R—R 间期）（图 3-6）。

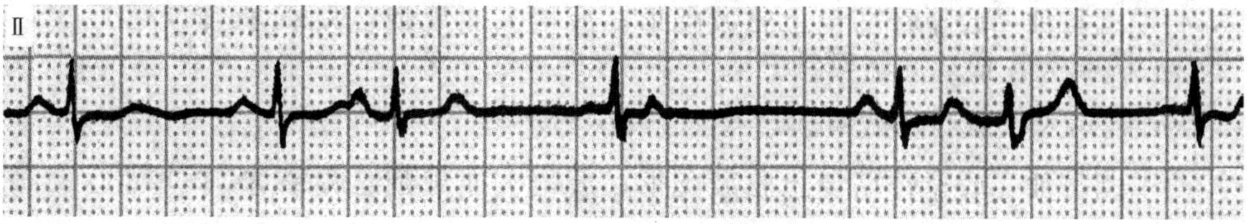


图 3-6　房性期前收缩

B．房室交界区性期前收缩：提前出现的 QRS 波群，其形态与窦性心律 QRS 波群基本相同；逆行 P′波可位于 QRS 波群之前、之中、之后；多数为完全性代偿间期（即期前收缩前后 2 个窦性 R—R 间期之和等于 2 个正常 R—R 间期）（图 3-7）。

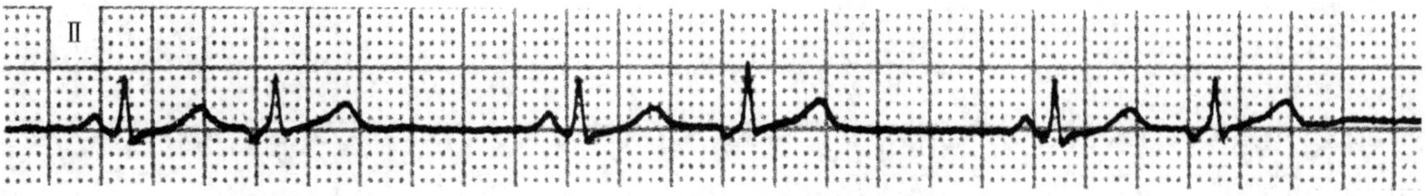


图 3-7　房室交界区性期前收缩

C．室性期前收缩：提前出现的 QRS 波群宽大、畸形，时限＞0.12 秒；QRS 波群前无 P 波；T 波方向与 QRS 波群主波方向相反；多为完全性代偿间歇（图 3-8）。

3）阵发性心动过速

A．阵发性室上性心动过速：心率为 150～250 次/分，节律规则；QRS 波群形态正常；P 波常不易辨认；起始突然，通常由一个房性期前收缩触发；常伴有继发性 ST-T 改变（图 3-9）。

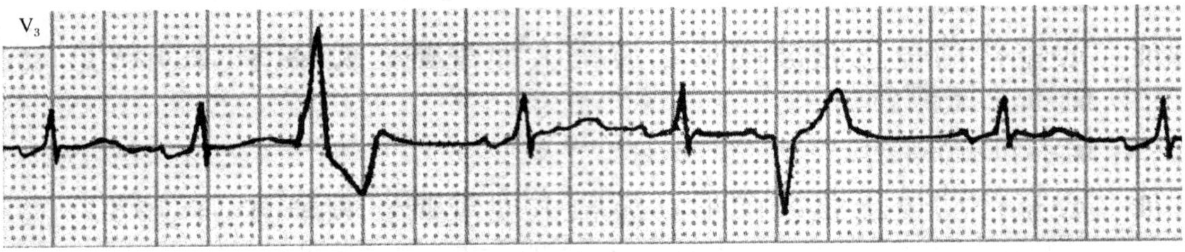


图 3-8 室性期前收缩

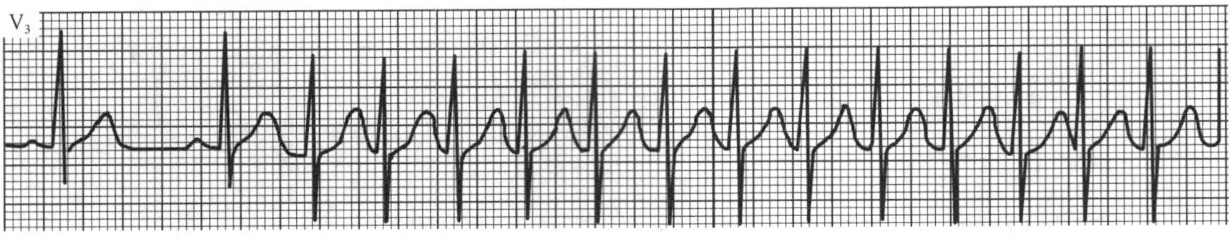


图 3-9 阵发性室上性心动过速

B. 阵发性室性心动过速：3 个或 3 个以上的室性期前收缩连续出现，通常起始突然；心室率一般为 100～250 次/分，心律规则或略不规则；QRS 波宽大畸形，时限＞0.12 秒；T 波方向与 QRS 波群主波方向相反，可有心室夺获与室性融合波（图 3-10）。

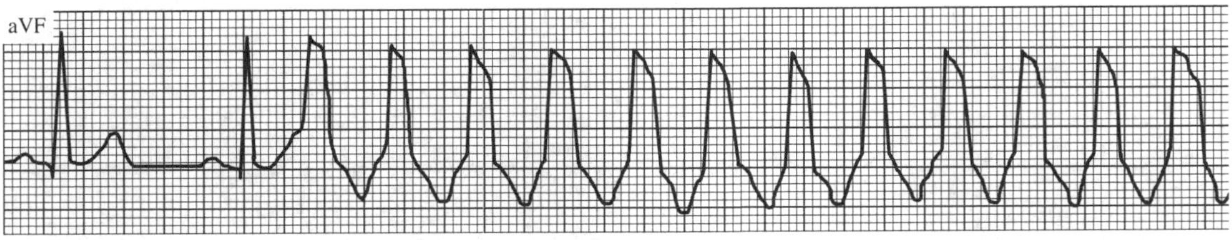


图 3-10 阵发性室性心动过速

4）心房扑动与颤动

A. 心房扑动：P 波消失，代之以 250～350 次/分、间隔均匀、形状相似的锯齿状心房扑动波（F 波）；F 波与 QRS 波群成某种固定的比例，最常见的比例为 2∶1 房室传导，当房室传导比率不恒定时，可引起心室律不规则；QRS 波群形态一般正常（图 3-11）。

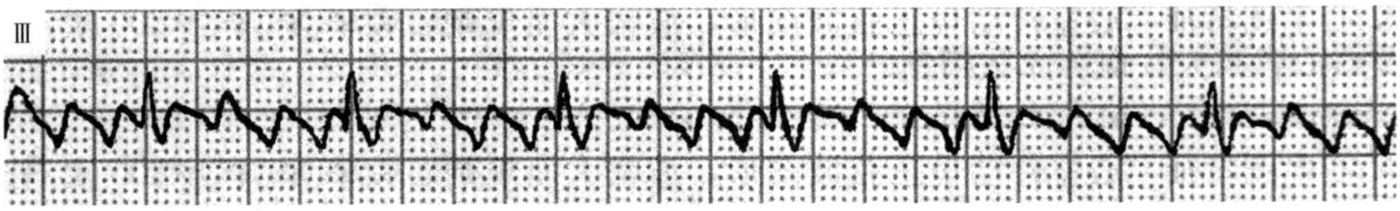


图 3-11 心房扑动

B. 心房颤动：P 波消失，代之以形态各异、大小及间隔不等的心房颤动波（f 波），心房率为 350～600 次/分；心室率绝对不等；QRS 波群形态一般正常，当心室率过快发生室内差异性传导时 QRS 波群可增宽、变形（图 3-12）。

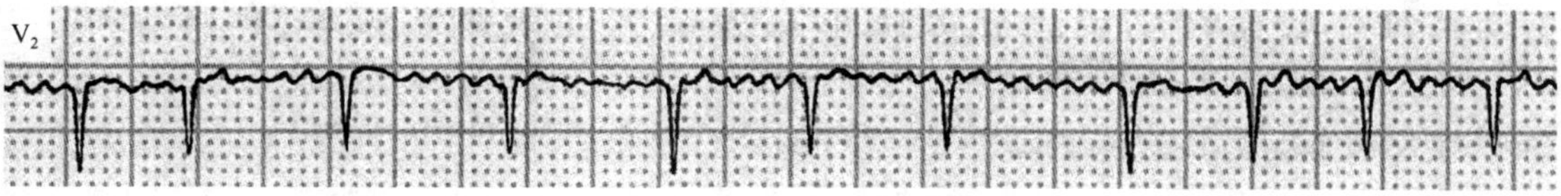

图 3-12 心房颤动

5）心室扑动与颤动

A. 心室扑动：P—QRS—T 波群消失，代之以频率为 150～300 次/分（通常在 200 次/分以上）、波幅大而规则的正弦波（室扑波）图形（图 3-13）。

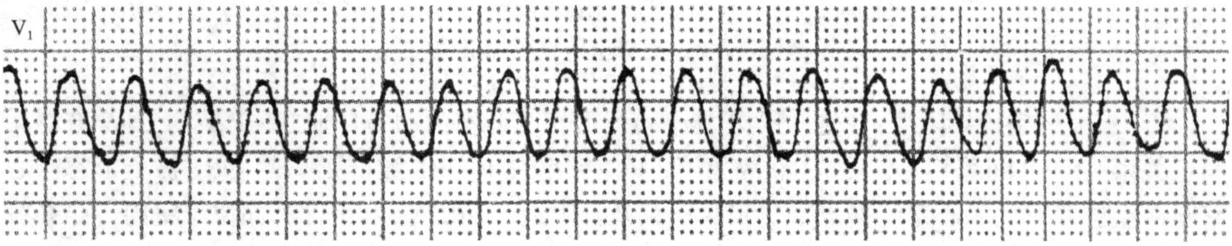

图 3-13 心室扑动

B. 心室颤动：P—QRS—T 波群消失，代之以频率为 150～500 次/分，形态、振幅与频率极不规则的颤动波（室颤波）（图 3-14）。

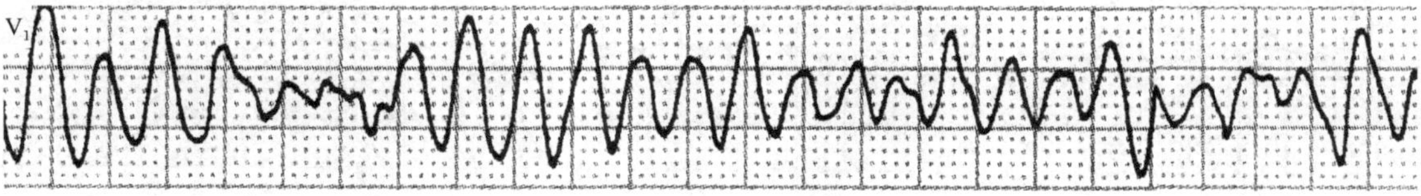

图 3-14 心室颤动

（考点：心室颤动的心电图特点）

6）房室传导阻滞

A. 一度房室传导阻滞：P—R 间期超过 0.20 秒；每个 P 波后均有 QRS 波群，其形态与时限正常（图 3-15）。

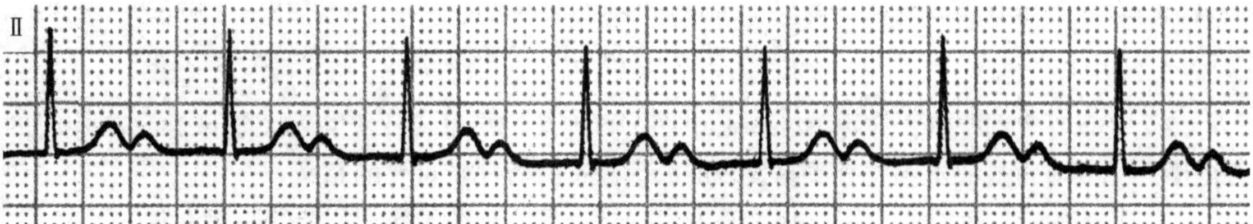

图 3-15 一度房室传导阻滞

B. 二度房室传导阻滞

Ⅰ型：是最常见的二度房室阻滞类型。P—R 间期进行性延长直至 P 波不能下传，R—R 间期进行性缩短直至心室脱漏，以后又周而复始（图 3-16）。

Ⅱ型：P—R 间期恒定不变（正常或延长）。数个 P 波之后有 1 个 QRS 波群脱漏，形成 2∶1、3∶1、3∶2 等不同比例房室传导阻滞（图 3-17）。

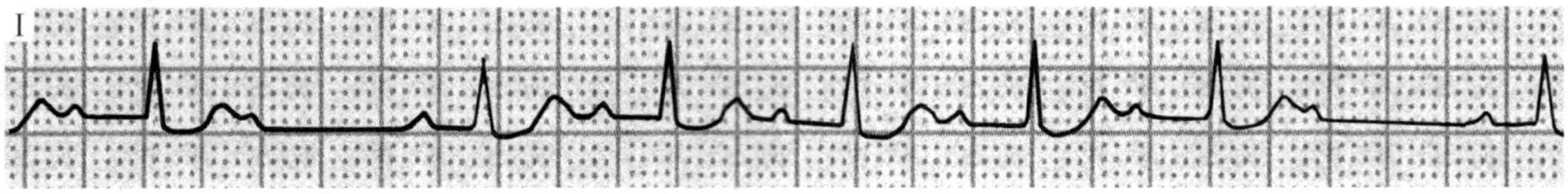

图 3-16 二度房室传导阻滞Ⅰ型

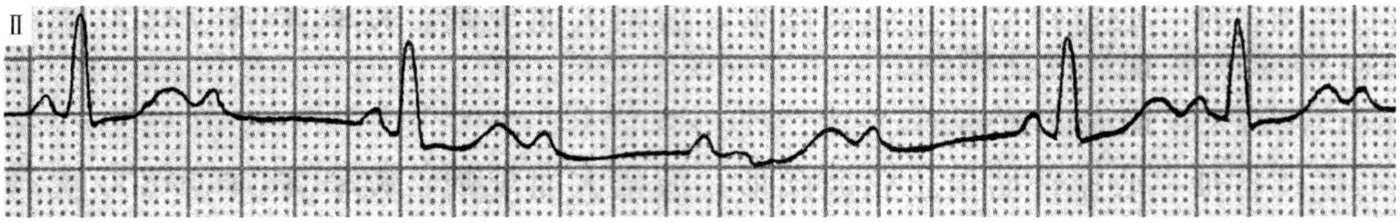

图 3-17 二度房室传导阻滞Ⅱ型

C. 三度房室传导阻滞：P 波完全不能下传，心房与心室活动各自独立，P 波与 QRS 波群无固定关系；P—P 间隔相等，R—R 间隔相等，P 波频率快于 QRS 波群频率； QRS 波群形态与心室起搏点位置有关，心室起搏点如位于希氏束及其附近，QRS 波群正常，如位于室内传导系统的远端，QRS 波群增宽（图 3-18）。

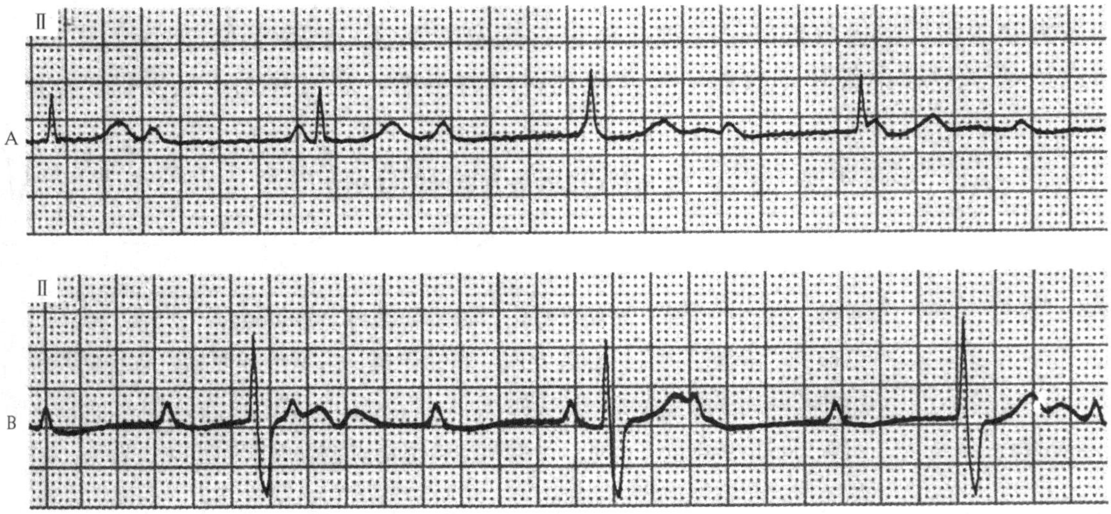


图 3-18 三度房室传导阻滞

（2）动态心电图检查：亦称 Holter 心电图，可连续记录患者日常生活状态下 24～72 小时的心电图，尤其对常规心电图检查不易发现的心律失常有着比较重要的意义。

（3）其他检查：食管心电图、临床心电生理检查等，有助于鉴别复杂的心律失常。

4. 治疗要点 病因治疗是治疗心律失常的根本措施，应积极治疗原发病，去除诱因。对于心律失常本身的治疗，主要取决于其对血流动力学的影响。对血流动力学影响较小者无须治疗；症状明显，有严重血流动力学障碍的心律失常，采取相应有效的治疗措施。

（1）窦性心律失常：窦性心动过速、窦性心动过缓无症状者通常无须治疗。窦性心动过速必要时可用 β 受体阻滞剂如美托洛尔等以减慢心率。窦性心动过缓有症状者，可使用阿托品、异丙肾上腺素等药物提高心率，严重者可考虑心脏起搏治疗。

（2）期前收缩：对房性和交界区性期前收缩通常无须治疗，有明显症状时可触发室上性心动过速者，给予镇静药、β 受体阻滞剂、维拉帕米等药物；对非器质性心脏病且无明显症状的室性期前收缩，不必使用药物治疗，症状明显者可选用 β 受体阻滞剂、美西律（慢心律）、普罗帕酮（心律平）等药物。若急性心肌梗死患者发生窦性心动过速与室性期前收缩，早期应用 β 受体阻滞剂可以减少室颤的危险。

（3）阵发性心动过速

1）阵发性室上性心动过速：发作时首先用刺激迷走神经的方法治疗，方法有刺激咽喉部诱导恶心，Valsalva 动作（深吸气后屏气，再用力做呼气动作），将面部浸没于冰水内，按摩一侧颈动脉窦，按压眼球（高度近视及青光眼禁用）等。药物治疗首选腺苷，无效时改用维拉帕米；对伴心力衰竭的患者，首选洋地黄制剂；合并低血压可应用升压药，但老年人、急性心肌梗死患者等禁用；其他可选用普罗帕酮等。以上治疗无效应施行同步直流电复律。导管射频消融术可以根治。

（考点：阵发性室上性心动过速发作时首选治疗方法）

2）阵发性室性心动过速：终止室速发作可首先给予静脉注射利多卡因或普鲁卡因胺，也可选用胺碘酮或普罗帕酮，但普罗帕酮不宜用于心力衰竭或心肌梗死的患者。药物治疗无效时，施行同步直流电复律。如病情严重，应紧急施行同步直流电复律。

（考点：阵发性室性心动过速治疗首选药）

（4）扑动与颤动

1）心房扑动：同步直流电复律是终止心房扑动最有效的方法。血流动力学稳定者，可选用 β 受体阻滞剂、钙通道阻滞剂、洋地黄制剂以减慢心室率。顽固性房扑药物治疗无效者，可选择射频消融术根治。

2）心房颤动：应用 β 受体阻滞剂或钙通道阻滞剂、洋地黄制剂以控制心室率；有复律指征时，可采取胺碘酮等药物复律、同步直流电复律恢复窦性心律；必要时可施行射频消融术。并发体循环栓塞是慢性房颤极重要的并发症，可给予华法林抗凝治疗。

知识链接

**导管射频消融治疗快速性心律失常**

射频能量是一种低电压高频电能。射频消融仪通过导管头端的电极释放射频电能，在导管头端与局部心肌内膜之间电能转化为热能，达到一定温度后，使特定的局部心肌细胞脱水、变性、坏死，自律性和传导性能均发生改变，从而使心律失常得以根治。

3）心室扑动与心室颤动：有条件者立即行非同步直流电复律，同时配合胸外心脏按压、人工呼吸，并经静脉注射复苏药物和抗心律失常药物等。

（考点：心室颤动的首选治疗方法）

（5）房室传导阻滞：一度与二度Ⅰ型房室传导阻滞心室率不太慢者，无须特殊处理，二度Ⅱ型与三度房室传导阻滞，例如心室率显著缓慢应及时提高心室率以改善症状，可用阿托品、异丙肾上腺素治疗，有条件应尽早安置临时或永久心脏起搏器。

（三）护理问题

1. 活动无耐力　与心律失常导致心排血量减少有关。
2. 焦虑　与心律失常反复发作、治疗效果不佳有关。
3. 有受伤的危险　与心律失常引起的头晕或晕厥有关。
4. 潜在并发症：心力衰竭、猝死。

（四）护理措施

1．一般护理

（1）休息：非器质性心脏病且无症状或症状较轻的心律失常患者，鼓励其正常工作和生活，注意劳逸结合，保持心情舒畅；当出现胸闷、心悸、头晕等不适时，应保证充分的休息，可采取高枕卧位、半卧位或其他舒适体位，尽量避免左侧卧位，因该体位患者较易感觉心脏搏动而加重不适感；严重心律失常发作时，如阵发性室性心动过速、二度Ⅱ型及三度房室传导阻滞等，应绝对卧床休息，减少心肌耗氧量。

（考点：心律失常休息体位的选择）

（2）饮食：给予低脂、易消化、清淡、富含营养的饮食，少量多餐，避免饱餐，戒烟酒，避免咖啡、浓茶，多食纤维素丰富的食物，保持大便通畅。心动过缓者应避免排便时过度屏气，以免因迷走神经兴奋而加重心动过缓。

2．病情观察　观察生命体征，房颤患者要求两人同时测量心率与脉率，应至少测量 1 分钟；观察有无胸闷、心悸、头晕、晕厥、呼吸困难等症状，并观察其程度、持续时间及对日常生活的影响程度；观察心电图、血气分析、电解质及酸碱平衡情况。对严重心律失常的患者，持续进行心电监护。发现频发、多源性、成对、联律出现或 R on T 现象的室性期前收缩，阵发性室性心动过速，二度Ⅱ型或三度房室传导阻滞，心室扑动、心室颤动等，应立即报告医师并配合抢救。

3．配合治疗的护理

（1）抗心律失常药物治疗护理：严格遵医嘱给予抗心律失常药物，静脉注射时速度宜慢（腺苷除外），一般 5～15 分钟内注射完，静脉滴注药物时尽量用输液泵调节滴速。观察药物疗效和不良反应，必要时监测心电图，观察用药前、用药中及用药后的心率、心律、PR 间期及 QT 间期的变化。常用抗心律失常药物不良反应及注意事项见表 3-5。

**表 3-5　常用抗心律失常药物不良反应及注意事项**

| 药物名称 | 不良反应 | 注意事项 |
|---|---|---|
| 奎尼丁 | 窦性停搏、房室传导阻滞、Q—T 间期延长、室性心动过速等心脏毒性反应；其他有胃肠道反应、视听觉障碍、意识模糊、皮疹、发热等 | 给药前测量血压、心率、心律，如血压低于 90/60mmHg，心率小于 60 次/分，或心律不规则时报告医师 |
| 普罗帕酮 | 房室传导阻滞、诱发和加重心力衰竭；其他有恶心、呕吐、眩晕及视物模糊 | 餐时或餐后服用可减少胃肠道刺激 |
| 利多卡因 | 窦房结抑制、室内传导阻滞、低血压；眩晕、感觉异常、意识模糊、谵妄、昏迷 | 注意给药的剂量和速度。过敏、肝肾功能障碍者禁用 |
| 普萘洛尔 | 低血压、心动过缓、心力衰竭；加重哮喘与慢性阻塞性肺疾病；糖尿病患者可能引起低血糖 | 给药前测量患者心率，当心率低于 50 次/分应及时停药 |
| 胺碘酮 | 心动过缓、肺纤维化、肝功能损害、甲状腺功能亢进或减退、角膜色素沉着、胃肠道反应 | 静脉给药应选择大血管，密切观察穿刺部位情况，用药期间监测肝功能、甲状腺功能、肺功能等 |
| 维拉帕米 | 低血压、心动过缓、房室传导阻滞等 | 严重心力衰竭、高度房室传导阻滞及低血压者禁用 |
| 腺苷 | 短暂窦性停搏、室性期前收缩或非持续性室性心动过速等心脏不良反应；其他有面部潮红、呼吸困难、胸部压迫感，持续时间不足 1 分钟 | 静脉快速注射给药 |

（考点：抗心律失常药物的不良反应）

（2）介入治疗的护理：应用心脏电复律、人工心脏起搏、导管射频消融术等方法治疗时，应向患者介绍各种治疗方法的大致过程、必要性和安全性，并准备好各种器材和物品，做好术前、术中和术后护理。

4．心理护理　向患者解释病情，说明心律失常的可治性，解除其思想顾虑，缓解焦虑或恐惧心理。告知患者精神紧张或情绪激动可诱发或加重心律失常，使其保持心情舒畅，心态平和。在护理操作及特殊治疗前向患者做必要的解释，以增加患者的安全感。指导患者采用放松技术，如全身肌肉放松、缓慢深呼吸，鼓励患者参加力所能及的活动或适当的娱乐，以分散注意力。

（五）健康指导

1．疾病知识指导　向患者及家属讲解心律失常的常见病因、诱因及防治知识。有晕厥史的患者避免从事高空作业、驾驶等有危险的工作，有头晕、黑矇时立即平卧，以免晕厥发作时摔伤。指导患者改变不良的生活习惯，少食多餐，戒烟酒，避免摄入刺激性食物及饮料，如咖啡、浓茶等，保持大便通畅，避免用力排便而加重心律失常；避免精神过度紧张，保持乐观稳定的情绪；不要过分注意心悸的感受，学会分散注意力；合理安排休息与活动，避免劳累。

2．用药指导　向患者说明继续按医嘱用药的重要性，不可擅自增减药量或撤换药物。教会患者观察药物疗效和不良反应，如有异常应及时就诊。

3．病情监测指导　教会患者及家属测量脉搏，至少每日 1 次，每次 1 分钟以上，并做好记录；对于反复发生严重心律失常的患者，要教会家属初期心肺复苏术，以备紧急用。

## 第 5 节　风湿性心脏病患者的护理

**案例 3-4**　患者，女，35 岁。活动后心悸、气促 3 年，加重伴双下肢水肿 1 周。护理体检：体温 38.2℃，脉搏 100 次/分，呼吸 28 次/分，血压 115/80mmHg，半卧位，双颊紫红，口唇发绀，咽红。双肺底可闻及湿啰音。心界向左扩大，心率 100 次/分，律齐，心尖部可闻及舒张期隆隆样杂音。肝肋下 2cm，质软，有压痛。双下肢凹陷性水肿。

**问题**：1. 该案例中患者患有何病？请对患者进行护理评估。

2. 该患者主要的护理问题是什么？

3. 你将给患者采取什么护理措施？

风湿性心瓣膜病，简称风心病，是风湿性心瓣膜炎症后遗留下来的以心脏瓣膜损害为主的一种心脏病。最常累及二尖瓣，其次是主动脉瓣。主要累及 40 岁以下的人群，女性略多于男性。

（考点：风湿性心瓣膜病最常累及的瓣膜）

### 一、概　　述

1．病因及发病机制　风湿性心瓣膜病的发生与 A 族乙型溶血性链球菌反复感染有关。风湿性炎症在反复发作及修复过程中引起心脏瓣膜纤维化、钙化、僵硬、粘连及挛缩，腱索和乳头肌融合或缩短，使瓣膜口狭窄或关闭不全，引起血流动力学改变及心脏负荷的变化。

（考点：风湿性心瓣膜病的病因）

2．血流动力学变化　①二尖瓣狭窄：正常成人二尖瓣口面积为 4～6cm$^2$，当瓣口面积减少至 1.5～2cm$^2$ 时，左心房压力升高，左心房代偿性扩大、肥厚。当瓣口面积减少至 1.5cm$^2$ 以下时，左心房内压持续升高，致失代偿，肺静脉压力增高，最终导致肺循环淤血。长期肺循环淤血导致肺动脉高压，增加右心室负荷，右心室扩大、肥厚，最终导致右心衰竭。②二尖瓣关闭不全：当二尖瓣关闭不全时，左心室部分血液反流回左心房，使左心房容量负荷增加，左心房扩张、肥厚，引起肺淤血和肺动脉高压，从而引起右心衰竭。同时，左心房内增多的血液在舒张期又流入左心室，使左心室容量负荷增加，左心室扩张、肥厚，最终导致左心衰竭。③主动脉瓣狭窄：正常成人主动脉瓣口面积≥$3cm^2$。当瓣口面积≤$1cm^2$时，左心射血阻力增加，久之使左心室向心性肥厚。失代偿时，左心室排血减少而心肌耗氧增加，出现心绞痛、左心衰竭和脑供血不足。④主动脉瓣关闭不全：由于主动脉瓣关闭不全，主动脉内血液在舒张期反流入左心室，左心室容量负荷增加，使左心室扩张、肥厚，最终导致左心衰竭。若反流量大，主动脉舒张压显著降低，可引起冠状动脉灌注不足导致心肌缺血。此时主动脉因血液反流导致舒张压下降，而在心室收缩时，左心室大量血液进入主动脉使收缩压增高，故脉压增大。

（考点：二尖瓣、主动脉瓣狭窄和关闭不全的血流动力学变化）

3．转归 各种风湿性心脏病病程长短不一，有的可长期处于代偿期而无明显症状，有的则病情进展迅速，因为心力衰竭而死亡。

## 二、护理评估

（一）健康史

询问有无反复发作的扁桃体炎或咽峡炎；有无呼吸道感染、风湿活动、劳累、情绪激动、心律失常、妊娠等使病情加重的诱因。

（二）身心状况

1．二尖瓣狭窄

（1）症状：一般在二尖瓣中度狭窄时才有明显症状。①呼吸困难：为最常见的早期症状，最初为劳力性呼吸困难，随着狭窄程度加重，可出现夜间阵发性呼吸困难、端坐呼吸甚至急性肺水肿。②咳嗽：常于夜间睡眠或劳动后出现，为干咳或伴泡沫痰，冬季明显。③咯血：可表现为痰中带血、大咯血、咳粉红色泡沫痰。痰中带血为支气管内膜微血管或肺泡内毛细血管破裂所致；大咯血可为首发症状，是由于严重的二尖瓣狭窄，左心房压力及肺静脉压突然增高时，黏膜下淤血、扩张而壁薄的支气管静脉破裂出血所致；粉红色泡沫痰，为急性肺水肿的特征。④其他。如声音嘶哑、吞咽困难，为左心房扩大、左肺动脉扩张压迫左喉返神经、食管所致；右心衰竭时可出现食欲减退、恶心、腹胀等消化道症状。

（考点：二尖瓣狭窄最常见的早期症状）

（2）体征：严重二尖瓣狭窄患者呈“二尖瓣面容”（两颊紫红，口唇发绀）（图 3-19）。心尖区可触及舒张期震颤，心尖区闻及舒张中、晚期隆隆样局限性杂音是最典型的体征。若心尖区闻及第一心音亢进及开瓣音，提示瓣膜尚有弹性。肺动脉瓣区第二心音亢进或伴分裂，提示肺动脉高压。右心衰竭时可出现体循环淤血的体征，如颈静脉怒张、肝大、肝颈静脉反流征阳性、下肢水肿等。

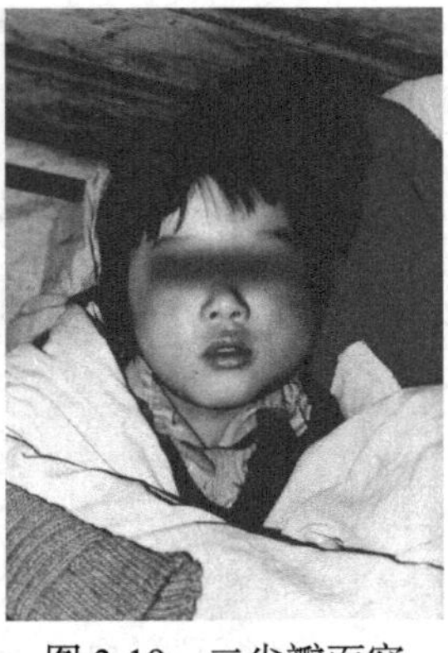

图 3-19 二尖瓣面容

（考点：二尖瓣狭窄最典型的体证）

2．二尖瓣关闭不全

（1）症状：轻度二尖瓣关闭不全可终身无症状，严重反流时由于心排血量减少，首发症状是疲乏无力，肺淤血的症状如呼吸困难出现较晚。

（考点：二尖瓣关闭不全的首发症状）

（2）体征：心尖区闻及全收缩期粗糙高调的吹风样杂音是二尖瓣关闭不全最重要的体征，可向左腋下、左肩胛下区传导。心尖搏动增强并向左下移位，心界向左下扩大。第一心音减弱。

（考点：二尖瓣关闭不全最重要的心脏体征）

3．主动脉瓣狭窄

（1）症状：出现较晚，呼吸困难、心绞痛、晕厥为典型主动脉瓣狭窄的常见三联症。

（2）体征：主动脉瓣第一听诊区（胸骨右缘第 2 肋间）闻及粗糙响亮的喷射性收缩期杂音，是主动脉瓣狭窄最主要的体征，可向颈部传导。心尖搏动相对局限、呈抬举性；可触及收缩期震颤。收缩压降低，脉压缩小。

（考点：主动脉瓣狭窄的典型三联症）

4．主动脉瓣关闭不全

（1）症状：患者可多年无症状，或仅有心悸、心前区不适和头晕、头部搏动感，少数人有心绞痛，病变严重者可出现左心衰竭症状。

（2）体征：心尖搏动向左下移位，弥散而有力。主动脉瓣第二听诊区（胸骨左缘第 3、4 肋间）闻及舒张期高调叹气样杂音是本病最主要的体征；杂音向心尖部传导，前倾坐位及呼气末较清楚。严重主动脉瓣关闭不全者，收缩压增高、舒张压降低，脉压增大，出现水冲脉、枪击音、毛细血管搏动征等周围血管征。

（考点：主动脉瓣关闭不全的重要心脏体征）

5．联合瓣膜病　是指 2 个或 2 个以上瓣膜病变同时存在，最常见的类型是二尖瓣狭窄伴主动脉瓣关闭不全。

（考点：联合瓣膜病的概念及最常见的类型）

6．并发症

（1）充血性心力衰竭：是最常见的并发症和主要死亡原因，以左心衰竭为主，呼吸道感染等为常见诱因。

（考点：风心病最常见的并发症和死亡的主要原因）

（2）心律失常：以心房颤动最常见，多见于二尖瓣狭窄患者。

（考点：风心病并发症中最常见的心律失常类型）

（3）栓塞：以脑栓塞最常见，常见于二尖瓣狭窄伴有心房颤动的患者。

（考点：风心病并发症中最常见的栓塞类型）

（4）其他并发症：急性肺水肿、肺部感染、感染性心内膜炎等。

7．心理-社会状况　心脏瓣膜病患者，随着瓣膜损害加重，心功能逐渐减退，出现心力衰竭、栓塞等各种并发症时，影响工作和生活，导致患者烦躁、焦虑。风湿活动反复发作，躯体不适，病程漫长，疗效不明显等使患者心理负担沉重，对生活失去信心，易产生悲观、厌世心理。

（三）辅助检查

1．超声心动图　是诊断心脏瓣膜病最有价值的方法，不仅能显示瓣膜的形态及活动情况、心腔大小，还可探及和测定心腔内血流情况，有助于心脏瓣膜病的病因诊断及判断病变的程度。

2．X 线检查　二尖瓣狭窄表现为左心房及右心室增大，心影呈梨形，发生心力衰竭时，常有肺淤血及肺水肿征象。二尖瓣关闭不全可见左心房、左心室增大征象。主动脉瓣狭窄心影正常或轻度扩大，常见主动脉根部狭窄后扩张。主动脉瓣关闭不全可见左心室增大，呈靴形心，主动脉增宽。

3．心电图　二尖瓣狭窄时可见二尖瓣型P波及右心室肥厚的表现（图3-20）；二尖瓣关闭不全时，主要表现为左心室肥厚及非特异性 ST—T 改变；主动脉瓣关闭不全和狭窄时，可见左心室肥厚；可有各种心律失常等。

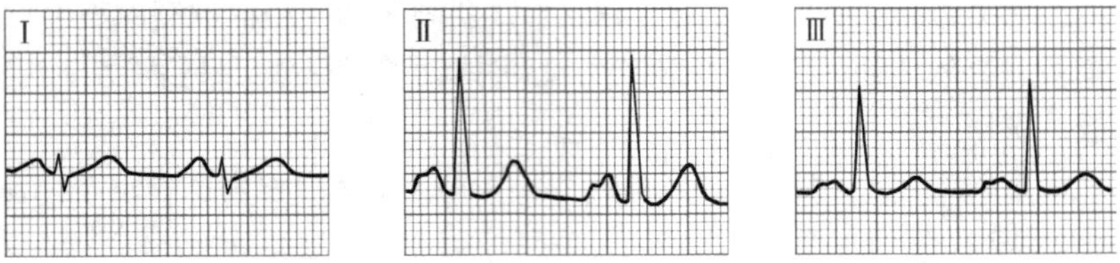

图3-20　二尖瓣型P波

（考点：诊断心脏瓣膜病最有价值的方法）

（四）治疗要点

治疗原则：控制病情进展，防止风湿活动，改善心功能，减轻症状，防治并发症。彻底根治须采用介入或手术治疗。

1．防治风湿活动　预防风湿性心脏瓣膜病的关键在于积极防治链球菌感染和风湿活动。对由链球菌感染引起的咽炎、扁桃体炎等需及时应用有效抗生素；为预防风湿热，患者一般应坚持至40岁甚至终身应用苄星青霉素120万U，每月肌内注射一次。如有风湿热发生或风湿活动，应实施抗风湿治疗。

知识链接

**苄星青霉素的使用**

苄星青霉素又称长效青霉素，是由青霉素的二苄基乙二胺盐与适量缓冲剂及助悬液混合制成的无菌粉末。使用前，询问青霉素过敏史，常规做青霉素皮试。苄星青霉素溶解后为白色乳剂，若按一般的肌内注射方法针头容易堵塞，天气寒冷时尤其如此；操作时应选择9号针头，用8～10ml 0.9%氯化钠溶液稀释后，更换注射针头，勿排气，快速肌内注射。注射后注意观察过敏反应和注射局部的疼痛、压痛反应。

2．并发症治疗　心力衰竭者给予强心、利尿和血管扩张药；并发呼吸道感染或感染性心内膜炎者，给予足够疗程的抗生素；心房颤动者应控制心室率并给予抗凝治疗，以防诱发心力衰竭或栓塞等。

3．手术及介入治疗　是治疗心脏瓣膜病变的根本办法，包括瓣膜分离术、瓣膜修复术、瓣膜置换术、经皮球囊二尖瓣成形术等。

## 三、护理问题

1．活动无耐力　与心排血量减少有关。

2．气体交换受损　与肺淤血有关。

3．焦虑　与担心疾病的预后、影响工作和生活有关。

4．潜在并发症：心力衰竭、心律失常、栓塞、亚急性感染性心内膜炎等。

## 四、护理措施

（一）一般护理

1．休息　室内空气新鲜，温湿度适宜，避免潮湿、阴暗环境。根据病情和心功能状况安排休息和活动。心功能代偿期，适当活动；有风湿活动及心力衰竭等严重并发症时应卧床休息；左心房内有巨大附壁血栓者应绝对卧床休息，协助患者日常生活。

2．饮食　给予高热量、高蛋白、高维生素、低胆固醇易消化饮食，少量多餐，不宜过饱。多吃蔬菜、水果，保持大便通畅。并发心力衰竭时应限制钠盐摄入。

（二）病情观察

观察有无皮下环形红斑、皮下结节、关节红肿疼痛等风湿活动的表现；有无反复发生咽炎、扁桃体炎等。观察体温、脉搏、呼吸、血压、意识的变化。观察有无栓塞等并发症出现：①脑栓塞时可出现偏身瘫痪、失语、失明等；②四肢动脉栓塞可有肢体剧痛、局部皮肤苍白、发绀、发凉甚至坏死；③肾栓塞时可出现腰痛、蛋白尿、血尿。④肠系膜动脉栓塞时可有剧烈腹痛、血便；⑤脾栓塞时可有左上腹剧痛、脾大；⑥肺栓塞时为突然出现的剧烈胸痛、气急、发绀、咯血和休克等。一旦发生，立即报告医师并协助处理。

（三）配合治疗的护理

1．无症状者注意预防感染，避免剧烈运动及体力活动，定期复查。

2．伴风湿活动者，抗风湿治疗并积极预防风湿热复发，避免瓣膜病变加重，患者应坚持甚至终身使用苄星青霉素，抗风湿治疗时注意观察药物的作用及不良反应。

3．并发症的处理　心力衰竭按医嘱应用洋地黄药物和利尿药，密切观察心率、心律、心力衰竭改善情况，脉率＜60 次/分应暂停给药，并按医嘱处理。纠正心房颤动和治疗心律失常，控制心室率，争取恢复和保持窦性心律，预防血栓栓塞。预防感染性心内膜炎，在做拔牙、内镜检查和手术操作前后预防性应用抗生素，对感染性心内膜炎患者应正确及时采取血培养标本，按医嘱使用抗生素以维持有效血药浓度。

4．介入或手术治疗　对准备施行经皮球囊二尖瓣分离术或瓣膜成形术、瓣膜置换术的患者，做好术前准备，术后密切观察有无感染、出血、栓塞及心律失常等征象。

（四）心理护理

加强与患者的沟通，了解患者的心理状况，耐心向患者及家属解释病情，介绍治疗方法和目的，消除其紧张焦虑情绪，积极配合治疗和护理。

## 五、健康指导

1．疾病知识指导　告知患者及家属本病相关知识，强调预防风湿活动的关键在于防治链球菌感染，如根治扁桃体炎、龋齿和副鼻窦炎等慢性病灶，可预防和减少本病发生，一旦出现链球菌感染应及时治疗。指导患者改善居住环境，保持室内温暖、干燥、空气流通、阳光充足，避免阴暗潮湿。有手术适应证者，应劝说患者及家属尽早手术治疗。育龄妇女要根据心功能情况，在医生指导下选择好妊娠和分娩时机，病情较重不能妊娠和分娩者，应做好患者及配偶的思想工作，以便接受现实。

2．用药指导　遵医嘱坚持用药，定期门诊复查。在做拔牙、内镜检查、导尿术、分娩及人工流产等手术操作前，应告知医生风心病病史，以便预防性应用抗生素。

# 第6节 原发性高血压患者的护理

案例 3-5 患者，男，61岁。发现血压升高8年，时服时停降压药，血压波动较大。主诉视物模糊、起床时头晕2天。检查：T 37℃，P 102次/分，R 22次/分，BP 180/118mmHg，半卧位，神志清楚，焦虑不安，两肺底闻及湿啰音，心尖搏动位于左侧第6肋间锁骨中线外1cm，心律齐。其余检查未见异常。

**问题：** 1. 该患者存在哪些护理问题？

2. 应该采取哪些护理措施？

原发性高血压是以体循环动脉血压持续性增高为主要表现的临床综合征，是多种心、脑血管疾病的重要病因和危险因素，影响重要脏器如心、脑、肾的结构和功能，最终导致器官的功能衰竭。本病患病率、发病率及血压水平随年龄增加而升高，在老年人较为常见。2016 年国家卫生和计划生育委员会调查我国18岁及以上成人高血压患病率为25.2%，每年新增患病人数1000万左右，北方高于南方，城市高于农村。

## 一、概　　述

（一）病因

原发性高血压是遗传因素和多种环境因素共同作用，使正常血压调节机制失代偿所致。

1．遗传因素　原发性高血压有明显的家族聚集性，提示其有遗传学基础。双亲均有高血压的子女，发生高血压的概率高达46%。

2．环境因素

（1）饮食：钠盐平均摄入量与血压水平和高血压患病率呈正相关。饮食中低钾、低钙、高蛋白质、饱和脂肪酸较高也可引起血压增高。饮酒量与血压水平呈线性相关。

（2）精神应激：人在长期精神紧张、压力、焦虑或长期环境噪声、视觉刺激下可引起高血压，因此，城市脑力劳动者高血压患病率超过体力劳动者。

3．其他因素　超重或肥胖是血压升高的重要危险因素。此外，服用避孕药、阻塞性睡眠呼吸暂停综合征也与高血压的发生有关。

（二）发病机制

原发性高血压的发病目前主要认为是由交感神经系统活性亢进，肾性水、钠潴留，肾素-血管紧张素-醛固酮系统（RAAS）激活，细胞膜离子转运异常，胰岛素抵抗以及血管内皮功能异常引起血压正常调节功能失调所致。

（三）分型

高血压分为原发性高血压和继发性高血压两大类。95%以上的患者病因不明，称为原发性高血压，约5%的患者有明确而独立的病因，常继发于肾、内分泌和神经系统疾病，血压升高是疾病的症状之一，称为继发性高血压或症状性高血压。

（四）转归

原发性高血压，发展缓慢，可长期无症状，经有效的生活方式改善和正确的治疗，控制血压至正常，已有的心血管损害，可终止发展或有所恢复，预后较好。未治疗或未充分治疗者，易发生心、脑、肾并发症，死亡原因以脑出血最多，其次为心力衰竭和尿毒症。急进型高血压预后不良，未治疗者多在短期内死亡。

## 二、护 理 评 估

（一）健康史

询问患者有无高血压家族史，有无长期摄入高钠、低钙、低钾和高脂饮食，体重、职业及工作、居住环境等情况。确诊为高血压的时间、血压水平、是否接受过降压治疗及其疗效。

（二）身心状况

1. 症状　大多数患者起病缓慢，早期多无症状，可于体格检查测量血压时发现血压升高，少数患者则在出现心、脑、肾等并发症后才被发现。高血压患者可有头痛、头晕、颈项强直、疲劳、心悸、耳鸣等症状，但并不一定与血压水平相关。也可出现视物模糊、鼻出血等较重症状。

2. 体征　体格检查听诊时可闻及主动脉瓣区第二心音亢进、收缩期杂音或收缩早期喀喇音，少数患者在颈部或腹部可听到血管杂音。长期持续高血压可有左心室肥厚并可闻及第四心音。

3. 恶性或急进型高血压　发病急骤，舒张压持续≥130mmHg，伴有头痛、视物模糊，眼底检查可发现出血、渗出和视盘水肿，肾损害突出，表现为持续蛋白尿、血尿与管型尿。进展迅速，如不及时治疗可发展为肾衰竭、脑卒中或心力衰竭而死亡。

（考点：急进型高血压的临床表现）

4. 高血压急症

（1）高血压危象：表现为头痛、烦躁、眩晕、恶心、呕吐、心悸、胸闷、气急及视物模糊等严重症状，以及伴有痉挛动脉（椎基底动脉、颈内动脉、视网膜动脉、冠状动脉等）累及的靶器官缺血症状。常因紧张、疲劳、寒冷、突然停服降压药物等引发血压急剧上升，舒张压＞130mmHg和（或）收缩压＞200mmHg。

（2）高血压脑病：过高的血压突破了脑血流的自动调节范围，脑组织血流灌注过多引起脑水肿。临床以脑病的症状和体征为特点，表现为严重头痛、恶心、呕吐、意识障碍甚至抽搐、昏迷。

（考点：高血压脑病的临床表现）

5. 高血压并发症

（1）脑血管病：包括脑出血、脑血栓形成、腔隙性脑梗死、短暂性脑缺血发作。

（考点：高血压的并发症）

（2）心力衰竭：左心室后负荷长期增高可致心室肥厚、扩大，最终导致心力衰竭。

（3）肾衰竭：长期血压升高可致进行性肾小球硬化，并加速肾动脉粥样硬化的发生，出现蛋白尿、肾功能损害，晚期出现肾衰竭。

（4）主动脉夹层：严重高血压可促使主动脉夹层形成。血液渗入主动脉壁中层形成夹层血肿，并沿着主动脉壁延伸剥离，表现为突发性胸部剧烈疼痛，是严重的心血管急症，也是猝死的病因之一。

（5）眼底动脉硬化：视网膜小动脉由痉挛到硬化，可反映高血压的程度，分为4级。Ⅰ级视网膜动脉痉挛、变细、反光增强；Ⅱ级视网膜动脉狭窄，动静脉交叉压迫；Ⅲ级眼底出血或絮状渗出；Ⅳ级出血或渗出伴视盘水肿。

知识链接

**主动脉夹层**

高血压可使动脉壁长期处于应急状态，弹力纤维常发生囊性变性或坏死，导致夹层形成。血液渗入主动脉壁中层形成夹层血肿，并沿着主动脉壁延伸剥离，形成主动脉壁的真假两腔分离状态，表现为突发性胸部剧烈疼痛，65%～70%的患者在急性期死于心脏压塞、心律失常等，故早期诊断和治疗非常重要。

6．高血压分类和危险度分层

（1）目前我国采用《1999 年 WHO/ISH 高血压治疗指南》的分类标准，血压水平的定义和分类见表 3-6。在未用抗高血压药的情况下，成年人收缩压≥140mmHg 和（或）舒张压≥90mmHg 可诊断为高血压；收缩压≥140mmHg 和舒张压＜90mmHg 单列为单纯性收缩期高血压。

（考点：高血压的分级）

**表 3-6 血压水平的定义和分类**（WHO/ISH，1999 年）

| 类别 | 收缩压（mmHg） | 舒张压（mmHg） |
|---|---|---|
| 正常血压 | ＜120 | ＜80 |
| 高血压 | ≥140 | ≥90 |
| 1 级高血压（轻度） | 140～159 | 90～99 |
| 2 级高血压（中度） | 160～179 | 100～109 |
| 3 级高血压（重度） | ≥180 | ≥110 |
| 单纯收缩期高血压 | ≥140 | ＜90 |

（2）高血压危险度分层：用于分层标准的根据如下所述。①血压升高水平（1、2、3 级）。②其他心血管危险因素：男性＞55 岁；女性＞65 岁；吸烟；血胆固醇＞5.72mmol/L；糖尿病；早发心血管疾病家族史（发病年龄女性＜65 岁，男性＜55 岁。③靶器官损害：左心室肥厚；蛋白尿和（或）血肌酐轻度升高；动脉粥样斑块等。④并发症：心脏疾病、脑血管疾病、肾脏疾病、血管疾病等，将高血压危险度分成低危、中危、高危和极高危（表 3-7）。

**表 3-7 高血压患者心血管危险分层标准**

| 危险因素和病史 | 血压水平 | | |
|---|---|---|---|
| | 1 级 | 2 级 | 3 级 |
| 无其他危险因素 | 低危 | 中危 | 高危 |
| 1～2 个危险因素 | 中危 | 中危 | 极高危 |
| 3 个以上危险因素或糖尿病或靶器官损伤 | 高危 | 高危 | 极高危 |
| 有并发症 | 极高危 | 极高危 | 极高危 |

7．心理-社会状况　高血压早期因症状、体征不明显，常被忽视，因病程长且并发症多而严重，需长期治疗，给患者及家庭带来沉重的心理压力及经济负担，易产生紧张、烦躁、焦虑和恐惧等不良情绪，不利于有效地控制血压和治疗。

（三）辅助检查

1．实验室检查　检查血常规、尿常规、肾功能、血糖、血胆固醇、血甘油三酯、血尿酸等，有助于发现高血压对靶器官的损害情况。

2．心电图　可见左心室肥大、劳损。

3．X 线检查　可见主动脉弓迂曲延长，左心室肥厚，心力衰竭时肺野可有相应的变化。

4．超声心动图　了解心室壁厚度、心脏收缩和舒张功能、心腔大小、瓣膜情况等。

5．特殊检查　如 24 小时动态血压监测，有助于判断血压升高的严重程度，了解其血压变异性和昼夜节律，指导降压治疗和评价降压药物疗效。

（四）治疗要点

原发性高血压治疗的目的是减少高血压患者心、脑血管病的发生率和死亡率。应干预患者存在的危险因素（如吸烟、肥胖、高胆固醇血症或糖尿病），并适当处理患者同时存在的各种临床症状。

1．改善生活行为　适用于所有高血压患者，包括使用降压药物治疗的患者。

（1）减轻体重：尽量将体重指数控制在＜25。体重降低对改善胰岛素抵抗、糖尿病、高脂血症和左心室肥厚均有益。

（2）减少钠盐摄入：每人每日食盐量不超过 6g。补充钙和钾盐，减少脂肪摄入。戒烟、限酒。

（3）增加适当运动：运动有利于减轻体重和改善胰岛素抵抗，提高心血管适应能力，稳定血压水平。较好的运动方式是低或中等强度的等张运动，可根据年龄及身体状况选择慢跑或步行，每次 30～60 分钟。

2．降压药物治疗　凡高血压 2 级或以上患者，高血压合并糖尿病，或者已有心、脑、肾靶器官损害和并发症的患者，血压持续升高 6 个月以上，改善生活行为后仍不能有效控制血压者，必须使用降压药物治疗。心血管危险分层的高危和极高危患者必须使用降压药物治疗。

（1）降压药物种类及作用特点

1）利尿药：通过抑制肾小管对钠和水的重吸收，使血容量减少、心排血量下降而降压。代表药物噻嗪类有氢氯噻嗪、吲哒帕胺等，袢利尿剂有呋塞米，保钾利尿剂有螺内酯（安体舒通）、氨苯蝶啶。

2）β 受体阻滞剂：可减慢心率，减弱心肌收缩力，降低心排血量，同时还可抑制肾素的释放。代表药物有普萘洛尔（心得安）、美托洛尔（倍他乐克）、阿替洛尔（氨酰心安）、拉贝洛尔。

3）钙通道阻滞剂：通过阻断钙离子进入周围动脉平滑肌细胞，使心肌收缩力降低、外周血管扩张而降压。代表药物：长半衰期药物有氨氯地平、左旋氨氯地平等，脂溶性膜控型药物有拉西地平、乐卡地平等，缓释或控释制剂有非洛地平缓释片、硝苯地平控释片。

4）血管紧张素转化酶抑制剂（ACEI）：血管紧张素转换酶可将血管紧张素 I 转化为血管紧张素Ⅱ，后者具有直接收缩小动脉、增加外周阻力的作用。ACEI 可减少血管紧张素Ⅱ的生成，使血压下降。代表药物有卡托普利、依那普利、贝那普利等。

5）血管紧张素Ⅱ受体阻滞剂（ARB）：通过直接阻断血管紧张素Ⅱ受体而降压，临床作用与 ACEI 相同。代表药物有氯沙坦、缬沙坦等。

（2）降压药物应用方案：降压药物和治疗方案的选择应个体化，药物治疗应从小剂量开始，逐步递增剂量。在确立有效治疗方案并获得血压控制后，应继续治疗，不要随意停止治疗或频繁改变治疗方案。联合用药治疗应采用不同降压机制的药物，可增强药物疗效，减少不良反应。

（考点：高血压的药物治疗）

3．高血压急症的治疗

（1）迅速降低血压：在监测血压的前提下选择适宜有效的降压药物，静脉滴注给药。硝普钠为首选药物，能同时扩张动脉和静脉，降低心脏前、后负荷。硝酸甘油可扩张静脉和选择性扩张冠状动脉与大动脉。还可选用尼卡地平、地尔硫䓬、拉贝洛尔等药物降压。

（考点：高血压急症的治疗）

（2）有高血压脑病时应给予甘露醇或呋塞米脱水，降低颅内压治疗。

（3）伴烦躁、抽搐者用地西泮、巴比妥类药物肌内注射或水合氯醛保留灌肠。

（4）脑出血急性期不应降压治疗，当患者血压极度升高时，即高于200/130mmHg，在严密监测血压的情况下将血压控制在不低于160/100mmHg的水平。

（5）主动脉夹层应迅速降低收缩压至100～120mmHg或更低水平。

## 三、护理问题

1. 疼痛：头痛　与血压升高有关。
2. 有受伤的危险　与头晕、急性低血压反应、视物模糊或意识改变有关。
3. 潜在并发症：高血压急症、心力衰竭、肾衰竭。
4. 营养失调：高于机体需要量　与摄入过多、缺少运动有关。
5. 焦虑　与血压控制不满意，已发生并发症有关。
6. 知识缺乏：缺乏原发性高血压饮食、药物治疗有关知识。

## 四、护理措施

### （一）一般护理

1. 休息与活动　根据患者年龄和血压水平合理安排休息和活动，保持环境安静，避免过多干扰患者，保证充足的睡眠。轻症者可进行一般的体力活动，如步行、打太极拳等，不宜登高、从事剧烈活动、搬运重物等。嘱患者体位变化时动作不宜太快，避免受伤。症状严重或有并发症者，需卧床休息，协助日常生活。

2. 饮食护理　选择低盐、低脂、低胆固醇、低热量饮食，每日钠盐摄入应低于6g，限制脂肪摄入，适量补充蛋白质，保证充足的钙、钾盐的摄入，多摄入水果、蔬菜等含粗纤维的食物，预防便秘。细嚼慢咽，避免过饱，戒烟限酒等。

### （二）病情观察

监测血压并记录，患者出现胸闷、心慌、呼吸困难、夜间阵发性咳嗽、不能平卧，提示心力衰竭。出现血压急剧升高、剧烈头痛、呕吐、大汗、视物模糊、面色及神志改变、瞳孔改变、肢体运动障碍等症状，提示高血压急症或脑血管意外，立即通知医师并配合治疗。

### （三）治疗配合及护理

1. 用药护理　遵医嘱给予降压药物治疗，测量用药后的血压以判断疗效，并观察药物副作用。使用噻嗪类和袢利尿剂时应注意补钾，防止低钾血症；用β受体阻滞剂应注意其抑制心肌收缩力、心动过缓、房室传导时间延长、支气管痉挛、低血糖、血脂升高的副作用；应用血管紧张素转化酶抑制剂可有头晕、乏力、咳嗽、肾功能损害等副作用；应用钙通道阻滞剂硝苯地平可有头痛、面红、下肢水肿、心动过速等副作用。

2. 体位性低血压的预防和处理　嘱患者避免突然改变体位，特别是从卧、坐位起立时动作宜缓慢；服药时间可选在平静休息时，服药后继续休息一段时间再活动，如在睡前服药，夜间起床排尿时应注意；服药后不要站立太久，因长时间站立会使腿部血管扩张，血液淤积于下肢，脑部血流量减少；避免用过热的水洗澡或洗蒸汽浴，防止周围血管扩张导致晕厥。患者服降压药后如出现恶心、乏力、心悸、出汗、晕厥，应考虑是体位性低血压的表现，可指导患者立即平卧，取头低足高位，以促进静脉回流，增加脑部血流量。

（考点：高血压药物治疗的护理）

3．高血压急症的预防和护理

（1）避免危险因素：向患者阐明保持良好的心理状态和遵医嘱服药对于预防高血压急症的重要意义，指导患者遵医嘱服药，不可擅自增加药量或突然停药，同时指导其尽量避免劳累、寒冷刺激、情绪激动等。

（2）病情监测：定期监测血压，发现血压急剧升高、剧烈头痛、呕吐、大汗、视物模糊、面色及神志改变、肢体运动障碍等症状，立即通知医师。

（3）高血压急症的护理：嘱患者绝对卧床休息，抬高床头，避免一切不良刺激和不必要的活动，协助生活护理。保持呼吸道通畅，吸氧。安定患者情绪，必要时用镇静剂。连接好心电、血压、呼吸监护。迅速建立静脉通道，遵医嘱尽早准确给药，如硝普钠静脉滴注过程中应避光，调整给药速度，严密监测血压变化，避免出现血压骤降；脱水剂滴速宜快等。

（考点：高血压急症的护理）

（四）心理护理

精神紧张、情绪激动及不良刺激与本病的形成密切相关，加之患者多有焦虑、抑郁、易激动等心理特点，医护人员应态度和蔼、耐心周到，避免对患者产生不良刺激；向患者解释精神紧张与本病形成的关系，指导患者使用放松技术，如心理训练、音乐疗法、缓慢呼吸等，使患者保持良好的情绪和心理状态。

## 五、健康指导

1．疾病知识指导　向患者及家属讲解引起原发性高血压的因素及高血压的危害等知识。教会患者及家属正确测量血压的方法，每次就诊时携带血压记录，作为医生调整药量或选择用药的依据。指导患者坚持低盐、低脂、低脂肪、低胆固醇饮食，补充适量蛋白质，多吃新鲜蔬菜、水果及含粗纤维多的食物；肥胖者控制体重。坚持长期的饮食、运动、药物治疗，将血压控制在接近正常的水平，以减少对靶器官的进一步损害。

2．用药指导　强调长期药物治疗的重要性，指导患者及家属有关降压药的名称、剂量、用法、作用与副作用，并提供书面资料，服药必须遵医嘱，不可随意增减药量或撤换药物；若血压控制不满意或有不良反应要随时就诊。

3．疾病监测指导　教会患者及家属正确测量血压的方法，定时测量血压并记录，长期监测血压变化，定期门诊复查，危险分层属低危或中危者，可安排患者每 1～3 个月随诊 1 次；若为高危者，则应至少每月随诊 1 次。

# 第 7 节　冠状动脉粥样硬化性心脏病患者的护理

冠状动脉粥样硬化性心脏病指冠状动脉粥样硬化使血管管腔狭窄或阻塞，和（或）因冠状动脉功能性改变（痉挛）导致心肌缺血缺氧或坏死而引起的心脏病，统称冠状动脉性心脏病，亦称缺血性心脏病。多发生在 40 岁以后，男性多于女性。脑力劳动者较多。在我国呈逐渐增加趋势，据世界卫生组织（WHO）2015 年资料显示，我国冠心病死亡人数已列世界第二位并有低龄化趋势。

## 一、概　　述

（一）病因及危险因素

冠心病的基本病因是冠状动脉粥样硬化，动脉粥样硬化的原因尚未完全明确，目前认为是多种危险因素或易患因素作用于不同环节所致。主要的危险因素有：

1．年龄、性别　多见于40岁以上的人群。女性与男性相比，发病率较低，但在更年期后发病率增加，与男性接近。

2．血脂异常　总胆固醇、甘油三酯、低密度脂蛋白或极低密度脂蛋白增高，高密度脂蛋白减低。血脂异常是动脉粥样硬化最重要的危险因素。

3．高血压　是最常见的危险因素。高血压者患冠心病的概率比血压正常者高3～4倍。

4．吸烟　可造成动脉壁氧含量不足，促进动脉粥样硬化的形成。吸烟者与不吸烟者比较，本病的发病率和病死率增高2～6倍，且与每日吸烟量成正比。

5．糖尿病　糖尿病患者中本病发病率较非糖尿病者高2倍。

其他危险因素包括肥胖，缺少体力活动，常进高动物脂肪、高胆固醇、高糖和高盐饮食，遗传因素，A型性格等。

（二）临床类型

1979年WHO将冠心病分为以下5型。

1．无症状性心肌缺血（隐匿型冠心病）　患者无自觉症状，但静息、动态或负荷试验心电图有ST段压低，T波低平或倒置等心肌缺血性改变。

2．心绞痛　有发作性胸骨后疼痛，为一过性心肌供血不足引起。

3．心肌梗死　症状严重，由冠状动脉闭塞致心肌急性缺血性坏死所致。

4．缺血性心肌病　表现为心脏增大、心力衰竭和心律失常，为长期心肌缺血或坏死导致心肌纤维化而引起。

5．猝死　因原发性心搏骤停而猝死，多为缺血心肌局部发生电生理紊乱，引起严重的室性心律失常所致。

（考点：冠心病的临床分型）

**知识链接**

**急性冠脉综合征**

急性冠脉综合征是以冠状动脉粥样硬化斑块破裂或侵袭，继发完全或不完全闭塞性血栓形成为病理基础的一组临床综合征，包括急性ST段抬高性心肌梗死、急性非ST段抬高性心肌梗死、不稳定型心绞痛和猝死。及时作出正确判断并尽早实施抢救治疗，可以大大降低死亡率。

## 二、心绞痛患者的护理

**案例3-6**　患者，女，55岁。发作性胸痛半年，每当急走或骑自行车上坡时感觉左胸压榨样疼痛，休息几分钟后缓解，作冠状动脉造影示冠状动脉有狭窄，初步诊断为心绞痛。患者平时喜进高盐、高脂饮食，睡眠时间较少，且很担心自己会发生心肌梗死。

**问题：**1．该患者主要护理诊断问题是什么？

2．如何对患者进行护理？

心绞痛是在冠状动脉粥样硬化的基础上，由于管腔狭窄、张力改变、痉挛，引起心肌急剧的、暂时性的缺血、缺氧，导致以发作性胸痛或胸部不适为主要表现的一组临床综合征，分为稳定型心绞痛和不稳定型心绞痛。

（一）概述

1. 病因与发病机制

（1）病因：本病的基本病因是冠状动脉粥样硬化引起的管腔狭窄或痉挛，也可见于主动脉瓣狭窄、主动脉瓣关闭不全、肥厚型心肌病、严重贫血、甲亢等。

（2）发病机制：当心脏负荷突然增加或冠状动脉痉挛时，冠状动脉血流量不能满足心肌代谢需要，则引起心肌急剧的、暂时性缺血缺氧，酸性代谢产物在心肌内积聚刺激心脏自主神经的传入纤维末梢而产生心绞痛。

2. 转归　心绞痛患者的预后主要取决于心肌缺血的程度和心功能状况、冠状动脉病变的部位和范围、年龄及是否合并其他器质性疾病等。稳定型心绞痛患者经过治疗症状可缓解或消失，预后较好。不稳定型心绞痛患者可发生心肌梗死而死亡。

（二）护理评估

1. 健康史　详细询问患者职业，有无心脏病病史、高血压、糖尿病、高血脂、吸烟、肥胖、不良饮食习惯等易患因素；有无引起心脏负荷突然增加的因素如重度贫血、甲亢。

2. 身心状况

（1）症状：稳定型心绞痛以发作性胸痛为主要临床表现，典型的疼痛特点如下所述。

1）部位：主要在胸骨体中段或上段之后，可波及心前区，手掌大小范围，界线不清。常放射至左肩、左臂内侧达环指和小指，或至颈、咽或下颌部。

（考点：心绞痛疼痛发作的部位）

2）性质：常为压榨样、窒息样疼痛或有紧缩感、烧灼感，但无针刺或刀割样锐痛。发作时，患者常不自觉地停止原来的活动。

3）诱因：体力劳动、情绪激动、饱餐、寒冷、吸烟、心动过速、休克等。

4）持续时间：疼痛出现后常逐步加重，一般持续 3～5 分钟，很少超过 30 分钟。可数天或数周发作一次，亦可一日内多次发作。

5）缓解方式：休息或含服硝酸甘油可迅速缓解。

（2）体征：心绞痛发作时常见患者面色苍白、心率增快、血压升高、表情焦虑、皮肤冷或出汗，心尖部听诊有时出现第四或第三心音奔马律，因乳头肌缺血以致功能失调引起二尖瓣关闭不全，可有短暂性心尖部收缩期杂音。

知识链接

**不稳定型心绞痛**

不稳定型心绞痛是指介于稳定型心绞痛和急性心肌梗死之间的一组临床心绞痛综合征。心绞痛发作的部位、性质与稳定型心绞痛相似，但具有以下特点之一：

1. 原有稳定型心绞痛在 1 个月内疼痛发作的频率增加、程度加重、时间延长、诱因发生改变，硝酸酯类药物缓解作用减弱。

2. 1 个月之内新发生的较轻负荷所诱发的心绞痛。

3. 休息状态下发作心绞痛或较轻微活动即可诱发，发作时表现为 ST 段抬高的变异型心绞痛。

（3）心理-社会状况：心绞痛发作时的压榨样、窒息样胸痛以及反复发作，使患者精神高度紧张、恐惧。在缓解期常担心心绞痛再次发作、病情加重而焦虑不安。

3．辅助检查

（1）心电图检查：是发现心肌缺血、诊断心绞痛最常用的方法。

1）静息时心电图：约半数患者在正常范围，有些患者可出现非特异性 ST 段和 T 波异常。

2）心绞痛发作时心电图：可出现暂时性心肌缺血引起的 ST 段压低（≥0.1mV），有时出现 T 波倒置。而平时有 T 波持续倒置的患者发作时可变为直立（图 3-21）。

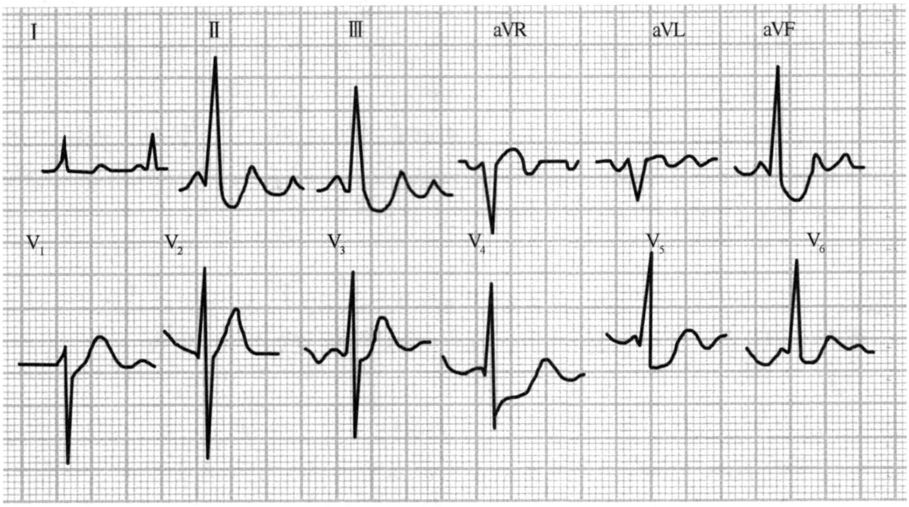


图 3-21　心绞痛发作时心电图的表现

（考点：心绞痛发作时心电图特点）

3）心电图负荷试验：最常用的是运动负荷试验，运动可增加心脏负荷以激发心肌缺血。运动方式主要为分级活动平板或踏车。心电图 ST 段水平型或下斜型压低≥0.1mV 持续 2 分钟为运动试验阳性标准。

4）心电图连续监测：可连续记录并自动分析 24 小时心电图，可从中发现心电图 ST—T 改变和各种心律失常，出现时间还可与患者的活动和症状相对照（图 3-22）。

（2）放射性核素检查：利用放射性铊心肌显像所示灌注缺损提示心肌供血不足或血供消失，可判断缺血心肌的部位和范围，对心肌缺血诊断较有价值。

（3）冠状动脉造影：对冠心病具有确诊价值，可明确冠状动脉狭窄程度、病变部位、分支走向等，并可用于指导治疗及判断预后（图 3-23）。一般认为冠状动脉管腔狭窄程度达 70%～75% 或以上者，可以确诊为冠心病。

4．治疗要点

（1）发作时的治疗

1）休息：发作时立即停止活动，就地休息。

2）药物治疗：宜选用作用较快的硝酸酯制剂。这类药物除可扩张冠状动脉，降低阻力，增加冠状循环的血流量外，还可扩张外周血管，减轻心脏负荷，从而缓解心绞痛。硝酸甘油舌下含化，1～2 分钟即开始起效，约半小时后作用消失。硝酸异山梨酯，舌下含化，2～5 分钟显效，作用维持 2～3 小时。

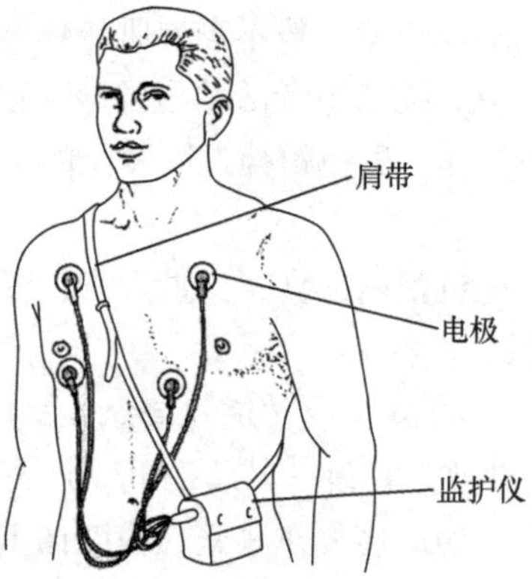

图 3-22　心电图连续监测

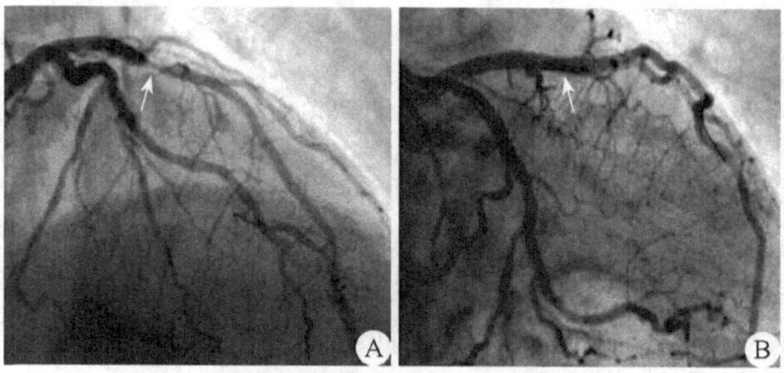

图 3-23　冠脉造影提示前降支近端严重狭窄（A），PCI 术后血流恢复正常（B）

（考点：心绞痛辅助检查）

（2）缓解期的治疗

1）避免各种诱因，调节饮食，禁烟限酒，减轻工作量和精神负担，一般不需要卧床休息。

2）选用作用持久的抗心绞痛药物，以防心绞痛发作。①硝酸酯制剂：如硝酸异山梨酯口服。②β 受体阻滞剂可降低血压、减慢心率、降低心肌收缩力和氧耗量，从而缓解心绞痛的发作。常用药物为美托洛尔（倍他乐克）、阿替洛尔（氨酰心安）、比索洛尔（康忻）等。该类药可引起体位性低血压，宜从小剂量开始应用。停用时应逐步减量，突然停用有诱发心肌梗死的可能。对有支气管哮喘、心力衰竭及心动过缓的患者禁用。③钙通道阻滞剂可抑制钙离子进入细胞内，抑制心肌收缩，减少心肌氧耗，扩张冠状动脉，解除冠状动脉痉挛，扩张外周血管，减轻心脏负荷，降低血黏度，抗血小板聚集，改善心肌的微循环，缓解心绞痛。常用药物有维拉帕米、硝苯地平缓释制剂、地尔硫䓬等。④抗血小板药物如阿司匹林、双嘧达莫，能预防血栓形成，减少心绞痛发展为心肌梗死的可能性。⑤降血脂药物可选用他汀类如阿托伐他汀钙片、洛伐他丁，贝特类如非诺贝特、苯扎贝特等药物。可延缓或阻止动脉硬化进展。⑥中医中药治疗，如活血化瘀药物、针刺或穴位按摩等。

3）介入治疗：目前经皮穿刺腔内冠状动脉成形术（PTCA）及支架置入术已广泛应用于心绞痛的治疗。

4）外科手术治疗：主要施行主动脉-冠状动脉旁路移植手术，引主动脉的血流以改善病变冠状动脉所供血心肌的血流供应。

（三）护理问题

1．疼痛　与心肌缺血缺氧有关。

2．活动无耐力　与心肌氧供失衡有关。

3．焦虑　与疼痛剧烈，反复发作有关。

4．知识缺乏：缺乏控制诱发因素及预防性用药的知识。

5．潜在并发症：心肌梗死、心律失常、猝死。

（四）护理措施

1．一般护理

（1）休息与活动：心绞痛发作时立即停止活动，就地休息，协助患者采取舒适的体位，解开衣领。立即给予硝酸甘油或硝酸异山梨酯嚼碎后舌下含化。缓解期患者一般不需要卧床休息，应鼓励患者参加适当的体育锻炼，适当运动有利于侧支循环的建立，提高患者活动耐力。应避免重体力劳动、竞赛活动和推、拉、抬、举、用力排便等屏气用力动作，避免精神过度紧张的工作和长时间工作。

（2）饮食：低脂、低胆固醇、低盐、低热量、高维生素、适量蛋白饮食，少量多餐，多食蔬菜、水果和粗纤维食物，保持大便通畅。戒烟限酒，避免刺激性食物。

（考点：心绞痛患者饮食护理）

2．病情观察　心绞痛发作时，应密切观察疼痛的部位、性质、程度、持续时间，严密观察血压、心率、心律变化和有无面色改变、大汗、恶心、呕吐等。如疼痛发作频繁、程度加重、时限延长，应警惕急性心肌梗死的发生，应立即通知医生。

3．治疗配合及护理

（1）心绞痛发作时给予硝酸甘油或硝酸异山梨酯嚼碎后舌下含服，若用药后 3～5 分钟仍不缓解，可再含服一片。连续 3 次用药未能缓解者，应考虑心肌梗死的可能。

（2）静脉滴注硝酸甘油，应监测血压及心率的变化，注意滴速的调节，并嘱患者及家属切不可擅自调节滴速，以免造成低血压。

（3）部分患者用硝酸酯制剂后可出现面部潮红、头部胀痛、头昏、心动过速、心悸等不适，应告诉患者是由于药物导致血管扩张造成的，以解除其顾虑。用药时患者应平卧片刻以防直立性低血压。

（考点：心绞痛患者用药的护理）

4．心理护理　心绞痛发作时护士应守护在患者身旁，关心、安慰患者，耐心解释病情，消除其紧张焦虑情绪，以减少心肌耗氧量。

（五）健康指导

1．疾病知识指导

（1）养成良好的生活方式：①合理饮食，应摄入低热量、低脂、低胆固醇、低盐、高纤维素饮食，多食水果、蔬菜，保持大便通畅。注意少量多餐，避免暴饮暴食，控制体重，戒烟限酒。②适当运动，运动方式以有氧运动为主，注意运动的强度和时间，要因病情和个体差异而不同。③减轻精神压力，合理安排工作和生活，逐渐改变急躁易怒的性格，保持平和心态，可采取放松技术或与他人交流的方式缓解压力。

（2）避免诱发因素：指导患者避免诱发心绞痛的因素，如过劳、情绪激动、饱餐、寒冷刺激等。不宜在饱餐或饥饿时洗澡，水温勿过冷过热，时间不宜过长，以防发生意外。

2．用药指导　患者出院后应坚持按医嘱服药，并自我监测药物副作用。如 β 受体阻滞剂与钙通道阻滞剂合用时有过度抑制心脏的危险，应密切注意脉搏。外出时随身携带硝酸甘油以备急用；在家中，硝酸甘油应放在易取之处，用后放回原处，家人也应知道药物的位置，以便需要时能及时找到。硝酸甘油见光易分解，应放在棕色瓶中存放于干燥处，药瓶开封后每 6 个月更换 1 次，以防药物受潮、变质而失效。

3．病情自我监测　教会患者及家属心绞痛发作时应采取的方法。如服用硝酸甘油不缓解，或疼痛比以往频繁、程度加重、时间延长，伴出冷汗等，应立即护送到医院就诊，警惕心肌梗死的发生。不典型心绞痛发作时可能表现为牙痛、上腹痛等，为防止误诊，可先按心绞痛发作处理并及时就医。

## 三、心肌梗死患者的护理

**案例 3-7**　患者，男，57 岁。既往有长期吸烟、饮酒、高脂饮食史。有心绞痛史 3 年，近 2 周来发作频繁，每次发作疼痛程度较前加重。20：00 饱餐后看篮球比赛，突感左胸剧烈压榨样疼痛，并向左肩、左上肢内侧放射，舌下含服硝酸甘油 3 片，疼痛无缓解，并持续约 2 小时，急诊入院。心电图检查示 $V_1$～$V_5$ 导联可见病理性 Q 波，ST 段抬高呈弓背向上型，T 波倒置。

**问题**：1. 该患者临床诊断是什么？

2. 主要的护理问题是什么？

3. 护理措施有哪些？

心肌梗死是在冠状动脉病变的基础上，发生冠状动脉血供急剧减少或中断，使相应的心肌严重而持久地急性缺血导致心肌坏死。临床表现为持久的胸骨后剧烈疼痛、发热、白细胞计数和血清心肌坏死标志物增高及心电图进行性改变。常并发心律失常、心源性休克或心力衰竭，属急性冠脉综合征的严重类型。本病在欧美国家多见，在我国呈逐年增多趋势，男性多于女性，北方地区多于南方地区。

### （一）概述

1．病因与发病机制　本病的基本病因是冠状动脉粥样硬化（偶为冠状动脉栓塞、炎症、先天性畸形、痉挛和冠状动脉口阻塞所致），造成管腔狭窄和心肌血供不足，而侧支循环尚未充分建立。在此基础上如发生粥样斑块破溃、出血、血栓形成或出现血管持续痉挛、使管腔完全闭塞，或由于休克、脱水或严重心律失常等原因导致心排血量下降，冠脉血流量锐减，以及饱餐特别是进食多量高脂饮食后、重体力活动、情绪过分激动或血压剧升等使心肌耗氧量剧增，以上因素致使冠状动脉血供急剧减少或中断，心肌持续急性缺血达 30 分钟以上，即可发生心肌梗死。

2．转归　急性心肌梗死患者的预后与梗死面积的大小、是否有并发症以及治疗是否及时有密切关系。患者死亡大多发生在发病第 1 周内，尤其 1～2 小时内，部分患者在院前死于心室颤动。住院后死亡原因除严重心律失常外，还包括心源性休克、心力衰竭、心脏破裂等。在发病 12 小时内积极维持心脏功能，开通闭塞冠状动脉恢复血流，缩小心肌梗死面积，可降低死亡率。

### （二）护理评估

1．健康史　详细询问患者有无冠心病危险因素及心绞痛发作病史，有无休克、脱水、出血、外科手术或严重心律失常以及饱餐、用力排便、重体力活动、情绪过分激动或血压剧升等诱因。

2．身心状况

（1）心肌梗死先兆：半数以上的患者在发病前数日有乏力，胸部不适，活动时心悸、气急、烦躁、心绞痛等前驱症状，以新发生心绞痛或原有心绞痛加重最为突出。心绞痛发作较以往频繁、性质较剧、持续时间长、硝酸甘油疗效差、诱发因素不明显。心电图示 ST 段一时性明显抬高或压低，T 波倒置或增高。

（考点：心肌梗死先兆的表现）

（2）症状

1）疼痛：是最早出现的最突出的症状。常发生在清晨安静时，疼痛性质和部位与心绞痛相似，但程度更剧烈，呈难以忍受的压榨、窒息或烧灼样的疼痛，并伴有烦躁不安、出汗、恐惧及濒死感。持续时间可达数小时或更长，休息和含服硝酸甘油不能缓解。部分患者疼痛可向上腹部、下颌、颈部、背部放射而被误诊。少数患者无疼痛，一开始即表现为休克或急性心力衰竭。

（考点：心肌梗死的临床表现）

2）全身症状：一般出现在疼痛发生后24～48小时，表现为发热、心动过速、白细胞增高和红细胞沉降率（血沉）增快等，由坏死物质吸收所引起。体温一般在38℃左右，持续约1周。

3）胃肠道症状：疼痛剧烈时常伴有恶心、呕吐、上腹胀痛、肠胀气，与迷走神经受坏死心肌刺激和心排血量降低组织灌注不足等有关。重者可发生呃逆。

4）心律失常：大部分患者都有心律失常，多发生在起病1～2天，24小时内最多见。心律失常以室性心律失常最多见，尤其是室性期前收缩，频发的、成对出现的、多源性或呈R on T现象的室性期前收缩以及短阵室性心动过速常为心室颤动的先兆。心室颤动是急性心肌梗死早期，特别是入院前的主要死因。前壁心肌梗死易发生室性心律失常，下壁心肌梗死则易发生房室传导阻滞及窦性心动过缓。

（考点：心肌梗死的临床表现）

5）心源性休克：因心肌广泛坏死，心排血量急剧下降所致。休克多在起病后数小时至1周内发生，患者表现为面色苍白、皮肤湿冷、脉细而快、大汗淋漓、烦躁不安、尿量减少，严重者可出现昏迷。

6）心力衰竭：主要是急性左心衰竭，为梗死后心脏舒缩力显著减弱或不协调所致。表现为呼吸困难、咳嗽、发绀、烦躁等症状，严重者可发生肺水肿，随后可发生颈静脉怒张、肝大、水肿等右心衰竭的表现。右心室心肌梗死者可一开始就出现右心衰竭的表现，伴血压下降。

（3）体征

1）心脏体征：心脏浊音界可正常或轻至中度增大。心率多增快，也可减慢，心律不齐，心尖部第一心音减弱，可闻及第四心音奔马律。部分患者在心前区可闻及收缩期杂音或喀喇音，为二尖瓣乳头肌功能失调或断裂所致。部分患者在起病2～3天出现心包摩擦音，为反应性纤维性心包炎所致。

2）血压：除急性心肌梗死早期血压可增高外，大多数患者血压降低。

3）其他：当伴有心律失常、心源性休克、心力衰竭时可出现相应的体征。

（4）并发症

1）乳头肌功能失调或断裂：最常见的并发症。二尖瓣乳头肌因缺血、坏死等使收缩功能发生障碍，造成二尖瓣脱垂及关闭不全。严重者可严重损害左心功能致使发生急性肺水肿，在数日内死亡。

（考点：心肌梗死的并发症）

2）心脏破裂：少见，常在起病1周内出现，多为心室游离壁破裂，偶有室间隔破裂。

3）栓塞：多发生于起病后1～2周，如为左心室附壁血栓脱落所致，则引起脑、肾、脾或四肢等动脉栓塞。如由下肢静脉血栓脱落所致，则产生肺动脉栓塞。

4）心室壁瘤：主要见于左心室，较大的室壁瘤体检时可见左侧心界扩大，超声心动图可见心室局部有反常搏动，心电图ST段持续抬高。

5）心肌梗死后综合征：于心肌梗死后数周至数月内出现，可反复发生，表现为心包炎、胸膜炎或肺炎，有发热、胸痛等症状，可能为机体对心肌坏死组织的过敏反应。

（5）心理-社会状况　急性心肌梗死时持久剧烈的胸痛、濒死感，使患者表现出极度的恐惧。入院后在短期内一系列的检查和治疗措施，使患者紧张和焦虑。家属、亲友探视受限而使患者感到孤独和忧郁。

3. 辅助检查

（1）心电图检查

1）特征性改变：①在面向透壁心肌坏死区的导联上出现宽而深的Q波（病理性Q波）；

②在面向坏死区周围心肌损伤区的导联上 ST 段抬高呈弓背向上型；③在面向损伤区周围心肌缺血区的导联上 T 波倒置；④在背向心肌梗死区的导联则出现相反的改变，即 R 波增高、ST 段压低和 T 波直立并增高。

（考点：心肌梗死心电图检查）

2）动态性改变：①超急期：起病数小时内，可出现异常高大两肢不对称的 T 波。②急性期：数小时后，ST 段明显抬高，弓背向上，与直立的 T 波连接，形成单相曲线。数小时至 2 天内出现病理性 Q 波，同时 R 波减低。Q 波在 3～4 天内稳定不变，此后大多永久存在。③亚急性期：在急性心肌梗死早期如不进行治疗干预，抬高的 ST 段可在数天至 2 周逐渐回到基线水平，T 波逐渐平坦或倒置。④慢性期（恢复期）：数周至数月后，T 波呈"V"形倒置，两肢对称。T 波倒置可在数月至数年内逐渐恢复（图 3-24）。

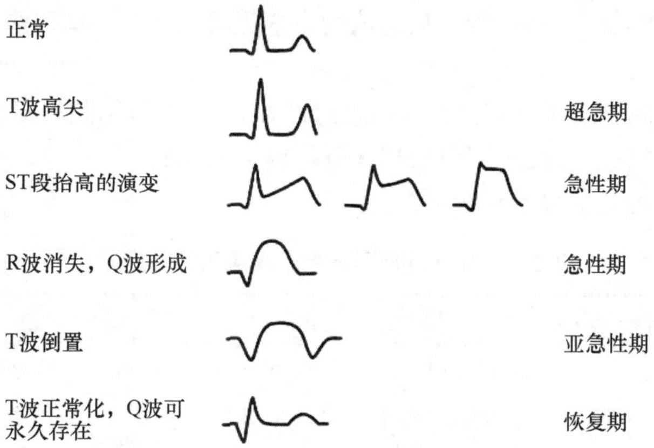


图 3-24　心肌梗死心电图动态改变

3）定位诊断：可根据出现特征性改变的导联数来判断心肌梗死的定位和范围。如 $V_1$～$V_3$ 导联示前间壁，$V_3$～$V_5$ 导联示局限前壁，$V_1$～$V_5$ 导联示广泛前壁（图 3-25），Ⅱ、Ⅲ、aVF 导联示下壁（图 3-26），Ⅰ、aVL 导联示高侧壁，$V_7$～$V_8$ 导联示正后壁等。

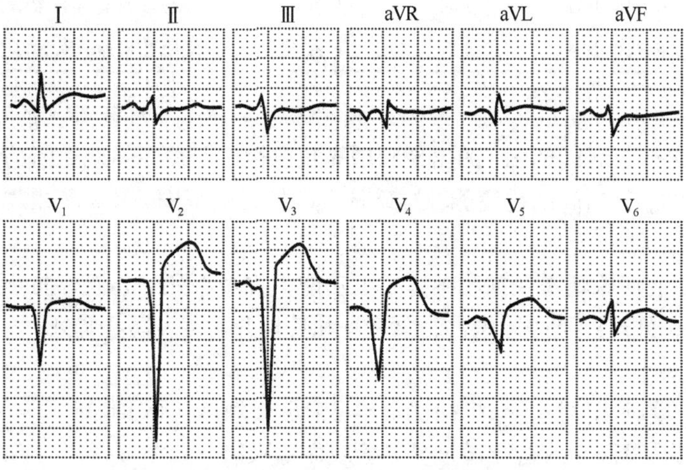


图 3-25　急性广泛前壁心肌梗死

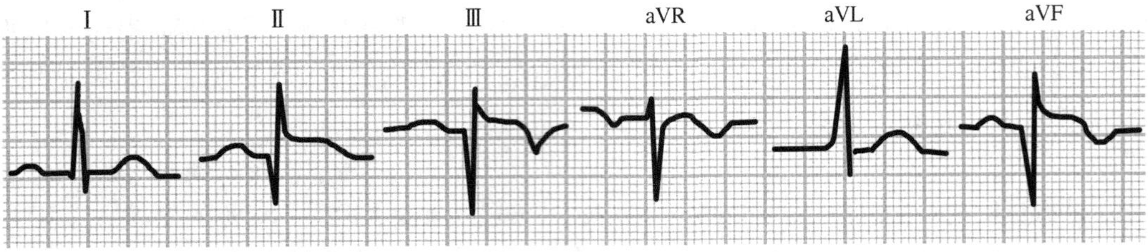


图 3-26 急性下壁心肌梗死

（考点：急性心肌梗死心电图定位诊断）

（2）超声心动图检查：二维和 M 型超声心动图检查有助于了解心室各壁的运动和左心室梗死面积及功能，诊断室壁瘤和乳头肌功能失调等，为临床治疗及判断预后提供重要依据。

（3）放射性核素检查：可显示心肌梗死的部位和范围。观察心室壁的运动和左心室的射血分数，有助于判定心室的功能、诊断梗死后造成的室壁运动失调和心室壁瘤。

（4）实验室检查

1）血液检查：起病 24～48 小时后白细胞计数增高，中性粒细胞增多，嗜酸性粒细胞减少或消失；红细胞沉降率增快；C 反应蛋白增高均可持续 1～3 周。

2）血清心肌坏死标志物检测见表 3-8。

**表 3-8 血清心肌坏死标志物检测的临床意义**

| 检查项目 | 开始升高 | 高峰 | 恢复正常 | 临床意义 |
|---|---|---|---|---|
| 肌红蛋白 | 2 小时 | 12 小时 | 24～48 小时 | 出现最早，十分敏感，特异性不强 |
| 肌钙蛋白 I（cTnI） | 3～4 小时 | 11～24 小时 | 7～10 天 | 出现较迟，特异性很高，持续时间长。对判断有无新的梗死不利 |
| 肌钙蛋白 T（cTnT） | 3～4 小时 | 24～48 小时 | 10～14 天 | |
| 肌酸激酶同工酶（CK-MB） | 4 小时 | 16～24 小时 | 3～4 天 | 不如 cTnI、cTnT 敏感，对早期诊断有较重要的价值 |
| 肌酸激酶（CK） | 6～10 小时 | 12 小时 | 3～4 天 | 敏感性较差，有诊断参考价值 |
| 谷草转氨酶（GOT） | 6～10 小时 | 24 小时 | 3～6 天 | 敏感性较差，有诊断参考价值 |
| 乳酸脱氢酶（LDH） | 6～10 小时 | 2～3 天 | 1～2 周 | 敏感性较差，有诊断参考价值 |

（考点：血清心肌坏死标志物检测的临床意义）

肌钙蛋白 T（cTnT）和 I（cTnI）的出现和增高是急性心肌梗死早期诊断的敏感指标，CK-MB 敏感性和特异性较高，其增高的程度能较准确地反映梗死的范围，其高峰出现时间是否提前可判断溶栓治疗效果。

4．治疗要点 治疗原则是保护和维持心脏功能，挽救濒死的心肌、防止梗死面积的扩大，缩小心肌缺血范围，处理严重心律失常、泵衰竭和各种并发症，防止猝死。

（1）一般治疗

1）休息：急性期卧床休息，减少探视及不良刺激，解除焦虑。

2）吸氧：最初几日间断或持续通过鼻导管或面罩吸氧。

3）监测：在冠心病监护室进行心电图、血压和呼吸的监测，密切观察心律、心率和心功能的变化，除颤仪应随时处于备用状态，必要时进行血流动力学监测。

4）抗血小板聚集：无禁忌证者给予口服水溶性阿司匹林或嚼服肠溶性阿司匹林 150～300mg，此后每天一次，3 天后改为 75～150mg 每天 1 次长期服用。

（2）解除疼痛：哌替啶肌内注射或吗啡皮下注射，必要时可重复应用；疼痛较轻者可用可待因或罂粟碱，也可再试用硝酸甘油或硝酸异山梨酯舌下含化。

（3）再灌注心肌：起病 3～6 小时内使闭塞的冠状动脉再通，心肌得到再灌注，濒临坏死的心肌可能得以存活或使坏死范围缩小，可改善预后，是积极的治疗措施。

1）介入治疗：具备施行介入治疗条件的医院在患者明确诊断后，对具备适应证的患者应尽快实施经皮穿刺冠状动脉介入治疗。

2）溶栓疗法：是以纤维蛋白溶酶激活剂激活血栓中纤维蛋白溶酶原，使之转变为纤维蛋白溶酶而溶解冠状动脉内的血栓，使闭塞的冠状动脉再通。若无禁忌证一般应在发病 6 小时内实施，越早效果越好。常用的溶栓药物有尿激酶（UK）、链激酶（SK）和重组组织型纤维蛋白溶酶原激活剂（rt-PA）。

3）紧急主动脉-冠状动脉旁路移植术：介入治疗失败或溶栓治疗无效有手术指征者，宜争取 6～8 小时内施行手术。

（4）消除心律失常：心律失常必须及时治疗，以免演变为严重心律失常甚至猝死。室性期前收缩或室性心动过速，立即用利多卡因静脉注射，必要时可重复使用。发生心室颤动时，立即用非同步直流电除颤；室上性和室性心动过速药物疗效不满意时，也应及早用同步直流电复律。对缓慢性心律失常可用阿托品肌内或静脉注射。严重房室传导阻滞宜用临时心脏起搏器。

（考点：心肌梗死心律失常的治疗）

（5）控制休克：心肌梗死时有心源性休克，也有血容量不足、外周血管舒缩障碍等因素存在，因此，应在血流动力学监测下，采用升压药、血管扩张药、补充血容量和纠正酸中毒等抗休克处理。

（6）治疗心力衰竭：主要是治疗急性左心衰竭，以应用吗啡（或哌替啶）和利尿剂为主，也可选用血管扩张药减轻左心室负荷。心肌梗死发生后 24 小时内不宜使用洋地黄制剂。

（7）其他治疗

1）抗凝疗法：目前多用在溶栓治疗后，对防止梗死面积扩大及再梗死有积极疗效。常用药物有肝素，口服抗凝药物有阿司匹林或氯吡格雷。对有出血倾向者、活动性溃疡病、新近手术创口未愈者、血压过高及严重肝肾功能不全者禁用抗凝治疗。

2）β 受体阻滞剂和钙通道阻滞剂：在起病的早期，即应用普萘洛尔、美托洛尔或阿替洛尔等 β 受体阻滞剂，尤其是前壁心肌梗死伴有交感神经功能亢进者，可防止梗死范围的扩大，改善预后。钙通道阻滞剂中的地尔硫䓬亦有类似效果。

3）血管紧张素转化酶抑制剂：血管紧张素转化酶抑制剂中的卡托普利、依那普利等，有助于改善恢复期心肌的重塑，降低心力衰竭的发生率，从而降低死亡率。

4）极化液疗法：用氯化钾、胰岛素加入 10%葡萄糖液静脉滴注，对恢复心肌细胞膜极化状态，改善心肌收缩功能，减少心律失常有一定的疗效。

（8）并发症的处理：并发栓塞者用溶栓和（或）抗凝疗法。心室壁瘤如引起严重心律失常或影响心功能，宜手术切除或同时作主动脉冠状动脉旁路移植手术。心脏破裂和乳头肌功能严重失调都可以考虑手术治疗，但死亡率高。心肌梗死后综合征可用糖皮质激素或吲哚美辛、阿司匹林等治疗。

（三）护理问题

1．疼痛：胸痛　与心肌缺血坏死有关。

2．活动无耐力　与心肌氧的供需失调有关。

3．恐惧　与剧烈疼痛伴濒死感、处于监护病室的环境有关。

4．有便秘的危险　与进食少、活动少、不习惯床上排便有关。

5．潜在并发症：心律失常、心力衰竭、心源性休克、猝死。

（四）护理措施

1．一般护理

（1）休息与活动：发病第 1～3 天绝对卧床休息，保持环境安静，限制探视，患者翻身、进食、大小便等均由护理人员协助完成，第 4～6 天病情稳定后可逐渐进行主动运动，在床上活动四肢，无并发症者第 2 周帮助患者离床站立和室内缓步走动，第 3 周帮助患者逐步从室内到室外走廊慢走，自理大小便。活动后如出现胸闷、呼吸困难等症状，应立即停止活动，卧床休息。

（2）饮食：胸痛发作时禁食，缓解后第 1 周给予流质饮食，第 2 周给予半流质饮食。之后过渡到低盐、低脂、低胆固醇、高维生素、高纤维素、清淡易消化饮食，少量多餐，保证热量供应，避免饱食增加心脏负担。

（3）给氧：鼻导管或面罩吸氧，高流量（4～6L/min）维持 2～3 天，病情稳定后改为间断给氧，流量 1～2L/min。吸氧可提高动脉血氧分压，改善心肌氧合，有助于梗死周围缺血心肌的氧供，缩小梗死的范围以增加心肌氧的供应。

（4）排便护理：向患者解释床上排便对控制病情的重要意义，防止便秘时用力排便导致病情加重。指导患者采取防止便秘的措施如进食清淡、易消化、含纤维素丰富的食物，每日清晨给予蜂蜜加适量温开水同饮，适当腹部按摩（按顺时针方向）以促进肠蠕动，急性期遵医嘱常规给予缓泻剂，一旦出现排便困难，应告知医护人员，可使用开塞露肛注通便。

（考点：心肌梗死患者排便的护理）

2．病情观察和监护　急性期应立即送入冠心病监护病房（CCU）进行心电图、血压和呼吸等监测，必要时监测肺毛细血管压和中心静脉压。注意观察心律、心率、心功能的变化。发现频发性、多源性、成对出现、有 R on T 现象的室性期前收缩或严重的房室传导阻滞时，应警惕心室颤动或心脏停搏的发生，立即通知医生并配合处理。严密监测患者有无心力衰竭和心源性休克及疼痛变化情况，准备好急救药物和抢救设备，随时准备抢救。

（考点：心肌梗死患者心电监护）

3．疼痛护理　遵医嘱给予吗啡或哌替啶止痛，应注意有无呼吸抑制、脉搏加快、血压下降等不良反应。应用硝酸酯类药物时，应随时监测血压变化，严格控制静脉输液量和滴速。烦躁不安者可肌内注射地西泮，并注意观察患者疼痛及其伴随症状的缓解情况。

4．溶栓治疗的护理

（1）溶栓前询问患者一年内是否有脑血管病病史、近期（2～4 周）有无活动性出血、消化性溃疡、大手术或外伤史等溶栓禁忌证。常规检查血常规、血小板、出凝血时间和血型，配血备用。

（2）迅速建立静脉通道，保持输液通畅。准确、迅速地配制并输注溶栓药物；常用药物有尿激酶（UK）、链激酶（SK）、重组组织型纤溶酶原激活剂（rt-PA）。链激酶（SK）使用前需作皮试。

（3）观察患者用药后有无寒战、发热、皮疹等过敏反应，是否发生皮肤、黏膜及内脏出血等副作用，一旦出血严重应立即终止治疗，紧急处理。使用溶栓药物后，应定时描记心电图、抽血查心肌酶，询问患者胸痛有无缓解。

（4）溶栓疗效观察：①胸痛 2 小时内基本消失。②心电图抬高的 ST 段于 2 小时内回降＞50%。③2 小时内出现再灌注性心律失常。④血清 CK-MB 峰值提前出现（14 小时以内），或根据冠状动脉造影直接判断冠脉是否再通。

（考点：心肌梗死患者溶栓治疗的护理）

5．心理护理　及时了解患者的心理状态，耐心做好解释、安慰工作，介绍 CCU 的环境、监护仪的作用等，消除患者焦虑、紧张、恐惧等不良情绪。当患者胸痛剧烈时应有护士陪伴在其身旁，给予心理支持，使患者积极配合治疗。

（五）健康指导

除参见“心绞痛”患者的健康指导措施外，还应注意以下几方面。

1．疾病知识指导

（1）饮食调节：急性心肌梗死恢复后的患者均应采用低饱和脂肪酸、低胆固醇饮食。

（2）戒烟：是心肌梗死后二级预防的重要措施。研究表明，急性心肌梗死后继续吸烟再梗死和死亡危险增高 22%～47%，因此应积极劝导患者戒烟并实施戒烟计划。

（3）心理指导：心肌梗死后患者由于担心自己今后的工作能力和生活质量而容易产生焦虑、抑郁情绪，应予以充分理解并指导保持乐观、平和的心态，正确对待疾病。对患者生活方式的改变要积极配合与支持，为患者创造一个良好的身心休养环境。

（4）康复指导：建议患者出院后继续康复训练。适当运动可以提高患者的心理健康水平和生活质量。康复训练应考虑患者的年龄、心肌梗死前的活动水平和体力状态等，一般分阶段循序渐进地增加活动量，提倡小量、重复、多次运动，适当地间隔休息，避免超过心脏负荷。活动内容包括步行、慢跑、太极拳、骑自行车、游泳等，每周运动 3～5 天，开始时每次 10～15 分钟，逐步延长到每天 30 分钟以上，个人卫生、家务劳动、娱乐活动也对患者有益，但应避免剧烈运动，活动时间过长。经 2～4 个月的体力活动锻炼后，酌情恢复部分或轻工作，以后部分患者可恢复全天工作，但对重体力劳动、驾驶员、高空作业及其他精神紧张或工作量过大的工种应予更换。

2．用药指导　指导患者遵医嘱服用 β 受体阻滞剂、血管扩张药、钙通道阻滞剂、降血脂药及抗血小板药物等，告知药物的作用和不良反应，并教会患者定时自测脉搏，定期门诊复查。

3．疾病监测指导　教会患者及家属识别病情变化和紧急自救措施，注意测量血压、呼吸、心率并记录，随时根据病情变化进行咨询或复诊。如出现心前区疼痛、呼吸困难、眩晕等，应予以警惕，及时护送就医。

## 第 8 节　感染性心内膜炎患者的护理

**案例 3-8**　患者，女，40 岁。因高热 1 周入院。1 年来有注射毒品史。查体：见 Osler 结节及 Roth 斑，心脏听诊于胸骨左缘第 4 肋间可闻及舒张期叹气样杂音，且向心尖部传导。

**问题**：1．该案例中患者患有何病？请对患者进行护理评估。

2．该患者有哪些护理问题？主要的护理问题是什么？

3．你将给患者采取什么护理措施？

感染性心内膜炎是指心内膜表面有细菌或真菌等病原微生物的感染，并伴有赘生物的形成。赘生物为形态、大小均不一致的血小板和纤维素团块，内含大量微生物和炎性物质。瓣膜是最常受损的部位，但也可发生在间隔缺损、腱索或心脏壁内膜等处。根据病程可分为急性感染性心内膜炎和亚急性感染性心内膜炎。

## 一、概 述

1. 病因 感染性心内膜炎绝大多数发生于患者原有心脏病的基础上，以风湿性心脏瓣膜病最多见，主要见于二尖瓣或主动脉瓣的病变，亦可见于老年退行性心脏瓣膜病或其他心血管病变；感染性心内膜炎主要致病菌为链球菌和葡萄球菌。急性感染性心内膜炎主要由金黄色葡萄球菌引起，少数可见于淋球菌、肺炎球菌等。亚急性感染性心内膜炎以草绿色链球菌感染最常见，其次可为D族链球菌或真菌、立克次体等。

2. 发病机制 细菌常在患者进行拔牙、扁桃体摘除术、泌尿系统器械检查或人工流产、心脏手术时侵入血液，附着于心脏或血管破损处，继而血小板聚集，形成血栓和纤维蛋白沉着，细菌在此滋生繁殖，当赘生物破裂时，细菌重新进入血液循环。

（考点：感染性内心膜炎的病因）

3. 转归 预后情况取决于病原菌的种类、对抗生素的敏感性、患者的年龄、治疗是否及时等。大多数患者可获得细菌学治愈。但近期和远期病死率仍较高。约半数的患者在住院期间接受外科手术。

## 二、护理评估

（一）健康史

询问患者有无心脏瓣膜病、心肌病及甲亢性心脏病等病史；近期有无上呼吸道感染、咽峡炎、扁桃体炎或身体其他部位感染史；是否进行过拔牙、导尿、泌尿系统器械检查及心脏手术史；有无静脉药瘾。

（二）身心状况

1. 症状 从发生短暂性菌血症到症状出现之间多为2周左右时间。发热是感染性心内膜炎最常见的症状和体征。主要与感染引起的菌血症或败血症有关。急性感染者呈暴发性败血症过程，体温较高难以控制；患者常有寒战、头痛、周身不适，食欲缺乏，体重下降等。亚急性感染者起病隐匿，全身中毒症状较轻，可有乏力和全身肌肉关节痛等非特异性的全身中毒症状。

2. 体征

（1）心脏杂音：绝大多数的患者可闻及心脏杂音。系由基础心脏病和（或）心内膜炎所致的瓣膜损害导致。

（2）栓塞和血管病损：栓塞多见于疾病后期。赘生物脱落所引起的栓塞可发生于机体任何部位，以脑栓塞的发生率最高，如剧烈头痛、偏瘫、失明、失语等，还可见于心、肾、脾等处；锁骨、皮肤、睑结膜处可见细小的红色或紫红色瘀点，为血管病损的表现。

（3）周围体征：多为非特异性表现，临床已不多见，系由微血管炎引起。①Osler结节：为指（趾）垫出现直径5～15mm的红色或紫色的痛性结节，较常见于亚急性感染者。②Roth斑：视网膜的卵圆形出血斑，中心呈白色，多见于亚急性感染者。③Janeway损害：常见于手掌和脚底的无痛性出血斑，多见于急性感染者。

（4）脾大、贫血：为本病非特异性体征，多见于亚急性感染性心内膜炎，脾大多见于病程在6周以上者，病程晚期可出现重度贫血。

3．并发症　心力衰竭是最常见的并发症，其他的有心肌梗死、迁移性脓肿、细菌性动脉瘤和身体各部位动脉栓塞等。

4．急性感染性心内膜炎与亚急性感染性心内膜炎的鉴别　见表 3-9。

**表 3-9　急性感染性心内膜炎与亚急性感染性心内膜炎的鉴别**

| 项目 | 急性感染性心内膜炎 | 亚急性感染性心内膜炎 |
|---|---|---|
| 病原体 | 金黄色葡萄球菌 | 草绿色链球菌 |
| 临床表现 | 中毒症状明显，呈暴发性败血症过程，如高热、寒战等 | 中毒症状轻，可有乏力、食欲减退和肌肉关节痛 |
| 病程 | 病程进展迅速，数天或数周即可引起瓣膜损害 | 病程进展缓慢，数周到数月不等 |
| 迁移性感染 | 多见 | 少见 |
| 周围体征 | Janeway 损害 | Osler 结节、Roth 斑 |

5．心理-社会状况　感染性心内膜炎患者病情危急，早期死亡率高，可在短时间内出现器官功能衰竭。患者及家属多难以接受现实，容易出现焦虑、失望甚至绝望等情绪。患者可表现为不配合、拒绝治疗。接受心脏手术的患者，他们常担心手术中的危险，质疑术后的远期效果。对于经济条件稍差的家庭，治疗费用也是不可忽视的压力。

（三）辅助检查

1．常规检查　半数以上的亚急性感染者表现为正细胞正色素性贫血，活动期红细胞沉降率增快。白细胞计数正常或轻度升高。尿常规检查中可出现血尿或轻度蛋白尿。

2．血培养　是诊断感染性心内膜炎最有价值的方法，其阳性率高达 80%以上。近期未进行抗生素治疗的病例其血培养的阳性率可高达 90%以上。

3．超声心动图　可发现心腔内、瓣膜上或血管内有无赘生物的存在，对明确感染性心内膜炎诊断有重要价值。

（四）治疗要点

感染性心内膜炎侵害心脏瓣膜、腱索和乳头肌，并最终发展为慢性心力衰竭。故在积极、合理使用抗生素的同时，应重视维护患者的心脏功能。

1．抗生素治疗　是本病最重要的治疗措施。在连续多次采集血培养标本后首选大剂量青霉素，长疗程联合静脉用药为主，至少用药 4 周。对青霉素过敏者可用头孢类抗生素，或培养出致病微生物时，根据致病菌对药物的敏感程度选择合适的抗生素。

2．外科治疗　瓣膜修补术、人工瓣膜置换术。

## 三、护 理 问 题

1．体温过高　与感染有关。

2．营养失调：低于机体需要量　与发热、食欲缺乏和能量消耗有关。

3．焦虑　与病程长、病情反复、对治疗和预后不可知有关。

4．潜在并发症：心力衰竭、动脉栓塞。

## 四、护理措施

（一）一般护理

1. 休息与活动　保持病室安静、舒适。嘱患者卧床休息，直至感染症状缓解。有心衰症状者绝对卧床休息，以减轻心脏负荷，改善心功能。

2. 饮食指导　给予高热量、高蛋白、易消化的丰富饮食。鼓励患者多进食，同时补充多种维生素和矿物质，增强机体抵抗力。

（二）发热护理

1. 密切观察体温变化，每4～6小时测量1次，并准确记录。观察热型的变化，如体温过高应给予酒精擦浴、头置冰袋等物理降温措施。

2. 患者因大量出汗而浸湿的衣物、被单要及时更换。保持患者皮肤及被服的清洁干燥，促进患者舒适。

3. 患者高热、大汗时要及时补充水分，鼓励患者多饮水，必要时注意补充电解质。加强口腔护理，预防感染。

（三）正确采集血标本

正确留取血培养标本，对本病的诊断、治疗十分重要。凡不明原因发热达1周以上，且有心脏病病史或心脏手术史者均应进行多次血培养。未开始抗生素治疗之前，亚急性感染性心内膜炎患者应在第一日每间隔1小时采血1次，10～20ml，共3次。如次日未见细菌生长，重复采血3次后，开始抗生素治疗。急性感染性心内膜炎患者应在入院后3小时内，每间隔1小时采血1次，共取3个血标本后开始治疗。已用过抗生素的患者，应停药2～7天后采血。若血培养为阳性，则应做药物敏感试验，以指导临床用药。

（考点：感染性心内膜炎血标本的采集）

（四）病情观察

密切观察患者的生命体征，必要时进行心电监护；观察心脏杂音的部位、强度有无变化；注意动脉栓塞的相关症状，如肢体活动情况、神智意识变化情况等；观察有无乏力、颈静脉怒张、肝大、水肿等心力衰竭表现。当患者出现可疑症状时，及时通知医生进行处理。

（五）配合治疗的护理

遵医嘱用药，以控制感染为主。坚持大剂量、足疗程、长时间使用抗生素，以确保维持有效的血药浓度。有计划、有顺序地使用静脉血管，以保证完成长时间的治疗。在用药的过程中，密切观察药物之间的不良反应和副作用，如有异常情况，及时通知医生。

（六）心理护理

焦虑可使心脏负荷增加，故减轻患者精神负担与限制体力活动同样重要；鼓励患者说出害怕及担忧的心理感受，指导患者进行自我调整，维持良好的心理状态；向患者介绍疾病的相关知识、预后的正确信息，以帮助患者掌握自我护理的方法；对高度焦虑、情绪不宜放松的患者可遵医嘱使用小量镇静剂。

## 五、健康指导

1. 疾病知识指导　向患者及家属解释本病的病因及致病菌入侵途径。嘱患者注意防寒保暖，少去公共场所，避免感冒。合理安排休息，加强营养，增强机体抗病能力。日常生活中维持良好的口腔卫生和定期进行牙科检查，在接受拔牙、扁桃体摘除、上呼吸道手术等有创性操作后做好预防感染工作。

2. 用药指导　指导患者按时按量遵医嘱服药，千万不要擅自停药、改药，告诉患者可能出现的药物不良反应，出现异常及时通知医生。

3. 病情监测指导　教会患者自我观察病情的方法，检测体温变化，观察身体其他部位有无动脉栓塞表现。定期门诊随诊。

## 第 9 节　心肌炎患者的护理

**案例 3-9**　患者，女，30 岁。3 周前出现上呼吸道感染症状，自服抗病毒口服液后症状好转，近 1 周来出现心慌、气短、胸闷等症状，心电图检查显示频发性室性期前收缩，X 线检查显示心影稍扩大。

**问题**：1. 该案例中患者患有何病？请对患者进行护理评估。

2. 该患者有哪些护理问题？主要的护理问题是什么？

3. 你将给患者采取什么护理措施？

心肌炎（myocarditis）是指发生在心肌细胞及细胞组织间的弥漫性炎性病变。其中病毒性心肌炎（viral myocarditis）是由嗜心肌性病毒感染所引起的心肌急性或慢性炎症，是最常见的感染性心肌炎。其分类包括无症状的心肌局灶性炎症和心肌弥漫性炎症所致的重症心肌炎。临床上多见于儿童和青少年。

### 一、概　　述

1. 病因和发病机制　各种病毒均可引起病毒性心肌炎，常见的有柯萨奇病毒（A 组、B 组），占病毒性心肌炎的 30%～40%，次之可见于埃可病毒、流感病毒、腺病毒、肝炎病毒、人免疫缺陷病毒等。

其发病机制可表现为病毒直接侵犯心肌细胞，使心肌内小血管损伤，由免疫介导反应导致心肌细胞损害，从而出现溶解、心肌间质水肿及充血、多量炎性细胞侵入等炎症改变。

（考点：病毒性心肌炎的病因）

2. 转归　急性病毒性心肌炎多数可完全治愈，极少数患者死于严重心律失常、心力衰竭或心源性休克。部分患者可遗留心脏损害，如各类型心律失常等，病程在 1 年以上者可转为慢性心肌炎或可演变为扩张型心肌病。

### 二、护 理 评 估

（一）健康史

询问患者发病前 1～3 周有无病毒感染史，有无细菌感染、寒冷、酗酒、过度劳累、缺氧或妊娠等诱发因素。

（二）身心状况

1. 全身感染症状　发病前 1～3 周患者常有上呼吸道感染或肠道感染症状，如发热、恶心、呕吐或腹泻等。病变的广泛程度决定临床表现的轻重。轻者可无任何表现，随后可出现心悸、胸闷、乏力、头晕，重者可发生心力衰竭或严重的心律失常甚至猝死。临床上，约 90%的患者以各种心律失常为突出表现，其中室性期前收缩为最常见的心律失常。

2. 心脏受累症状　患者常出现心悸、胸闷、呼吸困难、心前区隐痛等表现。严重者可发生阿-斯综合征、心源性休克和猝死。

（考点：病毒性心肌炎的临床表现）

3. 体征　心脏轻至中度增大，显著增大者常提示心肌受损严重；可出现与体温升高不相等的心动过速；各类型心律失常，心尖区第一心音减弱，心音有时呈胎心样；若有心包受累，可闻及心包摩擦音；或出现肺部啰音、颈静脉怒张、水肿等心力衰竭体征。

4. 临床分期　病毒性心肌炎可分为急性病毒性心肌炎和慢性病毒性心肌炎，病程各阶段的时间区分比较困难，一般急性期定为 3 个月，3 个月到 1 年为恢复期，1 年以上为慢性期。

5. 心理-社会状况　症状轻微者因担心疾病影响学业或工作而焦虑、烦躁不安，常影响休息和治疗；病情严重出现症状和各种心律失常时，患者则因惧怕留下后遗症而顾虑重重、产生恐惧情绪。

（三）辅助检查

1. 血液检查　白细胞计数可升高，急性期红细胞沉降率增高，GOT、LDH、CK 均增高；血清病毒中和抗体效价测定恢复期较急性期呈 4 倍增长。

2. 心电图检查　对病毒性心肌炎诊断敏感性较高，但特异性差。多有 ST—T 段改变及各种心律失常，以室性期前收缩和一度房室传导阻滞较为常见，可见心肌肥大和 QT 间期延长等，严重者可见病理性 Q 波或完全性房室传导阻滞甚至室性心动过速或心室颤动。

3. X 线检查　病变广泛者，心影轻至中度扩大。

（四）治疗要点

病毒性心肌炎目前尚无特殊的治疗方法，多采取综合治疗措施。纠正心力衰竭和各种心律失常。

1. 休息　急性期要卧床休息，加强营养，给予富含维生素、易消化、高蛋白饮食。

2. 抗病毒治疗　在心肌炎急性期，抗病毒治疗是关键措施，应早期应用抗病毒药物。可选用利巴韦林、干扰素等。

3. 改善心肌代谢，保护心肌　可选用维生素 C、辅酶 Q10、肌酐等药物。

4. 糖皮质激素　不主张早期应用，对有难治性心力衰竭或房室传导阻滞的重症心肌炎患者可在起病的 10～20 天慎用。

5. 对症治疗　有心力衰竭者给予利尿剂和血管紧张素转化酶抑制剂等药物，因对洋地黄敏感性高，易发生洋地黄中毒，故心肌炎患者应慎用洋地黄；有快速心律失常者可选用抗心律失常药物；完全性房室传导阻滞者，可考虑使用临时性心脏起搏器。

## 三、护理问题

1. 活动无耐力　与心肌细胞损伤、并发心律失常或心力衰竭有关。

2. 恐惧　与害怕疾病危及生命有关。

3. 潜在并发症：心律失常、心力衰竭。

## 四、护理措施

（一）一般护理

1. 休息与活动　①告知患者合理安排休息可减轻心脏负荷，减少心肌耗氧量，是疾病康复的关键措施。嘱患者尽早卧床休息，无症状者急性期卧床不少于 1 个月，重症或伴有心功能不全者应完全卧床至症状消失，心电图检查恢复正常后方可起床轻微活动。协助患者满足每天生活需要。保持环境安静，减少探视，保证患者有充分的时间休息和睡眠。②病情稳定后，与患者及家属合理制订每日活动计划，活动前要做好充分准备。逐渐增加活动量，严密观察活动时的心率、心律和血压变化，以活动时不出现心慌、心悸、呼吸困难等表现作为控制活动量的标准。

2. 饮食　指导患者合理饮食，加强营养。给予富含蛋白和维生素、易消化的低盐饮食，尤其补充富含维生素 C 的新鲜水果和蔬菜（樱桃、猕猴桃、草莓、柿子、红椒等），以促进心肌代谢与修复。少量多餐，避免过饱。多吃新鲜水果和蔬菜，增加粗纤维食物（菠菜、香蕉、韭菜、萝卜等）以防便秘。禁烟、酒、浓茶和咖啡。心力衰竭患者每日限制钠盐在 1～2.5g，以减少钠水潴留。

（二）病情观察

加强心电监护和床边巡视，密切观察生命体征、意识、皮肤黏膜颜色，注意观察有无心力衰竭的症状和体征，如出现气急、咳大量粉红色泡沫样痰、交替脉等情况，或心电图上出现频发性、多源性室性期前收缩等危险信号，应立即通知医生并配合急救。

（三）配合治疗的护理

遵医嘱使用洋地黄和抗心律失常药物，用药过程中应重点询问患者的反应，监测心率、心律，测血压与脉搏，观察呼吸变化，必要时进行心电监测，以及时发现药物不良反应。静脉输液时，注意输液速度和输液量，避免因输液速度过快或输液量过大而诱发心力衰竭。

（四）心理护理

1. 讲解疾病相关知识，告诉患者经过积极的治疗大多可以痊愈，增强患者对治疗的信心，积极配合治疗和护理，使病情得到缓解。

2. 协助患者找出不利于康复的心理因素，强调精神紧张、情绪波动可使病情加重，帮助其缓解不良情绪所造成的心理影响。

3. 关心患者，教育患者以正确心态面对现实和挫折，减少工作和家庭等方面的不良刺激。

### 五、健 康 指 导

1. 疾病知识指导　向患者及家属说明合理休息和活动、增强营养、定期复查的重要性。强调病毒性心肌炎患者出院后需继续休息，3～6 个月后方可逐渐恢复轻体力活动；指导患者摄取营养丰富、易消化的饮食，注意补充富含维生素 C 的食物，如樱桃、红椒、青花菜等；适当锻炼、注意保暖可增强机体抵抗力。

2. 用药指导　遵医嘱服用药物，注意观察药物疗效及不良反应。

3. 病情监测指导　指导患者自测脉率和观察病情，发现异常或有胸闷、心悸等不适及时门诊复诊。

## 第 10 节　心肌病患者的护理

**案例 3-10**　患者，男，66 岁。因心前区疼痛，呼吸困难来院就诊。查体：体温 38.2℃，呼吸 22 次/分，脉搏 98 次/分，血压 135/88mmHg，胸骨左缘第 3、4 肋间可闻及心包摩擦音，自行含服硝酸甘油无效，故收入院。

**问题：** 1. 该案例中患者患有何病？请对患者进行护理评估。

2. 该患者有哪些护理问题？主要的护理问题是什么？

3. 你将给患者采取什么护理措施？

心肌疾病是指除心脏瓣膜病、冠状动脉粥样硬化性心脏病、高血压性心脏病、肺源性心脏病和先天性心脏病以外的以心肌病变为主要表现的一组疾病。目前临床分两大类：一类为病因未明的心肌疾病，称原发性心肌病，包括扩张型心肌病、肥厚型心肌病、限制型心肌病和致心律失常型右室心肌病；另一类是指病因明确的心肌疾病，称继发性心肌病，又称特异性心肌病，如病毒性心肌炎，甲亢、酒精中毒等所致的心肌疾病。

## 一、概　　述

### （一）病因及发病机制

1．扩张型心肌病（DCM）　是一类以单侧心腔或双侧心腔扩大并伴有心脏收缩功能障碍为特征的心肌病。本病病因至今未完全阐明，多主张持续病毒感染是扩张型心肌病的重要原因，与病毒对心肌组织的直接损害及免疫反应异常有关，此外尚有感染、遗传、代谢异常等因素参与，本病好发于青壮年男性，预后差。

2．肥厚型心肌病（HCM）　是一种遗传性心肌病，主要病理改变为左心室或右心室肥厚并累及室间隔、心室腔变小，根据左心室流出道有无梗阻分为梗阻性肥厚型心肌病和非梗阻性肥厚型心肌病，患者常有明显家族史，为常染色体显性遗传疾病，该病是青少年和运动员猝死的主要原因，高强度体力活动和高血压均是本病的促发因素。

（考点：肥厚型心肌病患者的死因）

### （二）转归

本病预后不良，多死于心力衰竭和严重心律失常。

## 二、护 理 评 估

### （一）健康史

询问发病前有无病毒等病原体感染史、代谢异常及酒精中毒等情况；有无情绪激动、体力活动、高血压等诱因；询问家族中有无心肌病患者。

### （二）身心状况

1．扩张型心肌病　起病缓慢隐匿，早期多无明显症状，心脏可轻度增大；逐渐出现活动后心悸、乏力、胸闷甚至端坐呼吸、水肿、肝大等充血性心力衰竭的症状和体征，多数患者可听到第三或第四心音。常伴有各种类型的心律失常，部分患者可发生心室颤动或猝死。

2．肥厚型心肌病　部分患者常无自觉症状，多因猝死或体检时才被发现。心悸、胸痛、呼吸困难是常见症状，伴有流出道梗阻者可有晕厥、意识障碍等表现。突然站立、运动等可加重左心室流出道梗阻，而使上述症状加重。部分患者可在胸骨左缘第 3～4 肋间或心尖部听到收缩期粗糙的吹风样杂音，屏气、含服硝酸甘油可使杂音增强。

3．心理-社会状况　心肌病是一种慢性疾病，需要长期治疗且多预后不佳，故患者常有情绪不稳定、情感脆弱的性格特点，因逐渐丧失劳动力而使患者心情烦躁，甚至产生悲观、绝望心理。

### （三）辅助检查

1．心电图　扩张型心肌病可见各种类型心律失常及 ST—T 改变；肥厚型心肌病常表现为左心室肥大，可见胸前导联出现巨大倒置 T 波。

2．超声心动图　扩张型心肌病各心腔均扩大，以左心室扩大显著，心肌运动幅度减弱，提示心肌收缩力下降；肥厚型心肌病可见室间隔的非对称性肥厚，左室腔缩小，左室流出道狭窄。

3. 胸部X线 扩张型心肌病心影增大明显，常有肺淤血；肥厚型心肌病心影增大多不明显，如有心力衰竭时则心影明显增大。

（四）治疗要点

积极预防心源性猝死是原发性心肌病的重要治疗原则。

1. 扩张型心肌病 治疗原则为纠正心力衰竭和各种类型心律失常，预防猝死。①控制心力衰竭：限制体力活动，合理使用利尿剂和血管扩张药，慎用洋地黄制剂。②纠正心律失常：遵医嘱使用普萘洛尔、利多卡因、溴苄胺等药物，因其具有负性肌力作用，故应在治疗心力衰竭的前提下使用。③营养心肌药物：辅酶 Q10、腺苷三磷酸、维生素 C 等可促进心肌代谢。④心脏移植：对心肌疾病引起的终末期心力衰竭是有效的治疗方法。

2. 肥厚型心肌病 治疗原则为弛缓肥厚的心肌以减少流出道梗阻，减少合并症。药物治疗为基础治疗，常用药物有 β 受体阻滞剂和钙通道阻滞剂，内科治疗无效者，可考虑室间隔切除术。

## 三、护理问题

1. 气体交换受损 与肺水肿、心力衰竭有关。
2. 活动无耐力 与心肌受损、心律失常有关。
3. 焦虑 与疗程长且病情反复有关。
4. 潜在并发症：栓塞、猝死。

## 四、护理措施

（一）一般护理

1. 休息 向患者说明限制活动可使心率减慢，减轻心脏负荷，改善心功能。有心力衰竭症状者应卧床休息，给予半卧位和吸氧。肥厚型心肌病患者活动后有发生晕厥和猝死的危险，应在活动时注意观察有无出汗、头晕等表现，要告诫患者避免较强活动，如跑步、打球等。

2. 饮食 给予低热量、低脂、低盐、高蛋白、高维生素饮食，少食多餐，避免过饱及刺激性饮食，戒烟酒，多食新鲜水果和蔬菜，增加粗纤维饮食，防止便秘。

（二）病情观察

密切注意生命体征变化，必要时进行心电监护，发现异常及时报告医生。观察有无乏力、颈静脉怒张、肝大、水肿等心力衰竭表现；观察患者有无猝死表现，如神志不清、抽搐、脉搏和血压均消失等，一旦发现立即进行心肺复苏，配合医生积极进行抢救。

（三）配合治疗的护理

1. 嘱患者避免劳累、情绪激动、饱餐等，以免诱发胸痛。

2. 疼痛发作时，应立即停止活动，卧床休息，并给予每分钟 2～4L 持续吸氧。

3. 遵医嘱给予 β 受体阻滞剂和钙通道阻滞剂，可减慢心率，缓解流出道梗阻，增加心排血量，禁止使用硝酸酯类药物，以免加重病情。

4. 扩张型心肌病控制心力衰竭使用洋地黄时因其耐受性差，宜从小剂量开始，逐步增加，在使用过程中密切观察有无洋地黄中毒表现，如恶心、呕吐、头痛等；梗阻性肥厚型心肌病患者禁用洋地黄制剂。给予促进心肌代谢药物，如辅酶 Q10、腺苷三磷酸等，观察疗效及副作用。

（四）心理护理

紧张、焦虑的情绪可使交感神经兴奋，肾上腺素分泌增加，进一步使血压升高。因此，保持良好心态，减轻压力对患者来说尤为重要。了解和熟悉患者的性格特点及有关心理因素，当患者有情绪波动时，应与患者进行治疗性接触，给患者以直接的心理援助，使其心态平和、稳定，尽可能保持良好的适应能力。

## 五、健康指导

1. 疾病知识指导　嘱患者保证充分休息与睡眠，避免劳累，预防上呼吸道感染。合理饮食，适当锻炼，以增强机体抵抗力。保持情绪稳定，心态平和，避免精神紧张。

2. 用药指导　遵医嘱坚持服药，注意药物的不良反应。

3. 病情监测指导　定期门诊复查，防止病情进展。

## 自测题

$A_1$型题

1. 心源性呼吸困难最常见的病因是（　　）
A. 右心衰竭　B. 左心衰竭
C. 心包积液　D. 心脏压塞
E. 肺动脉栓塞

2. 心源性呼吸困难最早出现的表现是（　　）
A. 劳力性呼吸困难
B. 阵发性夜间呼吸困难
C. 心源性哮喘
D. 端坐呼吸
E. 吸气性呼吸困难

3. 关于端坐呼吸的描述，正确的是（　　）
A. 体力活动时发生，休息可缓解
B. 多发生在夜间，睡眠中可突然憋醒
C. 体力活动时发生，含硝酸甘油可缓解
D. 睡眠中憋醒，咳嗽咳痰，坐起后缓解
E. 休息时有呼吸困难，不能平卧，被迫取坐位或半卧位

4. 心源性呼吸困难患者宜选择的体位是（　　）
A. 俯卧位　B. 仰卧位
C. 左侧卧位　D. 右侧卧位
E. 半卧位或端坐位

5. 心源性呼吸困难患者输液速度为（　　）
A. 20～30 滴/分　B. 30～40 滴/分
C. 40～50 滴/分　D. 50～60 滴/分
E. 60～70 滴/分

6. 护理心源性水肿患者时不正确的是（　　）
A. 控制输液速度
B. 记录 24 小时出入液量
C. 下肢水肿时应取端坐位
D. 低盐、低脂、易消化饮食
E. 保持皮肤清洁、干燥，防止压疮发生

7. 长期半卧位的心源性水肿的患者哪一部位最易引起压疮（　　）
A. 枕部　B. 背部
C. 踝部　D. 骶尾部
E. 足跟部

8. 关于劳力性呼吸困难描述正确的是（　　）
A. 发生在休息时　B. 发生在体力劳动时
C. 发生在体力劳动后　D. 发生在夜间睡眠中
E. 发生在半卧位或端坐位时

9. 不属于循环系统疾病常见症状的表现是（　　）
A. 呼吸困难　B. 发热
C. 心悸　D. 下肢水肿
E. 心前区疼痛

10. 由于心排血量突然降低而出现的晕厥称为（　　）
A. 心搏骤停　B. 病窦综合征
C. 阿-斯综合征　D. 倾倒综合征
E. 脑卒中

11. 引起心力衰竭的常见病因是（　　）
A. 肺动脉高压　B. 慢性贫血
C. 高血压　D. 冠心病
E. 失血性休克

12. 下列疾病中，可导致右心室后负荷过重的是（　　）

A．房间隔缺损　B．主动脉瓣关闭不全
C．动脉导管未闭　D．慢性阻塞性肺气肿
E．肺动脉瓣关闭不全

13．诱发或加重心力衰竭最常见的因素是（　　）
A．呼吸道感染　B．妊娠和分娩
C．情绪激动　D．严重心律失常
E．药物使用不当

14．导致左心衰竭症状的原因主要是（　　）
A．高血压　B．肺循环淤血
C．体循环淤血　D．循环血量减少
E．心室重构

15．左心衰竭的重要体征是（　　）
A．交替脉　B．心尖区收缩期奔马律
C．颈静脉怒张　D．水冲脉
E．体循环淤血

16．以下属于右心衰竭表现的是（　　）
A．咳嗽　B．咳痰
C．交替脉　D．肝大
E．肺部湿啰音

17．慢性左心功能不全最早出现的症状是（　　）
A．劳力性呼吸困难　B．心源性哮喘
C．水肿　D．咳粉红色泡沫样痰
E．食欲降低

18．鼓励长期卧床的心力衰竭患者在床上活动下肢其主要目的是（　　）
A．维持神经兴奋性
B．防止肌肉功能退行性减退
C．改善末梢循环
D．预防下肢静脉血栓
E．减少回心血量

19．关于心力衰竭患者的饮食护理措施，应除外（　　）
A．限制钠盐摄入　B．高维生素
C．高热量　D．易消化
E．少量多餐

20．对心力衰竭患者加强心肌收缩力的药物治疗为（　　）
A．氢氯噻嗪　B．呋塞米
C．硝酸甘油　D．硝普钠
E．地高辛

21．护士对心房颤动患者主要观察的是（　　）
A．P 波的形态　B．代偿间歇的变化
C．脉搏的改变　D．患者的主诉
E．心室率的改变

22．室性心动过速最常见的病因是（　　）
A．冠心病　B．心肌炎
C．心肌病　D．心脏瓣膜病
E．感染性心内膜炎

23．最严重的心律失常是（　　）
A．频发性室性期前收缩
B．阵发性室性心动过速
C．二度房室传导阻滞
D．心房颤动
E．心室颤动

24．非同步性电复律适用于（　　）
A．心房扑动　B．心房颤动
C．心室颤动　D．室上性心动过速
E．室性心动过速

25．通过解除紧张情绪能缓解的心律失常是（　　）
A．窦性静止　B．房性期前收缩
C．心室颤动　D．室性期前收缩
E．三度房室传导阻滞

26．心绞痛的疼痛性质是（　　）
A．针扎样刺痛
B．闪电样抽搐，起止突然
C．压榨样闷痛伴窒息感
D．刀割样绞痛辗转呻吟
E．尖锐性灼痛，咳时加剧

27．治疗心绞痛奏效最快、持续时间最短的方法是（　　）
A．硝酸甘油片舌下含化
B．硝酸异山梨酯舌下含化
C．亚硝酸异戊酯鼻部吸入
D．硝苯地平含化
E．麝香保心丸口服

28．心绞痛发作时不正确的处理是（　　）
A．立即送医院
B．精神安慰，稳定患者情绪

C. 取半卧位

D. 吸氧

E. 舌下含化硝酸甘油或硝酸异山梨酯

29. 心绞痛发作时首要的护理措施是（　　）

A. 心电监护

B. 指导患者放松技术

C. 迅速建立静脉通路

D. 监测生命体征变化

E. 让患者立即停止活动、坐下休息

30. 心绞痛发生时不出现下列哪项心电图改变（　　）

A. ST 段降低≥0.1mV

B. T 波平坦、双相或倒置

C. ST 段降低，伴 T 波倒置

D. QRS 波群≥0.12 秒

E. ST 段抬高

31. 急性心肌梗死最常发生在（　　）

A. 安静或睡眠时　　B. 重体力活时

C. 大量脂肪餐后　　D. 精神紧张时

E. 用力排便时

32. 急性心肌梗死时，下列血清学检查中，升高最早、恢复最快的是（　　）

A. 肌红蛋白

B. 乳酸脱氢酶（LDH）

C. 肌酸磷酸激酶（CPK）

D. 谷丙转氨酶（GOT）

E. γ-谷酰基磷酸转肽酶（γ-GTP）

33. 急性心肌梗死易并发脏器及四肢动脉栓塞的时间多在发病后（　　）

A. 24 小时内　　B. 48 小时内

C. 1～2 周　　D. 2～4 周

E. 1～2 个月

34. 亚急性感染心内膜炎的赘生物最常见的附着部位是（　　）

A. 三尖瓣边缘　　B. 二尖瓣和主动脉瓣

C. 肺动脉瓣边缘　　D. 三尖瓣基底部

E. 以上都不是

35. 急性感染性心内膜炎的特点不包括（　　）

A. 中毒症状明显

B. 病情发展迅速

C. 迁移性感染少见

D. 病原体主要是金黄色葡萄球菌

E. 数天或数周引起瓣膜损害

$A_2$ 型题

36. 患者，女，62 岁。高血压病史 15 年。昨日夜间睡眠中突然被憋醒，坐起后呼吸困难明显缓解，该患者的呼吸困难属于（　　）

A. 肺源性呼吸困难　　B. 心源性呼吸困难

C. 血源性呼吸困难　　D. 中毒性呼吸困难

E. 神经精神性呼吸困难

37. 患者，男，50 岁。患高血压性心脏病 6 年。近 1 年来从事日常活动时则出现心悸、气短，休息后好转，最可能是（　　）

A. 栓塞　　B. 心房颤动

C. 心力衰竭　　D. 心内膜炎

E. 肺部感染

38. 患者，女，61 岁。患高血压性心脏病 10 年。护士在护理时发现患者有夜间阵发性呼吸困难、咳嗽、咳白色泡沫痰，有时痰中带血，应考虑患者发生了（　　）

A. 肺梗死　　B. 心肌梗死

C. 左心衰竭　　D. 右心衰竭

E. 胸腔积液

39. 患者，女，68 岁。既往有高血压病史 15 年余，突发严重呼吸困难，呼吸频率 30～40 次/分，咳大量粉红色泡沫样痰，乏力，测血压 80/50mmHg，极度烦躁不安，大汗淋漓，护士给予氧气吸入，流量为（　　）

A. 1～2L/min　　B. 2～4L/min

C. 4～6L/min　　D. 6～8L/min

E. 8～10L/min

40. 患者，男，50 岁。既往高血压病史 10 年，1 个月前出现疲乏症状，近日出现劳力性呼吸困难，经休息后缓解，患者最可能出现了（　　）

A. 慢性左心衰竭　　B. 急性肺水肿

C. 高血压危象　　D. 慢性右心衰竭

E. 急性左心衰竭

41. 患风湿性心脏病 8 年余，近来上呼吸道感染，肝颈静脉回流征阳性，提示（　　）

A．心源性休克　　B．主动脉瓣关闭不全
C．心房颤动　　D．右心功能不全
E．左心功能不全

42．患者，女。患风湿性心脏病，妊娠 32 周。入院时体力活动严重受限，休息时亦乏力、气急，心悸。其心功能属于（　　）
A．Ⅰ级　　B．Ⅱ级
C．Ⅲ级　　D．Ⅳ级
E．无法判断

43．患者，男，46 岁。患有心脏病，服用以下药物时，为预防不良反应，应常规测量心率的是（　　）
A．卡托普利　　B．地西泮
C．地高辛　　D．阿司匹林
E．阿米卡星

44．患者，男，46 岁。患有心脏病，上 2 层楼时感心悸、气促，休息 10 分钟后可好转。护士应如何指导该患者的活动量（　　）
A．日常活动照常，不必限制
B．可起床稍事活动，增加睡眠时间
C．卧床休息，限制活动量
D．增加有氧运动
E．半坐卧位，日常生活完全依赖他人照顾

45．某慢性心力衰竭患者，心功能Ⅳ级，为减轻心脏负担，宜选用哪种休息方式（　　）
A．照常活动
B．照常活动和适当休息
C．稍事活动，增加间歇休息时间
D．限制活动，多卧床休息
E．绝对卧床休息

46．患者，女，74 岁。因慢性心力衰竭，心功能Ⅳ级入院。经治疗，心功能恢复至Ⅱ级，但患者不愿下床活动，护士对其宣教长期卧床的危险，应除外（　　）
A．活动减少使消化功能减退
B．易发生便秘
C．易形成深静脉血栓
D．易发生扩张型心肌病
E．长期卧床，致肌肉萎缩

47．患者，女，65 岁。急性左心衰竭。入院治疗后心力衰竭症状有所缓解，近 2 日食欲有所改善。护士应给予的正确的饮食指导是（　　）
A．高热量、低蛋白
B．低热量、低蛋白
C．高蛋白、低纤维素
D．低盐、易消化
E．低热量、少纤维

48．患者，女，35 岁。风心病合并心力衰竭。应用洋地黄和利尿剂后出现恶心、呕吐，心电图示室性早搏呈二联律及三联律。首先应采取以下哪项护理措施（　　）
A．补液，稀释体内药物
B．电击除颤
C．利多卡因，纠正心律失常
D．利尿，促进排泄
E．停用洋地黄药物

49．患者，女，60 岁。慢性心力衰竭 3 年，服用呋塞米导致（　　）
A．低钾、低镁血症　　B．高钠血症
C．高钙血症　　D．高镁血症
E．尿素氮水平降低

50．患者，男，38 岁。因心悸、气促 5 年，突然咯血 2 小时来诊。查体：血压 150/90mmHg，心率 96 次/分，律不齐，心尖部可闻及舒张期隆隆样杂音，肺动脉第二心音亢进，双肺底可闻及湿啰音，应首选的药物是（　　）
A．毛花苷丙
B．呋塞米（速尿）静脉注射
C．氨茶碱
D．酚磺乙胺静脉注射
E．美托洛尔

51．患者，男，60 岁。冠心病，心电图示室性期前收缩，其心电图特征正确的是（　　）
A．提前出现的 QRS 波群宽大畸形
B．T 波与 QRS 主波方向相同
C．QRS 波群前出现逆行的 P 波
D．代偿间歇不完全
E．室性融合波

52．患者，男，72 岁。因急性前壁心肌梗死收入院。

入院后已行面罩吸氧，建立静脉通路，心电监护示频发、多源性室性期前收缩，护士在床边准备抢救用品，最重要的是（　　）

A. 血氧饱和度仪　B. 气管切开包
C. 吸痰器　D. 除颤仪
E. 呼吸机

53. 患者，女，70岁。急性下壁心肌梗死，收入CCU病房，患者出现下列哪种心律失常最危险（　　）

A. 窦性心动过速　B. 偶发性期前收缩
C. 窦性心律不齐　D. 三度房室传导阻滞
E. 偶发室性期前收缩

54. 患者，女，29岁。病毒性心肌炎，护士为其测量脉搏时发现，每隔1个正常搏动后出现1次期前收缩，称为（　　）

A. 二联律　B. 三联律
C. 成对期前收缩　D. 间歇脉
E. 脉搏短绌

55. 患者，男，59岁。心电图主要特征为窦性P波消失，代之以大小、形态及规律不一的f波，R—R间隔完全不规则，见于（　　）

A. 心房颤动　B. 心室颤动
C. 期前收缩　D. 房室传导阻滞
E. 窦性心律失常

56. 患者，女，35岁。风湿性心脏病。今晨起床后发现左侧肢体活动不便，不能行走，口角歪斜，言语不清，该患者可能出现了（　　）

A. 脑出血　B. 脑栓塞
C. 心律失常　D. 蛛网膜下腔出血
E. 充血性心力衰竭

57. 患者，女，36岁。风湿性心脏病。护士听诊时发现患者心尖区第一心音减弱，心尖区全收缩期粗糙高调的吹风样杂音，向左腋下、左肩胛下区传导，该患者风心病的类型是（　　）

A. 主动脉瓣狭窄
B. 主动脉瓣狭窄并关闭不全
C. 主动脉瓣关闭不全
D. 二尖瓣狭窄
E. 二尖瓣关闭不全

58. 患者，女，42岁。活动后有呼吸困难，近半年有进行性加重，并伴有咳嗽、声音嘶哑。患者既往有风湿热10年，常有扁桃体炎发生。心尖搏动呈抬举性，主动脉瓣第一听诊区可闻及粗糙响亮的喷射性收缩期杂音，该患者可能的诊断是（　　）

A. 风湿性心脏病二尖瓣狭窄
B. 风湿性心脏病二尖瓣关闭不全
C. 风湿性心脏病主动脉瓣狭窄
D. 风湿性心脏病主动脉瓣关闭不全
E. 风湿性心脏病二尖瓣狭窄伴关闭不全

59. 患者，女，40岁。因风湿性心脏病伴重度二尖瓣狭窄入院。给予抗感染和纠正心力衰竭治疗后病情好转，拟于今日出院，护士对患者进行出院指导，告诉患者预防溶血性链球菌感染最重要的措施是（　　）

A. 减少运动，多休息
B. 坚持适度锻炼，防止呼吸道感染
C. 改善居住环境，避免潮湿阴冷
D. 根据天气及时增减衣物
E. 拔牙前预防性使用抗生素

60. 患者，女，60岁。慢性支气管炎15年，劳力性心悸、呼吸困难3年。3天前肺部感染，昨晚突然出现呼吸困难，端坐床边。咳大量粉红色泡沫痰。查体：口唇发绀，心尖部触及震颤，听诊闻及心尖部舒张期隆隆样杂音，第一心音增强，两肺布满哮鸣音和湿啰音，考虑可能为（　　）

A. 主动脉瓣关闭不全伴肺部感染
B. 主动脉瓣关闭不全伴心力衰竭
C. 二尖瓣关闭不全伴肺部感染
D. 二尖瓣狭窄伴急性左心衰竭
E. 二尖瓣狭窄伴急性肺水肿

61. 患者，男，42岁。有头痛、烦躁、眩晕、心悸、气急、视物模糊、恶心、呕吐等症状，同时伴有尿少。既往有高血压史，平时血压没有控制。查体：血压185/115mmHg。考虑患者有高血压危象。高血压危象的诱发因素是（　　）

A. 劳累　B. 超重
C. 脱水　D. 出血

E. 饱餐

62. 某高血压病患者，出现剧烈头痛、烦躁等，上周出现视物模糊征象来诊。查体：血压262/127mmHg，心率180次/分，心浊音界向左下扩大。该患者可能是（　　）

A. 高血压脑病　　B. 高血压危象

C. 高血压3级　　D. 高血压2级

E. 高血压1级

63. 患者，女，52岁。因头痛、头晕3天，加重1天伴视物不清住院，血压190/135mmHg，脉搏95次/分；眼底检查可见视盘水肿；心电图示左心室肥大。首要的处理是（　　）

A. 硝酸甘油舌下含化

B. 服用硝苯地平

C. 静脉注射毛花苷丙

D. 静脉给呋塞米

E. 甘露醇快速静脉滴注

64. 患者，女，58岁。因近日睡眠不好、头晕、有时步态不稳而就诊，发现血压高，既往有过高血压病史，开始进行药物治疗。在下列药物中属于降压药物的是（　　）

A. 利多卡因　　B. 阿司匹林

C. 硝苯地平　　D. 普罗帕酮

E. 地西泮

65. 某高血压患者，同时患有支气管哮喘，他不能使用的降压药物是（　　）

A. 呋塞米　　B. 阿替洛尔

C. 硝苯地平　　D. 卡托普利

E. 哌唑嗪

66. 某高血压患者，吸烟史20年，肥胖，测血压为160/95mmHg，下列健康指导内容错误的是（　　）

A. 保持情绪稳定　　B. 适量运动

C. 高热量、高糖饮食

D. 戒烟　　E. 控制高血压

67. 患者，男，35岁。近半年来血压升高较快，伴心悸、多汗、头痛、烦躁等，上周出现视物模糊。查体：血压262/127mmHg，心率180次/分，心浊音界向左下扩大。该患者的诊断可能是（　　）

A. 高血压1级　　B. 高血压3级

C. 高血压脑病　　D. 高血压2级

E. 高血压危象

68. 高血压患者，病程10年，血压166/106mmHg，伴有左心室肥大，心功能Ⅲ级，曾有过短暂性脑缺血发作，该患者血压属于（　　）

A. 高血压2级，中危

B. 高血压2级，高危

C. 高血压3级，高危

D. 高血压3级，中危

E. 高血压2级，极高危

69. 患者，男，58岁。高血压病史13年，患者不宜选用的食用油是（　　）

A. 菜油　　B. 花生油

C. 玉米油　　D. 大豆油

E. 茶油

70. 患者，男，42岁。诊断高血压3年。性情温和，体态匀称。平素以面食为主，饮食清淡，喜食咸菜等腌制食品。目前对其最主要的饮食护理指导是（　　）

A. 低脂饮食　　B. 低磷饮食

C. 低钠饮食　　D. 低蛋白饮食

E. 低纤维素饮食

71. 某急性心肌梗死患者2小时后心电图随访见Ⅱ、Ⅲ、aVF导联出现病理性Q波，提示心肌梗死的部位可能是（　　）

A. 后壁　　B. 前壁

C. 下壁　　D. 右侧壁

E. 左侧壁

72. 患者，男，27岁。3日前因急性心肌梗死急诊入院，经治疗后逐渐恢复，下列饮食合适的是（　　）

A. 低盐普食

B. 高热量饮食

C. 禁食

D. 低热量、低脂、低胆固醇的清淡饮食

E. 流质饮食

73. 患者，女，34岁。诊断“急性心肌梗死”住院治疗，护士嘱患者注意避免便秘和用力排便，

目的是为了防止（　　）

A. 心搏骤停　B. 晕厥

C. 心脏扩大　D. 血管破裂

E. 脑血栓形成

74. 患者，男，57岁。高血压、糖尿病病史5年，既往无心绞痛病史。近来出现发作性胸闷、胸痛，以胸骨后明显。医生嘱其胸痛发作时可舌下含服硝酸甘油，护士应告知其起效时间是（　　）

A. 1～2分钟　B. 3～5分钟

C. 5～10分钟　D. 15～20分钟

E. 20～30分钟

75. 患者，男，56岁。高血压、糖尿病病史3年，发作性胸前区剧烈疼痛4小时，伴出汗、乏力入院，ECG见 $V_1$～$V_5$ ST段抬高呈弓背向上型。心电图提示频发性室性期前收缩。目前考虑首选的药物是（　　）

A. 普罗帕酮　B. 地尔硫䓬

C. 美西律（慢心律）D. 普鲁卡因胺

E. 利多卡因

76. 患者，男，55岁，风心病患者。近10天发热疑诊为亚急性感染性心内膜炎，最适当的处理是（　　）

A. 血培养后根据培养结果用药

B. 用抗生素3天待观察体温后再抽血培养

C. 血培养后静脉滴注大量青霉素

D. 血培养后肌内注射青霉素

E. 血培养后肌内注射庆大霉素

77. 患者，男，30岁。原有风心病病史，因持续性发热、乏力、纳差来诊。经检查拟诊为亚急性感染性心内膜炎，体格检查时下列哪个体征不可能出现（　　）

A. 环形红斑

B. 瘀点

C. 心脏杂音无变化

D. 心率40次/分，心电图示三度房室传导阻滞

E. 脾大伴脾区摩擦音

78. 患者，男，62岁。因头痛、背痛、肌肉关节痛来院就诊。查体：可闻及心脏杂音，Janeway损害，考虑为急性感染性心内膜炎，为明确诊断，最有价值的诊断方法是（　　）

A. 尿常规　B. 血常规

C. X线检查　D. 血培养

E. 心电图

79. 患者，女，28岁。因高热1周入院，既往尚健康，1年来有注射毒品史。查体：眼结合膜有瘀点，心界不大，心率110次/分，律齐，各瓣膜区未闻及杂音，两肺听诊阳性，足底可见紫红色结节，有压痛，白细胞计数 $12\times10^9$/L，血红蛋白80g/L。尿常规：蛋白（+），红细胞8～10个/HP，最可能的诊断为（　　）

A. 斑疹伤寒　B. 急性肾小球炎

C. 风湿热　D. 感染性心内膜炎

E. 获得性免疫缺陷综合征（AIDS）

80. 患者，女，31岁。有风心病病史4年。近10天来发热，疑诊为亚急性感染性心内膜炎，以下哪项处理最恰当（　　）

A. 做血培养后立即肌内注射青霉素

B. 先用3天抗生素再做血培养

C. 做血培养后立即考虑瓣膜置换术

D. 做血培养待结果回报后选择用药

E. 做血培养后立即静脉滴注大剂量青霉素

81. 患者，女，19岁。2周前因学习疲劳后感冒，未重视，今日感胸闷、心悸、乏力。心电图示室性期前收缩。诊断为病毒性心肌炎。针对该患者的健康指导，叙述错误的是（　　）

A. 急性期严格卧床　B. 避免过劳

C. 避免呼吸道感染　D. 避免酗酒

E. 症状消失后可加强锻炼

82. 患者，女，17岁。着凉感冒后胸闷气短、恶心呕吐、心悸、乏力、低热。查体：T 38.1℃，心率快，BP 80/60mmHg，心音低钝，低电压。该患者可能的诊断是（　　）

A. 急性心包炎

B. 败血症

C. 急性病毒性心肌炎

D. 急性风湿性心脏炎

E. 急性克山病

83. 患者，男，28岁。一次查体中发现患有肥厚型

心肌病，未予治疗，1 年后出现劳累后心悸气短，休息后缓解，遂来院就诊，对该病的治疗原则不正确的是（　　）

A．弛缓肥厚的心肌

B．防止心动过速

C．维持正常窦性心律

D．减轻右心室流出道狭窄

E．抗室性心律失常

84．患者，男，60 岁。有扩张型心肌病病史，长期口服洋地黄和利尿剂治疗。现患者诉心悸、头痛、恶心，心电图出现室性期前收缩二联律。其原因首先考虑（　　）

A．低钾血症　　B．高钾血症

C．心衰加重　　D．洋地黄用量不足

E．洋地黄中毒

85．患者，男，28 岁。一次查体中发现患有肥厚型心肌病，未予治疗，1 年后出现劳累后心悸气短，休息后缓解，遂来院就诊，对该病的治疗原则不正确的是（　　）

A．弛缓肥厚的心肌

B．防止心动过速

C．维持正常窦性心律

D．减轻右心室流出道狭窄

E．抗室性心律失常

$A_3$型题

（86～88 题共用题干）

患者，女，65 岁。患风湿性心脏病 8 年余，近日上呼吸道感染后出现乏力，稍事活动就心悸、气急，食欲缺乏，肝区胀痛，双下肢轻度水肿。查体：双肺底湿啰音，肝大，肝颈静脉回流征阳性，心律 128 次/分。

86．护士为患者制订的休息活动计划是（　　）

A．活动不受限制

B．从事轻体力活动

C．可在床上做轻微活动

D．卧床休息、限制活动量

E．严格卧床休息、半卧位

87．护士告诫患者不适宜的饮食是（　　）

A．低盐饮食　　B．高纤维饮食

C．少食多餐　　D．禁烟酒

E．禁食辛辣、刺激性食物

88．用地高辛治疗后，患者出现头晕、头痛、恶心、呕吐、黄视，护士查心率为 45 次/分，律不齐。该护士考虑患者出现的情况是（　　）

A．心力衰竭加重　　B．急性前壁心肌梗死

C．洋地黄中毒　　D．心源性休克

E．全心衰竭

（89、90 题共用题干）

患者，女，52 岁。因风湿性心脏病二尖瓣狭窄、心房颤动入院。

89．该患者常见的脉搏是（　　）

A．洪脉　　B．丝脉

C．绌脉　　D．缓脉

E．速脉

90．护士为其测量脉率、心率，正确的方法是（　　）

A．只测脉率或心率

B．先测脉率，再测心率

C．先测心率，再测脉率

D．一人同时测心率和脉率，共测 1 分钟

E．两人同时分别测量心率与脉率，应至少测量 1 分钟

（赵　欣　张利苹　李　永）

# 第 4 章

# 消化系统疾病患者的护理

## 第 1 节　概　述

消化系统由消化管和消化腺两大部分组成，前者包括口腔、咽、食管、胃、小肠、大肠和肛门（图 4-1）；后者包括唾液腺、肝、胰腺和消化管壁内的小消化腺，临床上通常将口腔到十二指肠之间的消化管称为上消化道，将空肠以下部分称为下消化道。消化系统的主要生理功能是摄取、转运和消化食物，吸收营养和排泄废物，为生命活动提供物质和能量，此外，还可以分泌多种激素参与全身和消化系统生理功能的调节。

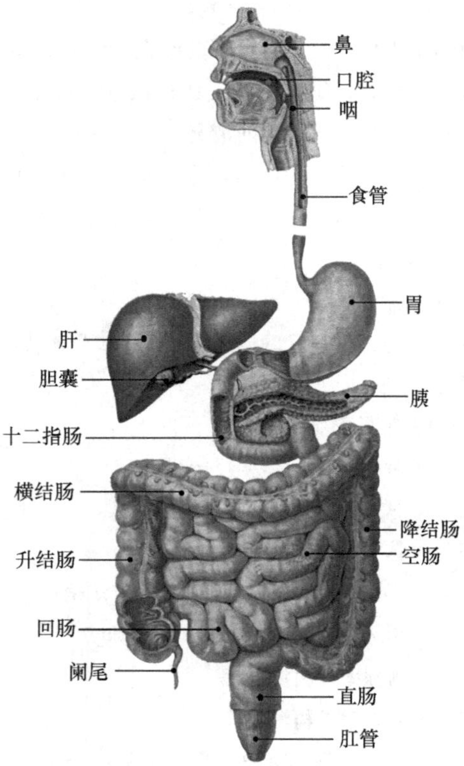


图 4-1　消化系统模式图

消化系统疾病主要包括食管、胃、肠、肝、胆、胰等脏器的疾病，本系统疾病多呈慢性病程，容易造成消化和吸收功能障碍，如病情急性变化，可导致出血、穿孔等情况危及患者生命。消化系统疾病发病率高，病因复杂，与其结构、功能有密切关系，消化道直接与外界相通，其黏膜接触致病因素的机会较多，容易发生炎症、损伤、肿瘤等。对于消化系统疾病的防治及护理，尤其强调整体观念及综合治疗。

### 一、消化系统的结构与功能

#### （一）食管

食管是一前后略扁的肌性管道，是连接咽和胃的通道，全长约 25cm，有 3 处生理性狭窄，分别在食管的起始处、左主支气管跨越食管左前方处及通过膈肌的食管裂孔处。临床上进行食管内插管操作时，需注意防止操作中损伤食管壁。

#### （二）胃

胃是消化管最膨大的部分，上连食管，下续十二指肠，成人胃容量约为 1500ml，一餐混合性食物经胃排空需 4～6 小时，除了容纳食物，还有内分泌功能。可分为贲门部、胃底、胃体和幽门部 4 部。胃壁由黏膜层、黏膜下层、肌层及浆膜层组成。胃的外分泌腺主要有贲门腺、泌酸腺和幽门腺。其中泌酸腺分布在胃底和胃体，主要由 3 种细胞组成：①壁细胞；②主细胞；③黏液细胞。

#### （三）小肠

小肠上起自幽门，下接盲肠，由十二指肠、空肠和回肠构成，为消化管中最长的一段。十二指肠介于胃与空肠之间，全长 20～25cm，呈“C”形，包绕胰头，分上部、降部、水平部、升部

4 段。上部为十二指肠溃疡好发部位，由于肠壁较薄，故发生溃疡后易导致穿孔。升部与空肠相连，在连接处被屈氏韧带固定——此处为上、下消化道的分界及空肠起点的标志。小肠为消化、吸收的重要场所。一般食物在小肠停留 3～8 小时。消化作用大部分靠胰腺分泌的各种消化酶来完成。

（四）大肠

大肠是消化道的下段，全长约 1.5m。分为盲肠、阑尾、结肠、直肠和肛管，大肠的主要功能是吸收水分和盐类，并吸收结肠内细菌产生的维生素 B 和维生素 K，最后使食物残渣浓缩形成粪便排出体外。各种原因导致水分吸收不完全可引起腹泻；如肠内容物停留时间过长，水分吸收过多，则可引起便秘。

（五）肝胆系统

肝脏是机体代谢的枢纽，分为左叶和右叶，其基本结构单位为肝小叶。肝脏的主要功能有以下几方面。①参与物质代谢：是机体糖类、蛋白质、脂肪、维生素合成代谢最主要的场所；是合成白蛋白和某些凝血因子的唯一场所。②解毒保护作用。③生成胆汁：胆汁经左、右肝管出肝，在肝下面汇合为肝总管，与胆囊管汇合成胆总管，开口于十二指肠乳头。胆囊为储存和浓缩胆汁的器官，分为底、体、颈 3 部，胆囊底是穿孔的好发部位。

（六）胰腺

胰腺分头、颈、体、尾 4 部，各部无明显界线。胰腺具有外、内分泌的双重功能。胰腺的外分泌功能主要是分泌胰液，内含多种消化酶，如胰淀粉酶、胰脂肪酶和胰蛋白酶等，有分解消化糖类、蛋白质和脂肪的作用。胰腺中的胰岛是内分泌腺，主要分泌胰岛素，参与调节糖代谢。胰腺还分泌胰多肽、胰高血糖素等多种激素，这些激素对维持正常的代谢有重要作用。

## 二、实验室及其他辅助检查

（一）粪便检查

粪便检查是胃肠道疾病的一项重要常规检查，包括一般性状检查、显微镜检查及化学检查等，采集粪便标本务必新鲜，不能混入尿液，器皿清洁干燥，进行细菌学检查时应采集于无菌带盖容器内。一般检查时留取蚕豆大小粪便，如做集卵检查需留取鸡蛋大小粪便，涂片或培养病原体时取黏液或脓血便即可，外观无异常的粪便应从粪便的表面不同部位多处取材。潜血试验前 3 天禁食肉类、动物血、大量绿叶蔬菜，并禁服铁剂及维生素 C 等可干扰试验的药物。

（二）血液、尿液检查

常用的肝功能试验，如血清酶学、清蛋白和球蛋白及其比值、凝血酶原时间等，有助于诊断肝胆疾病；血、尿胆红素检查可初步鉴别黄疸的性质；血、尿淀粉酶测定对急性胰腺炎诊断有重要价值；肿瘤标志物检测，如甲胎蛋白（AFP）对原发性肝癌有较特异性的诊断价值。

（三）腹水检查

腹水检查可初步判断腹水系渗出性或是漏出性，结合其生化、细胞学及细菌培养等检查对肝硬化、腹腔细菌性感染、腹膜结核、腹腔恶性肿瘤等疾病的诊断有重要意义。

（四）内镜检查

内镜检查包括胃镜、十二指肠镜、胆道镜、小肠镜、胰管镜、腹腔镜和结肠镜等，以胃镜和结肠镜最为常用，可诊断出大部分常见胃肠道疾病。内镜可直接观察消化道管腔、腹膜腔情况，并可在直视下取活组织进行病理学检查，还可将之摄影、录像留存，需要时可同时进行治疗。

（五）活组织检查和脱落细胞检查

临床常采用消化道内镜、经皮穿刺、外科手术取活组织进行病理检查。脱落细胞检查是在内镜直视下冲洗消化管腔，收集脱落细胞进行检查，还可收集腹水检查是否有癌细胞。胃黏膜活组织标本可用于幽门螺杆菌的检测。肝穿刺活组织检查可诊断慢性肝病、肝癌等疾病。

（六）影像学检查

影像学检查包括超声检查、X线检查、电子计算机体层显像（CT）、磁共振显像（MRI）、放射性核素检查和正电子发射体层显像（PET）。B 型超声普遍用于腹腔内实体脏器检查，因为无创性且费用较低，在我国被用作首选的初筛检查，可观察肝、胆、胰、脾等脏器的肿瘤、脓肿、囊肿、结石等病变，以及腹内肿块、腹水。胃肠钡剂造影、钡剂灌肠造影、小肠钡灌造影等 X 线检查可发现食管、胃、肠道的溃疡、炎症、静脉曲张、肿瘤、结构畸形等。CT 和 MRI 的敏感度和分辨力高，可显示轻微的密度改变而发现疾患。PET 可与 CT、MRI 互补提高消化系统肿瘤诊断的准确性。

## 第 2 节　消化系统疾病常见症状与体征的护理

### 一、恶心、呕吐

（一）概述

1．概念　恶心为上腹部不适、紧迫欲吐的感觉。呕吐是指通过胃的强烈收缩迫使胃或部分小肠内容物经过食管反流由口腔排出体外的现象。多数患者先有恶心，继而出现呕吐，也可以单独发生。持久而剧烈的呕吐可导致脱水、电解质紊乱、营养不良等严重情况。

2．病因　引起恶心与呕吐的病因很多，最常见于消化系统疾病，如急慢性胃炎、消化性溃疡、急性胃扩张、幽门梗阻、胃癌，肝、胆、胰腺的急性炎症，胃肠道功能紊乱等。也可见于神经系统疾病、全身性疾病、药物因素、中毒、精神因素、前庭神经症等。

3．分类　呕吐可分为反射性呕吐、中枢性呕吐和前庭障碍性呕吐。

（二）护理评估

1．健康史　了解患者恶心、呕吐发生的时间、诱因和相关疾病病史；了解呕吐的次数，以及呕吐物的量、性状、气味、成分、颜色；询问是否伴随腹痛、腹泻、寒战、发热、黄疸等症状。

2．身心状况

（1）症状

1）恶心：患者多有上腹部不适及胀满感，大部分合并有呕吐症状，同时可伴有迷走神经兴奋的表现，如皮肤苍白、头晕、出汗、流涎、血压降低及心动过缓等。恶心一般为呕吐的前驱表现，但也见于仅恶心无呕吐，或仅呕吐无恶心的现象。

2）呕吐：呕吐的临床表现在不同的病因下表现各异。消化性溃疡并发幽门梗阻所致的呕吐常发生在餐后，呕吐量较大，吐后症状可缓解，呕吐物含酸性发酵宿食，不含胆汁；低位肠梗阻的呕吐物常有粪臭味；上消化道出血时呕吐物呈咖啡色，出血量大、速度快时可呈鲜红色；急性胰腺炎可出现频繁剧烈呕吐，呕吐物为胃内容物，可有胆汁；有机磷农药中毒呕吐物有大蒜味；中枢神经系统疾病导致的呕吐，多呈喷射性，与饮食无关，吐后无轻松感；精神性呕吐常与精神和情绪有关，进餐过程中或进餐后即刻呕吐，无恶心，吐后即可进食。

（考点：各类疾病呕吐的特点）

（2）伴随症状：呕吐伴有腹痛、腹泻、发热者，常见于急性胃肠炎、细菌性食物中毒、霍乱等；呕吐伴右上腹痛、寒战、发热及黄疸者，应考虑急性胆囊炎或胆石症；呕吐呈喷射性，伴剧烈头痛及不同程度意识障碍见于中枢神经系统性疾病、颅内压增高；伴眩晕、眼球震颤者多见于前庭器官疾病；持久而剧烈呕吐可导致脱水、电解质紊乱、代谢性碱中毒等；意识障碍患者呕吐时，可能发生误吸甚至窒息等严重情况。

（3）体征：全身状况检查主要包括生命体征、神志、营养状况及有无脱水表现。腹部检查包括：腹部有无腹胀、腹肌紧张、压痛及反跳痛；肠鸣音是否正常；有无胃、肠型及蠕动波。

（4）心理-社会状况：长期或反复的恶心与呕吐，可引起患者烦躁不安，甚至产生焦虑和恐惧等不良心理反应。

3．实验室及其他辅助检查　根据情况选做血、尿、便常规检查，必要时对呕吐物做毒物分析和细菌培养，呕吐量大者需做血液生化检查，了解有无水电解质紊乱及酸碱失衡等。并根据病情选择性地进行肝肾功能检查、X 线、B 超、心电图、CT、MRI、内镜及脑脊液检查等。

### （三）护理问题

1．有体液不足的危险　与大量呕吐引起体液丧失和摄入量不足有关。

2．营养失调：低于机体需要量　与呕吐导致丢失过多，摄入不足有关。

3．活动无耐力　与频繁呕吐导致水电解质紊乱有关。

4．焦虑　与频繁呕吐，不能正常进食有关。

### （四）护理措施

1．一般护理

（1）休息：提供安静、舒适的环境，病室内应开窗通风，保持空气清新，以减少不良刺激，保证休息睡眠。呕吐时应协助患者采取合适的体位，病情轻者可取坐位，病情重及体力差者，采取侧卧位，防止发生误吸。吐毕即漱口，及时清理被污染的衣服及环境。

（2）饮食：提供高热量、高蛋白、清淡、易消化的食物，少食多餐，增进食欲，避免辛辣、油腻和刺激性饮食。呕吐剧烈不能进食或有严重水、电解质紊乱时，遵医嘱静脉补液。

2．病情观察　观察患者呕吐的时间、呕吐与进食的关系、呕吐的特点，呕吐物的性质、量、颜色、气味及成分。定时监测生命体征，观察患者有无血容量不足（尿少、口渴、心率增快、呼吸急促、血压下降等）的现象。准确记录每日的出入液量，定期测体重，可做补液参考。随时观察实验室检查结果，及时了解水、电解质、酸碱平衡情况。观察患者有无肺部感染甚至窒息等情况。

3．配合治疗的护理

（1）指导患者进行缓慢深呼吸，或转移注意力以减轻和控制恶心、呕吐。

（2）遵医嘱给予止吐剂，如甲氧氯普胺，观察药物的疗效及不良反应。

（3）及时补充水和电解质，可以进食的患者可给予口服补液，少量多次，不能进食，严重呕吐引起水、电解质紊乱者，需静脉补液纠正。

4．心理护理　向患者解释精神紧张不利于呕吐的缓解，稳定患者的情绪，以消除紧张和恐惧的心理。

（五）健康指导

1．疾病知识指导　向患者和家属解释恶心、呕吐的病因，以及教会患者缓解恶心、呕吐的方法，消除诱因。保持良好的精神状态，告知患者紧张、焦虑会影响食欲和消化功能。规律健康饮食，建立良好的生活方式。

2．用药指导　积极治疗原发疾病，遵医嘱服药，并注意药物的不良反应。

3．病情监测指导　如恶心、呕吐加重或出现药物不良反应等情况，应及时就诊。

## 二、腹　　痛

（一）概述

1．概念　腹痛指腹部的感觉神经纤维受到某些致病因素（如炎症、肿瘤、缺血、损伤及理化因子等）刺激后，产生冲动传至痛觉中枢所导致的疼痛或不适感。

2．病因　引起腹痛的病因很多。腹腔脏器炎症：胃肠炎、阑尾炎、胆囊炎及胰腺炎等；空腔脏器阻塞或扩张：肠梗阻、肠套叠、胆道结石等；脏器扭转或破裂：肠扭转、肠绞窄、肝破裂及脾破裂等；胃及十二指肠溃疡；腹部肿瘤：肝癌、胃癌、胰腺癌等；腹外脏器疾病：急性心肌梗死和下叶肺炎等。

3．分类　临床上按起病缓急、病程长短分为急性和慢性两类。

（二）护理评估

1．健康史　询问有无腹痛发生的相关诱因或病史，了解腹痛与进食、体位、情绪、活动等因素的关系；起病的缓急，持续的时间，腹痛的部位、程度和性质；腹痛发作时的伴随症状，如恶心、呕吐、发热、寒战等；有无精神紧张、焦虑不安等心理反应。根据患者既往史推测可能的致病因素，如有消化性溃疡病史要考虑穿孔可能；有酗酒、暴饮暴食史应考虑急性胰腺炎的可能性。

2．身心状况

（1）症状：腹痛的部位、性质、程度、放射部位及伴随症状，常与疾病有关，若疼痛显著且部位固定者，多数为病变器官所在部位。如胃、十二指肠疾病，疼痛多在中上腹部；急性胰腺炎常出现中上腹部剧烈疼痛，为持续性刀割样痛或绞痛，并阵发性加剧；胆道蛔虫症的典型表现为阵发性剑突下钻顶样疼痛；胆石症或泌尿系统结石常为剧烈、阵发性绞痛，致使患者辗转不安；急性弥漫性腹膜炎表现为突发全腹持续性剧痛伴腹肌紧张；慢性肝炎、肝淤血常表现为慢性右上腹胀痛。

（考点：各类疾病腹痛的特点）

（2）伴随症状：①伴黄疸者见于急性胆囊炎、肝外胆管结石等；②伴贫血及休克者可能是腹腔脏器破裂（如肝、脾或异位妊娠破裂等）；③伴休克无贫血者见于胃肠穿孔、肠扭转、绞窄性肠梗阻、急性出血坏死性胰腺炎等；④心肌梗死和重症肺炎等腹腔外疾病，也可伴腹痛与休克，需警惕；⑤伴呕吐、反酸，提示食管、胃肠病变，呕吐量大者提示胃肠道梗阻，若呕吐物有酸酵味，常提示为幽门梗阻，呕吐物有粪臭味提示为小肠梗阻；⑥伴腹泻者见于肠道炎症、溃疡或肿瘤；⑦伴血尿者见于泌尿系统结石等。

（3）体征：应在检查时注意患者的生命体征、体位、神志、营养状况及有关疾病的相应体征。注意腹部有无腹胀、腹肌紧张、压痛、反跳痛、腹部肿块、胃肠型、蠕动波，以及肠鸣音是否正常等。

（4）心理-社会状况：长期慢性腹痛或急性剧烈腹痛，可使患者产生烦躁、焦虑甚至恐惧等情绪反应。

3．实验室及其他辅助检查　血、尿、便常规检查，粪便潜血试验。血液生化检查：血、尿淀粉酶测定，心肌酶谱，血清胆红素等。超声波、X 线、CT、内镜检查等。有助于明确腹痛的病因和病情监测。

（三）护理问题

1．疼痛　与腹腔脏器或腹外脏器的炎症、肿瘤、溃疡、穿孔、缺血或功能性疾病有关。

2．焦虑　与剧烈腹痛、反复或持续腹痛不易缓解有关。

（四）护理措施

1．一般护理

（1）休息：病室内清洁、光线柔和、环境安静，保持情绪稳定。协助患者保持舒适的体位以减轻疼痛。急性腹痛患者应卧床休息，以减轻疲劳感，减少能量消耗，提高对疼痛的耐受力，取仰卧或侧卧位，下肢屈曲，使腹部肌肉放松，减轻疼痛；慢性腹痛患者，保证充足的睡眠，注意劳逸结合。

（2）饮食：急性腹痛患者在未明确诊断时宜禁食，必要时给予静脉补液、胃肠减压；慢性腹痛患者，应进营养丰富、易消化、富含维生素饮食。

（考点：急性腹痛患者的体位）

2．病情观察　注意观察患者的生命体征，神志，腹痛的部位、性质及程度等变化，发作的时间、频率、持续时间及伴随症状。观察非药物性缓解疼痛和（或）药物止痛治疗的效果。如疼痛特征突然改变，且经一般处理疼痛不能缓解或加重，应立即报告医生，警惕并发症（如溃疡穿孔等情况）的发生，并协助处理。

3．配合治疗的护理

（1）教会患者非药物缓解疼痛的方法

1）分散注意力、指导式想象：与患者聊天、谈话，指导患者听音乐、深呼吸、回忆一些有趣的往事，转移对疼痛的注意力，减轻疼痛。

2）局部热疗法：除急腹症以外，对疼痛局部热敷，解除肌肉痉挛达到止痛效果。

3）针灸止痛：根据不同疾病和疼痛部位选择穴位针灸以缓解疼痛。

（2）药物止痛：合理使用镇痛药，观察疗效及不良反应。严禁在未确诊前随意使用强效镇痛药或激素，以免掩盖症状，延误病情。癌性疼痛应遵循按需给药的原则，疼痛缓解或消失后及时停药，减少药物副作用及患者对药物的耐药性和成瘾性。

4．心理护理　关心、安慰患者，建立良好的护患关系，增强患者治疗疾病的信心，缓解患者紧张、焦虑的情绪，有利于增加对疼痛的耐受性。

（五）健康指导

1．疾病知识指导　向患者和家属宣传引起腹痛的有关知识、预防措施和护理要点，阐明积极治疗原发病和预防诱因的重要性。指导患者规律进食，注意饮食卫生。

2. 用药指导　对慢性腹痛反复发作者，遵医嘱及时用药，并注意药物的不良反应，建议定期门诊复查。

3. 病情监测指导　如腹痛加重或出现药物不良反应等情况，应及时就诊。

## 三、腹　　泻

（一）概述

1. 概念　腹泻指排便次数增多、粪质稀薄或带有黏液、脓血、未消化的食物。

2. 病因　腹泻多由肠道疾病引起，其他原因主要包括药物副作用、全身性疾病、急性中毒、过敏和心理因素等。急性腹泻多由食物中毒、肠道感染、药物不良反应、变态反应等引起。慢性腹泻主要由慢性肠道感染、非感染性疾病、肠道肿瘤及全身性疾病引起，如溃疡性结肠炎、甲亢、尿毒症等。

3. 分类　腹泻按病程长短分为急性和慢性两种，急性腹泻病程小于 2 周，慢性腹泻病程超过 2 个月。

（二）护理评估

1. 健康史　了解患者腹泻发生的时间、诱因和相关疾病病史；了解腹泻次数以及粪便的量、性状、气味、成分和颜色；是否伴随腹痛及疼痛部位，有无恶心、呕吐、里急后重、发热等伴随症状。

2. 身心状况

（1）症状：急性腹泻起病急，病程小于 2 周，多伴有腹痛，多为感染或食物中毒引起，排便次数可达每日 10 次以上，易引起水、电解质紊乱及酸碱失衡；慢性腹泻起病缓慢，持续时间较长，多见于慢性感染、肠道肿瘤等，常可导致营养缺乏、消瘦、贫血。细菌性痢疾、溃疡性结肠炎、结肠癌所致的腹泻，排便次数多、粪便量少，多呈黏液脓血便；小肠炎症、食物中毒所致的急性腹泻，粪便呈稀水样，每日排便次数多，可有未消化的食物残渣；阿米巴痢疾粪便呈暗红色果酱样；霍乱粪便呈米泔水样；上消化道出血可出现柏油样便。

（2）伴随症状：伴发热者见于急性细菌性痢疾、伤寒、肠结核、肠道恶性淋巴瘤、克罗恩（Crohn）病；伴里急后重者，提示病变在乙状结肠下端、直肠，如直肠炎、细菌性痢疾；伴消瘦明显者见于肠道恶性肿瘤、肠结核等；伴有重度失水者见于霍乱、细菌性食物中毒及尿毒症；伴关节痛或关节肿胀，见于 Crohn 病、溃疡性结肠炎、系统性红斑狼疮等。

（考点：各类疾病腹泻的特点）

（3）体征：严重腹泻者观察是否有脱水及电解质紊乱和酸碱失衡表现，有无排便频繁及粪便刺激引起的肛周皮肤糜烂、感染。慢性腹泻者注意营养不良、消瘦。

（4）心理-社会状况：慢性腹泻迁延不愈，可影响工作、学习、生活，加之劳累、食欲缺乏、情绪紧张等因素，可加重腹泻。因此，患者会产生焦虑、恐惧、抑郁等不良情绪。

3. 实验室及其他辅助检查

（1）粪便检查：肉眼观察粪便的颜色、气味、量、黏稠度，有无食物残渣、脓血等；常规进行新鲜粪便标本显微镜检查，观察有无红细胞、白细胞、脓细胞、虫卵等；粪便细菌学培养可发现致病微生物。

（2）血液生化检查：严重腹泻者，应及时了解水、电解质、酸碱平衡等变化。

（3）其他：根据病情适当选择 X 线、CT、超声、内镜检查等。

（三）护理问题

1．腹泻　与肠道疾病、饮食不当和全身疾病有关。

2．有体液不足的危险　与严重腹泻导致失水有关。

3．营养失调：低于机体需要量　与长期腹泻、消化吸收障碍有关。

（四）护理措施

1．一般护理

（1）休息：保持病室环境清洁，提供较安逸的如厕和清洗条件。肠道传染病引起的腹泻，应严格进行隔离消毒。急性腹泻全身症状明显者应卧床休息。慢性腹泻或轻症者应注意多休息，减轻腹泻症状。可用热水袋热敷腹部，以减轻肠道蠕动，减少排便次数，并有利于腹痛等症状的减轻。

（2）饮食：根据病情遵医嘱采取禁食或进流食、半流食、软食或普食。饮食应选择营养丰富、低脂、少渣、少纤维、易消化食物，适当补充水分和食盐。少食多餐，避免生冷、刺激性食物。

（3）皮肤护理：腹泻患者排便次数多，以及粪便中含有酸性及消化酶等刺激性物质，可使肛周皮肤糜烂和感染，可嘱患者排便后用温水清洗肛周，用柔软布巾拭干，保持清洁干燥。必要时涂抹无菌凡士林或抗生素软膏以保护肛周皮肤，减轻疼痛，促进损伤处愈合；保证衣物、床单的清洁、柔软，避免刺激肛周皮肤。

2．病情观察　观察患者排便次数，粪便的颜色、气味、量、黏稠度，有无食物残渣、脓血等；有无腹痛及疼痛的部位，有无里急后重、恶心、呕吐、发热等伴随症状；有无口渴、疲乏无力、尿量减少等失水表现；严格记录每日出入液量，监测生命体征及血液生化检查结果，观察有无水、电解质、酸碱失衡等；定期测量患者体重，注意有无营养不良的发生。

3．配合治疗的护理　腹泻的治疗以病因为主，遵医嘱给予抗生素、止泻剂、解痉剂、止痛剂等药物治疗，并观察药物的疗效及不良反应，对腹泻诊断不明者应慎用止泻剂。严重腹泻者应及时补充水分、电解质和营养物质，以维持电解质和酸碱平衡。

4．心理护理　慢性腹泻治疗效果不明显，患者往往对预后感到担忧。纤维结肠内镜等检查有一定痛苦，部分腹泻与精神因素有关。告知其精神紧张可加重病情，使患者认识到积极配合检查、治疗对疾病康复至关重要。通过解释、鼓励来增强患者战胜疾病的信心。

（五）健康指导

1．疾病知识指导　向患者及家属宣传引起腹泻的相关知识、预防措施和护理要点。保持良好的心理状态，避免精神刺激。规律进食，注意饮食卫生。

2．用药指导　指导患者遵医嘱用药，注意药物的不良反应。

3．病情监测指导　如腹泻加重或出现药物不良反应等情况，应及时就诊。

## 四、呕血与便血

（一）概述

1．概念　呕血是上消化道疾病（指屈氏韧带以上的消化道，包括食管、胃、十二指肠、肝、胆、胰腺及胃空肠吻合术后的空肠上段的疾病）或全身性疾病所致的急性上消化道出血，血液经口腔呕出。便血是指消化道出血经肛门排出。在确定呕血前，应排除鼻、咽部、口腔等出血吞咽后再呕出，同时排除咯血。

2．病因

（1）呕血常见的原因：①食管疾病，如反流性食管炎、食管憩室炎、食管癌、食管异物、食管损伤等；②胃肠疾病，如消化性溃疡、急性糜烂出血性胃炎、胃癌、胃泌素瘤、胃黏膜脱垂症等；③肝脏疾病，如肝硬化门静脉高压致食管下段和胃底静脉曲张破裂出血；④胆管和胰腺的炎症、癌症等。

（2）便血常见的原因：①能引起上消化道出血的疾病；②下消化道疾病，如结肠息肉、结肠癌、细菌性痢疾、阿米巴痢疾、肠套叠、肠结核、肠伤寒、直肠癌、肛裂及痔疮等。

（3）既能引起呕血，又能引起便血的疾病：血液系统疾病、尿毒症等。

（二）护理评估

1．健康史　详细询问呕血与便血发生的情况，如呕血量、诱因、颜色，便血次数、颜色、性状等。询问既往有无食管疾病、消化性溃疡、肝脏疾病等病史。

2．身体状况

（1）症状：呕血的颜色主要取决于出血量及其在胃肠道内停留的时间。上消化道出血时，出血量多且在胃内停留时间短则血色鲜红或暗红，呕血量少或在胃内停留时间长，因血红蛋白经胃酸酸化为正铁血红蛋白，呈咖啡渣样棕褐色。上消化道或小肠的出血因在肠道停留时间长，红细胞破坏后释放出的血红蛋白与食物中的硫化物结合，形成硫化亚铁使粪便转为黑色，因为有黏液附着，血便黑而发亮，称柏油样便。幽门以下部位出血一般无呕血，仅有黑便。幽门以上部位出血一般既有呕血，又有黑便。下消化道出血引起的便血，出血部位越低，出血量越大、排出越快，则颜色越鲜红，若停留时间较长则为暗红色。如消化道出血量少，无粪便颜色改变，潜血试验阳性称为潜血便。

（2）出血量的评估：粪便潜血试验阳性，提示消化道出血量在5ml以上；出现黑便，提示消化道出血量在60ml以上；出现呕血，表明胃内潴留的血液至少为250～300ml；出血量占循环血容量的10%以下时，患者一般无临床表现；出血量占循环血容量的10%～20%时，可有头晕、无力等症状，多无血压、脉搏等变化；出血量达循环血容量的20%以上时，则有冷汗、四肢厥冷、尿量减少、脉搏增快、血压下降等急性失血症状；若出血量在循环血容量的30%以上时，则有神志不清、面色苍白、脉搏细弱、血压显著下降、尿少或尿闭等急性周围循环衰竭的表现。

（考点：出血量的评估）

（3）出血是否停止的评估

1）下列征象提示继续出血：①反复呕血及黑便次数增多，肠鸣音亢进；②经补液、输血而周围循环衰竭不能改善；③红细胞、血红蛋白继续下降，血尿素氮持续升高。

2）下列征象提示出血停止：①经数小时观察，无呕血与便血，且脉搏、血压平稳；②患者一般情况稳定并逐渐好转。

（4）伴随症状：呕血伴慢性、周期性、节律性中上腹部疼痛者多为消化性溃疡，中老年人，慢性上腹痛者，疼痛无明显规律性并伴有厌食、消瘦、贫血者，应警惕胃癌；伴脾大、肝掌、蜘蛛痣、腹壁静脉曲张和腹水者，提示为肝硬化门静脉高压致食管或胃底静脉曲张破裂出血；便血伴发热多见于传染性疾病，如流行性出血热等；伴腹部肿块，应考虑结肠癌、肠结核、肠套叠等疾病；无痛性鲜血便应警惕直肠癌可能，便血伴全身出血倾向者，提示可能为血液系统疾病。

（5）体征：应在检查时注意患者的生命体征、体位、神志、营养状况及有关疾病的相应体征。注意腹部有无腹胀、腹肌紧张、压痛、反跳痛及肠鸣音是否正常等。

（6）心理-社会状况：长期或大量出血，易引起患者精神紧张和恐惧心理。

3．实验室及其他辅助检查　血常规检查明确有无红细胞、血红蛋白降低，检查血尿素氮有无异常。必要时行纤维胃镜检查以明确呕血原因。

（三）护理问题

1．有体液不足的危险　与消化道大量出血有关。

2．恐惧　与担心出血量大危及生命及再出血有关。

（四）护理措施

1．一般护理

（1）休息：提供安静、舒适的环境，病室内应开窗通风，保持空气清新，以减少不良刺激，保证休息睡眠。消化道大出血时，患者应绝对卧床休息，去枕平卧并将下肢稍抬高，保证脑部供血，呕血时，头偏向一侧，避免误吸甚至窒息，保持呼吸道通畅，必要时给予吸氧。

（2）饮食：严重呕血或呕血伴剧烈呕吐的患者应暂禁食，可通过静脉补给营养；少量呕血无呕吐患者可进温凉、清淡、易消化的流质或半流质饮食，少量多餐，避免过热、过冷、粗糙、辛辣等刺激性食物，忌浓茶、咖啡、碳酸饮料及烟酒。

2．病情观察　严密监测患者生命体征、神志、皮温等情况，准确记录 24 小时出入量，必要时进行心电监护；观察患者呕血与便血的颜色、量及性状，观察出血是否已停止。如出血量增加或停止以后再出血，须立即通知医师，备齐抢救物品，积极进行抢救。

3．配合治疗的护理

（1）对大量出血患者，迅速建立静脉通路，应快速补充血容量，遵医嘱给予输血、输液，应用止血药；必要时根据中心静脉压调整输液量和速度，防止因输液过多过快引起肺水肿。

（2）同时观察药物的疗效及不良反应。烦躁患者，遵医嘱适当给予镇静剂，肝病引起呕血的患者除外，以免诱发肝性脑病。

（3）对食管胃底静脉曲张破裂出血患者需准备好双气囊三腔管，配合医生进行治疗。

4．心理护理　多关心、安慰患者，向患者及家属介绍疾病的相关知识，消除紧张、恐惧情绪有利于止血。及时清除呕血或便血后的血迹、污物，以减少对患者的不良刺激。

（五）健康指导

1．疾病知识指导　向患者及家属讲解引起呕血与便血的原因和预防措施，以及护理要点等；指导患者积极治疗原发病，避免进食粗糙、刺激性食物；保持轻松愉快的心情。

2．用药指导　指导患者遵医嘱用药，注意药物的不良反应。

3．病情监测指导　如再次出现呕血、便血或出现药物不良反应等情况，应及时就诊。

## 第 3 节　胃炎患者的护理

胃炎是胃黏膜对胃内各种刺激因素的炎症反应。常伴有胃上皮损伤和细胞再生，是最常见的消化系统疾病之一。按其常见的病理生理和临床表现，胃炎大致分为急性胃炎、慢性胃炎和特殊类型胃炎。

## 一、急性胃炎患者的护理

**案例 4-1** 患者，男，50 岁。中午在外就餐，3 小时后出现上腹痛，伴恶心、呕吐，呕吐物为胃内容物。查体：体温 37℃，呼吸 18 次/分，脉搏 80 次/分，血压 118/80mmHg，上腹部压痛（＋），无放射痛，肠鸣音亢进。

**问题：** 1. 初步诊断是什么？

2. 存在哪些主要护理诊断？

急性胃炎是指由多种病因引起的胃黏膜的急性炎症病变，急性发病，常表现为上腹部不适等症状。

（一）概述

1. 病因及发病机制

（1）感染因素：为急性单纯性胃炎的常见病因，进食被细菌和细菌毒素污染的食物，如沙门菌、致病性大肠埃希菌、金黄色葡萄球菌及肉毒杆菌毒素等。伴肠道感染时称急性胃肠炎。

（2）理化因素：物理因素如进食过冷、过热、过于粗糙的食物，浓茶，浓咖啡，烈酒，辛辣食物等；误服或自服强酸、强碱、农药等；服用非甾体抗炎药（如阿司匹林）、抗肿瘤化疗药物、铁剂或氯化钾口服液等，都可以破坏胃黏膜屏障，造成胃黏膜损伤和炎症。

（3）应激：严重创伤、手术、大面积烧伤、多器官功能衰竭、败血症、精神紧张等造成胃黏膜微循环障碍、缺氧，黏液分泌减少，局部前列腺素合成不足，导致胃黏膜屏障功能破坏，引起糜烂和出血。

（4）十二指肠-胃反流：上消化道动力异常、幽门括约肌功能不全、十二指肠远端梗阻，均可以导致十二指肠内容物、胆汁、肠液和胰液反流入胃，引起胃黏膜糜烂和出血。

（5）其他：胃区放射治疗、机体变态反应等，亦可引起急性胃炎。

2. 分类　根据病因和病理变化不同，将急性胃炎分为急性单纯性胃炎、急性糜烂出血性胃炎、急性腐蚀性胃炎、急性化脓性胃炎等。以急性单纯性胃炎和急性糜烂出血性胃炎最常见。

3. 转归　多数胃黏膜糜烂和出血可自行愈合及止血，少数胃黏膜糜烂可发展为溃疡，但通常药物治疗疗效好。

（二）护理评估

1. 健康史　询问患者饮食习惯、用药史（如有无服用非甾体抗炎药、肾上腺皮质激素等）；有无不洁饮食史；是否有大面积烧伤、大手术、休克等应激病史；有无长期饮酒、进食刺激性食物及长期饮用咖啡、浓茶等情况；了解患者有无黑便或呕血，并评估呕吐物和排泄物的量及性状；评估患者对疾病的认知程度及心理状态，有无焦虑、抑郁等情绪。

2. 身心状况

（1）症状：急性起病，症状轻重不一，不同类型的急性胃炎临床表现也不同。

1）急性单纯性胃炎：多由感染因素引起，多在进食被污染食物 24 小时内出现，主要表现为上腹不适、疼痛、恶心、呕吐、食欲减退。由沙门菌、金黄色葡萄球菌及其毒素致病者起病更快，病情较重，多伴有水样腹泻、畏寒、发热，严重者有脱水、酸中毒或休克等表现。

2）急性糜烂出血性胃炎：轻者大多无明显症状，或仅有上腹不适、腹部隐痛、腹胀、食欲减退等消化不良的表现；胃部常有少量出血，为间歇性、可自止，但也可发生大出血引起呕血和

（或）黑便。

（2）体征：上腹部有不同程度的压痛；体征不明显，无肌紧张及反跳痛。

（3）心理-社会状况：由于急性起病，或有上腹不适、恶心、呕吐、腹泻、脱水、呕血、黑便等表现，会使患者紧张不安，甚至出现焦虑、恐惧情绪。

3. 实验室及其他辅助检查

（1）粪便检查：有胃黏膜出血者粪便潜血试验阳性。

（2）血象：有细菌感染者白细胞不同程度升高，急性糜烂出血性胃炎当出血量大时，红细胞和血红蛋白降低。

（3）细菌培养：有感染致病的患者呕吐物、排泄物可发现致病菌。

（4）纤维胃镜检查（图 4-2）：具有确诊意义。宜在消化道出血发生后 24～48 小时内进行，因为有些病变可在短期内消失。镜下可见以弥漫分布的多发性糜烂、出血灶和浅表溃疡为特征的急性胃黏膜损害。

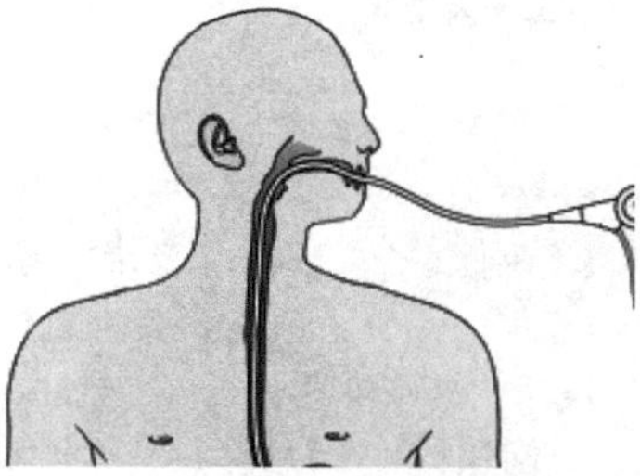

图 4-2　胃镜操作示意图

4. 治疗要点

（1）积极消除病因，治疗原发病和创伤。

（2）抗生素的应用：一般不需要使用，细菌感染致白细胞升高、发热时，可考虑使用。

（3）药物治疗：使用 $H_2$ 受体拮抗药、质子泵抑制药抑制胃酸分泌及胃黏膜保护剂促进胃黏膜修复和止血等。

（4）对症治疗：腹痛者可给阿托品或山莨菪碱；脱水时，注意补充水和电解质，纠正酸碱失衡；有呕血、黑便时，按上消化道大出血治疗原则采取综合性措施进行处理，质子泵抑制剂或 $H_2$ 受体拮抗药静脉给药有助于止血，为常规应用药物。

（三）护理问题

1. 营养失调：低于机体需要量　与食欲缺乏、消化不良、呕吐等有关。

2. 腹痛　与胃黏膜损害有关。

3. 有体液不足的危险　与出血、呕吐有关。

4. 焦虑　与消化道出血有关。

5. 潜在并发症：上消化道大量出血。

（四）护理措施

1. 一般护理

（1）休息：提供安静、舒适的环境，以保证良好的睡眠，减少活动，避免劳累。急性出血时应卧床休息。

（2）饮食：应定时定量，少食多餐，进少渣、温热、半流质饮食。如有少量出血可给牛奶、米汤等流质食物中和胃酸，有利于胃黏膜的修复。如有急性大出血或呕吐频繁者应禁食。

2. 病情观察　注意观察腹部疼痛症状的变化，有无上腹不适、腹部隐痛、腹胀、食欲减退等消化不良的表现；密切观察有无上消化道出血的征象，呕吐及呕吐物的颜色、量、性状；观察生命体征、粪便颜色，做粪便潜血试验，及早发现病情变化。

3. 配合治疗的护理　禁用或慎用对胃黏膜有刺激的药物，如阿司匹林、吲哚美辛等；对出血量大者应立即建立静脉通道，遵医嘱给予补液，并根据病情调整输液速度，补充电解质，必要时给予输血，以保证患者的有效循环血容量。

4. 心理护理　患者紧张、焦虑可加重胃黏膜缺血，护理人员应耐心解答患者及家属提出的问题，关心、体贴患者，安慰和稳定患者的情绪，告知患者有关疾病的知识，说明只要及时治疗和有效护理，均能获得满意疗效。

（五）健康指导

1. 疾病知识指导　应向患者及家属讲解急性胃炎的有关知识、预防方法和有效护理措施并根据患者的具体情况有针对性地进行指导。注意饮食卫生，进食要规律，避免过冷、过热、辛辣等刺激性食物和饮料。

2. 用药指导　避免使用对胃黏膜有损害的药物，必须用时需在医生指导下加用保护胃黏膜药物。

3. 病情监测指导　如再次出现上腹不适、腹痛、恶心、呕吐、呕血、黑便等情况，应及时就诊。

## 二、慢性胃炎患者的护理

**案例 4-2**　患者，男，43 岁。近 5 年间断性发作中上腹部疼痛不适，伴反酸、嗳气，食欲减退，每次发作均与饮食不当有关，口服药物后能缓解。患者于 1 小时前饱餐后突感腹胀、疼痛难忍伴恶心、呕吐，呕吐物为胃内容物。入院后心情紧张、焦虑，对所患疾病有一定了解。

**问题：** 1. 目前考虑什么诊断？为进一步明确诊断需做哪些检查？

2. 主要护理诊断是什么？

慢性胃炎是指各种病因引起的胃黏膜慢性炎性病变，是一种常见病，其发病率在各种胃病中居首位。男性稍多于女性，各个年龄段均可发病，且随年龄增长发病率逐渐增高。

（一）概述

1. 病因及发病机制　慢性胃炎的病因尚未阐明，主要病因有以下几方面。

（1）幽门螺杆菌（Hp）感染：目前认为 Hp 感染是慢性浅表性胃炎最主要的病因。

**知识链接**

**幽门螺杆菌的传染途径**

幽门螺杆菌传染的主要途径是粪—口或者口—口传播，感染有家族聚集现象。饮用受污染的水，感染幽门螺杆菌的人与家人密切接触、共餐，均可能引起 Hp 的传播。

（2）十二指肠-胃反流：胃肠的慢性炎症及动力异常，长期存在反流，可导致胃黏膜慢性炎症。

（3）饮食与环境因素：高盐饮食，长期饮烈酒、浓茶、咖啡，摄取过热、过冷、过于粗糙的食物等，可损伤胃黏膜。流行病学资料显示，饮食中缺乏新鲜蔬菜和水果与胃黏膜萎缩关系密切。

（4）自身免疫：自身免疫性胃炎以富含壁细胞的胃体黏膜萎缩为主。患者血清中存在自身抗体，如壁细胞抗体，伴恶性贫血者还可查到内因子抗体，可使壁细胞数目减少，导致胃酸分泌减少或缺失，还可引起维生素 $B_{12}$ 吸收不良导致恶性贫血。

（5）其他：老年人胃黏膜的局部血管因素可使黏膜营养不良、分泌功能下降和屏障功能降低，长期消化吸收差、食物单一均可使胃黏膜修复再生功能降低；服用非甾体抗炎药等，均可引起慢性胃炎。

2. 分类　慢性胃炎分为浅表性（又称非萎缩性）、萎缩性和特殊类型三大类。慢性萎缩性胃炎又分为多灶萎缩性胃炎和自身免疫性胃炎两大类。多灶萎缩性胃炎病变以胃窦为主，多由幽门螺杆菌感染引起，相当于以往命名的 B 型胃炎；自身免疫性胃炎病变主要位于胃体部，相当于以往命名的 A 型胃炎。特殊类型胃炎临床上较少见，如化学性胃炎等。

3．转归　慢性非萎缩性胃炎治疗效果好；肠上皮化生较难逆转；部分患者萎缩可以改善或逆转；不典型增生虽也可以逆转，但重度异型增生易转变为癌。

（二）护理评估

1．健康史　询问患者饮食习惯，是否有长期摄入过冷、过热、粗糙等刺激性食物史；有无肝、胆、胰疾病引起的十二指肠液反流病史；有无长期服用阿司匹林、吲哚美辛、糖皮质激素等药物史。

2．身心状况

（1）症状：慢性胃炎病程迁延，进展缓慢。由幽门螺杆菌引起的慢性胃炎多数无症状，有症状者表现为上腹痛或上腹不适、腹胀、食欲减退、嗳气、反酸及恶心等消化不良症状，久之出现营养不良、消瘦、贫血；尤其是自身免疫性胃炎患者由于维生素 $B_{12}$ 缺乏导致恶性贫血。

（2）体征：多不明显，时有上腹部轻压痛。

（3）心理-社会状况：因慢性胃炎病程迁延、疗效不佳，病情时轻时重，少数患者因担心癌变，易产生焦虑及恐惧等心理。

3．实验室及其他辅助检查

（1）纤维胃镜及胃黏膜活组织检查：是诊断慢性胃炎最可靠的方法。非萎缩性胃炎表现为胃黏膜充血、水肿（红白相间），可有糜烂、出血；显微镜下炎性细胞浸润，胃腺正常。萎缩性胃炎表现为黏膜呈灰白或苍白色，皱襞变细、平坦，黏膜变薄而使血管透现；显微镜下除炎性细胞浸润外，黏膜变薄、腺体减少或消失（图 4-3）。

（考点：慢性胃炎最可靠的诊断方法）

（2）Hp 检测：对慢性胃炎患者做 Hp 检测是必要的。目前临床上可通过血清 Hp 抗体测定、活检标本培养、涂片或尿素酶试验检测出 Hp。此外，可做 $^{13}C$ 或 $^{14}C$ 尿素呼气试验，敏感度和特异性较高。

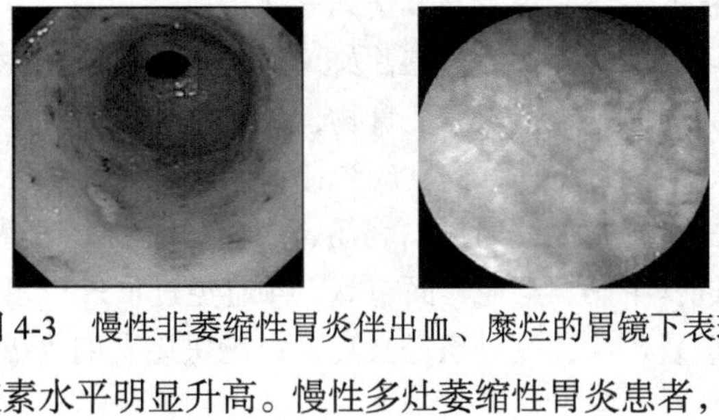

图 4-3　慢性非萎缩性胃炎伴出血、糜烂的胃镜下表现

（3）胃液分析：自身免疫性胃炎胃酸缺乏。慢性多灶萎缩性胃炎胃酸分泌正常或偏低。

（4）血清学检查：自身免疫性胃炎患者，壁细胞抗体、内因子抗体可呈阳性，血清促胃液素水平明显升高。慢性多灶萎缩性胃炎患者，血清促胃液素水平正常或偏低。

4．治疗要点　治疗原则是积极祛除病因，根除幽门螺杆菌感染，对症处理，防治癌前病变。

（1）病因治疗

1）根除幽门螺杆菌感染：对 Hp 相关的胃炎，目前多采用的治疗方案是以胶体铋剂和质子泵抑制药为基础加上两种抗生素的四联治疗方案，疗程为 14 天，由于各地抗生素耐药情况有所不同，抗生素及疗程的选择应根据具体情况而定，常用药物见表 4-1。

**表 4-1 具有杀灭和抑制 Hp 作用的药物**

| 名称 | 药物 |
|---|---|
| 抗生素 | 克拉霉素、阿莫西林、甲硝唑、替硝唑、四环素、喹诺酮类抗生素 |
| PPI | 奥美拉唑、埃索美拉唑、兰索拉唑、泮托拉唑、雷贝拉唑 |
| 铋剂 | 三钾二枸橼酸铋、果胶铋 |

2）其他病因治疗：因非甾体抗炎药引起者，应立即停药并根据情况给予制酸药或胃黏膜保护剂等；因十二指肠-胃反流引起者，可使用助消化、改善胃肠动力等药物；自身免疫性胃炎可根据具体情况考虑是否使用糖皮质激素；胃黏膜营养因子缺乏引起的胃炎，需补充复合维生素，改善胃肠营养。

（考点：因十二指肠-胃反流引起慢性胃炎患者的药物治疗）

（2）对症处理：对于上腹胀满者，可选用胃动力药、理气类中药；有恶性贫血时可肌内注射维生素 $B_{12}$。

（3）胃黏膜异型增生的治疗：异型增生是癌前病变，应定期随访，给予高度重视。对已经明确的重度异型增生宜予以预防性手术治疗，目前多采用内镜下胃黏膜切除术。

（三）护理问题

1．疼痛　与胃黏膜炎性病变有关。

2．营养失调：低于机体需要量　与厌食、消化吸收不良等有关。

3．焦虑　与病情反复、病程迁延，担心癌变有关。

4．知识缺乏：对慢性胃炎病因和预防知识缺乏。

（四）护理措施

1．一般护理

（1）休息：提供安静、舒适的环境，避免环境中的不良刺激，保证充足的休息和睡眠。急性发作或合并消化道出血时应卧床休息。恢复期生活要规律，病情缓解后参加正常工作，适当参加体育锻炼，避免劳累和情绪紧张。

（2）饮食：①与患者及其家属共同制订饮食计划，食物应多样化，以营养丰富、易消化、少刺激为原则，不吃霉变食物，少吃熏制、腌制、富含硝酸盐和亚硝酸盐的食物。②鼓励患者养成良好的饮食习惯，进食应规律，少食多餐，细嚼慢咽。③胃酸低者可适当食用刺激胃酸分泌或酸性的食物，如浓肉汤、鸡汤、山楂、食醋等；胃酸高者应指导患者避免食用酸性和多脂肪食物，可进食牛奶、菜泥、面包等。④避免进食过于粗糙、浓烈、辛辣的食物，戒除烟酒。⑤提供舒适的进餐环境，改进烹饪技巧，以增进患者的食欲。

（考点：慢性胃炎患者的饮食）

2．病情观察　主要观察患者腹痛的部位、性质、程度，呕吐物与粪便的颜色、量及性状，及时发现病情变化。如有大出血或穿孔征象，及时报告医生进行抢救。

3．配合治疗的护理

（1）注意观察药物的疗效及不良反应。解痉止痛药应餐前服用，制酸剂宜在餐后服用；促胃肠动力药，加速胃排空，宜在餐前服用，不宜与解痉药合用。

（考点：慢性胃炎药物治疗的护理）

（2）对症护理：评估疼痛程度，评估患者是否需要止痛药物；遵医嘱应用局部热敷、按摩及服用止痛药物等缓解腹痛，观察药物的疗效及不良反应，如患者疼痛仍不能缓解或疼痛性质变化，及时报告医生。

4．心理护理　关心、安慰患者，向患者及家属解释发病原因、疾病经过和转归，说明经过正规治疗病情可以逆转，说明紧张、焦虑的情绪会诱发或加重病情，帮助患者树立信心。对于不典型增生者，要严密随访观察。

（五）健康指导

1．疾病知识指导　向患者及家属讲解本病的病因和预后，指导其避免诱发因素，保持良好的心态。注意饮食卫生，指导患者养成良好的饮食习惯，避免刺激性食物，加强营养。

2．用药指导　嘱患者遵医嘱用药，并告知可能的不良反应，避免使用对胃黏膜有损害的药物，必须用时需在医生指导下服用。

3．病情监测指导　如再次出现上腹不适、腹痛、腹胀、恶心、呕吐、呕血、黑便等情况，应及时就诊。

## 第 4 节　消化性溃疡患者的护理

**案例 4-3**　患者，男，38 岁。从事业务销售工作，近 4 年来反复上腹疼痛，伴嗳气、反酸。昨晚应酬喝酒后，上腹疼痛加重，呕血 1 次，排黑便 2 次，遂由家人送入院。体格检查：体温 37.2℃，脉搏 108 次/分，血压 90/60mmHg。剑突下压痛明显。

**问题**：1．患者的初步诊断是什么？

2．主要护理问题是什么？

3．健康指导内容是什么？

消化性溃疡（peptic ulcer，PU）主要指发生于胃和十二指肠的慢性溃疡，即胃溃疡（GU）和十二指肠溃疡（DU），因溃疡的形成与胃酸/胃蛋白酶的消化作用有关而得名。临床以慢性病程、周期性发作和节律性上腹部疼痛为主要特点。消化性溃疡是消化系统的常见病，我国总发病率约为 10%。临床上十二指肠溃疡较胃溃疡多见，两者之比约为 3∶1。十二指肠溃疡好发于青壮年，胃溃疡多见于中老年，后者的发病年龄高峰比前者约晚 10 年。

### 一、概　　述

（一）病因及发病机制

消化性溃疡的发生是多种因素相互作用的结果，其基本机制是对胃十二指肠黏膜有损害作用的侵袭因素和黏膜自身防御/修复因素之间失去平衡。

1．Hp 感染　是消化性溃疡的主要病因。其主要依据为消化性溃疡患者中 Hp 感染率高。在 DU 的检出率约为 90%、GU 为 70%～80%；根除 Hp 可促进溃疡愈合和明显降低溃疡复发。其机制尚未完全阐明，可能的机制是 Hp 感染通过直接或间接作用于胃、十二指肠黏膜，使黏膜屏障作用削弱，胃酸分泌增加，引起局部炎症和免疫反应，导致胃、十二指肠黏膜损害和溃疡形成。

2．非甾体抗炎药（NSAIDs）　是引起消化性溃疡的另一个常见病因。NSAIDs 可直接作用于胃、十二指肠黏膜，损害黏膜屏障，还可抑制前列腺素合成，削弱其对黏膜的保护作用。

3．胃酸和胃蛋白酶　消化性溃疡的最终形成是由于胃酸/胃蛋白酶对黏膜的自身消化所致。因胃蛋白酶活性取决于胃液的pH，在pH＞4时便失去活性，所以胃酸分泌增多不仅破坏胃黏膜屏障，还能激活胃蛋白酶，从而降解蛋白质分子，损伤黏膜，故胃酸在溃疡的形成过程中起着关键作用，是溃疡形成的直接原因。

4．其他因素　①吸烟：烟草中的尼古丁成分可引起胃酸分泌增加、幽门括约肌张力降低、胆汁及胰液反流增多，从而削弱胃肠黏膜屏障。②遗传：O型血人群胃上皮细胞表面更多黏附受体有利于Hp定植，消化性溃疡的家族史可能是Hp感染的“家庭聚集”现象。③胃十二指肠运动异常：胃排空增快，可使十二指肠壶腹部酸负荷增大；胃排空延缓，可引起十二指肠液反流入胃，增加胃黏膜侵袭因素。

（考点：消化性溃疡的主要病因）

总之，胃酸/胃蛋白酶的损害作用增强和（或）胃、十二指肠黏膜防御（修复）机制减弱是本病发生的根本环节。但胃和十二指肠溃疡发病机制也有所不同，胃溃疡的发病主要是防御（修复）机制减弱，十二指肠溃疡的发病主要是损害作用增强。

（二）转归

多数患者本病预后良好。球后溃疡较多发生大量出血和穿孔。消化性溃疡并发幽门梗阻、大量出血者，以后再发生幽门梗阻和大量出血的机会增加。少数胃溃疡患者可发生癌变。

知识链接

**幽门螺杆菌的发现和研究**

20世纪80年代，Warren和Marshall发现了人类胃内感染幽门螺杆菌。现已确认幽门螺杆菌是慢性胃炎的主要病因、消化性溃疡的重要致病因素、胃癌的高危因素、胃黏膜相关组织淋巴瘤的重要病因。现已总结出根除幽门螺杆菌的有效疗法。幽门螺杆菌被根除后，消化性溃疡复发率由过去的70%～80%下降到10%以下，以往被认为是终生疾病的消化性溃疡已有可能被彻底治愈。

## 二、护理评估

（一）健康史

评估有无慢性胃炎史；是否长期服用阿司匹林、布洛芬、吲哚美辛等NSAIDs；有无消化性溃疡家族史；有无长期饮浓茶、咖啡，进食过冷、过热、辛辣刺激、粗糙食物史；发病前有无精神紧张、焦虑或过度疲劳等诱发或加重因素。

（二）身心状况

临床表现轻重不一，部分患者可无症状或症状较轻，或以出血、穿孔等并发症为首发表现。典型的消化性溃疡有如下临床特点。

1．症状

（1）慢性过程：腹痛长期反复发作，病史可达数年至数十年。

（2）周期性发作：发作与缓解相交替，发作期可为数天、数周或数月，继以较长时间的缓解，以后又复发。发作常有季节性，多在秋冬或冬春之交发病。

（3）节律性疼痛：为本病的主要症状，疼痛特点见表4-2。

表 4-2　胃溃疡与十二指肠溃疡腹部疼痛的区别

| 鉴别项目 | 胃溃疡（GU） | 十二指肠溃疡（DU） |
| --- | --- | --- |
| 疼痛部位 | 剑突下正中或偏左 | 上腹正中或偏右 |
| 疼痛性质 | 钝痛、灼痛或胀痛 | 钝痛、灼痛或饥饿样痛 |
| 疼痛发作时间 | 常在餐后 1/2～1 小时出现，即饱痛 | 常于进食 2～3 小时后出现，即空腹痛，也可在夜间痛 |
| 疼痛持续时间 | 经 1～2 小时后逐渐缓解，直至下餐进食后再复出现疼痛 | 持续至下餐进食后或服制酸药物后缓解 |
| 疼痛规律 | 进食—疼痛—缓解 | 疼痛—进食—缓解 |

腹痛的节律性是消化性溃疡的诊断依据之一，也是鉴别胃溃疡与十二指肠溃疡的要点。

（4）其他：常伴反酸、嗳气、恶心、呕吐、腹胀、食欲减退等消化不良的症状；或有失眠、多汗等自主神经功能失调的表现。

（考点：消化性溃疡的临床特点）

2．体征　溃疡活动时上腹可有轻压痛，缓解期无明显体征。

3．并发症

（1）出血：是最常见的并发症。出血引起的临床表现取决于出血的量和速度，轻者仅表现为呕血与黑便，重者可出现周围循环衰竭甚至休克。

（2）穿孔：溃疡病灶向深部发展穿透浆膜层则并发急性穿孔，是最严重的并发症。表现为突发的剧烈腹痛，迅速蔓延至全腹，并出现腹肌紧张、弥漫性腹部压痛和反跳痛，肝浊音界缩小或消失，肠鸣音减弱或消失等体征，部分患者出现休克。慢性穿孔的症状不如急性穿孔剧烈，往往表现为腹痛节律的改变，常放射至背部。

（3）幽门梗阻：多由十二指肠溃疡或幽门管溃疡引起。溃疡急性发作时因炎症水肿可引起暂时性梗阻，慢性溃疡愈合后形成瘢痕可致永久性梗阻。主要表现为上腹胀痛，餐后明显，频繁大量呕吐，呕吐物含酸性发酵宿食。严重呕吐可致脱水和低氯低钾性碱中毒，常继发营养不良。清晨空腹振水音、胃蠕动波及插胃管抽液量＞200ml 是幽门梗阻的特征性表现。

（4）癌变：少数胃溃疡可发生癌变。对有长期胃溃疡病史、年龄在 45 岁以上、胃溃疡上腹痛的节律性消失、经严格内科治疗 4～6 周无效、粪便潜血试验持续阳性者，应考虑癌变，需进一步检查和定期随访。

（考点：消化性溃疡的并发症）

4．心理-社会状况　由于本病病程长、周期性发作和节律性腹痛，会使患者产生紧张、焦虑或抑郁等情绪，当并发出血、穿孔或癌变时，易产生恐惧心理。

（三）辅助检查

1．胃镜及胃黏膜活组织检查　是确诊消化性溃疡首选的检查方法。胃镜检查可直接观察溃疡部位、病变大小和性质，还可在直视下取活组织做病理学检查及幽门螺杆菌检测（图 4-4）。

2．X 线钡剂检查　龛影是溃疡的 X 线检查直接征象，对溃疡有确诊价值；激惹和变形等间接征象，提示可能有溃疡的发生。

3．幽门螺杆菌检测　是消化性溃疡的常规检查项目，其结果可作为选择根除幽门螺杆菌治疗方案的依据。

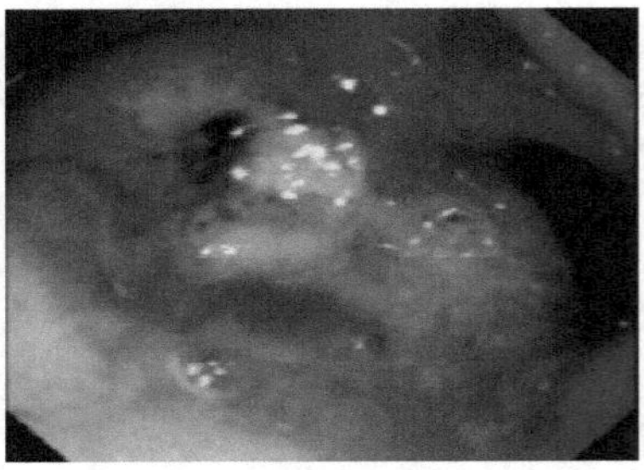

A

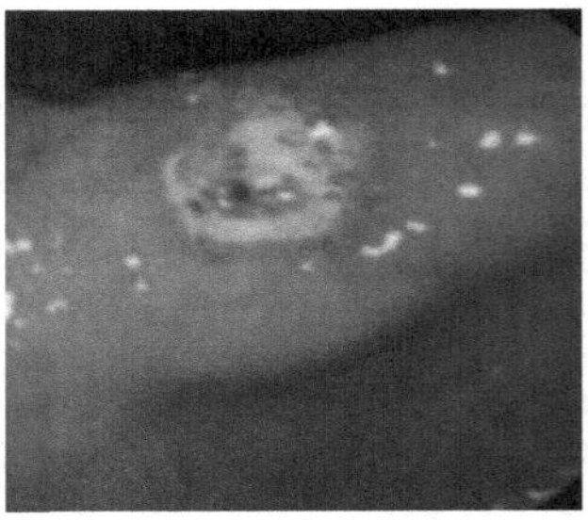

B

图 4-4　消化性溃疡胃镜下的表现

A. 十二指肠溃疡；B. 胃溃疡

4. 粪便潜血试验　阳性提示溃疡活动期，如胃溃疡患者持续阳性，提示癌变的可能。

（考点：消化性溃疡胃镜检查）

（四）治疗要点

本病的治疗目的是消除病因、控制症状、促进溃疡愈合、防止复发和防治并发症。

1. 一般治疗　注意休息，劳逸结合，饮食规律，戒烟、酒，消除紧张、焦虑情绪，停用或慎用非甾体抗炎药等。

2. 药物治疗

（1）降低胃酸药物：有碱性抗酸药和抑制胃酸分泌药两大类。

碱性抗酸药：常用的有铝碳酸镁、硫糖铝等，能中和胃酸，缓解疼痛。

抑制胃酸分泌的药物：①$H_2$受体拮抗药，常用药物有西咪替丁、雷尼替丁和法莫替丁等。②质子泵抑制药，抑酸作用比$H_2$受体拮抗药强而持久，促进溃疡愈合的速度快，溃疡愈合率高，不良反应少。常用药物有奥美拉唑、兰索拉唑和泮托拉唑等。

（考点：降低胃酸的药物）

（2）保护胃黏膜药物：常用硫糖铝、枸橼酸铋钾和米索前列醇。

（3）根除幽门螺杆菌药物：对于有幽门螺杆菌感染的消化性溃疡，无论初发或复发、活动或静止、有无并发症，均应予以根除幽门螺杆菌治疗。目前推荐以质子泵抑制剂和胶体铋剂为基础，加上两种抗生素，常用抗生素有克拉霉素、阿莫西林、甲硝唑和呋喃唑酮等。

（考点：幽门螺杆菌的四联疗法）

3. 手术治疗　对于大量出血经内科治疗无效、急性穿孔、瘢痕性幽门梗阻、胃溃疡疑有癌变、正规内科治疗无效的顽固性溃疡者可选择手术治疗。

## 三、护理问题

1. 腹痛　与胃酸刺激溃疡面引起化学性炎症或并发穿孔等有关。

2. 营养失调：低于机体需要量　与疼痛所致摄食减少或频繁呕吐有关。

3. 焦虑　与溃疡反复发作、迁延不愈或出现并发症使病情加重有关。

4. 潜在并发症：出血、穿孔、幽门梗阻、癌变。

5. 知识缺乏：缺乏溃疡病防治知识。

## 四、护 理 措 施

### （一）一般护理

1．休息 溃疡活动期且症状较重或有并发症者，应适当卧床休息。

2．饮食

（1）饮食原则：规律进食，少食多餐，细嚼慢咽，软食为主，避免刺激性。

（2）食物选择：选择营养丰富、易消化、低脂、适量蛋白质的食物，如脱脂牛奶、鸡蛋和鱼等；主食以面食为主，因其柔软、含碱且易消化，不习惯面食则以软米饭或米粥代替；避免辛辣、油炸、过酸、过咸食物及浓茶、咖啡等刺激食物和饮料，以减少胃酸分泌。

（考点：消化性溃疡的饮食指导）

### （二）病情观察

密切观察患者腹痛的规律和特点，监测生命体征及腹部体征的变化，观察患者有无出血、穿孔、幽门梗阻和癌变征象，一旦发现及时通知医师。

### （三）用药护理

严格遵医嘱用药，注意观察药物的疗效及不良反应，并告知患者用药的注意事项。

1．抑制胃酸药物（表 4-3）

**表 4-3 抑制胃酸药物的不良反应和注意事项**

| 药物种类 | 常用药物 | 不良反应 | 注意事项 |
| --- | --- | --- | --- |
| 碱性抗酸剂 | 氢氧化铝<br>铝碳酸镁 | 骨质疏松、食欲缺乏软弱无力 | 餐后 1 小时和睡前服用，避免与奶品同服。不宜与酸性食物及饮料同服 |
| $H_2$受体拮抗药 | 西咪替丁<br>雷尼替丁<br>法莫替丁 | 有精神异常、性功能紊乱、一过性肝损害、头痛、腹泻、皮疹等 | 餐中或餐后即刻服用，或将一日剂量在睡前服用，与抗酸药联用时，两药间隔 1 小时以上。静脉给药应控制速度，避免低血压和心律失常 |
| 质子泵抑制剂 | 奥美拉唑<br>兰索拉唑<br>泮托拉唑 | 头晕、荨麻疹、皮疹、瘙痒及头痛等，偶有头痛和腹泻 | 避免从事高度集中注意力的工作，出现严重不良反应时应及时停药 |

2．保护胃黏膜药物（表 4-4）

**表 4-4 保护胃黏膜药物的不良反应和注意事项**

| 药物种类 | 常用药物 | 不良反应 | 注意事项 |
| --- | --- | --- | --- |
| 硫糖铝 | 硫糖铝 | 便秘、口干、皮疹、眩晕、嗜睡 | 宜在进餐前 1 小时服用，不能与多酶片同服，以免降低两者的效价 |
| 前列腺素类药物 | 米索前列醇 | 腹泻、子宫收缩 | 孕妇忌用 |
| 胶体铋 | 枸橼酸铋钾 | 舌苔发黑、便秘、粪便呈黑色、神经毒性 | 餐前半小时口服，吸管直接吸入，不宜长期使用 |

（考点：胃黏膜保护剂的不良反应）

3．根除幽门螺杆菌抗生素 阿莫西林服用前应询问患者有无青霉素过敏史，服用过程中注意有无迟发性过敏反应的出现，如皮疹；甲硝唑可引起恶心、呕吐等胃肠道反应，应在餐后半小时服用，可遵医嘱用甲氧氯普胺等拮抗胃肠道反应；呋喃唑酮可引起周围神经炎和溶血性贫血等不良反应。

（四）并发症的护理

1．穿孔　急性穿孔时，禁食并胃肠减压，做好术前准备工作。

2．幽门梗阻　观察患者呕吐物的性状，准确记录出入液量，禁食禁水、胃肠减压，及时纠正水、电解质、酸碱平衡紊乱。

3．出血　出血患者的护理详见本章第 9 节。

（五）心理护理

正确评估患者及家属的心理反应，告知患者及家属，经过正规治疗和积极预防，溃疡是可以痊愈的，并说明不良情绪会诱发和加重病情，使患者树立信心，消除紧张、恐惧心理。

## 五、健康指导

1．疾病知识指导　向患者及家属介绍导致溃疡发生及加重的相关因素；指导患者生活规律，保持乐观的心态，保证充足的睡眠和休息，适当锻炼，提高机体抵抗力；建立合理的饮食习惯和结构，戒除烟酒，避免摄入刺激性食物。

2．用药指导　指导患者严格遵医嘱正确服药，学会观察药物疗效和不良反应，不可自行停药和减量，以避免溃疡复发；忌用或慎用对胃黏膜有损害的药物，如阿司匹林、咖啡因、糖皮质激素等；若用药后腹痛节律改变或出现并发症应及时就医。

3．病情监测　定期复诊，及早发现和处理并发症，如上腹部疼痛加剧或节律发生改变，或者出现呕血、黑便时应立即就医。

# 第 5 节　肝硬化患者的护理

**案例 4-4**　患者，男，51 岁。乙肝病史 15 年。近半年患者乏力、食欲减退、消瘦、腹胀，牙龈出血。查体：慢性病容，腹部膨隆，肝右肋下 1cm、质硬、边缘不齐，上胸部见 1 个蜘蛛痣，腹部移动性浊音阳性。B 超示肝门静脉增宽，脾大，中等量腹水。

**问题**：1．该患者的护理诊断有哪些？

2．如何护理腹水患者？

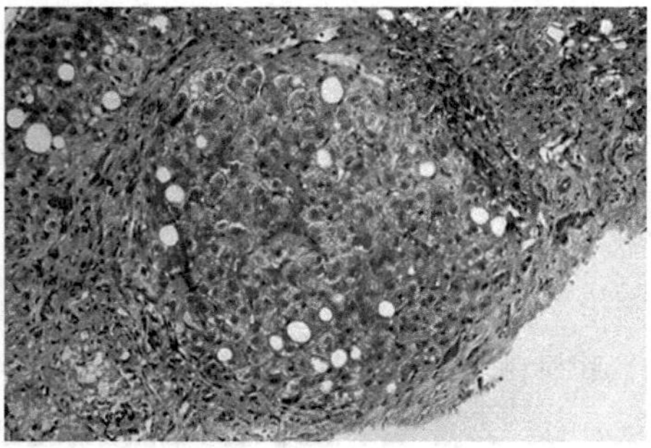
图 4-5　肝硬化假小叶形成（显微镜下）

肝硬化系由一种或多种原因引起的、以肝脏弥漫性纤维化、再生结节和假小叶形成（图 4-5）为组织学特征的进行性慢性肝病。我国肝硬化发病高峰年龄为 35～50 岁，男性多见，男女比例为（3.6～8）：1。

（考点：肝硬化的病理改变）

## 一、概　　述

（一）病因

1．病毒性肝炎　是我国肝硬化最常见的病因，尤其是乙型肝炎病毒感染。

2．慢性酒精中毒　约占 15%。长期大量饮酒，每日摄入乙醇 80g 达 10 年以上者，乙醇及其中间代谢产物（乙醛）的毒性作用引起酒精性肝炎，继而发展为肝硬化。

3．胆汁淤积　持续肝内胆汁淤积或肝外胆管阻塞时，可引起胆汁性肝硬化。

4．药物或化学毒物　长期服用对肝脏有毒的药物，如双醋酚汀、甲基多巴等，或长期接触某些化学毒物，如磷、砷、四氯化碳等，可引起中毒性肝炎，最终演变为肝硬化。

5．其他因素　循环障碍、日本血吸虫病、遗传、营养障碍、免疫紊乱等也可引起肝硬化。

（考点：肝硬化常见病因）

（二）转归

肝硬化的预后与病因、肝功能代偿程度及并发症有关。酒精性肝硬化、胆汁性肝硬化、肝淤血等引起的肝硬化，病因如能在肝硬化未进展至失代偿期前予以消除，则病变可趋静止，相对于病毒性肝炎肝硬化和隐源性肝硬化预后要好。死亡原因常为肝性脑病、肝肾综合征、食管-胃底静脉曲张破裂出血等并发症。肝移植的开展已明显改善了肝硬化患者的预后。

## 二、护理评估

（一）健康史

了解患者有无病毒性肝炎病史，尤其是乙型、丙型和丁型肝炎病毒重叠感染的病史；有无输血史；是否长期大量饮酒、长期反复接触化学毒物，或长期服用对肝脏有损害的药物；有无慢性充血性心力衰竭、缩窄性心包炎等循环障碍性疾病；有无持续肝内胆汁瘀积或肝外胆管阻塞、慢性炎症性肠病、免疫紊乱、长期或反复感染血吸虫等病史。

（二）身心状况

肝硬化起病隐匿，病情进展较缓慢，可潜伏 3～5 年甚至 10 年以上。临床上根据是否出现腹水、上消化道出血或肝性脑病等并发症，分为肝功能代偿期和失代偿期。

1．肝硬化代偿期　此期症状轻，缺乏特异性。乏力、食欲缺乏出现较早且较突出，可伴有恶心、厌油腻、上腹不适、轻微腹泻等非特异性症状。症状常因劳累而出现，经休息或治疗后可缓解。患者营养状况一般或消瘦，肝轻度大、质地偏硬，脾轻至中度大。此期肝功能多在正常范围或轻度异常。

2．肝硬化失代偿期　主要为肝功能减退和门静脉高压的表现。

（1）肝功能减退的表现

1）全身症状：一般情况及营养状况较差，消瘦乏力，精神不振，皮肤干枯粗糙，面色暗、无光泽（肝病面容），可有不规则低热、夜盲、水肿等。

2）消化系统症状：食欲减退最常见，甚至厌食，进食后上腹饱胀不适、恶心、呕吐，进油腻、高蛋白饮食易引起腹泻。上述症状的产生与肝硬化门静脉高压时胃肠道淤血水肿、消化吸收障碍和肠道菌群失调等有关。肝细胞进行性或广泛坏死时可出现黄疸，黄疸时可出现皮肤瘙痒。

3）出血倾向和贫血：常有鼻腔、牙龈出血、皮肤紫癜和胃肠道出血等倾向，女性患者常有月经过多，系肝脏合成凝血因子减少、脾功能亢进和毛细血管脆性增加所致。营养不良、脾功能亢进、肠道吸收障碍等因素可引起不同程度的贫血。

4）内分泌紊乱：肝功能减退时，肝脏对雌激素、醛固酮和抗利尿激素的灭活能力减弱而致其增多。①雌激素增多：男性患者表现为性欲减退、乳房发育、睾丸萎缩、毛发脱落等；女性患者有月经失调、闭经、不孕等表现。部分患者还可出现蜘蛛痣和肝掌。②醛固酮增多和抗利尿激素增多：可致水钠潴留、尿少、水肿和腹水形成。③肾上腺皮质功能减退：肝硬化时，合成肾上腺皮质激素重要的原料胆固醇酯减少，肾上腺皮质激素合成不足；促皮质素释放因子受抑制，肾上腺皮质功能减退，促黑色素细胞增加，患者面部和其他暴露部位皮肤色素沉着。

（考点：肝硬化肝功能减退的表现）

（2）门静脉高压的表现

1）脾大：多为轻、中度增大，与长期脾淤血有关。晚期出现脾功能亢进，导致白细胞、血小板和红细胞计数减少。

（考点：门静脉高压的表现）

2）侧支循环的建立与开放：由于门静脉压力增高，消化器官和脾的回心血液流经肝脏受阻，导致门静脉与腔静脉之间建立门-体侧支循环（图 4-6）。常见的有：①食管下段和胃底静脉曲张。常因粗硬食物机械损伤、腹内压突然增高等，导致曲张静脉破裂出血。②腹壁静脉曲张：在脐周与腹壁可见迂曲的静脉，以脐为中心向上腹及下腹延伸，呈水母头状。③痔静脉曲张：可形成痔核，破裂时引起便血。侧支循环的建立和开放，对门静脉高压症的诊断有特征性意义。

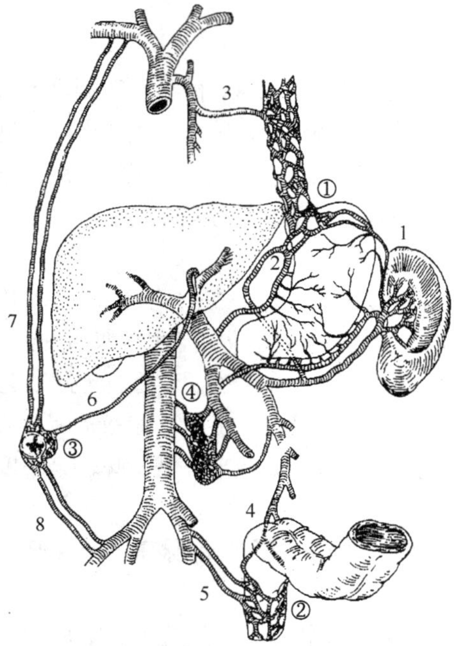


图 4-6 肝硬化门静脉高压侧支循环示意图

1．胃短静脉；2．胃冠状静脉；3．奇静脉；4．直肠上静脉；5．直肠下静脉、肛管静脉；6．脐旁静脉；7．腹上深静脉；8．腹下深静脉；①胃底、食管下段交通支；②直肠下端、肛管交通支；③前腹壁交通支；④腹膜后交通支

（考点：门静脉高压的侧支循环建立与开放）

3）腹水：是肝硬化最突出的临床表现，是肝硬化失代偿期的重要标志。表现为腹胀，大量腹水时腹部膨隆如蛙腹，膈肌抬高，出现呼吸困难、心悸或脐疝。形成的主要因素：①门静脉压力增高，使组织液回吸收减少而漏入腹腔。②低蛋白血症，使血浆胶体渗透压下降，血液成分外渗。③肝静脉回流受阻，肝内淋巴液生成过多，超过了胸导管的引流能力，进入腹腔。④继发性醛固酮及抗利尿激素分泌增多，使钠水重吸收增加。⑤有效循环血容量不足，导致肾血流量、排钠和排尿量减少。

（3）肝脏体征：早期肝脏增大，表面尚平滑，质地稍硬；晚期缩小，表面可呈结节状，质地坚硬。一般无压痛，但在肝细胞进行性坏死或炎症时可有轻压痛。

3．并发症

（1）上消化道出血：为最常见的并发症，多由食管下段和（或）胃底静脉曲张破裂引起，常突然发生大量呕血或黑便，可导致出血性休克或诱发肝性脑病，病死率高。

（考点：肝硬化失代偿期的并发症）

（2）肝性脑病：为最严重的并发症，也是最常见的死亡原因。

（3）感染：由于抵抗力低下、门腔静脉侧支循环开放等因素易并发细菌感染，如肺炎、胆道感染、大肠埃希菌败血症及自发性腹膜炎等。

（4）肝肾综合征：又称功能性肾衰竭，系由肝硬化大量腹水时，有效循环血容量不足和肾内血流重新分布，肾皮质血流量和肾小球滤过率下降等因素引起，表现为自发性少尿或无尿、氮质血症、稀释性低钠血症和低尿钠，但肾脏无明显器质性损害。

（5）原发性肝癌：若患者短期内出现肝脏迅速增大、持续性肝区疼痛、血性腹水、不明原因的发热等，应考虑并发原发性肝癌，需做进一步检查。

（6）电解质和酸碱平衡紊乱：常见低钠血症、低钾低氯血症和代谢性碱中毒，与长期进食不足、呕吐腹泻、长期利尿和大量放腹水、抗利尿激素和醛固酮增多等有关。

### （三）心理-社会状况

肝硬化是慢性病，预后差，需要长期治疗。不仅影响工作或学习，而且加重家庭经济负担，会使患者产生焦虑、抑郁、悲观和绝望等情绪。

### （四）辅助检查

1．血常规　代偿期多正常，失代偿期有轻重不等的贫血。当脾功能亢进时，白细胞、红细胞、血小板计数均减少。

2．肝功能检查　代偿期大多正常或有轻度异常；失代偿期多有氨基转移酶轻、中度增高，血浆清蛋白降低、球蛋白升高，清/球蛋白比例降低或倒置，凝血酶原时间延长。

3．腹水检查　腹水一般为漏出液，并发自发性腹膜炎时腹水为渗出液；血性腹水要高度怀疑癌变。

4．其他检查　X 线钡剂检查可观察食管-胃底静脉曲张的分布及形状；超声可显示肝脾大小和外形，门静脉高压时可见门静脉、脾静脉内径增宽，腹水时可见液性暗区；肝穿刺活检可帮助确诊和判断预后；内镜检查可观察曲张静脉的分布和程度，并可进行止血治疗。

### （五）治疗要点

本病尚无特效治疗措施，关键在于早期发现、加强病因治疗。失代偿期主要是对症治疗、改善肝功能和处理并发症，有手术适应证者慎重择机进行手术治疗。

1．一般治疗

（1）代偿期：适当减少活动，避免劳累，摄取高热量、高蛋白、高维生素易消化饮食。

（2）失代偿期：卧床休息，以减轻肝脏负担；肝功能损害严重或有肝性脑病先兆者，控制或禁食蛋白质。禁酒、禁用肝损害药物。

2．药物治疗　可服用抗炎保肝药物，如甘草酸制剂等。必要时可选择使用维生素 B、维生素 C、维生素 E、维生素 K 等。

3．腹水治疗

（1）限制钠、水的摄入：腹水患者每日摄入钠盐 500～800mg（氯化钠 1.2～2.0g）；进水量限制在 1000ml/d 左右，如有显著低钠血症，则应限制在 500ml 以内。

（2）增加钠、水的排出：①利尿药。通常应用的有保钾利尿药（如螺内酯）与排钾利尿药（如呋塞米、氢氯噻嗪）两种，剂量不宜过大，利尿速度不宜过快，以免诱发肝性脑病、肝肾综合征等。②放腹水，输注清蛋白。对于难治性腹水患者，可采用放腹水治疗，同时静脉输注清蛋白。③提高血浆胶体渗透压。每周定期输注血浆、鲜血或清蛋白，可促进腹水的消退。

4．手术治疗　经颈静脉肝内门体分流术（TIPS）可有效降低门静脉压力、消除脾功能亢进；肝移植手术是治疗晚期肝硬化和肝肾综合征的最佳方法。

知识链接

**经颈静脉肝内门体分流术**

经颈静脉肝内门体分流术是一种以血管介入的方法在肝内门静脉属支与肝静脉间置入特殊覆膜的金属支架，建立肝内门-腔分流，降低门静脉压力，减少或消除由于门静脉高压所致的腹水和食管胃底静脉曲张破裂出血。具有微创、精确、可重复和有效等优点。

## 三、护理问题

1．营养失调：低于机体需要量　与肝功能减退、门静脉高压引起食欲缺乏、消化和吸收障碍有关。

2．体液过多　与肝功能减退、门静脉高压引起钠水潴留有关。

3．有皮肤完整性受损的危险　与营养不良、水肿、皮肤干燥和瘙痒、长期卧床有关。

4．焦虑　与担心疾病预后、经济负担重有关。

5．潜在并发症：上消化道出血、肝性脑病、感染、肝肾综合征、原发性肝癌、电解质和酸碱平衡紊乱等。

## 四、护理措施

### （一）一般护理

1．休息　可减少能量消耗，减轻肝脏代谢的负担，增加肝脏的血流量，利于肝细胞修复。失代偿期患者以卧床休息为主，适当活动，以不感到疲劳、不加重症状为度。

2．饮食　以高热量、高蛋白、高维生素、清淡易消化饮食为主，并根据病情及时调整。①蛋白质：是肝细胞修复和维持血浆清蛋白正常水平的重要物质基础，应保证其摄入量（肝性脑病除外）为1～1.5g/（kg·d），以豆制品、鸡蛋、牛奶、鱼、鸡肉、猪瘦肉为主。肝功能显著损害或有肝性脑病先兆时应限制或禁食蛋白质。②避免损伤曲张静脉：避免粗糙和坚硬的食物，进餐时细嚼慢咽；药物应磨成粉末。

（考点：肝硬化饮食指导）

3．皮肤护理　黄疸患者皮肤瘙痒时，协助患者温水擦浴，外用炉甘石洗剂止痒，嘱患者不搔抓皮肤，以免引起皮肤破损、出血和感染。

### （二）病情观察

严格记录出入液量，定期测量腹围和体重，以了解腹水的消长情况；监测血清电解质和酸碱度的变化，观察有无水、电解质和酸碱平衡紊乱；注意患者有无上消化道出血、肝性脑病、感染等并发症的征象，一旦发现应立即报告医师并协助处理。

### （三）腹水护理

1．体位　少量腹水者尽量取平卧位、抬高下肢，以增加肝肾血流量，改善肝细胞的营养，提高肾小球滤过率，减轻水肿；大量腹水者可取半卧位，以使膈肌下降，有利于呼吸运动，减轻呼吸困难和心悸，同时应避免使腹内压突然剧增的因素，如剧烈咳嗽、打喷嚏及用力排便等。阴囊水肿者可用托带托起阴囊，以利水肿消退。

2. 控制水钠摄入　腹水者应限盐、限水（详见腹水治疗），少食用高钠食物，如咸肉、酱菜、酱油、罐头食品等，可适量添加柠檬汁、食醋等调味，以增进患者食欲。

3. 用药护理　应用利尿剂须注意：①水、电解质和酸碱平衡。如呋塞米、氢氯噻嗪容易引起低钾血症，螺内酯易导致高钾血症；记录 24 小时出入液量，定期测量体重及腹围，利尿速度不宜过快，以每日体重减轻不超过 0.5kg（无下肢水肿者）或 1.0kg（有下肢水肿者）为宜，以免诱发肝性脑病和肝肾综合征。②宜在白天给药，避免夜间排尿过频而影响患者休息。

4. 放腹水护理　协助医生做好术前准备工作，术中及术后注意监测生命体征，观察有无不适反应。一次性放腹水不可过快过多，并同时束紧腹带，防止减压后出现腹腔脏器充血，注意观察患者意识变化，发现有肝性脑病先兆者及早处理。

5. 协助做好经颈静脉肝内门腔分流术的治疗和护理。

（四）心理护理

关心患者，鼓励患者树立战胜疾病的信心和勇气，保持愉快心情，积极配合治疗和护理。

## 五、健 康 指 导

1. 疾病知识指导　向患者及家属介绍肝硬化的有关知识，避免病因和诱发因素。指导患者生活起居要有规律，保证充足的休息和睡眠；向患者和家属说明饮食治疗的重要意义及原则，严格遵循饮食计划。

2. 用药指导　指导患者严格遵医嘱用药，避免服用对肝脏有损害的药物；教会患者观察药物的疗效和不良反应，如服用利尿药时出现软弱无力、心悸等症状，提示低钠、低钾血症，应及时就医。定期门诊随访。

3. 病情监测　教会家属识别并发症征兆，当患者出现性格、行为改变等肝性脑病的前驱症状或呕血、黑便等上消化道出血症状时，应及时就诊。

# 第 6 节　原发性肝癌患者的护理

**案例 4-5**　患者，男，49 岁。因上腹部饱胀不适、食欲缺乏、乏力 1 月余来诊。患者乙肝病毒携带 15 年，近 1 个月感到上腹部不适，食欲缺乏，体重较前明显减轻。护理体检：腹水征阳性，肝肋下 5cm，质硬，表面呈结节状，边缘不规则，脾肋下 3cm，质中，双下肢凹陷性水肿。B 超：肝右叶内见 11cm × 10cm 强回声光团。

**问题**：1. 该患者可能患有何种疾病？

2. 存在哪些护理诊断？

3. 如何护理？

原发性肝癌是指原发于肝细胞或肝内胆管上皮细胞的恶性肿瘤，为我国常见恶性肿瘤之一，其死亡率高，在消化系统恶性肿瘤中居第三位，仅次于胃癌和食管癌。其发病率呈上升趋势，我国每年死于肝癌的人约 11 万，占全世界肝癌死亡人数的 45%。本病多见于中年男性，男女之比为（2～5）∶1。

## 一、概　述

（一）病因及发病机制

病因尚未完全肯定，可能与以下因素有关。

1．病毒性肝炎　约 1/3 的原发性肝癌患者有慢性肝炎病史。肝癌患者血清 HBsAg 及其他乙型肝炎标志物的阳性率可达 90%，说明乙型肝炎病毒与肝癌高发有关。近年研究表明，丙型病毒性肝炎与肝癌的发病关系密切。因此，乙型和丙型肝炎病毒均是肝癌发生的促发因素。

2．肝硬化　原发性肝癌合并肝硬化者占 50%～90%，多数为乙型或丙型病毒性肝炎发展成大节结性肝硬化。

（考点：肝癌的常见病因）

3．黄曲霉毒素　黄曲霉菌的代谢产物黄曲霉毒素 $B_1$（$AFB_1$）有强烈的致癌作用。流行病学调查显示在粮油、食品受 $AFB_1$ 污染严重的地区，肝癌发病率也较高，提示 $AFB_1$ 与肝癌的发生有关。

4．其他因素　遗传、饮用水污染、嗜酒、有机氯类农药、亚硝胺类化学物质、寄生虫等可能与肝癌发生有关。

（二）病理改变

1．按大体形态分　①块状型：最多见，癌块直径＞5cm，呈单个、多个或融合成块，超过 10cm 称为巨块型。②结节型：大小和数目不等的癌结节，直径＜5cm。③弥漫型：最少见，米粒至黄豆大小的癌结节弥漫分布于全肝。肝大不明显，甚至缩小，常死于肝衰竭。④小癌型：单个癌结节直径＜3cm 或相邻 2 个癌结节直径之和＜3cm。

2．按细胞分型分　①肝细胞型：最多见，占 90%，癌细胞由肝细胞发展而来。②胆管细胞型：少见，由胆管上皮细胞发展而来。③混合型：最少见，具有肝细胞癌和胆管细胞癌两种结构。

（三）转移途径

1．肝内转移　肝内血行转移发生最早、最常见。

2．肝外转移　血行转移至肺最常见，其次为胸膜、肾上腺、肾、骨；淋巴转移以肝门淋巴结转移最多见；种植转移少见。

（考点：原发性肝癌的转移途径）

（四）转归

下列情况预后较好：瘤体＜5cm，能早期手术；癌肿包膜完整，尚无癌栓形成；机体免疫力好。如合并肝内外转移、癌肿破裂、消化道出血、氨基转移酶明显升高的患者预后差。

## 二、护 理 评 估

（一）健康史

了解有无乙型肝炎、丙型慢性肝炎、肝硬化病史，输血史，家族史，以及是否食用被 $AFB_1$ 污染的食物和饮用池塘水。

（二）身心状况

起病隐匿，早期缺乏典型症状。经甲胎蛋白（AFP）普查检出早期肝癌无任何症状和体征，称为亚临床肝癌。出现症状而就诊者多已进入中晚期。

1．症状

（1）肝区疼痛：最常见的症状，多呈持续性胀痛或钝痛，因肿瘤迅速生长使肝包膜绷紧所致。若肿瘤侵犯膈肌，右肩可出现牵涉痛。若肿瘤生长缓慢，则无或仅有轻微钝痛。当肝表面癌结节包膜下出血或向腹腔破溃，可表现为腹痛突然加剧，有急腹症的表现，如出血量大，则引起晕厥和休克。

（考点：肝癌的常见症状）

（2）消化道症状：食欲减退、腹胀、恶心、呕吐和腹泻等。

（3）全身症状：进行性消瘦、乏力、发热、营养不良，晚期患者可呈恶病质等。

（4）转移灶症状：转移至肺、骨、脑、淋巴结、胸腔等处，可产生相应的症状。有时患者以转移灶症状首发而就诊。

2．体征

（1）肝大：肝呈进行性增大，质硬，表面凹凸不平，边缘不规则，有不同程度的压痛。

（2）黄疸：一般在晚期出现，常因肝细胞损害，或癌肿压迫，或癌组织和血块脱落引起胆道梗阻所致。

（3）肝硬化征象：肝癌伴肝硬化门静脉高压者可有脾大、腹水、静脉侧支循环形成出现。

3．并发症

（1）肝性脑病：是肝癌晚期的并发症，约 1/3 的患者因此死亡。

（2）上消化道出血：约占肝癌死亡原因的 15%。常因合并肝硬化引起食管下段和胃底静脉曲张破裂出血。

（3）肝癌结节破裂出血：大约 10%的肝癌患者因癌结节破裂出血致死。肿瘤增大、坏死或液化可自发破裂，或因外力作用而破裂，破裂如局限于肝包膜下，可形成压痛性包块，如果破入腹腔可引起急性腹痛及腹膜刺激征。

（4）继发感染：因长期消耗或放射、化学治疗导致白细胞减少，抵抗力减弱，并加之长期卧床等因素，易并发各种感染，如败血症、肠道感染等。

4. 心理-社会状况　患者可因肝区疼痛或缺乏心理准备而出现焦虑、抑郁及恐惧等不良情绪，晚期患者出现悲观、绝望等心理，甚至有自杀倾向。

（三）辅助检查

1．肿瘤标志物的检测

（1）AFP：是诊断肝细胞癌早期、最特异性的标志物。肝细胞癌阳性率为 70%～90%。是肝癌的普查、诊断、判断治疗效果和预测复发的重要指标。

**知识链接**

**甲胎蛋白**

甲胎蛋白是胎儿时期由肝脏合成的一种胚胎蛋白，出生后迅速下降接近消失，发生肝细胞癌后又可重新合成甲胎蛋白，且在症状出现前 6～12 个月已上升，常用于原发性肝癌的普查、诊断、疗效观察及复发预测。另外，妊娠、睾丸或卵巢胚胎性癌也可出现甲胎蛋白升高；部分活动性肝炎、肝硬化，少数胃、结肠或胰腺癌并发转移性肝癌也可测得少量甲胎蛋白。

（2）γ-谷氨酰转移酶同工酶Ⅱ（GGT2）：在原发性和转移性肝癌的阳性率可达 90%，特异性达97.1%，小肝癌中阳性率为78.6%。

（3）其他：异常凝血酶原（AP）、α-L-岩藻糖苷酶（AFU）等活性升高。

（考点：肝癌早期诊断指标）

2．影像学检查　超声显像、CT检查、MRI检查、选择性腹腔动脉造影和肝动脉造影。

（1）超声显像：B超检查显示直径为2cm以上的肿瘤，是目前肝癌筛选的首选检查方法。如结合AFP检测是早期诊断肝癌的主要方法。

（2）CT检查：显示直径2cm以上的肿瘤，结合肝动脉造影或注射碘油的肝动脉造影，是目前诊断小肝癌和微小肝癌的最佳方法（图4-7）。

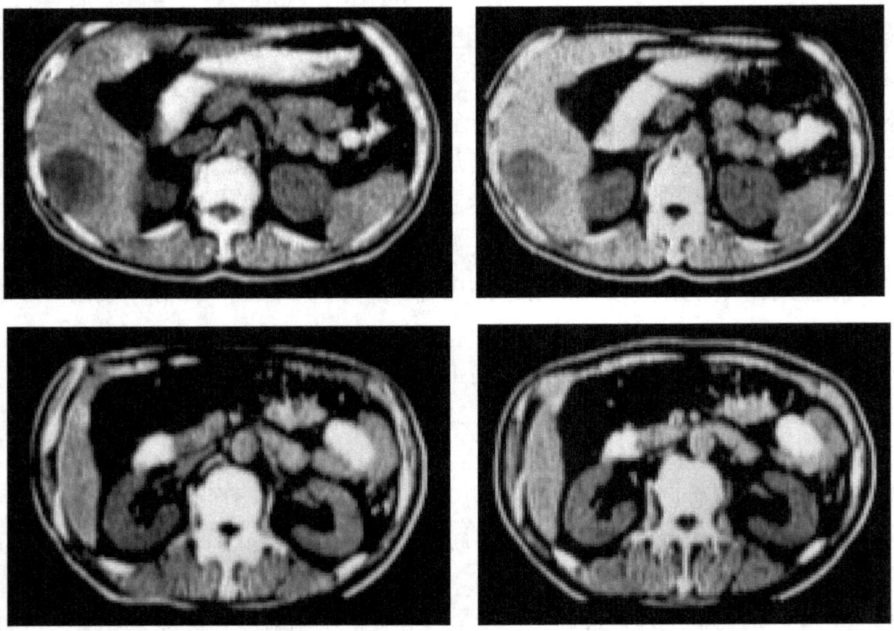

图4-7　小癌型肝癌（CT）

（3）MRI检查：能清楚显示肝细胞癌内部结构特征，对显示子瘤和瘤栓有价值。应用于临床怀疑肝癌而CT检查未能发现病灶或病灶性质不能确定时。

（4）X线肝血管造影：显示直径在1 cm以上的癌结节，结合AFP检测的阳性结果，常用于诊断小肝癌。数字减影肝动脉造影（DSA）可清晰显示直径1.5cm以下的小肝癌。

3．肝穿刺活检、腹腔镜检查　在B超或CT引导下穿刺癌结节行组织学检查，是确诊肝癌的最可靠方法。

（四）治疗要点

1．手术治疗　手术切除是目前根治原发性肝癌的最好方法，凡有手术指征者均应积极争取手术切除。

2．肝动脉栓塞治疗（TACE）　为原发性肝癌非手术疗法中的首选方案，可明显提高患者的3年生存率。

知识链接

**肝动脉化疗栓塞治疗**

肝动脉化疗栓塞治疗（TACE）是肝癌非手术疗法中的首选方法，可明显提高患者的 3 年生存率。其方法是经皮穿刺股动脉，在 X 线透视下将导管插至肝固有动脉或其分支注射抗肿瘤药物和栓塞剂，常用抗肿瘤药物有氟尿嘧啶、丝裂霉素、阿霉素、表柔比星、顺铂、卡铂等，常用栓塞剂有碘化油和颗粒明胶海绵。现临床多用抗肿瘤药物和碘化油混合后注入肝动脉，发挥持久的抗肿瘤作用。一般 6～8 周重复 1 次。可使肝癌明显缩小，再行手术切除。

3．放射治疗　在 CT 或超声波定位后用直线加速器或 $^{60}Co$ 做局部外照射，与化疗、免疫治疗、中药治疗等联合治疗疗效显著。

4．全身化疗　常用多柔比星、顺铂（DDP）、丝裂霉素、氟尿嘧啶等药物。

5．生物和免疫治疗　在以上治疗基础上，应用生物和免疫治疗可巩固和增强疗效，常用药物是干扰素、肿瘤坏死因子、白细胞介素 2 等。

## 三、护 理 问 题

1．疼痛　与肿瘤增大牵拉肝包膜有关。

2．营养失调：低于机体需要量　与恶性肿瘤对机体的慢性消耗、化疗致胃肠道反应有关。

3．有感染的危险　与长期消耗、化疗或放疗致白细胞减少、抵抗力下降有关。

4．潜在并发症：上消化道出血、肝性脑病、癌结节破裂出血。

5．预感性悲哀　与担心预后有关。

## 四、护 理 措 施

### （一）一般护理

1．休息　要保持环境安静、舒适，减少对患者的不良刺激和心理压力。肝功能代偿期的患者，可参加力所能及的工作；肝功能失代偿期的患者应卧床休息。

2．饮食　高蛋白、适当热量、高维生素饮食；恶心、呕吐时，于服用止吐剂后进少量食物；有肝性脑病倾向时，减少蛋白质摄入。无法进食或进食量少者，遵医嘱静脉补充营养，必要时给予白蛋白。

3．预防感染　做好皮肤、口腔护理，注意饮食卫生。减少探视，病房应定期紫外线消毒。严格遵循无菌原则进行各项操作。

### （二）病情观察

注意观察疼痛的强度、性质、部位及伴随症状，及时发现和处理异常情况。密切观察患者的生命体征，如有感染迹象应及时报告医生并配合处理。尤其注意有无上消化道出血、肝性脑病、癌结节破裂引起的急腹症及出血性休克。

### （三）配合治疗的护理

根据医嘱给予镇痛措施。最新镇痛方式为患者自控镇痛（PCA），该方法应用计算机化的注射泵，经静脉、皮下或椎管内连续性输注止痛药，患者可自行间歇给药，该法具有用药灵活、投药及时的特点，降低了患者对止痛药的总需要量和对专业人员的依赖性，增加患者自我对疼痛的控制能力。

### （四）肝动脉栓塞治疗患者的护理

1．术前护理　①向患者及家属做好解释工作。②做好各种检查，如血常规、肝肾功能、心电图、B 超、胸透等。③行碘过敏试验和普鲁卡因过敏试验。④术前 6 小时禁食水；术前半小时可遵医嘱给予镇静药，并测量血压。

2．术中配合　①备好各种抢救用品和药物，安慰患者，使其放松。②注射造影剂时观察患者有无恶心、心悸、胸闷、皮疹等过敏症状，监测血压变化。③注射化疗药物观察患者有无恶心、呕吐，一旦出现应帮助患者头偏向一侧，口边垫污物盘，指导患者做深呼吸，如胃肠道反应明显，可遵医嘱在化疗前给予止吐药物。④观察患者有无腹痛，如有轻微腹痛，可给予安抚以转移其注意力；如腹痛较剧，患者不能耐受，可遵医嘱给予对症处理。

3．术后护理　术后由于肝动脉供血量突然减少，可出现腹痛、发热、恶心、呕吐、血清蛋白降低，肝功能异常等栓塞后综合征，应做好相应护理。①术后禁食 2～3 天，并逐渐过渡到流质饮食，注意少食多餐，减轻肝脏负担。②穿刺部位压迫止血 15 分钟再加压包扎，用沙袋压迫 6 小时，保持穿刺侧肢体伸直 24 小时，并观察穿刺部位有无血肿及渗血。③密切观察病情变化，术后应观察体温的变化，多数患者术后 4～8 小时开始体温升高，并持续 1 周左右，出现发热是由于机体对肿瘤组织的重吸收反应所致。高热者应降温。注意观察局部有无出血、肝性脑病的前驱症状等。准确记录出入量。④鼓励患者深呼吸，促进排痰，预防肺部感染，必要时吸氧，以提高血氧分压，利于肝细胞代谢。⑤栓塞术后 1 周，因肝缺血影响肝糖原储存和蛋白质的合成，遵医嘱补充葡萄糖和蛋白质。

（五）心理护理

及时对患者进行心理评估，以确定对患者心理辅导的强度。注意与患者建立良好的护患关系，了解患者的护理需要并及时给予回应，耐心处理患者提出的各种要求，当患者出现不适症状时应协助积极处理。随时给患者家属以心理支持和具体指导，使家属保持镇静，多陪伴患者，以减轻患者的恐惧感，稳定情绪和增强治疗信心。

### 五、健康指导

1．疾病知识指导　积极宣传和普及有关肝癌预防知识，如不吃霉变食物、不酗酒、适时接种乙肝疫苗等。对存在易患因素者，如有乙型肝炎病史、生活在肝癌高发区等，应定期体格检查、做 AFP 测定和超声检查等，力争早发现、早诊断、早治疗。指导患者，合理进食，增强机体抵抗力，戒烟酒，减轻对肝脏的损害。

2．用药指导　按医嘱用药，忌用对肝有损害的药物。

3．病情监测　定期复查，根据病情变化及时调整治疗方案。

## 第 7 节　肝性脑病患者的护理

**案例 4-6**　患者，男，50 岁。因腹胀、乏力、食欲下降 1 年，意识不清 1 小时入院。既往有乙肝病史 30 年，2 天前因“感冒”后出现烦躁不安，淡漠少言，昼睡夜醒。1 小时前突然意识不清。查体：T 36.2℃，P 95 次/分，R 22 次/分，BP 100/70mmHg，意识模糊，面色晦暗，巩膜黄染，瞳孔对光反射迟钝，胸前可见 2 个蜘蛛痣。腹部稍隆起，腹壁静脉显露，移动性浊音阳性。脑电图示脑电波节律变慢。

**问题**：1．该患者初步诊断是什么？

2．存在哪些护理诊断？

3．如何护理？

肝性脑病又称肝性昏迷，是由严重肝病或门-体分流引起的、以代谢紊乱为基础的、中枢神经系统功能失调的综合征。表现为不同程度的意识障碍和行为失常。

## 一、概　述

### （一）病因

1．肝硬化是引起肝性脑病最常见的病因，特别是各型肝炎后肝硬化。

2．门体分流手术。

3．重症病毒性肝炎、中毒性肝炎、药物性肝炎、肝癌等。

（考点：肝性脑病常见病因）

### （二）发病机制

发病机制尚未完全明确。一般认为本病的病理基础是肝细胞功能衰竭和门-腔静脉之间有侧支循环，使来自肠道的许多毒性代谢产物，未经肝脏解毒和清除，由侧支进入体循环，透过血脑屏障至脑部，引起大脑功能紊乱。其发病机制的学说主要有以下几种。其中以氨中毒学说研究最多。

1．氨中毒学说　主要指由于各种原因导致了氨生成过多和（或）氨代谢清除过少，从而导致血液中游离氨（$NH_3$）增多，而游离氨（$NH_3$）有毒性，能透过血脑屏障对大脑中枢神经系统产生毒性作用。血氨主要来源于肠道、肾和骨骼肌，大部分的氨是由尿素经肠菌的尿素酶分解产生，小部分由食物中的蛋白质被肠菌的氨基酸氧化酶分解产生。氨在肠道里的吸收主要是在结肠部位以非离子型氨（$NH_3$）由肠黏膜弥散入血，而氨在肠道内吸收受肠道 pH 的影响，当 pH＞6 时大量被吸收入血；pH＜6 时氨则从血液转至肠腔，随粪便排泄。机体清除氨的主要途径：①合成尿素，绝大部分来自肠道的氨在肝中转变为尿素经肾排出。②肝、脑、肾等组织消耗氨合成谷氨酸、谷氨酰胺。③血氨过高时，少量可从肺部呼出。

（考点：肝性脑病的发病机制）

2．其他学说　如假性神经递质学说、氨基酸代谢不平衡学说等，均可致神经传导发生障碍，出现意识障碍或昏迷。

### （三）转归

肝功能较好、诱因明确且容易消除的患者通常预后较好；有腹水、黄疸、出血倾向的患者多数肝功能很差，其预后也差。肝移植的开展已明显改善难治性肝性脑病的预后。

## 二、护 理 评 估

### （一）健康史

询问有无肝病史，尤其是肝硬化病史，近期有无行门体静脉分流手术，有无上消化道出血、感染、大量利尿、放腹水、高蛋白饮食、便秘、使用镇静剂和麻醉剂等肝性脑病的诱发因素。

### （二）身体状况

临床上根据患者意识障碍程度、神经系统表现（特别是扑翼样震颤）和脑电图改变，将肝性脑病由轻到重分为 5 期。

0 期（潜伏期）：又称轻微肝性脑病，无行为、性格的异常，无神经系统病理征，脑电图正常，只在心理测试或智力测试时有轻微异常。

1 期（前驱期）：此期持续数日或数周。轻度性格改变和行为失常，如欣快激动或淡漠少言，应答尚准确，但言语缓慢且吐词不清。可有扑翼样震颤。脑电图多数正常。

2 期（昏迷前期）：嗜睡、行为失常（如衣冠不整或随地便溺）、言语不清、书写障碍、定向力障碍，举止反常，甚至出现幻觉、恐惧、狂躁而被误认为一般精神病。患者有明显神经系统体征，如腱反射亢进、肌张力增高、踝阵挛及锥体束征阳性，扑翼样震颤存在。脑电图有特异性异常。

3 期（昏睡期）：昏睡，唤醒时尚可应答，但常有神志不清和幻觉。各种神经系统体征持续存在或加重，扑翼样震颤仍可引出。脑电图有明显异常。

4 期（昏迷期）：昏迷，不能唤醒。浅昏迷时，对疼痛等强刺激尚有反应，腱反射和肌张力仍亢进，深昏迷时，各种反射均消失、肌张力降低、瞳孔常散大，扑翼样震颤无法引出。脑电图明显异常。

（考点：肝性脑病的身体状况）

知识链接

**扑翼样震颤**

嘱患者两臂平伸，肘关节固定，手掌向背侧伸展，手指分开时，可见手向外侧偏斜，掌指关节、腕关节甚至肘与肩关节急促而不规则地扑击样抖动，类似鸟的翅膀扇动，故称为扑翼样震颤，是由于基底核病变及小脑共济失调所致。常见于代谢性疾病，如肝性脑病、尿毒症、肺性脑病。

（三）心理-社会状况

随着病情加重，患者逐渐丧失工作和生活自理能力，影响家庭生活并给家庭带来沉重经济负担，使患者及家属出现焦虑、抑郁、厌倦等各种心理问题。

（四）辅助检查

1. 血氨　正常人空腹静脉血氨为 40～70μg/L。慢性肝性脑病患者多有血氨增高，急性肝性脑病患者血氨多正常。

2. 脑电图　典型改变为节律变慢，昏迷前期及昏睡期患者出现普遍性每秒 4 ~ 7 次 δ 波或三相波；昏迷时表现为高波幅的 δ 波，每秒少于 4 次。

3. 诱发电位　是大脑皮质或皮质下层接收到由各种感觉器官受刺激的信息后所产生的电位，其有别于脑电图所记录的大脑自发性电活动。多用于轻微肝性脑病的诊断和研究。

4. 心理智能测验　适合于肝性脑病的诊断和轻微肝性脑病的筛选。

5. 影像学检查　急性肝性脑病患者进行头部 CT 或 MRI 检查时可发现脑水肿。慢性肝性脑病患者则可发现有不同程度的脑萎缩。

（五）治疗要点

本病尚无特效疗法，应采用综合性、多环节治疗措施。

1. 消除诱因　①预防和控制上消化道出血：消化道出血可使肠道产氨增多，使血氨升高而诱发本病。出血停止后应灌肠和导泻，清除肠道积血。②避免快速利尿和大量放腹水：以免有效循环血容量减少、大量蛋白丢失及水电解质紊乱而诱发本病。③避免使用麻醉、止痛、安眠镇静剂：因肝硬化时药物在体内的半衰期延长、大脑对上述药物的敏感性增加，直接抑制大脑和呼吸中枢。④防治感染：感染可使组织分解代谢提高、产氨增多而加重肝性脑病。⑤防止大量输液：以免血液稀释、血钠过低而加重昏迷。

（考点：肝性脑病的诱因）

2．减少肠内毒物的生成和吸收

（1）限制蛋白质摄入：急性意识障碍时应暂停蛋白质摄入，待患者意识清楚后可逐步恢复蛋白质。

（2）灌肠或导泻：清除肠道内积血、积食或其他含氮食物，可用 0.9%氯化钠溶液或弱酸性溶液（如食醋加 0.9%氯化钠溶液）灌肠，禁用肥皂水灌肠；口服或鼻饲 25%硫酸镁 30～60ml 导泻。

（3）抑制肠道内细菌生长：口服新霉素、甲硝唑等。乳果糖在结肠中被细菌分解为乳酸和乙酸，使肠腔呈酸性从而减少氨的形成和吸收，对忌用新霉素和需长期治疗者以乳果糖为首选。

（考点：肝性脑病的治疗要点）

3．促进有毒物质的代谢清除，纠正氨基酸代谢紊乱　可用降氨药物 *L*-鸟氨酸-*L*-门冬氨酸、谷氨酸钾和谷氨酸钠、精氨酸等。

4．调节神经递质　应用 γ-氨基丁酸/苯二氮䓬（GABA/BZ）复合体拮抗剂，如佛马西尼、支链氨基酸等。

5．防治脑水肿，纠正水、电解质和酸碱平衡紊乱等。

## 三、护理问题

1．意识障碍　与血氨增高，干扰脑细胞能量代谢和神经传导有关。

2．营养失调：低于机体需要量　与肝功能减退、消化吸收障碍、限制蛋白质摄入有关。

3．照顾者角色困难　与患者意识障碍、照顾者缺乏有关照顾知识及经济负担过重有关。

4．有感染的危险　与长期卧床、营养失调、抵抗力低下有关。

## 四、护理措施

### （一）一般护理

1．休息　绝对卧床休息，专人护理。安置患者于重症监护病房，保持室内空气新鲜，安静，限制探视。

2．饮食

（1）给予高热量饮食：每日总热量保持在 1200～1600kcal，以糖类为主要食物，可给予葡萄糖、果汁、蜂蜜、面条、稀饭等口服。昏迷患者应鼻饲 25%葡萄糖液供给热量，以减少蛋白质分解；胃排空不良时应停止鼻饲，改用深静脉插管滴注 25%葡萄糖液维持营养。

（2）蛋白质：昏迷患者暂停摄入，神志清楚后从蛋白质 20g/d 开始逐渐增加至 1g/（kg · d），以植物蛋白为主，因植物蛋白含蛋氨酸、芳香族氨基酸较少，含支链氨基酸较多，并且能增加粪氮排泄；植物蛋白含非吸收性纤维，被肠菌酵解产酸有利于氨的清除。

（考点：肝性脑病的饮食护理）

（3）提供丰富维生素：多食新鲜蔬菜和水果。但禁用维生素 $B_6$，因其可使多巴在周围神经处转为多巴胺，影响多巴进入脑组织，减少中枢神经系统正常递质的传导。

### （二）病情观察

严密观察患者思维及认知的改变，可通过刺激或定期唤醒等方法判断患者意识障碍程度。监测并记录患者血压、脉搏、呼吸、体温、瞳孔的变化。定期复查血氨、肝肾功能及电解质的变化，发现异常应及时报告并协助医生处理。

### （三）配合治疗的护理

1．灌肠液禁用肥皂水，应用 0.9%氯化钠溶液或弱酸性溶液（如食醋加 0.9%氯化钠溶液），使肠道保持酸性环境，减少氨在肠道内的吸收。

2. 少数患者长期服用新霉素可出现听力减退或肾损害，故服用不宜超过1个月；乳果糖因其在肠内产气较多，可引起腹胀、腹绞痛、恶心、呕吐等症状，应用时宜从小剂量开始，调节至每日排便2～3次，粪pH以 5～6为宜。

3. 应用谷氨酸钠与谷氨酸钾时应注意患者的尿量、腹水、水肿情况，明显腹水和水肿时慎用钠盐，尿少时慎用钾剂；精氨酸系酸性溶液，含氯离子，不宜与碱性溶液配伍使用，应用时滴注速度不宜过快，以免引起流涎、呕吐、面色潮红等反应；*L*-鸟氨酸-*L*-门冬氨酸在肾衰竭时慎用或禁用，静脉滴注时应控制滴数，避免出现恶心、呕吐等消化道症状。

（考点：服用乳果糖后的反应）

（四）昏迷患者的护理

详见第9章第2节“四、意识障碍”。

（五）心理护理

1. 对待患者要尊重和体谅，不嘲笑患者的异常行为。患者清醒时，不在患者面前表露出对治疗丧失信心、失望和绝望的情绪，帮助其树立战胜疾病的信心。

2. 与患者家属（或其他照顾者）建立良好关系，理解其基本情况以及存在的具体困难，共同制订切实可行的照顾计划。

### 五、健康指导

1. 疾病知识指导　患者及家属讲解本病的相关知识；嘱咐其家属给患者各方面的支持与照顾，促进患者早日康复。患者应注意坚持合理的饮食原则、避免使用镇静催眠药、含氨药和对肝功能有损害的药物，保持大便通畅，避免各种感染，戒烟、戒酒等。

2. 用药指导　指导患者按医嘱服药，讲明药物名称、剂量、服药方法及不良反应，并定期随访复诊。

3. 病情监测　教会患者及家属观察病情变化，识别肝性脑病的早期征象，一旦出现性格行为异常、睡眠异常等，应及时就诊。

## 第8节　急性胰腺炎患者的护理

**案例4-7**　患者，男，45岁。因中上腹痛伴呕吐3小时来诊。患者于3小时前暴饮暴食并饮酒后，出现中上腹部绞痛，呈持续性，向腰背部放射，伴腹胀。呕吐3次，呕吐物含有胆汁，吐后腹痛无减轻。查体：T 38℃，P 96次/分，R 25次/分，BP 110/75mmHg。患者神志清醒，急性面容，痛苦表情，皮肤巩膜无黄染，浅表淋巴结无肿大。两肺呼吸音清。腹稍膨隆，上腹部有明显压痛、反跳痛及肌紧张。辅助检查：白细胞 $13.8\times10^9$/L，血淀粉酶2000U/L；B超示胆囊结石，胰腺肿大。

**问题：** 1. 该患者的初步诊断是什么？

2. 该患者存在哪些护理问题？

3. 对患者应采取哪些护理措施？

急性胰腺炎是指胰腺分泌的消化酶在腺体内被激活而导致的胰腺组织自身消化的急性化学性炎症，引起胰腺水肿、出血甚至坏死等炎性损伤。临床特征为急性上腹痛、发热、恶心、呕吐、血胰酶增高，重症者伴腹膜炎、休克等并发症。本病可见于任何年龄，以青壮年居多，女性多于男性。

## 一、概　述

### （一）病因

急性胰腺炎的病因很多，我国以胆道疾病为常见病因，而西方国家则以酗酒引起者多见。

1. 胆道疾病　是急性胰腺炎最常见的病因。包括胆道结石（图 4-8）、胆道感染及胆道蛔虫等，尤以胆道结石为最常见。由于 70%～80%的人胆总管与胰管汇合成共同通道开口于十二指肠壶腹部，一旦结石或蛔虫嵌顿在壶腹部，或因胆道炎症、胆石移行损伤 Oddi's 括约肌等，可使胆汁及十二指肠液反流到胰管并且激活胰酶，引起急性胰腺炎。

（考点：我国引起急性胰腺炎最常见的病因）

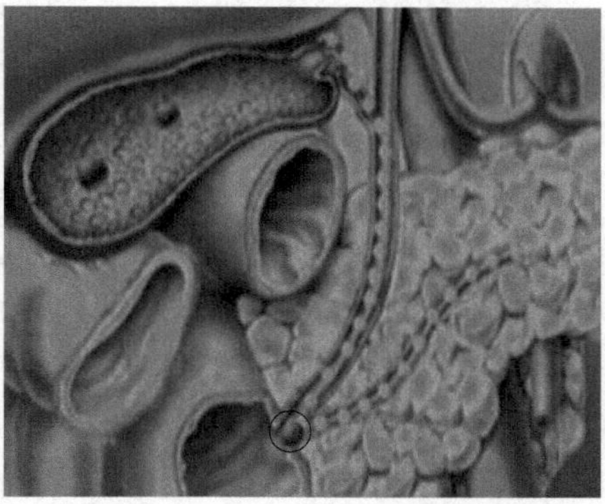

图 4-8　胆结石引起急性胰腺炎的机制

2. 酗酒和暴饮暴食　大量饮酒和暴饮暴食可引起胰液大量分泌，并导致 Oddi's 括约肌痉挛及十二指肠乳头水肿，使胰液排出受阻，胰管内压增高，造成腺泡细胞损伤，引起急性胰腺炎。

3. 胰管阻塞　胰管结石、狭窄、肿瘤、蛔虫等均可引起胰管阻塞，胰管内压增高，使胰腺腺泡破裂，胰液外溢到间质而引起急性胰腺炎。

4. 其他　十二指肠及其周围疾病；腹部手术及创伤；内分泌及代谢障碍导致的高钙血症、高脂血症等；应用噻嗪类利尿剂或糖皮质激素等；某些急性传染病如流行性腮腺炎等，均可引起急性胰腺炎。

### （二）病理

急性胰腺炎的病理变化可分为急性水肿型和急性出血坏死型两型。急性水肿型最常见，胰腺出现肿大、充血、水肿和炎性细胞浸润；急性出血坏死型少见，可见明显出血，胰腺内有较大范围的脂肪坏死，周围有炎性细胞浸润，可并发脓肿、假性囊肿或导致瘘管形成。

### （三）转归

轻症者预后良好，可在 1 周内恢复。重症者病情严重，预后差，病死率在 30%～60%。如患者年龄偏大，伴有低血压、低蛋白血症、低氧血症及各种并发症，则预后较差。

## 二、护 理 评 估

### （一）健康史

询问患者有无急、慢性胆道疾病及胰、十二指肠病史；有无酗酒及暴饮暴食等诱因；有无腹部手术及创伤；有无内分泌及代谢疾病、急性传染病病史；是否服用噻嗪类利尿剂或糖皮质激素等药物。

### （二）身心状况

急性胰腺炎的临床表现和病程长短，取决于患者的病理类型、病因和治疗是否及时。轻者以胰腺水肿为主，较多见，呈自限性，预后良好，称为轻症急性胰腺炎。重者胰腺出血、坏死，常继发感染、腹膜炎和休克等并发症，病死率高，称为重症急性胰腺炎。

1. 症状

（1）腹痛：是本病的主要表现和首发症状，常在胆道疾病发作、暴饮暴食或酗酒后突然发生。

腹痛多位于中上腹，可向腰背部呈带状放射，疼痛性质不一，可呈钝痛、钻痛、绞痛或刀割样疼痛，剧烈而持续，可呈阵发性加剧。取弯腰抱膝位可减轻，进食后加剧，给予一般胃肠解痉药无效。轻症患者一般3～5天后腹痛缓解，重症患者腹部疼痛剧烈，持续时间较长，发生腹膜炎时疼痛波及全腹。

（考点：急性胰腺炎的主要表现和首发症状）

（2）恶心、呕吐与腹胀：起病后即有恶心、呕吐，多数频繁而持久，呕吐物为食物和胆汁，呕吐后腹痛并不减轻。常伴有腹胀，出现麻痹性肠梗阻时腹胀更明显。

（3）发热：多数患者为中度发热，一般持续3～5天。若高热持续不退，则提示重症急性胰腺炎继发腹膜炎、胰腺脓肿或胆道感染。

（4）水、电解质、酸碱平衡及代谢紊乱：多有不同程度的脱水，呕吐频繁剧烈者可有代谢性碱中毒。重症者多有显著脱水和代谢性酸中毒，常伴血钾、血镁和血钙降低，血糖增高。部分患者因严重低血钙而有手足抽搐，提示预后不良。

（5）低血压和休克：见于重症急性胰腺炎，极少数患者可突然发生休克甚至猝死。主要由于有效循环血容量不足、胰腺坏死后释放心肌抑制因子导致心肌收缩不良、感染和消化道出血等。

2. 体征　轻症患者腹部体征较轻，仅上腹部有压痛，多无腹肌紧张和反跳痛，可有腹胀和肠鸣音减弱。重症患者常有急性重病面容，痛苦表情，脉搏增快、呼吸急促、血压降低。上腹压痛明显，并发腹膜炎时，出现全腹压痛、反跳痛及肌紧张。可有明显腹胀，肠鸣音减弱或消失。可出现腹水征，腹水多呈血性。少数病情严重患者，因胰酶、坏死组织液沿腹膜间隙渗入腹壁下，故两侧腰部皮肤呈现暗灰蓝色瘀斑，称Grey-Turner征，或在脐周出现青紫，称Cullen征。胰头水肿压迫胆总管时，可出现黄疸。

3. 并发症　主要见于重症患者。局部并发症有胰腺脓肿和假性囊肿。全身并发症有急性呼吸窘迫综合征、急性肾衰竭、心力衰竭、败血症、DIC、消化道出血、糖尿病等。

4. 心理-社会状况　由于急性起病，疼痛剧烈，患者常表现出痛苦和焦虑，甚至感到死亡的威胁，产生紧张、恐惧等心理。

### （三）辅助检查

1. 淀粉酶测定　血清淀粉酶常在起病后2～12小时开始升高，48小时后开始下降，持续3～5天。血清淀粉酶超过正常值的3倍（Somogyi法500U/L）即可确诊，但其升高的程度与病情不呈正相关，部分重症患者血清淀粉酶值可正常或低于正常。尿淀粉酶升高较晚，常于发病后12～14小时开始升高，可持续1～2周，下降缓慢，但受尿量影响，仅作参考。

2. 血清脂肪酶　在病后24～72小时开始升高，持续7～10天，适用于就医较迟的患者，特异性较高。

（考点：急性胰腺炎确诊的检查方法）

**知识链接**

**淀粉酶与胰腺炎**

淀粉酶主要来自胰腺和腮腺。来自胰腺的为淀粉酶同工酶P，来自腮腺的为淀粉酶同工酶S。其他组织，如心脏、肝、肺、甲状腺、卵巢、脾等也含有少量淀粉酶。在临床上，急性胰腺炎是淀粉酶增高最常见的原因。淀粉酶诊断胰腺炎的灵敏度为70%～95%。慢性胰腺炎急性发作、胰腺囊肿、胰腺管阻塞时淀粉酶也可增高。

3．血清及生化检查　C 反应蛋白在胰腺坏死时明显升高。血钙降低，若低于 1.5mmol/L，则提示预后不良。暂时性血糖升高较常见，若持久空腹血糖高于 10mmol/L，则反映胰腺坏死，提示预后不良。

4．影像学检查　腹部 B 超为常规初筛检查，CT 显像为常规确诊检查，可见胰腺弥漫增大，其轮廓与周围边界模糊不清，坏死区呈低回声或低密度图像（图 4-9、图 4-10）。影像学检查对确定有无胰腺炎、胰周炎症、胸腔积液、腹水，鉴别水肿与坏死，评估病情有重要意义，在起病 1 周左右进行。

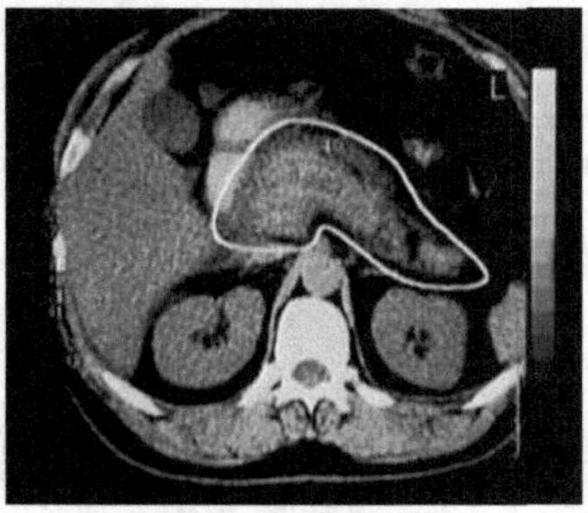

图 4-9　水肿型胰腺炎

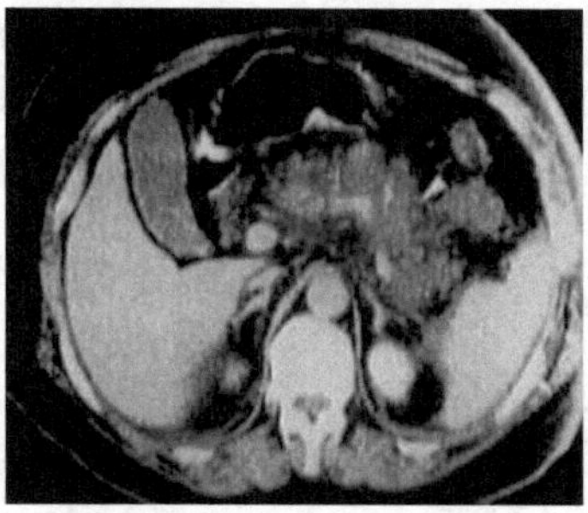

图 4-10　出血坏死型胰腺炎

（四）治疗要点

1．轻症急性胰腺炎的治疗

（1）抑制胰腺分泌

1）禁食及胃肠减压：食物可刺激胰腺分泌，患者一般需禁食 1～3 天，病情严重者除延长禁食时间外，还需行胃肠减压。

2）抑制胃酸：质子泵抑制药如奥美拉唑、兰索拉唑，或 $H_2$ 受体拮抗药如西咪替丁、雷尼替丁等，可通过抑制胃酸分泌从而减少胰腺分泌。

3）生长抑素及其类似物：生长抑素类似物奥曲肽是治疗重症胰腺炎效果较好的药物，能减少并发症、缩短病程、降低病死率。

（考点：急性胰腺炎禁食的目的）

（2）镇痛：主张使用哌替啶。因吗啡可引起 Oddi's 括约肌痉挛，胆碱能受体拮抗剂可诱发或加重肠麻痹，故均不宜使用。

（3）静脉输液：补充血容量，纠正水、电解质、酸碱平衡失调。

（4）抗感染：虽然急性胰腺炎本身是化学性炎症，但在病程中极易感染，导致病情加重，故应积极给予抗感染治疗。目前首选亚胺培南或美罗培南。

2．重症急性胰腺炎的治疗　对于重症患者除采用上述治疗措施外，还应采取以下措施。

（1）抗休克：积极补充血容量，防治休克，维持水、电解质和酸碱平衡。重症患者应给予清蛋白、全血及血浆代用品，休克者可在扩容的基础上使用血管活性药。

（2）营养支持：早期禁食期间采用全胃肠外营养，若病情缓解且无肠梗阻，尽早过渡为肠内营养。

（3）抑制胰酶活性：早期可以使用抑肽酶、加贝酯，抑制胰酶活性。

（4）并发症的治疗：腹腔大量渗液或急性肾衰竭者，可行腹膜透析治疗；急性呼吸窘迫综合征除药物治疗外，可行气管切开及呼吸机治疗；糖尿病者可使用胰岛素治疗。

（5）手术治疗：对于重症胰腺炎内科治疗无效者，或并发脓肿、假性囊肿、肠梗阻、肠穿孔、弥漫性腹膜炎及肠麻痹坏死时，需行手术治疗。

## 三、护理问题

1. 疼痛：腹痛　与胰腺组织炎症、水肿或出血坏死有关。
2. 有体液不足的危险　与呕吐、禁食、胃肠减压、渗出或出血有关。
3. 体温过高　与胰腺炎症、出血坏死或继发感染有关。
4. 恐惧　与突然起病、腹痛剧烈及病情进展急骤有关。
5. 知识缺乏：缺乏有关急性胰腺炎的基本病因和预防知识。
6. 潜在并发症：急性肾衰竭、心力衰竭、急性呼吸窘迫综合征、败血症等。

## 四、护理措施

### （一）一般护理

1. 休息　患者应该绝对卧床休息，以降低代谢率，增加脏器血流量，从而促进组织修复。取弯腰、屈膝侧卧位，以减轻腹痛。因剧烈疼痛而辗转不安者要防止坠床，保证安全。

（考点：急性胰腺炎的体位）

2. 饮食　患者需禁食、禁饮1～3天，重症者适当延长期限，以减少食物和胃酸刺激胰液分泌。应向患者解释禁食、禁饮的意义，口渴者可含漱或湿润口唇，每日静脉补液3000ml以上，同时补充电解质。病情缓解后，从少量低糖、低脂饮食开始逐渐恢复正常饮食，避免高脂肪、高蛋白及刺激性食物，切忌暴饮暴食及酗酒。

### （二）病情观察

严密监测患者生命体征、意识及尿量变化；密切观察患者腹部症状和体征的变化，警惕腹膜炎、胰腺脓肿、假性囊肿等各种并发症的发生，并及时报告医生进行处理；观察患者呕吐物或胃肠减压引流物的性质和量，观察皮肤弹性，判断失水程度，记录24小时出入量；遵医嘱定时采集标本送血淀粉酶、尿淀粉酶、血清电解质等测定。

### （三）配合治疗的护理

1. 遵医嘱用药

（1）止痛药：观察止痛药的止痛效果，疼痛严重者可遵医嘱使用哌替啶以缓解疼痛。禁用吗啡，以免引起Oddi's括约肌痉挛而加重疼痛。

（2）抑制胰腺分泌药物：西咪替丁给药速度不宜过快，偶有血压下降，呼吸心跳停止；奥曲肽会引起局部疼痛和针刺感。

（3）抑制胰酶活性药物：抑肽酶可产生抗体，有过敏的可能；加贝酯速度不宜过快，应现用现配，经常更换注射部位，有过敏史者、孕妇及儿童禁用。

（考点：止痛药的用药护理）

2. 维持水、电解质及酸碱平衡的护理　迅速建立静脉通路，根据患者脱水程度、年龄和心肺功能状况合理补液，调节输液速度，及时补充因呕吐、禁食及发热所丢失的液体和电解质，纠正酸碱失衡。禁食患者每日入液量在3000ml以上，重症者易发生低钾、低钙血症，应注意观察和纠正。

3. 发热的护理　观察患者体温变化，高热时物理降温。

4. 重症患者抢救配合

（1）安置于重症监护病房，严密监测生命体征和病情变化，备好抢救用品，如气管切开包、呼吸器、静脉切开包等。

（2）出现低血容量休克时，患者取仰卧中凹位，注意保暖，保持呼吸道通畅并给氧。同时迅速建立静脉通道，遵医嘱补充血容量，若未见好转，按医嘱给予血管活性药，根据血压随时调整给药速度。

（3）一旦发生急性呼吸窘迫综合征，立即高浓度给氧，配合做好气管切开、机械通气的护理。

（四）心理护理

患者因起病急，疼痛剧烈，往往紧张、恐惧。因此要经常巡视并关心、安慰患者，耐心听其诉说，采取各种方法减轻患者的痛苦，介绍本病的相关知识，消除患者的恐惧。

### 五、健康指导

1．疾病知识指导　指导患者及家属了解本病的病因和疾病过程，积极治疗与本病相关的疾病，如胆道疾病、十二指肠疾病等。

2．生活指导　告知急性胰腺炎的预防方法，指导患者建立良好的饮食习惯，注意饮食卫生，规律进食，避免刺激性食物，避免暴饮暴食，戒烟酒。

3．病情监测指导　指导患者遵医嘱坚持用药，并定期门诊复查。教会患者自我监测病情，出现腹痛、呕吐等症状及时就医。

## 第 9 节　上消化道出血患者的护理

**案例 4-8**　患者，男，39 岁。因饮酒后出现呕血而急诊入院。患者既往有 6 年十二指肠溃疡病史，昨晚饮酒后出现上腹痛，伴恶心、呕吐，2 小时前呕血 2 次，暗红色，量不详。护理体检：T 36℃，P 115 次/分，R 25 次/分，BP 80/60mmHg。意识清，烦躁，面色苍白，皮肤湿冷，脉搏细速。

**问题：** 1. 患者的初步诊断是什么？
2. 为明确诊断还需进行哪些检查？
3. 患者目前存在哪些护理问题？该如何护理？

上消化道出血是指屈氏韧带以上的消化道出血，包括食管、胃、十二指肠、胰腺、胆道出血以及胃空肠吻合术后的空肠出血。主要表现为呕血和黑便。上消化道大量出血是指数小时内失血量超过 1000ml 或循环血量的 20%以上，常伴急性周围循环衰竭，病死率高，是临床常见急危症。

（考点：上消化道大出血的概念）

**知识链接**

**屈 氏 韧 带**

屈氏韧带也称十二指肠悬韧带，解剖位置在横结肠系膜根部、第 2 腰椎左侧。十二指肠空肠曲被这条由少量平滑肌纤维和结缔组织共同构成的韧带固定于腹后壁，它就像一条绳索，将小肠提起并固定在腹后壁。由于此韧带的存在，空、回肠的内容物不易反流入十二指肠或胃腔。整个消化道可分三部分，即上、中、下消化道。通常以屈氏韧带与回盲部为标志而划分。屈氏韧带以上的部分称上消化道，屈氏韧带与回盲部之间称中消化道，回盲部以下为下消化道。

## 一、概 述

(一) 病因

引起上消化道出血的病因众多，既可见于食管、胃、十二指肠、肝、胆、胰等消化系统疾病，也可见于全身性疾病。

1. 消化系统疾病 引起上消化道出血最常见的病因是消化性溃疡，其次是食管胃底静脉曲张破裂出血、急性糜烂出血性胃炎、胃癌和胆道出血等。

（考点：上消化道出血最常见的病因）

2. 全身性疾病 如血友病、再生障碍性贫血、白血病、尿毒症、急性脑血管疾病、某些传染病如流行性出血热等亦可引起上消化道出血。

(二) 转归

大多数上消化道出血的患者经治疗可停止出血，而15%～20%的患者持续出血或反复出血，提示死亡的危险性增高。

## 二、护 理 评 估

(一) 健康史

询问患者有无消化性溃疡、肝硬化、胃癌、胆道疾病及消化道手术史；有无饮食不当、精神紧张、嗜酒或服用损害胃黏膜的药物；询问患者最近有无重大创伤、严重全身性疾病及急性传染病；既往有无出血史及治疗情况。

(二) 身心状况

上消化道出血的临床表现主要取决于出血量、出血速度及出血部位。

1. 呕血与黑便 是上消化道出血的特征性表现。上消化道出血后均有黑便，但不一定有呕血。通常，出血部位在幽门以上者常有呕血和黑便，但若出血量少且速度慢者也可仅见黑便；出血部位在幽门以下者通常只有黑便，但出血量大、速度快者也可因血液反流入胃而出现呕血。

（考点：上消化道出血的特征性表现）

(1) 呕血：胃内积血量达到250～300ml可引起呕血。呕血的颜色取决于出血的部位、量和速度。呕血呈鲜红色提示出血量大且速度快，血液在胃内停留时间短，未经胃酸作用即呕出；若呕血呈暗褐色或咖啡渣样，则表明血液在胃内停留较久，血红蛋白经胃酸作用形成正铁血红素所致。

（考点：观察呕血估计出血量）

(2) 黑便：每日出血量超过50ml可出现黑便，是血红蛋白中铁与肠内硫化物形成硫化铁所致。典型黑便质软、黏稠、发亮，呈柏油样。但若出血量大、速度快、肠蠕动加速时，大便也可呈暗红或鲜红色。

（考点：观察黑便估计出血量）

2. 周围循环衰竭 当出血量少时患者大多无全身症状，若出血量大且速度快者，可出现低血容量性周围循环衰竭，其程度轻重取决于出血的量和速度。

(1) 轻度出血：出血量＜500ml，仅表现为头晕、乏力。

(2) 中度出血：出血量在1000ml左右，可有烦躁、心悸、口渴、尿少、血压偏低、心率增快等。

（3）重度出血：出血量＞1500ml，可有失血性休克表现，神志不清或烦躁不安、呼吸急促、面色苍白、口唇发绀、四肢厥冷、脉搏细速、血压降低、尿量减少。

3. 发热 常见于大出血后 24 小时内，多为低热或中度发热，一般不超过 38.5℃，可持续 3～5 天。发热机制尚不清楚，可能与周围循环衰竭致体温调节中枢功能障碍等有关。

4. 氮质血症 又称为肠源性氮质血症。主要是因为上消化道大量出血后，肠道中血液的蛋白质消化产物被吸收，引起血尿素氮浓度增高。

5. 贫血 上消化道出血后会有急性失血性贫血，出现面色苍白、头晕、乏力、心悸等表现。

6. 心理-社会状况 患者由于大量呕血、黑便、循环衰竭等症状而紧张、焦虑、恐惧，甚至因反复出血而产生悲观情绪。

（三）辅助检查

1. 实验室检查

（1）血象检查：上消化道出血 3～4 小时后红细胞和血红蛋白降低；出血 24 小时内网织红细胞增高，出血停止后逐渐恢复正常，若网织红细胞持续升高表明出血未停止或再出血。患者大多白细胞升高，但肝硬化所致者常因伴有脾功能亢进，白细胞和血小板多偏低。

（2）血尿素氮升高：一般在出血后数小时开始上升，24～48 小时达高峰，如无继续出血，3～4 天降至正常。

（3）粪便潜血试验、肝肾功能检查等，可估计失血量、判断疗效及协助病因诊断。

2. 胃镜检查 是明确上消化道出血病因的首选检查方法。应在出血后 24～48 小时内进行急诊胃镜检查，既可明确病变部位与性质，还可同时进行止血治疗。

（考点：明确上消化道出血病因的首选方法）

3. 影像学检查 X 线钡剂检查对明确病因亦有参考价值，主要适用于不宜或不愿进行胃镜检查者或胃镜检查未能发现出血原因者，应在出血停止且病情稳定数天后进行。腹部 CT 有助于腹部包块及肠梗阻的诊断。对内镜检查未能确诊而又反复出血者，可行选择性动脉造影以确定诊断。

（四）治疗要点

治疗原则是积极补充血容量、有效止血、祛除病因、防治各种并发症。

1. 积极补充血容量 补充血容量是纠正失血性休克最重要的治疗措施。应立即开放静脉，迅速补充血容量。输液初始速度宜快，可先输入平衡盐液、葡萄糖氯化钠溶液、右旋糖酐或其他血浆代用品，同时立即配血，符合输血指征（①收缩压＜90mmHg 或较基础收缩压降低 30mmHg 以上；②心率＞120 次/分；③血红蛋白＜70g/L 或血细胞比容＜25%），应及时输血治疗。肝硬化患者应输新鲜血液，因库存血含氨较高，易诱发肝性脑病。

（考点：上消化道大出血导致休克的最重要处理措施）

2. 迅速止血

（1）食管胃底静脉曲张破裂出血：①使用血管加压素、生长抑素及其类似物奥曲肽，能降低门静脉压力而止血。②双气囊三腔管压迫止血，用于药物不能控制者，止血效果肯定，但患者痛苦、并发症多、再出血率高，故不作为首选措施。③内镜直视下止血，可行硬化剂注射法、组织黏合剂注射法或曲张静脉套扎术等。④手术治疗，出血量大经内科治疗无效时，可行紧急手术治疗。

（2）非食管胃底静脉曲张破裂出血：①$H_2$受体拮抗药和质子泵抑制药，可抑制胃酸分泌，提高胃内 pH，有利于血小板聚集及血浆凝血功能所诱导的止血过程。常用西咪替丁、雷尼替丁或奥美拉唑等。②去甲肾上腺素加入冷 0.9%氯化钠溶液中洗胃。③内镜止血，可进行高频电凝、激光和微波止血或局部喷洒止血药物等。④介入治疗，可通过血管介入栓塞胃十二指肠动脉。⑤手术治疗，以上方法均不能止血、持续出血危及患者生命时，应及时手术治疗。

## 三、护 理 问 题

1. 体液不足　与上消化道出血有关。
2. 活动无耐力　与失血性贫血、周围循环衰竭致组织缺血有关。
3. 有受伤的危险　与气囊长时间压迫食管胃底黏膜有关。
4. 有窒息的危险　与血液反流入气管、三腔管阻塞气道有关。
5. 恐惧　与呕血、黑便、失血性休克威胁健康和生命有关。
6. 知识缺乏：缺乏上消化道出血的防治及应对知识。
7. 潜在并发症：低血容量性休克、急性肾衰竭等。

## 四、护 理 措 施

### （一）一般护理

1. 休息与体位　上消化道出血患者应适当休息，取舒适体位。大出血患者应绝对卧床休息，取平卧位并略抬高下肢，保证脑部供血，呕吐时头偏向一侧，避免误吸。保持呼吸道通畅，必要时吸氧，注意保暖。

2. 饮食　大量出血或伴有剧烈呕吐者，应暂禁食。少量出血且无呕吐者，尤其是消化性溃疡出血，一般不需要禁食，可给予清淡、温凉、易消化、无刺激流质或半流质饮食，可中和胃酸，促进溃疡愈合。食管胃底静脉曲张破裂出血者止血后，应限制蛋白质和钠的摄入，以免诱发肝性脑病或加重水肿，同时避免粗糙、坚硬、刺激食物，防止曲张静脉再出血。

（考点：上消化道出血患者的饮食护理）

3. 口腔及皮肤护理　及时清理呕吐物，协助患者漱口，保持口腔清洁。及时擦拭皮肤汗液，注意保暖，保持衣物、被褥清洁干燥。卧床者特别是老年和重症患者注意预防压疮。

### （二）病情观察

1. 病情监测　密切观察患者呕血与便血的颜色、量及性状的变化，监测患者的生命体征、神志、皮肤温度和色泽、静脉充盈情况及尿量的变化，准确记录 24 小时出入液量。及时了解实验室检查结果，有条件时监测中心静脉压，准确判断有无继续出血和周围循环衰竭。发现患者有休克表现时，立即报告医师并协助处理。

2. 估计出血量　粪便潜血试验阳性提示出血量在 5ml 以上，出现黑便提示出血量在 50ml 以上，呕血提示胃内积血达 250～300ml。出血若不超过 400ml 一般不出现全身症状，超过 400～500ml 时可出现头晕、心悸及乏力等症状，若超过 1000ml 时可出现周围循环衰竭表现。

3. 继续出血或再次出血的征象　①反复呕血，颜色由咖啡色转为鲜红色。②黑便次数增多，粪质稀薄，转为暗红色甚至鲜红色血便，伴肠鸣音亢进。③经积极补充血容量，一般状况及休克表现未见改善。④红细胞计数与血红蛋白浓度持续下降，网织红细胞计数持续增高。⑤补液足够、尿量正常的情况下，血尿素氮持续或再次增高。⑥原有门静脉高压脾大者，出血后脾会暂时缩小，若不见脾恢复肿大则提示出血未止。

（考点：出血是否停止的判断）

（三）配合治疗的护理

1. 迅速建立静脉通道，遵医嘱快速输液、输血，尽快补充血容量。输液初始速度宜快，有条件可根据中心静脉压调整输液量和速度，避免因输液过多、过快而引起急性肺水肿。肝病者应输入新鲜血。

2. 遵医嘱使用止血药，观察疗效及不良反应。应用垂体后叶素者，应注意静脉滴速，观察有无腹痛、心律失常、血压升高等不良反应。有高血压、冠心病、心力衰竭及妊娠者禁用。

3. 烦躁者可适当应用镇静药，但肝病者除外，以免诱发肝性脑病。

4. 双气囊三腔管压迫止血的护理（详见实训 3）。

（四）心理护理

观察患者的心理变化，耐心做好各种解释工作；各项护理操作应及时准确，减轻患者的紧张情绪；多关心、安慰患者，稳定其情绪，消除患者及其家属的疑虑，使其产生安全感和信任感，更好地配合治疗的护理。

## 五、健康指导

1. 疾病知识指导　向患者和家属介绍上消化道出血的病因和防治知识，积极预防再出血，发现异常及时就诊。积极治疗原发病，避免各种诱发因素。

2. 用药指导　避免服用损害胃肠道黏膜的药物，如阿司匹林、吲哚美辛、肾上腺皮质激素等。

3. 生活指导　指导患者生活起居要有规律，保持乐观情绪，合理安排休息与活动，避免长期精神紧张。养成良好的饮食习惯，注意饮食卫生，定时规律进餐，避免进食粗糙和刺激性食物，禁饮烈酒、浓茶、咖啡等。

# 第 10 节　溃疡性结肠炎患者的护理

**案例 4-9**　患者，男，34 岁。因腹泻 4 个月，加重 6 天入院。患者 4 个月前出现腹泻，为黏液脓血便，量不大，无明显腹胀及腹痛。6 天前患者腹泻加重，排便次数增多，并伴左下腹痛、腹胀及里急后重来诊。查体：T 37℃，P 98 次/分，R 21 次/分，BP 115/80mmHg。神清，腹软，左下腹压痛，无反跳痛，全腹未及包块，肠鸣音亢进。实验室检查：血红蛋白 90g/L，红细胞沉降率 40mm/h。

**问题：**1. 患者的初步诊断是什么？

2. 为明确诊断还需进行哪些检查？

3. 患者目前存在哪些护理问题？该如何护理？

溃疡性结肠炎是一种病因不明的直肠和结肠的慢性非特异性炎症性疾病。病变主要位于大肠黏膜及黏膜下层，主要临床特征为腹泻、黏液脓血便、腹痛和里急后重，病程漫长，反复发作，发作期与缓解期交替。病情轻重不一，少数重症者病变深达肌层，可出现严重并发症。本病可发生于任何年龄，多见于 20～40 岁，亦可见于儿童和老年人。男女发病率无明显差别。

## 一、概　　述

（一）病因与发病机制

本病病因尚不明确，目前认为本病与环境（如饮食、吸烟、生活方式等）、感染、遗传及免疫等因素相互作用有关。免疫紊乱和免疫损伤是最基本的发病机制。精神紧张、劳累、饮食失调等为本病的诱发因素。

（二）病理

病变主要位于直肠、乙状结肠的黏膜及黏膜下层，呈连续性弥漫性分布。活动期黏膜弥漫性充血、水肿，表面呈细颗粒状，组织学可见黏膜及黏膜下层大量炎症细胞浸润，形成隐窝脓肿、糜烂及溃疡。少数暴发型或重症患者病变累及结肠全层，可发生中毒性巨结肠，常并发急性穿孔。由于病变反复发作及呈慢性经过，黏膜不断经过破坏和修复，溃疡愈合、瘢痕形成及黏膜肌层肥厚，可形成炎性息肉，还可使结肠袋消失，甚至肠腔狭窄、变短。少数患者可发生癌变。

（考点：溃疡性结肠炎的好发部位）

（三）转归

本病呈慢性过程，可反复缓解和复发，不易彻底治愈，但大部分患者的预后良好，尤其是轻型患者经正规治疗后病情可长期缓解。少数暴发型，伴有并发症及年龄超过 60 岁的患者预后不良。5%的重症者可出现中毒性巨结肠及肠穿孔，3%可发生下消化道大出血，病程超过 20 年的患者发生结肠癌的风险较正常人增高 10～15 倍。

## 二、护 理 评 估

（一）健康史

了解患者有无溃疡性结肠炎的家族史；了解患者有无精神刺激、劳累、饮食失调等诱因；有无长期慢性腹泻病史。

（二）身心状况

多数起病缓慢，呈慢性病程，发作期和缓解期交替或持续并逐渐加重。偶见急性暴发过程。患者的临床表现与病变部位、类型、程度和病期有关。

1．症状

（1）消化系统表现

1）腹泻、黏液脓血便：腹泻是本病最主要的症状，因炎症刺激使肠蠕动加快及肠吸收障碍所致。黏液脓血便为本病活动期的重要表现，因黏膜炎症渗出、糜烂及溃疡所致。大便次数、便血程度可反映病情轻重，轻者每日排便 2～4 次，便血轻或无；重者每日 10 次以上，有大量脓血。因病变累及直肠，故常伴里急后重。

2）腹痛：活动期有轻至中度腹痛，为左下腹或下腹阵痛，有疼痛—便意—便后缓解的规律。如并发中毒性巨结肠或炎症波及腹膜，可有持续剧烈腹痛。

3）其他症状：可有食欲缺乏、恶心、呕吐及腹胀等。

（考点：溃疡性结肠炎最主要的症状）

（2）全身表现：中、重度患者可有低至中度发热，高热多提示有严重感染或并发症。重症者还可出现消瘦、衰弱、贫血、低蛋白血症、水与电解质平衡紊乱等。

（3）肠外表现：包括外周关节炎、结节性红斑、坏疽性脓皮病、结膜炎、虹膜炎、巩膜外层炎、口腔黏膜溃疡、原发性硬化性胆管炎等。

2．体征　患者慢性病容，重者呈消瘦贫血貌。轻、中度患者仅有左下腹轻压痛，肠鸣音增强。重度患者常有明显压痛和鼓肠。中毒性巨结肠或肠穿孔者可表现为反跳痛、肌紧张，肠鸣音减弱或消失。

3．临床分型

（1）根据病程分型：①初发型，指首次发作。②慢性复发型，最多见，发作期与缓解期交替。③慢性持续型，症状持续半年以上，逐渐加重。④急性暴发型，少见，病情严重，全身毒血症状明显，易出现并发症。各型可相互转化。

（2）根据病情严重程度分型：①轻度，最常见，腹泻每日 4 次以下，便血轻或无，贫血轻或无，无发热，红细胞沉降率正常。②重度：最少见，腹泻每日 6 次以上，明显黏液脓血便，有发热、脉速，红细胞沉降率加快，血红蛋白下降。③中度：介于轻度与重度之间。

（3）根据病变范围分型：直肠炎、左半结肠炎（结肠脾曲以远）、全结肠炎（结肠脾曲以近或全结肠）。

（4）分期：活动期和缓解期。

4．并发症　可并发中毒性巨结肠、急性肠穿孔、下消化道大出血、直肠结肠癌变、肠梗阻等。

5．心理-社会状况　反复出现腹泻、腹痛，疾病迁延不愈，严重影响患者的生活和工作，容易出现焦虑、烦躁的情绪。本病长期发作，会增加患癌风险，患者会有悲观、绝望等不良心理。

### （三）辅助检查

1．血液检查　因营养不良和慢性失血，患者可有不同程度的贫血，红细胞和血红蛋白下降。活动期白细胞可增高。红细胞沉降率加快和 C 反应蛋白增高是活动期的标志。严重患者血清白蛋白下降和电解质紊乱。

2．粪便检查　肉眼可见黏液脓血便，显微镜检见白细胞、红细胞和巨噬细胞。粪便病原学检查有助于排除感染性结肠炎，需反复多次检查。

3．自身抗体检测　外周血中性粒细胞胞质抗体（p-ANCA）可能是本病的特异性抗体，有助于诊断和鉴别诊断。

4．纤维结肠镜检查　是最有价值的诊断方法，可直接观察肠黏膜病变，取活组织做病理检查，确定病变部位及程度。适用于轻、中度患者，重度患者应暂缓进行，以防穿孔。

（考点：溃疡性结肠炎确诊的检查方法）

5．X 线钡剂灌肠　是诊断本病的重要方法，在结肠镜检查有困难时采用。适用于轻、中度患者，重症者可加重病情或诱发中毒性巨结肠，不宜做此项检查。

### （四）治疗要点

治疗原则：控制急性发作、促进黏膜愈合、维持缓解病情、减少复发和防治并发症。

1．一般治疗　饮食宜选清淡、易消化、低纤维素的流食或半流食。病情严重者应禁食，给予全肠外营养治疗。

2. 药物治疗

（1）氨基水杨酸制剂：柳氮磺吡啶（SASP）为治疗本病的常用药物，能够抑制炎症及免疫反应，有较好的疗效。主要适用于轻、中型患者或重型经糖皮质激素治疗已经缓解者。疗程为1～2年甚至更长，以减少复发。其他还有美沙拉嗪、奥沙拉嗪等，不良反应少，但价格昂贵。

（考点：溃疡性结肠炎治疗的首选药物）

（2）糖皮质激素：适用于对水杨酸制剂疗效不佳的轻、中型患者，尤其适用于重型患者。

（3）免疫抑制药：适用于激素疗效不佳或激素依赖的慢性持续性患者。常用药物有硫唑嘌呤、巯嘌呤或环孢素。

（4）抗生素：对重症继发感染的患者，应积极使用广谱抗生素治疗，合用甲硝唑对厌氧菌感染有一定疗效。

3. 手术治疗　并发大出血、肠穿孔、中毒性巨结肠经内科治疗无效伴严重毒血症者可急诊手术。并发结肠癌、慢性型内科治疗不理想者可择期手术。

## 三、护理诊断及合作性问题

1. 腹泻　与炎症导致肠道吸收障碍及结肠运动功能失常有关。
2. 疼痛：腹痛　与肠道炎症、肠穿孔、肠梗阻有关。
3. 营养失调：低于机体需要量　与摄入不足、吸收障碍及腹泻有关。
4. 体温过高　与炎症有关。
5. 焦虑　与病情反复迁延有关。
6. 知识缺乏：缺乏有关本病的防治知识。
7. 潜在并发症：中毒性巨结肠、下消化道大出血、直肠结肠癌变等。

## 四、护理措施

### （一）一般护理

1. 休息　活动期应充分休息，重症者应卧床休息。生活规律，保持乐观情绪，避免精神紧张，注意劳逸结合。

2. 饮食　给予易消化、少渣、少纤维素、营养丰富的流食或软食，避免刺激性食物。忌食水果、冷饮、多纤维食物、牛奶及奶制品。急性发作期应进流质或半流质饮食，病情严重者应暂禁食，静脉补充营养。

### （二）病情观察

观察患者生命体征、意识状态及营养指标；观察粪便的颜色、量、次数及性状；监测水、电解质及酸碱平衡情况；严密观察腹痛的性质、部位及变化情况，及时发现各种并发症。

### （三）配合治疗的护理

1. 对症护理　腹痛者多注意休息，采取舒适体位，指导患者分散注意力，必要时遵医嘱给予解痉药如阿托品。腹泻者应注意保护肛周皮肤，保持肛周清洁、干燥，可局部热敷以减少肠蠕动，腹泻严重频繁者可遵医嘱给予止泻药。

2. 用药护理　遵医嘱给药，注意药物的疗效及不良反应。柳氮磺吡啶使用时注意有无头痛、恶心、呕吐、皮疹、粒细胞减少及再生障碍性贫血等不良反应，应餐后服用，定期复查血象。糖皮质激素要注意逐渐减量，直至停药，防止反跳现象。免疫抑制药能引起消化道反应、白细胞减少、骨髓抑制及肝肾异常等，应注意监测。阿托品剂量大时会诱发中毒性巨结肠。

（四）心理护理

由于病情迁延，患者极易产生焦虑、抑郁心理，护士应多关心、体贴患者，进行心理疏导，取得患者的配合。同时稳定患者的情绪，避免过度紧张和劳累。

## 五、健康指导

1．疾病知识指导　向患者及家属介绍本病的相关因素、发病特点及防治措施，使患者能够正确认识本病的不同类型及不同阶段。

2．生活指导　指导患者合理休息和活动，劳逸结合。合理饮食，避免生冷、粗硬、辛辣等刺激性食物。保证充足睡眠，积极锻炼身体，不断增强体质。调整情绪，培养良好的心态。

3．用药指导　嘱患者遵医嘱服药，不要随意减量、换药或停药，学会观察药物疗效及不良反应，定期门诊复查。

## 自测题

$A_1$型题

1．最能提示幽门梗阻的临床表现是（　　）

A．上腹部触及包块　B．剑突下偏右压痛明显

C．吐出大量的宿食　D．餐后饱胀

E．胃部振水音

2．紧急胃镜检查应在上消化道出血后（　　）

A．<24 小时　B．24～48 小时

C．48～72 小时　D．>72 小时

E．出血停止

3．慢性浅表性胃炎最主要的病因为（　　）

A．饮食不合理　B．自身免疫

C．幽门螺杆菌感染　D．长期饮浓茶、咖啡

E．长期使用布洛芬

4．腹泻时对患者不宜采取的护理措施是（　　）

A．摄入少渣、易消化的饮食

B．避免饮酒

C．卧床休息，减少活动

D．涂凡士林保护肛周皮肤

E．腹部冷敷减少充血

5．上消化道出血患者的粪便可呈（　　）

A．脓血样　B．柏油样

C．果酱样　D．白陶土样

E．米泔水样

6．引起呕血最常见的病因为（　　）

A．消化性溃疡　B．急性胃炎

C．肝硬化　D．慢性胃炎

E．胃穿孔

7．服枸橼酸铋钾期间要向患者讲明（　　）

A．可与牛奶同服　B．可有黑便及便秘

C．可与抗酸药同服　D．可长期服用

E．肝肾功能不良者亦可用

8．十二指肠溃疡的疼痛特点是（　　）

A．疼痛—进食—疼痛　B．疼痛—进食—缓解

C．进食—疼痛—疼痛　D．进食—疼痛—缓解

E．无一定规律

9．胃溃疡患者出现哪种现象，应警惕癌变可能（　　）

A．上腹部疼痛反复发作

B．疼痛有节律性

C．厌食

D．体重减轻
E．大便潜血试验持续阳性

10．十二指肠溃疡的好发部位在（　　）
A．十二指肠球部
B．十二指肠降部
C．十二指肠乳头部
D．十二指肠水平部
E．十二指肠升部

11．消化性溃疡最常见的并发症是（　　）
A．出血　B．穿孔
C．幽门梗阻　D．癌变
E．电解质紊乱

12．肝硬化较早出现的症状是（　　）
A．乏力、食欲减退　B．腹痛、大便次数增多
C．黄疸　D．出血倾向
E．腹水形成

13．以下哪项不是肝功能减退的表现（　　）
A．黄疸　B．出血倾向
C．腹水　D．男性乳房发育
E．消瘦

14．肝硬化失代偿期，患者最突出的临床表现是（　　）
A．腹水　B．出血倾向
C．内分泌异常　D．脾功能亢进
E．食管静脉曲张

15．肝硬化出血倾向最主要的原因为（　　）
A．血小板减少和功能不良
B．维生素 K 缺乏
C．毛细血管脆性增加
D．肝凝血因子合成减少
E．抗凝血因子增多

16．肝硬化患者全血细胞减少的最主要原因是（　　）
A．消化道出血
B．缺铁性贫血
C．肝肾综合征引起的肾性贫血
D．脾功能亢进
E．乙型肝炎病毒引起的慢性再生障碍性贫血

17．肝硬化晚期患者出现大量腹水的主要原因是（　　）
A．门静脉高压和低蛋白血症
B．淋巴回流受阻
C．饮食不当
D．醛固酮和抗利尿激素增多
E．右心功能不全

18．原发性肝癌最常见的首发症状是（　　）
A．纳差　B．发热
C．腹泻　D．肝区疼痛
E．伴癌综合征

19．原发性肝癌目前非手术治疗的首选方法为（　　）
A．放射治疗　B．免疫治疗
C．中医治疗　D．肝动脉栓塞化疗
E．化学治疗

20．与原发性肝癌发病有关的是（　　）
A．暴饮暴食　B．霉变食物
C．幽门螺杆菌　D．便秘
E．循环障碍

21．目前根治原发性肝癌的最佳方法是（　　）
A．综合治疗　B．手术治疗
C．中医治疗　D．化学治疗
E．放射治疗

22．肝性脑病患者暂停蛋白质饮食是为了（　　）
A．减少氨的形成
B．减少氨的吸收
C．促使氨的转化
D．降低血尿素氮
E．降低肠道内 pH

23．下列哪项一般不会直接诱发肝性脑病（　　）
A．上消化道出血　B．长期使用排钾利尿药
C．高蛋白饮食　D．使用氨基苷类抗生素
E．合并严重感染

24．肝性脑病前驱期的主要临床表现是（　　）
A．睡眠障碍　B．脑电图有特征性异常
C．肌张力增高　D．腱反射亢进
E．轻度性格改变、行为失常

25．肝性脑病最具有特征性的是（　　）
A．戈登征阳性　B．肌张力增加
C．腱反射亢进　D．踝阵挛
E．扑翼样震颤

26. 以昏睡和精神错乱为主，大部分时间呈昏睡状态，但可被唤醒的是（ ）

A. 肝性脑病前驱期 B. 肝性脑病昏迷前期

C. 肝性脑病昏睡期 D. 肝性脑病昏迷期

E. 亚临床肝性脑病

27. 肝性脑病不宜食用的食物是（ ）

A. 大米粥，炒生菜 B. 小松糕，什锦菜

C. 蔬菜汁，小馒头 D. 西红柿面条，拌蘑菇

E. 肉末蛋羹，拌菠菜

28. 下列哪项可以判断急性坏死型胰腺炎预后不佳（ ）

A. 急性胰腺炎 B. 休克

C. 高热 D. 低钙抽搐

E. 代谢性酸中毒

29. 急性胰腺炎是一种（ ）

A. 感染性疾病 B. 遗传性疾病

C. 自身免疫性疾病 D. 自身消化性疾病

E. 结缔组织疾病

30. 不符合急性胰腺炎腹痛特点的是（ ）

A. 腹痛多位于上腹正中

B. 可向腰背部呈带状放射

C. 进食后疼痛加重

D. 不易被解痉剂缓解

E. 呕吐后腹痛可减轻

31. 大便潜血试验阳性，说明上消化道出血量约为（ ）

A. ＞1ml B. ＞5ml

C. ＞20ml D. ＞50ml

E. ＞100ml

32. 对上消化道出血的患者以下哪项处置是错误的（ ）

A. 积极补充血容量 B. 立即行 X 线钡餐检查

C. 急诊胃镜检查 D. 药物治疗止血

E. 必要时行手术治疗

33. 上消化道出血患者的粪便可呈（ ）

A. 脓血样 B. 果酱样

C. 柏油样 D. 米泔水样

E. 白陶土样

34. 双气囊三腔管压迫止血适用于（ ）

A. 食管胃底静脉曲张破裂出血

B. 急性出血性糜烂性胃炎

C. 胃癌引起的上消化道出血

D. 消化性溃疡并发出血

E. 食管癌溃烂所致出血

35. 溃疡性结肠炎活动期的表现为（ ）

A. 腹泻 B. 腹痛

C. 呕吐 D. 外周关节炎

E. 黏液脓血便

$A_2$ 型题

36. 患者，女，35 岁。近 1 年反复上腹痛，伴恶心、呕吐、嗳气，食欲差。查体：上腹部轻压痛，无反跳痛、肌紧张，胃镜见胃黏膜呈灰白色，黏膜皱襞变细、平坦，黏膜变薄，血管显露，目前考虑诊断为（ ）

A. 急性胰腺炎 B. 慢性萎缩性胃炎

C. 急性胆囊炎 D. 慢性浅表性胃炎

E. 胃溃疡

37. 患者，女，39 岁。慢性腹泻 3 年，大便每天 5～6 次，带少量脓血，大便细菌培养阴性。为明确诊断需要做的检查是（ ）

A. 纤维结肠镜检查 B. 腹部超声

C. 粪便潜血试验 D. 腹部 CT

E. 血常规

38. 患者，男，33 岁。因呕血 3 次，黑便 2 次入院，门诊以“上消化道出血”收住院，为明确出血病因首选的检查是（ ）

A. 粪便潜血试验 B. 纤维胃镜检查

C. 腹部超声 D. 大便细菌培养

E. X 线钡餐造影检查

39. 患者，男，57 岁。既往有胃溃疡病史 10 年。1 天前饮酒后出现上腹痛，伴反酸、嗳气及恶心、呕吐，呕吐物为胃内容物。3 小时前呕血 3 次，呈暗红色，量约 600ml，黑便 2 次，约 500g。自觉头晕、心慌、乏力来院就诊。目前初步诊断为（ ）

A. 胃炎 B. 胃癌

C. 胆囊炎 D. 幽门梗阻

E. 胃溃疡合并上消化道出血

40. 患者，男，40岁。消化性溃疡，因上腹部疼痛、反酸入院。治疗期间由于饮食不当并发大出血。此时不会出现的是（　　）

A. 呕吐　　B. 黑便

C. 晕厥　　D. 休克

E. 上腹痛加重

41. 患者，男，41岁。既往有溃疡病史10年，突然上腹部剧痛并波及右下腹。检查右下腹，腹膜刺激征明显，最重要的护理措施是（　　）

A. 半卧位　　B. 禁食、胃肠减压

C. 输液　　D. 观察血压、脉搏

E. 应用抗生素

42. 患者，男，42岁。反复中上腹闷痛12年，再发并呕吐1周。查体：中上腹部压痛，振水音阳性。最可能的诊断是（　　）

A. 消化性溃疡

B. 消化性溃疡并幽门梗阻

C. 胃癌

D. 胃癌并幽门梗阻

E. 急性胃炎

43. 肝硬化患者，男，56岁。入院查体：面部蜘蛛痣，肝掌，乳房发育，出现此体征的原因是（　　）

A. 肾功能不全　　B. 免疫力下降

C. 肝功能减退　　D. 垂体性腺功能紊乱

E. 肾上腺皮质功能减退

44. 患者，男，45岁。乙型肝炎10年，肝硬化5年入院。护士在进行入院评估时患者自诉皮肤特别痒，分析导致患者皮肤瘙痒的原因可能是（　　）

A. 氨基转移酶增高　　B. 慢性肾功能不全

C. 药物过敏　　D. 胆红素增高

E. 血浆白蛋白降低

45. 患者，男，55岁。因牙龈反复出血就诊。查体：面色灰暗、颈部及胸部有蜘蛛痣。实验室检查：血红蛋白75g/L，白细胞$4.0\times10^9$/L，血小板$57\times10^9$/L，谷丙转氨酶<40U/L，白蛋白35g/L，球蛋白33g/L，护士为患者解释出血的原因，最可能是（　　）

A. 脾功能亢进　　B. 再生障碍性贫血

C. 白血病　　D. 慢性胃溃疡

E. 肝硬化

46. 肝硬化患者X线钡餐检查显示：钡剂在食管薄膜上分布不均，有虫蚀样充盈缺损。患者的饮食应避免（　　）

A. 植物性蛋白　　B. 动物性蛋白

C. 粗糙坚硬的食物　　D. 含钾丰富的食物

E. 含钠的食物

47. 患者，女，40岁。因肝硬化腹水入院，放腹水后出现精神错乱，幻觉，嗜睡伴有扑翼样震颤，脑电图异常等表现，护士采取的饮食护理措施应除外（　　）

A. 以碳水化合物为主的饮食

B. 食盐限制在1.5～2.0g/d

C. 静脉补充葡萄糖供给热量

D. 昏迷者鼻饲流质饮食

E. 清醒后供动物性蛋白质

48. 患者，女，46岁。因肝硬化食管静脉曲张，腹水入院，放腹水后出现意识不清，呼之不醒，但压迫其眶上神经仍有痛苦表情，下列饮食护理正确的是（　　）

A. 高盐饮食　　B. 无蛋白高热量

C. 低维生素饮食　　D. 高蛋白限制

E. 含糖食物

49. 患者，男，38岁。平日喜欢大量饮酒，今日暴饮暴食后出现持续上腹痛，伴恶心、呕吐。实验室检查：血淀粉酶550U/L，应诊断为（　　）

A. 急性胃穿孔　　B. 急性腹膜炎

C. 胆囊炎　　D. 胆道蛔虫

E. 急性胰腺炎

50. 患者，女，54岁。胆源性胰腺炎发作数次，为预防胰腺炎再次发作，应教育患者（　　）

A. 注意饮食卫生　　B. 服用抗生素

C. 经常服用消化酶　　D. 治疗胆道疾病

E. 控制血糖

51. 患者，男，25岁。既往体健。大量饮酒后突然出现上腹剧痛，频繁呕吐，面色苍白，疑为急性胰腺炎。患者最适宜的处理为（　　）

A. 低脂流食　　B. 高蛋白流食

C. 普食　D. 禁食
E. 低脂饮食

52. 患者，男，45 岁。因消化性溃疡并发出血收治入院，经积极治疗后，24 小时前血止，无呕吐，病情稳定。目前该患者的饮食应为（　　）
A. 禁食　B. 高脂高纤维
C. 半流质　D. 软食
E. 正常饮食

53. 患者，男，40 岁。消化性溃疡大出血。经治疗后出血停止，护士对其进行饮食指导正确的是（　　）
A. 可以喝豆浆　B. 继续禁食
C. 可以喝鸡汤　D. 可以吃软米饭
E. 可以吃鸡蛋

54. 患者，女，39 岁。因十二指肠溃疡出血急诊入院治疗。呕血时应指导患者采取何种体位（　　）
A. 平卧位　B. 侧卧位
C. 头低脚高位　D. 头高脚低位
E. 半坐位

55. 患者，女，37 岁。因肝硬化合并食管静脉曲张破裂出血用双气囊三腔管压迫，10 小时后发现抽出液呈鲜红色，量约 220ml，血压 86/45mmHg。下列措施不正确的是（　　）
A. 口服冰盐水
B. 加大输血、输液速度
C. 静脉滴注垂体后叶素
D. 加大双气囊三腔管囊内的压力
E. 通知医生，积极进行术前准备

$A_3$ 型题

（56～58 题共用题干）

患者，女，17 岁。反复中上腹部饥饿痛、反酸 1 年余，再发 4 周，排柏油样黑便 4 次。体检：中度贫血外观，中上腹部压痛，肠鸣音活跃。

56. 最可能的诊断是（　　）
A. 胃溃疡　B. 十二指肠溃疡
C. 胃溃疡并出血　D. 十二指肠溃疡并出血
E. 胃癌并出血

57. 胃镜检查已明确上述可能诊断，该患者还需进一步做的检查是（　　）
A. X 线钡餐检查　B. 胃液分析
C. 幽门螺杆菌检测　D. 腹部 B 超检查
E. 粪潜血试验

58. 最好的止血药物是（　　）
A. 氢氧化铝凝胶　B. $H_2$ 受体拮抗药
C. 质子泵抑制剂　D. 生长抑素类似物
E. 米索前列醇

（59～62 题共用题干）

患者，女，50 岁。患慢性迁延性肝炎 15 年余，近 1 个月来感全身明显乏力，纳差，腹胀，腹泻而入院。入院时查体：T 37.8℃，P 26 次/分，BP 125/75mmHg，体重 46kg。面色灰暗，体形消瘦，皮肤巩膜轻度黄染，腹部膨隆，叩诊有移动性浊音。

59. 患者腹部出现移动性浊音提示（　　）
A. 肝脾大　B. 卵巢囊肿
C. 肠梗阻　D. 腹水＞500ml
E. 腹水＞1000ml

60. 该患者腹水形成的最主要原因是（　　）
A. 门静脉高压
B. 血浆白蛋白升高
C. 肝淋巴液生成过多
D. 肾功能障碍
E. 抗利尿激素减少

61. 该患者饮食上应限制下列哪项的摄入（　　）
A. 钾　B. 钠
C. 钙　D. 磷
E. 镁

62. 该患者服排钾利尿药时应注意（　　）
A. 不宜过快、过猛
B. 大剂量、持续用药
C. 利尿速度宜快、不宜慢
D. 每周减轻体重 2kg 以上
E. 以上均不是

（63～65 题共用题干）

患者，男，60 岁。肝硬化病史 12 年。5 天前排黑便 3 次，无呕血。治疗后近 3 天未排便，2 天前出现沉默寡言、反应迟钝、走错卫生间、肢体震颤。

63. 可能的诊断是（　　）
A. 亚临床型肝性脑病

B．帕金森综合征　C．肝性脑病
D．贫血性脑病　E．老年性痴呆
64．除了出血外，主要的诱发因素是（　　）
A．年纪大　B．肝硬化病史长
C．治疗不当　D．便秘
E．输新鲜血
65．为了通便，哪项措施不当（　　）
A．适当进食植物性蛋白质
B．适量口服33%硫酸镁
C．口服乳果糖
D．66.7%乳果糖灌肠
E．肥皂水灌肠
（66、67 题共用题干）
患者，女，31 岁。上腹痛 1 天，能忍受，但今日中午进餐后疼痛加剧，伴有呕吐，吐后疼痛不缓解，疑为急性胰腺炎。
66．如果病情处理不当可能会出现（　　）
A．感染　B．胰瘘
C．大出血　D．出血坏死性胰腺炎
E．MODS
67．抑制胰腺分泌作用最强的药物是（　　）
A．阿托品　B．西咪替丁
C．生长抑素　D．环丙沙星
E．山莨菪碱
（68～71 题共用题干）
患者，女，38 岁。反复腹泻、腹痛伴里急后重，粪便呈糊状，伴黏液脓血 1 年余，诊断为溃疡性结肠炎。
68．下列哪项不是该病可能的病因（　　）
A．感染　B．遗传
C．肠道手术　D．环境因素
E．免疫因素
69．近 2 天来，患者腹泻次数增加，每天达 10 余次。T 39.8℃，P 96 次/分，BP 98/66mmHg。诊断为重型溃疡性结肠炎活动期。下列不符合病情的表现为（　　）
A．黏液脓血便　B．白细胞计数降低
C．C 反应蛋白增高　D．红细胞沉降率增快
E．结肠镜检黏膜呈弥漫性炎症反应
70．此时应遵医嘱首选的治疗措施是（　　）
A．青霉素　B．泼尼松
C．柳氮磺吡啶　D．硫唑嘌呤
E．手术
71．下列针对该患者的健康指导不恰当的是（　　）
A．急性发作期卧床休息
B．坚持治疗，不随意停药
C．食用质软、少纤维食物
D．服用柳氮磺吡啶期间应定时复查血常规
E．告知患者只要坚持治疗本病可以完全治愈

（葛　楠　李　娟　赵　辉）

# 第5章 泌尿系统疾病患者的护理

## 第1节 概　述

泌尿系统由肾、输尿管、膀胱、尿道及有关的神经、血管等组成，生成和排泄尿液，并以此排泄体内代谢终末产物，对维持机体内环境稳定起重要的作用。

### 一、泌尿系统的结构和功能

（一）肾脏的结构

1．肾脏的形态和位置　肾脏为成对的实质性器官，位于腹膜后脊柱两旁的浅窝中，左右各一个。临床上常将竖脊肌外侧缘与第12肋之间的部位，称为肾区（脊肋角），当肾有病变时，叩击该区患者常有疼痛感。

2．肾脏的基本结构　肾脏由肾单位、肾小球旁器、肾间质、血管、神经等组成。肾的内侧缘中部凹陷，称肾门，是肾盂、血管、神经、淋巴管出入的门户。肾脏内部的结构可分为肾实质和肾盂两部分。肾实质分：内层为髓质，外层为皮质。肾髓质由肾锥体构成，肾椎体与肾小盏相连接，相邻2～3个肾小盏合成一个肾大盏，2～3个肾大盏汇合成肾盂。肾盂出肾门后移行为输尿管。

3．肾单位的结构　肾单位是肾脏结构和功能的基本单位，每个肾脏由80万～110万个肾单位组成。每个肾单位由肾小体和肾小管组成，肾小体由肾小球和肾小囊构成，肾小球由中央的毛细血管团（肾入球小动脉形成）和周围的肾小囊包绕构成。

（考点：肾脏结构和功能的基本单位）

（二）肾脏的生理功能

肾脏有三大基本功能。

1．生成尿液及排泄代谢产物　两侧肾脏每日从肾小球滤过的血浆总量达150～180L，称之为原尿。单位时间内肾小球滤过的血浆量称为肾小球的滤过率，正常成人的肾小球滤过率每分钟约为120ml。原尿流经肾小管及集合管时，其中约99%被重吸收。因此排出体外的终尿仅有1500ml左右。机体在新陈代谢中产生多种代谢产物，如尿素、肌酐、尿酸、各种胺类、胍类、酚类、多肽等，绝大部分代谢产物通过肾小球滤过功能完成。

2．调节体液和电解质酸碱平衡　通过肾小球的滤过途径产生原尿后，再通过肾小管的重吸收及分泌功能，如绝大部分水、全部的葡萄糖和氨基酸、大部分电解质、碳酸氢根等被肾小管、集合管重吸收回血液。

3．内分泌功能　肾脏可分泌的激素包括血管活性激素（如肾素、血管紧张素Ⅱ、前列腺素等）和非血管活性激素（如1，25-二羟维生素$D_3$、红细胞生成素等），这些激素对水、血压、电解质平衡、红细胞生成及骨代谢等许多生理功能的调节起了重要作用。

（三）输尿管、膀胱和尿道

输尿管有三个狭窄部：一个在肾盂与输尿管移行处（输尿管起始处）；一个在越过骨盆入口处；最后一个在进入膀胱壁的壁处。这些狭窄是结石、血块及坏死组织容易停留的部位。

## 二、实验室及其他检查

（一）尿液检查

为获得可靠的检查结果，通常取用清晨第一次尿标本最理想，因无饮食因素干扰、有形成分量多且相对完整。收集好的尿标本应在1～2小时内进行有关检查。留标本时应取中段尿，尽量避免污染，留尿前应清洁外阴，男性包茎者应翻开包皮用清水清洗后进行；女性应避开月经期，以免经血污染。做细菌学检查的尿标本应该置于灭菌的培养器内（无防腐剂），采集过程严格无菌操作，采集完毕立即送检。

（二）肾小球滤过功能检查

内生肌酐清除率（Ccr）、血肌酐、尿素氮、胱抑素C、$\beta_2$微球蛋白的测定为临床上常用来判断肾小球滤过功能的检查方法。

（三）泌尿系影像学检查

泌尿系影像学检查包括超声、X线平片、肾盂造影、血管造影、电子计算机横断体层扫描（CT）、磁共振成像（MRI）、核素检查等，可了解肾脏大小、结构，有无畸形、积水、结石、占位、狭窄栓塞、血管病变等。

（四）肾脏病理学检查

经皮肾脏病理活检是临床诊断、治疗及判断肾脏预后非常重要的依据。

# 第2节　泌尿系统疾病常见症状和体征的护理

泌尿系统疾病的常见症状或体征有肾性水肿、肾性高血压、尿液异常、尿路刺激征等。

## 一、肾性水肿患者的护理

（一）概述

1. 概念　肾性水肿是指由于各种肾脏疾病引起过多液体潴留在组织间隙而导致的组织肿胀，是肾小球疾病最常见的症状之一。

2. 病因和发病机制

（1）病因：各类型原发肾小球肾炎、肾病综合征、继发性肾病、肾衰竭、梗阻性肾病、间质性肾炎、遗传性肾病等。

（2）发病机制：肾性水肿可分为两种。①肾炎性水肿。主要由于肾小球滤过率明显下降，而肾小管重吸收量并没有相应的减少而导致水钠潴留，即球-管失衡。②肾病性水肿。由于大量蛋白尿导致的低蛋白血症，血浆胶体渗透压下降，引起组织间液聚积。

（考点：肾炎性水肿和肾病性水肿的机制）

（二）护理评估

1. 健康史　询问可能引起水肿的诱因或致病因素；水肿的时间、部位、特点、程度，以及水肿的持续时间或进展情况，有何伴随症状，如尿量变化、肉眼血尿、恶心、食欲缺乏、腹胀、心悸、呼吸困难、乏力等；水肿后的治疗经过、用药史及效果。

2．身心状况

（1）症状与体征：肾炎性水肿多从眼睑、颜面部开始，逐渐累及下肢，大多指压为非凹陷性，但少数患者因进食少、利尿过多等丢失蛋白增加也可呈凹陷性；肾病性水肿因组织间隙蛋白含量低，常开始于下肢部位，多呈凹陷性。两者水肿严重时均可发展至全身，可伴有胸腔积液、心包积液、腹水、阴囊水肿等，可伴随尿量减少、气促等症状。还应了解有无血压增高、感染、贫血等。

（考点：肾炎性水肿和肾病性水肿的表现）

（2）心理-社会状况：由于胃肠道水肿可引起恶心、呕吐、食欲下降等不适，易使患者出现烦躁、焦虑等情绪改变。或因病程长、反复发作，患者抑郁、悲观等。

3．辅助检查

（1）尿液检查：尿常规、尿沉渣镜检、尿生化检查。

（2）肾功能、肝功能、血脂、自身免疫抗体、影像学检查等可协助判断水肿的病因类型等。血清电解质检查可判断有无电解质紊乱。

（三）护理问题

1．体液过多　与肾小球滤过率降低导致的水、钠潴留或大量蛋白尿引起的低蛋白血症有关。

2．有皮肤受损的风险　与严重水肿、营养不良有关。

（四）护理措施

1．一般护理

（1）休息与体位：卧床休息。尤其严重水肿者或伴有血尿、低蛋白血症者，嘱患者增加卧床时间，直至肉眼血尿消失。向患者说明卧床休息、避免劳累能减轻肾脏负担，对伴随高血压者有利于血压下降稳定。有颜面水肿者，可高枕卧位；有胸腔积液则取半卧位；阴囊严重水肿者用托带托起；下肢水肿者休息时应抬高下肢，利于静脉回流。

（2）饮食：限制水、钠摄入。轻度水肿者，尿量＞1000ml/24h，钠盐摄入量可 6～8g/d，不宜过分限水。尿量在 500ml/d 以下时且伴水肿者，水摄入量为前一日的尿量加 500ml，每日摄液量应限制在 1000ml 以内，盐摄入 2～3g/d。严重水肿、少尿、无尿者，或伴严重高血压者，应严格控制液体入量，摄盐＜0.5g/d，甚至无盐饮食，并限钾和磷摄入。伴有肾功能不全时应限制蛋白质的摄入，一般为 0.6～0.8g/（kg·d），并以动物优质蛋白为主。有低蛋白血症且水肿者，无肾功能损害时，优质蛋白可给予 0.8～1.0g/（kg·d），不宜高蛋白饮食。低蛋白饮食的患者，需补充足够的热量，每天 126～147kJ/kg，即 30～35kcal/kg（1kcal＝4.18kJ），防止负氮平衡，同时注意补充维生素、微量元素等。

2．病情观察　观察并记录生命体征和尿量变化，准确记录 24 小时出入液量，定期测量体重；观察水肿的消长情况及有无伴随症状出现，有大量腹水者可测腹围；重度水肿者有无皮肤破损、受压红肿等；定期监测尿常规、血电解质、肾功能、血清白蛋白等。

（考点：肾性水肿的护理措施）

3．配合治疗的护理

（1）遵医嘱使用利尿药或白蛋白制剂，以减轻水肿，注意观察利尿药的不良反应，如口渴、乏力、恶心、腹胀、食欲缺乏、耳鸣、听力下降、直立性低血压等。血浆、人血白蛋白为血制品，注意观察有无过敏反应。

（2）注重皮肤护理，协助患者保持皮肤清洁干燥，阴囊水肿者经常保持会阴部皮肤干燥，有助于减少阴囊皮肤湿疹、溃烂的发生率。重度水肿的老年患者，尤其皮肤菲薄或伴糖尿病者，给患者撕脱医用胶布时需轻柔、小心，避免造成皮肤表皮撕脱伤。

（3）卧床患者应经常变换体位，易受压部位用海绵垫等软垫支托，避免皮肤长期受压和摩擦，防止压疮。

4．心理护理　向患者解释病情，嘱其保持心态平和，避免紧张不安、焦虑等情绪。

（五）健康指导

1．疾病知识指导　向患者及其家属宣教出现水肿的原因；解释饮食、休息对控制病情的重要性。

2．用药指导　正确服药，了解并注意观察药物的副作用。

3．疾病监测指导　指导患者观察水肿的变化、记尿量以及正确留取尿标本的方法。

## 二、肾性高血压患者的护理

（一）概述

1．概念　肾性高血压主要发生于肾实质病变、肾血管病变等，是肾脏疾病常见症状之一。可以隐匿存在直至发生肾衰竭时才被发现，持续高血压及其严重程度与肾脏的预后密切相关。

2．分类　按病因分为肾实质性高血压和肾血管性高血压，以肾实质性高血压多见；按发病机制分为容量依赖型高血压和肾素依赖型高血压，80%以上的肾性高血压为容量依赖型。

3．病因及发病机制

（1）容量依赖型高血压：是肾实质损害后使肾排钠障碍，水、钠潴留，引起血容量增加，血压升高。常见于约 80%肾实质病变。

（2）肾素依赖型高血压：主要是因肾动脉狭窄，肾血流减少，球旁细胞释放大量肾素，引起肾素-血管紧张素-醛固酮活性增加，肾素-血管紧张素Ⅱ能使全身小动脉管壁收缩而产生高血压。常见于约 10%的肾实质病变。

（二）护理评估

1．健康史　询问既往有无肾病史；有无情绪激动、经常便秘、短期内摄钠水过多等诱因；了解血压变化、用药情况及疗效；有无心、脑、视网膜等病变。

2．身心状况

（1）症状：有头晕、头痛、心悸、乏力、恶心、胸闷、行走漂浮感、视物模糊，甚至抽搐、气促、心力衰竭等，可伴随血尿、蛋白尿、尿量减少、夜尿增多、水肿等。

（2）体征：血压不同程度增高，一般体征较少。可有伴随水肿，有肾功能损害者伴贫血貌等。如有心、脑、视网膜等器官的并发症，可出现相应的体征。

（3）心理-社会状况：患者常因病情反复不愈、终身服药、经济负担重而出现焦虑情绪，合并肾衰竭者有可能出现抑郁及悲观等心理。

3．辅助检查　血常规、尿常规、肾功能检查及影像学检查等有助于病因诊断。

（三）护理问题

1．头痛　与血压异常增高有关。

2．潜在并发症：高血压危象、高血压脑病。

（四）护理措施

1．一般护理

（1）休息：伴有肉眼血尿、蛋白尿时，建议卧床休息，症状严重者绝对卧床。良好的睡眠有助降压。

（2）饮食：给予低盐、低脂饮食，忌烟、酒。有水肿时限制水摄入量。

2．病情观察　每日正确测量血压并记录，了解血压波动的规律性，测量血压应做到定时间、定部位、定体位及定血压计。观察病情变化，患者是否有心、脑等并发症的表现，一旦发现立即报告医生，配合治疗的护理。

3．配合治疗的护理　遵医嘱使用降压药，指导患者正确的服药方式，以防发生低血压或血压波幅大。容量依赖型患者，应采取限水、限钠，配合降压药等综合治疗；肾素依赖型患者，应首选血管紧张素转化酶抑制剂或血管紧张素Ⅱ受体拮抗剂；用药过程中注意观察药物的不良反应，如心悸、心动过缓、面色潮红、干咳、直立性低血压、肾功能异常、高血钾等；静脉用降压药如注意药物配制浓度、速度，密切监测血压，避免血压下降过快，伴有肾功能不全者用硝普钠降压注意持续给药时间不能超过 48 小时（可导致氰化物中毒），且避光处理以免药物分解。

4．心理护理　向患者解释血压增高的原因，嘱患者避免情绪紧张、焦虑或恐惧，心情平和有助于控制血压。

（五）健康指导

1．疾病知识指导　向患者及家属解释肾性高血压的危害，鼓励家属协同参与调控血压，告知坚持长期平稳降血压治疗的重要性。建立健康的生活方式，减少或诱发血压增高的因素。

2．用药指导　告知患者或家属熟悉降压药的名称、剂量、服用方式、不良反应等；按时服用，坚持服用；避免使用损害肾的药物。

3．疾病监测指导　指导患者学会测量血压，并经常监测血压；定期复查尿常规、肾功能、电解质、血糖、血脂等；发现异常及时就诊。

## 三、尿液异常患者的护理

（一）概述

1．概念　正常成人 24 小时尿量 1000～2000ml。尿量异常：每日尿量＞2500ml 称为多尿；每日尿量＜400ml 或少于 17ml/h 称为少尿；每日尿量＜100ml 称为无尿。

（考点：尿量异常的概念）

2．病因及发病机制

（1）多尿：应首先排除健康人摄入水分过多、大量输入葡萄糖后出现的一过性生理性多尿现象。持续性多尿属于病理性，分为肾源性和非肾源性两种。①肾源性：见于多种肾脏疾病，肾脏髓质受损后肾小管浓缩功能障碍导致多尿，如慢性肾盂肾炎、慢性肾功能不全早期、急性肾功能不全多尿期、慢性肾小管间质性肾炎等。②非肾源性：见于内分泌与代谢疾病（如糖尿病、原发性醛固酮增多症等）、中枢性多尿（垂体性尿崩症、垂体切除、头颅损伤或手术等）、精神性多尿（如癔症）等。

（2）少尿或无尿：可分为肾前性、肾性和肾后性 3 种。①肾前性：见于各种原因引起的有效血容量不足、心排血量减少、肾血管狭窄或栓塞，如大量失血、脱水、休克、心力衰竭、急性心肌梗死、肾静脉或动脉血栓、急性肺栓塞等，使肾血灌注量减少，肾小球滤过率下降，导致少尿或无尿。②肾性：也称肾实质性，常见于急性肾小管坏死、各种类型肾小球肾炎、急性或慢性肾衰竭、急性间质性肾炎等。③肾后性：各种原因引起的肾以下尿路梗阻，如结石、前列腺增生、肿瘤、尿道狭窄、神经性膀胱等，尿液潴留在肾盂、输尿管和（或）膀胱；同时因肾实质受挤压而导致肾功能损害，肾小球滤过率下降。

（二）护理评估

1．健康史　询问患者引起尿液异常的诱因或原因，如有无摄水摄钠过多、进食少、频繁呕吐、腹泻、呼吸道感染、肾病、糖尿病、高血压、心脏病、肝病史等，近期有无使用损肾药物史，以及治疗用药经过、疗效等。

2．身心状况

（1）症状和体征：评估患者有无水肿、心悸、口渴多饮、乏力、气促、食欲下降、恶心、呕吐、腹泻、腰痛、体重改变等表现。

（2）体征：肢体有无水肿等。

（3）心理-社会状况：尿液异常多为原发或继发肾脏疾病所致，使患者有焦虑、恐惧及悲观等心理。

3．辅助检查　血常规、尿常规、肾功能、血电解质、肝功能、血糖、血气分析、醛固酮测定、肾小管功能测定、心脏超声、腹部及泌尿系影像学检查等有助于病因诊断。

（三）护理问题

1．体液过多　与肾小球滤过功能下降、尿量减少有关。

2．有体液不足风险　与血容量减少、尿量过多有关。

（四）护理措施

1．一般护理

（1）休息及体位：注意休息，避免劳累，伴有严重高血压者及肾功能损害者应卧床休息，心力衰竭者坐位或半卧位休息。

（2）饮食：多尿者多饮水，防止脱水；少尿或无尿者控制饮水量或禁饮水；给予富含维生素、低脂饮食，肾功能不全者则给予优质低蛋白饮食。电解质紊乱者根据病情给予相应补充或减少摄入。少尿者尤其伴有高血钾时，应限制或避免香蕉、柑橘等含钾高的食物。

2．病情观察　监测生命体征变化，观察患者的意识形态，测量体重、尿量等；尿液异常表现是否减轻或转为正常；患者情绪是否稳定、身心舒适；体液、电解质、酸碱平衡是否保持平衡，有无严重并发症发生。

3．配合治疗的护理　遵医嘱用药，同时密切观察病情变化，有无药物副作用，防止加重水电解质、酸碱平衡紊乱。高血钾者慎输库存血。

4．心理护理　向患者及家属解释病情、护理措施，嘱患者保持良好的心态，消除患者的紧张、焦虑。

（五）健康指导

1．疾病知识指导　向患者及家属介绍尿液异常的基本原因，解释各项检查项目的必要性及治疗方案的目的。指导患者制订合理的饮食方案，注意避免劳累、受凉等诱发因素。

2．用药指导　告知患者或家属了解利尿剂等药物的名称、副作用等，防范水电解质失衡。

3．疾病监测指导 指导患者正确观察水肿、尿量方法；定期复查血常规、尿常规、肾功能、电解质等。

## 四、尿路刺激征患者的护理

（一）概述

1．概念 尿路刺激征，也称膀胱刺激征，是指膀胱颈和三角区因炎症、理化因素或非感染性炎症而引起的尿频、尿急、尿痛，常伴有尿道口烧灼感、排尿不尽感和下腹坠痛等。

（考点：膀胱刺激征的主要表现）

2．病因及发病机制 尿路感染是最常见因素。其次为尿路器械检查、尿道损伤、肿瘤、结石、异物等刺激，老年妇女、精神紧张、中枢性病变等引起的尿道综合征。

（二）护理评估

1．健康史 询问发病前有无诱因，既往有无尿路感染、前列腺疾病、泌尿系结石、结核、尿道外伤及肿瘤等疾病以及留置尿管、尿道扩张史。

2．身心状况

（1）症状：有无尿频、尿急、尿痛，评估每日排尿次数、每次排尿量、尿液的性状，是否伴随发热、脓尿、肉眼血尿、排尿困难、尿流变细、尿流突然中断、腹痛、腰痛、盗汗、消瘦等。

（2）体征：评估患者的营养状况；有无发热、肾区压痛、肋脊角叩痛；有无尿潴留，膀胱区是否膨隆、压痛、叩诊浊音等；有无尿道损伤、尿液外渗、出血、尿道触痛；有无神情焦虑；精神因素引起者可无明显阳性体征。

（3）心理-社会状况：患者常因症状发作时影响生活、工作质量而焦虑不安，尤其反复发作的患者心理负担重。

3．辅助检查 血液常规检查、尿液常规检查、尿细菌学检查、肾功能及泌尿系影像学等检查有助于查找病因。

（三）护理问题

1．排尿异常：尿频、尿急、尿痛 与尿路感染、异物刺激等有关。

2．焦虑 与尿路刺激征反复发作有关。

（四）护理措施

1．一般护理

（1）休息及卫生：注意休息，保证休息及充足的睡眠，做好个人卫生、会阴部清洁，选用吸汗且透气性好的棉质内衣，出汗后及时换洗内衣和床褥。

（2）饮食：无禁忌情况下多饮水，每日饮水量不少于 2000ml，保证每日尿量在 1500ml 以上。给予清淡、易消化饮食，忌酒、辛辣刺激性食物。

2．病情观察 尿频、尿急、尿痛等不适症状是否减轻或消失；患者情绪是否稳定；其他伴随症状如发热、腰痛等是否缓解或消失。

3．配合治疗的护理 遵医嘱使用抗生素，注意药物过敏反应及其他不良反应；需要留置尿管时，注意无菌操作及尿管护理，动作轻柔；指导患者正确留取尿液标本；对患者进行膀胱区热敷或按摩，以缓解下腹疼痛；督促患者按时、按量服药等。

4．心理护理 向患者解释尿路刺激征的病因、诱因、预后。指导患者合理安排有意义的娱乐活动，分散注意力，减轻焦虑，从而减轻尿频症状。

（五）健康指导

1．疾病知识指导　向患者解释导致尿路刺激征的基本原因，鼓励患者多饮水、勤排尿、不憋尿，有助于冲洗尿路，减少细菌在尿路停留的时间，缓解症状。加强患者个人卫生，尤其外阴部卫生。加强营养，增强机体抵抗力。

2．用药指导　告知患者或家属了解药物的治疗疗程、副作用等。

3．疾病监测指导　指导患者观察是否伴有发热，定期做尿液检查。

## 第3节　尿路感染患者的护理

**案例 5-1**　患者，女，28岁，已婚。因尿急、尿频、尿痛、发热1天入院。于1天前无诱因出现尿急、尿频、尿痛，尿不尽感，尿量正常。伴畏寒、发热，体温达39.5℃，伴腰部酸痛、头晕、乏力、食欲减退。查体：T 38.2℃，P 88次/分，R 20次/分，BP 109/75mmHg。神志清，急性病容，浅表淋巴结不大。心肺（－），腹软，无压痛，双肾区有明显叩痛。双下肢无水肿。血常规示白细胞 $12.6\times10^9$/L，红细胞 $4.6\times10^{12}$/L。尿常规示白细胞（＋＋＋），红细胞（＋＋）。尿培养出大肠埃希菌，菌落＞$10^5$/L。

**问题**：1．该病的致病因素有哪些？

2．主要考虑为何病？

3．护理措施是什么？

尿路感染，简称尿感，是指伴或不伴临床症状的由各种病原微生物在尿路中生长、繁殖所引起的炎症性疾病。最常见的致病微生物是细菌，凡有真性菌尿均可诊断尿路感染。本病好发于女性，尤其是性生活活跃期的妇女，其次见于60岁以上老年女性、50岁以上男性（尤其前列腺增生者）、婴儿和免疫功能低下者。尿路感染分为上尿路感染和下尿路感染，前者指的是肾盂肾炎，后者主要指膀胱炎。肾盂肾炎、膀胱炎又分为急性和慢性两种。

### 一、概　　述

（一）病因及发病机制

1．病因　尿路感染最常见的致病菌是革兰阴性杆菌，其中以大肠埃希菌最常见，约占全部尿路感染的85%，其次为肠球菌、变形杆菌、克雷伯杆菌、产气杆菌、铜绿假单胞菌、葡萄球菌等。真菌感染常由白念珠菌引起，多见于糖尿病、留置尿管时间过长、长期使用广谱抗生素或免疫抑制药等；腺病毒可以在儿童及少数年轻人中引起出血性膀胱炎；还可见阴道滴虫、结核杆菌、衣原体感染等。

（考点：尿路感染的最常见的致病菌）

2．发病机制

（1）感染途径：致病菌通过上行感染、血行感染、直接感染、淋巴道感染等感染途径侵犯泌尿系统。①上行感染最常见，约占尿路感染的95%，细菌由尿道外口上行，经膀胱、输尿管逆流上行到肾盂，引起感染。②血行感染少见，致病菌多为金黄色葡萄球菌，病原菌从体内感染灶如扁桃体炎、鼻窦炎或皮肤化脓性感染等侵入血流，到达肾和尿路其他部位引起炎症。③直接感染一般是指外伤、泌尿系周围器官或组织感染，细菌偶可直接侵入泌尿系统。④致病菌通过淋巴道感染最罕见。

（考点：尿路感染最常见的感染途径）

（2）易感因素：①尿路梗阻是最主要的易感因素，以尿路结石、前列腺增生最常见，尿路狭窄后尿液聚积，细菌不能及时被冲刷清除出尿道，在局部大量繁殖而引起感染。②尿路畸形或结构异常，如肾先天发育不良、输尿管先天畸形、多囊肾等。③女性尿道的局部解剖特点，女性尿道短而宽，尿道口距肛门、阴道较近，易被细菌污染，尤其性生活后易发生上行感染。④机体抵抗力低下者，如糖尿病、艾滋病、长期卧床、应用糖皮质激素等均易发生尿路感染。⑤尿路器械操作如留置导尿管、膀胱镜检查、尿道扩张、逆行性尿路造影等可损伤尿道黏膜，使细菌进入泌尿道而致感染，留置尿管越久，感染发生率越高，超过3天可达90%以上。⑥其他如神经源性膀胱、妊娠、男性包皮过长、遗传等也是易感因素。

（3）细菌的致病力：菌株的致病力越强，越易引起感染。

（二）转归

急性者基本能治愈，约30%以上的膀胱炎为自限性，可在7～10天内自愈。重症感染可引起感染性休克，引起肾缺血，导致急性肾损伤。慢性膀胱炎、复杂性尿路感染者可反复发作，而慢性肾盂肾炎者，因病情持续发展引起泌尿道黏膜增生、狭窄、畸形，最后演变为慢性肾衰竭。

## 二、护理评估

（一）健康史

询问患者有无易感或诱发因素，女性发病前有无性生活、月经来潮、妇科疾病及白带情况，男性有无前列腺炎或增生；既往是否有多次类似发作史；有无泌尿系结石、严重慢性病、糖尿病、留置尿管；是否经常使用免疫抑制药等。

（二）身心状况

1．症状

（1）膀胱炎：占尿路感染的60%以上，主要表现是尿频、尿急、尿痛、排尿不适、下腹部疼痛、排尿有异味等，偶可排尿困难，可伴有血尿甚至肉眼血尿。一般无明显的全身感染症状，但少数患者可有腰痛、低热（一般不超过38℃）。

（2）肾盂肾炎

1）急性肾盂肾炎：通常起病急，临床表现和感染程度有关。①泌尿系统症状：包括尿频、尿急、尿痛等膀胱刺激征，腰痛和（或）下腹痛；②全身感染的症状明显，如寒战、发热、头痛、恶心、呕吐、全身酸痛、食欲缺乏等，体温多在38℃以上，严重者可出现败血症。

2）慢性肾盂肾炎：临床表现则不典型，如病情进展，可有夜尿增多、低比重尿等肾小管功能损害的表现，甚至有慢性肾衰竭的表现。当急性发作时可症状表现明显，类似急性肾盂肾炎。

（3）少数患者表现为无症状菌尿。

2．体征　膀胱炎一般无明显阳性体征，或表现为低热。急性肾盂肾炎可有中或高热、心动过速、肢体肌肉压痛、上及中输尿管压痛点压痛、肋脊角压痛、肾区叩击痛等。慢性肾盂肾炎体征可不明显，后期可有高血压、水肿、贫血貌等肾功能减退表现。

3．心理-社会状况　患者常因急性发作时症状明显，影响工作或生活质量而焦虑、失眠。少数年轻女性患者羞于检查，导致病程延长。慢性患者因病情反复发作、迁延不愈，易产生焦虑、紧张和悲观情绪。

（考点：急性肾盂肾炎和急性膀胱炎的主要表现）

（三）辅助检查

1．血常规　急性肾盂肾炎时常伴有血白细胞计数、中性粒细胞升高。膀胱炎一般血白细胞计数正常或略为增高。

2．尿液检查　常规检查可见白细胞增多，或出现脓球、镜下血尿；尿沉渣镜检可有白细胞管型，尿沉渣涂片染色高倍镜下找到细菌。

3．尿液细菌培养　清洁中段尿细菌培养菌落计数≥$10^5$/ml，为真性细菌尿；菌落计数＜$10^4$/ml，为污染；菌落计数在两者之间，如果连续两次培养得到同一菌株，即可判断为真性菌尿。

4．肾功能、肾小管功能等　慢性肾盂肾炎可有肾小球滤过率下降、血肌酐升高等。

5．泌尿系B超、X线或CT检查　可发现有无结石、尿潴留、梗阻、狭窄、尿路畸形等。

（考点：尿路感染确诊的检查及标准）

（四）治疗要点

治疗原则：去除病因，合理使用抗生素。

1．病因治疗　去除诱因，如肾结石、输尿管畸形等；积极抗感染；有效控制糖尿病及其他慢性基础病；医源侵入性操作时严格无菌观念、留置尿管时间不宜过久；增强机体抵抗力等。

2．药物治疗　选择抗生素要注意在尿、肾内的浓度要高，对肾的毒性小、副作用少。细菌培养结果出来前，一般首选对革兰阴性杆菌敏感的药物，单一用药为主，如治疗失败、有耐药菌株或混合型细菌感染、严重感染时可以联合用药。

（1）急性膀胱炎、轻度的急性肾盂肾炎可选择口服抗生素，病情较严重或伴全身中毒症状明显者，需住院治疗及观察病情，宜静脉用药，必要时联合用药。

（2）常用药物：①喹诺酮类，常用环丙沙星、氧氟沙星等。②半合成广谱青霉素类，常用阿莫西林、氨苄西林等。③头孢类，常用头孢呋辛、头孢噻肟、头孢曲松等。④磺胺类，常用复方磺胺甲基异噁唑（复方新诺明）。⑤口服碳酸氢钠可碱化尿液、抑制细菌生长、缓解膀胱刺激征、避免形成血凝块。其他如氨基糖苷类有肾毒性应慎用。孕妇可选择青霉素类、头孢菌素类，为急性肾盂肾炎者宜选择半合成广谱青霉素类、第三代头孢菌素类静脉滴注。

（3）疗程与治愈标准：若用药72小时后症状好转，无须换药，如经72小时仍无效，应按药敏结果调整药物。妊娠妇女、糖尿病者、男性患者、老年患者、机体抵抗力低下者应适当增加疗程。急性膀胱炎一般选择7天的短疗程疗法，抗菌药用至症状消失，停药1周后尿常规转阴和尿培养阴性可视为治愈，如有真性细菌尿可继续给予2周抗生素量。急性肾盂肾炎一般疗程为10～14天，疗程结束后每周复查尿常规和尿细菌培养1次，共2～3周，若均为阴性，可视为临床治愈。慢性肾盂肾炎疗程应适当延长，选用敏感药物联合治疗，疗程2～4周。

**知识链接**

**急性膀胱炎的三日短程疗法**

短程疗法比单剂量疗法（抗生素顿服）灭菌效果佳，敏感的抗生素治疗24～48小时后尿中细菌即消失，而不必用7～10天的长疗程疗法（增加患者的经济负担，导致药物副作用、耐药菌株和二重感染产生）。

（考点：急性膀胱炎和急性肾盂肾炎的治疗疗程）

## 三、护 理 问 题

1. 体温过高　与细菌感染有关。

2. 排尿异常：尿频、尿急、尿痛　与尿路感染所致的尿路刺激征有关。

3. 焦虑　与症状明显或病情反复发作有关。

4. 潜在并发症：慢性肾功能不全、肾周围脓肿、肾积水等。

## 四、护 理 措 施

### （一）一般护理

1. 休息及卫生　急性期伴发热者应注意卧床休息，注意尿道口及会阴部清洁。

2. 饮食　多饮水、勤排尿（每 2～3 小时排尿一次），发热者给予清淡易消化、富含维生素等饮食，避免辛辣、刺激性食物。

（考点：尿路感染的护理措施）

### （二）病情观察

体温是否正常；排尿异常、头痛、恶心、腰痛等症状是否缓解；是否有并发症倾向，有并发症者是否及时治疗好转或痊愈；患者是否情绪稳定、配合治疗。

### （三）配合治疗的护理

指导患者正确留取尿液标本；高热脱水时应静脉补液；遵医嘱使用抗生素，注意给药间隔时间，最大限度达到血药浓度；观察药物过敏反应及其他不良反应，如喹诺酮类常有消化道副反应（恶心、呕吐、胃部不适等），尤其注意观察老年患者使用喹诺酮有无精神行为异常、胡言乱语等，及时报告医生，防范意外发生；需要尿路器械检查或护理时严格无菌操作；督促患者按时、按量服药，遵医嘱减量、停药。

### （四）心理护理

向患者解释发病原因，嘱患者保持心态平和，避免紧张、焦虑或恐惧。

## 五、健 康 指 导

1. 疾病知识指导　多饮水、勤排尿是最有效的预防方法；指导患者积极消除易感因素，如个人不良卫生习惯、经常憋尿、滥用抗生素及糖皮质激素、高血糖、结石梗阻等；尽量减少使用尿路器械的频率和留置时间；与性生活有关的尿路感染，应于性交后立即排尿，必要时遵医嘱口服一次抗生素；膀胱-输尿管反流者，指导其每次排尿后数分钟再排一次；保持健康的生活方式，加强机体抵抗力。

2. 用药指导　遵医嘱正确服用抗生素，避免过早停药；注意观察药物副作用。

3. 病情监测指导　定期回院复查血常规、尿常规、尿细菌学或肾功能等检查。针对慢性肾盂肾炎反复发作者，告知患者如出现水肿、高血压、夜尿多等，应及时就诊。

# 第 4 节　慢性肾小球肾炎患者的护理

**案例 5-2**　患者，男，43 岁。因反复双下肢水肿 5 年再发 1 周入院。5 年前无明显诱因始反复双下肢水肿，在当地医院诊断为“肾炎”，患者未接受系统治疗。1 周前因感冒后水肿再发，尿量无明显减少。查体：T 36.6℃，P 92 次/分，R 19 次/分，BP 164/93mmHg。神志清，精神欠佳，颜面、双踝部轻度水肿。心率 105 次/分，律齐，心界无扩大，无杂音。双肺、腹部（－）。实验室检查：血常规示红细胞 $3.8\times10^{12}$/L，血红蛋白 120g/L，白细胞 $6.2\times10^{9}$/L。尿常规示蛋白（＋＋），红细胞（＋），颗粒管型少许。

**问题**：1. 该患者患何种疾病？

2. 护理措施有哪些？

3. 如何进行健康指导？

慢性肾小球肾炎简称慢性肾炎，是由多种病理类型组成且原发于肾小球的一组疾病。起病隐匿，病程长，进展缓慢，以水肿、高血压、蛋白尿、血尿为基本表现，可伴不同程度的肾功能减退。本病可发生于任何年龄，以中青年为主，男性多见。

## 一、概　　述

### （一）病因及发病机制

慢性肾炎的病因尚不完全清楚，大多数由各种原发性肾小球疾病迁延不愈发展而成，仅少数慢性肾炎由急性肾炎演变而来，所以病因、发病机制、病理类型不尽相同，但目前认为起始因素多为免疫介导炎症，其次为非免疫非炎症因素。其常见的病理类型为微小病变肾病、局灶节段性肾小球硬化、膜性肾病、IgA 肾病、系膜增生性肾小球肾炎和新月体肾炎等。

### （二）转归

目前无法治愈，随着病情缓慢进展，最终进展成慢性肾衰竭。进展速度个体差异大，和肾脏病理类型有重要关系，同时与治疗是否恰当、是否重视保护肾脏等有关。

## 二、护 理 评 估

### （一）健康史

仔细询问其起病情况、发作的诱因、病程长短，有助于急、慢性鉴别；有无肾病史、使用损肾药物史、糖尿病史、高血压史等；询问治疗经过、用药情况、治疗效果等。

### （二）身心状况

1. 症状与体征：临床表现多样，症状轻重不一。主要表现如下。

（1）水肿：表现为眼睑、颜面水肿和（或）轻至中度下肢水肿，一般无浆膜腔积液，缓解期可完全消失。

（2）高血压：多为持续性中等程度以上高血压。

（3）尿的异常：可有尿量减少、蛋白尿，偶见血尿等。

（4）全身症状：表现为食欲减退、恶心、头晕、乏力、腰酸等。可见轻度贫血。随着病情进展，出现肾功能减退，最后导致慢性肾衰竭。

2. 并发症

（1）感染：容易并发呼吸、泌尿道感染。

（2）心脏损害：长期高血压易致心脏增大、心律失常和心力衰竭。

（3）高血压脑病：由于血压短时间内急剧增高而引起。

（4）慢性肾衰竭：是慢性肾炎最严重的并发症。

3. 心理-社会状况　本病病程迁延不愈，疗效不佳，预后差，使患者及家属担忧、焦虑，随着肾功能损害进一步加重，患者可产生恐惧、抑郁、悲观的情绪。

（三）辅助检查

1. 尿液检查　蛋白尿轻度异常，尿蛋白定性（＋）～（＋＋＋），尿蛋白定量 1～3g/24h；尿沉渣镜检可见红细胞管型和细、粗颗粒管型。

2. 血常规检查　早期多正常，或有轻度贫血。

3. 肾功能检查　肾功能减退时表现为内生肌酐清除率下降，血肌酐和尿素氮增高。

4. 肾脏 B 超　根据病变程度不同，肾脏大小正常或缩小、肾皮质可变薄及回声增强等。

5. 肾脏组织活检　可以确诊及做病理分型，指导治疗，评估肾脏预后等。

（考点：慢性肾炎的主要临床表现）

（四）治疗要点

慢性肾小球肾炎的治疗原则：改善或缓解症状，防止或延缓肾功能恶化，防治心脑血管等严重并发症。

1. 病因治疗　去除诱因，如劳累、呼吸道感染、高血压、血容量不足、肾毒性药物等；针对不同原发病、不同病理类型，选择不同治疗方案。高血压和蛋白尿是加速肾小球硬化、促进肾功能恶化的重要因素。高血压治疗目标：理想控制水平≤130/80mmHg。尿蛋白的治疗目标：争取减少至 1.0g/d。

2. 药物治疗

（1）利尿：有水肿的患者酌情使用利尿药，既能利尿消肿，又能降血压。但不宜过多或长久使用。可用氢氯噻嗪，但对血肌酐＞200μmol/L 或内生肌酐清除率＜30ml/min 者，应避免使用噻嗪类，可选择袢利尿剂呋塞米。有高血钾者不宜使用潴钾利尿剂如螺内酯（安体舒通）等。

（2）积极控制血压：及时有效地维持稳定正常的血压，可改善肾小球高压力、高灌注、高滤过，能延缓肾功能损害。根据病情可单一或联合用药，尽量选择中长效制剂或控释片。血管紧张素转化酶抑制剂、血管紧张素Ⅱ受体拮抗剂除了降血压外，还有减少尿蛋白、延缓肾功能恶化的保护性作用，常作为首选。但合并肾功能不全者，应用 ACEI、ARB 时要注意防止高血钾，血肌酐＞264μmol/l 时应在严密观察下谨慎使用。对于慢性肾炎高血压者，主张以下联合用药：ACEI 或 ARB 与钙拮抗剂；ACEI 或 ARB 和利尿剂；钙拮抗剂和 β 受体阻滞剂；钙拮抗剂和利尿剂；钙拮抗剂和 $\alpha_1$ 受体拮抗剂。

（3）抗血小板聚集、抗凝治疗：可用双嘧达莫、阿司匹林、氯吡格雷、低分子量肝素、华法林等。

（4）糖皮质激素和细胞毒药物：一般不积极使用。因慢性肾炎是一组综合征，病因、病理及其病变程度均不同，应依病情综合分析后而定。常用药物为泼尼松、甲泼尼松、环磷酰胺、环孢素、他克莫司等，无效则撤退。

（5）其他治疗：如抗氧化及保护肾脏治疗，冬虫夏草制剂百令胶囊、金水宝胶囊等。

## 三、护理问题

1. 体液过多　与肾小球滤过率降低导致的水钠潴留有关。
2. 营养失调：低于机体需要量　与低蛋白饮食、长期蛋白尿导致的蛋白质丢失过多有关。
3. 焦虑　与担心疾病复发与预后有关。
4. 潜在并发症：慢性肾衰竭。

## 四、护理措施

### （一）一般护理

1. 休息　增加卧床休息时间，可减轻肾脏及心脏负荷，尤其有高血压、大量蛋白尿、血尿、明显水肿、肾衰竭、心力衰竭、心律失常的患者，必要时限制活动，绝对卧床休息。

2. 饮食　有高血压无水肿者，盐摄入<6g/d；水肿少尿者应限制水的摄入，食盐摄入量为2～3g/d，有肾功能损害者应采用富含必需氨基酸的优质低蛋白饮食0.6～0.8g/（kg·d），限制磷的摄入量。结合口服必需氨基酸或α-酮酸。有高尿酸、高血脂者，分别予低嘌呤、低脂饮食。无糖尿病者适当增加碳水化合物的摄入比例，保证足够热量，减少体内蛋白质的分解。

（考点：慢性肾炎的护理措施）

知识链接

**什么是优质蛋白质？**

一般满足以下三个条件，就属于优质蛋白质：容易被人体消化、吸收；被人体吸收后利用率高；含必需氨基酸丰富，种类齐全，比例适当，很多动物蛋白质如鱼肉、鸡肉、牛奶、鸡蛋等，都属于优质蛋白质。植物蛋白不属于优质蛋白，但大豆蛋白除外。

### （二）病情观察

观察患者生命体征，尤其是血压的变化；记录24小时液体出入量，尤其是尿量的变化，监测体重和腹围，观察水肿消长情况。监测肾功能情况，及时发现肾衰竭。

### （三）配合治疗的护理

遵医嘱使用药物治疗，熟悉给药剂量和间隔时间，指导患者正确的服药方式；密切观察药物的不良反应。使用利尿剂时注意有无电解质、酸碱平衡紊乱；服用降血压药时，嘱患者变化体位时动作要慢，防止直立性低血压；应用抗凝药物时注意观察有无出血倾向及监测出凝血时间等。

### （四）心理护理

经常和患者及其家属沟通，耐心地讲述疾病的相关知识，鼓励患者表达自己的心理状态，给予疏导和帮助，减轻或消除患者的绝望感，树立生活的信心，积极配合治疗。

## 五、健康指导

1. 疾病知识指导　向患者及家属宣教易感因素，避免劳累、感染、脱水和使用肾毒性药物等。育龄妇女注意避孕，以免因妊娠导致肾炎复发和病情恶化。指导患者合理膳食，注意休息，保持情绪稳定平和。

2. 用药指导　向患者及家属解释药物治疗的目的、服药的注意事项、常见的药物副作用，遵医嘱调整剂量或停药。积极控制高血压并经常测量血压，依据血压调整药物，避免血压波动幅度过大。

3. 病情监测指导　引导患者及家属正确面对疾病，定期复查（可依据病情每 1～6 个月）尿常规、血常规、肾功能、电解质等，每年复查肾脏超声。学会自我监测病情，能够及时就诊。

## 第 5 节　慢性肾衰竭患者的护理

**案例 5-3**　患者，男，43 岁。恶心、呕吐、下肢水肿 10 余天。10 多天前无明诱因出现恶心、呕吐，纳差，双下肢水肿，尿量 200ml/d。8 年前体检时发现有蛋白尿、血尿，未重视。查体：体温 36.1℃，脉搏 105 次/分，呼吸 22 次/分，血压 182/114mmHg，神志清楚，中度贫血貌，颈静脉无怒张，心肺（－），腹部（－），下肢中度凹陷性水肿。血常规：血红蛋白 62g/L，白细胞 $5.0\times10^9$/L。血尿素氮 28mmol/L，血肌酐 1250μmol/L，二氧化碳结合力 10.5mmol/L。血钾 2.95mmol/L。尿常规：蛋白（＋＋＋），红细胞（＋）。B 超：双肾缩小。

**问题**：1. 该患者患有何种疾病？

2. 存在哪些护理问题？

3. 如何进行护理？

慢性肾衰竭是由各种慢性肾脏病持续、进行性进展，最终出现肾衰竭，主要表现为代谢产物潴留，水、电解质及酸碱平衡紊乱和全身多系统受累的一种综合征。

### 一、概　　述

流行病学调查数据显示，我国目前慢性肾脏病患病率为 10.8%，且有明显上升趋势。

1. 病因　我国最常见的病因为原发性肾小球肾炎，其次是糖尿病肾病、高血压肾小动脉硬化，后两者近些年已有明显增高趋势，其他还有多囊肾、梗阻性肾病、狼疮肾炎、系统性血管炎肾损害等，而欧美等发达国家则以糖尿病肾病、高血压肾小动脉硬化为最常见病因。

（考点：我国慢性肾衰竭的常见病因）

2. 发病机制　尚未完全阐明，目前认为可能和几个因素有关。

（1）健存肾单位学说：慢性肾实质疾病导致一定数量的肾单位破坏后，剩余健全的肾单位代偿，当肾实质破坏到一定程度，健全肾单位越来越少，不能满足机体代谢需要时，即出现肾衰竭。

（2）肾单位高滤过、高灌注、高压力：随着肾单位的破坏，剩余健全的肾单位代偿性发生血浆流量增加（高灌注）、毛细血管跨膜压增高（高压力）、肾小球滤过率增高（高滤过），促使健全肾单位代偿性肥大，继而发生肾硬化，肾功能进一步恶化。

（3）矫枉失衡学说：肾单位损害后，造成体内钙、磷等代谢失去平衡，为了纠正这些失衡，机体要做出相应调整，而在调整过程中又会产生新的不平衡，使机体再次受到损害。

（4）肾小管高代谢学说：慢性肾脏病发展到一定阶段，均可以出现明显的肾小管代谢亢进，表现为肾小管滤过系数增加，最终造成肾组织进行性损伤，肾单位进一步丧失。

3. 分期　目前慢性肾脏病依据美国肾脏病基金会 K/DOQI 制定的指南分为 1～5 期（表 5-1）。

**表 5-1 CKD 分期和建议**

| 分期 | 特征 | GFR 水平（ml/min） | 防治目标、措施 |
|---|---|---|---|
| 1 | 有肾损害，GFR 正常 | ≥90 | CKD 诊治；延缓疾病进展；治疗合并症，保护肾功能 |
| 2 | GFR 轻度降低 | 60～89 | 评估、减慢 CKD 进展；降低心血管病疾患危险因素 |
| 3 | GFR 中度降低 | 30～59 | 减慢 CKD 进展；评估、治疗并发症 |
| 4 | GFR 重度降低 | 15～29 | 综合治疗；透析前准备 |
| 5 | 终末期肾病 | <15 | 肾脏替代治疗 |

4. 转归　不能治愈。积极治疗且并发症少者，肾功能进展缓慢、稳定或有所减轻，可延长寿命，否则死亡率高。

## 二、护 理 评 估

### （一）健康史

询问患者既往有无肾脏病、高血压、糖尿病、痛风、红斑狼疮等病史，以及治疗过程；有无长期服用中草药史；有无药物、食物过敏史等。

**知识链接**

**常见的肾毒性药物**

肾毒性药物常见于：非甾体抗炎药（吲哚美辛、布洛芬、萘普生等）、氨基糖苷类抗生素（新霉素、卡那霉素、庆大霉素、妥布霉素等）、含碘造影剂、抗肿瘤药（顺铂、丝裂霉素等）、含有马兜铃酸的中草药（马兜铃、关木通、广防己、青木香、天仙藤、寻骨风、朱砂莲等 10 多种）、重金属制剂（铅、汞、镉、钨等）等。

### （二）身心状况

在疾病不同阶段，临床表现各异，CKD 1～3 期一般无明显症状，或可表现为乏力、夜尿多、腰酸、食欲减退、轻度贫血等轻度表现。进入 4 期后，以上症状明显。到达 CKD 5 期后，可出现多个系统症状，甚至危及生命。

1. 水、电解质、酸碱平衡失调

（1）水、钠代谢紊乱：主要为水、钠潴留，因肾功能减退、补液或饮水增加等引起，表现为水肿、尿量减少、血压增高、心力衰竭、腹水、胸腔积液甚至肺水肿等。少部分患者因呕吐、厌食、腹泻、利尿剂使用不当等引起血容量不足、低钠血症。

（2）钾代谢紊乱：高血钾可因肾功能减退后排钾减少、酸中毒、输库存血、使用潴钾利尿剂等引起，表现为肌无力、四肢末端麻木、心律不齐、心率减慢、心脏停搏等。血钾降低则因多尿、呕吐、摄入过少、使用排钾利尿剂、继发醛固酮增多等致，表现为腹胀、四肢无力、心率增快甚至心脏停搏等。

（3）代谢性酸中毒：因肾小管酸中毒、肾排泄酸性代谢产物障碍所致，表现为气短、呼吸困难、呼吸深大、乏力、淡漠、嗜睡甚至昏迷，一般动脉血二氧化碳结合力（$CO_2CP$）<15mmol/L 可出现症状。

（4）镁代谢紊乱：肾脏排镁减少后可出现轻度血镁增加，一般无明显症状。偶因进食少出现低镁血症。

2．代谢产物潴留所致的毒性症状

（1）消化系统症状：为本病最常见和最早出现的症状。以恶心、呕吐、食欲减退最为突出，还可见腹胀、腹泻、胃黏膜糜烂或消化道溃疡、上消化道出血等。

（2）循环系统表现：心血管病变是慢性肾脏病患者常见的并发症和最主要死因，占 45%～60%。包括冠状动脉粥样硬化心脏病、高血压、心肌病、心包炎、心力衰竭。表现为心悸、胸闷、胸痛、气促、不能平卧、端坐呼吸等。高血压严重者可并发高血压脑病、脑血管疾病、眼底出血。

（3）呼吸系统表现：尿毒症毒素可引起尿毒症性肺炎，有咳嗽、气促，胸部 X 线表现为“蝴蝶翼征”等。

（4）血液系统表现：主要是肾性贫血、出血倾向。肾性贫血是尿毒症必有的症状，主要是肾脏分泌红细胞生成素（EPO）减少所致。还可因代谢产物抑制骨髓造血、红细胞寿命缩短、缺铁、营养不良、维生素 B 及叶酸缺乏等导致贫血。出血倾向可表现为皮下瘀点/瘀斑、鼻出血等，主要与血小板功能降低或凝血因子Ⅷ缺乏有关。

（5）矿物质和骨异常：慢性肾衰竭可引起骨营养不良症，又称肾性骨病。主要由于钙磷代谢紊乱（高血磷、低血钙）、继发甲状旁腺激素分泌功能亢进（简称继发甲旁亢）、缺乏活性维生素 $D_3$ 等因素引起，出现骨质疏松、纤维化骨炎、骨软化症等，患者有骨酸痛、骨骼畸形、行走不便、血管钙化和自发性骨折等表现。

（6）皮肤症状：皮肤瘙痒为常见症状，可能与皮肤干燥、尿素刺激、继发性甲状旁腺功能亢进及钙代谢障碍有关。患者面色萎黄、褐色，呈尿毒症面容，与贫血、尿素沉着有关。

（7）神经、肌肉系统表现：CKD 4 期可有疲乏、失眠、注意力不集中、记忆力下降、性格改变、抑郁等；CKD 5 期可出现淡漠、幻觉、惊厥、谵妄、抽搐及昏迷等尿毒症脑病表现，还可伴有周围神经病变，以下肢多见，表现为肢体麻木、烧灼或疼痛、感觉丧失等。

（8）内分泌失调：胰岛素降解减少；男性患者常有性功能障碍，女性患者可闭经、不孕。

（考点：慢性肾衰竭的临床症状）

3．心理-社会状况　抑郁是透析患者中最普遍的心理问题，因发病前的个性、病程长、反复发作、病情复杂且严重、生活经济所迫、理想毁灭、家人和友人的偏见、关心度下降或放弃，都可造成患者失眠、食欲下降、体重下降、压抑、自卑、暴躁、人格改变、无助、绝望等表现。此类人群（尤其透析患者）中断治疗、发生自杀风险系数较大，且在医院中发生自杀行为已不少见，应引起足够重视。此外维持透析患者容易产生愤怒、不合作情绪，对患者本身、其他患者或医护人员都可能造成危险行为。

（三）辅助检查

1．血常规　有不同程度的贫血，或伴血小板减少、白细胞减少。伴感染者有白细胞及中性粒细胞增多。

2．尿液检查　尿比重低，大多在 1.018 以下，严重时固定在 1.010～1.012；尿蛋白一般为（＋）～（＋＋＋），晚期肾硬化尿蛋白减少甚至呈阴性，可有血尿、颗粒和（或）蜡样管型等。

3．血生化检查　可有高血钾、高血磷、低血钙、高血镁、低血钠、低血氯等。

4．肾功能　肾小球、肾小管功能均受损，血尿素氮、肌酐升高，Ccr 下降等。

5．影像检查　B 超、CT 检查发现有双肾萎缩。

（四）治疗要点

治疗原则：尽早发现进展的肾脏疾病，并干预及进行有效的治疗，延缓肾功能不全的发生和进展；完善肾脏替代治疗前的准备，适时开展透析治疗。

1．病因治疗　积极治疗各种基础病、原发病，是处理肾衰竭的关键；有效控制感染、高血压、高血糖、高尿酸、高血脂、低血容量、肾缺血、尿路梗阻等。

2．药物治疗

（1）营养疗法：补充必需氨基酸。补充 α-酮酸、联合优质低蛋白饮食可改善负氮平衡及营养不良。

（2）纠正贫血：重组人红细胞生成素，简称促红素，是治疗肾性贫血的主要方法，并且每 2～4 周复查血常规，视血红蛋白、红细胞比容等调整剂量。其他可补充造血原料铁剂（蔗糖铁、多糖铁、葡萄糖酸亚铁、琥珀酸亚铁等）、叶酸、维生素 $B_{12}$ 等，口服铁剂时大便呈黑褐色，注意和上消化道出血鉴别。严重贫血时可输新鲜血液。

（3）治疗钙磷代谢失调、继发性甲旁亢：可使用碳酸钙，但需监测电解质，以防转移性钙化。氢氧化铝可降磷，但在尿毒症患者易发生铝中毒，故不常用，如需使用一般不能超过 2 周。新型降磷药物碳酸镧、碳酸/盐酸司维拉姆等改善高磷有较好疗效，不含钙、铝，但费用较高。骨化三醇，可依据甲状旁腺激素水平和钙磷乘积，调整剂量，可降低甲状旁腺激素。新型降低甲状旁腺激素的制剂有盐酸西那卡塞（25～75mg/d），针对治疗肾性骨病、继发甲状旁腺功能亢进有显著效果，费用较高。效果不理想时可行甲状旁腺次全切除术。

（4）控制高血压：参见本书相关章节。

（5）纠正水电解质酸碱失衡：①严重高钾血症可引起心搏骤停，高钾血症的处理叙述如下。限制钾摄入，采用排钾利尿剂加速钾排泄，口服聚磺苯乙烯。当血钾＞6.5mmol/L 时，必须紧急处理：10%葡萄糖酸钙 20ml，稀释后缓慢静脉注射，5%碳酸氢钠 100ml 静脉注射，50%葡萄糖 50～100ml 加普通胰岛素 6～12U 静脉输注。有条件者应立即做透析。②代谢性酸中毒：纠正酸中毒以补碱为主，轻者可口服碳酸氢钠；酸中毒明显时，应静脉补碳酸氢钠或透析。在纠正酸中毒的过程中注意补钙（尤其伴有低钙血症患者），防止低钙引起的手足抽搐，一般选用葡萄糖酸钙、氯化钙缓慢静脉注射。③水、钠潴留的防治：限水、限钠，配合药物治疗，噻嗪类利尿剂及贮钾利尿剂一般不建议使用，多使用袢利尿剂（呋塞米、布美他尼等）。疗效不佳或合并心力衰竭时可透析超滤。

（6）其他对症治疗：防治感染、降血脂等；中药肠道排毒；酌情使用氧化淀粉、药用炭片等肠道吸附剂等。使用氧化淀粉应注意不要与碱性药物合用，以免降低疗效。

3．肾脏替代治疗　当 GFR＜10ml/min 并有明显尿毒症表现时应进行肾脏替代治疗，糖尿病肾病患者 GFR 为 10～15ml/min 时可进入替代治疗。目前主要为血液净化、腹膜透析、肾移植三种方式。血液净化治疗模式主要为血液透析、血液滤过、血液透析滤过、血液灌流、床旁持续性血液滤过、血浆置换、单纯超滤等。血液净化和腹膜透析可清除血液中的代谢产物，维持正氮平衡，减轻氮质血症，同时纠正水、电解质及酸碱平衡紊乱。肾移植是慢性肾衰竭最理想的治疗方法，但因费用高、肾源缺乏、移植后排斥反应大、严重感染等而不能普及。一般可从患者的病情、经济条件及当地医疗设备等方面综合考虑而选择何种治疗方式。

（考点：慢性肾衰竭纠正高血钾、代谢性酸中毒的方法）

## 三、护理问题

1．营养不良　与限制蛋白摄入、贫血、食欲下降等因素有关。

2．体液过多　与水钠潴留、摄水过多、补液不当等有关。

3．绝望　与病情预后不良、经济负担过重、对透析治疗有恐惧感等有关。

4．有感染的危险　与贫血、营养不良、透析留置静脉导管等有关。

5．潜在并发症：高钾血症、代谢性酸中毒、心力衰竭、上消化道出血等。

（考点：慢性肾衰竭的护理问题）

## 四、护理措施

（一）一般护理

1．休息　提供安静舒适的环境，协助患者做好各项生活护理。注意卧床休息，尤其肺水肿、恶性高血压、心力衰竭、抽搐、脑病、电解质紊乱等患者，应绝对卧床，防止加重病情或意外发生。有精神异常及抽搐者，加强陪护或束缚带、床栏保护。对长期卧床者，应定时为患者翻身和做肢体被动活动，防止压疮与肌肉萎缩。

2．饮食

（1）限水、低盐、低脂饮食等，可参见本章第 2 节饮食护理。低钠者可不限盐。建议易消化，富含维生素 B、维生素 C、叶酸等饮食，忌烟、酒。高血钾、高血磷者避免摄入含钾、磷高的食物，磷一般摄入量＜600～800mg/d，一般每日钙摄入应＜1500mg。有高镁血症者避免进食含镁的药物等。

（2）应尽早采用个体化优质低蛋白饮食，既能减少体内含氮代谢产物的生成，减轻症状，还能维持营养。优质低蛋白饮食，是以富含人体必需氨基酸的动物蛋白为主（占 60%以上），如牛奶、蛋类、鱼、瘦肉等；尽量减少花生、豆类等植物性蛋白质的摄入（占 40%以下），主食宜以麦淀粉（面粉中除去蛋白质的制品）为主，以减轻肾脏的负担。要根据肾小球滤过率调整蛋白质的摄入量。另外要保证足够的热量供给，以减少自体蛋白质的分解，以糖类供给为主，其余由脂肪供给。

3．皮肤及口腔护理　指导患者注意个人卫生，勤换内衣；皮肤瘙痒时遵医嘱使用止痒剂，避免用力搔抓，以免抓伤引起皮肤感染，冬天时使用润肤剂；尿毒症患者进食后漱口，防止口咽感染。

（考点：慢性肾衰竭的饮食护理）

（二）病情观察

严密监测患者的生命体征、意识状态；准确记录尿量或 24 小时出入量；定时测量体重；注意观察临床症状、体征的变化，尤其注意有无出血、精神异常、抽搐、呼吸困难、感染等表现，发现异常及时报告，配合处理。定期复查血常规、尿常规、肾功能、电解质、血清白蛋白、血气分析、心电图等检查指标，进一步了解病情变化。

（三）配合治疗的护理

1．治疗原发病、纠正加重肾损害的可逆因素如感染、水电解质失衡等，防止肾功能进一步恶化。

2．长期低蛋白饮食者，易引起营养不良，故建议补充必需氨基酸、α-酮酸制剂，维持良好的营养状态。

3．对症治疗

（1）感染：慢性肾衰竭并感染者，应积极抗感染，根据肌酐清除率、药物半衰期来调整抗生素剂量。避免使用肾毒性药物。

（2）高血压：根据病情选择适宜的抗高血压药物，并注意药物副作用。

（3）贫血：如果有输血，做好配型及输血过程的护理。

（4）长期补钙者，注意便秘、高钙血症等副作用。纠正酸中毒过程中注意观察有无低血钙发生。

4．肾脏替代治疗　因病情需要肾脏替代治疗时，应做好解释及护理工作，取得患者及家属配合。

（四）心理护理

耐心向患者及家属解释病情，介绍本病的治疗进展；安抚、关怀患者，指导患者在病情允许情况下，适当参加锻炼、文艺娱乐活动，缓解抑郁、焦躁情绪；鼓励患者正确对待疾病，保持乐观情绪，树立战胜疾病的信心，积极配合治疗和护理。

## 五、健康指导

1．疾病知识指导　指导患者及家属正确面对疾病，讲解慢性肾衰竭的基本知识，让其认识到只要坚持治疗，消除或避免诱发因素，保持良好的心态，可延缓病情发展，提高生活治疗；指导合理膳食；指导患者增强机体抵抗力，注意劳逸结合，避免过重体力活动、受凉和使用肾毒性药物，以免病情恶化。

2．用药指导　患者及家属解释药物治疗的目的、服药的注意事项、常见的药物副作用，遵医嘱调整剂量或停药。解释肾脏替代治疗的方式和作用，缓解患者的恐惧感。

3．病情监测指导　指导患者学会测量血压、脉搏、尿量，观察有无水肿、体重变化，定期复查血常规、电解质、肾功能、甲状旁腺激素测定、铁蛋白等，有异常能够及时就诊。

## 自测题

$A_1$型题

1．慢性肾衰竭少尿期并高血钾患者的护理，下列措施不正确的是（　　）

A．控制液体入量

B．多进食香蕉、橘子等食物

C．避免使用库存血

D．限制盐摄入

E．禁用螺内酯利尿治疗

2．引起尿路刺激征的主要原因是（　　）

A．急性肾炎　B．肾病综合征

C．尿路感染　D．肾衰竭

E．慢性肾炎

3．慢性肾衰竭导致死亡最常见的原因是（　　）

A．上消化道出血　B．感染

C．肾性骨病　D．代谢性酸中毒

E．心血管并发症

4．下列关于肾性高血压患者的护理宣教，正确的是（　　）

A．出院后不必经常测血压

B．加强体育锻炼

C．摄入高脂肪食物

D．平稳降血压，不宜过快/过低

E．血压正常后应及时减药量至停药

5．下述不是慢性肾小球肾炎主要表现的是（　　）

A．尿频、尿急、尿痛　B．水肿

C．蛋白尿　D．高血压

E．可有肾功能损害

6．不会引起慢性肾炎肾功能损害加重的因素是（　　）

A．感染、劳累　　B．持续高血压
C．大量蛋白尿　　D．呕吐、腹泻导致脱水
E．优质低蛋白饮食

7. 下列哪项护理措施不能减轻尿路刺激症状（　　）
A．多饮水　　B．口服碳酸氢钠
C．抗胆碱能药解痉　　D．按摩腹部
E．缓解焦虑情绪

$A_2$ 型题

8. 患者，男，32 岁。17 岁时曾有肾病（具体不详）。2 周前感冒、发热，近 5 日出现双下肢水肿，尿量 500ml/d，血压 160/101mmHg，尿蛋白（+++），红细胞（+），可见颗粒管型。考虑是（　　）
A．肾病综合征　　B．急性肾小球肾炎
C．慢性肾小球肾炎　　D．尿路感染
E．原发性高血压

9. 患者，女，77 岁。因患慢性肾衰竭而入院。患者精神、食欲差，24 小时尿量 50ml，腹部无膨隆，无压痛。评估患者的排尿状况是（　　）
A．尿潴留　　B．尿失禁
C．少尿　　D．遗尿
E．无尿

10. 患者，女，70 岁。确诊尿毒症 5 年，皮肤瘙痒反复 1 个月，伴膝、髋、腰椎等多处关节疼痛，行走不便。在住院过程中诉皮肤瘙痒难耐，无皮疹。家属询问护士，护士的回答错误的是（　　）
A．用碱性肥皂洗澡
B．瘙痒可能与高血磷有关
C．骨关节痛可能并发肾性骨病
D．应该纠正低血钙
E．注意避免跌倒而骨折

11. 患者，男，55 岁。有慢性肾脏病（CKD 3 期），3 天前因肺炎伴发热，查尿蛋白 2.5g/24h，尿红细胞（+++），无水肿及高血压，血肌酐 199μmol/L，尿素氮 12mmol/L。下列措施正确的是（　　）
A．用丁胺卡那抗炎　B．限制饮水量
C．高蛋白、低盐饮食　D．高热量饮食
E．卧床休息

12. 患者，男，35 岁。有肾小球肾炎史，因病情稳定仍正常工作。近日体检时发现血压升高，双侧踝部轻度水肿。诊断为慢性肾小球肾炎急性发作而住院。护士应对患者采取的措施除了（　　）
A．嘱患者卧床休息　B．嘱患者低盐饮食
C．监测血压并记录　D．高脂肪饮食
E．指导患者记尿量、留尿标本

$A_3/A_4$ 型题

（13～15 题共用题干）

患者，女，26 岁。尿急、尿频、尿痛 1 天，解肉眼血尿 2 次，无发热、腰痛，查尿 WBC 20 个/HP。

13. 你考虑的疾病可能是（　　）
A．急性肾炎　　B．急性膀胱炎
C．急性肾盂肾炎　　D．急进性肾炎
E．肾结石

14. 有确诊意义的是（　　）
A．血常规白细胞计数
B．尿涂片找细菌
C．尿培养和菌落计数
D．肾功能
E．泌尿系 B 超

15. 如何预防该病（　　）
A．保持会阴部卫生　B．长期锻炼
C．加强营养　　D．经常服用抗生素
E．常用高锰酸钾溶液坐浴消毒

（16、17 题共用题干）

患者，女，48 岁。10 天前受凉后恶心、呕吐，颜面部水肿，尿量减少至 600ml/d，气促，半卧位。查体：血压 157/90mmHg，呼吸 23 次/分，较深大，轻度贫血貌，心肺腹（−），下肢中度水肿。实验室检查：尿蛋白（+++），血肌酐 458μmol/L，血钾 5.5mmol/L，钠 129mmol/L，氯 90mmol/L，钙 1.75mmol/L。

16. 应采取的措施是（　　）
A．正常蛋白饮食　　B．用速效强心剂
C．强效排钾　　D．维持水电解质平衡
E．紧急降血压

17. 患者血气分析提示代谢性酸中毒，给予静脉补充碳酸氢钠，护士在输注过程中需注意观察（　　）
A．呕吐情况　　B．尿量

C．水肿情况 D．手足抽搐

E．有无咳嗽

（18、19 题共用题干）

患者，女，30 岁。患慢性肾小球肾炎 4 年。现检查尿蛋白（＋＋＋），红细胞（＋）。血红蛋白 95g/L，血压正常。

18．该患者出现的贫血，主要考虑什么原因（ ）

A．蛋白丢失

B．肾脏产生红细胞生成素减少

C．缺铁

D．缺维生素 $B_{12}$

E．缺乏叶酸

19．对该患者健康宣教错误的是（ ）

A．定期测血压，有高血压则积极控制血压

B．监测肾功能

C．避免使用损肾药物

D．可以妊娠

E．预防感染、避免劳累

（20～23 题共用题干）

患者，男，64 岁。患慢性肾衰竭，3 天来恶心、呕吐、纳差，尿量 10～20ml/d，伴肌无力、肢体末端麻木。查体：血压 167/100mmHg，呼吸 22 次/分，脉搏 60 次/分，神清，精神差，中度贫血貌，双下肢重度水肿。查血红蛋白 67g/L，血钾 8.0mmol/L，血钙 1.95mmol/L，血磷 3.2mmol/L。血气正常。血肌酐 905μmol/L，尿素氮 22mmol/L，肌酐清除率 10ml/min。

20．该患者最需紧急处理的是（ ）

A．降血压 B．纠正低血钙

C．纠正高血钾 D．降磷治疗

E．输血

21．正确的紧急处理措施是（ ）

A．口服碳酸镧降磷 B．口服乙酸钙

C．硝苯地平降血压 D．输同型红细胞

E．葡萄糖＋胰岛素静脉滴注

22．紧急治疗过程中，护士观察病情时，不需要密切注意的是（ ）

A．低钙抽搐 B．心律失常、心搏骤停

C．输血不良反应 D．皮肤瘙痒

E．高血压脑病

23．如上述紧急措施未能改善症状，最佳的处理措施是（ ）

A．硝普钠静脉滴注 B．积极治疗原发病

C．血液透析 D．胃肠道吸附疗法

E．注射红细胞生成素

（石 明）

# 第6章 血液系统疾病患者的护理

## 第1节 概 述

### 一、血液系统的结构与功能

血液系统由血液和造血器官及组织组成。

（一）造血器官及血细胞的生成

造血器官指生成血细胞的器官，包括骨髓、胸腺、肝、脾、淋巴结以及分布于全身的淋巴组织和单核吞-巨细胞系统。人体处于不同的时期，其造血器官有所不同。1～2个月的胎儿，其造血细胞来源于卵黄囊；2～5个月的胎儿，肝、脾、淋巴结开始造血；第5个月开始出现骨髓造血，胎儿后期出现胸腺造血，婴儿出生后及成人主要由骨髓造血。

骨髓是人体最主要的造血器官，它能制造红细胞、白细胞、血小板等各种血细胞（图6-1）；脾、淋巴结及淋巴组织也造血，但只产生少量的单核细胞、淋巴细胞。骨髓是一种海绵样、胶状的脂肪性组织，封闭在坚硬的骨髓腔内。骨髓分红骨髓（造血组织）和黄骨髓（脂肪组织）两部分。婴幼儿时期，所有骨髓均为红骨髓，造血功能活跃。随着年龄的增长，红骨髓逐渐局限于颅骨、肋骨、胸骨、脊柱、髂骨，以及肱骨和股骨的一部分，其他部位由黄骨髓所替代，黄骨髓不能造血。当机体需要大量红细胞时（如急性失血或溶血等），黄骨髓可转变为红骨髓而参与造血。

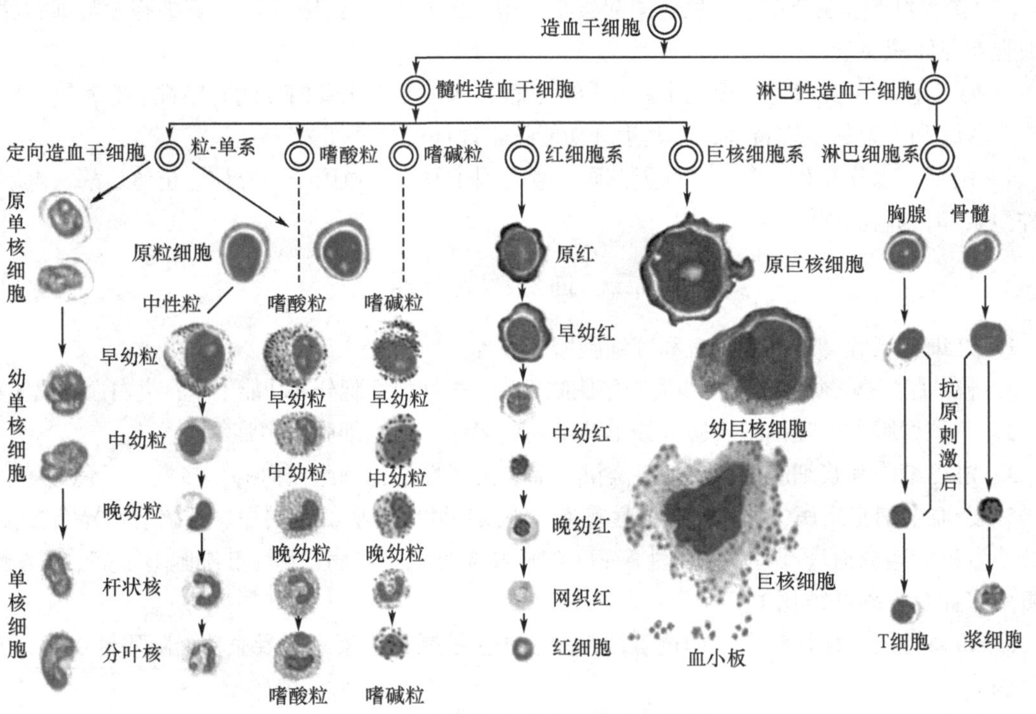

图6-1 造血干细胞分化、增殖示意图

骨髓内生成造血干细胞，造血干细胞是各种细胞的起始细胞，具有不断自我更新、多向分化和增殖的能力，又称全能干细胞。全能干细胞分化为多能祖细胞和淋巴系祖细胞，多能祖细胞定向增殖、分化成红细胞系、粒细胞系、巨核细胞系；淋巴系祖细胞在骨髓内分化为前体 T、B 淋巴细胞，进而分别在胸腺和骨髓内发育为成熟的 T、B 淋巴细胞。

（考点：成人主要的造血器官）

（二）血液组成及血细胞的生理功能

血液又称外周血，由血浆及血细胞组成。其中血浆占血液容积的 55%，血细胞占血液容积的 45%。血细胞成分有红细胞、白细胞及血小板。

1. 红细胞　正常成熟红细胞有很大的可塑变形性，主要成分为血红蛋白，主要功能是运输氧和二氧化碳。网织红细胞是一种存在于外周血液中尚未完全成熟的红细胞，是反映骨髓造血功能的重要指标，对贫血等血液病的诊断和预后判断有一定临床意义。

2. 白细胞　种类不同，形态与功能各异。包括中性粒细胞、嗜酸性粒细胞、嗜碱性粒细胞、单核细胞及淋巴细胞。白细胞具有变形、趋化、游走和吞噬等生理功能，参与人体对入侵异物的反应过程，是机体防御系统的重要组成部分。

（1）粒细胞：①中性粒细胞，为粒细胞中含量最多的细胞，具有杀菌或抑菌作用，是机体抵抗病原微生物特别是急性化脓性细菌入侵的第一道防线。②嗜酸性粒细胞，主要功能是破坏嗜碱性粒细胞释放的生物活性物质，参与对蠕虫的免疫反应，具有抗过敏、抗寄生虫作用。③嗜碱性粒细胞：颗粒内含组胺、过敏性慢反应物质、嗜酸性粒细胞趋化因子等生物活性物质，主要与变态反应有关。

（2）单核细胞：单核细胞分化成巨噬细胞时，能吞噬、消灭细胞内的致病微生物（如真菌、疟原虫、病毒），清除衰老组织，识别、杀伤肿瘤细胞。是机体抵抗病原微生物入侵的第二道防线。

（3）淋巴细胞：在免疫应答反应中起核心作用，故又称免疫细胞。其中 T 细胞参与细胞免疫，B 细胞参与体液免疫。

3. 血小板　主要参与生理性止血和凝血过程，保持毛细血管内皮的完整性。其黏附、释放、聚集、收缩和吸附的生理特性，与其生理功能正常发挥有着密切关系。

4. 血浆　成分复杂，含有多种蛋白质、凝血因子及抗凝血因子、补体、抗体、酶、电解质、各种激素和营养物质等。

## 二、血液病的分类

1. 红细胞疾病　如各种贫血和红细胞增多症等。

2. 粒细胞疾病　如白细胞减少和粒细胞缺乏症，中性粒细胞分叶功能不全及类白血病反应等。

3. 单核细胞和巨噬细胞疾病　如单核细胞增多症、组织细胞增多症等。

4. 淋巴细胞和浆细胞疾病　如各类淋巴瘤、急慢性淋巴细胞白血病、多发性骨髓瘤等。

5. 造血干细胞疾病　如再生障碍性贫血、阵发性睡眠型血红蛋白尿、骨髓增生异常综合征、急性非淋巴细胞白血病及骨髓增殖性疾病（如慢性粒细胞白血病、真性红细胞增多症、原发性血小板增多症及骨髓纤维化）等。

6. 出血性及血栓性疾病　如过敏性紫癜、血小板减少性紫癜、凝血功能障碍性疾病、血栓性疾病等。

# 第 2 节 血液系统疾病常见症状和体征的护理

血液系统疾病是指原发和主要累及造血系统的疾病，包括红细胞疾病、粒细胞疾病、淋巴细胞和浆细胞疾病、单核细胞和巨噬细胞疾病、造血干细胞疾病、脾功能亢进、出血性及栓塞性疾病等。其共同特点多表现为骨髓、脾、淋巴结等器官的病理损害，周围血液细胞成分、质和量的改变以及出凝血机制障碍。血液系统疾病常见症状、体征为贫血、出血和继发感染。

## 一、贫 血

（一）概述

1. 概念 贫血是指单位容积外周血液中的血红蛋白浓度（Hb）、红细胞计数（RBC）和（或）血细胞比容（HCT）低于相同性别、年龄和地区正常最低值的一种临床症状，其中以血红蛋白浓度降低最重要。我国成年人贫血的诊断标准见表 6-1。

**表 6-1 贫血的诊断标准**

| 鉴别项目 | Hb | RBC | HCT |
|---|---|---|---|
| 男 | ＜120g/L | $<4.5\times10^{12}$/L | 0.42 |
| 女 | ＜110g/L | $<4.0\times10^{12}$/L | 0.37 |
| 妊娠期 | ＜100g/L | $<3.5\times10^{12}$/L | 0.30 |

（考点：诊断贫血最主要的依据）

2. 病因

（1）红细胞生成减少：是指各种原因所致的骨髓造血功能障碍和造血原料缺乏性贫血，如再生障碍性贫血、缺铁性贫血、巨幼红细胞性贫血等。

（2）红细胞破坏过多：包括各种溶血性贫血，如遗传性球形细胞增多症、珠蛋白生成障碍性贫血、自身免疫性溶血性贫血、脾功能亢进等。

（3）急、慢性失血：包括出血性疾病，如血友病、原发性血小板减少性紫癜；非出血性疾病，如外伤、消化性溃疡出血、功能失调性子宫出血等。

3. 分类

（1）按血红蛋白浓度分类：根据血红蛋白浓度可将贫血程度分为四个等级（表 6-2）。

**表 6-2 贫血程度划分**

| 贫血程度 | 血红蛋白 | 临床表现 |
|---|---|---|
| 轻度 | ＞90g/L | 症状轻 |
| 中度 | 60～90g/L | 活动后感心悸、气促 |
| 重度 | 30～59g/L | 静息状态下感心悸、气促 |
| 极重度 | ＜30g/L | 除静息状态下感心悸、气促外，并发心脏病 |

（2）按红细胞形态特点分类：根据平均红细胞容积（MCV）、平均红细胞血红蛋白浓度（MCHC）可将贫血分成三类（表 6-3）。

**表 6-3 贫血的细胞形态分类**

| 类型 | MCV（fl） | MCHC（%） | 临床类型 |
|---|---|---|---|
| 大细胞性贫血 | ＞100 | 32～35 | 巨幼细胞性贫血 |
| 正常细胞性贫血 | 80～100 | 32～35 | 再生障碍性贫血、急性失血性贫血、溶血性贫血 |
| 小细胞低色素性贫血 | ＜80 | ＜32 | 缺铁性贫血、铁粒幼细胞性贫血、珠蛋白生成障碍性贫血 |

（3）按骨髓红系增生情况分类：可分两类（表 6-4）。

**表 6-4 贫血的骨髓红系增生情况分类**

| 分类 | 临床类型 |
|---|---|
| 增生性贫血 | 缺铁性贫血、巨幼细胞性贫血、溶血性贫血 |
| 增生低下性贫血 | 再生障碍性贫血 |

（二）护理评估

1. 健康史 询问患者有无引起贫血的常见疾病，如消化性溃疡出血、痔出血、月经紊乱等；了解有无挑食等不良饮食习惯；了解有无化学毒物、放射性毒物接触史等。

2．身心状况　贫血时由于红细胞和血红蛋白减少，血液携带氧的能力降低，导致全身各组织、器官缺氧，可产生一系列临床表现。其症状的轻重取决于组织器官的缺氧程度及其对缺氧的代偿和适应能力，主要与贫血的程度、进展速度、个体代偿能力及其对缺氧的耐受性等有关。贫血的临床表现包括以下两方面。

（1）一般表现：疲乏、软弱无力是贫血最早和最常见的症状，与骨骼肌缺氧有关，但对贫血诊断缺乏特异性。皮肤黏膜苍白是贫血最突出的体征，以睑结膜、口唇、口腔黏膜、甲床等部位明显而可靠。

（考点：贫血最常见的表现）

（2）各系统表现：①神经系统表现：脑组织对缺氧最敏感，患者常有头晕、倦怠、乏力、耳鸣、记忆力减退、注意力不集中、嗜睡等。②呼吸系统表现：多见于中、重度贫血患者，表现为呼吸增快和不同程度的呼吸困难。③循环系统表现：主要表现为心悸、气促，活动后明显加重。这是由于缺氧导致心脏代偿增强、循环加快、心跳加速的结果。其症状轻重与贫血的严重程度和个体的活动量有关。④消化系统表现：由于消化液分泌减少、胃肠功能紊乱，可出现食欲缺乏、胃肠胀气、腹泻或便秘等。⑤泌尿系统表现：由于肾脏缺氧可出现多尿、低比重尿、蛋白尿，严重者出现肾功能障碍。⑥生殖、内分泌系统表现：女性月经不调，男性性功能减退。

（3）心理-社会状况：长期贫血患者，由于缺氧引起的身体不适而常常焦虑、烦躁、易怒或委靡不振。

3．辅助检查　血红蛋白测定和红细胞计数有助于贫血类型、程度的诊断，其中最能反映贫血程度的是血红蛋白。血涂片检查可用来判断贫血的性质和类型，网织红细胞计数可反映骨髓造血功能、判断贫血治疗效果。骨髓检查可反映骨髓的增生程度，对贫血的病因诊断有重要意义。

（三）护理问题

1．活动无耐力　与贫血引起组织缺氧有关。

2．营养失调：低于机体需要量　与造血物质摄入不足、消耗增加或丢失过多有关。

3．知识缺乏：缺乏预防保健知识。

（四）护理措施

1．一般护理

（1）休息与活动：充分的休息可减少氧的消耗，可根据患者贫血的程度及发生速度制订合理的休息与活动计划。活动量以患者不感到疲劳、不加重病情为度，待病情好转后逐渐增加活动量。轻度贫血者应注意休息，中度贫血者增加卧床休息时间，重度贫血或贫血发生急骤、症状明显者应严格卧床休息。

（2）饮食：给予高热量、高蛋白、高维生素、营养易消化食物。缺铁性贫血患者宜多补充富含铁的食物，巨幼细胞贫血患者宜多补充富含叶酸和维生素 $B_{12}$ 的食物。

（3）皮肤黏膜：保持口腔、皮肤、会阴部清洁，防止因缺氧、抵抗力低下而致皮肤黏膜感染。

2．病情观察　观察皮肤黏膜苍白的程度、血液检查结果的变化，了解贫血的进展和治疗效果。

3．配合治疗的护理　按医嘱应用各种抗贫血药物，注意观察药物疗效和不良反应。

4．对症护理　对严重贫血患者，应给予吸氧，遵医嘱输入全血或浓缩红细胞，以缓解机体缺氧和减轻贫血症状。输血前必须做好配型及查对工作，输血过程中应加强巡视，控制输血速度。

5．心理护理　向患者解释有关贫血的知识及注意事项，增强患者自我保健意识。

（五）健康指导

向患者解释有关贫血的知识，加强营养，合理膳食，积极治疗相应疾病。

## 二、出　　血

（一）概述

1．概念　出血是指机体止血或凝血机制障碍，引起自发性出血或轻微损伤即出血不止的一种症状。出血部位可遍及全身，以皮肤、牙龈、鼻出血多见，内脏出血也较常见，严重者可发生颅内出血而致死。

2．病因　常见病因如下所述。①血小板数量减少和质量异常：如特发性血小板减少性紫癜、再生障碍性贫血、白血病及血小板无力症等。②凝血功能障碍：血液中凝血因子缺乏及抗凝物质增加所致，常见疾病有血友病、严重肝病等。③血管壁异常：如遗传性出血性毛细血管扩张症、过敏性紫癜等。

（考点：出血病因）

（二）护理评估

1．健康史　询问患者有无特发性血小板减少性紫癜、再生障碍性贫血、脾功能亢进、血小板无力等病史；有无过敏性紫癜等感染性疾病；有无血友病、严重肝脏疾病等；询问有无家族史或过敏史；了解女性患者月经史、生育史。

2．身心状况

（1）身体评估

1）出血部位：皮肤黏膜出血最多见，表现为瘀点、紫癜及瘀斑，见于血管性疾病及血小板异常；内脏出血（如消化道、泌尿道和颅内等）、关节腔出血、软组织血肿等，多见于凝血机制异常。其中颅内出血最严重，可危及生命。

（考点：出血部位）

2）出血程度：①轻度出血。估计出血量<500ml。可表现为头晕、乏力、怕冷，脉搏及血压可随体位而改变，立位时血压下降、脉搏增快，卧位时基本正常。②中度出血。估计出血量在500～1000ml。可出现眩晕、烦躁不安、心悸、尿少，并有焦虑、紧张的情绪反应，脉搏增快，血压下降，收缩压低于 90mmHg。③重度出血。估计出血量在 1000ml 以上。可有烦躁不安、出汗、四肢厥冷、尿少或尿闭、意识障碍，脉搏细速，心率常在 120 次/分以上，血压明显下降，收缩压低于 60mmHg。

（2）心理-社会状况：大出血患者可出现焦虑、恐惧，而慢性出血患者因病情反复，易产生抑郁、悲观等心理。

3．辅助检查　血小板计数测定、出凝血时间测定、凝血酶原时间测定、束臂试验等有助于诊断。血小板计数<$20\times10^9$/L 时应警惕颅内出血的发生。

（三）护理问题

1．组织完整性受损：出血　与血小板减少、凝血因子缺乏、血管壁异常有关。

2．恐惧　与反复出血或大量出血有关。

3．潜在并发症：颅内出血。

（四）护理措施

1．一般护理

（1）休息：适当休息，保证充足睡眠。血小板低于 $50\times10^9/L$ 时，易出现自发性出血，应减少活动，卧床休息；血小板低于 $20\times10^9/L$ 时，应警惕颅内出血，应绝对卧床休息，协助做好生活护理。

（2）饮食：宜进食高热量、高蛋白、高维生素、易消化少渣软食，禁食过硬或粗糙的食物，以防口腔、胃肠道黏膜损伤出血。

（3）保持大便通畅：排便时不可用力过大，避免因腹压增高引起内脏甚至颅内出血。便秘时可用开塞露或缓泻剂促进排便，但禁用灌肠。

2．病情观察　观察出血部位与范围的变化，有无内脏出血和颅内出血表现。

3．出血的预防及护理

（1）出血预防：①保持床单平整，被服松软，避免皮肤摩擦和肢体受压。勤剪指甲，以免抓伤皮肤。②减少患者的活动量，避免过度负重或剧烈运动。③尽量减少注射次数，必须注射或穿刺时，操作要轻柔，不扎止血带，禁止拍打静脉，不挤压皮肤，选用小针头，拔针后延长局部加压时间；注射或穿刺部位应交替更换，以防局部血肿形成。④忌用手挖鼻腔，鼻黏膜干燥时可用液状石蜡或抗生素软膏轻轻涂擦，防止鼻出血。⑤选用软毛牙刷刷牙，忌用牙签剔牙，防止牙龈损伤。

（2）出血护理：①鼻腔、牙龈出血，可用明胶海绵或 0.1%肾上腺素棉球填塞鼻腔或贴敷牙龈，加强鼻腔及口腔护理，避免感染。②内脏出血，应根据出血部位安置适宜体位，遵医嘱应用药物或器械止血，并做好相应护理。③大出血时，迅速建立静脉通路，配血并做好输血准备和输血护理。④颅内出血时，应绝对卧床休息，抬高床头 15°～30°，头部置冰袋或冰帽，以减轻脑水肿；保持呼吸道通畅，及时清除呼吸道分泌物或呕吐物；遵医嘱使用 20%甘露醇快速静脉滴注，降低颅内压；观察并记录患者的生命体征、意识及瞳孔变化。

4．心理护理　加强与患者和家属的沟通，了解其忧虑和需求，给予必要的解释与疏导。向患者介绍成功的案例，增强战胜疾病的信心，宽慰患者，减轻或消除恐惧。

（五）健康指导

向患者和家属解释有关出血疾病的知识，积极治疗原发病，防止出血。

## 三、继发感染

（一）概述

1．概念　继发感染指血液病患者由于骨髓病变导致白细胞成熟障碍，又因贫血、化疗等因素造成营养不良，使患者机体抵抗力下降，易受到病原微生物侵袭而发生的症状。感染是血液病患者常见死亡原因。

2．病因　多见于骨髓病变，由于骨髓正常造血能力下降，引起白细胞数量与质量的改变，即成熟的粒细胞和淋巴细胞减少、白细胞的吞噬能力和免疫能力下降，如再生障碍性贫血、白血病和淋巴瘤等；其次是进食减少、营养失调、组织器官缺氧等均可致机体抵抗力降低，不能抵御病原体的侵袭而感染。

（二）护理评估

1．健康史　询问患者有无粒细胞缺乏症、再生障碍性贫血、白血病和淋巴瘤等疾病，有无受凉、进不洁饮食、感染性疾病接触史、皮肤黏膜破损及组织受伤等诱发因素。

2. 身心状况　感染以局部炎症多见，当机体抵抗力低下、侵入的致病菌量大且毒力极强时，可引起全身性感染，形成败血症。继发感染是再生障碍性贫血和白血病常见的死亡原因。

（1）身体状况

1）症状：发热是继发感染最常见症状，具有持续时间长、热型不定、一般抗生素治疗效果不佳等特点。感染部位以口腔、牙龈、咽峡部最常见，其次是肺部、皮肤或皮下软组织、肛周等，严重时可发生败血症；也可发生尿路感染，以女性居多。

（考点：血液病患者常见感染部位）

2）体征：发热患者需观察生命体征，尤其是体温变化及有无脱水体征；口腔黏膜有无溃疡，牙龈有无出血；咽和扁桃体有无充血、肿大及脓性分泌物；肺部有无湿啰音；皮肤有无红肿、溃烂，局部有无脓性分泌物；肛周皮肤有无红肿、触痛，局部有无波动感。腹部及输尿管有无压痛，肾区有无叩击痛。

（2）心理-社会状况：患者因反复感染或治疗效果不佳而产生焦虑、忧郁的心理。

3. 辅助检查　外周血象、骨髓象有助于血液病病因诊断。尿常规、胸部 X 线检查、感染部位分泌物或渗出物涂片、细菌培养与药敏试验等，有助于判断感染的部位、病原体种类并指导用药。

### （三）护理问题

体温过高　与感染有关。

### （四）护理措施

1. 一般护理

（1）休息：卧床休息，采取舒适的体位，以减少机体消耗，必要时吸氧。

（2）饮食：给予高热量、高蛋白、高维生素、易消化饮食，以提高机体抵抗力；鼓励患者多饮水，每天至少 2000ml 以上；注意饮食卫生，禁食生、冷食物；必要时遵医嘱静脉补液，维持水、电解质平衡。

2. 病情观察　观察患者的体温变化，注意有无咽痛、咳嗽、胸痛、肛周疼痛及膀胱刺激征等感染症状、体征，判断感染有无扩散、治疗效果等。

3. 感染的预防及护理

（1）注意环境卫生，避免交叉感染：①保持病室清洁、空气新鲜、温度适宜，定时开窗通风，定期紫外线照射消毒。②限制陪伴探视人数及次数，避免患者到人多拥挤、空气不流通的地方，避免与传染性疾病患者接触，防止交叉感染。③患者白细胞计数$<1\times10^9/L$、中性粒细胞$<0.5\times10^9/L$，应实行保护性隔离。

（2）保持口腔、皮肤和肛周清洁卫生：①进餐前后、睡前、晨起用生理盐水、氯己定或复方硼砂漱口液漱口；口腔黏膜有溃疡时，用碘甘油、冰硼散或锡类散等局部涂敷；真菌感染时，用 2.5%制霉菌素或碳酸氢钠液漱口。②定期洗澡更衣，保持床单清洁干燥；勤剪指甲，避免抓伤皮肤。③睡前、便后用 1∶5000 高锰酸钾溶液坐浴 15 分钟以上，以防局部感染；女性患者每日清洗会阴部 2 次，月经期应增加清洗次数。

（3）各项注射、穿刺、内置导管等，都应严格执行无菌操作。

（4）遵医嘱局部或全身使用抗生素，注意观察用药疗效及不良反应。

4. 发热护理　高热患者可给予物理降温或遵医嘱药物降温，禁用酒精擦浴，以防局部血管扩张诱发出血。降温过程中若患者出汗过多，应及时擦干皮肤，更换衣物，避免受凉。使用药物降温时还应注意观察血压变化，防止因大量出汗而引起周围循环衰竭。慎用解热镇痛药，因其可影响血小板数量及功能，诱发出血。

（考点：出血患者发热的护理）

5．心理护理　向患者及其家属讲解血液病易发生感染的原因及预防感染的方法，增强控制感染的信心。

（五）健康指导

向患者及其家属解释相应出血性疾病的有关知识，积极预防感染。

## 第3节　缺铁性贫血患者的护理

**案例 6-1**　患者，男，37岁。患消化性溃疡4年，近1个月来感头晕、乏力、活动后心悸气促，上腹部时有隐痛，大便有时呈黑色。护理体检：精神委靡，皮肤黏膜苍白，HR 98次/分，律齐，未闻及杂音，BP 106/65mmHg；腹软，剑突下轻度压痛，无反跳痛，指甲色淡，薄而扁。

**问题：**1. 该患者可能发生了什么？如进一步了解病情，还需做哪些检查？

2. 引起该患者贫血的原因是什么？治疗的要点是什么？

3. 作为责任护士，如何做好饮食护理？若患者需要注射铁剂，护理上要重点做好什么？

### 一、概　述

（一）概念

缺铁性贫血是由于体内贮存铁缺乏，使血红蛋白合成减少，导致红细胞生成障碍引起的一种小细胞低色素性贫血，是贫血最常见的类型。婴幼儿和育龄妇女发病率最高。据WHO报道，儿童高达50%，孕妇为40%，成年女性发病率为20%，而成年男性仅为1%。

（二）铁的代谢

铁是人体生理过程中不可缺少的微量元素，铁的来源包括内源性和外源性。内源性铁来自衰老破坏的红细胞，外源性铁主要来源于食物。食物中的铁以三价铁为主，在胃酸及还原剂（如维生素C）的作用下可还原成二价铁被机体吸收（图6-2）。铁吸收的主要部位在十二指肠和空肠上段。健康成人体内总铁量为3～4.5g，其中65%参与合成血红蛋白；30%为贮存铁，以铁蛋白和含铁血黄

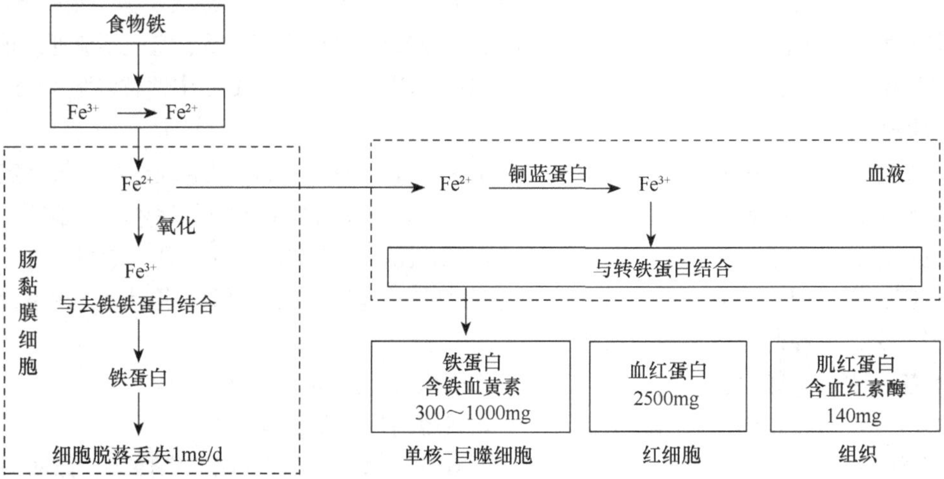


图6-2　体内铁代谢示意图

素的形式贮存在肝、脾及骨骼等器官的单核-吞噬细胞系统内；5%左右为组织铁，存在于肌红蛋白、细胞色素及含铁类酶中。正常情况下，体内铁的吸收和排泄维持动态平衡，人体一般不会缺铁，贮存铁很少被动用。只有在铁的需要量增加、铁的摄入不足及丢失过多的情况下，才会导致缺铁。

（三）病因

1. 铁的需要量增加而摄入不足　是妇女儿童发生缺铁性贫血的主要原因。正常成人每天铁的需要量为 1～2mg，生理情况下，铁主要来源于食物。育龄妇女、孕妇、婴幼儿、青少年的需铁量增加，如长期食物中铁的含量不足，则使体内贮存铁缺乏而引起缺铁性贫血。

2. 铁的吸收不良　胃大部切除或胃空肠吻合术后，由于食物迅速通过胃到达空肠而影响铁的吸收；萎缩性胃炎、胃全切术后，因胃酸缺乏不能使食物中的铁游离而导致铁的吸收不良；小肠黏膜病变、肠道功能紊乱等均可影响铁的吸收。

3. 铁丢失过多　慢性失血是成人缺铁性贫血最常见和最重要的原因。反复多次小量出血可丧失大量的铁，使体内贮存铁逐渐消耗，如消化性溃疡、消化道肿瘤、钩虫病、痔出血、月经过多等。

（考点：成人贫血最常见的病因）

## 二、护 理 评 估

（一）健康史

询问患者有无慢性失血、慢性胃肠道疾病和胃肠手术病史；育龄妇女要询问饮食习惯和月经史；婴幼儿要询问有无偏食和挑食等不良饮食习惯。

（二）身心状况

1. 一般贫血共有表现　主要有疲乏、无力、头晕、耳鸣、皮肤黏膜苍白、记忆力减退、心悸、活动后气促等，长期严重贫血可引起贫血性心脏病，出现心脏增大甚至心力衰竭。

2. 缺铁性贫血特殊表现　因为铁质与指甲、毛发、黏膜等组织的营养有关，缺铁时，组织含铁酶及铁依赖酶的活性降低、营养障碍，可出现铁缺乏特殊表现。

（1）组织缺铁的表现：皮肤干燥、角化、无光泽，毛发干枯易脱落；指甲扁平、不平整、脆薄易裂，甚至出现匙状甲，亦称反甲；黏膜损害出现口角炎、舌炎、舌乳头萎缩，可有食欲减退，严重者出现吞咽困难。

（2）神经、精神系统的表现：儿童表现明显，如容易兴奋好动、注意力不集中，烦躁易激惹，生长发育迟缓，体力及耐力下降，少数患者有异食癖，喜食生米、泥土、石子等，约有 1/3 患者可有末梢神经炎或神经痛，严重者可出现智力低下等。

（考点：缺铁性贫血患者的特殊表现）

3. 心理-社会状况　部分轻度贫血患者，因症状不明显未给予足够重视；由于贫血引起乏力、注意力不集中、记忆力减退等，导致患者可有不同程度的焦虑和烦躁心理；如贫血病因不明或贫血加重，患者会产生焦躁、恐惧心理。

（三）辅助检查

1. 血象　典型血象为小细胞低色素性贫血（图 6-3），血红蛋白降低比红细胞减少更明显。血涂片可见红细胞体积小，形态不一，大小不等，染色浅淡，中心淡染区扩大。网织红细胞计数正常或略增多，白细胞计数和血小板计数多正常。

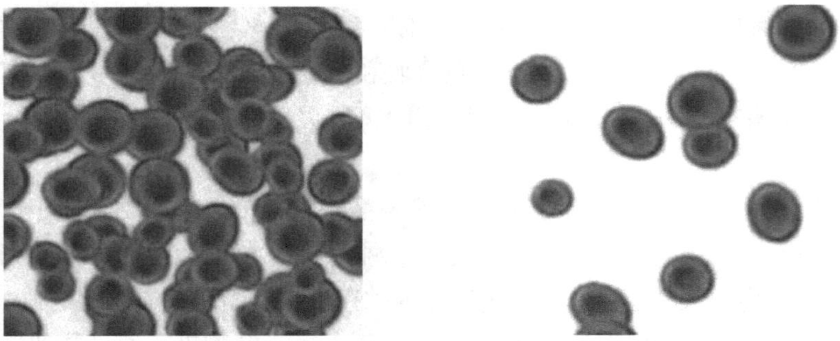

A　　　　B

图 6-3　缺铁性贫血红细胞示意图

A．正常人红细胞；B．贫血患者红细胞

2．骨髓象　增生活跃，以红系增生为主，中、晚幼红细胞数量增多，体积较小，核染色呈“核老质幼”现象；粒细胞系和巨核细胞系无明显变化（图 6-4）。骨髓涂片染色含铁血黄素（细胞外铁）消失，铁粒幼红细胞（细胞内铁）减少。骨髓铁染色反映单核-巨噬细胞系统中的贮存铁，可作为诊断缺铁的金指标。

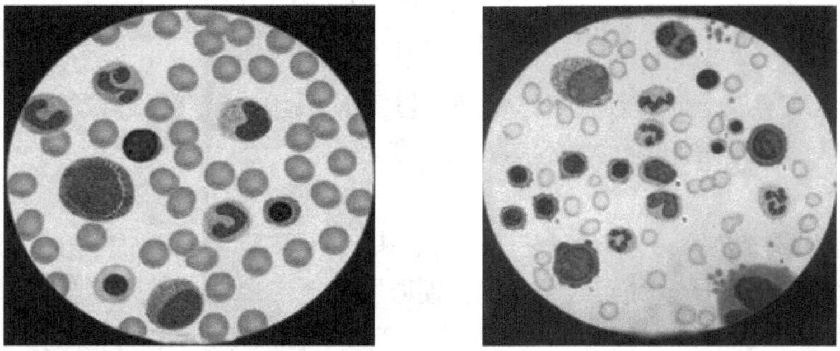

A　　　　B

图 6-4　缺铁性贫血骨髓象示意图

A．正常骨髓象；B．缺铁性贫血骨髓象

3．铁代谢的生化检查　血清铁降低；血清总铁结合力增高；血清铁蛋白＜12μg/L，是反映早期诊断贮存铁缺乏的一个常用指标，该项检查可用于人群铁缺乏症的筛检。

（考点：缺铁性贫血血象的特点）

（四）治疗要点

缺铁性贫血的治疗原则为治疗病因，补充铁剂，防止复发。

1．病因治疗　是根治缺铁性贫血的关键。积极治疗原发病，如消化性溃疡、功能失调性子宫出血等慢性失血，改变不合理的饮食结构和方式。

（考点：缺铁性贫血治疗关键点）

2．补充铁剂　是治疗缺铁性贫血的重要措施。

（1）口服铁剂：补充铁剂首选口服铁剂。因缺铁时肠黏膜对铁的吸收增加，口服给药安全方便，且能取得满意疗效。常用制剂为硫酸亚铁（0.3g/次，每天 3 次），也可口服富马酸亚铁、葡萄糖酸亚铁、琥珀酸亚铁、多糖铁复合物（力蜚能）等。铁剂治疗有效最早的表现是患者自觉症状好转，最早的血象改变是网织红细胞上升。用药 1 周左右网织红细胞计数开始上升，10 天左右达高峰；2 周左右血红蛋白开始上升，1～2 个月恢复正常；贫血纠正后，为进一步补充贮存铁，仍应继续服用小剂量铁剂 3～6 个月或待血清铁蛋白＞50μg/L 后停药。

（考点：治疗缺铁性贫血疗效观察）

（2）注射铁剂：对口服铁剂后胃肠反应严重无法耐受、严重消化道疾病铁剂吸收不良或口服铁剂后症状加重、急需迅速纠正缺铁如妊娠晚期的患者等，可考虑注射铁剂。常用右旋糖酐铁（科莫菲）或山梨醇铁肌内注射。因注射铁剂不通过肠黏膜屏障而直接进入血液，故使用前必须精确计算注射剂量，以免过量导致铁中毒。有严重肝肾疾病及对铁过敏者禁用。

3．其他疗法　增加食物中铁的供应；中药治疗，如山楂、陈皮、半夏、甘草等配伍服用；严重贫血者可适当输血。

## 三、护理问题

1．活动无耐力　与贫血及组织缺铁有关。

2．营养失调：低于机体需要量　与铁的需要量增加而摄入不足或吸收不良或丢失过多有关。

3．焦虑　与记忆力减退、学习及工作能力下降有关。

4．知识缺乏：缺乏缺铁及补充铁的相关知识。

## 四、护理措施

### （一）一般护理

1．休息　充分休息可减少氧的消耗。轻、中度贫血患者活动量以不感到疲劳、不加重症状为度，待病情好转后逐渐增加活动量。重度贫血伴显著缺氧者应卧床休息，协助患者取舒适卧位，合理安排护理时间，保证患者充分休息。

2．饮食　宜进高热量、高蛋白、高维生素、易消化、富含铁的食物。含铁丰富的食物主要有动物血、动物肝脏、蛋黄、瘦肉、鱼、豆类、海带、木耳、香菇、紫菜、芝麻酱、黄豆及豆制品、核桃、大枣等。指导患者进食时适当搭配富含维生素 C 的蔬菜、水果，以促进食物中铁的吸收。养成均衡饮食的习惯，荤素搭配，不挑食、不偏食，注意烹饪方法；消化不良者应少量多餐，口腔炎或舌炎者，避免进食过热或辛辣刺激性食物。

### （二）病情观察

观察患者原发病是否控制，导致缺铁的病因是否去除；有无心悸、气促加重及心脏增大、心力衰竭等并发症出现；补铁后面色、口唇、甲床等颜色有无改善，自觉症状是否减轻，有无严重不良反应、能否耐受等。

### （三）治疗配合护理

1．口服铁剂护理　①口服铁剂，最常见的不良反应是恶心、呕吐、胃部不适和黑便等胃肠道反应，宜在进餐时或餐后服用。②为减少铁剂对胃部的刺激反应，可从小剂量开始服用。③口服液体铁剂时需用吸管，避免牙齿染黑。④避免与牛奶、茶水、钙盐及镁盐同服，以免影响铁的吸收。⑤口服维生素 C、乳酸等酸性药物或食物，能使食物中的三价铁转变成二价铁，促进铁剂吸收。⑥口服铁剂期间，大便可呈黑色，是由于铁与肠道内硫化氢作用生成黑色的硫化铁所致，属正常现象，应事先与患者沟通，消除顾虑。

（考点：治疗缺铁性贫血疗效观察）

2．注射铁剂护理　注射铁剂可引起过敏反应，注射部位肿痛并有硬结形成，皮肤发黑。过敏反应表现为面色潮红、恶心、头痛、肌肉痛、腹痛、荨麻疹、低血压等，严重者可发生过敏性休克。注射时应注意：①首次用药须用0.5ml的试验剂量进行深部注射，注射时应备好肾上腺素以便急救。若1小时后无过敏反应可按医嘱常规剂量注射。②为促进吸收，避免硬结形成，宜深部肌内注射，并经常更换注射部位，必要时行局部热敷。③由于药液溢出可引起皮肤染色，故注射时应避免药液外溢，并注意不要在皮肤暴露部位注射，抽取药液后重新更换针头再行注射，采用"Z"形注射法或留空气注射法。

（考点：注射铁剂注意事项）

（四）心理护理

针对不同病因予以解释，并说明缺铁性贫血大多预后良好，去除病因及补充铁剂后多恢复正常，消除患者思想顾虑。

## 五、健康指导

1. 疾病知识指导　提高患者及家属对疾病的认识，如病因、相关表现及用药等。说明消除病因和坚持用药的重要性，使其主动配合。积极根治各种慢性出血性疾病。

2. 生活指导　注意休息与营养，合理膳食，避免偏食；尤其对妊娠、哺乳期妇女和生长发育期儿童应预防性补充，多进食含铁丰富的食物；妊娠及哺乳期妇女可适当补充铁剂。

3. 用药指导　遵医嘱规律用药，服药时避免同时食用影响铁剂吸收的食物。定期监测血象变化，及时观察药物疗效。

**知识链接**

**成人缺铁性贫血的治疗关键**

引发成人缺铁性贫血最常见、最重要的原因是慢性失血，常见于消化性溃疡、消化道肿瘤、钩虫病、痔出血、月经过多等。因此，积极治疗原发病是治疗成人缺铁性贫血的关键。改变不合理的饮食结构、增加含铁食物的摄入和铁剂治疗等仅作为疾病的对症治疗。

# 第4节　再生障碍性贫血患者的护理

**案例6-2**　患者，女，20岁。因皮肤紫癜1个月，高热、口腔黏膜、牙龈出血不止2天入院。护理查体：体温38.9℃，脉搏108次/分。皮肤黏膜苍白，无黄染，皮肤散在少量出血点。胸骨无压痛，肝、脾、淋巴结不大。血红蛋白90g/L，红细胞计数$3.0\times10^{12}$/L，网织红细胞计数0.002（正常0.005～0.015），白细胞计数$3.2\times10^{9}$/L，血小板计数$52\times10^{9}$/L。

**问题：** 1. 该患者可能患有何种疾病？诊断依据是什么？若需确诊疾病，应做什么检查？

2. 目前患者存在哪些护理问题？

3. 护士应做好哪些护理？

## 一、概　述

（一）概念

再生障碍性贫血简称再障，是由多种因素引起的、以造血干细胞数量减少、功能缺陷为主要特征的骨髓造血功能障碍。主要临床表现为全血细胞减少、进行性贫血、出血和感染。各年龄组均可发病，老年人发病率较高，男女发病率无明显差异。

（二）病因

再障按病因是否明确可分为原发性再障和继发性再障，约 50%以上的患者找不到明确的病因，称为原发性再障。继发性再障可能与下列因素有关。

1．药物及化学因素　是再障最常见的发病因素。能引起再障的药物种类有很多：①各种抗肿瘤药，如氮芥、阿糖胞苷、甲氨蝶呤、阿霉素、柔红霉素等。②抗菌药，如氯霉素、磺胺类。③抗癫痫药，如苯妥英钠、卡马西平、乙琥胺。④抗甲状腺药，如甲巯咪唑、甲（丙）硫氧嘧啶。⑤解热镇痛抗风湿药，如保泰松、安乃近、吲哚美辛、吡罗昔康。⑥其他，如西咪替丁、异烟肼、甲苯磺丁脲等。化学毒物主要有苯、有机砷、四氯化碳、杀虫剂等，其中苯与其衍生物最为常见，长期接触者比一次性接触大剂量者危险更大。

2．物理因素　长期接触各种电离辐射如 X 线、γ 线及其他放射性物质等均可引起再障。

3．生物因素　主要有风疹病毒、流感病毒、肝炎病毒及严重细菌感染，特别是丙型和乙型病毒性肝炎与再障的关系已较肯定，是病毒性肝炎严重并发症之一。

4．遗传因素　先天性再障多有家族史，大多伴有先天性畸形，与遗传有关。

5．其他因素　系统性红斑狼疮、类风湿关节炎、胸腺瘤、慢性肾衰竭、阵发性睡眠性血红蛋白尿、严重甲状腺功能减退症等疾病可引起再障。

（考点：引起再障最常见的原因）

（三）发病机制

目前尚未完全阐明，现阶段研究多认为再障的发生主要是在一定遗传易感倾向前提下，相关的致病因子通过下列三种机制而产生作用的结果。

1．造血干细胞异常（种子学说）　造血干细胞缺乏或缺陷是再障的主要发病机制。

2．造血微环境异常（土壤学说）　与造血微环境损伤、正常造血干细胞不能增殖分化有关。

3．免疫调节异常（免疫学说）　异常免疫反应损伤造血干细胞。

上述因素最终导致骨髓造血干细胞再生、分化的能力减弱或消失，骨髓各造血细胞明显减少，引起外周血液全血细胞减少。

## 二、护 理 评 估

（一）健康史

询问患者有无病毒感染史，特别是肝炎病毒感染史；是否使用过对骨髓有明显抑制作用的药物，如氯霉素、解热镇痛药、抗肿瘤药等；详细了解患者的职业和工作环境，是否长期接触苯、油漆、塑料、染料或电离辐射等；有无阵发性睡眠性血红蛋白、骨髓增生异常综合征、系统性红斑狼疮及慢性肾衰竭等病史。

（二）身心状况

再障的主要临床表现有贫血、出血和感染，肝、脾、淋巴结多无肿大。根据患者的病情、血象、骨髓象及预后，可分为重型再障和非重型再障。

1．身体状况

（1）重型再障：起病急，进展快，早期主要表现为出血与感染，随着病程进展出现进行性贫血。①广泛而严重的出血：几乎所有的患者均有出血倾向，出血部位广泛，常见严重的皮肤、黏膜出血，如皮肤瘀点、瘀斑，牙龈出血、鼻腔出血；内脏出血多见于呕血、便血、咯血、血尿、阴道出血等，严重者可发生颅内出血而危及生命。②感染及发热：以呼吸道感染最常见，其次是消化道、泌尿生殖系统、皮肤、黏膜感染，严重者可发生败血症。感染以革兰阴性杆菌、金黄色葡萄球菌和真菌为主。③进行性贫血：病初症状不明显，随着病程进展出现进行性贫血，出现明显的头晕、乏力、心悸等。急性再障少见而严重，治疗效果不佳，50%以上患者于病后数月至 1 年内死亡。颅内出血和败血症是急性再障患者的主要死亡原因。

知识链接

**重型再障患者与急性白血病患者临床表现重要鉴别点**

重型再障患者临床主要表现为出血、感染和贫血，骨髓象表现为增生低下，粒系、红系、巨核系三系细胞数量明显减少；急性白血病患者临床主要表现除出血、感染、贫血外，还有组织器官浸润，如出现肝、脾、淋巴结肿大，胸骨下段压痛等。骨髓象表现为增生极度或明显活跃，细胞分类以原始细胞为主。

（2）非重型再障：较多见，起病及进展较缓慢，以贫血为首发和主要表现，出血和感染较轻。经恰当治疗可长期缓解或完全恢复。少数患者可发展为重型再障。

（考点：重型再障患者最常见的临床表现）

2．心理-社会状况　重型再障患者起病急、预后差，患者常产生紧张、抑郁甚至绝望情绪；非重型病程迁延、反复发作，加之药物治疗过程中体形变化、输血或干细胞移植所需的高额医疗费用，患者出现焦虑、自卑等情绪，家属也会产生巨大的心理压力。

（三）辅助检查

1．血象　全血细胞减少，属正细胞正色素性贫血，网织红细胞计数降低。

2．骨髓象　是确诊再障的主要依据（图 6-5）。重型再障增生低下或极度低下，粒系、红系、巨核系三系细胞数量明显减少，非造血细胞如浆细胞、淋巴细胞、组织嗜碱细胞增多；非重型再障部分骨髓增生减低或呈灶性增生，三系细胞均有不同程度减少，淋巴细胞相对性增多。骨髓活检显示造血组织减少，脂肪组织增加。

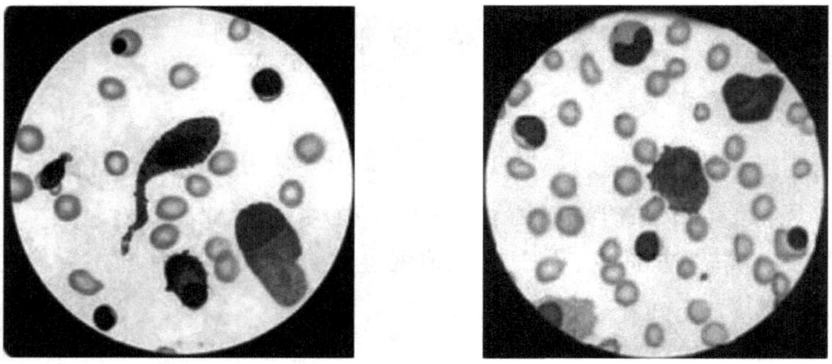

A　　B

图 6-5　再障骨髓象示意图

A．急性再障骨髓象；B．慢性再障骨髓象

3．其他　骨髓放射性核素检查，放射性摄取减少甚至消失，可间接反映造血组织减少的程度和部位。

（考点：诊断再障最主要的依据）

（四）治疗要点

再障的治疗原则为去除病因，预防和控制感染，加强支持治疗，促进骨髓造血功能恢复。

1. 祛除病因　祛除或避免接触抑制骨髓造血功能的有害物质，避免使用抑制骨髓造血的药物。

2. 促进骨髓造血

（1）雄激素：是治疗非重型再障的首选药物。其作用机制是可刺激肾脏产生更多的红细胞生成素，并直接刺激骨髓造血干细胞，使其增殖、分化，促进红细胞生成，还可促进巨噬细胞产生粒细胞、巨噬细胞集落刺激因子。常用药物有司坦唑醇（康力龙）2～4mg，口服，3 次/日；丙酸睾酮 100mg/d，肌内注射。也可选用十一酸睾酮（安雄）和达那唑。疗程及剂量应根据治疗效果和不良反应调整，切忌突然停药和减量过快，以免导致病情复发。雄激素必须在有一定量的造血干细胞基础上才能发挥作用，故对重型再障效果不佳。

（2）造血干细胞移植：主要用于重型再障。包括骨髓移植、脐血输液和胎肝细胞输液等，最佳移植对象为 40 岁以下、无感染及其他并发症者。

（3）造血生长因子：主要用于重型再障，有促进骨骼恢复的作用。单用无效，多为辅助性药物，在免疫抑制治疗时或治疗后应用。常用药物主要有粒细胞-巨噬细胞集落刺激因子或粒细胞集落刺激因子，疗程以 3 个月以上为宜。

3. 免疫抑制药　适用于年龄大于 40 岁或无合适供髓者的重型再障，常用药物有抗淋巴细胞球蛋白（ALG）或抗胸腺细胞球蛋白（ATG）和环孢素（CsA），其中 ATG 联合 CsA 的治疗方案是目前再障治疗的标准疗法之一。

4. 对症及支持疗法　有发热或感染征象者，应查找病原体，做药物敏感试验，根据结果选择有效抗生素，以防感染扩散。对于重症患者，宜早期、足量、联合用药；一般出血可用各种止血药，如酚磺乙胺（止血敏）、卡巴克洛（安络血）、氨基已酸和糖皮质激素等，出血严重或有内脏出血者可输浓缩血小板、新鲜冷冻血浆；血红蛋白低于 60g/L 伴明显缺氧者，可考虑输注浓缩红细胞。

5. 其他疗法　使用改善骨髓微循环的药物如山莨菪碱等；非重型再障内科治疗无效或有免疫因素存在者可行脾切除；中药治疗等。

## 三、护理问题

1. 活动无耐力　与贫血有关。
2. 有皮肤完整性受损的危险　与出血和血小板减少有关。
3. 有感染的危险　与粒细胞减少有关。
4. 预感性悲哀　与治疗效果差及经济负担重有关。
5. 潜在并发症：颅内出血、输血反应等。

## 四、护理措施

（一）一般护理

详见本章第 1 节贫血、出血和继发感染的护理。

（二）病情观察

主要观察患者出血的部位、范围，注意患者有无意识障碍、瞳孔变化等颅内出血征象；监测体温变化，警惕败血症；观察患者皮肤黏膜和红细胞、血红蛋白等的变化，以判断贫血的严重程度。

（三）配合治疗的护理

1．应用雄激素的护理　丙酸睾酮为油剂，不易吸收，注射处易形成硬结甚至发生无菌性坏死，故需深部缓慢分层肌内注射，并注意经常更换注射部位，必要时局部热敷。长期用药可出现痤疮、毛发增多、声音变粗、体重增加，女性闭经及男性化，肝功能损害等不良反应，应密切观察并向患者解释清楚，以消除疑虑。应向患者说明雄激素治疗显效较慢，治疗 2～3 个月网织红细胞计数升高，治疗半年无网织红细胞计数及血红蛋白上升才视为无效，需坚持完成疗程。

（考点：雄激素治疗的护理要点）

2．应用免疫抑制药的护理　用药期间应给予保护性隔离，加强支持疗法，防止出血及感染加重；注意观察药物不良反应如发热、荨麻疹、关节痛等，如有发生应遵医嘱给予氢化可的松治疗。

（四）心理护理

与患者及其家属建立信任关系，及时了解患者的想法；鼓励患者与亲人、病友多交谈，争取社会支持系统的帮助，减少孤独感；正视现实，振作精神，增强康复的信心，积极配合治疗。

## 五、健康指导

1．疾病知识指导　让患者及其家属了解本病的致病因素，避免接触可以引起本病的理化因素，慎用对骨髓造血有害的药物。介绍疾病的临床表现、临床治疗方法，增加对疾病的认识，增强治愈疾病的信心。

2．生活指导　充足的睡眠和休息可以减少机体的耗氧量；注意保暖和个人卫生，避免受凉感冒，尽量少去公共场所，避免交叉感染；避免皮肤黏膜碰撞损伤，避免各种出血和感染，学习防治出血的简单方法。

3．用药指导　需向患者及家属详细介绍药物的名称、用法、用量、疗程及不良反应；严格遵医嘱服药，不得擅自加药、减药、停药或漏服，定期复查血象。

4．心理指导　让患者和家属明确本病治疗的长期性和艰巨性，认识不良情绪的危害；指导患者学会自我调整、学会倾诉；家属要保持耐心，倾听患者；必要时寻求专业人士帮助。

5．病情监测指导　重点学习出血、感染、贫血症状和体征监测，学习药物不良反应观察；定期门诊复查血象及其他指标，随时了解病情变化。

# 第 5 节　特发性血小板减少性紫癜患者的护理

**案例 6-3**　患者，女，12 岁。因皮肤瘀点、瘀斑 3 天，鼻出血 1 天入院。1 周前曾患感冒。护理体检：T 37℃，皮肤散在大小不等的出血点，以下肢为著，鼻腔有血痂。肝、脾淋巴结无肿大。血小板计数 $34\times10^9$/L。

**问题**：1. 该患者可能患有何种疾病？

2. 护理重点是什么？

特发性血小板减少性紫癜（ITP）又称为自身免疫性血小板减少性紫癜，是血小板因免疫介导破坏，外周血中血小板减少的出血性疾病。以广泛皮肤、黏膜或内脏出血，血小板减少，骨髓巨核细胞发育成熟障碍，血小板生存时间缩短及出现抗血小板膜糖蛋白抗体为特征。是临床上最常见的一种血小板减少性疾病，分为急性型和慢性型两种。

## 一、概　　述

（一）病因和发病机制

病因尚未完全明了。一般认为与以下因素有关。

1．感染　细菌或病毒感染与 ITP 发病有密切关系。约 80%的急性 ITP 患者，在发病前 2 周左右有上呼吸道感染史；慢性 ITP 患者常因感染而致病情加重；病毒感染后发生的 ITP 患者，血中可发现抗病毒抗体或免疫复合物。

2．免疫因素　免疫因素的参与可能是 ITP 发病的重要原因。80%以上 ITP 患者血小板表面可检测出血小板相关抗体（PAIg）。

3．肝、脾的作用　脾是 ITP 产生 PAIg 的主要场所。与 PAIg 结合的血小板其表面性状发生改变，在通过脾窦时易被滞留，进而被单核吞噬细胞系统吞噬。肝在血小板的破坏中与脾有类似的作用。

（考点：ITP 产生 PAIg 的主要场所）

4．其他因素　ITP 在女性多见，且多发于 40 岁以前，现已发现雌激素可能有抑制血小板生成和增强单核-巨噬细胞系统对与抗体结合的血小板吞噬的作用。

（二）分型

根据发病机制，诱发因素和病程，ITP 分为急性型及慢性型两类。儿童 ITP 80% 为急性型，无性别差异。而成人 ITP 95% 以上为慢性型，好发于 40 岁以下的女性，女：男约为 4：1。

（三）转归

急性型 ITP 患者发病多为自限性，约 80%患者没有经过治疗，在半年内可自愈，一般病程为 4～6 周，患者痊愈后很少复发，预后良好。慢性型 ITP 患者不能自然缓解，但内脏出血较少见。ITP 的病死率约为 1%，多因颅内出血致死。

## 二、护 理 评 估

（一）健康史

详细询问患者发病前 1～2 周有无病毒感染史，成年女性询问月经及生育史，有无出血性疾病家族史。

（二）身心状况

1．症状

（1）急性型：半数以上发生于儿童。80%以上在发病前 1～2 周有上呼吸道感染史，特别是病毒感染史。起病急骤，部分患者可有畏寒、寒战、发热。全身皮肤瘀点、瘀斑、紫癜，可有血疱及血肿形成。鼻出血、牙龈出血、口腔黏膜及舌出血常见。血小板计数小于 $20\times10^9$/L 可发生内脏出血如呕血、便血、咯血、血尿、阴道出血等。颅内出血可致意识障碍、瘫痪及抽搐，是致死的主要原因。病程多呈自限性，常在数周内恢复，很少复发。

（2）慢性型：主要见于40岁以下的女性。起病隐匿，一般无前驱症状，较难确定发病时间。多为皮肤黏膜瘀点、瘀斑、紫癜，鼻出血、牙龈出血及外伤后出血不止等。严重内脏出血较少见，月经过多较常见，在部分患者可为唯一临床症状。部分患者可因感染等使病情骤然加重，出现广泛、严重的内脏出血。

2．体征　急性型ITP患者可出现皮肤黏膜瘀点、瘀斑和血肿，皮肤瘀点多为全身性，以下肢为多，分布均匀，出血多见于鼻、齿龈，口腔可有血疱，脾常不肿大。慢性型ITP患者皮肤瘀点、瘀斑、紫癜以下肢远端多见，可有出血，多见于鼻、齿龈、口腔黏膜，女性长期月经过多可引起贫血和轻度脾大。

（考点：ITP的临床表现）

3．心理-社会状况　患者可因出血范围大、内脏出血或皮肤黏膜出血慢性反复发作而产生紧张、焦虑、恐惧情绪。

（三）辅助检查

1．血象

（1）急性型血小板多在$20\times10^9$/L以下，慢性型常在$50\times10^9$/L左右。

（2）出血过多者可有红细胞和血红蛋白减少。

2．骨髓象

（1）急性型骨髓巨核细胞数量轻度增加或正常，慢性型骨髓巨核细胞显著增加。

（2）巨核细胞发育成熟障碍，幼稚巨核细胞增加。有血小板形成的巨核细胞显著减少（<30%）。

3．其他　PAIg及血小板相关补体（PAC3）阳性，90%以上患者血小板生存时间缩短，出血时间延长，毛细血管脆性试验阳性，血块收缩不良等。

（四）治疗要点

1．休息与活动　出血症状严重者，应卧床休息，防止创伤，避免使用可能引起血小板减少的药物。

2．药物治疗

（1）糖皮质激素为本病首选药物，适合急性型和慢性型发作期及复发患者。常用泼尼松30～60mg/d，分次或顿服，用药至血小板接近正常后开始减量，疗程3～6个月。病情严重者可用地塞米松或甲泼尼龙短期静脉滴注，待病情好转后改泼尼松口服。

（考点：ITP的治疗）

（2）免疫抑制药对糖皮质激素疗效不佳并不愿切脾者或切脾后疗效不佳者，可单纯应用免疫抑制药治疗，也可与小剂量糖皮质激素合用。常用长春新碱、环磷酰胺、硫唑嘌呤、环孢素。免疫抑制药疗程为4～6周。

（3）其他：静脉滴注丙种球蛋白，口服达那唑，中医中药等。

3．脾切除　脾切除的适应证：经糖皮质激素治疗3～6个月无效；对糖皮质激素疗效较差，或减少剂量易复发；对糖皮质激素有禁忌者；放射性核素标记血小板输入体内后，脾区的放射指数较高者。一般认为脾切除后血小板数持续正常达半年以上者为治愈。

4．急症处理　出血严重或有颅内出血及有颅内出血倾向，可静脉输注血小板悬液，静脉滴注丙种球蛋白，静脉注射大剂量甲泼尼龙，血浆置换等。

知识链接

**血小板输注适应证**

血小板输注适应证：①各种不同原因引起的血小板计数低于 $2.0\times10^9/L$ 伴有严重出血者；②血小板计数不低，但功能异常所致严重出血者；③大量输血所致的血小板稀释性减少（血小板计数低于 $5.0\times10^9/L$ 伴有严重出血者）。

## 三、护理问题

1．有皮肤完整性受损的危险　与出血和血小板减少有关。

2．有感染的危险　与糖皮质激素、免疫抑制药治疗有关。

3．恐惧　与血小板减少，出血危及生命有关。

4．潜在并发症：颅内出血。

5．知识缺乏：缺乏防治本病的知识。

## 四、护理措施

（一）一般护理

1．休息　血小板计数在 $50\times10^9/L$ 以上者，如出血不重，可适当活动，避免外伤；血小板在 $30\times10^9/L$ 以下者，即使不出血也应减少活动，出血严重者应卧床休息，保持心情平静。

2．饮食　根据病情可选用含高蛋白、高维生素、少渣流食、半流食或普食。禁吃坚硬、多刺、辛辣食物，最好提供半流食和软食。

（二）病情观察

皮肤黏膜出血注意观察出血部位、范围，内脏出血应了解出血量及出血是否停止，监测血小板计数，若 $<20\times10^9/L$ 应警惕脑出血的发生。

（三）治疗配合及护理

1．预防或避免加重出血　避免一切可能造成身体受损害的因素，如剪短指甲以防抓伤皮肤，禁用牙签剔牙或挖鼻孔等。保持皮肤清洁，穿棉质宽松衣物，避免皮肤出血。避免使用可能引起血小板减少或抑制其功能的药物，如阿司匹林、双嘧达莫、吲哚美辛等。因便秘、剧烈咳嗽时会引起血压升高，诱发颅内出血，故便秘时要用泻药或开塞露，剧咳者可用抗生素及镇咳药积极治疗。

（考点：ITP 患者的护理措施）

2．用药护理　正确执行医嘱，并注意药物不良反应的观察和预防。长期服用糖皮质激素者应向患者解释该药可引起库欣综合征、高血压、高血糖，易诱发或加重感染，用药期间定期检查血压、血糖、尿糖、白细胞分类计数，并观察药物的疗效。免疫抑制药硫唑嘌呤、环磷酰胺、长春新碱等可引起骨髓造血功能抑制、末梢神经炎、出血性膀胱炎。应使患者了解药物的作用及不良反应，主动配合治疗。

（四）心理护理

向患者及家属宣教本病易反复发作的慢性过程特点，通过避免诱因可减少发作，以缓解患者的焦虑，增强治病信心。

## 五、健 康 指 导

1．疾病知识指导　给患者及家属讲述本病的有关知识，使其正确认识疾病，积极配合治疗。指导患者及家属预防外伤，如不使用牙签、不挖鼻孔、不玩锐利的玩具和工具，不做易发生外伤的运动。服药期间不与感染患者接触，避免去人员拥挤的公共场所，尽可能避免感染，以免引起病情加重或复发。定期监测血小板计数。

2．用药指导　长期服用糖皮质激素患者，不可擅自减量或突然停药，否则会出现反跳现象。避免使用可引起血小板减少或抑制其功能的药物。低盐饮食，每周测体重，防止水、钠潴留，加重肾脏负担，注意观察其他不良反应。

3．疾病监测指导　教会患者及家属观察皮肤黏膜有无出血情况如瘀点、瘀斑、紫癜、鼻出血、牙龈出血、口腔黏膜及舌出血等，有无内脏出血如呕血、黑便、咯血、血尿、阴道出血、月经过多、头痛、视物模糊等。一旦出现以上情况应及时就诊。

# 第 6 节　白血病患者的护理

**案例 6-4**　患者，男，19 岁。2 周前自觉受凉后伴全身痛，以双膝、踝关节显著，牙龈出血 6 天。既往体健。查体：T 38℃，P 80 次/分，R 18 次/分，BP 100/70mmHg，双颈淋巴结肿大，各 4～5 个，直径 1～1.5cm，活动，无压痛。胸骨压痛，双膝关节略肿胀，有压痛，活动受限。肝肋下 1.5cm，脾肋下 2cm。实验室检查：Hb 98g/L，RBC $2.5\times10^{12}$/L，WBC $24.0\times10^{9}$/L，PLT $82\times10^{9}$/L，N 13.8%，L 76.2%，M 10.0%，可见大量幼稚淋巴细胞。骨髓检查结果：原始淋巴细胞占 35%。初步诊断为急性淋巴细胞白血病。

**问题**：1. 该患者的护理问题是什么？
2. 化疗的护理措施是什么？

白血病（leukemia）是一类造血干细胞的恶性克隆性疾病。克隆的白血病细胞增殖失控、分化障碍、凋亡受阻，停滞在细胞发育的不同阶段，在骨髓和其他造血组织中大量增生积聚，并浸润其他器官和组织，而正常造血功能受抑制。本病以进行性贫血、持续发热或反复感染、出血和组织器官浸润及外周血出现白血病细胞为特征。我国白血病发病率为 2.76/10 万。在恶性肿瘤死亡率中，白血病居第 6 位（男性）和第 8 位（女性），在儿童及 35 岁以下成人中则居第 1 位。

## 一、概　　述

### （一）病因和发病机制

白血病的病因尚未完全明了，发病与以下因素有关。

1．病毒感染　人类 T 细胞白血病病毒，可引起人类 T 细胞白血病，病毒感染宿主后，激活宿主癌基因的癌变潜力，从而导致白血病的发生。

2．物理因素　包括 X 射线、γ 射线等电离辐射，可使骨髓抑制和机体免疫力下降，DNA 突变、断裂和重组，导致白血病的发生。一次较大剂量或多次小剂量的放射均有致白血病的作用。

3．化学因素　能引起骨髓抑制的化学物质及药物都有致白血病的可能。已知的有苯、抗肿瘤药中的烷化剂、氯霉素、保泰松及其他细胞毒药物等。

4．遗传因素　家族性白血病约占白血病的 7‰。现认为染色体异常，多因素导致的癌基因突变、活化和抑癌基因失活等是白血病发病的重要机制。

5．其他血液病　某些血液病最终可能发展为白血病，如骨髓增生异常综合征、淋巴瘤、多发性骨髓瘤、阵发性睡眠性血红蛋白尿等。

（二）白血病的分类与分型

1．根据白血病细胞的成熟程度和自然病程分类

（1）急性白血病（简称 AL）：起病急、进展快、自然病程一般不超过 6 个月，以异常原始细胞及早期幼稚细胞为主。

（2）慢性白血病（简称 CL）：起病缓慢，自然病程一般超过 1 年，以异常的较成熟幼稚细胞和成熟细胞为主。

2．根据白血病细胞类型分类

（1）急性白血病：根据 FAB 分类法，急性白血病分为急性淋巴细胞白血病（简称急淋白血病，ALL）和急性非淋巴细胞白血病（简称急非淋白血病，ANLL）。

（2）慢性白血病：分为慢性粒细胞白血病（简称慢粒）、慢性淋巴细胞白血病（简称慢淋）及少见的毛细胞白血病、幼淋巴细胞白血病等。

知识链接

**MICM 分型**

随着单克隆抗体及高分辨染色体技术的应用，近年来白血病分型采用了形态学（Morphology）、免疫学（Immunology）、细胞遗传学（Cytogenetics）和分子生物学（Molecular） 分型相结合的方法，即 MICM 分型。采用 MICM 分型可在相当程度上弥补 FAB 分类法单纯用形态学分型之不足，提高对白血病分型的准确性与客观性。

## 二、急性白血病

（一）概述

1．概念　急性白血病（acute leukemia）是骨髓中异常的白血病细胞大量增殖并浸润到各组织、器官，使正常造血受抑制。主要表现为发热、出血、贫血及各种器官浸润所引起的症状和体征。我国急性白血病比慢性白血病多见，成年患者急非淋白血病最多，儿童患者中急淋白血病较多。男性略多于女性。

2．转归　急性白血病的自然生存期约 3 个月。经系统治疗完全缓解后，5 年无病生存率可达 20%～40%，造血干细胞移植后无病长期生存率达 50%以上，甚至有望治愈。预后与年龄、临床分型关系密切。如急性淋巴细胞白血病以 1～9 岁患儿预后较好，1 岁以下、9 岁以上各年龄组和老年患者预后较差，急非淋白血病以青中年预后较好，儿童和老年患者预后较差。

（二）护理评估

1．健康史　详细询问患者有无反复发生的病毒感染史；是否接触放射性物质或化学物质如苯、油漆、染料、染发剂或亚硝胺类物质；是否用过易诱发本病的药物，如细胞毒药物、氯霉素等，是长期服用还是偶尔服用；详细了解患者的职业和工作环境及家族史，既往用药情况以及是

否有其他血液系统疾病。

2．身心状况

（1）症状和体征

1）贫血：常为首发症状，且进行性加重。贫血的原因主要是正常红细胞生成减少和出血。

2）出血：可发生在全身各部位，以皮肤瘀点、瘀斑、鼻出血、牙龈出血、月经过多为多见。眼底出血可影响视力。颅内出血时有头痛、呕吐、瞳孔不对称，甚至昏迷而死亡，常为致死原因。出血的原因主要是血小板生成减少及功能障碍，白血病细胞浸润破坏血管壁、凝血因子减少等。

3）发热和感染：半数患者以发热为早期表现，多为继发感染所致。以口腔炎、咽峡炎、牙龈炎最常见，肺部感染、肛周炎亦常见，严重时可致败血症，是白血病常见的死因之一。常见的致病菌为革兰阴性杆菌。长期应用抗生素者，可出现真菌感染，如念珠菌、曲霉菌等。病毒感染也较多见，并且较严重。感染的原因主要是成熟粒细胞减少，机体免疫力减退。

（考点：急性白血病患者的临床表现）

4）白血病细胞浸润组织和器官：白血病细胞可浸润各种组织和器官，并引起相应表现。①淋巴结和肝脾大，急淋白血病较多见。多为全身浅表淋巴结肿大，质地中等，无压痛。肝脾大一般为轻至中度。②骨骼和关节，患者常有胸骨下段压痛，有助于诊断。四肢关节、骨骼疼痛以儿童多见。③眼部，急非淋白血病患者在骨膜上出现的无痛性肿块，多发生于眼眶周围，称为绿色瘤，可引起眼球突出、复视或失明。④口腔和皮肤，急非淋白血病可见牙龈增生、肿胀；皮肤上可出现蓝灰色斑丘疹或皮肤粒细胞肉瘤，呈紫蓝色皮肤结节。

（考点：急性白血病患者的临床表现）

5）中枢神经系统白血病：是白血病细胞浸润至脑膜或脑实质所致。多发生于缓解期，主要原因是多数化疗药物不能通过血脑屏障，不能有效杀灭脑膜及脑实质内的白血病细胞。以儿童急淋白血病最常见，主要表现为脑膜炎及颅内压增高，轻者无症状或仅有头痛，严重时可出现呕吐、颈强直、抽搐、昏迷，但不发热。

（考点：中枢神经系统白血病的临床表现）

（2）心理-社会状况：白血病患者未确诊时，大多紧张、焦虑，确诊后患者感到恐惧，难以接受。经治疗效果不佳时，易出现忧心忡忡、悲观、愤怒和绝望。限制探视，使患者常感孤独。化疗药物的毒副作用引起的身体极度不适，使患者拒绝或惧怕治疗。沉重的精神和经济负担，对患者及家庭成员均造成严重的影响。

3．辅助检查

（1）血象：多数患者白细胞总数明显升高，分类检查可见不同数量的原始和（或）幼稚白细胞，一般占30%～90%；红细胞、血红蛋白和血小板计数不同程度的减少，呈正常细胞性贫血。

（2）骨髓象：骨髓有核细胞显著增生或极度活跃，原始细胞占非红系细胞的30%以上。正常造血细胞严重受抑制，幼红细胞及巨核细胞减少。白血病性原始细胞形态有异常改变，在急非淋白血病细胞中有Auer小体。骨髓检查是必做检查，是确诊白血病及判断其类型的重要依据。

（3）其他：细胞化学染色有助于白血病细胞类型的区别，细胞免疫学检查有助于急淋白血病与急非淋白血病的鉴别。

4．治疗要点

（1）化学治疗：是目前主要的治疗措施，化疗原则是按白血病类型选择化疗方案，采用联合、足量、间歇、交替、长期治疗方针。

1）急性白血病化疗：可分诱导缓解和缓解后治疗两个阶段。诱导缓解的目的是迅速杀灭尽量多的白血病细胞，达到完全缓解的标准。完全缓解即白血病的症状、体征完全消失，血象和骨髓象基本恢复正常，骨髓中原始细胞＜5%。而达到缓解标准时体内仍有相当数量的白血病细胞，因此缓解后仍需继续治疗 4～6 个疗程，防止复发，延长缓解和生存时间，争取治愈。白血病细胞的增殖周期约为 5 天，不同种类的抗白血病药物作用于不同的白血病细胞增殖周期，因此，每一疗程需持续 7～10 天，使各增殖周期的细胞都有机会被杀灭。每 1 个疗程后，需休息 2 周，诱使休止期的白血病细胞进入增殖周期，有利于下一疗程的治疗。

知识链接

**完全缓解标准**

白血病的症状、体征完全消失，血象和骨髓象基本恢复正常，骨髓中原始细胞＜5%，Hb≥100g/L，中性粒细胞绝对值≥$1.5\times10^9$/L，分类无白血病细胞，血小板≥$100\times10^9$/L。临床无贫血、出血、感染及白血病细胞浸润表现。

2）急性白血病常用化疗药物见表 6-5。

**表 6-5 急性白血病常用化疗药物**

| 药物名称 | 缩写 | 给药途径 | 主要毒副作用 |
|---|---|---|---|
| 泼尼松 | P | 口服 | 库欣综合征、高血压、糖尿病、感染 |
| 长春新碱 | VCR | 静脉注射 | 末梢神经炎、消化道反应 |
| 柔红霉素 | DNR | 静脉注射 | 骨髓抑制、心脏损害、消化道反应等 |
| 阿霉素 | ADM | 静脉注射 | 骨髓抑制、心脏损害、消化道反应等 |
| 阿糖胞苷 | AraC | 静脉滴注、皮下注射 | 骨髓抑制、消化道反应、脱发 |
| 三尖杉碱 | H | 静脉滴注、肌内注射 | 骨髓抑制、消化道反应、心脏损害 |
| 环磷酰胺 | CTX | 口服、静脉注射 | 骨髓抑制、消化道反应、出血性膀胱炎等 |
| 甲氨蝶呤 | MTX | 口服、静脉注射、鞘内注射 | 骨髓抑制、消化道反应、肝脏损害 |

3）常用化疗方案：急淋白血病化疗基本方案为 VP 方案（长春新碱、泼尼松），VP 加柔红霉素（DNR）组成 DVP 方案，再加左旋门冬酰胺酶（*L*-ASP）即为 DVLP 方案。急非淋白血病化疗常选 DA 方案（柔红霉素、阿糖胞苷），也可选用 HA 方案（三尖杉碱、阿糖胞苷）。

4）中枢神经系统白血病：可用甲氨蝶呤或阿糖胞苷鞘内注射进行治疗或预防。

5）药物对睾丸白血病治疗无效：必须采用双侧放疗。

（2）支持疗法

1）感染的防治：严重感染是急性白血病主要的死亡原因之一。应注意口腔、鼻腔和皮肤的清洁和灭菌。中性粒细胞极低者应置于“无菌”病室隔离。如已经感染，应迅速查明感染所在部位和性质，并给予足量的广谱抗生素治疗，如氨基糖苷类、广谱青霉素和头孢菌素类之中任选两类联合用药。

2）出血的防治：如果因血小板计数过低而引起出血，输注浓集的血小板悬液是最有效的止血措施。如果出血系 DIC 所引起，则需给予适当的抗凝治疗。

3）贫血的治疗：如贫血较严重，最好输注浓集的红细胞，如同时有出血，亦可给新鲜全血。

4）尿酸肾病的防治：患者白血病细胞破坏多，血清及尿中尿酸增多，化疗时尤甚，可产生尿酸肾结石，并可发生尿酸肾病，发生急性肾衰竭。故对患者要注意尿量，检查尿和血中尿酸浓度。嘱患者多饮水。化疗同时给予别嘌醇，可抑制尿酸的合成。

（3）骨髓移植：白血病患者经抗白血病治疗缓解后，再以大剂量化疗及全身放疗彻底肃清体内残存的白血病细胞，然后用HLA相合的正常骨髓移植来重建其造血功能及免疫功能。约有60%的患者获得长期缓解或治愈。

（三）护理问题

1．活动无耐力　与化疗、白血病引起代谢增高、贫血及长期卧床有关。

2．有感染的危险　与正常粒细胞减少、化疗、机体抵抗力下降有关。

3．有皮肤完整性受损的危险　与血小板减少、白血病细胞浸润等有关。

4．潜在并发症：化疗药物的不良反应。

5．预感性悲哀　与治疗效果不佳、经济负担过重有关。

（四）护理措施

1．一般护理

（1）休息与活动：应根据患者体力，适当限制活动量，可与患者共同制订日常活动计划，做到有计划地适量活动。贫血、出血、感染者或化疗期间应注意休息，缓解期患者应适量活动。脾大明显者，嘱患者左侧卧位以减轻不适感，尽量避免弯腰和碰撞腹部，以免发生脾破裂。

（2）饮食护理：加强营养，给予高热量、高蛋白、高维生素易消化的饮食，化疗期间饮食宜清淡，少食多餐，避开化疗前后1～2小时进餐，保证每日充足的饮水量，若为高白细胞性白血病，化疗期间每天饮水量在3000ml以上。

2．病情观察　监测患者白细胞计数及生命体征的变化。经常询问患者有无感染征象。应密切注意患者有无出血征兆，检查患者大小便有无出血迹象，全身皮肤有无瘀点、瘀斑。患者如有头痛、恶心、呕吐、视力改变应立即通知医生。

3．感染的预防与护理

（1）保护性隔离：化疗药物不仅可杀伤白血病细胞，正常细胞同样要受到杀伤，因此患者在诱导缓解期间很容易发生感染，当成熟粒细胞绝对值≤$0.5\times10^9$/L时，发生感染的可能性就更大，此时要做好保护性隔离，若无层流室则置患者于单人病房，保证室内空气新鲜，并定时进行空气和地面消毒，谢绝探视以避免交叉感染。

（2）加强口腔、皮肤及肛周护理。饭后、呕吐或咳嗽后应漱口。当进行化疗或放疗时，应增加口腔护理的次数，选用抗细菌和抗真菌的漱口液交替使用。便后1∶5000高锰酸钾液或氯己定坐浴，女性患者注意会阴部清洁。

（3）注意观察皮肤、黏膜、呼吸道、消化道有无感染的征象，若有感染征象，应协助医生做血液、咽部、尿液、粪便和伤口分泌物的培养，一旦有感染，遵医嘱合理使用强有力的抗生素。

4．出血的预防与护理　见本章概述部分出血的护理。

5．配合治疗的护理

（1）静脉炎及组织坏死的预防及护理：多数化疗药物对组织刺激性大，多次注射可引起疼痛及静脉炎，如注射的血管出现条索状的红斑、触之温度较高、有硬结或压痛。若注射时药液渗漏，会引起局部组织坏死。故注射时应注意：①合理选择静脉血管，反复多次给化疗药者，最好采用中心静脉或深静脉留置导管供注射用，如使用浅表静脉，应选择有弹性且直的大血管。避免在循环功能不良的肢体进行注射。先远端静脉后近端静脉，逐步向上移行，有计划地交替使用。静脉穿刺技术要熟练，避免穿透血管对患者造成损害。②静脉穿刺时先用0.9%氯化钠输注，确定针头在静脉内方能注入药物，药物输完后再用0.9%氯化钠冲洗后拔针，以减轻药物对局部组织的刺激。注射完毕轻压血管数分钟止血，以防药液外渗或发生血肿。③输注时疑有或发生外渗，立即停止注入，不要拔针，由原部位抽取 3～5ml 血液以除去一部分药液，局部滴入 0.9%NaCl 以稀释药液后拔针，局部冷敷后再用 50% $MgSO_4$ 湿敷，亦可用普鲁卡因局部封闭。

（考点：白血病化疗的护理）

（2）化疗药物不良反应护理

1）骨髓抑制的预防及护理：多数化疗药物有骨髓抑制作用，化疗期间定期查血象，每次疗程结束时做骨髓穿刺，以便观察骨髓受抑制情况及评价疗效。一旦出现骨髓抑制，需加强贫血、感染和出血的预防、观察和护理，协助医生正确用药。

2）消化道反应的预防及护理：多数化疗药物均可引起恶心、呕吐、纳差等不良反应。反应出现的时间和程度与化疗药物的种类和剂量有关，若用致吐作用较强的药物时，使用的 30 分钟前可给予止吐药物，以减轻恶心、呕吐反应。化疗期间应给患者提供良好的就餐环境，提供清淡、可口的饮食，以半流质食物为主，少量多餐，避免产气、辛辣和高脂食物，进食前后休息一段时间。当患者恶心、呕吐时及时清除呕吐物，保持口腔清洁。若反应严重，呕吐频繁，应注意观察有无水、电解质紊乱。

3）口腔溃疡的预防及护理：化疗期间鼓励患者合理进食，避免过热、粗硬、辛辣刺激食物，并多饮水。指导患者睡前及餐后用碳酸氢钠、依沙吖啶稀释液交替漱口。发生溃疡时，局部可涂抹金霉素甘油，疼痛剧烈影响进食者，可给予 2%利多卡因含漱以减轻疼痛。

4）肝肾功能损害的预防及护理：甲氨蝶呤、左旋门冬酰胺酶对肝功能有损害作用，用药期间应观察患者有无黄疸，并定期监测肝功能。

5）心脏毒性的预防及护理：多柔比星、柔红霉素、三尖杉酯碱等药可引起心肌及心脏传导损害，用药时要缓慢静脉滴注，用药前后应检查心电图及心功能。

（考点：急性白血病患者化疗的护理）

6）其他：环磷酰胺可引起血尿，输注期间应保证输液量，鼓励患者多饮水，预防出现出血性膀胱炎，观察小便的量和颜色，一旦发生血尿，应停止使用，同时检查肾功能。长春新碱可引起末梢神经炎而出现手足麻木，停药后可逐渐消失。

（考点：急性白血病患者化疗的护理）

（3）鞘内注射化疗药物的护理：推注药物宜慢，注毕去枕平卧 4～6 小时，注意观察有无头痛、发热等反应。

（4）脱发的护理：向患者说明化疗的必要性及化疗可能会导致脱发现象，但绝大多数患者在化疗疗程结束后头发会再生，使患者有充分的心理准备，坦然面对。出现脱发后，鼓励其表达出内心的感受，指导患者使用假发或戴帽子，以降低患者的身体意象障碍，鼓励患者参与正常的社交活动。

6．心理护理　根据患者的性格特征和不同时期的心理反应，给予有针对性的心理疏导。密切观察患者病情及情绪变化，及时采取措施减轻患者的焦虑、恐惧、悲观失望的负性情绪，预防意外的发生。在治疗过程中，随着病情逐渐稳定，应与患者及家属进行有效的沟通，增强患者战胜疾病的信心。

（五）健康指导

1．疾病知识指导　向患者及其家属介绍白血病基本知识，树立战胜疾病的信心。家属应为白血病患者提供物质和精神支持，使其保持良好的情绪状态。缓解期生活要有规律，保证充足的休息和睡眠。适当活动，如散步、慢跑、打太极拳等，以提高机体抵抗力。合理饮食，保证营养，饮食应清淡、易消化、少刺激。预防和避免各种外伤，勿用牙签剔牙、用手挖鼻孔等，预防各种感染。

2．用药指导　避免接触对骨髓有损害的物质和药物如苯、油漆、染料、染发剂或亚硝胺类物质、细胞毒药物、氯霉素等。指导患者遵医嘱用药，学会观察药物的副作用并说明每月坚持巩固强化治疗可延长急性白血病的缓解期和生存期。

3．病情监测指导　学会自测体温和观察出血，经常检查口腔、咽部有无感染，定期复查血象和骨髓象。

## 三、慢性白血病

（一）概述

1．概念　慢性白血病按细胞来源分为慢性粒细胞白血病（简称慢粒白血病）、慢性淋巴细胞白血病（简称慢淋白血病）和慢性单核细胞白血病（简称慢单白血病）。我国以慢粒白血病多见，慢淋白血病少见，慢单白血病罕见。慢性白血病起病缓慢，病程长，早期多无明显症状。部分患者在体格检查或因其他疾病就诊时发现。主要症状为乏力、消瘦、发热、脾大等。

2．转归　目前认为年龄小于 40 岁，脾大不明显，外周血中血小板较低，原始细胞百分比不高，骨髓移植较早的慢粒白血病患者预后较好。慢粒白血病最终可合并骨髓纤维化、慢性白血病急性变，并发感染、出血等严重并发症而死亡。 慢淋白血病病程长短不一，短至 1～2 年，长至 5～20 年。一般年龄偏大、就诊前无症状期长预后较好；反之预后较差。

（二）护理评估

1．健康史　详细询问有无反复接触苯或射线的病史，家族史。

2．身心状况

（1）症状和体征

1）慢粒白血病：起病缓慢，早期无自觉症状。随着病情发展，可出现乏力、低热、多汗或盗汗、体重减轻等代谢亢进的表现。脾大为最突出的体征，往往就医时已达脐或脐以下，质地坚实、平滑、无压痛。如果发生脾梗死则压痛明显，并有摩擦音。约半数患者有肝大。部分患者有胸骨中下段压痛。白血病细胞多为成熟和较成熟的细胞。

（考点：慢粒白血病患者的临床表现）

2）慢淋白血病：发病年龄大多在 50 岁以上。主要表现是全身淋巴结肿大，肿大的淋巴结质地中等，可移动，无压痛。部分患者可有轻至中度脾大和轻度肝大，贫血及外周血中淋巴细胞异常增多。主要死亡原因为感染，尤其是肺炎多见。其他死亡原因有全身衰竭，骨髓造血功能衰竭引起的严重贫血或出血。

3）慢性白血病急性变：慢性白血病至晚期可发生急性变，多数病例为急粒变，少数为急淋变或急单变。急性变时，病情进展迅速，临床表现、血象、骨髓象与急性白血病相似，但预后极差，如不积极治疗往往在数月内死亡。

（2）心理-社会状况：因病情进展缓慢，早期一般情况良好，主要担心发生急性变。治疗效果不佳时，易出现忧心忡忡、悲观和绝望。

3．辅助检查

（1）血象：慢粒白血病白细胞计数明显增高，可见各阶段细胞，但以接近成熟的白细胞为主，原始和早幼细胞之和不超过 10%；嗜酸性粒细胞、嗜碱性粒细胞增多，有助于诊断。慢淋白血病淋巴细胞≥60%，晚期可达 90%～98%。红细胞和血小板计数早期正常，晚期可减少。

（2）骨髓象：慢粒白血病骨髓增生明显至极度活跃，以粒细胞为主，其中中性中幼、晚幼和杆状核粒细胞明显增多；原粒细胞不超过 10%。嗜酸性粒细胞、嗜碱性粒细胞增多。红系细胞相对减少，粒：红比例增高。巨核细胞正常或增多，晚期减少。慢淋白血病淋巴细胞显著增多；占 40%以上，细胞大小和形态基本上与外周血一致。粒细胞系和红细胞系都减少，晚期巨核细胞减少。

（3）细胞遗传学及分子生物学检查有助于慢性白血病的鉴别。90%以上的慢粒白血病患者的血细胞中出现 $ph_1$（费城）染色体。

4．治疗要点　慢粒化疗首选羟基脲，或选用白消安，靛玉红常用于对白消安有抗药性的病例。慢淋白血病化疗首选苯丁酸氮芥，或选用氟达拉滨。

（三）护理问题

1．慢性疼痛　与脾大、梗死有关。

2．潜在并发症：尿酸性肾病、化疗药物的不良反应。

3．营养失调：低于机体需要量　与机体代谢亢进有关。

4．活动无耐力　与虚弱或贫血有关。

5．有感染的危险　与成熟粒细胞和免疫球蛋白减少有关。

（四）护理措施

1．一般护理

（1）休息：将患者安置于安静、舒适的环境中，尽量卧床休息，减少活动，并取左侧卧位，以减轻不适感。尽量避免弯腰和碰撞腹部，以防脾破裂的发生。

（2）饮食护理：给予高热量、高蛋白、高维生素、易消化饮食，鼓励患者少量多次进食、进水以减轻腹胀。

2．病情观察　每日测量患者脾的大小、质地、有无压痛并做好记录。密切监测有无脾栓塞或脾破裂的发生，主要表现为突感脾区疼痛、发热、多汗以致休克，脾区有明显触痛、拒按，可闻及摩擦音，脾可进行性肿大，甚至产生血性腹水。

3．治疗配合及护理

（1）预防尿酸性肾病：①病情监测。化疗期间定期检查白细胞计数、血和尿中的尿酸含量。记录 24 小时出入量，注意观察有无血尿或腰痛等症状。一旦出现少尿或无尿时及时报告医生处理，协助做好急性肾衰竭的救治。②供给充足的水分。鼓励患者多饮水，每日饮水量 3000ml 以上，以利于尿酸和化疗药降解产物的稀释和排泄，减少对泌尿系统的损害。③用药护理。遵医嘱口服别嘌醇，以抑制尿酸的形成。在化疗给药前遵医嘱给予利尿剂，以促进尿酸的稀释和排泄。注射化疗药物后，最好每半小时排尿 1 次，持续 5 小时，就寝前排尿 1 次。

（2）化疗药物不良反应的护理：观察药物的疗效及不良反应。白消安的不良反应主要是骨髓抑制、血小板或全血细胞减少及皮肤色素沉着、阳萎、停经等，用药前应向患者说明，用药期间经常复查血象，随时调整剂量。靛玉红主要不良反应为腹泻、腹痛、便血等，使用时要注意观察患者大便的性质。

4．心理护理　根据患者不同时期的心理反应，进行针对性的心理疏导。向患者及家属介绍本病的治疗方法和疗效，认识不良的心理状态对康复的不利，指导家属给予患者物质和精神的支持与鼓励，帮助患者建立良好的生活方式，向患者介绍已缓解的典型病例，提高生存的信心。

（五）健康指导

1．疾病知识指导　应向患者及家属讲解本病的知识，如病情的演变过程等。嘱患者主动配合治疗，保持情绪稳定，保证充足的休息和睡眠。避免弯腰和碰撞腹部，以防脾破裂的发生，提供高热量、高蛋白、高维生素的饮食。缓解后可适当工作、学习和锻炼，但不可过度劳累。

2. 用药指导　指导患者避免接触对造血系统有损害的药物和化学物质，遵医嘱用药，学会观察药物的副作用，化疗期间多饮水以促进尿酸和化疗药降解产物的排泄，定期复查肝、肾功能和血象。

3. 疾病监测指导　指导患者及家属学会测量脾脏大小，自我监测体温，出现贫血加重、发热、腹部剧烈疼痛时，应立即就诊。

（考点：慢粒白血病患者的健康指导）

## 自测题

$A_1$型题

1. 成人的主要造血器官是（　　）
   A. 肝　B. 脾
   C. 淋巴结　D. 卵黄囊
   E. 骨髓
2. 贫血患者最早和最常见的症状是（　　）
   A. 皮肤、黏膜苍白　B. 疲乏无力
   C. 活动后心悸气促　D. 头晕头痛
   E. 注意力不集中
3. 人体铁吸收的主要部位在（　　）
   A. 胃　B. 十二指肠球部
   C. 空肠下段　D. 回盲部
   E. 十二指肠及空肠上段
4. 再障临床表现不包括（　　）
   A. 进行性贫血　B. 肝、脾大
   C. 感染　D. 内脏出血
   E. 皮肤紫癜及牙龈出血
5. 特发性血小板减少性紫癜贫血及出血的特点为（　　）
   A. 贫血重而出血轻
   B. 贫血轻而出血重
   C. 有贫血而无出血
   D. 可无贫血，但有皮下出血
   E. 贫血与出血一致
6. 白血病的发病原因不包括（　　）
   A. 感染病毒　B. 电离辐射
   C. 化学因素　D. 遗传因素
   E. 免疫功能亢进
7. 有助于确诊急性白血病的体征是（　　）
   A. 肝、脾大　B. 四肢关节痛
   C. 胸骨疼痛　D. 皮肤瘀斑
   E. 皮肤黏膜出血
8. 急性白血病患者在化疗缓解期出现中枢神经系统白血病的原因主要是（　　）
   A. 抵抗力差
   B. 疗程不够
   C. 大多数抗白血病药物不易通过血脑屏障
   D. 化疗药剂量不足
   E. 中枢神经系统的白血病细胞较多

$A_2$型题

9. 患者，女，23岁。因反复头晕、耳鸣、疲乏无力就诊，经医院检验 Hb 90g/L，RBC $3.7\times10^{12}$/L，该患者治疗的首要原则是（　　）
   A. 反复多次输血　B. 口服铁剂
   C. 及时补充造血物质　D. 休息和吸氧
   E. 积极寻找和去除病因
10. 患者，男，46岁。胃大部分切除术后4个月，出现头晕，乏力，查 Hb 87g/L，其贫血的原因是（　　）
    A. 饮食中含铁不足　B. 铁损失过多
    C. 体内铁代谢障碍　D. 铁吸收不良
    E. 铁需要量增加
11. 患者，女，44岁。诊断为缺铁性贫血，口服硫酸亚铁2周。为观察疗效应首先检查（　　）
    A. 网织红细胞计数　B. 血红蛋白
    C. 红细胞　D. 血细胞比容

E. 红细胞浓度

12. 患者，女，35 岁。月经紊乱 1 年，近期诊断缺铁性贫血。医嘱选用硫酸亚铁治疗，为促进吸收，护理措施最佳的是（　　）

A. 餐前服用　B. 餐后服用

C. 与牛奶同服　D. 与橙汁同服

E. 与浓茶同服

13. 患者，女，32 岁。患急性再生障碍性贫血入院，给予丙酸睾酮治疗，应定期检查（　　）

A. 肝功能　B. 血压

C. 尿常规　D. 肾功能

E. X 线摄片

14. 患者，男，37 岁。患再生障碍性贫血，今日上午患者出现剧烈头痛、呕吐，应警惕发生（　　）

A. 脾出血　B. 肝出血

C. 脑出血　D. 鼻出血

E. 消化道大出血

15. 患者，女，61 岁。再生障碍性贫血，四肢皮肤散在性瘀点，口腔内可见一溃疡，为有效预防感染，目前对其采取的首要护理措施是（　　）

A. 加强营养　B. 定期洗浴

C. 保持皮肤干燥　D. 加强口腔护理

E. 避免到人群聚集的地方

16. 患者，女，24 岁。慢性特发性血小板减少性紫癜，反复出血。经泼尼松治疗 7 个月后症状无好转。治疗可采用（　　）

A. 改用地塞米松　B. 输红细胞悬液

C. 输全血　D. 脾切除

E. 应用止血药

17. 患者，女，21 岁。特发性血小板减少性紫癜。治疗中患者突然呕吐、头痛伴视物模糊。考虑该患者可能发生的情况是（　　）

A. 弥散性血管内凝血　B. 视盘水肿

C. 颅内出血　D. 脑瘤

E. 药物的不良反应

18. 患者，女，16 岁。急性上呼吸道感染 2 周后因特发性血小板减少性紫癜住院，应用糖皮质激素治疗好转出院。护士进行出院前的健康指导时，错误的是（　　）

A. 预防感染

B. 坚持饭后服药

C. 若无新发出血表现可自行停药

D. 注意自我病情监测

E. 高热量、高蛋白、高维生素、少渣饮食

19. 患者，女，57 岁。患白血病 2 年。患者突然出现头痛、头晕、视物模糊，呼吸急促，来院急诊。判断该患者可能发生的合并症是（　　）

A. 蛛网膜下腔出血　B. 脑膜炎

C. 颅内出血　D. 脑梗死

E. 高血压脑病

20. 患者，男，18 岁。急性白血病。在化疗期间，近 1 天尿量 1000ml，此时护士采取的最重要的护理措施为（　　）

A. 指导患者养成规律排尿的习惯

B. 留置尿管

C. 无须特殊处理，属化疗药物反应

D. 记录出入量，嘱患者进食清淡饮食

E. 嘱患者多饮水，必要时遵医嘱输液

21. 患者，男，48 岁。以急性白血病入院化疗，化疗后第 7 天，复查血象：血小板计数为 $15\times10^9$/L，此时最主要的护理措施是预防和观察（　　）

A. 口腔溃疡　B. 药物不良反应

C. 脑出血　D. 尿道出血

E. 尿酸性肾病

22. 患者严重贫血，近日突发高热、皮肤广泛瘀斑。若诊断急性白血病，最有价值的检查是（　　）

A. 血常规检查　B. 尿液常规检验

C. 血培养检查　D. CT 检查

E. 骨髓象检查

23. 某成年男性患者，面色苍白，皮肤瘀斑 2 周，胸骨压痛阳性，肝肋下 1cm，脾肋下 5cm。血象见全血细胞减少，原始淋巴细胞 3%，幼稚淋巴细胞 64%；骨髓象：原始淋巴细胞 39.6%，幼稚淋巴细胞 42%，其最可能的诊断是（　　）

A. 再生障碍性贫血

B. 急性淋巴细胞性白血病

C. 慢性淋巴细胞性白血病

D. 急性粒细胞性白血病

E．慢性粒细胞性白血病

$A_3/A_4$型题

（24、25题共用题干）

患者，男，17岁。患急性粒细胞性白血病，现住院化疗。查白细胞 $1.2\times10^9$/L，红细胞 $2.5\times10^{12}$/L，小板 $30\times10^9$/L。

24．为避免出血，下列哪项护理措施是错误的（　　）

A．避免皮肤摩擦，操作轻柔

B．避免肌内注射

C．注意口腔清洁

D．限制肢体活动

E．床单平整，被褥轻软

25．为预防感染，下列哪项护理措施不妥（　　）

A．病室定期紫外线消毒

B．加强营养，提高机体免疫力

C．便后坐浴

D．多探视，给予心理支持

E．定时洗澡、换衣、漱口

（26～29题共用题干）

患者，女，40岁。因长期疲乏无力、头晕、眼花而就诊。检查：Hb 80g/L，RBC $3.28\times10^{12}$/L，心肺正常，以贫血待查入院。入院后检查：血清铁蛋白下降，总铁结合力升高。

26．最可能的诊断是（　　）

A．再生障碍性贫血　B．慢性白血病

C．缺铁性贫血　D．巨幼红细胞性贫血

E．溶血性贫血

27．其外周血红细胞形态主要为（　　）

A．巨红细胞　B．正常红细胞正常色素

C．小红细胞低色素　D．点彩红细胞

E．球形红细胞

28．引起本病的常见原因是（　　）

A．营养不足　B．慢性失血

C．免疫障碍　D．缺乏胃酸

E．肠蛔虫病

29．补充铁剂治疗贫血的最佳给药途径是（　　）

A．静脉注射　B．肌内注射

C．皮下注射　D．皮内注射

E．口服

（30、31题共用题干）

患者，女，30岁。1年多来反复发生双下肢瘀斑，月经量增多。血红蛋白 90g/L，红细胞 $3.0\times10^{12}$/L，血小板 $50\times10^9$/L。既往身体健康。初步诊断为慢性特发性血小板减少性紫癜。

30．治疗时应首选（　　）

A．糖皮质激素　B．脾切除

C．血浆置换　D．大剂量丙种球蛋白

E．静脉输注血小板悬液

31．与目前病情不符的护理诊断或合作性问题是（　　）

A．组织完整性受损　B．有受伤的危险

C．有感染的危险　D．知识缺乏

E．潜在并发症：颅内出血

（32～34题共用题干）

患者，女，32岁。急性淋巴细胞性白血病。化疗1周出现肛周感染，体温高达 40.0℃，伴烦躁不安，血压下降，脉搏细数。血常规示白细胞 $25\times10^9$/L，血红蛋白 62g/L，血小板 $35\times10^9$/L。

32．护士为该患者采取的降温措施，不包括（　　）

A．调整室温　B．乙醇擦浴

C．头颈部放置冰袋　D．应用解热镇痛药

E．大动脉放置冰袋降温

33．考虑患者最可能的并发症是（　　）

A．心源性休克　B．中枢神经系统白血病

C．蛛网膜下腔出血　D．感染性休克

E．心力衰竭

34．护士向患者家属解释造血干细胞移植的情况时，告诉其最宜选择的时期是（　　）

A．首次发病期　B．首次缓解期

C．首次复发期　D．第二次缓解期

E．第二次复发期

（沈永利　李　永）

# 第7章 内分泌系统疾病患者的护理

## 第1节 概　述

内分泌系统由内分泌腺（垂体、甲状腺、甲状旁腺、肾上腺、性腺和胰岛）和分布在心血管、胃肠、肾、脑，尤其是下丘脑的内分泌组织和细胞所组成。内分泌系统的主要功能是合成、分泌各种激素，与神经系统和免疫系统相互配合和调控，共同调节机体的代谢、生长、发育、生殖、运动、衰老等生命活动，以适应不断改变的外环境并保持机体内环境的相对平衡与稳定。遗传因素、自身免疫疾病、先天缺陷、感染、肿瘤、出血、放射线、药物、营养障碍、精神刺激及不良健康行为等，可直接或间接引起内分泌功能亢进或减退而导致内分泌疾病。

## 第2节 内分泌系统疾病常见症状和体征的护理

内分泌系统疾病常见症状和体征有身体外形改变（如身材过长与矮小、肥胖与消瘦）、性功能异常、进食或营养异常、疲乏、排泄功能异常、骨痛与自发性骨折等。本节仅介绍消瘦与肥胖患者的护理。

### 一、消　瘦

（一）概述

1．概念　消瘦是指摄入的营养低于机体需要量，体重低于理想体重的10%以上。

2．病因　甲状腺功能亢进症、非肥胖型糖尿病；肾上腺皮质功能减退症。此外，胃炎、胃下垂、胃及十二指肠溃疡、肺结核、肝病及恶性肿瘤等；其他如偏食、厌食、漏餐、生活不规律等。

3．分类　分为单纯性消瘦和继发性消瘦。

（二）护理评估

1．健康史评估　询问患者有无消瘦的原发病，尤其是有无消化系统疾病、内分泌疾病、短期有无明显体重下降等。

2．身心状况

（1）主要表现：轻度消瘦者精力不足，出现精神萎靡、食欲缺乏、贫血、记忆力下降、血压下降等。重度消瘦者劳动能力丧失、反应迟钝、淡漠，对周围事物不感兴趣甚至嗜睡，也可有直立性晕厥；皮下脂肪减少，皮肤弹性差，皮肤黏膜有色素沉着，尤以摩擦处、掌纹、乳晕等处明显；女性患者有阴毛、腋毛减少或脱落，月经失调或闭经不孕。

（2）消瘦程度：一般根据标准体重（理想体重）、体重指数（BMI）等指标来判断。标准体重（kg）=身高（cm）−105，低于标准体重10%以上为消瘦。国际肥胖特别工作组提出亚洲成年人体重指数＜18.5为体重过低。

3．心理-社会状况　长期消瘦的患者，因诸多身体不适而常有抑郁或焦虑。

4．辅助检查　血常规和血生化、尿常规、便常规及潜血的检查，以及胸部X线、钡剂、钡灌肠、B超、内镜、放射性核素扫描、CT、MRI等检查对引起消瘦的病因诊断有一定意义。

（三）护理问题

1．营养失调：低于机体需要量　与营养不足、内分泌或消耗性疾病有关。

2．自我形象紊乱　与疾病引起身体外形改变有关。

（四）护理措施

1．一般护理

（1）休息与活动：一般消瘦的患者应适当加强锻炼，增强体质。恶病质的患者应卧床休息，以减少能量消耗。

（2）饮食：根据病情合理安排饮食，给予高蛋白、高热量、高维生素饮食；糖尿病患者应低糖、低脂、高蛋白质、高纤维素饮食，总热量应根据理想体重、劳动强度等决定。不能经口进食者采用鼻饲，对消化功能极差的患者可采用要素饮食，对极度消瘦者可静脉补充营养液如脂肪乳剂、氨基酸等。

（3）皮肤护理：对极度消瘦者应注意皮肤护理，防止压疮发生。

2．病情观察　定期测量体重，观察生命体征的改变、营养状况及其他伴随症状。观察有无发热、咳嗽、盗汗、淋巴结肿大、肝脾大。有无食欲亢进、恶心呕吐、腹泻或吞咽困难等症状。

3．配合治疗的护理　积极治疗原发病，并注意药物疗效和不良反应。

4．心理护理　与患者探讨消瘦对机体的影响，评估热量摄入不足或消耗过多的原因并说明合理饮食的重要意义。纠正患者对消瘦的错误认识。对神经性厌食者，应帮助其解除精神、心理上的障碍，建立正确的进食行为。

（五）健康指导

1．疾病知识指导　向患者及家属解释相关疾病的知识，积极配合治疗。

2．饮食指导　指导患者要摄入高蛋白、高热量、高维生素饮食；糖尿病患者应摄入低糖、低脂、高蛋白质、高纤维素饮食。

## 二、肥　　胖

（一）概述

1．概念　肥胖是指体内脂肪堆积过多和（或）分布异常，体重指数（BMI）>28或体重超过标准体重的20%。肥胖症及其相关疾病可损害身心健康，使生活质量下降，预期寿命缩短，已成为重要的世界性健康问题之一。

2．病因　常见于下丘脑、垂体的炎症、肿瘤、创伤，皮质醇增多症，糖尿病，甲状腺功能减退症等疾病；摄入过多高热量、高脂饮食等。

3．分类　分为单纯性肥胖和继发性肥胖。单纯性肥胖的主要原因是摄食过多或运动过少，并有一定的遗传倾向；继发性肥胖的主要原因是某些内分泌疾病。

（二）护理评估

1．健康史评估　询问患者有无肥胖家族史、内分泌病史；是否有摄入过多、运动过少病史等。

2．身心状况　肥胖可见于任何年龄，女性较多见。

（1）症状：轻度肥胖多无症状，中、重度肥胖可引起气急，负重关节易出现退行性变，关节痛、肌肉酸痛、体力活动减少以及焦虑、忧郁等。肥胖常合并血脂异常、脂肪肝、高血压、冠心病、脑血管病、糖耐量异常或糖尿病等。还可伴随或并发睡眠中阻塞性呼吸暂停、胆囊疾病、高尿酸血症和痛风、骨关节病、下肢静脉曲张、栓塞性静脉炎、生育功能受损以及某些癌症（女性乳腺癌、子宫内膜癌，男性前列腺癌、结肠癌和直肠癌）等。

（2）肥胖的程度：体重超过标准体重的 20%为肥胖，超过 50%为极度肥胖。体重指数也可用来表示肥胖程度，体重指数＝体重（kg）/身高$^2$（$m^2$），中国成人正常体重指数为 18.5～24.0，24.0～28.0 为超重，＞28.0 为肥胖。

3．心理-社会状况　肥胖者由于外表臃肿、动作迟缓，参与社交的能力降低，常有压抑感；又因可引起代谢紊乱和多脏器功能障碍，患者常出现焦虑、抑郁等心理问题。

4．辅助检查　血脂、血糖、抗利尿激素、性激素、甲状腺素 $T_4$、促甲状腺素 TSH 等以明确导致肥胖的病因。

（三）护理问题

1．营养失调：高于机体需要量　与摄食过多、消耗过少、能量物质合成过剩有关。

2．自我形象紊乱　与肥胖有关。

（四）护理措施

1．一般护理

（1）运动疗法：在限制饮食的同时，鼓励患者选择合适的运动方式进行有氧运动，如步行、跑步、跳绳、减肥操、太极拳、跳舞及水上运动等。强调循序渐进，持之以恒。

（2）饮食：指导患者合理选择食物，根据工作、生活状况测算并控制总热量，限制脂肪和糖含量高的食物。使患者体重每月下降 0.5～1kg。重度肥胖者给予低糖、低脂、低盐、高维生素饮食。供给蛋白质 1g/（kg·d），有剧烈饥饿感时，给予低热量的蔬菜，如芹菜、冬瓜、南瓜等。戒烟、酒。

2．病情观察　观察体重变化，有无代谢紊乱和多脏器功能障碍的相关症状，如气急、心悸、水肿、高血压、高血糖及骨关节疼痛等。

3．配合治疗的护理　药物减肥治疗只能作为饮食控制与运动治疗肥胖的辅助手段。有明显的饥饿感或食欲亢进导致体重增加，合并高血糖、高血压、血脂异常和脂肪肝、负重关节痛、肥胖引起呼吸困难或阻塞性呼吸困难暂停综合征者，可在医师的指导下选择适合患者个体的药物治疗，用药过程中注意观察药物疗效和不良反应。

4．对症及特殊护理　对肥胖患者出现的各系统并发症采取对症治疗及护理。

5．心理护理　通过宣传教育使患者及其家属对肥胖及其危害性有正确的认识，从而配合治疗、采取健康的生活方式、改变饮食和运动习惯，自觉地长期坚持是治疗肥胖最重要的措施。

（五）健康指导

1．疾病知识指导　向患者及家属解释引起肥胖的相关疾病知识，使患者和家属对肥胖及其危害性有正确的认识，树立患者战胜疾病的信心。

2．饮食、运动指导　指导患者制订合理的饮食计划，严格控制热量的摄入，根据患者身体情况，选择合适的运动并持之以恒。

# 第3节 甲状腺疾病患者的护理

## 一、单纯性甲状腺肿患者的护理

**案例 7-1** 患者，女，46岁。家住北方农村，颈部肿物已多年，近来肿物体积逐渐增大，并出现吞咽困难、声音嘶哑等压迫症状而入院就诊。体格检查：甲状腺明显肿大，表面触及多个结节，检测甲状腺功能无明显变化。行甲状腺切除术，标本送病理检查：肉眼见肿大的甲状腺表面及切面有大小不一、数目不等的结节，境界清楚，无包膜；镜下可见甲状腺滤泡大小不一，有高度扩张充满胶质的滤泡，有不含胶质的小滤泡，间质纤维增生。

**问题**：1. 根据以上资料给患者做出诊断，并提出诊断依据。

2. 患者患病的原因是什么？

单纯性甲状腺肿（simple goiter）是指多种原因引起的非炎症、非肿瘤性甲状腺肿大，不伴甲状腺功能减退或亢进表现。本病可呈地方性分布，当人群单纯性甲状腺肿的患病率＞10%时，称为地方性甲状腺肿；也可呈散发性分布，称为散发性甲状腺肿。散发性甲状腺肿约占人群的5%，女性发病率是男性的3～5倍。青春发育期、妊娠期、哺乳期，机体对TH的需要量增加，可出现相对性缺碘而致生理性甲状腺肿。

### （一）概述

1．病因及发病机制

（1）病因

1）先天性甲状腺激素合成缺陷：因一些胎儿体内一些特殊酶的缺乏或活性不足，导致甲状腺激素无法合成或合成量少，这是导致胎儿甲状腺肿大的主要原因。

2）碘缺乏：是地方性甲状腺肿的主要原因，多见于远离海洋地势高的内地、山区，青春期、妊娠期、哺乳期、更年期及精神刺激、外伤等因素。

3）自身免疫因素：患者血清中存在与TSH作用相似的免疫球蛋白，其与甲状腺滤泡细胞膜上的TSH受体相结合，兴奋腺苷环化酶，使环磷酸腺苷增多，导致甲状腺功能亢进及甲状腺弥漫性肿大。

4）环境污染：流行病学调查发现工业生产中的废水、废物污染饮用水源时也可以引起甲状腺肿大。

（2）发病机制：甲状腺增生肿大的机制未明。一般认为，由于上述一种或多种因素阻碍TH合成，TH分泌减少，导致TSH分泌增加，从而引起甲状腺代偿性增生肥大。部分患者体内TSH并不升高，这可能是由于在缺碘或TH合成障碍时，甲状腺组织对TSH的反应性增强，血$T_3/T_4$值升高，$T_3$相对增多，代谢率可维持在正常范围内，并足以抑制TSH的过度分泌，也可引起甲状腺肿。

2．转归 单纯性甲状腺肿一般预后良好。

### （二）护理评估

1．健康史 询问患者是否来自于地方性甲状腺肿流行地区，碘盐及富碘食物的摄取情况；有无对甲状腺激素需要量增加的情况，如是否处于青春发育期、妊娠、哺乳期。

2．身心状况

（1）症状：甲状腺显著肿大时可引起压迫症状，压迫气管可引起咳嗽、呼吸困难，压迫食管可引起吞咽困难，压迫喉返神经可引起声音嘶哑，胸骨后甲状腺肿使头部、颈部与上肢静脉回流受阻。

（2）体征：主要表现为甲状腺轻度或中度弥漫性肿大，表面平滑，质地较软，无压痛。重度肿大的甲状腺，除颈部增粗，触及甲状腺上有结节外，还可出现压迫症状。

（3）心理-社会状况：由于颈部增粗，可引起患者自卑心理与挫折感，部分患者因缺乏对所患疾病的正确认识，怀疑肿瘤或癌变而产生焦虑甚至恐惧心理。地方性呆小病患者因智力障碍可能受到歧视而远离社会。在流行地区，因患病人数多，人们习以为常，不愿配合治疗。

3．辅助检查

（1）甲状腺功能检查：血清 $T_3$、$T_4$ 正常，TSH 正常或偏高。

（2）甲状腺摄 $^{131}I$ 率：摄 $^{131}I$ 率增高但无高峰前移。

（3）放射性核素甲状腺扫描可见弥漫性甲状腺肿，常呈均匀分布。

4．治疗要点　主要是病因治疗，由缺乏碘所致者，应补充碘剂。在地方性甲状腺肿流行地区可采用碘化食盐防治。但应避免大剂量碘治疗，以免诱发碘甲亢。无明显原因的单纯性甲状腺肿患者，可采用甲状腺制剂治疗，以补充内源性 TH 的不足，抑制 TSH 的分泌。一般采用甲状腺片口服。腺体过大引起压迫症状、药物治疗无效、疑有甲状腺结节癌变或甲状腺功能亢进时可采取手术治疗。

### （三）护理问题

1．自我形象紊乱　与甲状腺肿大、颈部增粗有关。

2．知识缺乏：缺乏单纯性甲状腺肿的相关知识。

3．潜在并发症：呼吸困难、声音嘶哑、吞咽困难。

### （四）护理措施

1．一般护理

（1）休息：注意劳逸结合。

（2）饮食：多食含碘丰富的食物，如海带、紫菜等海产品。避免摄入大量阻碍 TH 合成的食物，如卷心菜、花生、菠菜、萝卜等。

2．病情观察　观察患者甲状腺肿大的程度、质地，有无结节和压痛，以及甲状腺肿大的进展情况。

3．治疗配合及护理　指导患者遵医嘱准确用药，不可随意增多或减少；观察甲状腺药物治疗的效果和不良反应。如出现心动过速、呼吸急促、食欲亢进、怕热多汗、腹泻等甲状腺功能亢进症表现，应及时报告医生进行相应处理。

4．心理护理　向患者及家属详细解释单纯性甲状腺肿的病因和防治知识，使患者认识到补碘治疗后肿大的甲状腺可逐渐缩小，恢复正常，消除患者因颈部增粗而产生的自卑感，指导患者利用服饰进行外表修饰，完善自我形象。

### （五）健康指导

1．疾病知识指导　在地方性甲状腺肿流行地区，积极开展碘缺乏病的防治工作，指导患者食用加碘盐，指出这是预防地方性甲状腺肿最有效的措施，并教会患者加碘盐的储存方法及烹调技巧，以免储存或烹调不当造成碘缺乏。嘱甲状腺制剂治疗的患者按医嘱准确服药和坚持长期服药，以免复发，并教会患者观察药物疗效及不良反应。

2．用药指导　指导妊娠妇女和碘缺乏患者多进食海带、紫菜等含碘丰富的食物，避免长期服用硫脲类、硫氰酸盐、保泰松、碳酸锂等阻碍甲状腺激素合成的药物。

## 二、甲状腺功能亢进症患者的护理

**案例 7-2** 患者，女，33岁。因多食、多汗、消瘦、易怒1年来诊。1年前与家人生气后，感心悸，易饥，食量增加，同时怕热多汗，说话多，易怒、失眠，逐渐发现双眼突出，体重减轻6kg。护理体检：体温37℃，体形消瘦，眼球突出，闭合障碍，甲状腺Ⅱ度肿大，质软，无结节，两上极可触及震颤，可闻及血管杂音；心肺正常，腹软，无压痛，肝脾肋下未触及。实验室检查：$T_3$ 3.5nmol/L（RIA法），$T_4$ 180nmol/L。

**问题**：1. 该案例中患者患有何种疾病？

2. 有哪些并发症？该如何护理？

甲状腺功能亢进症简称甲亢，由多种原因导致甲状腺分泌甲状腺激素过多，造成机体神经、循环及消化等系统兴奋性增高和代谢亢进为主要表现的临床综合征。其病因包括弥漫性毒性甲状腺肿、结节性毒性甲状腺肿和甲状腺自主高功能腺瘤。其中弥漫性毒性甲状腺肿（Graves病）是甲亢最常见的类型，本节仅介绍Graves病。

Graves病占全部甲亢的80%～85%，发病率为（15～50）/10万，女性多见，男女比例为1∶（4～6），各年龄组均可发病，以20～50岁为多见。主要临床表现为甲状腺毒症、弥漫性甲状腺肿大、眼征及胫前黏液性水肿。

### （一）概述

1. 病因及发病机制　目前本病的病因虽尚未完全阐明，但公认其发生与自身免疫有关，属器官特异性自身免疫。

（1）遗传因素：本病有显著的遗传倾向，并与一定的人类白细胞抗原（HLA）类型有关。

（2）免疫因素：甲亢患者的血清中存在针对甲状腺细胞TSH受体的特异性自身抗体，即TSH受体刺激性抗体（TSAb）和TSH受体刺激阻断性抗体（TSBAb）。TSAb与TSH受体结合，激活腺苷酸环化酶信号系统，导致甲状腺细胞增生和甲状腺激素合成、分泌增加，是导致甲亢的直接原因。

（3）环境因素：如细菌感染、性激素、应激因素等都对本病的发生和发展有影响。

2. 分类　根据甲状腺的功能状态，甲状腺毒症可分为甲状腺功能亢进类型和非甲状腺功能亢进类型。

3. 转归　本病病程较长，经积极治疗预后较好，少数患者可自行缓解。单纯ATD治疗的患者，复发率较高。部分放射性碘治疗、甲状腺手术治疗有可能导致甲减，需要终身TH替代治疗。

### （二）护理评估

1. 健康史评估　询问患者有无家族史，患者及家属是否还有其他的自身免疫疾病；了解发病前有无精神刺激、病毒感染、劳累或创伤等因素存在。

2. 身心状况

（1）甲状腺毒症表现

1）高代谢综合征：甲状腺激素分泌过多导致交感神经兴奋性增高和新陈代谢加速，患者常有疲乏无力、怕热多汗、皮肤潮湿、多食易饥、体重显著下降等表现。

2）精神神经症状：表现为神经过敏，多言多动，失眠紧张，焦躁易怒，注意力分散，记忆力下降，手、舌和眼睑震颤。

3）循环系统表现：心悸、胸闷、气短；心率增快，睡眠和安静时仍快为其特征。第一心音亢进，收缩压增高，舒张压下降，脉压增大，可见毛细血管搏动，触诊有水冲脉。可出现心律失常、心脏扩大、心力衰竭等甲亢性心脏病的表现；心律失常以心房颤动和期前收缩为常见。

4）消化系统表现：患者肠蠕动增快导致食欲亢进，食量和餐次增多，而体重却明显减轻；大便次数增多且呈糊状，少数有脂肪泻；老年患者可有食欲缺乏、畏食。重者可有肝大、肝功能异常，偶有黄疸。

5）肌肉骨骼表现：主要是周期性瘫痪，以 20～40 岁亚洲男性多发，诱因为剧烈运动、高糖饮食、注射胰岛素等。病变主要累及下肢，伴有低钾血症。少数患者表现为甲亢性肌病、肌无力，多累及近心端的肩胛和骨盆带肌群。极少数可伴发重症肌无力。老年人可引起骨质疏松、骨质脱钙。

6）生殖系统表现：女性常有月经量减少，闭经或不孕；男性有阳萎，偶有乳腺增生（男性乳腺发育）。

7）血液系统表现：周围血淋巴细胞比例增加，单核细胞增加，但白细胞总数减低。可以伴发血小板减少性紫癜。

静息状态下心率过快、食欲亢进而体重锐减，是甲状腺功能亢进症的特征性表现。

（2）甲状腺肿：多数患者有不同程度的甲状腺肿大，常为弥漫性、对称性，质地柔软、无压痛，但肿大程度与甲亢轻重无明显关系。甲状腺上下极可触及震颤，听诊可闻及血管杂音，是诊断本病的重要体征。

（3）眼征：按病因及表现分为单纯性突眼和浸润性突眼两类。

1）单纯性突眼：又称良性突眼，与甲状腺毒症所致的交感神经兴奋性增高有关。①眼球轻度突出，突眼度一般＜18mm（正常＜16mm）。②上眼睑挛缩、眼裂增宽。③瞬目减少、目光有神。④双眼向下看时，由于上眼睑不能随眼球下落，显现白色巩膜。⑤眼球向上看时，前额皮肤不能皱起。⑥双眼看近物时，眼球辐辏不良。⑦多无自觉症状，一般不影响视力。

2）浸润性突眼：又称恶性突眼，与眶后组织的自身免疫炎症反应有关。①眼球突出较明显，一般突眼度均＞18mm，两侧可不对称。②由于高度突眼，眼睑不能闭合，结膜与角膜经常暴露，尤以睡眠时为著，从而引起充血、水肿，进而感染，导致结膜炎、角膜炎甚至全眼球炎。③患者常有显著的眼部症状，如怕光、异物感、复视、视力减退，眼球活动度受限甚至固定。恶性突眼预后较差，若不给予有效的治疗可失明。

（4）并发症：甲状腺危象是甲状腺毒症急性加重的表现，其发生原因可能与交感神经兴奋，垂体-肾上腺皮质轴应激反应减弱，短时间内大量 $T_3$、$T_4$ 释放入血有关。常在感染、精神刺激、随意停药、手术或 $^{131}I$ 治疗不当等因素下诱发。表现为原有的症状加剧，出现恶心、呕吐、腹泻、高热，体温可达 39℃或以上，心动过速（140～240 次/分），伴心房颤动或扑动、烦躁不安、大汗淋漓、呼吸急促，大量失水可导致虚脱、休克，继而出现谵妄、嗜睡甚至昏迷。

知识链接

**淡漠型甲亢**

淡漠型甲亢多见于老年人。起病隐袭，高代谢综合征、眼征和甲状腺肿均不明显。主要表现为明显消瘦、心悸、乏力、震颤、头晕、晕厥、神经质或神志淡漠、腹泻、厌食。可伴有心房颤动和肌病等，70%患者无甲状腺肿大。淡漠型甲亢患者常因明显消瘦而被误诊为恶性肿瘤，因心房颤动被误诊为冠心病。所以老年人不明原因的突然消瘦、新发生心房颤动时应考虑本病。

（5）心理-社会状况：患者情绪易激动，常处于紧张状态，对他人言行和周围事物敏感多疑，急躁易怒，情绪不稳定，受到刺激时常喜怒无常，甚至有幻觉、狂躁等精神异常现象。

（考点：甲亢患者的情绪改变）

3．辅助检查

（1）甲状腺激素测定：血清游离甲状腺激素（$FT_4$）与游离三碘甲状腺原氨酸（$FT_3$）均增高，直接反映甲状腺功能，是临床诊断甲亢的首选指标。血清总甲状腺素（$TT_4$）增高，是判定甲状腺功能最基本的筛选指标。总三碘甲状腺原氨酸（$TT_3$）增高，是甲亢早期或治疗中疗效观察及停药后复发的敏感指标，也是诊断 $T_3$ 型甲亢的特异指标。

（2）促甲状腺激素（TSH）测定：血清 TSH 浓度的变化是反映甲状腺功能最敏感的指标。

（3）甲状腺刺激抗体（TSAb）测定：是诊断甲亢的重要指标之一。85%～100%的甲亢患者 TSAb 阳性。

（4）甲状腺摄 $^{131}I$ 率：测定甲亢 $^{131}I$ 摄取率增高。目前已经被激素测定技术所代替。

（5）影像学检查：超声、放射性核素扫描、CT、MRI 等有助于甲状腺、异位甲状腺肿和球后病变性质的诊断。

4．治疗要点

（1）一般治疗：去除诱因，休息，镇静，补充营养等。

（2）抗甲状腺药物治疗：为甲亢的首选治疗方法。常用药物有甲硫氧嘧啶、丙硫氧嘧啶、甲巯咪唑与甲亢平等，主要是阻断甲状腺素的合成。临床治疗分为初治期、减量期和维持期，剂量依据病情轻重决定。初治期一般需要 1～3 个月，减量期 2～3 个月，维持期 1.5～2 年。

（3）放射性碘（$^{131}I$）治疗：$^{131}I$ 被甲状腺摄取后释放 β 射线，破坏甲状腺组织细胞。β 射线在组织内的射程仅有 2mm，不会累及邻近组织。主要并发症有甲状腺功能减退症及放射性甲状腺炎等。

（4）手术治疗：甲状腺次全切除是治疗甲亢的有效方法，多数患者可得以根治，主要并发症是甲状旁腺功能减退和喉返神经损伤。

（5）对症治疗

1）甲状腺危象的治疗：除祛除诱因外，还应采取以下方法。①抑制甲状腺激素合成：首选丙硫氧嘧啶 600mg 口服或经胃管注入，以后给予 250mg/6 小时口服，待症状缓解后减至一般治疗剂量。②阻止甲状腺激素释放：服丙硫氧嘧啶 1 小时后再加用复方碘口服溶液 5 滴，1 次/8 小时。③阻滞儿茶酚胺的释放：普萘洛尔 20～40mg，口服。④酌情使用氢化可的松或地塞米松：病情好转后逐渐减量。⑤其他疗法：对高热者进行物理降温或药物降温，给氧，积极防治感染，维持水、电解质、酸碱平衡等。上述常规治疗效果不满意时，可选用腹膜透析、血液透析或血浆置换等措施迅速降低血浆甲状腺激素浓度。

2）浸润性突眼：使用 1%甲基纤维素或 0.5%氢化可的松滴眼，用抗生素眼膏防治结膜炎和角膜炎；使用利尿药减轻球后水肿；早期应用免疫抑制药；对有严重突眼、暴露性角膜溃疡的患者可采用放射后手术治疗。

3）β 受体阻滞剂：本药可阻断靶器官的交感神经肾上腺能受体的活性。可改善患者的多汗、烦躁、心动过速等症状。

（三）护理问题

1．营养失调：低于机体需要量　与代谢率增高导致代谢需求大于摄入有关。

2．活动无耐力　与蛋白质分解增加、甲亢性心脏病、肌无力等有关。

3．个人应对无效　与性格及情绪改变有关。

4．自我形象紊乱　与突眼和甲状腺肿大引起身体外形改变有关。

5．有组织完整性受损的危险　与浸润性突眼有关。

6．潜在并发症：甲状腺危象、感染、甲亢性心脏病。

（四）护理措施

1．一般护理

（1）休息与活动：应将患者安置于安静、舒适的休养环境，避免嘈杂。轻症患者可照常工作和学习，以不疲劳为度。合并心力衰竭、感染或甲亢危象者，应绝对卧床休息。

（2）饮食：给予高热量、高蛋白、高维生素及富含钾、钙的食物。不吃含碘丰富的食物，如海带、紫菜等。忌辛辣刺激食物，忌烟酒、浓茶、咖啡。

2．病情观察　观察患者精神状态、意识及生命体征、出入液量，有无高代谢综合征的表现、甲状腺是否肿大、眼球是否突出，尤其注意体温和心率变化情况，注意有无恶心、呕吐、腹泻、心律失常及心力衰竭、休克等表现，警惕甲状腺危象的发生。

3．治疗配合及护理

（1）药物治疗的护理：遵医嘱给予抗甲状腺药物，观察疗效及药物的不良反应。抗甲状腺药物起效时间是用药后 4 周左右，嘱咐患者不能擅自中断或改变剂量。主要不良反应为粒细胞减少、皮疹及肝损害。用药期间应定期监测血象和肝肾功能。如服药期间患者出现发热、咽痛、白细胞低于 $3.0\times10^9$/L 或中性粒细胞低于 $1.5\times10^9$/L 时，应立即停药。

（2）$^{131}$I 治疗的护理：①治疗前和治疗后 1 个月避免服用含碘的药物和食物。②应空腹服药，服药后 2 小时内不吃固体食物，服药后 24 小时内避免咳嗽、咳痰，以减少 $^{131}$I 的丢失；服药后 2～3 天，嘱患者多饮水；服用后第 1 周避免用力按压甲状腺。③服用 $^{131}$I 后患者的排泄物、衣服、被褥及其他用品应单独存放，待放射线衰减或消失后再做清洁处理，以免污染环境。

（3）甲状腺危象的护理：①绝对卧床，保持室内安静，光线要暗，温度、湿度适宜，避免各种诱因。②密切观察体温、脉搏、呼吸、血压及心率，发生危象时，给予低流量吸氧，遵医嘱使用丙硫氧嘧啶、复方碘口服溶液、氢化可的松等，并注意药物剂量的准确性、疗效及不良反应的观察与处理。③鼓励患者多饮水，进高热量、高蛋白及高维生素的饮食。④迅速建立静脉通道，保证静脉输液通畅。⑤对症护理：高热者积极进行物理降温；腹泻严重者应注意肛周护理，预防肛周感染；对有精神症状或昏迷的患者，要做好安全护理。

（考点：硫脲类药物的不良反应）

（4）突眼的护理：①外出时戴深色眼镜，减少光线和灰尘的刺激。②眼睛勿向上凝视，以免加剧眼球突出和诱发斜视；每日做眼球运动以锻炼眼肌，改善眼肌功能。③睡前涂抗生素眼膏，眼睑不能闭合者覆盖纱布或眼罩，嘱患者高枕卧位和限制钠盐摄入可减轻球后水肿，改善眼部症状。④定期角膜检查，以防角膜溃疡造成失明。

（考点：甲亢突眼的护理）

4．心理护理　关心体贴患者，避免用刺激性语言激怒患者，告知患者突眼和甲状腺肿大导致的体态变化将随疾病的控制而得到改善，以解除患者的自卑和焦虑情绪并积极配合治疗。

（考点：甲亢患者的心理护理）

（五）健康指导

1．疾病知识指导　①向患者讲解有关甲亢的诱因和预防措施。②指导患者合理饮食、合理安排工作与休息，避免过度紧张和劳累。③告知患者应保持情绪稳定，鼓励家属与患者建立良好的家庭关系，减轻患者的精神压力。④上衣宜宽松，严禁用手挤压甲状腺以免甲状腺受压后致甲状腺激素分泌增多，加重病情。⑤有突眼者，应避免长时间过度用眼，外出时应戴墨镜，眼睛干涩的患者应定时滴眼药水，睡觉时眼睛不能闭合者，应用眼罩，以防角膜损伤。

2．用药指导　介绍抗甲状腺药物的作用、用法及全疗程服药的重要性，让患者了解药物的不良反应和处理方法，服用期间应定期查血象。

3．疾病监测指导　定期测量体重和门诊随访，出现高热、恶心、呕吐、大汗淋漓、腹痛、腹泻、体重锐减、突眼加重等应及时就诊。

## 三、甲状腺功能减退症的护理

甲状腺功能减退症，简称甲减，是由多种原因导致的低甲状腺激素血症或甲状腺激素抵抗而引起的全身性低代谢综合征。本节主要介绍成人原发性甲减。

（一）概述

1．病因与发病机制：由于甲状腺本身病变致甲状腺激素缺乏，有原发性和继发性两种原因。

（1）原发性：占成人甲减的90%～95%及以上，是甲状腺本身疾病所引起。主要病因如下所述。①自身免疫损伤：系甲状腺本身疾病引起甲状腺组织被破坏的后果，如炎症、手术、放射碘治疗、缺碘、产后垂体缺血性坏死等导致垂体 TSH 不足而继发甲状腺功能减退症。②碘过量：可诱发和加重自身免疫性甲状腺炎而致甲状腺功能减退症。③抗甲状腺药物：如锂盐、硫脲类等抗甲状腺药物所致的甲状腺功能减退症。

（2）继发性：由于垂体或下丘脑疾病导致 TSH 不足而继发甲状腺功能减退症。常见原因有肿瘤、手术、放疗或产后垂体缺血性坏死等。

（3）甲状腺激素抵抗综合征：由于甲状腺激素在外周组织发挥作用缺陷而引起的一种甲状腺功能减退症，称为甲状腺激素抵抗综合征。

2．病理　病理特征是黏多糖在组织和皮肤堆积，表现为黏液性水肿。

3．分类　按起病年龄分为三型：起病于胎儿或新生儿者，称呆小病；起病于儿童者，称幼年型甲减；起病于成年者，称成年型甲减。病情严重时的病理特征均为黏液性水肿。

4．转归　永久性甲减患者若坚持治疗可生活如常人，不及时治疗或中断治疗者可因严重并发症而死亡。

（二）护理评估

1．健康史　询问患者有无导致甲状腺功能减退的病因，女性患者应询问有无产后大出血，男性患者应了解有无性欲减退、阳萎等；询问既往病史、碘食用情况、放射治疗史等。

2．身心状况

（1）症状和体征

1）一般表现：常有畏寒、乏力、面色苍白、表情淡漠、反应迟钝、皮肤干粗多屑，黏液性非凹性水肿，眼睑、颜面和手部皮肤水肿，毛发稀疏、脱落，手、足掌面呈姜黄色。

2）肌肉与关节：肌肉乏力，可有暂时性肌强直、痉挛、疼痛等，部分肌肉进行性肌萎缩。

3）心血管系统：表现为心动过缓、心排血量下降，易并发冠心病等。

4）消化系统：有厌食、腹胀、便秘等，严重者可出现麻痹性肠梗阻或黏液水肿性巨结肠。

5）血液系统：可因血红蛋白合成障碍或铁、叶酸、维生素 $B_{12}$ 吸收障碍导致贫血。

6）内分泌系统：女性月经量过多或久病闭经不孕，男性阳萎、性欲减退。

7）黏液性水肿昏迷：见于病情严重者，少见。常为寒冷、感染、麻醉、镇静药等诱发，表现为嗜睡，低体温（体温<35℃），呼吸减慢，心动过缓，血压下降，四肢肌肉松弛，反射减弱或消失，甚至昏迷、休克，心肾功能不全而危及生命。

（2）心理-社会状况：患者的病后心理反应、对疾病的认知程度及社区医疗保健的现状。

3．辅助检查

（1）一般检查：血常规检查有轻、中度贫血；血生化检查常有胆固醇、甘油三酯增高。

（2）甲状腺功能检查：血清 TSH 升高、$FT_4$ 降低是诊断本病的必要指标；血清 $TT_4$ 降低，$T_3$、$FT_4$ 多正常；甲状腺摄 $^{131}I$ 率降低。

（3）TRH 兴奋试验：用于病变部位鉴定。静脉注射 TRH 后，血清 TSH 不增高提示垂体性甲状腺功能减退症；延迟升高者提示下丘脑性甲状腺功能减退症；TSH 进行性增高，提示原发性甲状腺功能减退症。

4．治疗要点

（1）替代治疗：所有类型的甲状腺功能减退症，均需终身 TH 替代治疗。药物常用左甲状腺素（$L\text{-}T_4$）。

（2）黏液性水肿昏迷的治疗：①立即补充甲状腺激素。②保持呼吸道通畅，给氧，保温。③氢化可的松持续静脉滴注，待患者清醒及血压稳定后逐渐减量。④根据需要补液，但入液量不宜过多。⑤控制感染，抢救休克、昏迷。

（三）护理问题

1．活动无耐力　与甲状腺激素合成分泌不足有关。

2．体温过低　与机体基础代谢率降低有关。

3．有皮肤完整性受损的危险　与皮肤组织营养障碍有关。

4．社交障碍　与甲状腺功能低下致反应迟钝、冷漠有关。

（四）护理措施

1．一般护理

（1）休息：调节室温为 22～23℃，注意保暖，避免病床靠近门窗。冬天外出时，戴手套、穿棉鞋，以免四肢暴露在冷空气中。鼓励患者每天进行适当的运动，如散步、慢跑等。

（2）饮食：应进高蛋白、高维生素、低钠、低脂肪饮食，细嚼慢咽、少量多餐。进食富含粗纤维的饮食，补充足够的水分，以保证大便通畅。

2．病情观察　密切观察患者生命体征、意识状态及水肿情况，每天记录出入液量。患者若出现体温低于35℃、呼吸浅慢、心动过缓、血压降低、嗜睡等表现，立即通知医师处理。

3．治疗配合及护理

（1）症状护理：主要是保护皮肤完整和预防便秘。①皮肤干燥、粗糙时，局部涂抹乳液和润肤油，洗澡时避免使用肥皂。协助患者按摩受压部位，勤翻身或下床活动，避免因血液循环不良而导致压疮。②指导患者养成规律排便的习惯，适当运动、做腹部按摩，以防便秘。

（2）用药护理：指导患者按医嘱准确用药，不能随意增减剂量。观察服药后反应，如出现多食消瘦、脉搏＞100次/分、情绪激动等情况时，提示用药过量，应及时通知医生。长期替代治疗者每6～12个月检测TSH一次。对有心脏病、高血压、肾炎者，应特别注意同时服用利尿剂时，需记录液体出入量。

（3）黏液性水肿昏迷的护理：①建立静脉通道，遵医嘱给予急救药物。②保持呼吸道通畅，吸氧，必要时配合气管插管或气管切开。③监测生命体征和动脉血气分析的变化，记录24小时出入量。④注意保暖，避免局部冷敷，以免烫伤和加重循环不良。

4．心理护理　多谈患者感兴趣的话题，为其讲解疾病的相关知识；鼓励患者说出对外观改变的想法和感受，适时给予夸奖；告知患者家属及亲友多为患者提供心理支持。

（五）健康指导

1．疾病知识指导　告知患者发病原因及注意事项，注意个人卫生，冬季注意保暖，减少出入公共场所的机会，以预防感染和创伤。

2．用药指导　指导患者正确的用药方法，解释终身服药的重要性和必要性，不能随意增减药物剂量或停药，否则可能导致心血管疾病，如心肌缺血、梗死或充血性心力衰竭。慎用催眠、镇静、止痛、麻醉等药物。指导患者自我监测甲状腺激素服用过量的症状，如出现多食消瘦、心律失常、发热、大汗、脉搏增快、情绪激动等情况时，及时报告医师。

3．疾病监测指导　给患者讲解黏液性水肿昏迷发生的原因及表现，使患者学会自我观察。若出现低血压、心动过缓、体温＜35℃，应及时就医。定时复查。

## 第4节　糖尿病患者的护理

**案例 7-3**　患者，男，21岁。口干、多饮、多尿、体重减轻9个月。近3天因劳累出现食欲缺乏、恶心、呕吐、腹痛。护理体检：体温36℃，脉搏98次/分，呼吸18次/分，血压100/70mmHg，精神差，烦躁和嗜睡交替，消瘦，皮肤干燥，呼吸深大，可闻到烂苹果味，心肺腹无异常。实验室检查：空腹血糖8.7mmol/L，餐后2小时血糖13.4mmol/L，甘油三酯、胆固醇升高，高密度脂蛋白胆固醇降低。pH＜7.0，尿酮（＋＋），尿蛋白（＋）。

**问题**：1．该案例中患者属于何种糖尿病？

2．出现了哪些并发症？该如何护理？

3．你将如何给患者做健康指导？

糖尿病是一组以慢性血葡萄糖（简称血糖）水平增高为特征的代谢异常综合征，常伴有脂肪、蛋白质代谢异常。是由胰岛素分泌不足和（或）作用缺陷所引起的。临床表现为多饮、多食、多尿、体重减轻，久病可引起多系统损害，导致心脏、血管、眼、肾、神经等组织慢性进行性病变，引起功能缺陷及衰竭。病情严重或应激时可发生急性代谢紊乱，如酮症酸中毒、高渗性昏迷等。

糖尿病是常见病、多发病，据 WHO 估计，全球目前有超过 1.5 亿糖尿病患者，我国 1995～1996 年调查成年人糖尿病患病率为 3.21%，居世界第二位。其患病率正随着人民生活水平的提高、人口老化、生活方式改变而迅速增加，已成为发达国家继心血管病和肿瘤之后的第三大非传染性疾病，是严重威胁人类健康的世界性公共卫生问题。

## 一、概　　述

（一）病因及发病机制

糖尿病的病因和发病机制极为复杂，糖尿病不是单一疾病，而是复合病因引起的综合征，是包括遗传及环境因素在内的多种因素共同作用的结果。其发病原因主要与下列因素有关。

1．1 型糖尿病　绝大多数 1 型糖尿病是自身免疫性疾病，遗传因素和环境因素共同参与其发病过程。病毒感染如风疹病毒、腮腺炎病毒、柯萨奇病毒等，是启动胰岛素 B 细胞自身免疫反应最重要的环境因素之一。

2．2 型糖尿病　也是复杂的遗传因素和环境因素共同作用的结果，环境因素包括现代生活方式、营养过剩、体力活动不足及应激、化学毒物等。肥胖、胰岛素抵抗等与 2 型糖尿病的发生有密切关系。胰岛素抵抗和胰岛素分泌缺陷是 2 型糖尿病发病机制的两个要素。

（二）病理

糖尿病时，葡萄糖在肝脏、肌肉和脂肪组织的利用减少以及肝糖输出增多是发生高血糖的主要原因。脂肪代谢方面，由于胰岛素不足，脂肪组织摄取葡萄糖及从血浆移除甘油三酯减少，脂肪合成减少。脂蛋白酯酶活性降低，血游离脂肪酸和甘油三酯浓度升高。近来的研究认为，脂代谢障碍有可能是糖尿病及其并发症的原发性病理生理变化。此外，在胰岛素极度缺乏时，脂肪组织动员分解增加，产生大量酮体，若超过机体对酮体的氧化利用能力时，酮体堆积形成酮症或发展成酮症酸中毒。

（三）分类

根据病因和发病机制将糖尿病分为 1 型糖尿病、2 型糖尿病、其他特殊类型糖尿病、妊娠期糖尿病。本节仅介绍 1 型和 2 型糖尿病。

（四）转归

糖尿病是一种终身疾病，目前尚不能根治，并发大血管病变和微血管病变可使患者致死、致残。早期的积极抢救已使 DKA 的死亡率降至 5%以下，但老年和已有严重慢性并发症者死亡率仍很高。致死的主要原因为心肌梗死、肠坏死、休克和心力衰竭、肾衰竭等。如代谢控制良好，可减少或延迟并发症的发生和发展，提高生活质量。

## 二、护 理 评 估

（一）健康史

评估患者的家族史、生活状态，有无反复病毒感染史，有无促发因素，对出现急性并发症的患者要注意了解有无诱发因素。了解患者既往的饮食、药物治疗情况。

（二）身心状况

1．症状

（1）代谢紊乱症状群：多饮、多尿、多食和体重减轻。是由于血糖升高后因渗透性利尿引起多尿，继而口渴多饮；为了补偿损失的糖、维持机体活动，患者常易饥、多食；由于外周组织对葡萄糖利用障碍，脂肪分解增多，蛋白质代谢呈负平衡，引起乏力、消瘦，儿童生长发育受阻。

（2）皮肤瘙痒：由于高血糖及末梢神经病变导致感觉异常和皮肤干燥，患者常感到皮肤瘙痒，尤其是女性患者，可因尿糖刺激局部皮肤，常以外阴瘙痒为首发症状就诊。

（3）其他症状：如腰痛、性欲缺乏、阳萎不育、月经失调、四肢酸痛、麻木、便秘等。血糖升高较快时还可使眼房水、晶体渗透压改变而引起屈光改变致视物模糊。

知识链接

**1 型糖尿病和 2 型糖尿病的主要区别**

1 型糖尿病的主要病因为自身免疫，多见于青少年，易发生酮症酸中毒，需用胰岛素治疗；2 型糖尿病的主要病因为遗传因素，多见于成人，主要的治疗方法为饮食控制。

2．并发症

（1）急性并发症

1）糖尿病酮症酸中毒：最常见。①诱因。急性感染，胰岛素治疗不适当减量或治疗中断，外伤，麻醉，手术，妊娠，分娩，精神刺激等。②临床表现。早期出现多尿、多饮、疲乏症状加重。继之出现食欲缺乏、恶心、呕吐、腹痛伴头痛、嗜睡。呼吸深快，伴有烂苹果味。后期出现严重脱水、皮肤干燥、眼球下陷、尿量减少、心率快、脉细弱、血压和体温下降等。严重者可出现休克、烦躁甚至昏迷。糖尿病酮症酸中毒是糖尿病最严重的并发症，也是引起 1 型糖尿病患者死亡的主要原因。

2）糖尿病合并感染：常见感染部位有呼吸道、泌尿道、皮肤、口腔及手术后感染等。女性常以阴道白念珠菌感染多见，可为糖尿病患者的首发症状。

3）高渗性非酮症昏迷：多见于中年以上，尤其是老年患者，50%无糖尿病病史；临床表现为脱水及中枢神经系统症状，出现嗜睡、定向力障碍、偏盲、偏瘫甚至昏迷。

（2）慢性并发症

1）大血管病变：与非糖尿病人群相比，糖尿病人群中动脉粥样硬化的患病率较高，发病年龄较轻，病情进展较快。大、中动脉粥样硬化主要侵犯主动脉、冠状动脉、大脑动脉、肾动脉和肢体外周动脉等，引起冠心病、缺血性或出血性脑血管病、肾动脉硬化、肢体动脉硬化等。心脑血管病变是引起 2 型糖尿病患者死亡的主要原因。

2）微血管病变：是糖尿病的特异性并发症，其典型改变是微循环障碍和微血管基膜增厚，其病变主要表现在视网膜、肾、神经和心肌组织，其中尤以糖尿病肾病和视网膜病为重要。①糖尿病肾病：多见于糖尿病病史超过 10 年的患者，是 1 型糖尿病患者的主要死亡原因。②糖尿病视网膜病变：糖尿病病程超过 10 年，大部分患者合并程度不等的视网膜病变，是失明的主要原因之一；还可引起白内障、青光眼、屈光改变等。③糖尿病心肌病：可诱发心力衰竭、心律失常、心源性休克和猝死。

（考点：糖尿病肾病的表现）

3）神经病变：①周围神经病变最为常见，通常为对称性肢端感觉异常，可伴痛觉过敏、疼痛；下肢较上肢严重，病情进展缓慢。②后期可有运动神经受累，出现肌力减弱甚至肌萎缩和瘫痪。③自主神经病变也较常见，可表现为排汗异常（无汗、少汗或多汗）、胃排空延迟、腹泻或便秘、直立性低血压等，也可出现残尿量增加、尿失禁、尿潴留、阳萎等。

4）糖尿病足：由于下肢末梢神经病变、周围血管病等因素，致足部溃疡、感染和（或）深层组织破坏。轻者表现为足部畸形、皮肤干燥和发凉、胼胝（高危足），重者可出现足部溃疡或坏疽。糖尿病足是糖尿病致残的主要原因。

3．心理-社会状况　糖尿病是一种需要终身治疗且需控制饮食的疾病，患者会产生悲观情绪，常感到生活失去乐趣、无助和孤独；因惧怕严重的并发症，终身服药，对婚姻家庭生活的信任度下降而出现焦虑的心理；随着并发症的出现并造成躯体痛苦或残疾，会产生沮丧和恐惧心理。

（三）辅助检查

1．尿糖测定　尿糖阳性是发现和诊断糖尿病的重要线索，也可作为判断疗效的指标和调整降糖药剂量的参考。

2．血糖测定　血糖升高是诊断糖尿病的主要依据，也是监测糖尿病病情变化和治疗效果的主要指标。空腹血糖≥7.0mmol/L（126mg/dl）或任意时间血糖≥11.1mmol/L（200mg/dl）可以诊断为糖尿病。

3．葡萄糖耐量试验　当血糖值高于正常范围而又未达到诊断糖尿病标准时，需进行葡萄糖耐量试验（OGTT），是确诊糖尿病的重要方法。OGTT 2 小时血糖＜7.7mmol/L 为正常糖耐量；7.8～11.0mmol/L 为糖耐量减低；≥11.1mmol/L 应考虑糖尿病。

糖尿病的诊断标准：糖尿病症状＋随机血糖水平≥11.1mmol/L 或空腹血糖≥7.0mmol/L，或 OGTT 中 2 小时血浆葡萄糖≥11.1mmol/L。

4．糖化血红蛋白和糖化血浆清蛋白测定　是糖尿病控制情况的监测指标之一。

5．血浆胰岛素和 C 肽测定　有助于了解胰岛 B 细胞功能。

（四）治疗要点

治疗原则：坚持早期、长期、综合治疗及治疗方法个体化。国际糖尿病联盟（IDF）提出了糖尿病现代治疗的 5 个要点，分别为医学营养治疗（饮食控制）、运动疗法、血糖监测、药物治疗和糖尿病指导。治疗的目标是纠正代谢紊乱，消除症状，防止或延缓并发症的发生，维持良好健康和劳动（学习）能力，降低病死率，提高生活质量。治疗措施以饮食治疗和适宜的体育锻炼为基础，根据病情选用药物治疗。

1．控制饮食　是糖尿病重要的基础治疗措施，尤其是老年、肥胖、症状不明显的轻型患者应长期严格执行。治疗的目的是控制体重和减轻胰岛负担，原则是在控制总热量的基础上，提供足够的营养。

2．运动疗法　根据年龄、体力、病情及有无并发症，指导患者进行长期有规律的体育锻炼。适当的运动有利于减轻体重，提高胰岛素敏感性，改善血糖和脂代谢紊乱。

3．健康指导　是重要的基本治疗措施之一，详见本节“健康指导”。

4．药物治疗

（1）口服降糖药：主要包括促胰岛素分泌剂（磺脲类）、增加胰岛素敏感性药物（双胍类）和 α 葡萄糖苷酶抑制药。

1）磺脲类：常用药物有甲苯磺丁脲、格列本脲、格列齐特、格列吡嗪、格列喹酮等，餐前半小时服用，适用于胰岛素水平较低或分泌延迟的轻、中度糖尿病患者（表 7-1）。

2）双胍类：适用于 2 型糖尿病肥胖者，常用药物有二甲双胍，于进餐时或进餐后服用，肾功能异常和老年人不宜使用。

3）α 葡萄糖苷酶抑制药（AGI）：如阿卡波糖、优格列波糖，常用于有餐后高血糖的 2 型糖尿病患者，于餐中服用。

4）胰岛素增敏剂：如罗格列酮，用于胰岛素抵抗明显的 2 型糖尿病患者。

**表 7-1　不同降糖药物的比较**

| 类型 | 代表药物 | 作用机制 | 服用方法 |
|---|---|---|---|
| 磺脲类 | 格列吡嗪、格列美脲、格列喹酮（糖适平）、格列齐特（达美康）、格列本脲（优降糖）、 | 刺激胰岛B细胞释放胰岛素 | 饭前半小时口服 |
| 双胍类 | 二甲双胍、苯乙双胍 | 增加外周组织对葡萄糖的摄取和利用 | 进餐时或进餐后服用 |
| α葡萄糖苷酶抑制药 | 阿卡波糖（拜糖平）、伏格列波糖 | 减慢葡萄糖吸收 | 与第一口饭嚼服 |

（考点：降糖药物的作用机制和服药时间）

（2）胰岛素

1）适应证：1 型糖尿病；2 型糖尿病经口服降糖药无效者；糖尿病酮症酸中毒、非酮症高渗昏迷；糖尿病合并严重感染、创伤、手术、分娩等应激情况。胰岛素治疗应在综合治疗基础上进行。

2）常用制剂及用法：根据胰岛素作用起始时间、高峰和持续时间的不同，分为短（速）效、中效和长（慢）效。胰岛素剂量取决于血糖水平、B 细胞功能缺陷程度、胰岛素抵抗程度、饮食和运动状况等，一般从小剂量开始，根据血糖水平逐渐调整。胰岛素常用制剂类型及作用时间见表 7-2。

**表 7-2　胰岛素制剂类型及作用时间**

| 作用类别 | 制剂类型 | 皮下注射作用时间（小时） | | |
|---|---|---|---|---|
| | | 开始 | 高峰 | 持续 |
| 短（速）效 | 普通胰岛素 | 0.5 | 2～4 | 6～8 |
| 中效 | 低精蛋白锌胰岛素（NPH）慢胰岛素锌混悬液 | 1～3 | 6～12 | 18～26 |
| 长（慢）效 | 精蛋白锌胰岛素（PZI）特慢胰岛素锌混悬液 | 3～8 | 14～24 | 28～36 |

5. 胰腺和胰岛移植　治疗对象主要为 1 型糖尿病患者，成功的胰腺或胰岛移植可以纠正代谢异常，防止糖尿病微血管病变的发生和发展。目前仍处于试验阶段，许多问题有待解决。

6. 并发症治疗

（1）糖尿病酮症酸中毒的治疗

1）补液：迅速补充大量液体，纠正严重脱水，是抢救糖尿病酮症酸中毒的首要措施。一般根据患者体重和失水程度估计已失水量，开始时输液速度较快，在 1～2 小时输入 0.9%氯化钠 1000～2000ml，前 4 小时输入所计算失水量 1/3 的液体。

2）迅速降低血糖：目前均采用小剂量短效胰岛素治疗方案，即每小时每千克体重给予 0.1U 胰岛素。当血糖降至 13.9mmol/L 时开始输入 5%葡萄糖溶液，并按比例加入胰岛素。

3）纠正电解质及酸碱平衡失调：严重酸中毒影响心血管、呼吸和神经系统功能，应给予相应治疗，但补碱不宜过多、过快。

（2）糖尿病足的治疗：严格控制血糖、血压、血脂，穿改变足部压力的矫形鞋，是预防糖尿病足的关键措施。根据具体病情制定相应的治疗方案，如有足部感染，需强化胰岛素治疗，及时使用抗生素治疗。神经性足溃疡可使用 B 族维生素、神经生长因子等，并根据溃疡的深度、面积、大小、渗出情况及有无感染确定换药。缺血性病变可使用扩血管药物如前列腺素 E、山莨菪碱及活血化瘀中药等。对于血管病变严重者，在非手术治疗的基础上，应行血管重建术。

## 三、护 理 问 题

1．营养失调：低于机体需要量　与胰岛素分泌不足和（或）作用缺陷引起糖类、蛋白质、脂肪代谢紊乱有关。

2．有感染的危险　与血糖增高、脂质代谢紊乱、营养不良和微循环障碍有关。

3．知识缺乏：缺乏糖尿病的预防和自我护理知识。

4．潜在并发症：酮症酸中毒、感染、冠心病、肾病变、神经病变、糖尿病足和低血糖等。

## 四、护 理 措 施

### （一）一般护理

1．饮食护理　饮食控制是糖尿病的基础疗法，饮食护理是糖尿病的重要护理措施，熟悉糖尿病饮食的基本要求和注意事项，才能对患者进行正确指导。

（1）制定总热量：根据患者的身高计算理想体重，理想体重（kg）=身高（cm）−105，然后参照理想体重和活动强度计算每日所需总热量。成年人休息者每日每千克理想体重给予热量 105～126kJ（25～30kcal），轻体力劳动者 126～146kJ（30～35kcal），中体力劳动者 146～167kJ（35～40kcal），重体力劳动者 167kJ（40kcal）以上。儿童、孕妇、乳母、营养不良或有慢性消耗性疾病者应酌情增加，肥胖者酌减，使患者体重恢复至理想体重的±5%。

（2）蛋白质、脂肪、糖类分配：饮食中蛋白质含量成人按每日每千克标准体重 0.8～1.2g 计算，儿童、孕妇、乳母、营养不良或有慢性消耗性疾病者可增至每日每千克体重 1.5～2.0g，脂肪每日每千克标准体重按 0.6～1.0g 计算，其余为糖类。按上述计算蛋白质量占总热量的 12%～15%，脂肪约占 30%，糖类占 50%～60%。

（3）三餐分配：确定每日饮食总热量和糖类、蛋白质、脂肪的组成后，按每克糖类、蛋白质产热 16.7kJ，每克脂肪产热 37.7 kJ，将热量换算为食品后制订食谱，并根据生活习惯、病情和配合药物治疗需要进行安排。三餐分配一般为 1/5、2/5、2/5 或各 1/3。

（4）糖尿病患者饮食注意事项：①严格定时进食。②控制饮食的关键在于控制总热量。③严格限制各种甜食，包括各种食糖、糖果、甜点心、冷饮、水果及各种含糖饮料等。提倡食用粗制米、面和一定量杂粮。④患者进行体育锻炼时不宜空腹，应补充适量食物，防止低血糖。⑤保持大便通畅、多食含纤维素高的食物。⑥每周定期测量体重 1 次，衣服重量要相同，且用同一台磅秤。

（考点：糖尿病患者饮食护理、三餐热量的分配）

2．体育锻炼　根据年龄、性别、体力、病情及有无并发症等不同条件进行安排。运动方式以有氧运动为主，如步行、慢跑、骑自行车、做健身操、打太极拳、游泳及做家务劳动等。活动强度以不超过心肺及关节的耐受能力为度，循序渐进和长期坚持。1 型糖尿病患者，体育锻炼宜在餐后进行，运动量不宜过大，持续时间不宜过长。2 型糖尿病患者，尤其是肥胖者，空腹运动能加速脂肪分解、减轻体重和降低血脂。

（二）病情观察

定期监测血糖、血压、血脂、糖化血红蛋白、眼底及体重。严密观察患者生命体征以及有无泌尿道、皮肤、肺部等感染，女性有无外阴部皮肤瘙痒。观察有无食欲缺乏，恶心、呕吐、嗜睡，呼吸加快、加深，呼气呈烂苹果气味及脱水等酮症酸中毒表现。观察有无低血糖表现，有无四肢麻木等周围神经炎表现。

（三）治疗配合及护理

遵医嘱给予降糖药或胰岛素，观察疗效及药物不良反应。

1. 口服降糖药的护理

（1）磺脲类药物：最常见、最主要的不良反应为低血糖反应，还可出现消化道症状、肝肾功能损害、白细胞减少、皮疹、皮肤瘙痒等。当出现上述不良反应时，应停药观察。

（2）双胍类药物：双胍类降糖药的不良反应是胃肠道反应，表现为食欲缺乏、腹泻、口中有金属味或疲倦、体重减轻等，还可诱发乳酸性酸中毒，肝、肾功能不全，老年患者及休克或心力衰竭者应慎用。

（3）α 葡萄糖苷酶抑制药：不宜用于有胃肠道功能紊乱者，妊娠期、哺乳期妇女和儿童；服药时指导患者应在进食第一口食物后服用，饮食成分中应有一定量的糖类，否则此类药不能发挥作用。

（4）胰岛素增敏剂：主要不良反应为水肿、体重增加，不宜用于妊娠期、哺乳期妇女和儿童，有心脏病、心力衰竭倾向或肝病者应不用或慎用。

2. 胰岛素治疗的护理

（1）正确使用胰岛素：①胰岛素的保存。未开封的胰岛素放于冰箱 4～8℃冷藏保存，正在使用的胰岛素在常温下（不超过 28℃）可使用 28 天，无须放入冰箱，应避免过冷、过热、太阳直射，否则可因蛋白质凝固变性而失效。②熟悉各种胰岛素的名称、剂型及作用特点，准确执行医嘱，剂量必须准确。③吸药顺序。两种胰岛素混合使用时，先抽吸短效胰岛素后抽吸长效胰岛素，然后混匀后做皮下注射。④注射部位。易选择上臂三角肌、腹部、大腿前侧等并经常更换，以防注射部位组织硬化、脂肪萎缩影响胰岛素的吸收。⑤注射胰岛素时严格无菌操作，以防感染。

（2）胰岛素不良反应的预防与处理：①低血糖反应。胰岛素的主要不良反应是低血糖反应，与胰岛素使用剂量过大、饮食失调或运动过量有关。多见于接受强化胰岛素治疗者。表现为出汗、颤抖、心悸、紧张、焦虑、饥饿、流涎、软弱无力、面色苍白、心率加快、四肢冰凉甚至昏迷。一旦发生，轻者口服糖水、含糖饮料，或进食糖果、饼干、面包、馒头等即可缓解。重者和疑似低血糖昏迷的患者，应及时给予 50%葡萄糖液 40ml 静脉注射，继以 5%～10%葡萄糖液静脉滴注，必要时可加用氢化可的松 100mg 和（或）胰高血糖素 0.5～1mg 肌内或静脉注射，是紧急处理低血糖最常用和有效的方法。②胰岛素变态反应。通常表现为注射部位瘙痒，继而出现荨麻疹样皮疹，可伴恶心、呕吐、腹泻等胃肠症状。处理措施包括更换胰岛素制剂，使用抗组胺药和糖皮质激素及脱敏疗法等。严重者需停止或暂时中断胰岛素治疗。

（考点：使用胰岛素易发生低血糖的原因、低血糖的诊断标准）

3. 糖尿病酮症酸中毒的护理　补液是抢救酮症酸中毒的关键环节，因此输液量和速度的掌握非常重要，液体输入量应在规定的时间内完成。

（1）病情监测：对可能或已经发生酮症酸中毒、高渗性昏迷的患者，应严密观察患者生命体征和病情变化，记录 24 小时液体出入量。在输液和胰岛素治疗过程中，需每 1～2 小时留取标本送检尿糖、尿酮、血糖、血酮、血钾、血钠、二氧化碳结合力等，及时将监测结果报告主管医师进行处理。

（2）立即开放两条静脉通路，准确执行医嘱，确保液体和胰岛素的输入。

（3）患者绝对卧床休息，注意保暖，给予低流量持续吸氧；加强生活护理，预防压疮和继发感染；昏迷者按昏迷护理。

4. 对症护理

（1）预防感染：注意个人卫生，保持全身和局部清洁，尤其要加强口腔、皮肤和会阴部的清洁，做到勤洗澡、勤换衣。衣服宜质地柔软、宽松，避免使用各种约束带。注射胰岛素时局部皮肤严格消毒，以防感染。

（2）糖尿病足的护理：①积极控制血糖，减少足溃疡发生的危险性。告诫患者戒烟，防止因吸烟导致局部血管收缩而促进溃疡的发生。②观察足部颜色、温度、动脉搏动及有无病变等。③促进肢体血液循环：足部保暖，适当进行体育活动，每晚用 50～60°C 温水洗脚、做足部按摩等。④预防足部外伤：不宜穿袜口过紧的袜子，选择软底宽头的鞋子，修剪趾甲略呈弧形，防止足部烫伤等。

（考点：糖尿病足部的护理）

（四）心理护理

关心体谅患者，积极主动与患者沟通，了解患者心理活动特点及情绪变化，及时发现患者的负性心理，并采取相应的心理干预措施。加强疾病相关知识的教育，增加患者治疗疾病的信心和应对能力。

## 五、健康指导

健康指导是糖尿病治疗手段之一，能充分调动患者的主观能动性，积极配合治疗，有利于疾病的控制，防止并发症，提高患者生活质量。

1. 疾病知识指导

（1）提高对糖尿病的认识：告知患者糖尿病是一种需要终身治疗的疾病，其预后取决于血糖是否得到长期有效的控制和是否伴有并发症。让患者保持良好的情绪，树立战胜疾病的信心。

（2）让患者和家属了解糖尿病的病因、临床表现、诊断与治疗方法，提高患者对治疗的依从性。

（3）指导患者学习和掌握监测血糖、尿糖、血压、体重指数的方法，了解糖尿病的控制目标。

（4）强调饮食治疗和运动疗法的重要性，并指导患者掌握具体实施及调整的原则和方法。

2. 用药指导　向患者详细讲解口服降糖药及胰岛素的名称、剂量、给药时间和方法，教会其观察药物疗效和不良反应。使用胰岛素的患者，应教会患者或其家属掌握正确的注射方法。

3. 疾病监测指导　指导患者及家属熟悉糖尿病常见急性并发症的主要临床表现、观察方法及处理措施。在医务人员指导下长期坚持合理治疗并达标，坚持随访，按需要调整治疗方案。教育患者外出时随身携带识别卡，以便发生紧急情况时及时处理。

# 第5节 痛风患者的护理

**案例 7-4** 患者，男，45岁。右足趾反复红、肿、痛4年，爱喝啤酒，某市级医院曾诊断为“痛风性关节炎”。3天前与朋友聚餐喝酒后再次发作，右足趾红、肿、热、痛，活动受限。

**问题**：1. 该患者的主要病因和诱因是什么？

2. 你如何制定主要护理措施？

痛风是由于嘌呤代谢障碍导致血尿酸增高，引起组织损伤的一组代谢性疾病。该病多见于男性患者，分为原发性痛风和继发性痛风两类。

## 一、概　　述

### （一）病因及发病机制

病因及其发病机制目前仍不完全清楚，可能是受地域、民族、饮食习惯等因素影响。

1. 病因

（1）原发性痛风：主要是先天性嘌呤代谢紊乱导致，患者通常有家族遗传倾向。

（2）继发性痛风：可继发于肾脏疾病、代谢紊乱疾病、使用抑制尿酸排泄的药物等。常进食含嘌呤丰富的食物、喝酒、饥饿、劳累、感染、寒冷等为痛风的诱因。

（考点：痛风的诱因）

2. 发病机制　当患者体内血尿酸过高，或者在酸性环境下，使尿酸析出结晶，沉积在关节、肾脏等，导致痛风的发作。

**知识链接**

**血尿酸与尿酸性肾结石**

高尿酸血症患者，随着血尿酸浓度的升高，尿尿酸排出增多，形成肾结石的概率也增加。在碱性环境中，尿酸盐的溶解度升高；反之在酸性环境下，尿酸盐的溶解度下降，容易形成尿酸结石。

### （二）转归

痛风是一种终身疾病，慢性病变可以使关节致残、高血压、肾脏疾病患者的风险增加，甚至可危及生命。

## 二、护理评估

### （一）健康史

询问患者是否有家族史，有无伴发高血压、糖尿病、肾脏疾病等，是否使用抑制尿酸排泄药物，是否有饮酒、喜进食高嘌呤食物、劳累、感染等诱因。

### （二）身心状况

1. 症状和体征

（1）无症状期：患者仅有血尿酸增高，可持续长达数十年不出现症状，甚至部分患者终身不出现症状。

（2）急性关节炎期：痛风发作通常以关节疼痛为首发症状，发病时间多在夜间或清晨，疼痛剧烈难以忍受，受累关节伴红、肿及功能障碍，以第一趾跖关节最多见；痛风发作常呈自限性，可于数天至 2 周自然缓解，受累关节局部皮肤脱屑、瘙痒；可伴发热。

（3）痛风石及慢性关节炎期：痛风石是痛风的特征性表现，常见于耳郭、跖趾、指间关节，是尿酸盐沉积形成，表现为局部隆起，长时间大量的痛风石可以破坏关节（图 7-1）。

（考点：痛风的主要表现）

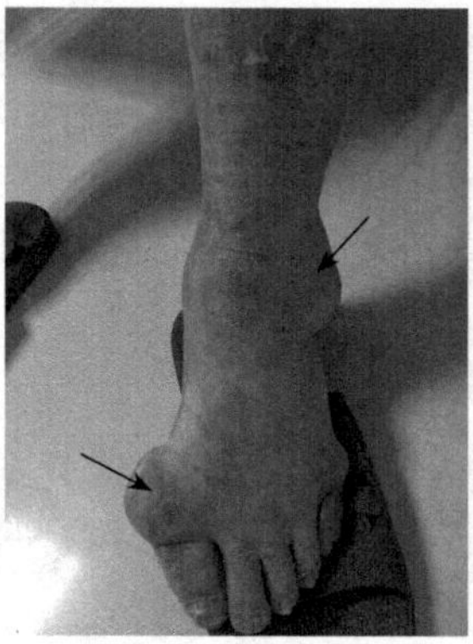

图 7-1　痛风石

（4）肾脏：① 痛风性肾病。表现为血尿、蛋白尿、夜尿增多等，晚期可引起肾功能不全。② 尿酸性肾结石。结石较小的可以以砂砾状随尿排出，较大者沉积在肾脏、尿路，引起肾绞痛、尿路感染、梗阻等。

2．心理-社会状况　痛风发作时疼痛剧烈，导致患者不能正常休息、工作，患者产生焦虑心理。痛风石导致关节畸形，肾脏损伤影响日常生活、工作，出现自卑、抑郁。

（三）辅助检查

1．血尿酸测定　正常成年男性血尿酸值为 150～380μmol/L，女性为 100～300μmol/L，但是血尿酸容易有较大波动，应该反复检测。

2．关节液或痛风石内容物检查　在显微镜下可看见针形尿酸盐结晶，可作为确诊依据。

3．关节影像学检查　X 线检查时见骨关节破坏改变，CT、MRI 检查可发现痛风石。纯尿酸盐结石 X 线不显影。

（四）治疗要点

治疗目的：控制高尿酸血症，预防尿酸盐沉积；控制关节炎发作；预防结石形成，保护肾功能。

1．一般治疗　嘱患者多喝水促进尿酸排出，适当运动、控制饮食、控制热量，尽量避免进食富含嘌呤的食物（如海鲜、动物内脏等）。

2．药物治疗

（1）增加尿酸排泄：如苯溴马隆、丙磺舒，用药的同时要多饮水，同服碳酸氢钠碱化尿液，减少尿酸结石的形成。

（2）减少尿酸生成：如别嘌醇，注意胃肠道刺激、肝损害等不良反应。

（3）控制急性关节炎发作：通常使用非甾体抗炎药缓解痛风症状；也使用秋水仙碱终止发作，但由于其副作用大已很少使用。

（4）糖皮质激素：其他药物治疗无效时可考虑该药治疗，该类药应该短疗程使用，停药容易复发。

3．手术治疗　必要时手术剔除痛风石，矫正残损关节。

## 三、护 理 问 题

1．疼痛　与尿酸盐结晶、沉积在关节有关。

2．活动障碍　与关节受累有关。

3．知识缺乏：缺乏痛风相关知识。

## 四、护 理 措 施

（一）一般护理

1．休息与活动　患者病情处于急性关节炎发作期时应绝对卧床休息，避免病变关节负重，疼痛缓解期3天可逐渐活动。

2．饮食　痛风患者合理饮食极其重要。宜清淡、易消化饮食；禁饮酒和浓茶；忌食辛辣刺激性食物；避免进食虾、蟹、动物内脏、蘑菇、黄豆等高嘌呤食物；多喝水，每天2L以上；多食用牛奶、橘子、蔬菜等碱性食物。

（考点：痛风患者的饮食护理）

（二）病情观察

注意观察患者关节疼痛的部位、性质、程度及时间，有无红、肿、热、痛及活动受限。同时还需要观察有无痛风石的表现，有无肾脏受累症状。

（三）配合治疗护理

遵医嘱使用药物治疗，指导患者注意观察药物副作用，一旦出现及时处理。

1．秋水仙碱　口服常见副作用是胃肠道反应；静脉注射常见副作用是骨髓抑制、肝肾损害、过敏、神经毒性等，注射时注意防止漏出血管外引起组织坏死。

2．丙磺舒和苯溴马隆　主要副作用是皮疹、发热、胃肠道反应，多喝水和使用碱性药物可以减轻不良反应。

3．别嘌醇　不良反应主要有胃肠道刺激、皮疹、发热、肝功能损害、骨髓抑制等。

（四）心理护理

向患者解释痛风的相关知识，尤其是饮食的问题、控制高尿酸血症的方法，对于发生关节畸形、肾功能受损的患者，给予鼓励、心理疏导，增强控制疾病的信心。

## 五、健康指导

1．疾病知识指导　向患者及家属解释痛风的相关知识，尤其是引起本病的诱发因素，日常生活中尽量避免诱发因素。告知患者痛风虽然没有根治的治疗方法，但是只要积极配合治疗，是可以维持正常工作、生活的。养成良好的生活方式和习惯。生活有规律，适当运动，肥胖者减轻体重。

2．饮食指导　指导合理的饮食，严格控制进食高嘌呤食物，限制蛋白质的摄入。禁酒，避免喝浓茶、咖啡，多饮水，每天饮水2000ml以上，同时多吃蔬菜水果。

3．疾病监测指导　进行自我病情观察，触摸耳郭、关节等部位，检查是否有痛风石。注意定期门诊随访，检查血尿酸水平。

# 第6节　皮质醇增多症患者的护理

**案例7-5**　患者，女，38岁。双下肢水肿伴反复头晕6月余入院。在私人门诊诊断为“高血压”，治疗后无明显好转而来诊。查体：血压145/110mmHg，满月脸，大腿可见较多的紫纹，双下肢有压陷性水肿。考虑库欣综合征。

**问题：**1．如何对患者进行症状评估？

2．作为护士，你如何指导患者的饮食？

皮质醇增多症又称为库欣综合征，是由于各种原因导致肾上腺皮质病变，分泌过多的醛固酮引起的临床综合征。好发于成年人，发病率女性高于男性。

## 一、概　　述

（一）病因及发病机制

皮质醇增多症可分为以下几种：

1．库欣综合征　最常见，占该病的 70%，主要原因是垂体分泌促肾上腺皮质激素过多，导致肾上腺分泌大量的皮质醇。

2．原发性肾上腺皮质肿瘤　以良性肿瘤多见，只有少部分是恶性，也有可能没有发现肿瘤。

3．异位 ACTH 综合征　垂体以外的肿瘤，导致皮质醇分泌过多，如支气管肺癌、胸腺癌等。

4．其他　如肾上腺结节增生。

（二）转归

库欣综合征患者经过有效治疗，病情可逐渐好转，血压下降，症状减轻，尿糖等消失，月经正常。但是癌症患者的预后取决于是否能早期发现、早期治疗。

## 二、护 理 评 估

（一）健康史

询问患者健康状况，是否有肿瘤病史，是否有长期或者大剂量使用糖皮质激素药物史。

（二）身心状况

1．症状及体征

（1）特征性体态：由于库欣综合征患者的脂肪代谢异常及脂肪的重新分布，脂肪堆积在面部、颈部、胸部和腹部等地方，形成向心性肥胖，表现为满月脸、水牛背、悬垂腹、四肢相对细小等特征性体态。另外蛋白质代谢障碍导致皮肤菲薄、血管易见，形成紫纹，多分布于下腹部、臀部和大腿外侧，部分患者有皮肤色素沉着。

（2）血糖升高：皮质醇抑制葡萄糖的利用，促进肝糖原异生，从而引起血糖升高。

（3）电解质紊乱：皮质醇有潴钠排钾、排钙的作用，引起高血压、水肿、低血钾、骨质疏松。

（4）肌肉及神经系统：肌萎缩及无力，下蹲起立困难。可有精神、情绪变化，如烦躁、失眠等。

（5）性功能异常：女性月经减少甚至停经，伴不孕、多毛、男性化等；男性性欲减退，阳萎等。

（6）抵抗力下降：容易发生感染，如皮肤真菌感染、蜂窝织炎、败血症等。由于机体对炎症反应不明显，容易被忽略而造成严重后果。

（考点：皮质醇增多症患者的临床表现）

2．并发症　可并发心力衰竭、脑血管意外、糖尿病等。

3．心理-社会状况　由于外形、面貌的改变及各系统功能的障碍，患者感到自卑、忧郁、紧张等，影响了工作和生活。

（三）辅助检查

1．血浆皮质醇测定　血浆皮质醇分泌增多，失去昼夜节律，即早晨皮质醇的浓度增高，晚上不明显低于早晨，且不能被小剂量地塞米松抑制。

2．小剂量地塞米松抑制试验　口服地塞米松，0.5mg/6h，连服 2 天，第 2 天尿 17-羟皮质类固醇不能被抑制到对照值的50%以下。

3. 影像学检查　肾上腺的超声检查，常规胸部X线摄片，甚至必要时行胸部CT、MRI检查。

知识链接

**假性库欣综合征**

酒精性肝损害者可以出现假性库欣综合征，各种症状和激素水平与库欣综合征相似，但是患者戒酒以后可以恢复。

（四）治疗要点

针对不同的病因进行治疗，尽快恢复正常的血浆皮质醇水平，以手术治疗为主。

1. 肾上腺病变　主要以手术治疗为主。

2. 垂体病变　手术、放疗、药物治疗。经蝶窦垂体瘤手术是首选治疗方案，大部分可以治愈。

3. 异位ACTH综合征　根据病情给予手术、放疗和化疗。

4. 药物治疗　术后根据病情的需要使用激素替代治疗。手术治疗后不能根治或者已有转移者可以选用阻滞肾上腺皮质激素合成的药物作为辅助治疗，常用的有米托坦、美替拉酮、氨鲁米特和酮康唑等。

## 三、护理问题

1. 自我形象紊乱　与皮质醇增多导致体型、外貌改变有关。
2. 体液过多　与皮质醇增多引起水钠潴留有关。
3. 活动无耐力　与肌肉萎缩有关。
4. 有感染的危险　与机体免疫功能减弱，抵抗力下降有关。
5. 潜在并发症：心力衰竭、糖尿病等。

## 四、护理措施

（一）一般护理

1. 休息与运动　居住环境应安静、舒适，睡眠要充足。有水肿的患者休息时应抬高下肢以减轻水肿。避免剧烈运动，运动量合适，避免引起损伤，尤其是骨质疏松患者，应做好防护，防止骨折。

2. 饮食　给予高蛋白、高钙、高钾、低钠、低糖、低热量饮食。可多食枇杷、香蕉、南瓜等含钾高的食物，鼓励多食含钙丰富的食物，如牛奶、紫菜等，有糖尿病者应按糖尿病饮食。戒烟酒，避免进食刺激性食物。

（考点：皮质醇增多症患者的饮食护理）

（二）病情观察

监测生命体征，尤其注意观察血压、心律、心率的变化，每日监测体重及24小时出入量的变化，了解水肿变化；观察是否有感染和心力衰竭发生；监测血钾和心电图，结合临床症状，观察是否有低血钾的发生；注意观察多饮、多食、多尿、消瘦等糖尿病表现，及时发现以明确诊断；注意观察有无骨折的发生。

（三）配合治疗护理

遵医嘱使用药物治疗，库欣综合征患者主要使用的药物是阻滞肾上腺皮质激素合成的药物，常用的有米托坦、美替拉酮、氨鲁米特和酮康唑等。在应用过程中，注意观察药物的不良反应，常见的有胃肠道反应、嗜睡、乏力等，部分药物有肝损害，如酮康唑，应注意定期复查肝功能。

（四）对症护理

1．预防感染　皮质醇增多症患者抵抗力低下，容易发生感染，为了预防感染，患者在日常生活卫生方面要保持皮肤、衣物、用具的清洁。医务人员要严格执行无菌操作，做好口腔、会阴护理，避免感染，一旦发现感染及时治疗。

2．防止损伤　患者由于骨质疏松、皮肤菲薄等原因，容易造成损伤，注意防止碰撞、跌倒。平时注意休息，避免剧烈运动，日常生活起居避免擦伤、碰击，引起皮下出血、骨折。

（五）心理护理

患者由于体态、外貌的改变，会产生焦虑、害怕的情绪。应给予情感支持，尊重、关心患者，积极与患者沟通交流，并鼓励家属给予心理支持，消除患者失望、焦虑、害怕的情绪，正确对待形体的改变，提高适应能力。

## 五、健康指导

1．疾病知识指导　向患者讲解皮质醇增多症的有关知识和术后疗效，以增强患者自信心、减轻自卑感、稳定情绪。

2．生活指导　指导患者饮食，进食低热量、低钠、高钾的食物；养成良好的卫生习惯，保护皮肤，避免感染；恰当活动，走动时防止意外，避免骨折。

3．用药指导　指导患者正确应用肾上腺皮质激素合成阻滞药，并且学会观察药物的疗效和副作用，不能随意减量或停药，并定期门诊随访。

## 自测题

$A_1$题型

1．地方性甲状腺肿患者平时饮食中应多补充（　　）
A．钾　B．钠
C．钙　D．碘
E．锌

2．单纯性甲状腺肿的主要原因是（　　）
A．甲状腺素需要量增加
B．食物及环境中缺碘
C．甲状腺素合成障碍
D．甲状腺素分泌障碍
E．食用碘盐过多

3．对甲状腺功能亢进面容的描述错误的是（　　）
A．面容惊愕　B．表情兴奋
C．眼裂增大　D．口唇发绀
E．眼球突出

4．判断甲亢病情严重程度的主要根据是（　　）
A．突眼程度　B．甲状腺大小
C．情绪是否稳定　D．体重是否增加
E．脉率和脉压大小

5．硫脲类抗甲状腺药物最常见的副作用是（　　）
A．胃肠反应　B．白细胞减少
C．肾损害　D．肝损害
E．皮疹

6．甲状腺功能亢进患者，休息的环境要求（　　）
A．光线充足　B．安静
C．室温宜高　D．空调房间
E．双人房间

7．甲状腺功能亢进治疗方法中，最易引起甲状腺功能减退的是（　　）
A．甲硫氧嘧啶　　B．甲巯咪唑
C．$^{131}$I 治疗　　D．卡比马唑
E．手术治疗

8．甲状腺功能亢进患者的饮食宜（　　）
A．高热量、高蛋白、高维生素
B．高热量、高蛋白、低维生素
C．高热量、高蛋白、高盐
D．高热量、低蛋白、低盐
E．低热量、低蛋白、低盐

9．糖尿病患者控制饮食的目的为（　　）
A．减轻体重，防止肥胖
B．控制血糖，减轻胰岛素 B 细胞的负担
C．减慢肠蠕动，防止腹泻
D．减少胰液分泌
E．延缓消化道吸收

10．有关糖尿病患者应用胰岛素治疗，不正确的是（　　）
A．胰岛素应冷冻保藏
B．采用 1ml 注射器抽药
C．经常更换注射部位
D．局部消毒应严密
E．应注意胰岛素有效期

11．某糖尿病患者，给予胰岛素治疗，最常见的药物副作用是（　　）
A．低血糖反应　　B．肝功能损害
C．腹胀、腹痛　　D．局部红肿、皮疹
E．血管神经性水肿

12．关于痛风患者饮食的叙述正确的是（　　）
A．清淡、易消化、高嘌呤食物，多饮水，进食碱性食物
B．清淡、易消化、低嘌呤食物，多饮水，进食碱性食物
C．清淡、易消化、低嘌呤食物，多饮水，禁食碱性食物
D．清淡、易消化、高嘌呤食物，多饮水，禁食碱性食物
E．不需要注意饮食

13．符合痛风患者血液检查特点的是（　　）
A．血尿素增高　　B．血酮体增高
C．血尿酸增高　　D．氨基转移酶增高
E．血钾增高

14．库欣综合征患者护理措施不妥的是（　　）
A．低钙饮食　　B．低糖饮食
C．防止擦伤、碰撞　　D．注意观察糖尿病症状
E．保持皮肤的清洁

$A_2$ 题型

15．患者，女，28 岁。患甲亢 3 年，2 天前因感冒受凉，体温高达 39℃，恶心、呕吐、腹泻、心悸、心率 120 次/分，继而出现昏迷，诊断为甲亢，治疗过程中禁用的药物是（　　）
A．异丙嗪　　B．阿司匹林
C．抗生素　　D．丙硫氧嘧啶
E．补液

16．患者，女，16 岁。自感颈部增粗就诊。体检：甲状腺对称性弥漫性肿大，无压痛，无明显突眼；血游离 $T_4$、$T_3$ 正常，拟诊为单纯性甲状腺肿，给予小剂量甲状腺素治疗。对该患者进行健康指导，下列哪项不妥（　　）
A．大量补充含碘丰富的食物
B．避免食用卷心菜、菠菜等食物
C．食用加碘盐
D．出现突眼、心动过速等症状时立即停药
E．劳逸结合，注意休息

17．患者，女，30 岁。患 1 型糖尿病 10 年。5 年前开始使用胰岛素治疗。近两周擅自停用胰岛素，改服中药。3 天前患者腹股沟处长一疖子，经用抗生素治疗未见好转，并出现恶心、呕吐、头痛、呼吸深快、脉细速。急送医院检查：血糖 24mmol/L，血酮升高，尿酮强阳性，白细胞增高。该患者被诊断为（　　）
A．疖病合并全身感染
B．糖尿病酮症酸中毒
C．高渗性非酮症性昏迷
D．乳酸性酸中毒
E．感染性休克

18．患者，女，70 岁。糖尿病病史 20 余年，诉视

物不清，胸闷憋气，两腿及足底刺痛，夜间难以入睡多年。近来，足趾渐变黑。该患者并发的疾病不包括（　　）

A．白内障或视网膜病变

B．冠心病

C．神经病变

D．肢端坏疽

E．足部感染

19．在使用胰岛素的过程中，老年糖尿病患者更易发生低血糖的主要原因是（　　）

A．对胰岛素敏感导致血糖下降

B．肾糖阈降低导致尿糖排出过多

C．胃肠功能差导致糖类摄入减少

D．进食不规律

E．肝功能减退导致对胰岛素灭活能力降低

20．患者，女，49 岁。糖尿病病史 5 年余，近日自感食欲减退、恶心、呕吐，常伴头痛、嗜睡、烦躁、呼吸深快，自测尿糖阳性，该患者的呼吸气味可能呈（　　）

A．芳香味　　B．氨臭味

C．大蒜味　　D．烂苹果味

E．苦杏仁味

$A_3$型题

（21、22 题共用题干）

患者，男，55 岁。患 2 型糖尿病多年，体态肥胖，“三多一少”症状不明显，血糖偏高。饮食控制、口服降糖药效果均不理想。

21．患者向你咨询，宜建议他（　　）

A．减少主食量　　B．静脉滴注胰岛素

C．接受运动疗法　　D．增加降糖药剂量

E．测血酮和尿酮

22．有关患者自我保健措施的叙述错误的是（　　）

A．定时测血糖、尿糖　B．保持情绪稳定

C．经常温水洗脚　　D．戒烟、忌酒

E．少吃粗纤维食物

（王振丽　刘宾秀）

# 第8章 风湿性疾病患者的护理

## 第1节 概 述

### 一、风湿性疾病的概述

（一）概念

风湿性疾病是指影响骨、关节及其周围软组织（包括肌肉、韧带、滑膜、筋膜及神经等）的一组疾病。

（二）风湿性疾病分类

根据风湿性疾病的病理、发病机制、临床特点，风湿性疾病大致分为 10 大类：弥漫性结缔组织疾病（类风湿关节炎、红斑狼疮、硬皮病、皮肌炎等）、脊柱关节病（如强直性脊柱炎）、退行性病变（如骨关节炎）和感染相关的风湿病（如风湿热）、与代谢和内分泌相关的风湿病（如痛风）、神经血管疾病、肿瘤相关的风湿病、骨与软骨病变（如骨质疏松）、非关节性风湿病（如椎间盘病变）以及其他有关节症状的疾病。

（三）风湿性疾病的临床特点

1．起病缓慢，呈慢性病程，发作与缓解交替。

2．主要以关节疼痛、肿胀、活动障碍、皮肤损害为主要临床表现；病变可以累及多个系统，部分累及脏器，可发生器官功能损害；有一定的致残率。

3．风湿性疾病的临床表现个人差异比较大，对治疗反应的差异性也较大。

（考点：风湿性疾病的临床特点）

### 二、实验室及辅助检查

1．常规检查　三大常规检查和肝、肾功能是不可缺的，红细胞沉降率、C 反应蛋白和补体的检查对诊断和判断病情活动性有辅助作用。

2．特异性检查　自身抗体（如抗核抗体）、类风湿因子、抗磷脂抗体等。

3．影像学检查　是风湿病重要的辅助检查手段，有助于风湿病的诊断、鉴别诊断、分期、疗效的判断，以及骨、关节损伤的评估。

## 第2节 风湿性疾病常见症状和体征的护理

风湿性疾病常见症状有关节疼痛与肿胀、皮肤损害、活动障碍等，尤其是关节疼痛，通常是患者的首发症状及就诊的主要原因。

## 一、关节疼痛及肿胀

（一）护理评估

1．健康史　询问患者关节疼痛、肿胀的具体部位和时间，询问发病诱因和缓解因素，是否伴有晨僵及其他症状，如发热、光过敏等。

2．身心状况

（1）症状：关节表现因不同的疾病而有所差异。类风湿关节炎通常受累关节以双手小关节疼痛常见，对称性分布伴有晨僵、肿胀；而系统性红斑狼疮受累关节为四肢大关节，日晒后加重，多为对称性关节炎。

（2）体征：受累关节均可肿胀，类风湿关节炎可见梭形肿胀，晚期患者发生畸形，严重者丧失关节功能而导致生活不能自理。

3．心理-社会状况　患者常因长期反复的疼痛而焦虑，对治疗丧失信心。同时担心致残使生活能力下降或丧失，会产生悲观、沮丧等不良心理反应。

4．辅助检查　了解自身抗体检测结果，关节影像学的检查结果等是否正常。

（二）护理问题

1．疼痛　与关节炎性反应有关。

2．焦虑、悲观　与长期关节疼痛、久治不愈有关。

（三）护理措施

1．一般护理

（1）休息：病情处于急性期应卧床休息，限制病变关节活动，避免病变关节受压、受寒，保持关节处于功能位，如在膝关节下放枕头，即可使患者的膝关节保持伸直位；缓解期可逐渐增加活动，鼓励患者适当活动，适当锻炼，保持关节活动功能及生活自理能力，如自行进餐、如厕、穿衣服等日常生活技能。

（2）饮食：以给予高蛋白、高维生素、营养丰富的食物为主，忌食浓茶、辣椒，少喝酒、咖啡等。

2．病情观察　注意观察患者关节疼痛的部位、性质以及关节肿胀、活动受限情况，有无其他伴随症状，有无畸形及晨僵的持续时间。同时还需要观察有无胸闷、胸痛、发热、咳嗽及呼吸困难等关节外症状，如有提示患者病情严重。

3．疼痛护理　帮助患者完成日常生活活动，如协助患者进餐、洗脸刷牙、如厕、起床等，从而减轻疼痛；还可以通过聊天、看电视、听音乐等方法来分散患者对疼痛的注意力；选择合适的理疗方法缓解疼痛，如热敷、红外线等，必要时遵医嘱使用止痛药。

（考点：疼痛的护理）

4．配合治疗护理　遵医嘱使用药物治疗时，非甾体抗炎药饭后服用，可以减少恶心、腹痛等胃肠道反应，活动性溃疡、过敏、肝功能严重损害者禁用。抗风湿药有改善和延缓病情进展的作用，但要注意监测血常规变化，观察是否有骨髓抑制、肝及肾功能损害等副作用。糖皮质激素应用要小剂量和短疗程，注意激素引起的不良反应，一旦出现血常规异常、尿常规异常、肝肾功能损害即报告医生。

5．心理护理　护士注意加强与患者的沟通，通过心理疏导、鼓励等方式，让患者多参与家庭、社会活动，认识到合理治疗和锻炼可以延缓甚至避免残疾的发生，消除悲观的心理；并督促其家属给予帮助支持，亲情能增加患者与疾病抗争的信心。

（四）健康指导

1．疾病知识指导　把本病的基本知识详细告知患者及其家属，使患者出院后坚持治疗和自我护理计划，并且做到定期复查，病情复发及时就诊，避免重要脏器受损。祛除诱因，如避免感染、受寒、潮湿、劳累等诱因。

2．休息和锻炼指导　强调休息和治疗性锻炼的重要性，缓解期有计划地进行锻炼，防止关节失用。常见的锻炼方式有握拳、摆腿、打太极拳、散步等。

3．饮食指导　患者进行合理饮食，多进食富含蛋白、维生素等的食物，注意适当补钙，防止骨质疏松的发生。

## 二、皮肤损害

皮肤损害是风湿性疾病常见症状之一，常见的有皮疹、溃疡、水肿、红斑等。

（一）护理评估

1．健康史　询问患者皮肤损害出现的时间，是否有光过敏、口干、胸痛等伴随症状。

2．身体状况　蝶形红斑为系统性红斑狼疮患者最具特征性的皮肤损害，还可伴有口腔溃疡、鼻腔黏膜糜烂。皮下结节多见于类风湿关节炎，肘关节、枕部、跟腱等为其好发部位。皮肌炎的皮损表现为对称性眼睑、眼眶周围等紫红色斑疹及水肿。

3．心理-社会状况　由于皮肤损害可影响容貌，尤其是系统性红斑狼疮患者的面部蝶形红斑，该病患者多为年轻女性，会产生焦虑不安、忧郁等情绪，甚至出现轻生念头。

4．辅助检查　可做皮肤狼疮带试验、肾活检等协助诊断。也可做肌肉活检，了解皮损原因。

（二）护理问题

1．皮肤完整性受损　与血管炎性反应有关。

2．恐惧　与皮肤损害改变容貌等有关。

（三）护理措施

1．一般护理

（1）休息：保证充足睡眠，环境舒适，适宜的室温、湿度；患者所用的衣物、被褥要求柔软、干净。

（2）饮食：以富含蛋白、维生素且易消化食物为主，避免进食辛辣刺激性和加重皮损的食物。

2．病情观察　注意观察皮肤受损情况，是否有日光过敏表现、受损皮肤有无感染现象、有无溃疡等。

3．配合治疗护理　遵医嘱应用非甾体抗炎药、糖皮质激素、免疫抑制药等治疗，如皮损部位有感染者，遵医嘱给予抗生素治疗。

4．皮肤损害护理　保持每天用温水擦洗，使受损皮肤清洁、干燥，防止发生感染；避免使用刺激性物品，如肥皂、化妆品、染发等；有光敏感者要避免日光浴，注意采取遮阳措施；雷诺现象者避免受寒、吸烟，注意保暖；避免使用普鲁卡因胺等易诱发风湿病症状的药物。

5．心理护理　护士应积极与患者沟通交流，鼓励患者表达自己的感受，宽慰患者，减少其不良心理反应，帮助提高患者解决问题的能力。

（四）健康指导

指导患者注意保暖，防止受寒；有光敏感、红斑等要避免日光直射，做好遮阳防护，如打伞、戴帽等；皮肤避免接触刺激性物品，如肥皂、刺激性化妆品等。

## 第 3 节 类风湿关节炎患者的护理

**案例 8-1** 患者，女，30 岁。近 6 年无明显诱因出现双手掌指关节肿痛，伴晨僵，活动后逐渐缓解，现出现关节畸形、活动受限。病程中患者感乏力，食欲下降。

**问题：**1. 该患者可能患何病？

2. 该患者主要的护理问题是什么？

3. 请针对首要护理问题制定合理的护理措施。

类风湿关节炎（RA）是以侵蚀性、对称性多关节炎为主的慢性、进行性、全身性自身免疫性疾病。主要临床特征为手、足小关节对称性疼痛与肿胀、畸形、活动障碍，晨僵是最突出的表现。可伴有关节外的系统损害。该病持续、反复发作导致关节骨质破坏，严重者导致关节畸形和功能丧失，是造成患者丧失劳动力和致残的主要病因之一。任何年龄均可发病，女性发病率高于男性。

### 一、概　　述

（一）病因及发病机制

病因及其发病机制目前仍不完全清楚，一般认为可能是下列因素综合作用的结果。

1．感染因素　目前认为某些细菌、支原体、病毒等感染与类风湿关节炎的发生有着密切关系，可能激活 T、B 等淋巴细胞产生自身抗体导致自身免疫性反应。

2．遗传因素　根据流行病学相关调查，提示 RA 的发生与遗传因素密切相关，同卵双胞胎同时患 RA 的概率为 12%～30%，异卵双胞胎概率为 4%。

3．免疫紊乱　RA 的主要发病机制是免疫紊乱，通常认为类风湿关节炎属于自身免疫性疾病。抗原刺激机体产生抗体，引起免疫反应，形成免疫复合物，激活补体后诱发炎症。

4．诱因　类风湿关节炎的诱发因素常有潮湿、寒冷、营养不良、过度劳累、精神刺激等。

（考点：类风湿关节炎的诱因）

（二）转归

本病的预后随着生物制剂的出现明显改善，经过积极治疗的患者，大部分病情缓解，只有少数患者致残，死亡率低。

### 二、护 理 评 估

（一）健康史

询问患者是否有感染史，有无关节损伤史，有无关节疼痛史，是否伴有除关节以外的表现，询问患者发病诱因及家族史。

（二）身心状况

1．起病缓慢，患者通常有乏力、发热、食欲减退等前驱症状。

（1）关节表现：主要表现为对称性多发性关节炎，主要累及小关节，尤其是双手掌指关节，近端指间关节及腕、膝、踝等大关节也可受累。关节疼痛通常是最早的症状，常伴有晨僵。①关节疼痛与压痛：以多关节肿痛为主要表现，多呈对称性、持续性、时轻时重，关节疼痛时通常伴有压痛，受累关节的皮肤有色素沉着。②晨僵：患者在早晨起床后感觉关节僵硬，称为“晨僵”，若持续时间超过 1 小时意义比较大，可作为类风湿关节炎活动的观察指标。约 95%以上的患者会出现晨僵，活动后减轻。③关节肿胀：在急性期，由于关节腔内积液和关节外软组织炎症导致关节肿胀。④关节畸形：多见于晚期患者，由于肌肉的萎缩，肌腱、韧带受损，关节的软骨与骨质受到破坏，出现不同程度的关节畸形。腕关节、指关节被固定于屈位，腕、肘关节强直，手指在掌指关节处偏向尺侧，掌指关节半脱位，形成尺侧偏斜、“天鹅颈”及“纽扣花”样畸形等。⑤关节功能障碍：病变关节肿胀疼痛和关节的骨质、周围肌腱、韧带等被破坏，以及关节畸形，使关节不能保持在正常的位置，引起关节功能障碍。

（考点：类风湿关节炎的关节表现）

（2）关节外表现：①类风湿结节。提示 RA 处于病情活动期，多发生于关节隆突和受压部位，结节呈对称性分布，大小不一，直径约数毫米至数厘米，质硬无压痛。②类风湿血管炎。可累及各个系统，如甲床或指端小血管炎、渗出性胸膜炎、心包炎、巩膜炎、多发性神经炎等。

2．并发症

（1）动脉炎：雷诺现象。

（2）心脏：心包炎、心肌炎、心瓣膜炎等。

（3）肺：胸膜炎、气胸等。

（4）眼：巩膜炎、脉络膜炎等。

3．心理-社会状况　由于本病是慢性病，患者常因反复发作的疼痛、活动受限，甚至肢体活动功能障碍，治疗效果欠佳，使生活能力下降或丧失，易产生焦虑、悲观、沮丧心理。

（三）辅助检查

1．血液检查　有轻度至中度贫血，白细胞正常，活动期血小板可增高，红细胞沉降率增快，C 反应蛋白增高。

2．关节滑液检查　类风湿关节炎患者关节滑液中的白细胞增高，以中性粒细胞增高为主，黏稠度差。

3．免疫学检查　80%的 RA 患者血清检测类风湿因子阳性，但其并非特异性抗体，阴性也不能排除类风湿关节炎的诊断。

4．关节影像学检查　X 线检查对诊断、病变分期、病情演变监测都起到重要作用，尤其是手指和腕关节，早期可见关节周围肿胀，骨质疏松；逐渐关节间隙变窄；晚期可见关节半脱位、骨性强直。故初诊时应摄手指、腕关节的 X 线片。

5．类风湿结节的活检　典型的病理改变可以协助诊断。

（四）治疗要点

治疗原则：控制炎症，缓解症状；保持病变关节功能，防止畸形。

1．一般治疗　包括患者休息，急性期关节制动，缓解期进行关节功能锻炼等，急性期、发热、内脏受累患者应该卧床休息。

2．药物治疗

（1）非甾体抗炎药：该类药具有消炎、止痛作用，能改善症状，但是不能控制病情，故应与抗风湿药物同时使用。常用药物有肠溶阿司匹林、吲哚美辛、布洛芬等。注意观察其胃肠道反应。

（2）抗风湿药：有抗炎作用并且可控制病情进展，确诊后应早期使用，常用药物有甲氨蝶呤、柳氮磺胺吡啶、雷公藤、环磷酰胺等，其中甲氨蝶呤为 RA 首选药。

（3）肾上腺糖皮质激素：具有强大的抗炎作用，能迅速缓解症状，原则是小剂量、逐渐减量停药、短疗程使用。常用药物有泼尼松，使用期间注意补充钙和维生素 D，注意激素的副作用。

（4）其他药物：植物药制剂、生物制剂靶向治疗等。

3．理疗　理疗方法有热敷、按摩、红外线照射等。同时缓解期进行锻炼，以保持和增进关节功能。

4．外科手术治疗　晚期有关节畸形并丧失关节功能的患者，可做关节置换术、滑膜切除手术，恢复关节功能。

## 三、护 理 问 题

1．疼痛　与关节炎症反应有关。

2．生活自理缺陷　与关节疼痛、活动受限、畸形有关。

3．焦虑悲观　与长期反复发作疼痛、自理能力下降有关。

4．知识缺乏　与缺乏对疾病的认识、自我护理方法有关。

## 四、护 理 措 施

### （一）一般护理

1．休息与体位　患者病情处于急性期时应卧床休息，减少体力消耗，同时限制病变关节活动，避免病变关节受压、受寒，保持关节位于功能位，如在膝关节下放枕头，即可使患者的膝关节保持伸直位；缓解期可逐渐增加活动，鼓励患者有计划地进行活动、锻炼，保持关节活动功能及生活自理能力，如自行进餐、如厕、穿衣服等日常生活技能，但要注意劳逸结合。

**知识链接**

**功 能 位**

**功能位是指能使机体发挥最大功能的位置。各个关节都有各自的功能位，其中手握茶杯的姿势是手的功能位。**

2．饮食　为了增强机体抵抗力，饮食应以高蛋白、高维生素、营养丰富的食物为主，忌食浓茶、辣椒，少喝酒、咖啡等。

### （二）病情观察

注意观察患者关节疼痛的部位、性质以及关节肿胀、活动受限情况，有无其他伴随症状，有无畸形及晨僵的持续时间。同时还需要观察有无胸闷、胸痛、发热、咳嗽及呼吸困难等关节外症状，如有提示患者病情严重。

### （三）配合治疗护理

遵医嘱使用药物治疗时，需要注意各类药物的副作用。非甾体抗炎药常见副作用是胃肠道反应，饭后服用可以减少胃肠道反应，活动性溃疡、过敏、肝功能严重损害者禁用。抗风湿药使用期间应该注意监测血常规、肝肾功能变化，观察是否有骨髓抑制、肝及肾功能损害等副作用。糖皮质激素应用要小剂量和短疗程，注意激素引起的不良反应，一旦出现血常规异常、尿常规异常、肝肾功能损害、高血压等立即报告医生。

（四）对症护理

1．晨僵护理　患者在夜间睡眠时戴手套保暖，早晨起床后局部热敷以达到减轻晨僵的目的。必要时可遵医嘱服用消炎镇痛药物。同时要避免长时间不活动。

2．关节疼痛护理　疼痛明显时可以遵医嘱应用止痛药；注意关节制动，保持关节处于功能位；长期卧床者要进行被动训练；帮助患者完成日常生活活动，如协助进餐、洗脸刷牙、如厕、起床等，从而减轻疼痛；还可选择合适的理疗方法缓解疼痛如热敷、红外线照射等。

（考点：关节护理）

（五）心理护理

1．护士注意加强与患者的沟通，通过心理疏导、鼓励等方式，让患者多参与家庭、社会活动，认识到合理治疗和锻炼是可以延缓甚至避免残疾发生的，消除其悲观的心理。

2．对于关节已经畸形致残的患者，要尽量鼓励患者掌握自我护理的方法，并且能够参与一些能胜任的工作。

3．督促其家属给予物质、精神上的帮助支持，亲情能增加患者与疾病抗争的信心。

## 五、健康指导

1．疾病知识指导　向患者及家属解释 RA 的基本知识和治疗方案，使患者出院后自觉遵守治疗和自我护理计划；避免感染、受寒、受潮、过度劳累，注意保暖，防止复发。

2．用药指导　自觉遵医嘱服药，应用激素治疗时注意补充钙和维生素 D，预防骨质疏松。

3．疾病监测指导　定期复查，养成良好的生活方式和习惯，减少疾病的复发。根据患者的关节情况制订活动计划，如握拳、摆腿、打太极拳、散步等活动，保护关节功能，防止关节失用，提高自理能力和工作能力。

# 第 4 节　系统性红斑狼疮患者的护理

**案例 8-2**　患者，女，31 岁。面部红斑，关节疼痛 1 年。3 个月前患者自觉日晒后症状较前加重，面部红斑呈现蝶状、红褐色，全身关节疼痛明显加重，且乏力，反复发热，在当地医院按风湿性关节炎治疗无效。此后关节疼痛、发热反复发作，伴口腔溃疡。

**问题**：1．如何对患者进行护理评估？

2．主要护理问题有哪些？

3．作为护士，你应对患者进行什么健康指导？

系统性红斑狼疮（SLE）是一种多系统损害的慢性自身免疫性结缔组织疾病。患者血清中有抗核抗体等多种自身抗体。SLE 病情呈慢性过程，反复发作。女性发病多见，尤其是以 20～40 岁的育龄女患者多见。临床上以关节疼痛、皮肤损害、肾脏损害为主要表现，面部蝶形红斑是 SLE 的典型症状。

（考点：SLE 的好发人群）

## 一、概　　述

（一）病因及发病机制

系统性红斑狼疮的病因尚不明确，目前认为是在遗传、环境、雌激素等因素作用下，导致免疫功能紊乱或免疫调节障碍的自身免疫性疾病。

1．病因

（1）遗传因素：患者有家族史的发病率较高；易感基因阳性的人群发病率高于正常人。

（2）环境因素：日光、药物（异烟肼、普鲁卡因胺、苯妥英钠等）、化学试剂、微生物感染等可诱发疾病。

（3）雌激素：女性发病率高于男性，且以育龄女性为主；女性在妊娠时期可加重病情，或诱发本病。

2．发病机制 SLE 的发病机制不明确，可能是机体在遗传体质、感染、药物、日光等多种因素的作用下，引起机体发生免疫反应，在体内产生多种自身抗体，这些抗体与抗原结合形成免疫复合物沉积在组织，造成机体组织的损伤。

（二）转归

SLE 的急性期死亡原因主要是多脏器的损害和感染，但是由于现代科技水平的提高，患者得到早期诊断及合理综合治疗，系统性红斑狼疮患者的预后有了明显的改善，生存率及生存年限已明显提高，15 年生存率已达到 80%，10 年生存率达 90%。

## 二、护理评估

（一）健康史

询问患者发病情况，如有无家族史，是否有药物、感染等诱发因素，同时了解患者的月经婚育史，发病时有无皮肤受损等情况。

（二）身心状况

1．症状及体征

（1）全身症状：患者在活动期多数可出现发热，一般为低、中度发热，急性起病者多为高热，此外可伴有全身不适、乏力、体重减轻等。

（2）皮肤、黏膜损害：约 80%的患者有皮肤损害，日光照射后可加重，常见的有红斑、丘疹。其中蝶形红斑是最具特征的皮肤损害，分布于鼻梁和双侧颧颊部，色红、水肿。红斑消退后留有色素沉着。部分患者反复出现无痛性口腔溃疡，还可有脱发、口鼻黏膜糜烂等。

（考点：SLE 的主要身体状况）

（3）关节肌肉：关节疼痛是 SLE 的常见症状，有时患者以关节肿痛为首发症状而来诊。近端指间关节、腕、膝、踝等部位容易受累，可伴有晨僵，但不引起关节畸形，关节 X 线摄片无损害，注意与类风湿关节炎相鉴别。患者有时出现肌炎。

（4）肾脏：多数患者有肾脏受累，肾脏受累后可表现为肾炎或肾病综合征，出现不同程度的蛋白尿、血尿、水肿、高血压等，晚期常常发展至尿毒症期，成为系统性红斑狼疮患者最常见的死亡原因。

（5）心血管：常见心血管系统损害有心包炎、心肌炎和周围血管病变。其中心包炎最常见。心肌炎患者可出现气促、心前区不适、心律失常，严重的患者可发生心力衰竭，成为 SLE 的死亡原因之一。

（6）肺、胸膜：SLE 患者累及胸膜时可出现胸膜炎，可为干性胸膜炎或胸腔积液，多为双侧。还可引起狼疮性肺炎，患者常表现为发热、干咳、胸痛、气促，亦可引起肺慢性纤维化，影响肺功能。

（7）消化系统：累及消化系统的表现有食欲下降、腹痛、腹泻、恶心等胃肠炎症状，亦可有肝功能损害者，少部分患者会有胰腺炎、肠坏死等急腹症。

（8）血液系统：系统性红斑狼疮常见慢性贫血、白细胞及血小板减少。

（9）神经系统：20%的患者有神经系统损伤，中枢神经系统损害时出现各种精神障碍、运动障碍、脊髓病等，外周神经系统损害有吉兰-巴雷综合征、重症肌无力等。

（10）其他：眼部受累出现视盘水肿、视网膜渗出等，还可继发干燥综合征。

2．并发症　感染、动脉粥样硬化、雷诺现象等。

3．心理-社会状况　SLE多见于青春期女性，红斑对容貌的影响，使患者容易有自卑、抑郁心理。另外更重要的是病情反复发作，迁延不愈，患者认为是不治之症，丧失生活及治疗的信心。

（三）辅助检查

1．一般检查　不同的系统受累可查到血常规、尿常规、红细胞沉降率、肝肾功能等出现异常，有神经系统损害者检查脑脊液。

2．自身抗体

（1）抗核抗体（ANA）：阳性率高，几乎见于所有的SLE患者，但是该抗体的特异性低，不能作为与其他结缔组织病鉴别的依据。

（2）抗双链DNA抗体：阳性率为60%，特异性高达95%。对系统性红斑狼疮的诊断和判断病情活动意义大。

（3）抗Sm抗体：阳性率约为25%，但其特异性高达99%，是诊断SLE的标志抗体之一。

3．补体　目前常检测的是$CH_{50}$（总补体）、$C_3$、$C_4$。补体下降，特别是$C_3$下降提示SLE处于活动期。

4．病理学检查　受累器官活检查到狼疮小体具有特征性，有利于诊断；肾活检对诊疗、预后有重要价值；还可做皮肤狼疮带试验。

5．X线影像、超声心动图检查　有助于发现神经系统、肺部及心血管病变。

（四）治疗要点

SLE目前尚不能根治，治疗需个体化，得到早期诊断、早期合理治疗，患者便可实现长期缓解。

1．一般治疗　急性活动期患者应卧床休息，取舒适体位；慢性缓解期患者可适当工作，但要避免劳累。避免诱发因素，如避免使用避孕药、注意遮阳防护等。

2．对症治疗　有发热、关节疼痛时可选用非甾体抗炎药，如有高血压、骨质疏松等采取相应的治疗。

3．药物治疗

（1）糖皮质激素：是治疗SLE的首选药物，常用泼尼松，使用期间不能随意减量或停药，并且应密切注意观察血压、血糖等变化。

（2）免疫抑制剂：在治疗SLE过程中，大多数需要联合免疫抑制剂治疗，有利于更好地控制病情，常用的有环磷酰胺、甲氨蝶呤等。

（考点：SLE的药物治疗）

## 三、护理问题

1．疼痛　与免疫反应致关节损伤有关。

2．皮肤完整性受损　与自身免疫反应引起的皮肤损害有关。

3．悲哀　与慢性病程、治疗效果不佳、容貌改变等有关。

4．潜在并发症：感染、慢性肾衰竭。

5．知识缺乏：缺乏疾病预防保健知识。

## 四、护 理 措 施

（一）一般护理

1．休息　急性活动期患者应卧床休息并取舒适体位，避免压迫疼痛部位。缓解期患者可以适当活动或工作，但应避免劳累。协助患者完成进食、排便、翻身等活动。

2．饮食　给予高蛋白、高维生素、高热量饮食。水肿者应低盐、少量优质蛋白饮食，限制水摄入。忌食芹菜、香菜、无花果及辛辣刺激性食物。戒烟和咖啡。

3．皮肤护理　SLE 患者要减少光过敏发生，出门要做好遮阳防晒措施，如穿长衣裤、打伞等，避免阳光照射，更不能进行日光浴。注意保持皮肤清洁，避免使用肥皂、刺激性化妆品等。有皮损者，做好清洗护理。

（考点：系统性红斑狼疮患者皮肤损害的护理）

4．口腔护理　保持口腔清洁，有口腔黏膜破损时，每日晨起、睡前和进餐前后漱口，口腔溃疡者在漱口后用冰硼散或锡类散涂敷溃疡部，可促进愈合。有细菌感染者可用 1∶5000 呋喃西林液漱口，涂碘甘油。真菌感染可用 1%～4%碳酸氢钠液漱口。

（二）病情观察

注意观察患者受累关节疼痛的情况，有无皮肤、黏膜损害及其程度。观察生命体征、意识、瞳孔的变化。观察有无感染、其他脏器受累情况。

（三）配合治疗护理

遵医嘱使用药物治疗，但要注意药物的副作用。

1．非甾体抗炎药　常用药物有布洛芬、阿司匹林等，常见副作用是胃肠道反应，可饭后服用以减少胃肠道反应，对于活动性溃疡、过敏、肝功能严重损害者禁用。

2．糖皮质激素　是目前治疗 SLE 的主要药物，一般使用泼尼松治疗，嘱患者要严格按医嘱用药，不能随意减量或停药，防止反跳现象发生，同时应注意观察激素带来的不良反应，如感染、高血压、应激性溃疡、向心性肥胖、电解质紊乱等。同时注意补充钙剂。

3．免疫抑制药　常用环磷酰胺、硫唑嘌呤等。注意观察骨髓抑制、脱发、肝功能损害等副作用。

（四）心理护理

护士要给予患者安慰、疏导。向患者介绍治疗成功的病例及治疗新进展，以增强信心，促使患者配合治疗。同时鼓励患者亲人、朋友多加以关心，使患者获得情感上的支持。

## 五、健 康 指 导

1．疾病知识指导　向患者及家属介绍 SLE 的基本知识，为长期治疗做好准备，告诉患者早期诊断，合理治疗可以得到长期缓解，增强患者坚持治疗及生活的信心；避免阳光照射、紫外线接触等；避免过度劳累，防止皮损及感染；忌食芹菜、香菜、无花果及辛辣刺激性食物。戒烟和咖啡。

2．用药指导　向患者介绍所用药物的名称、剂量、给药时间及不良反应，嘱患者要严格遵医嘱用药，不能随意停药、减量或加量。定期到医院复诊。

3．生育指导　育龄女性应该在医生的指导下妊娠，平时注意避孕。

知识链接

**系统性红斑狼疮与妊娠**

SLE患者在无肾脏、神经中枢系统及其他脏器严重损害，缓解期达6个月以上，且使用泼尼松剂量＜10mg/d的情况下，一般可以安全妊娠分娩出正常婴儿。但是在妊娠早期和产后6周内容易诱发SLE活动，需注意观察。由于激素的原因，产后应避免哺乳。

## 自测题

$A_1$型题

1．下列哪项不是风湿性疾病的特有特点（　　）

A．关节畸形　B．多器官损害

C．发热　D．红细胞沉降率增快

E．多为慢性病程

2．几乎SLE的患者都可能发生的损害有（　　）

A．皮肤损害　B．关节损害

C．肺脏损害　D．肾脏损害

E．心血管损害

3．对系统性红斑狼疮患者的诊断特异性高的是（　　）

A．抗核抗体阳性　B．抗Sm抗体阳性

C．补体$C_4$下降　D．X线检查示关节畸形

E．红细胞沉降率增快

4．对系统性红斑狼疮患者皮肤损害护理时正确的是（　　）

A．紫外线消毒　B．日光浴

C．肥皂水洗脸　D．注意遮阳

E．使用化妆品保护

5．类风湿关节炎的好发部位是（　　）

A．髋关节　B．膝关节

C．手、足小关节　D．肩关节

E．肘关节

$A_2$型题

6．患者，女，23岁，已婚。因面部红斑，腕关节疼痛1年入院。入院后诊断为系统性红斑狼疮。查体：T 38.3℃，面部蝶形红斑，口腔溃疡。抗Sm抗体阳性。患者出院时护士进行健康指导错误的是（　　）

A．讲解服药方法和注意事项

B．做好防晒措施

C．保持稳定的情绪

D．任何时期都不能妊娠

E．避免劳累

$A_3$型题

患者，女，41岁。两手指关节和腕关节疼痛、晨僵2年。红细胞沉降率55mm/h，RF（＋）。

7．该患者可考虑（　　）

A．风湿性关节炎

B．系统性红斑狼疮

C．类风湿关节炎

D．骨关节炎

E．血管炎

8．针对该病的护理措施，不妥的是（　　）

A．服用消炎止痛药

B．训练日常生活技能

C．晨起时热敷

D．急性活动期定时定量服药，一旦疼痛消失即可停药

E．保持关节的功能位

（刘宾秀）

# 第9章 神经系统疾病患者的护理

## 第1节 概 述

神经系统疾病是发生在中枢神经系统和外周神经系统中的疾病，可由感染、肿瘤、外伤、中毒、先天发育异常、脑血管病变等因素引起。神经系统疾病起病急缓不一，可出现意识、认知、运动、感觉、反射等神经功能异常，也可出现其他器官的并发症状，病情复杂，病死率高，致残率高。因此，积极挽救患者生命，预防并发症，减轻痛苦，促进康复，成为护理神经系统疾病患者的主要目标。

### 一、神经系统的结构与功能

神经系统由中枢神经系统和周围神经系统两大部分组成，前者由脑及脊髓组成，主管分析综合体内外环境传递来的信息。后者由脑神经及脊神经组成，主管传递神经冲动（图 9-1）。

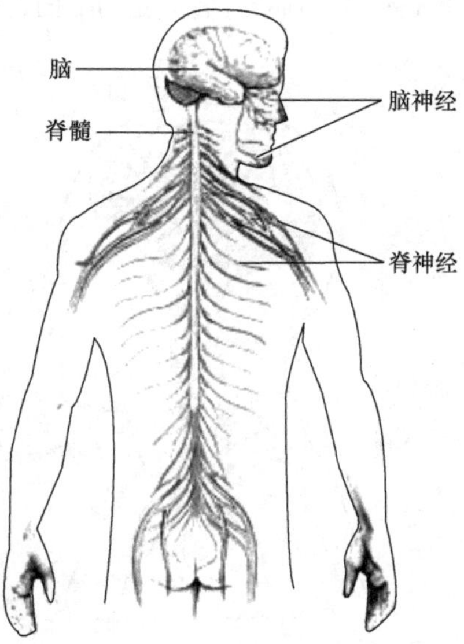

图 9-1 神经系统示意图

（一）中枢神经系统

中枢神经系统由脑和脊髓所组成。脑又分为大脑、间脑、脑干和小脑。

1．脑

（1）大脑：由大脑半球、基底核和侧脑室组成。大脑表面为大脑皮质所覆盖，皮质表面有脑沟和脑回，大脑半球分为额叶、颞叶、顶叶、枕叶、岛叶和边缘系统。额叶有精神活动、运动、运动性言语、书写和侧视中枢。顶叶有感觉、视觉性言语、运用和认识能力中枢。枕叶有视中枢。岛叶与内脏感觉和运动有关。边缘系统与情绪、行为和内脏活动有关。

大脑半球的功能双侧不对称，左侧大脑半球在语言、逻辑思维、分析能力和计算能力等方面起决定作用；右侧大脑半球主要在美术、音乐、空间和形状的识别、综合能力、短暂的视觉记忆等方面起决定作用。

（2）间脑：连接大脑与脑干。间脑可分为丘脑和下丘脑。下丘脑与垂体相接，对体重、体温、代谢、饮食、内分泌生殖、睡眠和觉醒的生理调节起重要作用，同时也与人的行为和情绪有关。

（3）脑干：由中脑、脑桥和延髓组成，中脑向上与间脑相接，延髓下端与脊髓相连，脑桥介于中间，由脑桥臂与背侧的小脑半球相连接。

脑干是生命中枢，延髓内侧为呼吸中枢，外侧为血管运动中枢，背外侧有呕吐中枢，脑桥有呃逆中枢，因此当脑干有严重损害，特别是延髓损害时多可导致呼吸、心搏骤停；脑干网状结构的激活系统和抑制系统控制睡眠与觉醒的交替节律，保持正常睡眠与觉醒。

（4）小脑：位于颅后窝，由小脑半球和小脑蚓部组成。其功能为调节肌张力、维持身体平衡，控制姿势步态和协调随意运动。小脑病变可引起共济失调、平衡障碍和构音障碍。

2．脊髓　是中枢神经的低级部分，是脑干向下的延伸，为四肢和躯干的初级反射中枢。脊髓位于椎管内。其上端于枕骨大孔水平与脑干相连接，下端以圆锥终止于第1腰椎下缘。脊髓两侧连有由神经纤维组成的神经根，前根由运动纤维组成，后根由感觉纤维组成，前根和后根在椎间孔处合并成脊神经。脊髓有传导和反射的功能，与脑的各级中枢之间存在广泛的联系，脊髓的正常活动总是在大脑的控制下进行的。

（考点：中枢神经系统的组成）

（二）周围神经系统

1．脑神经　共有12对，采用罗马数字命名。分别为嗅神经（Ⅰ）、视神经（Ⅱ）、动眼神经（Ⅲ）、滑车神经（Ⅳ）、三叉神经（Ⅴ）、展神经（Ⅵ）、面神经（Ⅶ）、位听神经（Ⅷ）、舌咽神经（Ⅸ）、迷走神经（Ⅹ）、副神经（Ⅺ）、舌下神经（Ⅻ）。脑神经有运动纤维和感觉纤维，主要支配头面部。

2．脊神经　共有31对，其中颈神经8对，胸神经12对，腰神经5对，骶神经5对，尾神经1对。脊神经都是混合神经，分感觉、运动纤维和躯体、内脏纤维。临床根据不同部位的感觉障碍水平，判断脊髓病变的平面，这对定位诊断具有重要意义。

（考点：周围神经系统的组成）

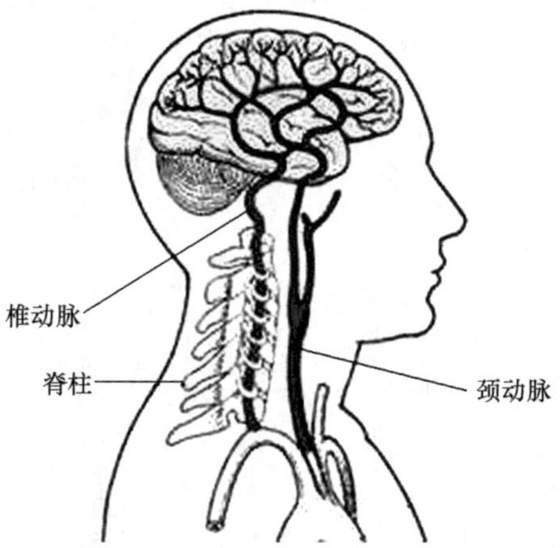

图 9-2　脑的动脉

（三）脑的血液供应

脑的代谢旺盛，血液供应丰富。正常成人脑重约1500g，占体重的2%～3%，脑组织耗氧量却占全身的20%～30%，且无能量储备。所以，脑组织对缺血、缺氧极其敏感。

脑部的血液供应来自颈内动脉和椎-基底动脉。颈内动脉主要供应眼部和大脑半球前3/5部分的血液。椎-基底动脉供应小脑、脑干和大脑半球后2/5部分的血液（图9-2）。

（四）蛛网膜下隙

脑和脊髓由三层结缔组织的被膜所包围，由外向内依次为硬脊膜、蛛网膜、软脊膜。蛛网膜与软脊膜之间的腔隙称为蛛网膜下隙，内含脑脊液。具有运输营养物质、带走代谢产物、调节颅腔内的压力以及缓解外力对脑冲击的作用。有脑神经根和脊神经根由隙内穿过，临床上可经腰椎穿刺，向此隙内注入麻药麻醉脊神经根，也可向此隙注入治疗药物或抽取脑脊液进行检测帮助诊断某些疾病。

## 二、实验室及其他辅助检查

（一）血液检查

血常规检查对神经系统多种疾病如颅内感染、脑血管疾病、脑寄生虫等疾病的病因诊断有一定价值；血脂、血糖检测有助于脑血管疾病的病因诊断；血清肌酶学检测如肌酸磷酸激酶、乳酸脱氢酶等对肌肉疾病的诊断有重要意义；血钾检查对周期性瘫痪有诊断价值。

（二）脑脊液检查

脑脊液压力测定可了解颅内压力情况（一般采用腰椎穿刺测量法，正常为 80～180mm$H_2O$）；脑脊液常规、生化、细胞学及免疫等检查对神经系统疾病，尤其是中枢神经系统感染性疾病的诊断和预后判断具有重要意义。

（三）神经电生理检查

1．脑电图检查（EEG）　包括普通脑电图、动态脑电图和视频脑电图，对癫痫、颅内占位病变、中枢神经系统感染性疾病的诊断有重要价值。

2．肌电图检查（EMG）　肌电图是记录神经肌肉的生物电活动，主要用于周围神经、神经肌肉接头和肌肉疾病的诊断。

（四）头颈部血管检查

1．经颅多普勒超声检查（TCD）　是利用颅骨薄弱部位为检查声窗，应用多普勒效应研究脑底动脉主干血流动力学变化的一种无创检测技术。主要应用于探测脑血管有无狭窄、闭塞、畸形、痉挛。

2．颈动脉彩色多普勒超声检查　可客观检测和评价颈部动脉的结构、功能状态或血流动力学的改变。对头颈部血管病变，特别是缺血性脑血管病的诊断具有重要意义。

（五）影像学检查

1．X 线检查　头颅平片可观察头颅大小、形状，颅骨厚度、密度及结构；脊椎平片可观察脊柱的生理曲度，椎体有无发育异常，有无骨质破坏、骨折、脱位、变形或骨质增生，椎间孔有无扩大，椎间隙有无变窄等。

2．数字减影血管造影（DSA）　数字减影血管造影技术是应用电子计算机程序将组织图像转变成数字信号输入并储存，然后将经动脉或静脉注入造影剂获得的第二次图像也输入计算机进行减影处理，得到清晰的血管影像。主要适应证是头颈部血管病变如动脉瘤和血管畸形等，优点是简便快捷，血管影像清晰，而且是其他检查方法所不能取代的。

3．计算机体层显像（CT）　诊断的原理是利用各种组织对 X 线的不同吸收系数，通过电子计算机处理，显示不同平面的脑实质、脑室和脑池形态图像，已广泛应用于各种神经疾病的诊断。

4．CT 血管造影（CTA）　静脉注射含碘造影剂后，利用螺旋 CT 或电子束 CT，在造影剂充盈受检血管高峰期连续薄层扫描，然后经计算机对图像进行处理后重建血管立体影像，可清晰显像，为脑血管病变提供重要的诊断依据。

5．磁共振显像（MRI）　能从多方位、多层面提供解剖学和生物化学信息。能清楚显示 CT 不易检出的脑干和颅后窝病变，常用于诊断脱髓鞘疾病、脑变性病、脑肿瘤、脑血管病、颅脑外伤和颅内感染等。

## 第 2 节　神经系统疾病常见症状和体征的护理

### 一、头　痛

（一）概述

1．概念　头痛是指额部、顶部、颞部和枕部的头颅疼痛。

2．头痛的病因及分类

（1）偏头痛：由颅内外血管舒缩功能障碍引起，常为一侧或双侧颞部搏动性头痛，反复发作，服止痛片或经休息、睡眠后头痛缓解，常有家族史。

（2）高颅压性头痛：颅内肿瘤、血肿、囊肿、脓肿等占位性病变使颅内压增高，表现为持续性整个头部的胀痛，阵发性加剧，并伴有喷射性呕吐及视力障碍。

（考点：颅内高压所致头痛的表现）

（3）颅外局部因素所致头痛

1）眼源性头痛：因青光眼、虹膜炎、视神经炎等眼部疾病以及屈光不正而引起头痛，常位于眼眶周围及前额，一旦眼部疾病治愈，头痛也将缓解。

2）耳源性头痛：因急性中耳炎、外耳道疖肿、乳突炎等引起，表现为单侧颞部持续性或搏动性头痛，常伴有乳突压痛。

3）鼻源性头痛：鼻窦炎症常引起前额部头痛，可伴有发热、鼻腔脓性分泌物等。

（4）神经性头痛：亦称精神性头痛或紧张性头痛，其部位不固定，表现为持续性闷痛，常伴有心悸、多梦、紧张、失眠等症状。

（二）护理评估

1．健康史　详细询问患者有无颅内感染、血管病变、占位病变、颅脑外伤等颅内疾病；有无五官、颈椎、颈肌病变等颅外疾病；有无高血压、发热、缺氧、尿毒症等全身性疾病。了解患者的性别、年龄、职业、服药史及家族史等。

2．身心状况

（1）头痛的部位、性质和程度：颅外病变所致的头痛多位于病灶的附近，较为局限与表浅；颅内占位病变表现为全头部的钝痛；偏头痛常描述为一侧颞部的搏动性疼痛；三叉神经痛常呈阵发性电击样短促的剧痛，沿三叉神经分布区域放射；高血压引起的头痛多在额部或全头部，呈搏动性。

（2）头痛的规律：注意头痛发病的急缓，起始与持续时间，发作频率，诱发、加重或缓解的因素，与季节、气候、体位、饮食、情绪、睡眠、疲劳以及脑脊液压力暂时性升高等的关系。如突然发生的剧烈头痛可能提示蛛网膜下腔出血；持续性、进行性加重的头痛可能为颅内占位性疾病所致的颅内高压症。

（3）伴随症状：剧烈头痛伴喷射性呕吐，常见于颅内压增高；伴高热，常见于颅内感染；伴脑膜刺激征，常见于脑膜炎与蛛网膜下腔出血等；伴眩晕常见于小脑肿瘤、椎-基底动脉供血不足；脑肿瘤、脑寄生虫囊肿头痛可伴癫痫发作。

（4）心理-社会状况：了解头痛对日常生活、工作和社交的影响，患者是否长期反复头痛而出现恐惧、抑郁或焦虑心理。

3．辅助检查　脑脊液检查、CT 或 MRI 检查、脑血管造影、脑电图等，有助于病因诊断。

（三）护理问题

1．疼痛：头痛　与颅内外血管舒缩功能障碍或脑部器质性病变等因素有关。

2．焦虑　与头痛不适、失眠及担心预后有关。

（四）护理措施

1．一般护理　保持环境安静、舒适、光线柔和。保证患者充分休息。颅内高压患者床头可抬高 15°～30°，呕吐时头偏向一侧，以防误吸引起窒息。

（考点：颅内高压患者的卧位）

2．病情观察　观察患者头痛的性质、部位、持续时间、频率、程度及伴随症状，了解患者头痛的原因。注意患者意识、瞳孔、呼吸、脉搏及血压变化，如出现头痛、喷射状呕吐、瞳孔不等大、呼吸不规则、意识障碍等，常为脑疝先兆，应立即报告医生并协助处理。

（考点：脑疝的先兆表现）

3．头痛的护理　指导患者通过精神放松、听轻音乐、指导式想象等方法，使全身各部分的肌肉放松，增强对疼痛的耐受性。还可用冷或热敷、理疗、按摩等方法减轻头痛。日常生活中注意避免头痛诱因，如情绪紧张、饥饿、失眠、噪声、强光等。

4．配合治疗的护理　嘱患者按医嘱服药，让患者了解药物的依赖性或成瘾性的特点及长期用药的副作用。

5．心理护理　理解患者的痛苦，积极帮助患者寻找并减少诱因，消除紧张情绪，教会患者保持身心放松的方法，鼓励患者树立信心，积极配合治疗。

（五）健康指导

1．疾病知识指导　向患者和家属解释头痛的病因、诱因、治疗和护理措施；教会患者缓解头痛的方法，如增加睡眠时间、提高睡眠质量可减轻偏头痛。

2．用药指导　嘱患者遵医嘱服药，注意观察药物副作用，做到合理用药，防止产生药物依赖性和成瘾性。

3．病情监测指导　告知器质性头痛患者积极治疗原发病，以减少发作次数或减轻发作程度。

## 二、感觉障碍

（一）概述

1．概念　感觉障碍指机体对各种形式刺激无感知、感知减退或异常的一组综合征。

**知识链接**

**感觉的分类**

感觉分为内脏感觉、特殊感觉和一般感觉。一般感觉由浅感觉（痛、温度及触觉）、深感觉（运动觉、位置觉和振动觉）和复合感觉（实体觉、图形觉及两点辨别觉等）组成。

2．病因

（1）神经系统的感染、血管病变、脑肿瘤、脑外伤等。

（2）全身代谢障碍性疾病、药物及毒物中毒。

（二）护理评估

1．健康史　详细询问感觉障碍出现的时间、发展的过程、加重或缓解的因素；感觉障碍的分布、性质、程度、频度，是发作性还是持续性；询问患者有无神经系统感染、血管病变；有无药物及毒物中毒、脑肿瘤、脑外伤等病史；有无情绪激动、睡眠不足、过度劳累等诱因。

2．身心状况

（1）感觉障碍的临床表现：感觉障碍分为抑制性症状和刺激性症状两大类。

1）抑制性症状：感觉传导通路被破坏或功能受抑制时，出现感觉缺失或感觉减退。在同一部位各种感觉均缺失，称为完全性感觉缺失。若在同一部位只有某种感觉障碍，而其他感觉保存者，称分离性感觉障碍。

2）刺激性症状：感觉传导通路受刺激或兴奋性增高时出现刺激性症状。①感觉过敏：轻微刺激引起强烈的感觉，如用针轻刺皮肤引起强烈的疼痛感受。②感觉过度：多发生在感觉障碍的基础上，感觉的刺激阈增高，反应剧烈、时间延长。③感觉异常：没有外界任何刺激而出现的感觉，常见的感觉异常有麻木感、痒感、发重感、针刺感、蚁行感、电击感、紧束感、冷热感、肿胀感等。④感觉倒错：热觉刺激引起冷觉感，非疼痛刺激而出现疼痛感觉。⑤疼痛：是临床上最常见的症状，包括局部疼痛、放射性疼痛、扩散性疼痛、烧灼性神经痛及牵涉性疼痛。

（考点：感觉障碍的类型）

（2）感觉障碍的定位：不同部位的损害产生不同类型的感觉障碍（图9-3）。

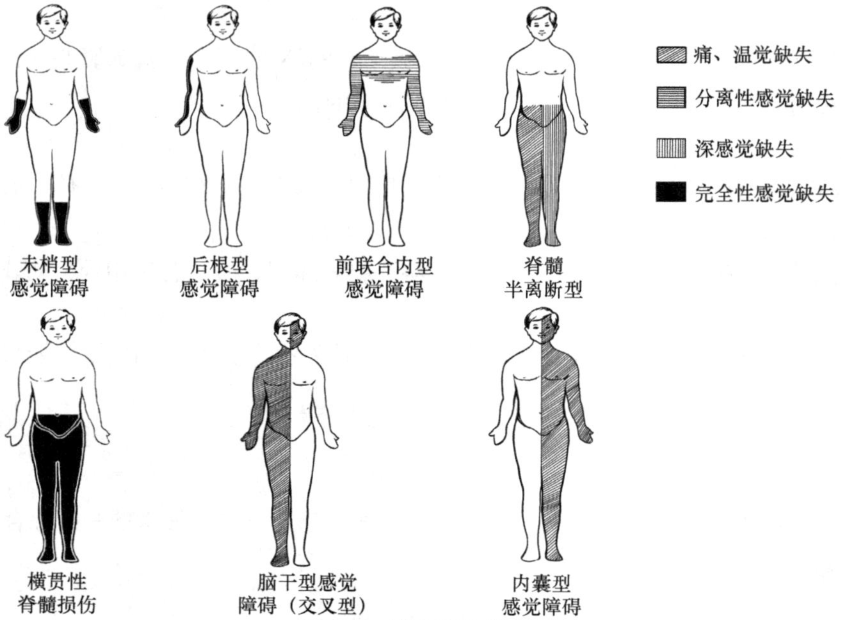


图9-3 感觉障碍分布

1）多发性末梢神经损害：表现为袜子或手套型痛觉、温度觉、触觉减退。

2）脊髓横贯性损害：引起受损平面以下全部感觉丧失，伴截瘫、排便障碍及自主神经功能障碍。

3）内囊损害：引起对侧偏身感觉障碍。

4）大脑皮质感觉区病变：出现大脑对侧单肢感觉障碍。

5）脑干病变：为交叉型感觉障碍，出现病变同侧的面部和对侧肢体的感觉缺失或减退。

（考点：感觉障碍的定位判断）

（3）心理-社会状况：患者常因感觉障碍而小心翼翼、担惊受怕、焦虑、恐惧甚至悲观失望。家属可因患者恢复缓慢而心情焦急或失去信心。

3．辅助检查　头部CT或MRI、诱发电位、脑脊液检查等可以帮助诊断。

## （三）护理问题

1．感知觉紊乱　与脑、脊髓病变及周围神经受损有关。

2．有受伤的危险　与机体对各种刺激无感觉或感觉减退有关。

3．焦虑　与感觉障碍及担心预后有关。

## （四）护理措施

1．一般护理

（1）休息：保持床单整洁、干燥、无渣屑，防止感觉障碍的身体部位受压或受到机械性刺激；

避免高温或过冷刺激，慎用热水袋或冰袋，防止烫伤、冻伤。肢体保暖需用热水袋时，应外包毛巾，水温不宜超过 50℃，且每 30 分钟查看并更换部位。

（2）饮食：合理搭配饮食结构，加强营养支持预防便秘。

（3）感觉障碍护理：对感觉过敏者尽量避免不必要的刺激；对感觉异常者避免搔抓，防止皮肤损伤；对有深感觉障碍者避免夜间独行，防止跌伤。

（考点：感觉障碍患者的护理措施）

2．病情观察　观察患者的精神状况、合作程度，以判断感知改变及其程度的真实性；检查并记录患者意识状态、体力情况、皮肤黏膜、肢体活动、共济运动、神经反射等，以评估患者的预后。

3．配合治疗的护理　感觉训练包括在运动训练中，可进行肢体的拍打、按摩、理疗、针灸、被动运动和各种冷、热、电的刺激。例如，被动活动关节时反复适度地挤压关节，牵拉肌肉、韧带。指导患者做知觉训练，用砂纸、毛线刺激触觉；用冷水、温水刺激温觉；用针尖刺激痛觉等。还可以通过患侧上肢的负重训练改善上肢的感觉和运动功能。每天用温水擦洗感觉障碍的身体部位，以促进血液循环。

4．心理护理　感觉障碍常使患者缺乏正确的判断而产生紧张、恐惧心理或烦躁情绪，严重影响患者的运动能力和兴趣。应关心、体贴患者，主动协助日常生活活动；多与患者沟通，取得其信任，使其正确面对，积极配合治疗和训练；教会患者放松的技巧，以减轻紧张情绪。

（五）健康指导

1．疾病知识指导　针对感觉障碍的程度、类型向患者及家属讲解病情，指导其学会对感觉障碍肢体的知觉训练方法和自我防护方法。

2．用药指导　积极配合医生药物治疗，督促患者按时服药。

3．病情监测指导　监测患者精神状况、接受感觉训练时合作的程度、知觉反应恢复的程度，嘱患者日常活动和训练时避免皮肤损伤及肢体撞伤。

## 三、运动障碍

（一）概述

1．概念　运动障碍是指运动系统的任何部位受损所导致的骨骼肌活动异常，临床上可分为瘫痪、不随意运动及共济失调等。

2．病因

（1）神经系统的各种感染、脱髓鞘疾病、颅脑病变。

（2）药物及中毒。

（二）护理评估

1．健康史　详细询问患者起病的缓急，运动障碍的性质、分布、程度及伴发症状；了解有无脑实质及脑脊髓膜的急慢性感染、脑外伤、脑血管病变、脑肿瘤、脑先天畸形或周围神经疾病等病史；注意有无损伤、发热、抽搐或疼痛；既往有无类似病史。

2．身心状况

（1）瘫痪：肌力下降或丧失而导致的运动障碍称为瘫痪。是运动障碍最常见的类型。

1）瘫痪的性质：按病变部位可分为上运动神经元性瘫痪及下运动神经元性瘫痪，两者的区别见表 9-1。

表 9-1　上、下运动神经元瘫痪的鉴别

| 项目 | 上运动神经元性瘫痪 | 下运动神经元性瘫痪 | 项目 | 上运动神经元性瘫痪 | 下运动神经元性瘫痪 |
|---|---|---|---|---|---|
| 病变部位 | 皮质运动区至支配脊髓前角的锥体束 | 脊髓前角、前根、神经丛及周围神经 | 肌张力 | 增高 | 减低 |
| 瘫痪分布 | 整个肢体为主（单瘫、偏瘫等） | 肌群为主 | 腱反射 | 增强 | 减低或消失 |
| 肌萎缩 | 无或轻度失用性萎缩 | 明显 | 病理反射 | 有 | 无 |
| 肌束颤动 | 无 | 有 | 肌电图 | 神经传导正常，无失神经电位 | 神经传导异常，有失神经电位 |

（考点：瘫痪的性质）

2）瘫痪的类型

A．单瘫：单个肢体不能运动或运动无力，病变部位在大脑半球、脊髓前角细胞、周围神经或肌肉等。

B．偏瘫：一侧面部和肢体瘫痪，多见于一侧大脑半球病变，如内囊损害等。

C．交叉性瘫痪：指病变侧脑神经麻痹和对侧肢体瘫痪。常见于脑干病变。

D．截瘫：双下肢瘫痪称截瘫，多见于脊髓胸腰段的横贯性损害。

E．四肢瘫痪：四肢不能运动或肌力减退。见于高颈段脊髓病变和周围神经病变。

（考点：瘫痪的定位判断）

3）瘫痪的程度：常用肌力测定来判断瘫痪的程度，肌力可分 6 级。

0 级　完全瘫痪，肌肉无收缩。

1 级　肌肉可轻微收缩，但不能产生动作。

2 级　肢体能在床面上移动，但不能抬起。

3 级　肢体能抵抗地心引力而抬离床面，但不能抵抗阻力。

4 级　肢体能作抗阻力动作，但未达到正常。

5 级　正常肌力。

（考点：肌力测定）

（2）不随意运动：指患者在意识清醒的情况下，出现不受主观控制的无规律、无目的的异常运动。临床上可分为震颤、舞蹈、手足徐动、扭转痉挛、投掷动作等。所有不随意运动的症状随睡眠而消失。

（3）共济失调：指由本体感觉、前庭迷路、小脑系统损害所引起的机体维持平衡和协调不良所产生的临床综合征。根据病变部位共济失调可分为大脑性共济失调、小脑性共济失调、脊髓性共济失调三种类型。

（4）心理-社会状况：患者因运动障碍行动不便，生活不能自理，伴有言语障碍、大小便失禁等，常产生焦虑情绪及悲观、抑郁心理反应，对他人有依赖心理。

3．辅助检查　CT、MRI 可了解中枢神经系统有无病灶，必要时可做肌电图检查、血液生化检查和神经肌肉活检。

（三）护理问题

1．躯体移动障碍　与大脑、小脑、脊髓病变及神经肌肉受损、肢体瘫痪或协调能力异常有关。

2．有失用综合征的危险　与肢体瘫痪、僵硬、长期卧床、体位不当或异常运动模式有关。

3．有皮肤完整性受损的危险　与肢体瘫痪不能活动有关。

（四）护理措施

1．一般护理

（1）休息：帮助卧床患者取舒适卧位，保持床单位整洁、干燥、无渣屑；协助定时翻身、拍背。按摩关节和骨隆突部位，帮助患者做适当的被动运动。每天全身温水擦拭 1～2 次，促进肢体血液循环；指导患者学会和配合使用便器，便器置入与取出要动作轻柔，注意勿拖拉和用力过猛，以免损伤皮肤；养成定时排便的习惯，便秘者可适当运动和按摩下腹部，促进肠蠕动，预防肠胀气，保持大便通畅。

（2）饮食：为患者提供高热量、高蛋白、高维生素的食物，鼓励患者进食。对有吞咽困难的患者，可为其提供半流质或流质饮食，保证饮食安全。注意口腔卫生，做好口腔护理，每日 2～3 次；对不能经口进食的患者，可遵医嘱给予肠道外营养或鼻饲。

（3）安全护理：呼叫器和经常使用的物品应置于床头患者伸手可及处；走廊、厕所要装扶手，以方便患者起坐、扶行；地面要保持平整干燥，防湿、防滑，去除门槛；运动场所要宽敞、明亮，没有障碍物阻挡；患者穿防滑软橡胶底鞋，衣着应宽松；上肢肌力下降的患者不要自行打开水或用热水瓶倒水，防止烫伤；行走不稳或步态不稳者，选用合适的辅助工具，应有人陪伴，防止跌倒，确保安全。

2．病情观察　观察并记录患者的生命体征、意识状态、瞳孔、吞咽情况、皮肤与营养状态、姿势与步态、肢体活动、肌营养、肌张力、肌力、共济运动、不自主运动、神经反射等，以评估其病情程度、进展或好转情况及预后。

3．配合治疗的护理

（1）早期康复训练：早期康复有助于抑制和减轻肢体痉挛姿势的出现与发展，能预防并发症、促进康复、减轻致残程度和提高生活质量。一般认为，只要生命体征平稳，病情不再发展，康复训练开展得越早，功能康复的可能性就越大，预后也就越好。早期康复护理的内容包括患侧刺激、保持良好的肢体位置、体位变换、床上运动训练等。

（2）恢复期运动训练：主要包括床上锻炼、坐位训练、站立训练、步行训练、平衡共济训练、使用轮椅训练等。注意训练手的精细动作，如手的屈伸、抓握、捻动、捏持、扣纽扣、用筷子、翻书报、系鞋带等提高生活技能。练习过程中注意保护患者，防止发生意外事故。

（3）其他康复治疗：指导患者尽早合理选用针灸、理疗、推拿按摩等辅助治疗方法，以防肌萎缩和关节畸形，促进运动功能尽早恢复。

4．心理护理　加强与患者的沟通，鼓励患者表达自己的感受，克服急躁、悲观情绪；向患者提供正面信息，对取得的进步多表扬，鼓励患者克服困难；避免任何不良刺激和伤害患者自尊的言行，营造和谐的亲情氛围和舒适的休养环境；正确对待康复训练过程中患者所出现的诸如注意力不集中、缺乏主动性、畏难、悲观情绪等现象，摆脱对照顾者的依赖心理，增强自我照顾能力与自信心。

（考点：瘫痪患者的护理）

（五）健康指导

1．疾病知识指导　向患者及家属讲解引起运动障碍的原因，积极治疗原发病、早期康复锻炼的重要性；帮助建立和谐的家庭气氛及安全的活动环境；指导康复训练技巧与注意事项，确保患者和家属完全掌握。

2．用药指导　遵医嘱正确服药，注意监测肝肾功能和药物不良反应。

3．疾病监测指导　监测患者皮肤、肢体活动、肌力状况，评估其日常活动能力是否逐步增强，如有无压疮、感染、肌萎缩、关节畸形、受伤等并发症，应及时就诊。

## 四、意识障碍

### （一）概述

1．概念　意识障碍是指人对外界环境刺激缺乏反应的一种精神状态。是大脑皮质、皮质下结构、脑干网状上行激活系统等部位的损害或功能抑制的结果。

2．病因

（1）颅内疾病：中枢神经系统炎症、脑血管病、颅内占位病变等。

（2）全身性疾病：严重感染、心血管病、内分泌与代谢疾病、中毒等。

### （二）护理评估

1．健康史　详细了解患者的发病方式及过程；既往有无颅内感染、急性脑血管病、颅内占位、颅脑外伤、癫痫等颅脑病变；有无全身严重感染、休克、内分泌与代谢、心血管疾病、中毒、物理损伤等颅外疾病。

2．身心状况　临床上通过患者的言语反应、对针刺的痛觉反应、瞳孔对光反射、吞咽反射、角膜反射等来判断意识障碍的程度。

（1）以觉醒度改变为主的意识障碍：包括嗜睡、昏睡、浅昏迷、中昏迷、深昏迷。

1）嗜睡：意识障碍的早期表现，患者表现为睡眠时间过度延长，能被唤醒，醒后能勉强配合检查及回答简单问题，停止刺激后又继续入睡。

2）昏睡：较嗜睡重的意识障碍，患者处于沉睡状态，需大声呼唤或较强烈的刺激才能使其觉醒，能作含糊、简单而不完全的答话，停止刺激后很快入睡。

3）浅昏迷：意识完全丧失，对周围事物及声、光刺激全无反应，对强烈的疼痛刺激可有回避动作及痛苦表情，但不能觉醒。吞咽反射、咳嗽反射、角膜反射及瞳孔对光反射存在，生命体征无明显改变。

4）中昏迷：对外界正常刺激均无反应，对强刺激的防御反射、角膜反射及瞳孔对光反射减弱，大小便潴留或失禁，生命体征发生变化。

5）深昏迷：对外界任何刺激均无反应，全身肌肉松弛，瞳孔散大，各种反射消失，大小便多失禁。生命体征明显变化，如呼吸不规则、血压下降等。

（2）以意识内容改变为主的意识障碍

1）意识模糊：情感反应淡漠，定向力障碍，活动减少，语言缺乏连贯性，对外界刺激可有反应，但低于正常水平。

2）谵妄：是一种以兴奋为主的意识障碍，患者对周围环境的认识及反应能力均有下降，可表现为紧张、恐惧和兴奋不安，甚至可有冲动和攻击行为。

（考点：意识障碍程度的判断）

3．辅助检查　脑脊液、头部 CT、MRI、血液生化检查有助于查明病因。脑电图检查提示脑功能受损。

（三）护理问题

有受伤的危险　与脑组织受损导致的意识障碍有关。

（四）护理措施

1．一般护理

（1）休息：患者取平卧位头偏向一侧或侧卧位，保持呼吸道通畅；卧气垫床或按摩床，保持床单整洁、干燥，每 2～3 小时翻身一次，按摩骨突受压处，预防肺部感染和压疮；做好大小便的护理，保持外阴部皮肤清洁，预防尿路感染；慎用热水袋，防止烫伤。

（2）饮食：给予高维生素、高热量饮食，补充足够的水分；鼻饲者应定时喂食，保证足够的营养供给；进食时到进食后 30 分钟抬高床头防止食物反流；注意口腔卫生，不能由口进食者应每天口腔护理 2～3 次，防止口腔感染。

2．病情观察　严密观察生命体征及意识、瞳孔变化、角膜反射、吞咽反射、对疼痛刺激的反应情况，判断意识障碍程度；观察有无恶心、呕吐及呕吐物的性状与量，准确记录出入水量；预防消化道出血和脑疝发生。谵妄躁动者加床栏，必要时作适当的约束，防止可能出现的损伤。

（考点：判断意识障碍程度需要观察的内容）

3．配合治疗的护理

（1）保持呼吸道通畅，氧气吸入，遵医嘱使用呼吸兴奋剂，必要时气管插管或气管切开行人工辅助通气。防止呼吸道感染。

（2）迅速建立静脉通道，维持有效血液循环。颅内压增高的患者给予降颅压药物如 20%甘露醇、呋塞米等，用药期间应注意监测肾功能和电解质。防止出现肾功能损害和水、电解质、酸碱平衡失调。

4．心理护理　关心体贴患者，多与患者家属沟通，解释病情进展情况，缓解家属焦虑、紧张的情绪。

（五）健康指导

1．疾病知识指导　向家属解释引起患者意识障碍的原因、治疗和护理措施；教会患者家属掌握必要的护理技能，如翻身、皮肤护理、大小便护理、安置关节功能位的方法。

2．用药指导　嘱患者遵医嘱服药，定期监测血常规、电解质及肝肾功能。

3．病情监测指导　定期监测意识状态变化、皮肤及全身营养状况、肢体活动状态等，以协助判断和发现病情变化，估计预后。如有压疮、感染等并发症，应及时就诊。

## 第 3 节　急性炎症性脱髓鞘性多发性神经病患者的护理

**案例 9-1**　患者，男，25 岁。2 周前因淋雨后出现发热、咳嗽，经用药后症状消失。2 天前出现四肢软弱无力，很快由下肢发展到上肢，造成完全性瘫痪。今感呼吸急促并出现呼吸困难而急诊入院。护理体检：T 36.2℃，P 90 次/分，R 35 次/分，BP 120/80mmHg，神志清楚，四肢肌张力减退，腱反射消失，未引出病理反射，两下肢有袜子型感觉障碍。

**问题：**1. 患者出现了什么问题？请对患者进行护理评估。

2. 为进一步明确诊断，该做哪项辅助检查？结果怎样？

3. 作为护士，你将给患者采取哪些护理措施？

急性炎症性脱髓鞘性多发性神经病又称吉兰-巴雷综合征，主要侵犯脊神经根、脊神经和脑神经。主要病理改变为周围神经广泛炎症性节段性脱髓鞘。临床表现以急性、对称性、弛缓性肢体瘫痪及脑脊液蛋白-细胞分离现象为特点。

（考点：急性炎症性脱髓鞘性多发性神经病的病理改变）

## 一、概　述

1．病因及发病机制　本病确切的病因不明，多数认为是由免疫介导的迟发性超敏反应，病前有感染和疫苗接种史。主要的感染因子有空肠弯曲杆菌、多种病毒及支原体等。

（考点：急性炎症性脱髓鞘性多发性神经病的病因）

2．转归　患者大多在 6 个月至 1 年基本痊愈。部分有不同程度的后遗症，少数复发，极少数死亡，主要死于急性呼吸衰竭。

## 二、护理评估

### （一）健康史

询问患者发病前数日或数周有无上呼吸道或消化道感染病史，如带状疱疹、流行性感冒、水痘、病毒性肝炎等；有无疫苗接种史；有无应用免疫抑制药或患有自身免疫病病史。

### （二）身心状况

1．运动障碍　多数患者病前 1～4 周有上呼吸道、消化道感染症状或疫苗接种史。首发症状为四肢对称性无力。从双下肢开始，逐渐加重并向上发展至四肢，一般下肢重于上肢，近端重于远端。严重病例可因累及肋间肌和膈肌而致呼吸麻痹，导致急性呼吸衰竭，是本病死亡的主要原因。

2．感觉障碍　比运动障碍轻，起病时多有肢体远端感觉异常，如麻木、刺痛、蚁走感和烧灼感，感觉缺失或减退呈手套袜子样分布。

3．脑神经损害　成人以双侧面神经麻痹最多见；儿童以舌咽、迷走神经麻痹多见，其他脑神经也可受累。

4．自主神经损害　以心脏损害最常见，有心动过速、血压不稳、心肌缺血等，严重病例可见心脏损害，引起突然死亡。还可见多汗、皮肤潮红、手足肿胀等症状。

5．心理-社会状况　患者因突然发病，肢体运动障碍进展迅速，出现紧张、焦虑的心理反应；当出现呼吸困难、吞咽障碍时可出现恐惧、绝望的心理状态。

### （三）辅助检查

1．脑脊液检查　典型的脑脊液改变为细胞数正常，而蛋白质明显增高（为神经根的广泛炎症反应），称蛋白-细胞分离现象，为本病的重要特点，通常在病后第 3 周最明显。

（考点：急性炎症性脱髓鞘性多发性神经病脑脊液检查特征）

2．电生理检查　神经传导速度减慢，也有诊断意义。

### （四）治疗要点

治疗原则：抑制免疫反应、减轻症状、预防并发症、加强功能训练、促进康复。

1．辅助呼吸　呼吸麻痹的抢救成功是增加本病治愈率、降低病死率的关键。因此，密切观察病情变化，如患者出现发绀、呼吸困难、痰液阻塞、烦躁等缺氧症状，及时行气管内插管或气管切开使用呼吸机。

2．病因治疗　给予血浆置换、免疫球蛋白、免疫抑制药、B 族维生素等减轻神经损害，改善预后。

3．康复治疗　采用针灸、理疗、肢体功能锻炼等方法促进瘫痪肌群的恢复。

## 三、护 理 问 题

1．低效性呼吸型态　与呼吸肌麻痹有关。

2．清理呼吸道无效　与呼吸肌麻痹、咽反射减弱、肺部感染致呼吸道分泌物增多有关。

3．吞咽困难　与延髓麻痹致舌咽神经损害有关。

4．躯体移动障碍　与脊神经受累有关。

5．焦虑、恐惧　与病情较重，进展迅速，语言交流困难有关。

6．潜在并发症：呼吸衰竭、心脏损害、肺部感染。

## 四、护 理 措 施

### （一）一般护理

1．休息　急性期卧床休息，保持瘫痪肢体功能位，防止手、足下垂，必要时用“T”形板固定。定时翻身、按摩，防止压疮。康复期指导患者进行肢体的被动和主动运动。

2．饮食　给予高蛋白、高维生素、高热量、易消化饮食，有吞咽困难者可予以鼻饲流质饮食。做好进食护理，发现误吸立刻急救。注意训练吞咽功能，促进功能恢复。

3．保持呼吸道通畅　鼓励患者咳嗽、深呼吸，帮助患者翻身、拍背或体位引流，必要时吸痰，及时排出呼吸道分泌物；持续给氧，保持输氧管道的通畅；床边备好吸引器、气管切开包及机械通气设备。

### （二）病情观察

观察患者的生命体征，呼吸困难的表现及程度，吞咽情况，运动障碍和感觉障碍的程度及分布范围等。当患者出现口唇发绀、呼吸费力、出汗、烦躁等缺氧症状时，立即报告医生，协助处理。

### （三）配合治疗的护理

指导患者遵医嘱服药，向患者解释药物的使用时间、方法及副作用。在使用糖皮质激素时，应防止应激性溃疡导致消化道出血。不轻易使用催眠、镇静药，以免抑制呼吸加重病情。

### （四）心理护理

了解患者的心理状况，主动关心患者、帮助患者尽快适应环境。告诉患者本病经积极治疗和康复锻炼，绝大多数可以恢复，增强患者信心。

（考点：急性炎症性脱髓鞘性多发性神经患者的护理措施）

## 五、健 康 指 导

1．疾病知识指导　指导患者及家属掌握本病相关知识及自我护理方法，坚持适当的运动，增强机体抵抗力。避免淋雨、受凉、疲劳和创伤，防止复发。

2．康复指导　指导患者及早进行肢体功能锻炼和日常生活活动训练，减少并发症，促进康复。肢体被动和主动运动均应保持关节的最大活动度。运动锻炼过程中应有家人陪同，防止跌倒、受伤。

## 第4节 面神经炎患者的护理

**案例 9-2** 患者，女，51岁。主因左眼睑闭合不全、口角歪斜1天入院。查体：T 36.5℃，P 88次/分，R 19次/分，BP 145/90mmHg，左侧鼻唇沟浅。左侧口角低，皱额左侧额纹浅，鼓气左侧漏气，露齿口角右偏，吹口哨左侧不能，伸舌居中。头颅CT平扫未见异常。

**问题**：1. 请对患者进行护理评估，列出护理问题。

2. 你将给患者采取哪些护理措施？

面神经炎又称为特发性面神经麻痹，或称贝尔麻痹，是一种最常见的面神经瘫痪疾病。主要表现为急性起病的一侧面部表情肌瘫痪。任何年龄、任何季节均可发病，男性比女性略多。

### 一、概　述

1. 病因及发病机制　面神经炎的病因与发病机制尚未完全阐明。受凉、病毒感染、中耳炎、茎乳孔周围水肿及面神经在面神经管出口处受压、缺血、水肿等均可引起发病。

2. 转归　患者的预后取决于面部表情肌瘫痪的程度及处理是否及时得当，大部分患者预后良好，常在起病1～2周后开始恢复，多数患者在数周内恢复。少数患者可复发，复发次数越多，完全恢复的可能性越小。

### 二、护理评估

（一）健康史

询问患者在发病前有无受凉感冒、中耳炎、头面部吹冷风等情况，过去有无类似发作病史。

（二）身心状况

1. 典型表现　急性发病，数小时或1～3天内症状达高峰。主要表现为一侧面部表情肌瘫痪，额纹消失，不能皱额蹙眉，眼裂不能闭合或闭合不完全。闭眼时眼球向外上方转动，露出巩膜，称贝尔现象。病侧鼻唇沟变浅，露齿时口角歪向健侧，不能吹口哨及鼓腮等。

2. 其他表现　面神经病变在中耳鼓室段者可出现说话时回响过度和病侧舌前2/3味觉缺失。影响膝状神经节者，除面神经麻痹表现外，还出现病侧乳突部疼痛，耳郭与外耳道感觉迟钝，外耳道或鼓膜出现疱疹，称为Hunt综合征。

（考点：面神经炎的临床表现）

3. 心里-社会状况　患者因口角歪斜，心理负担加重，出现自卑、焦虑心理反应。

（三）辅助检查

面神经传导检查对早期（起病后5～7天）完全麻痹者的预后判断有意义。

（四）治疗要点

治疗原则：改善局部血液循环，减轻面部神经水肿，促使功能恢复。

1. 药物治疗　急性期应尽早使用糖皮质激素，可用泼尼松口服或地塞米松静脉滴注，疗程1周左右。并用大剂量维生素 $B_1$、维生素 $B_{12}$ 肌内注射，促使神经髓鞘修复。抗病毒治疗可口服或静脉滴注阿昔洛韦。

2. 理疗　急性期在茎乳口附近热敷、超短波透热疗法或红外线照射，有利于改善局部血液循环，减轻神经水肿。

3．康复治疗　恢复期可采用针刺及碘离子透入疗法，患侧面肌活动开始恢复时及早进行面肌的主动或被动运动。

（考点：面神经炎的治疗）

## 三、护理问题

1．自我形象紊乱　与面神经受损而致面部歪斜有关。

2．疼痛　与面神经病变累及膝状神经节有关。

3．焦虑　与担心疾病预后有关。

4．知识缺乏：缺乏疾病预防和功能锻炼的知识。

## 四、护理措施

### （一）一般护理

1．休息　急性期注意休息，睡眠时勿靠近窗边，以免再受风寒。注意面部的持续保暖。不能用冷水洗脸，出门时可戴口罩、系围巾，避免直吹冷风。

2．饮食　进食宜清淡，避免粗糙、生冷、干硬、辛辣食物，面肌瘫痪严重者予以流质饮食；有味觉障碍的患者应注意食物的冷热度，以防烫伤口腔黏膜；协助患者饭后及时漱口，清除口腔滞留食物，保持口腔清洁，预防口腔感染。

### （二）病情观察

观察患者面瘫程度，有无听觉/味觉改变、外耳道感觉障碍及疱疹等表现，做好记录并及时与医生沟通，为治疗提供依据。

### （三）配合治疗的护理

1．遵医嘱服药，使用糖皮质激素的患者，应注意药物副作用，观察有无消化道出血、感染灶等，并及时测量血压。

2．患者由于长期眼裂不能闭合，可根据情况使用眼药水、眼膏、眼罩，以保护角膜，防止感染。

3．神经功能开始恢复时，指导患者尽早开始面肌的主动与被动运动。可对着镜子做皱眉、举额、闭眼、露齿、鼓腮和吹口哨等动作，每天数次，每次 5～15 分钟，并辅以面肌按摩，以加强面肌运动，促进早日康复。

### （四）心理护理

鼓励患者表达对面部形象改变后的心理感受，给予正确指导，告诉患者本病大多预后良好，并介绍治愈病例，指导患者克服焦躁情绪，正确对待疾病，积极配合治疗。

## 五、健康指导

1．疾病知识指导　向患者和家属介绍本病相关知识与自我护理方法，消除诱因和不利于康复的因素，积极配合治疗。

2．日常生活指导　向患者说明面部保暖的重要性、保护暴露角膜的方法，鼓励患者保持心情愉快，面瘫未完全恢复时注意用围巾或高领风衣适当遮挡、修饰。

3．康复指导　教会患者面肌功能训练方法，每天数次面部按摩和运动，以加快康复。

# 第5节 脑血管疾病患者的护理

## 一、概　述

（一）概念

脑血管疾病是指各种血管源性脑病变引起的脑功能障碍，称为脑卒中或脑血管意外，是神经系统的常见病和多发病。本组疾病病情复杂、并发症多、致残率高、死亡率高，是目前人类疾病死亡的三大病因之一。

（二）脑血管疾病分类

1．按起病急缓分为两类　①急性脑血管疾病，是指急性起病、迅速出现脑功能缺失征象，又称脑卒中。②慢性脑血管疾病，是指脑部慢性供血不足，致使脑代谢障碍和功能衰退。

2．按病变性质不同分为两类　①缺血性脑血管疾病，包括短暂性脑缺血发作、脑梗死。②出血性脑血管疾病，包括脑出血、蛛网膜下腔出血。其中最常见的是脑梗死，最严重的是脑出血。

（三）脑血管疾病的危险因素和病因

1．危险因素

（1）无法干预的危险因素，如年龄、性别、遗传等。

（2）可干预的危险因素，如高血压、糖尿病、心脏病、饮酒、高脂饮食等。

（考点：脑血管疾病的危险因素）

2．病因

（1）血管壁病变：是大多数脑血管病发生的基础，主要原因有动脉粥样硬化和高血压性细小动脉硬化，导致管壁增厚变硬，失去弹性和管腔变小甚至完全闭塞，或易于破裂；各种感染和非感染性动、静脉炎；全身及代谢疾病导致血管壁的病变等。

（2）心脏疾病：风湿性心瓣膜病、先天性心脏病、心律失常、心肌梗死等也可影响脑血液循环，导致脑卒中。

（3）血液病和血液流变学异常：如白血病、严重贫血、红细胞增多症、血黏度异常、凝血机制异常等。

（4）其他：血管异物如空气、肿瘤、脂肪等栓子；脑血管外伤、痉挛等。

（四）脑血管疾病的预防

循环医学证据表明，对脑血管疾病的危险因素进行早期干预，可以有效地降低脑血管疾病的发病率。预防分为一级预防和二级预防。脑血管疾病的一级预防是指发病期的预防，即通过早期改变不健康的生活方式，积极控制各种危险因素，达到使脑血管病不发生或推迟发生的目的，包括：防治高血压、糖尿病、心脏病，戒烟限酒，控制体重等。脑血管病的二级预防是指针对已发生过一次或多次脑卒中患者，寻找卒中事件病因，纠正所有可干预的危险因素，从而达到降低卒中复发的目的。

## 二、短暂性脑缺血发作患者的护理

**案例 9-3** 患者，男，74岁。反复发作性右侧肢体无力2天。2天前无明显诱因出现右侧肢体无力，右上肢抬举困难，右下肢不能支撑身体，头晕等症状，持续30分钟后缓解，入院前30分钟上述症状再发。查体：T 36.5℃，P 80次/分，R 16次/分，BP 180/100mmHg，神志清楚，左侧肢体肌力5级，右侧肢体肌力$5^-$级。心肺（-），肝脾（-）。

**问题：** 1. 该案例中患者患有何病？请对患者进行护理评估。

2. 该患者有哪些护理问题？主要的护理问题是什么？

3. 你将给患者采取什么护理措施？

短暂性脑缺血发作（TIA）是指由于脑血管病变引起的突发短暂性、局限性、可逆性的脑功能障碍。发作一般持续10～15分钟，多在1小时内缓解，最长不超过24小时，缓解后无神经系统功能缺损症状，但可以反复发作。好发于50～70岁，男性多于女性。

（考点：TIA的概念）

### （一）概述

1．病因及发病机制

（1）血流动力学改变：动脉粥样硬化、动脉炎等引起颈内动脉系统或椎-基底动脉系统的严重狭窄，当血压急剧波动时，导致一过性的脑组织缺血发生。

（2）微栓子形成：微栓子主要来源于动脉粥样硬化的不稳定性斑块或者附壁血栓的破碎脱落，其次是瓣膜性或非瓣膜性心源性栓子等。

（3）脑血管痉挛：严重高血压和微栓子对小动脉的刺激引起脑血管痉挛。

（4）其他因素：严重贫血、血小板增多和高凝状态等。

（考点：TIA常见病因）

2．转归 未经治疗的患者，大约1/3自行缓解，1/3反复发作，1/3发展为脑梗死。

### （二）护理评估

1．健康史 询问患者有无动脉粥样硬化病史；有无高血压、心脏病、糖尿病、严重贫血、高脂血症、颈椎病等；发病前有无血压明显升高或过低、急剧的头部转动、严重失水等血流动力学改变的情况。

2．身心状况

（1）症状：起病突然，迅速出现局灶性的神经系统功能缺损的症状和体征，历时短暂，24小时内可完全恢复，可反复发作，无后遗症。临床表现与受累的血管有关。①颈内动脉系统TIA：常见病变对侧肢体无力或轻瘫，病变侧单眼一过性黑矇、失明等，也可出现人格和情感障碍。②椎-基底动脉系统 TIA：常表现为眩晕、平衡障碍，少数也可表现为耳鸣。特征性症状为跌倒发作（即患者仰头或转头时下肢突然失去张力而跌倒，无意识障碍，随即自行站立）、双眼视力障碍和短暂性全面遗忘。

（2）体征：无阳性体征。

（3）心理-社会状况：患者常因发作时影响生活质量而焦虑。

3．辅助检查 血脂、血流变学检查，可发现血小板聚集性增加和血黏度增高，经颅多普勒超声（TCD）监测可发现颅内动脉狭窄。

4．治疗要点　去除病因及诱因，减少和预防复发，保护脑功能。

（1）病因治疗：有效控制高血压、糖尿病、高脂血症等。

（2）药物治疗

抗血小板聚集药：阿司匹林、双嘧达莫、氯吡格雷等。

抗凝药物：肝素静脉滴注，华法林等。

钙离子阻滞药：脑血管痉挛者，可选用尼莫地平、尼卡地平等。

（3）介入治疗：适用于颈内动脉有明显动脉粥样硬化斑、狭窄＞70%，严重影响脑组织供血并有反复 TIA 发作者。

（三）护理问题

1．有受伤的危险　与突发一过性黑矇、眩晕及平衡失调有关。

2．恐惧　与突然、多次发生躯体不适有关。

3．知识缺乏　与缺乏 TIA 防治知识有关。

知识链接

**介入治疗原理**

介入治疗是利用穿刺、导管、球囊导管扩张形成和金属内支架置入等技术，使狭窄、闭塞的血管或腔道扩张、再通，为血管、腔道狭窄、闭塞开创了一条新路径（图 9-4）。

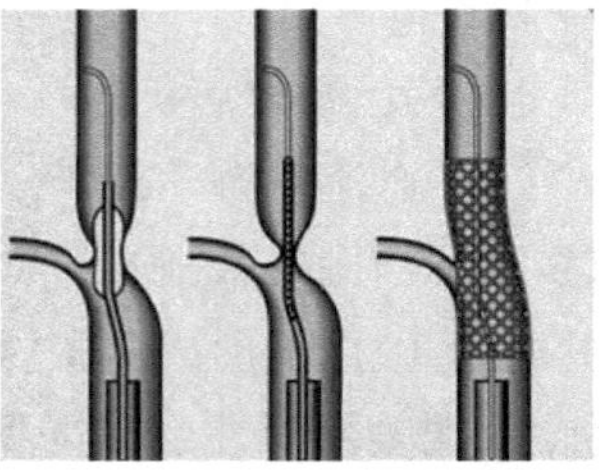

图 9-4　血管支架扩张狭窄血管原理

4．潜在并发症：脑血栓形成。

（四）护理措施

1．一般护理

（1）休息：发作时卧床休息，枕头不宜过高，以保证头部血供；头部转动时应缓慢，幅度不宜过大；频繁发作时应避免重体力劳动，必要时如厕、淋浴及外出活动时均应有家人陪伴。

（2）饮食：给予高维生素、低盐、低脂饮食，忌烟、酒。

2．病情观察　密切观察患者有无头晕、头痛、平衡障碍及一过性黑矇；有无肢体麻木或无力；频繁发作者应注意观察发作持续时间与间隔时间、伴随症状等。

3．配合治疗的护理　阿司匹林、氯吡格雷等应饭后服用，注意观察患者有无皮疹，定期检测血常规。应用肝素时，观察患者有无出血倾向，并定期检测出、凝血时间。

4．心理护理　向患者解释病情，嘱患者保持心态平和，避免紧张、焦虑或恐惧。

（五）健康指导

1．疾病知识指导　指导患者积极除去自身危险因素如吸烟、高血压、肥胖、糖尿病等。保持健康的生活方式，坚持体育锻炼，如散步、慢跑、打太极拳等，注意运动量和运动方式应适合个体情况，做到劳逸结合。

2．用药指导　定期监测血压，遵医嘱正确服用降压药，保持血压在稳定水平。血黏度高的患者应遵医嘱长期服用小剂量阿司匹林，预防再发。

3．病情监测指导　告知患者发作时的自我救助方法，如出现肢体无力、一过性黑矇、眩晕等，应及时就诊。

## 三、脑　梗　死

**案例 9-4**　患者，女，60 岁。高血压 20 年，夜间看电视时出现左侧肢体麻木感，次日晨起发现左侧肢体完全不能行走。查体：神志清，血压 160/110mmHg，左侧肢体瘫痪及偏身感觉障碍，伸舌偏向左侧。

**问题**：1．该患者患何病？

2．请对患者进行护理评估。

3．该患者主要的护理问题是什么？

脑梗死是指各种原因所致脑部血液循环供应障碍，导致局灶性脑组织缺血、缺氧性坏死或软化，又称为缺血性脑卒中。临床最常见的类型有脑血栓形成和脑栓塞。

### （一）概述

1．病因及发病机制

（1）脑血栓形成：脑动脉粥样硬化是最常见的病因，其次是脑动脉炎，以及其他疾病（如红细胞、血小板增多症等）。上述因素引起脑动脉管腔狭窄、内膜损害，使血液中的有形成分如红细胞、血小板等在血流速度缓慢、血压过低的时候易于黏附、聚集、沉着而形成血栓（图 9-5）。

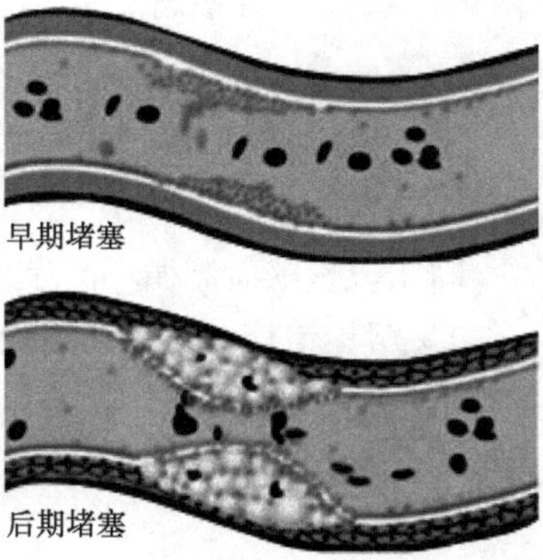

图 9-5　脑血栓形成

（2）脑栓塞：最常见的栓子来源于心源性（常见于风湿性心瓣膜病二尖瓣狭窄），其次为非心源性（长骨骨折或手术后的脂肪栓塞、癌栓塞、空气栓塞）等。栓子随血流进入颅内动脉，使血管急性闭塞，引起相应供血区脑组织缺血、缺氧、坏死及功能障碍。

2．转归　本病的预后跟堵塞的血管大小有关。急性期的病死率为 5%～15%，致残率达 50%，复发的次数越多，患者的致残率和死亡率越高。

### （二）护理评估

1．健康史　了解患者有无动脉粥样硬化、高血压、糖尿病及短暂性脑缺血发作等病史；有无风湿性心瓣膜病、心肌梗死及感染性心内膜炎等病史。发病前有无大出血、失水、心力衰竭及心律失常等诱因；是否长期摄入高钠、高脂饮食；有无烟酒嗜好等。有无脑卒中家族史。

2．身心状况

（1）症状

1）脑血栓形成：好发于 50～60 岁或以上，男性略多于女性。起病缓慢，部分患者有肢体麻木、无力等 TIA 前驱症状。常在安静休息或睡眠中发病，次日晨起发现一侧肢体瘫痪，语言障碍等神经系统局灶损害表现；一般无意识障碍，少数病情严重者可有不同程度的意识障碍。病情常在数小时甚至 1～2 天达高峰，严重者可引起昏迷、颅内高压甚至死亡。①颈内动脉系统的血栓形成，出现病灶对侧肢体瘫痪，对侧感觉障碍，同向偏盲，优势半球缺血可出现失语。②椎-基底动脉系统的血栓形成主要出现眩晕、平衡障碍等表现，常有交叉性瘫痪、感觉障碍、饮水反呛、吞咽困难等。

（考点：脑血栓形成的起病方式）

2）脑栓塞：任何年龄均可发病，以青壮年居多。起病急骤为其特征，是脑血管疾病起病最快的一种。多数无前驱症状，常于数秒钟或短时间内症状迅速发展到高峰，有相应的神经系统局灶损害表现，多数没有意识障碍，少数病情严重者可引起脑水肿、颅内高压，进而发生脑疝而死亡。部分患者还可伴有肾、下肢等血管栓塞的表现。

（2）体征：瘫痪肢体肌力减退，肌张力增高，病理反射征阳性，少数大面积梗死患者甚至可以出现意识障碍等。

（3）心理-社会状况：由于生活质量下降，家庭及社会支持系统失衡等，引起患者紧张、焦虑。

3．辅助检查

（1）血液检查：血黏稠度增加，血小板聚集性增高，血脂增高。

（2）影像学检查：常规 CT 检查，发病 24 小时后脑梗死区可出现低密度灶（图 9-6）。

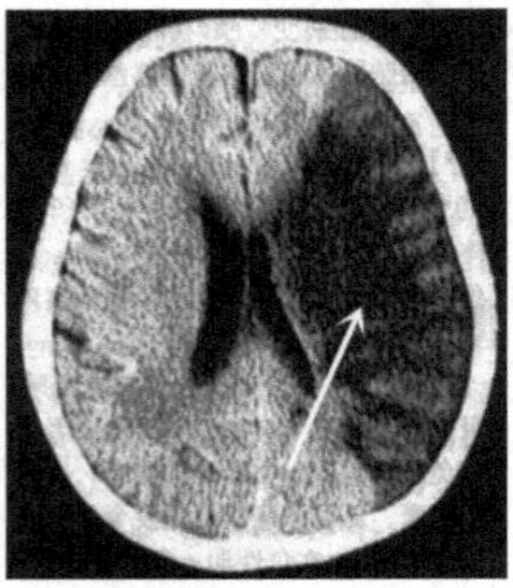
图 9-6 脑缺血 CT 表现

（3）脑脊液检查：多数正常，少数大面积脑梗死时压力升高。

4．治疗要点　急性期治疗原则：超早期治疗，个体化治疗，对症支持治疗，防治并发症的整体化治疗。

（1）改善脑血流循环治疗

1）溶栓治疗：超早期溶栓治疗，可恢复脑组织供血，防止缺血脑组织发生不可逆的损害。治疗时间窗一般不超过 6 小时。但患者须经严格筛选，以降低出血风险。常用尿激酶、组织型纤溶酶原激活剂等静脉滴注。

（考点：溶栓治疗的最佳治疗时间）

知识链接

**警惕肺动脉栓塞**

溶栓治疗过程中如果患者出现胸痛、呼吸困难、血压下降的反应，提示肺动脉栓塞，可能与治疗过程中脱落的小血块堵塞肺动脉有关。应该立即平躺，避免做深呼吸、咳嗽、剧烈翻身的动作，告知医生马上抢救。

2）抗血小板聚集治疗：早期采用阿司匹林口服，可降低病死率和复发率。

3）抗凝治疗：目的是防止血栓扩展和新血栓形成。使用肝素、华法林，但出血性脑梗死和高血压患者禁用。

4）改善微循环：选用低分子右旋糖酐。

（2）对症治疗

1）氧疗：脑梗死常规吸氧支持，3～5L/min，必要时应用高压氧治疗。

2）调节血压：急性期血压升高一般不需要降血压药物，以免减少脑血流灌注而加重梗死。当血压＞220/120mmHg 或平均动脉压＞130mmHg 时，可慎重调节血压，常用硝苯地平。

3）降颅压治疗：脑水肿常见于大面积脑梗死，治疗目的是降低颅内压，维持足够脑灌注和预防脑疝。可用 20%甘露醇静脉滴注，也可静脉给予地塞米松或呋塞米。

4）其他：对症治疗，中枢性发热者可行物理降温，合并感染者可应用抗生素治疗，为预防消化道出血时，可用 $H_2$受体拮抗药。

5）康复治疗：遵循个体化的原则，制订康复治疗计划。患者病情稳定后，应尽早进行康复治疗。对肢体瘫痪者应尽早进行瘫痪肢体的功能锻炼；对失语者应积极进行语言训练。

（3）血管介入治疗：血管成形术、血管内支架置入术等。

（4）脑保护治疗

1）脑保护药的应用：如依达拉奉、吡拉西坦、胞磷胆碱等。

2）钙通道阻滞剂：尼莫地平等扩张脑血管。

（三）护理问题

1. 躯体移动障碍　与脑梗死导致肢体瘫痪有关。

2. 自理生活能力缺陷　与肢体瘫痪、感觉障碍等有关。

3. 语言障碍　与病变累及语言中枢有关。

4. 紧张/焦虑　与瘫痪、担心预后有关。

5. 有皮肤完整性受损的危险　与瘫痪、长期卧床有关。

6. 知识缺乏：缺乏脑血管疾病防治知识。

（四）护理措施

1. 一般护理

（1）休息：急性期患者应平卧休息，瘫痪者每 2 小时翻身 1 次，防止压疮形成。瘫痪肢体保持功能位置并进行按摩，发病 24 小时后可行全关节早期被动运动。

（2）饮食：给予低盐、低脂、低热量、高维生素的清淡饮食，以流质或半流质为宜。有吞咽困难者可插胃管鼻饲。

2. 病情观察　密切监测患者生命体征、瞳孔变化、意识状态；有无头痛、呕吐等颅内高压的表现；观察肢体肌力及瘫痪状况。

3. 配合治疗护理

（1）使用溶栓、抗凝药物时，严格按医嘱执行，控制好药物剂量、给药途径及给药速度；密切监测出、凝血时间及凝血酶原时间；观察患者意识、血压、皮肤及消化道有无出血征象。如果出现剧烈头痛、呕吐等，应立即停止溶栓和抗凝治疗并予以相应处理。

（2）使用低分子右旋糖酐前要做皮试，防止过敏。

（3）甘露醇长期大剂量使用时要注意查电解质和肾功能情况。

（4）要注意钙通道阻滞剂引起的头痛、颜面潮红、血压下降等不良反应。

（5）中枢性发热可行物理降温，但头部禁用冰袋或冰帽，以免引起脑部血管收缩而加重脑部缺血。

4. 心理护理　向患者解释病情，观察患者情绪变化，及时发现患者的心理问题。通过有针对性的解释、安慰、鼓励、保证等心理护理技巧，消除患者负性心理，树立战胜疾病的信心。

（五）健康指导

1. 疾病知识指导　向患者介绍本病的基本知识和就诊时机。教会患者康复训练的基本方法。合理安排饮食结构，改变不良饮食习惯，戒烟、限酒。预防并发症和脑卒中的复发。

2. 用药指导　遵医嘱服用降压、降血糖、降脂药物。

3. 病情监测指导　定期监测血压、血脂、血黏稠度、血糖。出现头痛、眩晕、呕吐、肢体麻木无力时，应及时就诊。

## 四、脑出血

**案例 9-5** 患者，男，62岁。因与人发生争执，半小时后出现头昏、头痛，随即昏倒在地，呕吐2次。护理体检：T 37.2℃，P 53次/分，R 17次/分，BP 200/120mmHg，神志不清，双目向左凝视，双侧瞳孔不等大，右侧肢体肌张力降低，腱反射消失。心脏无杂音，肝脾未触及。CT：左侧基底核有高密度阴影。

**问题**：1. 患者可能患了什么疾病？

2. 主要护理诊断有哪些？

3. 作为护士，你应对患者采取什么护理措施？

脑出血指原发于脑实质的血管破裂出血。占全部脑卒中的20%～30%。急性期的病死率为30%～40%，死亡原因常为脑水肿、颅内压增高和脑疝形成。

（一）概述

1. 病因及发病机制

（1）病因：高血压合并脑动脉粥样硬化是脑出血最常见的病因，其他有颅内动脉瘤、脑动静脉畸形破裂、脑动脉炎、血液病等。

（考点：脑出血最常见的病因）

（2）发病机制：在情绪激动、剧烈的体力劳动等因素的作用下，导致血压升高引发脑出血。最易出血部位是基底核区的内囊，因供应此区的大脑中动脉的分支豆纹动脉，受高压血流冲击易导致破裂出血（图9-7）。

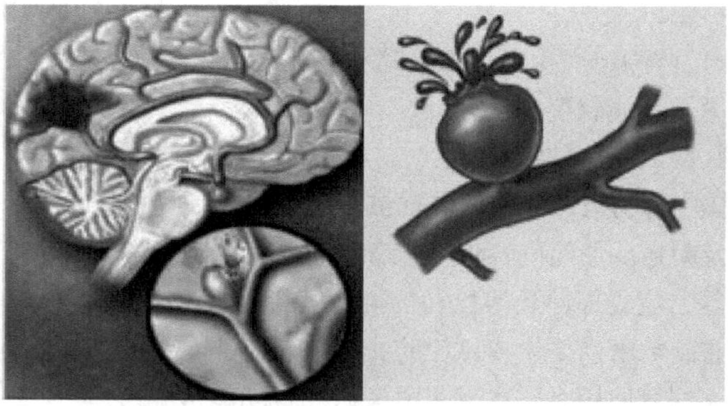

图9-7 脑出血产生机制

2. 转归 急性期病死率为30%～40%，是急性脑血管病中最高的，死亡原因常为脑水肿、颅内压增高和脑疝形成。

（二）护理评估

1. 健康史 询问患者既往有无高血压、动脉粥样硬化、颅内血管畸形、先天性动脉瘤及血液病等病史。有无本病家族史。发病前有无情绪激动、剧烈活动、精神紧张、酗酒、用力排便等诱发因素。了解患者的性格特点、生活习惯和饮食结构。

2. 身心状况

（1）症状

1）发病情况：脑出血好发年龄为50～70岁，男性略多于女性，冬春两季发病率较高；常在情绪激动、体力活动和气候变化时突然发病，发病后数分钟至数小时内病情达到高峰。

少数脑出血患者可在安静、睡眠时发病，因出血量小、症状相对轻，故应注意与脑梗死相鉴别。

（考点：脑出血的发病形式）

2）临床特点：急性期常突发剧烈头痛、头晕、频繁呕吐，随后出现意识障碍，颜面潮红，呼吸深而伴有鼾声，严重者呈潮式呼吸或呼吸不规则。血压明显升高、脉搏缓慢、大汗淋漓、大小便失禁等。

3）神经系统损害的局灶表现：根据出血部位和出血量不同而引起相应的局限性神经定位表现。

基底核区出血：是最常见的脑出血，病变常累及内囊而出现典型的“三偏征综合征”，即出血灶对侧偏瘫、偏身感觉障碍和对侧同向偏盲。优势半球出血可出现失语等。

脑桥出血：小量出血可无意识障碍，表现为交叉性瘫痪，出血灶对侧肢体瘫痪、双眼转向出血灶对侧，呈“凝视瘫肢”状。大量出血（出血量＞5ml）时，迅速陷入昏迷、两侧瞳孔呈针尖样固定于正中、呕吐咖啡样胃内容物、中枢性高热、四肢瘫痪和中枢性呼吸衰竭等，多数在24～48小时内死亡。

小脑出血：发病率低，突然起病，常有枕部头痛、呕吐、眩晕和共济失调，无肢体瘫痪。出血量较多者，可在12～24小时出现昏迷及脑干受压征象，并迅速死亡。

（2）体征：神经系统损害的定位体征。

（3）并发症　脑疝：是脑出血最常见的死亡原因。表现为剧烈头痛、反复呕吐、血压增高、脉搏和呼吸缓慢等颅内高压征象，进行性意识障碍、双侧瞳孔不等大，呼吸或循环衰竭。

（考点：脑出血最常见的死亡原因）

上消化道出血：出现应激性溃疡出血。

感染：常有肺部感染，尿潴留者行保留导尿后易发生尿路感染。

压疮：因瘫痪而长期卧床，使局部受压而发生。

（4）心理-社会状况：患者常因为运动、感觉和语言等障碍而导致患者出现沮丧、悲观绝望心理；患者自理能力和生活质量下降而引起情绪急躁、苦闷心理。

3．辅助检查

（1）影像学检查：CT、MRI可确定出血的部位与范围。CT早期呈现高密度阴影（图9-8）。

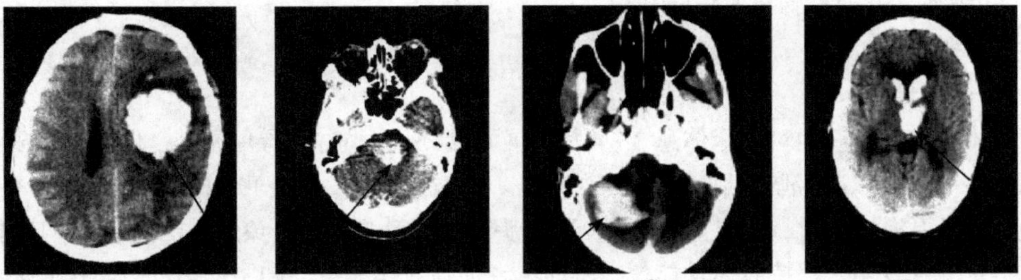

A　B　C　D

图 9-8　脑出血的头颅CT表现

A. 左基底核区脑出血；B. 脑桥出血；C. 小脑出血；D. 脑室出血

（2）脑脊液检查：在无CT检查条件和无明显颅内高压时进行。脑脊液压力常增高，多数呈均匀血性。

4．治疗要点　急性期治疗原则：防止再出血、减轻脑水肿，维持生命功能和防治并发症。

（1）一般治疗：急性期卧床休息，保持环境安静，维持生命体征。患者一般应就近抢救，不宜反复翻动和长途运送，以免加重出血或再出血。

（2）控制脑水肿、低降颅内压：常用20%甘露醇快速静脉滴注（30分钟内），可联合呋塞米静脉注射，两者交替使用。

（考点：急性脑出血治疗最重要的措施）

（3）调整血压：进行降颅压治疗后，如果血压仍≥200/110mmHg，应进行降压治疗，选择温和的降压药物，常用硝苯地平。

（4）止血治疗：对高血压动脉粥样硬化性出血者，一般不用止血药。对有凝血功能障碍的患者可针对性地选择止血药。

（5）对症治疗：感染者抗感染治疗，出现应激性溃疡者用 $H_2$ 受体拮抗药，抽搐发作者用地西泮，中枢性高热者可行物理降温。

（6）手术治疗：出血量较大或有发生脑疝危险者，可行手术治疗。

知识链接

**高血压性脑出血的手术最佳时机**

高血压性脑出血的手术时机分为超早期手术（出血6小时内）、早期手术（出血后1～2天）及延期手术（出血3天后）。近年来，主张早期或超早期（出血后6小时内）手术的学者日益增多。这样减轻血肿对脑组织的压迫，打破恶性病理生理循环变化，有利于提高治疗效果和患者的术后生存质量，从而改善预后。

（三）护理问题

1. 急性意识障碍　与脑出血、脑水肿有关。
2. 疼痛：头痛　与出血致颅内压增高有关。
3. 躯体移动障碍　与肢体瘫痪有关。
4. 感觉障碍　与脑出血损害感觉传导通路有关。
5. 语言沟通障碍　与脑出血累及语言中枢有关。
6. 有皮肤完整性受损的危险　与意识障碍、肢体瘫痪和长期卧床引起皮肤受压有关。
7. 潜在并发症：脑疝、上消化道出血、感染。
8. 知识缺乏：缺乏脑出血预防知识。

（四）护理措施

1. 一般护理

（1）休息：急性期绝对卧床休息3～4周，尤其24～48小时内避免搬动。保持环境安静，头部抬高15°～30°，以减轻脑水肿。患者取平卧位，头偏向一侧，防止颅内高压频繁呕吐者引起窒息。协助患者更换体位时，动作宜慢，尽量减少头部的摆动幅度，以免加重出血。保持床铺干燥、清洁，防止压疮发生。保持肢体功能位，协助患者加强肢体的被动和主动运动，防止肢体痉挛畸形和关节僵硬。

（考点：脑出血急性期患者的体位）

（2）饮食：发病24小时内应暂禁食，病情稳定无消化道出血者，可给予高维生素、高蛋白、低脂饮食。进食困难者应鼻饲流质饮食以保证营养。

（3）大小便的护理：保持大便通畅，防止用力大便而引起颅内压增高引发脑出血；对尿失禁或尿潴留患者放置导尿管，并做好相应护理，注意尿路感染。

2．病情观察　密切观察患者生命体征、意识状态、瞳孔大小变化，及时判断患者有无病情加重及并发症出现。如患者呕吐咖啡色胃内容物或黑便应考虑上消化道出血；如患者意识障碍进行性加重，并出现剧烈呕吐、脉搏减慢、血压升高、两侧瞳孔不等大时，常为脑疝前驱表现。

3．配合治疗护理

（1）选甘露醇脱水时，应选择粗大静脉注射，防止药物外渗，并观察头痛及意识障碍是否减轻，同时观察尿量、肾功能、电解质情况。有心、肾功能不全者应慎用。使用降压药物时，应动态监测血压情况，根据血压随时调整给药方案。

（2）保持患者呼吸道通畅，及时清除口腔和呼吸道分泌物。烦躁者，可加保护性床栏或约束带，防止坠床，必要时遵医嘱使用镇静药。有中枢性高热者可行物理降温，头部放置冰袋或冰帽。抽搐频繁时，遵医嘱静脉缓慢注射地西泮，并注意观察呼吸情况。

4．心理护理　及时发现患者的心理问题，有针对性地进行心理护理。指导意识清醒的患者进行自我心理调节，鼓励其进行力所能及的活动，同时希望家属充分理解患者，并予细心照料，给予精神与经济支持，帮助患者树立战胜疾病的信心。

（五）健康指导

1．疾病知识指导　向患者及家属讲解脑出血的基本知识，明确治疗原发病对防止再出血的重要性。保持情绪稳定，尽量避免情绪波动和血压升高等诱发因素。饮食应以低脂、低盐、高维生素为宜，戒烟酒。生活应有规律，保持充足睡眠。加强瘫痪肢体的功能锻炼，促进肢体功能恢复。

2．用药指导　遵医嘱正确服药，定期门诊随访。

3．疾病监测　积极控制高血压，如果血压异常波动或出现头痛、呕吐、肢体无力时，应立即就医。

## 五、蛛网膜下腔出血

**案例 9-6**　患者，男，30 岁。正在挑水时突然头痛、呕吐，一度神志不清，四肢抽搐，醒后感颈枕部痛。护理体检：T 36.2℃，P 90 次/分，R 17 次/分，BP 110/80mmHg，神志清楚，颈部有抵抗感，肢体无瘫痪，心脏无杂音，肝脾未触。脑脊液检查：均匀血性，压力增高。

**问题：** 1. 患者出现了什么问题？请对患者进行护理评估。

2. 主要护理诊断有哪些？

3. 作为护士，你将给患者采取哪些护理措施？

蛛网膜下腔出血（SAH）通常是指脑底部动脉瘤或脑动静脉畸形破裂，血液直接流入蛛网膜下腔所致。SAH 约占急性脑卒中的 10%，占出血性脑卒中的 20%。

（一）概述

1. 病因及发病机制　颅内先天性动脉瘤是最常见的病因（约占 70%）；其次是脑动静脉畸形、高血压及动脉粥样硬化等。

（考点：蛛网膜下腔出血最常见的病因）

2．转归　蛛网膜下腔出血急性期死亡率为30%，再次出血多发生在起病后的第2周，死亡率达30%～60%。

（二）护理评估

1．健康史　询问患者有无先天性动脉瘤、颅内血管畸形、高血压和动脉粥样硬化等病史；有无血液病、糖尿病、抗凝治疗史。发病前有无情绪激动、突然用力、酗酒等诱发因素。患者过去有无类似发作及诊治情况。

2．身心状况

（1）症状：起病急骤，多在剧烈活动、用力排便或情绪激动等诱因作用下发病。突发剧烈头痛，喷射性呕吐；头痛可持续数日不变，2周后逐渐减轻。如果头痛再加重，常提示再次出血。部分患者有不同程度的意识障碍或抽搐。少数患者可出现烦躁、谵妄、幻觉等精神症状。蛛网膜下腔大量出血可引起严重颅内高压甚至脑疝而死亡。

（2）体征：脑膜刺激征是最具特征性的体征，一般无神经系统损害局灶表现，少数患者可出现动眼神经麻痹、偏盲、偏瘫、失语等。

（考点：蛛网膜下腔出血最特征性的体征）

（3）并发症

再出血：是蛛网膜下腔出血的重要并发症，常在起病后的7～14天发生，特别是在用力排便、情绪激动、活动时引发，其病死率约为50%。

脑血管痉挛：是蛛网膜下腔出血死亡和致残的重要原因。起病后10～14天为迟发性血管痉挛高峰期，可导致一过性失语、偏瘫、意识障碍等。

脑积水：本病发生率为20%。脑积水导致颅内高压。

（4）心理-社会状况：活动被医源性限制时，影响自理能力和生活质量，而出现焦虑；头痛剧烈导致患者情绪急躁；医疗检查使其恐惧或紧张。

3．辅助检查

（1）脑脊液检查：对本病最具诊断价值。肉眼呈均匀一致的血性脑脊液，压力增高＞200mm$H_2O$。

（考点：蛛网膜下腔出血脑脊液检查特征）

（2）颅脑CT、MRI：CT可见血管破裂处附近凝血块呈高密度征象。

（3）脑血管造影：可确定出血位置和性质，是诊断颅内动脉瘤最有价值的方法。

4．治疗要点

（1）治疗病因和诱因。

（2）一般治疗：绝对安静卧床休息4～6周；避免一切可能引起血压和颅内压增高的因素，如用力咳嗽和大便等；对头痛和躁动不安者应予足量有效的镇痛、镇静药，慎用影响呼吸功能的药物，如吗啡、哌替啶等。

（考点：蛛网膜下腔出血急性期绝对卧床时间）

（3）降低颅内压，应用脱水药，参见脑出血的治疗。

（4）预防再出血：主张大剂量使用止血剂，以避免早期再出血，常用药物为6-氨基己酸、氨甲苯酸等。

（5）防止脑血管痉挛：常选用钙通道阻滞剂尼莫地平。

（6）手术治疗：对于颅内动脉瘤或脑动静脉血管畸形者，可行手术切除或脑血管介入治疗。

知识链接

**血管内弹簧圈技术栓塞动脉瘤**

目前对于脑血管瘤临床常采用血管内弹簧圈技术栓塞动脉瘤。优点：①术后并发症发生率低。②患者住院时间短，术后恢复快。③适用于位置相对较深、处于重要功能区或者开颅手术不易达到的动脉瘤。

（三）护理问题

1．疼痛　与颅内压增高、血管痉挛有关。

2．生活自理能力缺陷　与医源性限制有关。

3．恐惧　与担心再出血、害怕手术有关。

4．潜在并发症：再出血、脑血管痉挛、脑积水。

5．知识缺乏：缺乏蛛网膜下腔出血预防知识。

（四）护理措施

1．一般护理　同脑出血。避免用力排便、剧烈咳嗽等，以防再出血发生。

2．病情观察　密切观察患者生命体征、意识状态、瞳孔；观察有无头痛、呕吐、抽搐现象。观察用甘露醇后头痛缓解的时间。如果病情稳定后，又突发剧烈头痛、呕吐、昏迷等，提示再出血，应立即报告医师并协助处理。

3．配合治疗护理　注射镇静剂苯巴比妥或罗通定时，应交替注射时间。使用止血剂 6-氨基己酸时应防止深静脉血栓形成，同时肾功能障碍者慎用；氨甲苯酸应缓慢静脉注射，以免血压下降。使用钙离子拮抗药时，需用注射泵或静脉泵控制输液滴速和剂量，并密切观察血压。

4．心理护理　患者要保持平稳的情绪，避免精神紧张、激动、悲伤，各种护理操作要轻柔，以免加重患者疼痛，帮助患者保持最佳心理状态。

（五）健康指导

1．疾病知识指导　向患者及家属讲解蛛网膜下腔出血的基本知识，明确治疗原发病对防止再出血的重要性。指导患者配合检查，明确病因和尽早手术治疗。保持情绪稳定，避免重体力劳动和剧烈活动；多吃水果、蔬菜等富含维生素的食物，以保持大便通畅；女性患者 1～2 年避免妊娠和分娩。

2．疾病监测指导　如果有再度出血征象应及时就医。

常见脑血管疾病鉴别见表 9-2。

**表 9-2　常见脑血管疾病的鉴别**

| 项目 | 缺血性脑血管疾病 | | 出血性脑血管疾病 | |
|---|---|---|---|---|
| | 脑血栓形成 | 脑栓塞 | 脑出血 | 蛛网膜下腔出血 |
| 发病年龄 | 多>60 岁 | 多见于青壮年 | 多<60 岁 | 多见于青壮年 |
| 常见病因 | 动脉粥样硬化 | 风湿性心脏病 | 高血压 | 先天性动脉瘤 |
| 起病状态 | 多安静时 | 不定 | 多活动时 | 多活动时 |
| 起病急缓 | 较缓 | 最急 | 急 | 较急 |
| 头昏头痛 | 稍头昏，无头痛 | 少有 | 神志清楚者可有 | 剧烈头痛 |
| 昏迷 | 较轻 | 少见 | 持续而深 | 短暂较浅 |
| 呕吐 | 少 | 少 | 多见 | 多见 |

续表

| 项目 | 缺血性脑血管疾病 | | 出血性脑血管疾病 | |
|---|---|---|---|---|
| | 脑血栓形成 | 脑栓塞 | 脑出血 | 蛛网膜下腔出血 |
| 血压 | 正常、增高 | 多正常 | 明显增高 | 正常、增高 |
| 眼底 | 很少出血 | 可见动脉栓塞 | 视网膜出血 | 玻璃体下出血 |
| 脑膜刺激征 | 无 | 无 | 多有 | 显著 |
| 局灶性神经体征 | 有 | 有 | 有 | 多无 |
| 脑脊液 | 多正常 | 多正常 | 血性、压力增高 | 均匀血性，压力增高 |
| CT | 低密度区 | 低密度区 | 高密度区 | 蛛网膜下隙或脑室内高密度影 |

## 第 6 节　癫痫患者的护理

**案例 9-7** 患者，女，51 岁。外出购物时突然出现头后仰，跌倒在地，四肢抽搐、口吐白沫、两眼上翻、牙关紧闭，伴小便失禁。患者发作 5 分钟后自行缓解，被路人送入医院就诊。体检：T 36.5℃，R 20 次/分，BP 105/75mmHg，P 80 次/分。意识清，舌咬伤，四肢无外伤，心肺未见异常，神经系统检查无阳性体征。既往有癫痫病史，否认有外伤史。脑电图检查异常，头颅 CT 未见异常。临床诊断：癫痫大发作。

**问题**：1. 患者发作时主要存在哪些护理问题？

2. 你将给患者采取哪些护理措施？

癫痫是一组由于大脑神经元异常放电而致短暂性大脑功能失调的临床综合征。具有突然发生和反复发作的特点，是神经系统的常见疾病。

（考点：癫痫的概念）

### 一、概　　述

（一）病因及发病机制

1．特发性癫痫　又称原发性癫痫。病因不明，可能与遗传因素有关。多数患者在儿童或青春期首次发病。

2．症状性癫痫　又称继发性癫痫。继发于各种中枢神经系统结构损伤和代谢疾病，如脑外伤、中枢神经系统感染、遗传代谢性疾病等。症状性癫痫可发生于各年龄段。

3．诱发因素　疲劳、饥饿、便秘、饮酒、睡眠不足、情绪激动、经期、妊娠、强光刺激等均可诱发癫痫发作。

（考点：癫痫的诱发因素）

（二）转归

我国目前约有 900 万以上癫痫患者，每年新发癫痫患者 65 万～70 万，约 30%为难治性癫痫，我国难治性癫痫患者至少在 200 万以上。

### 二、护 理 评 估

（一）健康史

询问患者有无家族史、有无脑部病变及代谢障碍疾病存在。是否存在睡眠不足、疲劳、饥饿、便秘、饮酒、情绪激动、经期、妊娠、强光刺激等可诱发癫痫发作的因素存在。了解首次癫痫发作的时间、年龄、发作频率及用药情况。

（二）身心状况

癫痫的临床表现多样，但都具有发作性、短暂性、重复性、刻板性的共同特征。

（考点：癫痫临床表现的共同特征）

1. 部分性发作

（1）单纯部分性发作：发作起始与结束均较突然，发作时间短，一般不超过 1 分钟，无意识障碍。常以一侧肢体节律性抽动或局部肌肉感觉障碍为特征。如抽搐发作时自一侧拇指沿腕部、肘部、肩部扩展，称 Jackson 癫痫。

（2）复杂部分性发作：又称精神运动性发作。主要特征是意识障碍，常出现精神症状及自动症。

知识链接

**自　动　症**

自动症是指在癫痫发作过程中或发作后意识模糊状态下出现的具有一定协调性和适应性的无意识活动。自动症均在意识障碍的基础上发生，可表现为愣神、吞咽、咂嘴及双手不自主摸索动作等；也可表现为游走、奔跑，无目的的开门、关门、乘车上船；还可出现自言自语、叫喊、唱歌或机械重复原来的动作。

（3）部分性发作继发全面性发作：先出现部分性发作，继而出现全面性强直阵挛发作。

2. 全面性发作

（1）全面强直-阵挛发作：又称大发作，是最常见的发作类型之一。可由部分性发作演变而来，也可一起病即表现为全面强直-阵挛发作。分为三期。①强直期：突然意识丧失，发出一声尖叫而摔倒，全身肌肉强直性收缩，颈部和躯干先屈曲后反张，双上肢先上举后旋再转为内收前旋，双下肢先屈曲后伸直。眼球上翻或凝视，呼吸暂停，瞳孔散大及对光反射消失，此期历时 10～20 秒，进入阵挛期。②阵挛期：此期全身肌肉交替性收缩与松弛，呈一张一弛交替性抽动，阵挛频率逐渐减慢，松弛时间逐渐延长，此期持续 30～60 秒或更长，最后在一次强烈痉挛后突然停止，进入发作后期。但意识、呼吸、瞳孔均无恢复。③发作后期：此期尚有短暂的痉挛，以面肌和咬肌为主，导致牙关紧闭，可发生舌咬伤。本期全身肌肉松弛，括约肌松弛可造成大、小便失禁。呼吸首先恢复，随后瞳孔、心率、血压恢复正常，意识逐渐清醒。自发作开始至意识恢复持续 5～10 分钟。患者醒后常感到头痛、全身酸痛和疲乏无力，部分患者进入昏睡状态，醒后对抽搐过程不能回忆。

（考点：癫痫大发作临床表现）

（2）失神发作：又称小发作。主要表现为突然发生和突然终止的意识短暂丧失。发作时患者停止当时的活动，两眼瞪视不动，呼之不应，手中持物可跌落，发作持续 3～15 秒，事后立即清醒，继续原来的活动，对发作无记忆。每日可发作数次或数十次。多见于儿童和青年。

（3）肌阵挛发作：表现为突然、短暂、快速的肌肉收缩，累及全身，也可仅限于面部、躯干和肢体。不伴意识障碍，可见于任何年龄。

（4）阵挛性发作：常见于婴幼儿，典型表现为重复阵挛性抽动伴意识障碍，之前无强直期，持续 1 分钟至数分钟。

（5）强直性发作：常在睡眠中发生，表现同全面强直-阵挛发作中的强直期，常伴有明显自主神经症状，如面色苍白、瞳孔扩大等。多见于弥漫性脑损害的儿童。

（6）无张力性发作：全身或部分肌群肌张力突然丧失，可致张口、垂颈、肢体下垂和跌倒。持续时间为数秒至 1 分钟。发作后立即清醒并站起来。

3．癫痫持续状态　是指一次癫痫发作持续时间超过 30 分钟，或连续多次发作致发作间期意识或神经功能未恢复至正常水平。任何类型癫痫均可出现癫痫持续状态，但以全面强直-阵挛发作多见。不规范的抗癫痫治疗、感染、过度劳累、饮酒、妊娠、精神刺激是常见的诱因。癫痫持续状态是一种危险的急症，常伴有高热、电解质紊乱、多器官功能衰竭等，导致患者死亡。

（考点：癫痫持续状态的概念）

4．心理-社会状况　癫痫发作时，患者当众出现抽搐、跌伤、尿失禁等，自尊心严重受损，出现自卑感；反复发作常影响正常生活、学习和工作，会使患者产生焦虑，对生活缺乏信心。

（三）辅助检查

1．脑电图（EEG）检查　是诊断癫痫最重要的辅助检查。近年应用 24 小时长程脑电图监测和视频脑电图，监测患者的脑电图改变，可提高发现痫样放电的可能（图 9-9）。

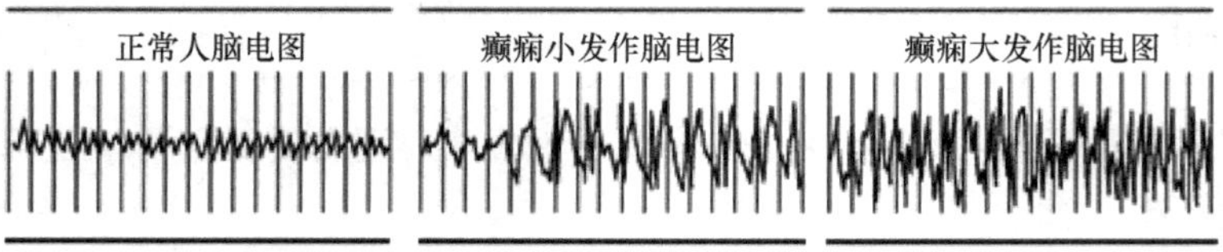


图 9-9　脑电图

（考点：癫痫的诊断方法）

2．血液检查　血常规、血糖、血寄生虫（如肺吸虫、血吸虫、囊虫等）检查，可了解有无贫血、低血糖和脑寄生虫病等。

3．数字减影血管造影、头颅 CT 及 MRI 检查　有助于发现继发性癫痫的病因。

（四）治疗要点

1．病因治疗　继发性癫痫积极治疗原发病。如对于脑寄生虫病引起者行驱虫治疗，颅内占位病变行手术治疗，纠正低血糖、低血钙等代谢异常。

2．发作时的治疗　立即让患者就地平卧；保持呼吸道通畅、吸氧；防止外伤及其他并发症；选用地西泮、苯妥英钠和苯巴比妥等预防再次发作。

3．抗癫痫药物治疗　发作间歇期应用抗癫痫药物治疗，常用抗癫痫药物有苯妥英钠、卡马西平、苯巴比妥、丙戊酸钠、乙琥胺等。一般从单用小剂量开始，逐渐调整到能控制发作又不出现不良反应的剂量。更换药物应逐渐过渡。长期用药者在完全控制发作后应再坚持服药 3～5 年，然后再考虑停药（表 9-3）。

**表 9-3　常见抗癫痫药物的适应证及不良反应**

| 药物 | 适应证 | 主要不良反应 |
| --- | --- | --- |
| 苯妥英钠 | 全面强直-阵挛发作、部分性发作 | 行为改变、笨拙、步态不稳、牙龈增厚、毛发增生 |

续表

| 药物 | 适应证 | 主要不良反应 |
|---|---|---|
| 卡马西平 | 全面强直-阵挛发作、部分性发作 | 复视、眼球震颤、头晕、嗜睡、恶心呕吐、皮疹 |
| 丙戊酸钠 | 全面强直-阵挛发作、部分性发作、失神发作 | 嗜睡、共济失调、肝脏损害、血小板减少、肥胖 |
| 拉莫三嗪 | 全面强直-阵挛发作、部分性发作 | 头晕、嗜睡、复视、皮疹、恶心呕吐 |
| 乙琥胺 | 失神发作 | 恶心呕吐、食欲缺乏、眩晕 |
| 扑米酮 | 全面强直-阵挛发作、复杂部分性发作 | 呕吐、嗜睡、共济失调 |
| 苯巴比妥 | 全面强直-阵挛发作、部分性发作 | 头晕、困倦、皮疹、药物热、剥脱性皮炎 |

4．癫痫持续状态的治疗

（1）迅速控制发作：首选地西泮 10mg 静脉缓慢注射，最大单次剂量不超过 20mg，可迅速控制发作。或用地西泮 100～200mg，溶于 5%葡萄糖氧化钠溶液 500ml 中，于 12 小时内缓慢滴注。也可选用 10%水合氯醛保留灌肠。

（2）防治并发症：预防和控制呼吸道感染，高热可物理降温；用 20%甘露醇 250ml 快速静脉滴注防治脑水肿；纠正代谢紊乱和酸中毒，维持电解质平衡；加强营养支持治疗。

（考点：癫痫持续状态的治疗）

## 三、护 理 问 题

1．有窒息的危险　与癫痫发作时意识障碍、喉头痉挛、气道分泌物增多有关。

2．有受伤的危险　与癫痫发作时意识突然丧失、精神失常、判断障碍有关。

3．知识缺乏：缺乏长期正确服药的知识。

4．焦虑　与癫痫反复发作有关。

5．气体交换受损　与癫痫持续状态、喉头痉挛所致呼吸困难或肺部感染有关。

6．潜在并发症：脑水肿、酸中毒、水电解质紊乱。

## 四、护 理 措 施

### （一）一般护理

1．休息　保持环境安静，避免过劳、睡眠不足、强光刺激等诱因；适当参加体力和脑力活动，劳逸结合。

2．饮食　给予清淡饮食，避免过饱，戒烟、酒。

### （二）发作时的护理

有发作先兆立即平卧，头部放低，偏向一侧；解开衣领、衣扣和腰带；取下活动性义齿，及时清除口鼻腔分泌物，以利呼吸道通畅；用软物垫在患者头下，移开身边危险物体，防止抽搐时碰撞造成外伤；患者发作时切勿用力按压其抽搐肢体，以免造成骨折或关节脱位，可适度握扶患者手脚，易被擦伤的关节部位，应用棉垫或软垫加以保护；将牙垫、压舌板、筷子、纱布、手绢等置于患者口腔一侧上下磨牙之间，防止口唇、舌和颊部咬伤。

（考点：癫痫发作时的护理）

### （三）病情观察

密切观察生命体征、神志及瞳孔变化，注意发作的类型，持续时间与频率；发作停止后患者有无头痛、疲乏及肌肉酸痛的症状。

（四）配合治疗的护理

遵医嘱正确选择药物，从单一小剂量开始，尽量避免联合用药；必须坚持长期服药，不能随意减量、停药或更换药物，停药应遵循缓慢和逐渐减量的原则；观察药物不良反应，服药前及用药期间应做血、尿常规，肝肾功能检查；抗癫痫药一般饭后服用，以减少胃肠道反应；较大剂量用药于睡前服用，以减少白天嗜睡；当出现严重皮疹、肝损害、精神行为异常时，应遵医嘱减量或停药。

（五）心理护理

癫痫患者容易产生抑郁、孤独、自卑等不良心理反应，应当理解、尊重患者，鼓励患者克服自卑心理，表达自己的心理感受，承担力所能及的社会工作。鼓励家属向患者表达亲切关怀、不嫌弃的情感，解除患者的精神负担，增强对家庭的责任感和增强战胜疾病的信心，配合长期治疗。

（六）癫痫持续状态的护理

迅速建立静脉通道，遵医嘱给予地西泮缓慢静脉注射；保持呼吸道通畅，及时吸氧；密切观察患者意识、瞳孔、呼吸、脉搏、血压及抽搐发作情况，并注意监测发作频率、持续时间；保持病室安静、光线柔和，避免外界各种刺激，做好安全护理。

## 五、健康指导

1．疾病知识指导　向患者及其家属介绍有关本病的基本知识及发作时家庭紧急护理方法。指导患者避免诱发因素，如感冒、妊娠与分娩、过度劳累、暴饮暴食、睡眠不足、感情冲动、饥饿、便秘、饮酒、强声强光刺激等。

2．日常生活指导　指导患者保持良好生活规律和饮食习惯，适量运动，如散步、慢跑、打太极拳等，劳逸结合，避免过度劳累；禁止游泳、驾驶汽车、高空作业、登高等危险活动；宜进清淡、营养丰富、易消化饮食，戒烟酒，禁饮兴奋性饮料，少食辛辣刺激性食物，避免暴饮暴食。

3．用药指导　指导患者遵医嘱坚持长期、规律用药，避免突然停药、减药、漏服药及自行换药，以防发作加重或癫痫持续状态发生。注意观察药物的疗效和不良反应，定期至医院复查，每月做血常规和每季检查肝肾功能。当患者癫痫发作频繁或症状控制不理想，或出现发热、皮疹时应及时就诊。

4．外出指导　告知患者外出时应随身携带病情诊疗卡，注明姓名、年龄、住址、电话、联系人姓名、疾病诊断、治疗情况等，以便急救时参考和及时与家人取得联系。患者在发作未获得基本控制之前不应单独外出，应有家属陪同。

## 自测题

$A_1$型题

1．维持身体平衡，控制肌肉的张力和协调主要是由哪部分脑结构承担（　　）

A．脑干　B．脊髓
C．小脑　D．延髓
E．间脑

2．维持个体生命，包括心跳、呼吸、体温、睡眠等重要功能的中枢系统是（　　）

A．脑干　　B．脊髓

C．小脑　　D．大脑

E．以上均不对

3．人体共有多少对脑神经（　　）

A．11　　B．12

C．7　　D．8

E．31

4．许多简单反射活动的低级中枢位于（　　）

A．大脑　　B．脊髓

C．肢体　　D．中脑

E．脑桥

5．护理头痛患者，不恰当的护理措施是（　　）

A．指导患者放松训练

B．理疗缓解疼痛

C．保证充分休息

D．鼓励患者应用止痛药

E．提供安静环境

6．对颅内高压引起的头痛，护理措施不正确的是（　　）

A．遵医嘱快速滴入脱水剂

B．排便时屏气用力

C．提供舒适环境

D．抬高床头 15°～30°，头偏向一侧

E．若有脑疝先兆及时通知医生

7．不属于神经系统常见症状的是（　　）

A．头痛　　B．感觉障碍

C．瘫痪　　D．昏迷

E．痴呆

8．以下头痛的特点不正确的是（　　）

A．偏头痛为搏动性跳痛

B．鼻窦炎引起前额部疼痛

C．剧烈头痛伴呕吐为颅内压增高

D．高血压引起的头痛是偏头痛

E．三叉神经痛为电击样剧痛

9．下列属于浅感觉的是（　　）

A．运动觉　　B．位置觉

C．实体觉　　D．两点辨别觉

E．温度觉

10．下列不属于感觉障碍的是（　　）

A．感觉过敏　　B．感觉倒错

C．感觉异常　　D．感觉过度

E．全身性疼痛

11．下列不属于意识障碍的是（　　）

A．嗜睡　　B．昏睡

C．谵妄　　D．昏迷

E．抽搐

12．一侧面瘫及对侧上、下肢瘫痪称为（　　）

A．偏瘫　　B．交叉性瘫

C．单瘫　　D．四肢瘫

E．截瘫

13．截瘫的病损部位在（　　）

A．脊髓前角　　B．大脑皮质

C．内囊　　D．脑桥

E．胸腰段脊髓

14．四肢瘫的病变部位在（　　）

A．胸髓　　B．脑干

C．腰髓　　D．颈髓

E．内囊

15．对急性炎症性多发性脱髓鞘性神经病的诊断有确诊意义的是（　　）

A．上呼吸道感染病史

B．对称性肢体远端感觉异常

C．脑神经受累极为常见

D．脑脊液有蛋白-细胞分离现象

E．应用肾上腺皮质激素治疗有效

16．急性炎症性脱髓鞘性多发性神经病起病前常有（　　）

A．糖尿病病史　　B．营养缺乏史

C．感染病史　　D．外伤史

E．药物中毒史

17．治疗和护理急性炎症性多发性脱髓鞘性神经病的关键是（　　）

A．预防肺部感染　　B．防止尿路感染

C．预防痔疮　　D．营养及水盐平衡

E．呼吸功能监测和辅助呼吸机的使用

18．面神经炎急性期的治疗和护理不正确的是

(　　)

A. 尽早应用糖皮质激素

B. 超短波透热疗法

C. 按摩瘫痪面肌

D. 保护暴露的角膜

E. 茎乳突口附近部位热敷

19. 右侧面神经炎所致面神经麻痹的主要表现是(　　)

A. 左眼睑不能闭紧，露齿时口角向右歪斜

B. 右眼睑不能闭紧，露齿时口角向左歪斜

C. 右眼睑不能闭紧，露齿时口角向右歪斜

D. 左眼睑不能闭紧，露齿时口角向左歪斜

E. 以上都不是

20. 下列面神经炎的患者临床表现错误的是(　　)

A. 病侧鼻唇沟变浅　B. 能皱额蹙眉

C. 额纹消失　D. 一侧面部表情肌瘫痪

E. 不能吹口哨及鼓腮

21. 面神经炎急性期治疗首选(　　)

A. 利巴韦林　B. 泼尼松

C. 青霉素　D. 加兰他敏

E. 维生素

22. 短暂性脑缺血发作时间最长不超过(　　)

A. 72 小时　B. 48 小时

C. 24 小时　D. 12 小时

E. 8 小时

23. 脑血栓形成常在什么情况下发病(　　)

A. 剧烈运动时　B. 睡眠或安静时

C. 情绪激动时　D. 感受风寒时

E. 血压剧烈上升时

24. 老年人夜间安静睡眠时易发生脑血栓的原因是(　　)

A. 血黏稠、流动慢　B. 血 $CO_2$ 浓度高

C. 脑缺血加重　D. 血糖过低

E. 脑血管痉挛

25. 患有高血压的老年人情绪激动易诱发(　　)

A. 心力衰竭　B. 脑出血

C. 癫痫发作　D. 蛛网膜下腔出血

E. 脑梗死

26. 目前区别脑血栓与脑出血的主要依据是(　　)

A. 发病的缓急　B. 脑 CT 检查

C. 脑脊液检查　D. 昏迷程度

E. 病史检查

27. 蛛网膜下腔出血最常见的病因是(　　)

A. 高血压　B. 动脉硬化

C. 颅外因素　D. 微栓子

E. 脑内血管畸形

28. 脑血管病患者病情观察最重要的是判断有无(　　)

A. 呼吸衰竭　B. 脑出血

C. 脑疝　D. 心力衰竭

E. 脑梗死

29. 脑出血患者最主要的死亡原因是(　　)

A. 坠积性肺炎　B. 压疮感染

C. 脑疝　D. 溃疡大出血

E. 呼吸衰竭

30. 脑出血最常见的部位是(　　)

A. 脑桥　B. 内囊

C. 小脑　D. 蜘网膜下隙

E. 延髓

31. 脑出血患者突然呼吸停止，两侧瞳孔不等大，护士应首先考虑发生了(　　)

A. 窒息　B. 脑疝

C. 脑出血加剧　D. 心室颤动

E. 脑神经受损

32. 一侧内囊病变表现为(　　)

A. 单瘫　B. 偏瘫

C. 四肢瘫　D. 交叉瘫

E. 截瘫

33. 脑出血患者头部抬高 15°～30° 是为了减轻(　　)

A. 呼吸困难　B. 脑水肿

C. 呕吐　D. 头痛

E. 脑缺氧

34. 预防脑出血措施不妥的是(　　)

A. 少盐饮食　B. 勿运动

C. 戒烟　D. 勿紧张

E. 少饮酒

35. 脑出血常见的原因是(　　)

A．脑血管畸形　　B．高血压动脉硬化
C．外伤　　D．血小板降低
E．脑动脉瘤

$A_2$型题

36．患者，男，75 岁。脑梗死后 3 周，左侧上、下肢瘫痪，对瘫痪患者的护理措施不正确的是（　　）
A．预防压疮和肺炎
B．防止肢体挛缩
C．瘫痪肢体保持功能位
D．避免瘫痪肢体活动
E．鼓励多饮水

37．患者，女，75 岁。急性脑出血，连续睡眠 15 小时，其间呼之能醒，可进行简单对话，过后又很快入睡，此时患者处于（　　）
A．浅昏迷　　B．深昏迷
C．昏睡　　D．嗜睡
E．清醒

38．患者，男，60 岁。脑梗死后 1 个月，左上肢能在床面移动，但不能抬起，左下肢肌肉可轻微收缩，但不能移动，左上肢、左下肢的肌力分别为（　　）
A．1 级、0 级　　B．2 级、1 级
C．3 级、2 级　　D．4 级、3 级
E．5 级、4 级

39．患者，女，70 岁。以脑出血收治入院，经过治疗后病情好转，以下护理措施不正确的是（　　）
A．保证充足睡眠　　B．防止呼吸道感染
C．避免任何活动　　D．保持大便通畅
E．指导患者遵医嘱用药

40．患者，女，55 岁。因脑血栓形成入院，体检时发现刺激左侧下肢足背至踝部无疼痛反应，平衡觉及两点辨别觉存在，该患者发生的是（　　）
A．定位觉障碍　　B．复合感觉障碍
C．运动觉障碍　　D．浅感觉障碍
E．深感觉障碍

41．患者，女，70 岁。近几日自觉面部皮肤有蚁走感，该感觉为（　　）
A．感觉减退　　B．感觉倒错
C．感觉分离　　D．感觉异常
E．感觉过度

42．患者，男，28 岁。因四肢无力、麻木 5 天入院，诊断为吉兰-巴雷综合征。入院第 2 天病情加重，四肢对称性弛缓性瘫，出现呼吸肌麻痹，呼吸困难。治疗和护理的关键是（　　）
A．做好瘫痪肢体的护理
B．做好进食护理
C．防止呼吸道感染
D．帮助患者适应环境
E．呼吸肌麻痹的抢救

43．患者，男，30 岁。3 天前晨起后出现右侧口角向左侧歪斜，右侧眼睑闭合不全，诊断为面神经炎。该患者护理措施不恰当的是（　　）
A．绝对卧床　　B．注意面部保暖
C．保护角膜　　D．面肌按摩
E．保持口腔清洁

44．患者，女，25 岁。因面神经炎入院，经治疗后好转，准备出院，对患者的健康指导不正确的是（　　）
A．注意面部保暖
B．保持口腔清洁
C．保护角膜及预防眼部感染
D．进食流质饮食
E．尽早开始面肌的主动与被动运动

45．患者，女，44 岁。风心病病史 10 余年，突然出现偏瘫，失语。查体：神志清楚，脑脊液正常，心电图示心房颤动。最可能的诊断为（　　）
A．脑出血　　B．脑梗死
C．脑血栓形成　　D．蛛网膜下腔出血
E．短暂性脑缺血发作

46．患者，男，72 岁。突然剧烈头痛，呕吐，随即昏迷，为鉴别患者是脑出血或是蛛网膜下腔出血，有助于确诊的资料是（　　）
A．体温过低
B．是否有肢体瘫痪
C．脑脊液是否为血性
D．白细胞多少

E．是否有颈强直

47．患者，男，49岁。诊断脑出血，住院期间患者突然出现呼吸减慢，瞳孔不等大。考虑是(　　)

A．窒息　B．脑疝
C．呼吸衰竭　D．脑血栓
E．心室颤动

48．患者，男，26岁。突然出现抽搐，从一侧手指开始，向腕部、臂、肩部及半身扩展。最大可能是(　　)

A．全面强直-阵挛发作
B．Jackson 癫痫
C．失神发作
D．复杂部分发作
E．肌阵挛发作

49．患者，男，62岁。癫痫大发作。为防止窒息应采取的护理措施是(　　)

A．将患者就地平放
B．移走身边危险物体
C．将患者头位放低，偏向一侧
D．迅速喂水、喂药
E．快速静脉滴注脱水剂和吸氧

50．患者，男，20岁。突然发病，意识丧失，全身肌肉抽搐，口吐白沫并伴尿失禁。应首先考虑(　　)

A．阵挛发作
B．脑出血
C．癫痫强直-阵挛发作
D．蛛网膜下腔出血
E．药物中毒

$A_3$型题

(51～53题共用题干)

患者，男，70岁。高血压30余年。突然剧烈头痛、呕吐，迅速昏迷。护理体检发现有三偏征，瘫痪肢体肌张力降低，腱反射消失。

51．脑出血部位最可能的是(　　)

A．脑桥　B．内囊
C．小脑　D．蛛网膜下隙
E．延髓

52．该患者突然呼吸变慢乃至停止，两侧瞳孔不等大，护士应考虑其发生了(　　)

A．窒息
B．脑疝
C．脑出血加剧
D．心室颤动
E．脑神经损伤

53．对该患者紧急处理中错误的是(　　)

A．头部抬高15°～30°
B．静脉快速滴注甘露醇
C．应用降压药物将血压降至正常
D．头部置冰袋
E．氧气吸入

(54、55题共用题干)

患者，男，24岁。3小时前活动时突然出现剧烈头痛和喷射状呕吐。查体：神志清，四肢肌张力正常，脑膜刺激征阳性。

54．最可能的诊断是(　　)

A．小脑出血　B．脑干出血
C．蛛网膜下腔出血　D．底带出血
E．流行性脑脊髓膜炎

55．护理措施不妥的是(　　)

A．保持大便通畅　B．密切观察生命体征
C．限制探视　D．避免精神刺激
E．头痛时皮下注射吗啡

(郭　蓉　张晓萍)

# 第10章 传染病患者的护理

## 第1节 概 述

传染病是由病原体感染人体后引起的具有传染性的疾病。常见的病原体有病毒、细菌、真菌、立克次体、衣原体、支原体、螺旋体和寄生虫等。由病原体引起的疾病均属于感染性疾病，但并非所有感染性疾病都具有传染性，有传染性的疾病才称为传染病，可在人群中传播并造成不同程度的流行。

### 一、感染与免疫

（一）感染的概念及感染过程的表现

感染是病原体入侵机体后与人体相互作用、相互斗争的过程。病原体感染人体后的表现主要与病原体的致病力及人体的免疫功能有关。因而产生了感染过程的不同表现。

1．清除病原体　病原体入侵人体后，人体通过非特异性免疫或特异性免疫将病原体消灭或排出体外，人体不产生病理变化，也不引起任何临床表现。

2．隐性感染　又称亚临床感染，是指病原体进入人体后，仅诱导机体产生特异性免疫应答，病理变化轻微，因而在临床上无任何症状、体征，甚至生化改变也只有通过免疫学检查才能发现。大多数传染病以隐性感染最多见。隐性感染后可获得对该传染病的特异性免疫力，病原体被清除。少数转变为病原携带状态，成为病原携带者。

3．显性感染　又称临床感染，指病原体侵入人体后，不仅引起机体产生免疫反应，而且通过病原体致病的作用或机体的变态反应，导致组织的损伤，引起病理改变，出现临床特有的症状、体征。显性感染后结局各异，多数感染者机体内病原体可被完全清除，机体获得特异性免疫力，不易再受感染；也有部分感染者由于病后免疫力并不牢固，可以再次发生感染；还有小部分感染者可成为慢性病原携带者。

4．病原携带状态　指病原体侵入人体后，在人体内生长繁殖并不断排出体外，而人体不出现任何疾病的临床表现，因而成为传染病的重要传染源。按病原体种类不同可分为带病毒者、带菌者与带虫者等。按其发生在显性感染临床症状出现的前后，分别称为潜伏期病原携带者和恢复期病原携带者；若发生于隐性感染之后，则称为无症状病原携带者。携带病原体的持续时间短于3个月者称为急性病原携带者；长于3个月者称为慢性病原携带者。所有病原携带者都有一个共同特点，即不显出临床症状而能排出病原体。但并非所有传染病都有病原携带者，如麻疹和流感，病原携带者极为罕见。

5．潜伏性感染　指病原体感染人体后，寄生在机体某部位，由于机体的免疫功能将病原体局限化而不引起显性感染，但又不能将病原体完全清除时，病原体便可长期潜伏起来。待机体免疫功能下降时，则引起显性感染，常见于水痘、结核病、疟疾等。潜伏性感染期间，病原体一般不排出体外，故不会成为传染源，这是与病原携带状态的不同之处。

上述5种感染表现形式在一定条件下可以相互转化，在不同的传染病中各有侧重。其中隐性感染最常见；病原携带状态次之；显性感染比例最少，一旦出现，容易识别。

（二）感染过程中病原体的致病作用

1．侵袭力　是指病原体侵入机体并在机体内生长、繁殖的能力。有些病原体可直接侵入人体或借其分泌的酶类破坏机体组织，有些细菌的表面成分可抑制机体的吞噬作用而促使病原体扩散。

2．数量　在同一传染病中，入侵病原体的数量与致病能力成正比。但在不同的传染病中，能引起疾病发生的最低病原体数量差别则很大，如伤寒杆菌为10万个菌体，而志贺痢疾杆菌仅为10个。

3．毒力　由毒素和其他毒力因子组成。毒素包括外毒素和内毒素：外毒素以白喉、破伤风和肠毒素为代表；内毒素以革兰阴性杆菌的脂多糖为代表。其他毒力因子包括穿透能力、侵袭能力、溶组织能力等。

4．变异性　是指病原体可因环境或遗传等因素而发生变异的能力。病原体毒力变弱有利于菌苗或疫苗制备。病原体抗原变异可逃避机体的特异性免疫作用而继续引起疾病或使疾病慢性化，如流行性感冒病毒、丙型肝炎病毒和人类免疫缺陷病毒等。

（三）感染过程中机体免疫应答作用

机体免疫反应对感染过程的表现和转归起着重要作用。免疫反应可分为保护性免疫反应和变态反应两种。保护性免疫反应又可分为非特异性免疫和特异性免疫两类。

1．非特异性免疫　非特异性免疫反应在抵御感染过程中首先起作用，是机体对进入人体内异物的一种清除机制，通过遗传而获得，无抗原特异性，又称为先天性免疫。

（1）天然屏障：外部屏障，如皮肤、黏膜及其分泌物；内部屏障，如血-脑脊液屏障、胎盘屏障。

（2）吞噬作用：单核-巨噬细胞系统具有非特异性吞噬功能，可清除体液中的颗粒状病原体。

（3）体液因子：包括补体、溶菌酶和各种细胞因子，如白细胞介素、肿瘤坏死因子、$\gamma$干扰素等，可直接或通过免疫调节作用清除病原体。

2．特异性免疫　通过对抗原识别而产生的针对该抗原的特异性免疫应答，是后天获得的一种主动免疫，包括由B淋巴细胞介导的体液免疫和由T淋巴细胞介导的细胞免疫。

## 二、传染病的基本特征及临床特点

（一）基本特征

传染病区别于其他疾病的4个基本特征如下。

1．有病原体　每种传染病都由其特异的病原体引起，病原体以病毒和细菌最常见。临床上检出病原体对明确诊断有重要意义。

2．有传染性　指病原体由宿主体内排出，经一定途径传染给另一个宿主的特性，是传染病与其他感染性疾病的主要区别。任何传染病都具有一定的传染性，但强弱不等，同一疾病的不同病期，其传染性也不同。传染病患者具有传染性的时期称为传染期，是决定患者隔离期限的重要依据。

3．有流行病学特征

（1）流行性：在一定条件下，传染病能在人群中广泛传播蔓延的特性称为流行性。按其强度可分为以下4种：①散发：指在一定地区内某传染病的发病率呈历年一般水平，各病例间在发病时间和地点方面无明显联系的散在发生。②流行：指某种传染病的发病率显著高于当地常年发病率数倍（一般 3～10 倍）。③大流行：指某传染病在一定时间内迅速蔓延，波及范围广，超出国界或洲界。④暴发：指传染病病例的发病时间分布高度集中于一个短时间之内（通常为该病的潜伏期内），这些病例多由同一传染源或同一传播途径所引起。

（2）季节性：某些传染病的发生和流行受季节的影响，在每年一定季节出现发病率升高的现象称为季节性。如冬春季节呼吸道传染病发病率高；夏秋季节消化道传染病发病率高；虫媒传染病则与媒介节肢动物活跃季节相一致。

（3）地方性：某些传染病由于受地理气候等自然因素或人们生活习惯等社会因素的影响，仅局限在一定地区内发生，称为地方性传染病，如血吸虫病多发生在长江以南有钉螺存在的地区。以野生动物为主要传染源的疾病，称为自然疫源性传染病，如鼠疫。存在自然疫源性传染病的地区称为自然疫源地，人进入这个地区就有受感染的可能。自然疫源性传染病也属于地方性传染病。

4．感染后免疫　人体感染病原体后，无论显性或隐性感染，均能产生针对该病原体及其产物（如毒素）的特异性免疫。感染后免疫属于主动免疫，通过抗体转移而获得的免疫属于被动免疫。不同病原体的感染后免疫持续时间和强弱不同。病毒性传染病（如麻疹）的感染后免疫时间最长，甚至可保持终身，但也有例外，如流行性感冒。蠕虫感染后一般产生保护性免疫，因此易发生重复感染。

### （二）临床特点

1．病程发展的阶段性　传染病的发生、发展和转归，通常分为 4 期。

（1）潜伏期：从病原体侵入人体到出现临床症状为止的一段时间称为潜伏期。各种传染病的潜伏期长短不一。了解传染病的潜伏期有助于传染病的诊断、确定检疫期限和协助流行病学调查。

（2）前驱期：从起病到出现明显症状为止的一段时间称为前驱期。该期症状属于非特异性的全身反应。为许多传染病所共有，多表现为头痛、发热、乏力、肌肉酸痛、食欲减退等，持续 1～3 天，起病急骤者可无此期表现。多数传染病在本期已有较强的传染性。

（3）症状明显期：某些传染在经过前驱期后，病情逐渐加重而达到顶峰，出现某种传染病所特有的症状、体征，如典型的热型、皮疹、肝脾大和脑膜刺激征等。本期传染性较强且易产生并发症。

（4）恢复期：人体免疫力增加到一定程度，体内病理生理过程基本终止，患者的症状、体征逐渐消失，食欲和体力逐渐恢复，血清中抗体效价亦逐渐上升到最高水平，称为恢复期。此期患者体内可能还有残余病理或生化改变，病原体还未完全清除，患者的传染性还可持续一段时间。恢复期结束后，机体功能仍长期未能恢复正常者称为后遗症，多见于中枢神经系统传染病，如流行性乙型脑炎。某些传染病患者进入恢复期，体温恢复正常一段时间后，由于潜伏于体内的病原体再度繁殖至一定程度，使初发病的症状再度出现，称为复发。当病情进入恢复期时，体温尚未稳定恢复至正常，又再发热，称为再燃。

2．临床类型　根据临床过程的长短，可分为急性、亚急性和慢性；根据病情轻重，可分为轻型、中型、重型和极重型；发病急骤、病情严重者称为暴发型。根据临床特征可分为典型和非典型。临床分型对治疗、隔离、护理等具有指导意义。

## 三、传染病的流行过程及影响因素

### （一）流行过程的基本条件

传染病的流行过程指传染病在人群中发生、发展和转归的过程。构成传染病流行过程的 3 个基本条件是传染源、传播途径和易感人群，这3个环节必须同时存在，若切断任何一个环节，流行即终止。

1．传染源　指体内有病原体生存、繁殖并能将其排出体外的人和动物。

（1）传染病患者：是重要的传染源。患者可借其排泄物或呕吐物促进病原体的播散。轻型患者数量多、症状不典型而不易被发现，慢性患者可长期污染环境。

（2）隐性感染者：由于无任何症状和体征而不易被发现。在某些传染病中是重要的传染源。

（3）病原携带者：临床表现不明显，但其能排出病原体，因而也是重要的传染源，对某些传染病（如伤寒、细菌性痢疾）具有重要的流行病学意义。

（4）受感染的动物：动物源性传染病可由动物体内排出病原体，导致人类发病，如鼠疫、狂犬病等。

2．传播途径　指病原体离开传染源后，到达另一个易感者所经过的途径。同一种传染病可以有多种传播途径。

（1）水平传播

1）呼吸道传播：病原体存在于空气中的飞沫或气溶胶中，易感者吸入时获得感染，如麻疹、结核病、禽流感等。

2）消化道传播：病原体污染水源、食物或食具，易感者于进食时获得感染，如伤寒、细菌性痢疾等。

3）接触传播：日常生活的密切接触也有可能获得感染，如流行性感冒、麻疹等；易感者与被病原体污染的水或土壤接触时获得感染，如钩端螺旋体病；伤口被感染，有可能患破伤风；不洁性接触可传播人免疫缺陷病毒等。

4）虫媒传播：被病原体感染的吸血节肢动物，如按蚊、鼠蚤、恙螨等，在叮咬时把病原体传给易感者，可分别引起疟疾、斑疹伤害、黑热病、恙虫病等。根据节肢动物的不同生活习性，往往有严格的季节性，个别病例还与感染者的职业及地区相关。

5）血液、血制品、体液传播：病原体存在于携带者或患者的血液或体液中，通过应用血制品、分娩或性交等传播，如乙型病毒性肝炎、丙型病毒性肝炎、获得性免疫缺陷综合征（艾滋病）等。

（2）垂直传播：婴儿出生前已从母亲获得的感染称为先天性感染，如梅毒、弓形虫病等。

知识链接

**传染病的传播途径**

根据2009年4月1日国家卫生部发布的《医院隔离技术规范》，将临床常见传染病的传播途径主要归纳为：①接触性传播；②飞沫传播；③空气传播；④共同媒介传播；⑤生物媒介传播。

3．人群易感性　指某一特定人群对某种传染病的易感程度。对某一传染病缺乏特异性免疫力的人称为易感者。易感者在某一特定人群中的比例决定该人群的易感性。人群对某种传染病易感性的高低明显影响该传染病的发生和传播。普遍推行人工自动免疫，可把人群易感性降至最低，使流行不再发生。

（二）影响流行过程的因素

1．自然因素　主要包括地理、气象和生态环境等，通过作用于流行过程的三个环节对传染病的发生、发展起重要作用。

2．社会因素　包括社会制度、经济、生产和生活条件、文化水平、风俗习惯、宗教信仰等，对传染病流行过程有重要影响，其中社会制度起主导作用。

## 四、传染病的预防

传染病的预防工作主要针对传染病流行过程的三个环节，采取综合性预防措施。

### （一）管理传染源

1．对传染病患者的管理　对患者管理应尽量做到“五早”：早发现、早诊断、早报告、早隔离、早治疗。

（1）早发现、早诊断：建立健全疾病预防控制机构，开展传染病健康指导，提高人群对传染病的识别能力。

（2）早报告：传染病疫情报告制度是我国传染病防治规定的重要制度之一，也是医疗卫生工作者的重要职责。《中华人民共和国传染病防治法》将法定报告的传染病分为甲、乙、丙 3 类共 39 种（表 10-1）。

**表 10-1　我国法定传染病的分类**

| 分类 | 种类 | 疾病名称 |
|---|---|---|
| 甲类 | 2 种 | 鼠疫，霍乱 |
| 乙类 | 26 种 | 传染性非典型肺炎，艾滋病，病毒性肝炎，脊髓灰质炎，人感染高致病性禽流感，麻疹，流行性出血热，狂犬病，流行性乙型脑炎，登革热，炭疽，细菌性和阿米巴性痢疾，肺结核，伤寒和副伤寒，流行性脑脊髓膜炎，百日咳，白喉，新生儿破伤风，猩红热，布鲁菌病，淋病，梅毒，钩端螺旋体病，血吸虫病，疟疾，甲型 H1N1 流感 |
| 丙类 | 11 种 | 流行性感冒，流行性腮腺炎，风疹，急性出血性结膜炎，麻风病，流行性和地方性斑疹伤寒，黑热病，棘球蚴病（包虫病），丝虫病，除霍乱、细菌性和阿米巴痢疾、伤寒和副伤寒以外的感染性腹泻病，手足口病 |

注：对乙类传染病中传染性非典型肺炎、炭疽中的肺炭疽、人感染高致病性禽流感和甲型 H1N1 流感，采取甲类传染病的预防、控制措施。

我国传染病防治法实施办法规定，甲类传染病为强制管理传染病，乙类传染病为严格管理传染病，丙类传染病为监测管理传染病。责任报告单位和疫情报告人发现甲类传染病和乙类传染病中的肺炭疽、传染性非典型肺炎、脊髓灰质炎、人感染高致病性禽流感患者或疑似患者时，或发现其他传染病和不明原因疾病暴发时，城镇要求 2 小时内上报。对其他乙、丙类传染病患者、疑似患者和规定报告的传染病病原携带者在诊断后，应于 24 小时内上报。

（3）早隔离、早治疗：一旦发现确诊或疑似传染病患者应立即隔离治疗，隔离期限由传染病的传染期而定，应在临床症状消失后做 2～3 次病原体检查（每次间隔 2～3 天），结果均为阴性后方可解除隔离。

2．对接触者的管理　接触者是指曾经和传染源发生过接触的人，可能受到感染而处于疾病的潜伏期，有可能是传染源。对接触者采取的防疫措施称为检疫。检疫期限是从最后接触之日算起，至该病的最长潜伏期。在检疫期间根据所接触的传染病和接触者的健康状况，分别进行医学观察、留验或卫生处理、紧急免疫接种或预防服药。医学观察是指对接触者的日常活动不加限制，但每天进行必要的诊查，以了解有无早期发病的征象。适用于乙类传染病的接触者。留验又称隔离观察，是对接触者的日常活动加以限制，并在指定的场所进行医学观察，确诊后立即隔离治疗，适用于甲类传染病接触者。对集体单位的留验又称集体检疫。

3．对病原携带者的管理　应做到早期发现。凡是传染病的接触者，有传染病史者、流行区居民以及服务性行业、托幼机构和饮食与供水行业的工作人员应定期普查，检出病原携带者，对病原携带者必须做好登记，加强管理，指导督促其养成良好的卫生和生活习惯，并随访观察。必要时，应调整工作岗位或隔离治疗。

4．对动物传染源的管理　应根据动物的病种和经济价值，予以隔离、治疗或杀灭。经济价值高的动物，如家畜、家禽，应尽可能加以隔离、治疗，必要时宰杀后加以消毒处理。对健康的动物进行预防接种，可降低发病率。患病动物的分泌物、排泄物要彻底消毒。对无经济价值且对人类危害较大的动物，如老鼠则采取杀灭、焚烧或深埋等方法处理。

（二）切断传播途径

根据各种传染病的传播途径采取措施。对于消化道传染病，应着重加强饮食卫生、个人卫生及粪便管理，保护水源，消灭苍蝇、蟑螂、老鼠等。对于呼吸道传染病，应着重进行消毒，提倡外出时戴口罩，流行期间少去公共场所，教育群众不随地吐痰，咳嗽和打喷嚏时要用手帕捂住口鼻。对于虫媒传染病，应采用喷洒药物等措施进行防虫、驱虫、杀虫。对于血源性传染病要加强血液和血制品的管理，防止医源性传播。

（三）保护易感人群

保护易感人群可以提高人体对传染病的抵抗力和免疫力，从而降低传染病的发病率，是预防传染病的最有力武器。保护易感人群应采取以下措施：

1．增强非特异性免疫力　包括加强体育锻炼、生活有规律、调节饮食、养成良好卫生习惯、改善居住条件、建立良好的人际关系、保持愉快的心情等。

2．增强特异性免疫力　预防接种是提高人群特异性免疫力的关键，特别是儿童计划免疫接种对传染病预防起着非常重要的作用。

（1）人工自动免疫：有计划地将减毒或灭活的病原体，纯化的抗原和类毒素制成菌（疫）苗接种到人体内，使人体于接种后1～4周产生抗体，称为人工自动免疫。免疫力可保持数月至数年。

（2）人工被动免疫：将制备好的含有抗体的血清或抗毒素注入易感者体内，使机体迅速获得免疫力的方法，称为人工被动免疫。免疫持续时间仅2～3周。常用于治疗或对接触者的紧急预防。常用制剂有抗毒素血清、人血丙种球蛋白、胎盘球蛋白和特异性高价免疫球蛋白等。

## 五、传染病的护理特点

医院对传染病患者进行的各种诊疗活动通常由护士完成或协助完成，因此为了促进传染病患者的恢复，预防继发感染、意外损伤及并发症，必须认真做好患者的护理工作。

1．注重心理护理　患急性传染病的患者，常因发病急骤，未能安排好工作及生活而急诊入院，加之进入隔离病区，易产生顾虑或急躁情绪。慢性患者也常因恢复较慢，随着病情变化而产生思想情绪波动，若不及时解决，则对疾病恢复十分不利。因此，护理人员应随时掌握患者的情绪变化，讲解如何正确对待疾病的有关知识，使其消除顾虑，积极配合治疗，树立战胜疾病的信心。

2．严格执行隔离消毒和传染病报告制度　按隔离消毒常规，认真执行各种传染病的隔离制度及消毒措施，防止院内交叉感染及传染病散播、蔓延。护士是传染病的责任报告人之一，应严格执行传染病报告制度。

3．密切观察病情变化，随时做好各项抢救准备工作　急性传染病具有发病急、病情重、变化多等特点，尤其对危重患者及诊断未明患者应加强巡视，密切观察病情变化，随时做好各项抢救准备工作，每天检查急救用品是否齐全、适用。

4．认真执行医嘱　执行医嘱应快速、准确，训练有素。

5．注意患者的休息与营养合理　休息和适当的营养是维护机体抗病能力的重要措施，故应保持病室整洁、安静，为患者创造良好的休养环境，经常注意患者饮食情况及其饮食习惯，向营养室提供适当的建议。

6．及时补充水和电解质　急性传染患者常有高热，故必须给予足量水分以满足其需要，有利于毒性物质的排泄。吐泻严重以致失水失盐的患者应及时补充水分及钾、钠等电解质，一般须按照“先快后慢、先盐后糖、见尿补钾、纠酸补钙”的原则。

7．预防并发症　患者抗病能力降低，护理不周则易发生各种并发症。应定时协助长期卧床者翻身，保持皮肤清洁干燥，防止坠积性肺炎和压疮的发生。做好口腔护理，防止口腔炎等继发感染。

8．积极对症处理　对患者的某些症状，应及时予以处理，以减轻患者的痛苦，恢复健康。

## 第 2 节　传染病常见症状和体征的护理

### 一、发　　热

发热是传染病最常见、最突出的症状，在急性传染病中有特别重要的临床意义。

（一）概述

1．概念　发热是指机体在致热源作用下，或各种原因引起体温调节中枢功能失调，机体产热过多和（或）散热减少，体温升高超出正常范围。

2．病因　发热的病因分为感染性和非感染性两大类，以感染性发热多见。此外还可以分为传染性发热和非传染性发热。传染性发热主要由病原体引起，常见病原体如下：

（1）病毒：如麻疹病毒、腮腺炎病毒、流感病毒、风疹病毒、水痘带状疱疹病毒、脊髓灰质炎病毒、人类轮状病毒、乙型脑炎病毒等。

（2）细菌：如霍乱弧菌、副溶血性弧菌、痢疾志贺菌、伤寒杆菌、布鲁菌、鼠疫杆菌、炭疽杆菌等。

（3）其他：包括支原体、衣原体、立克次体（斑疹伤寒）、真菌、螺旋体、寄生虫。

（二）护理评估

1．健康史　询问患者是否接触过传染病患者；近期是否在传染病高发季节到过疫源地；有无长期使用糖皮质激素及免疫抑制药；有无结核病、AIDS 等病史；有无过度疲劳、受凉、饮食不洁等诱发因素。

2．身体状况

（1）发热过程的分期：传染病发热过程可分为三期。体温上升期指患者在病程中体温上升的时期。若体温逐渐上升，患者可出现畏寒，见于伤寒、细菌性痢疾；若体温骤然上升至 39℃以上，患者可有寒战，见于疟疾和登革热等。高热持续期指体温上升至一定高度，然后持续一段较长时间的时期，如典型伤寒的极期。体温下降期指升高的体温缓慢或骤然下降的时期。有些传染病体温缓慢下降，几天后才降至正常，如伤寒。有些传染病体温可在 1 天之内降至正常，此时常伴有大量出汗，如疟疾、败血症、恙虫病等。

（2）发热热型：热型是传染病的重要特征之一，具有鉴别诊断的意义。热型可通过每天定时测量体温、进行记录并绘制体温曲线得到。常见热型：①稽留热（如伤寒、斑疹伤寒）；②弛张热（如败血症、流行性出血热）；③间歇热（如疟疾）；④回归热（如布鲁菌病）；⑤不规则热（如流感）。

（3）伴随症状：先发热后昏迷见于流行性脑脊髓膜炎、流行性乙型脑炎、中毒性菌痢；发热伴结膜充血见于麻疹、流行性出血热、斑疹伤寒；发热伴皮肤黏膜出血见于流行性出血热、败血症。

3．心理-社会状况　反复发热及治疗效果不佳，常使患者产生忧郁和焦虑心理。

4．辅助检查　对感染性发热的患者进行血常规、便常规和病原学检查尤为重要。另外结合病史还可以进行脑脊液检查、血清学检查，必要时进行活体组织病理检查、X 线检查、B 超检查、CT 检查等。

（三）护理问题

体温过高　与感染有关。

（四）护理措施

1．一般护理

（1）休息：发热患者应注意休息，高热患者应绝对卧床休息，以减少耗氧量。保持病室适宜的温度，定期通风换气，保持空气清新和流通。

（2）饮食：每天应保证足够的热量和液体的摄入。可给予高热量、高蛋白、高维生素、易消化的流质或半流质饮食，保证 2000ml/d 液体的摄入，以维持水、电解质的平衡。必要时遵医嘱静脉输液，以补充水分。

2．病情观察　严密监测患者的生命体征，注意发热的过程、热型、持续时间、伴随症状。实施物理或化学降温后，评价降温的效果，观察降温过程中患者有无虚脱。

3．降温　通常应用物理降温方法，如用冰帽、冰袋冷敷头部或大动脉走行处，可有效降低头部温度，适用于中枢神经系统传染性疾病；对高热、烦躁的患者可用 25%～50%酒精擦浴；对高热伴寒战、四肢肢端厥冷的患者采用 32～35℃的温水擦浴；冷（温）盐水灌肠适用于中毒性菌痢患者；高热惊厥患者可遵医嘱采用冬眠疗法或亚冬眠疗法。降温时应注意：①冷敷时，避免持续长时间冰敷在同一部位，以防局部冻伤。②注意周围循环情况，如脉搏细速、面色苍白、四肢厥冷的患者，禁用冷敷和酒精擦浴。③全身发疹或有出血倾向的患者禁忌酒精擦浴。④应用药物降温时，注意不可在短时间内将体温降得过低，以免大汗导致虚脱。⑤应用冬眠疗法降温前，应先补充血容量，用药过程中避免搬动患者，观察生命体征，特别是血压的变化，并保持呼吸道通畅。

4．口腔、皮肤护理　发热患者易并发口腔感染，应指导并协助患者在餐前、餐后、睡前漱口。病情严重或昏迷患者，给予特殊口腔护理。高热患者大量出汗后，应及时用温水擦拭，更换浸湿的床单、被褥和衣裤，以保持皮肤的清洁、干燥，使患者舒适，防止皮肤继发感染。病情严重或昏迷的患者，应协助改变体位，防止压疮的出现。

（五）健康指导

1．疾病知识指导　告知患者发热的原因，夏季要注意饮食卫生；秋、冬、春季节交替时，是呼吸道传染病流行高峰期，对于免疫力低下的人要尽量避免到人多的地方，注意保暖，预防感冒。居住的环境要通风。

2．用药指导　遵医嘱用药，避免大量应用退热药物，尤其对于老年患者，以免脱水，循环衰竭。关于抗生素的应用：应在病因明确或有医师指导下用药，避免抗生素滥用。避免滥用激素降温。

3．疾病监测指导　①教会患者自己监测体温，发热患者每天测体温 4 次，高热者每 4 小时测一次体温，体温正常 3 天后改为每日 1～2 次。②测体温前，避免剧烈运动、进食、饮用冷热液体、冷湿敷、洗澡等，皮肤如果潮湿要擦干，并休息半小时后再进行测量。③行降温措施后 30 分钟复测体温。

## 二、发　疹

### （一）概述

1．概念　许多传染病在发热的同时伴有发疹，称为发疹性传染病。发疹时可出现皮疹，分为外疹和内疹（黏膜疹）两大类，它是皮肤黏膜在致病因素作用下发生的不同的病理变化。

2．病因　常见于病毒、细菌感染。

3．分类　根据皮疹的形态可分为斑丘疹、出血疹、疱疹、荨麻疹等。

### （二）护理评估

1．健康史　仔细询问皮疹出现的时间、顺序、部位、形态、持续时间、进展情况，有无伴随发热、乏力、食欲缺乏、恶心、呕吐等不适症状。出疹后患者的自觉症状变化情况，是否出现并发症。

2．身体状况

（1）出疹时间：水痘、风疹的皮疹出现于发病后第 1 天，猩红热出现于第 2 天，麻疹出现于第 4 天，斑疹伤寒出现于第 5 天，伤寒出现于第 6 天。但上述传染病在发疹时间上也有例外。

（2）皮疹分布及出疹顺序：水痘的皮疹主要集中在躯干，呈向心性分布；麻疹和猩红热的出疹顺序相似，均从颈部、耳后开始，自上而下迅速遍及全身，但麻疹首先出现特征性的黏膜斑（科氏斑），而猩红热在皮肤皱褶处皮疹密集，因压迫摩擦出血而呈紫红色线状，称为“帕氏线”。

（3）皮疹形态：①斑丘疹，见于伤寒、猩红热、麻疹；②出血疹，见于流行性出血热、流行性脑脊髓膜炎；③疱疹，见于水痘、单纯疱疹和带状疱疹等病毒性传染病；④荨麻疹，见于病毒性肝炎、血清病。

3．心理-社会状况　皮肤损害影响容貌，同时部分皮疹伴有瘙痒感，患者易产生自卑、焦虑、烦躁等情绪反应。

4．辅助检查　进行血、尿、便常规检查，必要时进行病原学检测，注意血清学检查中抗原、抗体的检测结果。

### （三）护理问题

皮肤完整性受损　与感染有关。

### （四）护理措施

1．一般护理　患者应卧床休息，保持环境安静整洁，每天通风，避免强光刺激及对流风直吹。

2．病情观察　观察出疹情况，注意出疹的进展情况和消退情况，皮疹消退后有无脱屑、脱皮、结痂、色素沉着等变化。

3．皮肤护理　保持局部皮肤清洁干燥，每天用温水清洗皮肤，禁用肥皂水和酒精擦洗。衣被保持清洁、平整、干燥、柔软，勤换洗。翻身时动作轻柔，避免拖、拉、扯、拽等动作，以免损伤皮肤。患者的指甲剪短，婴幼儿可包裹手部，避免抓破皮肤。脱皮不完全时，可用消毒剪刀修剪，不可用手撕扯，以免加重损伤，导致出血、感染。局部皮肤瘆痒较重者，可用炉甘石洗剂、5%碘苷（疱疹净）涂搽患处。对出现大面积瘀斑、坏死的皮肤，局部用海绵垫、气垫圈加以保护，防止大小便浸渍，避免发生溃疡和继发感染。瘀斑破溃后，用无菌生理盐水清洗局部，辅以红外线灯照射，还可涂抗生素软膏，再覆盖无菌敷料。

4. 口腔黏膜疹护理　每天常规用温水或复方硼砂含漱液（朵贝液）漱口。进食后用清水漱口，以保持口腔清洁，黏膜湿润。出现溃疡者，用3%过氧化氢液清洗口腔后，涂以冰硼散。

5. 眼部护理　观察有无结膜充血、水肿，可用4%硼酸溶液或0.9%氯化钠溶液清洗眼睛，滴0.25%氯霉素眼药水或抗生素眼膏以防继发感染。

（五）健康指导

1. 疾病知识指导　向患者介绍皮疹的原因，使患者建立对皮疹正确的认识，避免搔抓皮肤瘙痒的地方；忌用肥皂等对皮肤有刺激性的化学制剂；避免阳光直接暴晒受损的皮肤；穿着的衣服要柔软舒适，保持皮肤的洁净干净。

2. 用药指导　遵医嘱使用药物，切不可擅自使用激素类的软膏。

3. 疾病监测指导　观察发热情况，出疹部位皮肤有无破损出血，如果有破损要及时处理，避免感染。

## 第3节　病毒性肝炎患者的护理

**案例10-1**　患者，男，32岁。因发热、尿黄、皮肤巩膜黄染5天入院。患者于5天前受凉后出现发热、头痛、咽痛、乏力、食欲减退、恶心、上腹部胀痛及右上腹隐痛，伴尿黄，渐呈浓茶水样。护理体检：皮肤巩膜明显黄染，肝肋缘下1.5cm，质软，压痛。实验室检查：尿胆红素（+），尿胆原（+）。肝功能：血清总胆红素184μmol/L，血清谷丙转氨酶200U/L。

**问题**：1. 该患者的护理问题有哪些？

2. 若要确诊还应做哪些检查？

病毒性肝炎简称肝炎，是由多种肝炎病毒引起的以肝脏损害为主的一组全身性传染病。临床主要表现为疲乏、食欲减退、厌油、肝功能异常等，部分病例可出现黄疸。目前已确定的肝炎病毒有甲型、乙型、丙型、丁型及戊型五种。

甲型和戊型主要表现为急性肝炎。而乙型、丙型及丁型可转化为慢性肝炎并可发展为肝硬化，且与肝癌的发生有密切的关系。

### 一、概　述

（一）病原学

1. 甲型肝炎病毒（HAV）　属于小RNA病毒科中的嗜肝病毒属。感染后在肝细胞内复制，随胆汁进入肠道后随粪便排出。HAV对外界抵抗力较强，耐酸碱，室温下可生存1周，在贝壳类动物、污水、海水、淡水、泥土中可生存数月。但对热和紫外线敏感，煮沸5分钟可全部灭活，紫外线（1.1W，0.9cm深）照射1分钟、3%甲醛5分钟可灭活。

2. 乙型肝炎病毒（HBV）　属于嗜肝DNA病毒科，完整的HBV颗粒由包膜和核心组成，包膜含有乙型肝炎表面抗原（HBsAg）、糖蛋白与细胞脂肪，核心部分含有DNA、DNA聚合酶（DNAP）和核心抗原（HBcAg），是病毒复制的主体。HBV在肝细胞内合成后释放入血，也可存在于唾液、精液和阴道分泌物等体液中。HBV 的抵抗力很强，能耐受低温、干燥、热、紫外线及一般浓度的化学消毒剂，但煮沸 10 分钟、加热 65℃持续 10 小时、高压蒸汽消毒、2%戊二醛等可使之灭活。

3．丙型肝炎病毒（HCV） 属于黄病毒科丙型肝炎病毒属，为单股正链 RNA 病毒，是五种肝炎病毒中最易发生变异的一种，不易被机体清除。对有机溶剂敏感，氯仿、甲醛、高压蒸汽均可使 HCV 灭活。

4．丁型肝炎病毒（HDV） 是一种缺陷 RNA 病毒，必须有 HBV 或其他嗜肝病毒辅助才能复制、表达。HDV 与 HBV 可同时感染人体，但大部分是在 HBV 感染的基础上重叠感染，当 HBV 感染结束时 HDV 感染亦结束。

5．戊型肝炎病毒（HEV） 是一种单股正链 RNA 病毒，主要在肝细胞内复制，通过胆道排出。HEV 对高热、氯仿和氯化铯敏感。

（二）发病机制与病理改变

各型病毒性肝炎的发病机制尚未完全阐明。目前认为，甲型肝炎和戊型肝炎的发病机制相似，主要与病毒侵入后细胞免疫引起肝细胞损伤有关。乙型肝炎的肝细胞损伤主要由 HBV 诱发的免疫反应引起，而乙型肝炎的慢性化则可能与免疫耐受有关。丙型肝炎肝细胞损伤与病毒的直接致病作用及免疫损伤有关。丁型肝炎的发病机制与乙肝相似。

除甲型和戊型肝炎无慢性肝炎的病理改变以外，各型肝炎的病理改变基本相同。其基本病变为肝细胞肿胀、气球样变性或嗜酸性变性，可有点灶状或融合性坏死或凋亡小体，炎症细胞浸润及 Kupffer 细胞增生肥大。慢性肝炎可见肝纤维增生形成纤维间隔。肝衰竭可见肝细胞大量坏死。

（三）转归

甲型和戊型肝炎一般不会发展为慢性肝炎，而乙型、丙型和丁型均可病程迁延，发展为慢性肝炎、肝硬化甚至肝癌。

## 二、护理评估

（一）流行病学资料

1．传染源 ①甲型和戊型肝炎：为急性患者和隐性感染者，在发病前 2 周至起病后 1 周大量病毒从粪便中排出体外，传染性最强；隐性感染者由于没有明显症状而难以及时发现，是最重要的传染源。②乙型、丙型和丁型肝炎：为急、慢性患者和病毒携带者，其中慢性患者和病毒携带者是乙型肝炎最主要的传染源。

2．传播途径 ①甲型和戊型肝炎主要经粪-口途径传播，病毒通过粪便污染水、食物及周围环境而进行传播，其中水和食物被污染后可引起暴发流行。②乙型、丙型和丁型肝炎主要通过血液传播，病毒可以通过输血、血制品、预防接种、不洁注射、针刺、拔牙等方式传播，日常生活中的密切接触也可以造成传播。此外乙型、丙型肝炎还可以通过母婴传播将病毒传播给婴幼儿。

（考点：各型病毒性肝炎的传播途径）

3．人群易感性 各型肝炎之间无交叉免疫力。①甲型肝炎：以学龄前儿童发病率最高，其次为青年人，成人抗-HAV IgG 阳性率达 90%，感染后免疫力可持续终身。②乙型肝炎：HBsAg 阴性者均易感。新生儿是获得 HBV 感染最危险的时期。感染或接种疫苗后出现抗 HBs 抗体者具有免疫力。③丙型肝炎：普遍易感，抗 HCV 并非保护性抗体。④丁型肝炎：目前仍未发现对 HDV

有保护性的抗体。⑤戊型肝炎：发病者多见于成年人，孕妇感染 HEV 者病死率高。抗 HEV 多在感染后短期内消失。

4．流行特征　甲型、戊型肝炎以散发性发病为主，乙型肝炎有家庭聚集现象。甲型肝炎以秋冬季为发病高峰，戊型肝炎多发生于雨季，其他型肝炎无明显的季节性。我国是乙型肝炎的高发区，我国 1～59 岁一般人群 HBsAg 携带率为 7.18%。

评估时重点询问家人有无感染肝炎；是否与肝炎患者有过密切接触；当地有无肝炎流行；近期有无进食过污染的水和食物（如水生贝类）；近期有无血液和血制品接触史、血液透析、有创性检查治疗等，有无静脉药物依赖、意外针刺伤、不安全性接触等；是否接种过肝炎疫苗。

（二）身心状况

1．症状　潜伏期：甲型肝炎 5～45 天，平均 30 天；乙型肝炎 30～180 天，平均 70 天；丙型肝炎 15～150 天，平均 50 天；丁型肝炎 28～140 天，平均 30 天；戊型肝炎 10～70 天，平均 40 天。甲型和戊型肝炎主要表现为急性肝炎。乙型、丙型和丁型肝炎除表现为急性肝炎外，慢性肝炎更常见。5 种肝炎病毒之间可出现重叠感染或混合感染，导致病情加重。

（1）急性肝炎：分为急性黄疸型肝炎和急性无黄疸型肝炎。

1）急性黄疸型肝炎：典型表现分为 3 期，病程为 1～4 个月。①黄疸前期：平均 5～7 天，甲、戊型肝炎起病较急，发热多在 38℃以上；乙型肝炎起病较缓慢，多无发热或发热不明显。各型肝炎均有不同程度的疲乏、全身不适等病毒血症和食欲减退、厌油、恶心、呕吐、腹胀、腹痛、腹泻等消化系统症状，本期未出现尿黄。②黄疸期：可持续 2～6 周，黄疸前期的症状逐渐好转，但尿色加深如浓茶样，巩膜和皮肤黄染，约 2 周达到高峰。部分患者伴有粪便颜色变浅、皮肤瘙痒、心动过缓等肝内阻塞性黄疸的表现。③恢复期：平均持续 4 周，症状逐渐消失，黄疸逐渐减退，肝脾回缩，肝功能逐渐恢复正常。

（考点：急性肝炎的临床表现）

2）急性无黄疸型肝炎：较黄疸型肝炎多见，症状也较轻，主要表现为消化道症状，常不易被发现而成为重要的传染源。

（2）慢性肝炎：急性肝炎病程超过 6 个月者，多见于乙、丙、丁型肝炎。慢性肝炎病情分度如下。

（考点：慢性肝炎病程）

1）轻度：病情较轻，可反复出现乏力、头晕、消化道症状、厌油、尿黄、肝区不适，部分患者无症状。肝功能检查仅 1 项或 2 项异常。病程迁延，只有少数发展为中度慢性肝炎。

2）中度：症状、体征、实验室检查介于轻度和重度之间。

3）重度：有明显或持续的肝炎症状，包括乏力、纳差、厌油、腹胀、腹泻等，肝功能持续异常。

（3）重型肝炎（肝衰竭）：是肝炎中最严重的临床类型。各型肝炎均可引起，常因劳累、感染、酗酒、服用对肝脏有损害的药物（如异烟肼、利福平）、妊娠等诱发，病死率可高达 50%～80%。临床表现：①黄疸迅速加深，血清胆红素高于 171μmol/L。②肝脏进行性缩小，出现肝臭。③出血倾向，凝血酶原活动度（PTA）低于 40%。④迅速出现腹水、中毒性鼓肠。⑤精神-神经系统症状（肝性脑病）：早期可出现计算能力下降、定向障碍、精神行为异常、烦躁不安、嗜睡和扑翼样震颤等，晚期可发生昏迷，深反射消失。⑥肝肾综合征：出现少尿甚至无尿，电解质、酸碱平衡紊乱及血尿素氮升高。重型肝炎可分为 4

种类型。

1）急性重型肝炎：起病急，早期即出现上述肝衰竭的临床表现。病程 2 周内出现Ⅱ度以上肝性脑病、肝脏明显缩小、肝臭等。病死率高，病程不超过 3 周。

2）亚急性重型肝炎：起病较急，发病 15 天至 26 周内出现肝衰竭症候群。肝性脑病多出现在疾病后期，腹水较明显。此型病程可长达数月，易转化为慢性肝炎或肝硬化。

3）慢加急性重型肝炎：是在慢性肝病基础上出现的急性肝功能失代偿。

4）慢性重型肝炎：在慢性肝炎或肝炎后肝硬化基础上发生的肝衰竭。此型主要以同时具有慢性肝病的症状、体征和实验室检查的改变及肝衰竭的临床表现为特点。

2．体征　急性肝炎：黄疸，肝大、质地软、轻度压痛，部分患者伴有轻度脾大；慢性肝炎：肝病面容，蜘蛛痣，肝掌，肝大、质地中等，脾大等；重型肝炎：肝缩小，肝臭，腹水等。

3．心理-社会状况　患者担心住院治疗影响工作和学习而出现紧张、焦虑情绪，疾病反复和久治不愈易产生悲观、消极、怨恨等情绪。部分患者因隔离治疗和疾病的传染性限制了社交而情绪低落、自卑。病情严重者因疾病进展、癌变、面临死亡而出现恐惧和绝望心理。

（三）辅助检查

1．尿常规检查　黄疸型肝炎尿胆原和尿胆红素明显增加，淤胆型肝炎时尿胆红素增加，而尿胆原减少或阴性。

2．肝功能检查

（1）血清酶检测：谷丙转氨酶（GPT）最为常用，是判定肝细胞损害的重要指标。急性黄疸型肝炎常明显升高；慢性肝炎可持续或反复升高；重型肝炎时因大量肝细胞坏死，GPT 随黄疸加深反而迅速下降，称为胆-酶分离。此外，部分肝炎患者谷草转氨酶（GOT）、碱性磷酸酶（ALP）、谷氨酰转酞酶（γ-GT）也升高。

（2）血清蛋白检测：慢性肝病可出现清蛋白下降，球蛋白升高和 A/G 值下降。

（3）血清胆红素检测：黄疸型肝炎时，直接和间接胆红素均升高；淤胆型肝炎则以血清直接胆红素升高为主。

（4）凝血酶原活动度（PTA）检查：PTA 与肝损害程度成反比，可用于重型肝炎临床诊断及预后判断。肝衰竭 PTA 常＜40%，PTA 越低，预后越差。

（5）血氨浓度检测：并发肝性脑病时可有血氨升高。

（考点：肝功能检查项目的临床意义）

3．肝炎病毒病原学（标志物）检测

（1）甲型肝炎：血清抗-HAV IgM 阳性提示近期有 HAV 感染，是确诊甲型肝炎最主要的标志物；血清抗 HAV IgG 是保护性抗体，见于甲型肝炎疫苗接种后或既往感染 HAV 的患者。

（2）乙型肝炎

1）血清病毒标志物的临床意义（表 10-2）。

**表 10-2　血清病毒标志物的临床意义**

| 血清病毒标志物 | 临床意义 |
| --- | --- |
| 乙型肝炎表面抗原（HBsAg） | 阳性提示为 HBV 感染者，人体感染 HBV 后 3 周血中首先出现 HBsAg |
| 乙型肝炎表面抗体（抗 HBs） | 为保护性抗体，主要见于预防接种乙型肝炎疫苗后或过去感染 HBV 并产生免疫力的恢复者 |
| 乙型肝炎 e 抗原（HBeAg） | 阳性提示 HBV 复制活跃，传染性较强，一般只出现在 HBsAg 阳性的血清中 |

续表

| 血清病毒标志物 | 临床意义 |
|---|---|
| 乙型肝炎e抗体（抗HBe） | 在HBeAg消失后出现，阳性并不代表HBV复制停止或无传染性 |
| 乙型肝炎核心抗原（HBcAg） | 主要存在于受感染的肝细胞核内，一般方法不易检出，阳性表示病毒呈复制状态，有传染性 |
| 乙型肝炎核心抗体（抗HBc） | 抗-HBc IgG阳性提示过去感染或近期低水平感染，抗-HBc IgM阳性则提示急性乙型肝炎或慢性乙型肝炎急性发作期。HBsAg已消失，抗HBs尚未出现，只检出抗HBc抗体，此阶段称为窗口期 |

2）乙型肝炎病毒脱氧核糖核酸（HBV DNA）和DNA聚合酶（DNAP）检测：均位于HBV的核心部分，是反映HBV感染最直接、最特异和最灵敏的指标。两者阳性提示HBV的存在、复制，传染性强。HBV DNA定量检测有助于抗病毒治疗病例的选择及疗效判断。

（3）丙型肝炎：丙型肝炎病毒核糖核酸（HCV RNA）阳性提示有HCV病毒感染，其在病程早期即可出现，治愈后很快消失，可作为抗病毒治疗病例选择及疗效判断的重要指标。丙型肝炎病毒抗体（抗HCV）为非保护性抗体，其阳性是HCV感染的标志。抗-HCV IgM阳性提示丙型肝炎急性期，病愈后可消失；高效价的抗-HCV IgG常提示HCV的现症感染，而低效价的抗-HCV IgG提示丙型肝炎恢复期。

（4）丁型肝炎：血清或肝组织中的丁型肝炎抗原（HDAg）和（或）丁型肝炎病毒核糖核酸（HDV RNA）阳性有确诊意义，抗-HDV IgG是现症感染的标志，效价增高提示丁型肝炎慢性化。

（5）戊型肝炎：抗-HEV IgM和抗-HEV IgG阳性可作为近期HEV感染的标志。

（考点：病毒性肝炎血清标志物）

### （四）治疗要点

目前尚无特效治疗。治疗原则为综合性治疗，以休息、营养为主，辅以适当的药物治疗，避免使用肝脏损害的药物。

1. 急性肝炎　以支持、对症治疗为主，强调早期卧床休息，辅以适当的护肝药物，除急性丙型肝炎早期应使用干扰素（疗程3～6个月）外，一般不需要抗病毒治疗。

2. 慢性肝炎　除了适当休息和营养外，还需要护肝、抗病毒和对症治疗等。常用护肝药物有维生素B族（如复合维生素B）、促进解毒功能的药物（如葡醛内酯、还原型谷胱甘肽等）、促进能量代谢的药物（如肌苷、ATP、辅酶A等）、促进蛋白代谢的药物（如复方氨基酸注射液等）、改善微循环的药物（如低分子右旋糖酐、山莨菪碱等）；抗病毒药物有干扰素（疗程6～12个月）、核苷（酸）类似物（如拉米夫定、阿德福韦、恩替卡韦等）。

3. 重型肝炎　以支持、对症治疗为基础，促进肝细胞再生，预防和治疗并发症，有条件者可采用人工肝支持系统和肝移植。

## 三、护理问题

1. 活动无耐力　与肝功能受损、能量代谢障碍有关。
2. 营养失调：低于机体需要量　与食欲下降、呕吐、腹泻、消化和吸收功能障碍有关。
3. 知识缺乏：缺乏肝炎的防治、隔离等相关知识。
4. 焦虑　与病情反复、担心疾病预后有关。
5. 潜在并发症：出血、干扰素治疗的不良反应、肝性脑病、肝肾综合征。

## 四、护 理 措 施

### （一）一般护理

1．隔离与消毒 甲型、戊型肝炎患者要进行消化道隔离 3～4 周。乙型、丙型和丁型肝炎患者实行血液和体液隔离。乙型和丁型肝炎急性期隔离至 HBsAg 转阴，恢复期仍不转阴者按 HBsAg 病原携带者管理；丙型肝炎急性期应隔离至病情稳定。隔离消毒应注意：①病区要有隔离标志，设立泡手桶、泡器械桶等消毒设施。②患者餐具要固定或使用一次性餐具。③排泄物用 5%含氯消毒剂消毒后再倾倒。④单独使用体温表、血压计、听诊器、止血带等，隔离解除后要使用含氯消毒剂或过氧乙酸进行终末消毒。⑤被污染的物品在 0.5%的洗消净中浸泡 30 分钟或沸水煮 30 分钟消毒。⑥使用一次性注射器，妥善处理好污染的锐利医疗器械，避免伤人。⑦医护人员进行有创检查或操作应做好自我防护，一旦出现针刺伤要挤出伤口的血液，并用流水冲洗，边挤边冲，立即注射高效的免疫球蛋白。

（考点：病毒性肝炎的隔离与防护）

2．休息与活动：急性肝炎、慢性肝炎活动期、重型肝炎患者均应卧床休息，以降低机体代谢率，增加肝脏的血流量，有利于肝细胞修复。根据病情，必要时可协助患者进行进餐、沐浴等生活护理，待症状好转、黄疸减轻、肝功能改善后，逐渐增加活动量，以不感到疲劳为度。肝功能正常 1～3 个月后可恢复日常生活和工作，但应避免过度劳累和重体力劳动。

3．饮食护理

（1）肝炎急性期：宜进食清淡、易消化、富含维生素的流质饮食，保证足够热量。如进食量太少，不能满足生理需要，可遵医嘱静脉补充葡萄糖、脂肪乳和维生素。

（2）黄疸消退期：可逐渐增加饮食，避免暴饮暴食，少食多餐。补充蛋白，以优质蛋白为主，如牛奶、瘦肉、鱼等。脂肪以耐受为限，多选用植物油。补充水果、蔬菜等富含维生素的食物。

（3）慢性肝炎：宜进食高热量、高蛋白、高维生素易消化的食物，蛋白质以优质蛋白为主。但避免长期摄入高糖、高热量饮食和饮酒，尤其有糖尿病倾向和肥胖者，以防诱发糖尿病和脂肪肝。腹胀者可减少产气食品（牛奶、豆制品）的摄入。各型肝炎均应禁饮酒。

（4）重型肝炎：宜进食低盐、低脂、高热量、高维生素饮食。血氨偏高或有肝性脑病倾向者应限制或禁止蛋白质摄入。

（考点：肝炎患者的饮食）

### （二）病情观察

观察消化道症状；观察有无精神、神志的改变，警惕肝性脑病的发生；观察有无出血倾向，如皮肤出血点、呕血和黑便；观察黄疸、水肿有无消退或加重；监测肝功能。发现异常变化立即报告医生并配合处理。

### （三）配合治疗护理

遵医嘱正确用药，注意观察药物疗效和不良反应。使用干扰素前应向患者及家属解释使用干扰素治疗的目的和不良反应，嘱患者遵医嘱用药，不可自行停药或加量。常见的不良反应叙述如下。①发热反应：一般在最初 3～5 次注射时发生，以第 1 次注射后的 2～3 小时最明显，可伴有头痛、肌肉、骨骼酸痛、疲倦无力等，反应随治疗次数增加而不断减轻。发热时应嘱患者多饮水，卧床休息，必要时对症处理。②脱发：1/3～1/2 患者在疗程中、后期出现脱发，停药后可恢复。③骨髓抑制：患者会出现白细胞计数减少，当白细胞$<3.0\times10^9/L$，或中性粒细胞$<0.75\times10^9/L$，

或血小板＜$50\times10^9$/L 时，可减少干扰素的剂量甚至停药。此外，部分患者会出现胃肠道反应、肝功能损害和神经精神症状，一般对症处理，严重者应停药。

（四）对症护理

1．皮肤护理　为缓解患者皮肤瘙痒感，可用温水擦浴，贴身衣物宜棉质、宽松、透气。避免抓伤皮肤，指甲平整，选用中性肥皂清洁皮肤并涂润肤油。

2．腹水护理　协助患者取半卧位，准确记录24小时出入液量，监测体重、腹围，观察水肿消长情况。做好皮肤护理，防止压疮发生。

（五）心理护理

向患者及家属解释疾病的特点、隔离的意义和预后，鼓励患者多与医务人员、家属、病友等交谈，说出自己心中的感受，给予患者精神上的安慰和支持。对患者所关心的问题耐心解答，使家属消除对肝炎的恐惧，安排探视时间，给予患者家庭的温暖和支持，同时积极协助患者取得社会支持。

## 五、健康指导

1．疾病知识指导　向患者及家属宣传病毒性肝炎的家庭护理和自我保健知识。慢性患者和无症状病毒携带者应做到：①保持乐观情绪，生活规律，劳逸结合。②加强营养，适当增加蛋白质摄入，但要避免长期高热量、高脂肪饮食，戒烟酒。③不滥用保肝药物和其他损害肝脏的药物，如吗啡、苯巴比妥、磺胺类药、氯丙嗪等，以免加重肝损害。④实施适当的家庭隔离，患者的食具、用具、洗漱用品等应专人专用，患者的排泄物、分泌物可用3%漂白粉消毒后弃去，防止污染环境。家中密切接触者应进行预防接种。

2．疾病预防指导　甲型和戊型肝炎重点加强粪便管理，保护水源，严格饮用水的消毒，切断消化道传播途径。乙型、丙型和丁型肝炎重点防止血液和体液传播，对供血者进行严格筛查，做好血源检测，推广应用一次性注射用具，重复使用的医疗器械要严格消毒，个人生活用具专人使用，接触患者后用肥皂和流动水洗手。甲型肝炎易感者可接种甲型肝炎疫苗，对接触者可接种人血清免疫球蛋白；新生儿、医务人员、保育员以及与HBsAg阳性者密切接触者，应接种乙型肝炎疫苗。乙型肝炎疫苗全程需接种3针，按照0、1、6个月程序。新生儿接种乙肝疫苗要求在出生后24小时内进行，越早越好。母亲HBsAg阳性的新生儿应在出生后立即注射高效价抗-HBV IgG（HBIG），同时在不同部位注射乙型肝炎疫苗，之后按照程序进行接种。

知识链接

**乙肝疫苗加强针**

当注射乙肝疫苗后，体内就会产生抗体（一种免疫球蛋白），抗体有一定的半衰期，当下降到一定水平时，不足以起保护作用，可通过再次注射疫苗，刺激机体，产生和提高抗体水平。这时注射的乙肝疫苗就称为乙肝疫苗加强针。

3．意外暴露后乙型肝炎预防　意外接触HBV感染者的血液和体液后，应立即检测乙肝病毒标志物、肝功能，并在3个月和6个月后复查。如已接种过乙型肝炎疫苗，且抗HBs≥10IU/L，可不必特殊处理。如未接种过乙型肝炎疫苗，或虽接种过但抗HBs＜10IU/L或抗HBs水平不详，应立即注射HBIG 200～400IU，并同时在不同部位接种一针乙型肝炎疫苗（20μg），之后按照程序进行接种。

（考点：保护易感人群的措施）

4. 用药指导与病情监测　指导患者遵医嘱应用抗病毒药物，明确用药剂量、使用方法、漏用药物或自行停药可能导致的风险。定期复查，急性肝炎患者出院后第 1 个月复查 1 次，以后每 1～2 个月复查 1 次，半年后每 3 个月复查 1 次，定期复查 1～2 年。慢性肝炎患者定期复查肝功能、病毒的血清学指标、肝脏 B 超等，以指导调整治疗方案。

# 第 4 节　流行性乙型脑炎患者的护理

**案例 10-2**　患儿，男，9 岁。突然发热、头痛、精神倦怠，伴抽搐、意识障碍 3 天入院。入院后查体：体温 40.2℃，脉搏 156 次/分，呼吸 28 次/分，神志不清，全身抽搐，病理征阳性，脑膜刺激征阳性。血常规：白细胞 $15.9\times10^9$/L，中性粒细胞 84%，尿常规未见异常。入院后第 9 天因呼吸衰竭死亡。

**问题：** 1. 该患者患何病?

2. 请对患者进行护理评估。

3. 该患者主要的护理问题是什么?

流行性乙型脑炎（简称为乙脑），又称日本脑炎，是由乙型脑炎病毒引起的以脑实质炎症为主要病变的中枢神经系统急性传染病。本病由蚊虫传播，在夏季流行，见于儿童，是人畜共患的自然疫源性疾病。

## 一、概　　述

1. 病原学　乙型脑炎病毒属于黄病毒科，核心为单股正链的 RNA，呈球状，适宜在神经细胞内生长。

2. 转归　本病病死率在 10%以下，但重症患者的病死率可高达 20%～50%，多死于中枢性呼吸衰竭，存活者有不同程度的后遗症。

## 二、护 理 评 估

### （一）流行病学资料

1. 传染源　人或动物被乙脑病毒感染后出现病毒血症，成为传染源，其中猪（尤其是幼猪）是乙脑最重要的传染源。

2. 传播途径　蚊虫叮咬是乙脑的主要传播途径。库蚊、伊蚊、按蚊均能传播本病，其中三带喙库蚊是主要传播媒介。蚊感染后可携带病毒过冬或经卵传代，成为乙脑病毒的长期储存宿主。

（考点：乙脑主要的传播媒介）

3. 人群易感性　普遍易感，隐性感染为主，感染后可以获得持久免疫力。婴儿从母体获得的乙脑抗体也具有保护作用。

4. 流行特征　东南亚和西太平洋地区是乙脑主要流行区域，我国多数地区有流行，农村高于城市。随着疫苗的广泛接种，我国发病率正逐年下降。乙脑的发病在我国有明显季节性，多发于 7、8、9 月份，与蚊虫繁殖、气温、降雨量等因素密切相关。发病者儿童多见，主要集中在 2～6 岁。集中发病较少见，呈高度散发性。

知识链接

**三带喙库蚊**

三带喙库蚊为棕褐色小型蚊种。喙中段有一宽阔白环，触须尖端为白色；各足跗节基部有一细窄的白环；腹节背面基部均有中间稍向下突出的淡黄色的狭带。主要滋生于稻田、藕塘、沼泽等处，如同中华按蚊。在我国，三带喙库蚊遍布除了新疆、西藏以外的全国各地。它是流行性乙型脑炎的重要传播媒介。

（考点：乙脑的流行特点）

（二）身心状况

1．症状　本病潜伏期为4～21天，一般为10～14天。典型临床分4期。

（1）初期：起病急，1～2天内体温上升至39～40℃，伴头痛、精神倦息、恶心、呕吐和嗜睡。极少数患者可出现颈强直及抽搐，此期持续1～3天。

（2）极期：为病程第4～10天，本期除上述症状加重外，主要表现为脑实质受损症状。①高热：体温高达40℃以上，热程7～10天，热度越高，热程越长，病情越重。重者可达3周以上。②意识障碍：主要表现为嗜睡、谵妄、昏迷、定向力障碍等，多发生在第3～8天，常常持续1周左右，重者可长达4周。③惊厥或抽搐：可为局部小抽搐（面部、眼肌、口唇），还可表现为肢体阵挛性抽搐、全身抽搐或强直性阵挛。持续数分钟至数十分钟不等，均伴意识障碍。抽搐频繁或抽搐持续时间过长可加重缺氧及脑实质的损伤，导致呼吸衰竭。④呼吸衰竭：多发生于重症病例，主要为中枢性呼吸衰竭，由于脑实质炎症、缺氧、脑水肿、颅内高压和低血压等所导致，其中脑实质病变为主要原因。表现为呼吸节律不规则、幅度不均，如叹息样呼吸、潮式呼吸、抽泣样呼吸等，最后呼吸停止。此外，因脊髓病变可发生周围性呼吸衰竭。特点为呼吸先快后慢，呼吸表浅，但呼吸节律规整。

高热、抽搐和呼吸衰竭是乙脑极期的三个严重症状，三者相互影响，其中呼吸衰竭常为致死的主要原因。

（考点：乙脑的典型表现和死亡的主要原因）

（3）恢复期：本期体温逐渐下降，症状逐渐好转，2周左右可完全恢复。重症患者可有恢复期症状，如反应迟钝、痴呆等，还可有其他症状，如抽搐、四肢强直性瘫痪等，这些症状多在半年内恢复。

（4）后遗症期：少数重症患者半年后仍有精神及神经症状，称之为后遗症。主要表现有意识障碍、痴呆、失语、瘫痪、癫痫等。若后续治疗得当及功能训练及时，上述症状可得到不同程度的恢复。大多数癫痫症状可持续终身。

2．体征　重点检查生命体征和神经系统体征。

3．心理-社会状况　因发病突然，症状明显及担心病情加重而出现紧张、焦虑等不良情绪。后遗症期容易产生消极、悲观情绪。

（三）辅助检查

1．血常规　白细胞计数增高，常在（10～20）$\times 10^9/L$，中性粒细胞可达80%以上，这与其他病毒感染性疾病不同。

2．脑脊液检查　脑脊液外观无色透明或微混浊，压力增高，白细胞多在（50～500）$\times 10^6/L$。

早期脑脊液以中性粒细胞为主，之后淋巴细胞增多，糖正常或偏高，氯化物正常。

3．血清学检查　①特异性IgM抗体测定：该抗体大多在起病3～4天后出现在血清中，2周时可达到高峰，可用于该病的早期诊断。②补体结合试验：补体结合抗体为IgG抗体，具有较高特异性，但出现较晚，主要用于回顾性诊断和（或）流行病学调查。

4．病原学检查　①病毒分离：乙脑病毒主要存在于脑组织中，从病程第1周内死亡的病例脑组织中可以分离出病毒，从血和脑脊液中不易分离出病毒。②病毒抗原或核酸的检测：多用于科研工作，很少用于临床诊断。

（考点：脑脊液和血清学检查）

（四）治疗要点

目前尚无特效抗病毒药物，该疾病应采取积极的对症和支持治疗。处理好高热、抽搐、呼吸衰竭等危重症状是抢救乙脑患者的关键。

1．对症治疗　高热患者以物理降温为主，药物降温为辅，持续高热伴反复抽搐患者可用亚冬眠疗法，氯丙嗪和异丙嗪每次各0.5～1mg/kg肌内注射，每4～6小时1次，疗程一般为3～5天；对抽搐患者应积极去除病因并采取相应对症治疗，可使用镇静剂，如肌内注射地西泮、水合氯醛鼻饲或灌肠等；中枢性呼吸衰竭可选用呼吸兴奋剂，如尼可刹米、洛贝林等，及时清除呼吸道分泌物，必要时行气管切开并辅助呼吸。

2．肾上腺皮质激素的使用　目前该病使用激素的意见尚未统一。有人认为激素有退热、抗炎作用，能降低毛细血管通透性和渗出，因此能够降低颅内压、防治脑水肿。也有人认为，激素抑制了机体的免疫功能，增加了继发感染的机会，不主张常规使用，临床上可根据具体情况酌情使用。

3．恢复期及后遗症处理　应加强护理，防止继发感染；应注意对患者的吞咽、语言、肢体功能进行功能训练，可结合理疗、针灸、高压氧、中药等。

## 三、护理问题

1．体温过高　与病毒血症有关。

2．意识障碍　与中枢神经系统及脑实质损害有关。

3．有受伤的危险　与脑实质炎症、脑水肿、高热、抽搐或意识障碍有关。

4．潜在并发症：呼吸衰竭。

## 四、护理措施

（一）一般护理

1．休息　患者应卧床休息，环境安静、舒适，温湿度适宜，避免各种刺激。意识障碍患者需专人照顾，注意生活护理及口腔、皮肤的清洁护理，防止形成压疮。集中进行各种检查、治疗及操作，减少刺激，以免诱发惊厥。

2．饮食　早期选择清淡、易消化的流质饮食，昏迷患者及吞咽困难者给予鼻饲或遵医嘱静脉补充营养；恢复期患者可以逐渐增加高热量、高蛋白的饮食。

（二）病情观察

严密监测患者呼吸状况及其他生命体征；观察患者的意识障碍程度及其他精神神经症状和体征；是否有惊厥或抽搐发作；有无脑疝先兆；记录24小时出入液量。一旦出现病情变化，立即积极配合医师进行处理。

（三）配合治疗护理

1．高热者积极采取有效的降温措施，以物理降温为主，如用冰帽或冰袋冷敷头部。高热惊厥患者可采用冬眠疗法或亚冬眠疗法。降温时应随时注意观察患者的降温情况。

2．惊厥或抽搐发作时，患者应取仰卧位，头偏向一侧，保持呼吸道通畅，松解领口，取下义齿。将纱布置于上下磨牙间，以防舌咬伤。及时吸痰以防痰液阻塞。注意患者安全，必要时使用床栏或约束带以防患者坠床。

3．有呼吸道分泌物者，应及时给予翻身、叩背、吸痰、体位引流、雾化吸入等措施以保持呼吸道通畅；缺氧明显者给予吸氧，遵医嘱应用呼吸兴奋剂，必要时配合医生行气管插管或气管切开术，使用人工呼吸器辅助呼吸，并做好相应护理。

4．按医嘱及时准确给药，同时注意观察药物疗效及不良反应。使用镇静药时，应严格掌握药物剂量及给药时间，注意患者的呼吸及意识状态；使用呼吸兴奋剂时应确保呼吸道通畅，静脉给药时速度不宜过快，密切观察患者呼吸变化，若出现恶心、呕吐、烦躁、面色潮红等现象，需减慢滴速。

5．中医药治疗　白虎汤加减、清瘟败毒饮等，成药可用安宫牛黄丸等。

6．恢复期及后遗症处理　应注意进行功能训练。

（考点：对症护理措施）

（四）心理护理

由于乙脑住院患者病情大多较危重，患者及家属容易紧张、焦虑，故应及时向患者及家属解释疾病相关知识，避免各种刺激，给予患者关心和照顾，鼓励其积极配合治疗，树立战胜疾病的信心。

## 五、健康指导

1．疾病知识指导　积极宣传乙脑防治知识。在乙脑流行季节，如发现有高热、头痛、意识障碍者，应考虑乙脑可能性，立即送医院诊治。恢复期患者仍有瘫痪、失语等症状者，应鼓励患者坚持训练和治疗，教会家属有效的护理措施及康复疗法，减轻残疾程度。

2．疾病预防指导　加强家畜管理，搞好饲养圈的环境卫生。在乙脑流行季节前对猪进行疫苗接种，以控制乙脑流行。大力开展防蚊、灭蚊工作，消除蚊虫滋生地。流行季节采用驱蚊措施，防止蚊虫叮咬。6 个月以上 10 岁以下的儿童和初次进入流行区的人员应接种疫苗，在流行前 1 个月开始，首次皮下注射，间隔 7～10 天复种 1 次。

（考点：疾病预防指导）

# 第 5 节　细菌性痢疾患者的护理

**案例 10-3**　患者，男，23 岁。腹痛、腹泻、发热 1 天。1 天前在进食不洁食物后出现恶心呕吐、腹痛、腹泻，粪便为黄色稀便，带少许脓血，每日 6～9 次，左下腹隐痛，里急后重感明显。粪便常规镜检可见散在红细胞及大量白细胞。

**问题：** 1．对该患者进行护理评估。
2．该患者主要的护理问题有哪些？
3．作为护士，你将为患者采取哪些护理措施？

细菌性痢疾简称菌痢，是由痢疾杆菌（也称志贺菌）引起的肠道传染病。本病以腹痛、腹泻、黏液脓血便和里急后重为主要表现，可伴有发热及全身毒血症状。轻者预后良好，严重者可出现感染性休克和（或）中毒性脑病，少数患者病程迁延转为慢性。

## 一、概　　述

1. 病原学　痢疾杆菌为革兰阴性杆菌，有菌毛，无鞭毛、荚膜及芽胞。按其生化反应及抗原结构的不同，分为 4 群（A 群痢疾志贺菌、B 群福氏志贺菌、C 群鲍氏志贺菌、D 群宋内志贺菌）共 47 个血清型。各血清型均可产生内毒素，是引起全身毒血症状的主要因素。痢疾杆菌还可产生外毒素，具有神经毒、细胞毒和肠毒素样作用。痢疾杆菌适宜于低温潮湿的环境，在潮湿土壤中生存 34 天，在瓜果、蔬菜及污染物上生存期为 1～2 周。但痢疾杆菌对理化因素抵抗力较低，日光直接照射 30 分钟死亡，煮沸 2 分钟可被杀死，对各种化学消毒剂均敏感。

2. 发病机制　痢疾杆菌侵入人体后，引起的病变部位主要在乙状结肠及直肠。病变局部的肠黏膜上皮细胞由于缺血、缺氧而变性坏死，形成浅表溃疡，分泌黏液和脓性分泌物。直肠受炎症反应刺激，致使患者表现为里急后重感。痢疾杆菌产生的内毒素可引起全身毒血症，导致急性微循环障碍，从而出现重要脏器功能衰竭；外毒素可导致肠黏膜坏死、水样腹泻及神经系统症状等。

3. 转归　急性菌痢经治疗后，多于 1 周左右痊愈，少数患者可转为慢性。中毒性菌痢病死率高，主要原因是呼吸、循环衰竭。

## 二、护 理 评 估

### （一）流行病学资料

1. 传染源　主要为急、慢性患者及带菌者。急性患者传染性强，而慢性患者及带菌者因容易被忽略，流行病学意义更大。

2. 传播途径　经消化道传播。痢疾杆菌主要通过污染食物、水、生活用品、手，经口使人感染；也可通过苍蝇污染食物而传播。

3. 人群易感性　人群普遍易感，以学龄前儿童和青壮年居多。病后免疫力短暂而不稳定，各菌群及血清型之间无交叉免疫，故易复发和再次感染。

4. 流行特征　全年散发，夏秋季多发。与夏秋季苍蝇及细菌繁殖较快、人们习惯食生冷食物等因素有关。

评估时应询问患者的饮食习惯、个人卫生习惯、居住地卫生状况，注意有无不洁饮食史或与菌痢患者接触史等。

### （二）身心状况

1. 症状　潜伏期 1～2 天，潜伏期长短和临床症状的轻重与患者的年龄、机体状况及感染菌群有关。视病情长短及临床表现分为急性和慢性两型。

（1）急性菌痢：根据全身中毒症状与消化道症状可分为 4 型。

1）普通型（典型）：起病急，高热伴畏寒，体温可达 39℃，伴有头痛、乏力及食欲减退等全身不适；肠道症状表现为恶心、呕吐、腹痛、腹泻及里急后重等，每日排便十几次至数十次，开始为少量稀便，后转为黏液脓血便。1～2 周以后缓解或恢复，少数病程迁延转为慢性。

（考点：典型急性细菌性痢疾患者的粪便特点）

2）轻型（非典型）：低热或不发热，全身症状及消化道症状较轻，每日排便次数较少，为稀便或糊状便。病程为 3～7 天，少数病程迁延转为慢性。

3）重型：多见于老年、体弱、营养不良者，起病急，腹泻每日 30 余次，为稀水脓血便，偶尔会出现片状假膜，里急后重明显，后期可出现中毒性肠麻痹，严重脱水可导致周围循环衰竭，部分患者出现中毒性休克、心、肾功能不全等。

4）中毒性菌痢：多见于2～7岁体质较好的儿童，成人偶可发生。起病急，主要表现为突然高热（可达40℃以上）、严重的全身毒血症状、休克和（或）中毒性脑病，而肠道症状较轻。根据临床表现可分为3型：①休克型（周围循环衰竭型）。表现为感染性休克。患者面色苍白、四肢厥冷、皮肤花斑及发绀、心率增快、脉搏细速、血压下降、尿量减少，伴不同程度的意识障碍。晚期血压明显降低甚至测不出，可出现心、肾功能不全的症状。②脑型（呼吸衰竭型）。由于脑缺血、缺氧、颅内压增高甚至脑疝，出现意识障碍及中枢性呼吸衰竭，病死率高。③混合型。同时具有以上两种表现，病情最为凶险，可迅速发展为呼吸、循环衰竭，病死率很高。

（考点：中毒性细菌性痢疾的临床表现）

（2）慢性菌痢：指急性菌痢反复发作、病程迁延不愈达2个月以上者，多与急性期治疗不及时、不彻底、机体抵抗力低下或耐药菌株感染等因素有关。

1）急性发作型：半年内有急性菌痢史，常因进生冷、不洁食物或劳累、受凉等因素诱发，出现腹痛、腹泻、脓血便等症状，发热常不明显。

2）慢性迁延型：急性菌痢发作后，迁延不愈，常有腹痛、腹泻、稀便或脓血便。长期腹泻导致乏力、贫血、营养不良等。

3）慢性隐匿型：1年内有急性菌痢史，无明显腹痛、腹泻等临床症状，粪便培养可见痢疾杆菌。

2．体征　患者可有左下腹压痛及肠鸣音亢进，病情严重者可出现瞳孔大小不等、对光反射迟钝或消失、昏迷、血压下降、呼吸节律异常等体征。

3．并发症　较少见，可并发菌血症、溶血性尿毒症综合征、关节炎等。

4．心理-社会状况　患者因全身症状和腹痛、腹泻、里急后重等消化道症状，或因病程迁延不愈，出现烦躁、焦虑等不良情绪。

### （三）辅助检查

1．血常规检查　急性期白细胞总数增高，多在（10～20）×$10^9$/L，以中性粒细胞增高为主。慢性期可有轻度贫血。

2．粪便常规　外观多为黏液脓血便，量少、无粪质，镜检可见大量脓细胞、少量红细胞，如有巨噬细胞更有助于诊断。

3．细菌培养　粪便培养出痢疾杆菌为确诊依据。应注意在抗生素治疗前采集标本，早期、多次采集新鲜粪便的黏液脓血部分，以提高阳性检出率。粪便培养同时做药物敏感试验有助于抗菌药物的选择。

知识链接

**细菌性痢疾与急性阿米巴痢疾粪便的特点**

细菌性痢疾粪便量少，呈黏液脓血便，镜检有大量白细胞，可见红细胞、吞噬细胞，粪便培养有志贺菌生长；急性阿米巴痢疾便量多，呈暗红色果酱样便，腥臭味浓，镜检白细胞少，红细胞多，有夏科-莱登晶体，可找到溶组织内阿米巴滋养体。

### （四）治疗要点

1．急性菌痢　治疗措施包括一般治疗、抗菌治疗及对症治疗。①一般治疗：实施接触隔离措施，防止经消化道和生活接触传播，至临床症状消失、粪便培养连续 2 次阴性方可解除。全身毒血症状严重者必须卧床休息。注意饮食，维持水、电解质、酸碱平衡。②抗菌治疗：合理使用有效的抗菌药物是治疗急性菌痢、防止慢性迁延的重要措施。疗程一般为 5～7 天，可根据药敏试验选择合理有效的抗菌药物。成人首选药物为喹诺酮类，如环丙沙星、诺氟沙星等，可根据病情给予口服或静脉滴注。喹诺酮类药物可影响骨骼发育，儿童、孕妇及哺乳期女性慎用。③对症治疗：高热者应用物理降温或药物降温，腹痛剧烈者给予解痉药。对于中毒性细菌性痢疾患者应立即实施综合性抢救措施，给予抗休克、防治脑水肿及呼吸衰竭等治疗。

2. 慢性菌痢　采取一般治疗、病原治疗和对症治疗措施。病原治疗应根据药物敏感试验合理选用有效抗菌药物，可联合应用 2 种不同类型药物，疗程可适当延长，必要时给予多个疗程，也可保留灌肠。肠功能紊乱者可应用镇静、解痉药物缓解症状。肠道菌群失调者可应用乳酸杆菌等微生态制剂。

## 三、护理问题

1. 体温过高　与痢疾杆菌的内毒素作用于体温调节中枢有关。
2. 腹泻　与肠道炎症、浅表溃疡形成导致肠蠕动增强、肠痉挛有关。
3. 组织灌注无效　与中毒性菌痢导致微循环障碍有关。
4. 疼痛：腹痛　与毒素作用于肠壁自主神经，引起肠痉挛有关。
5. 潜在并发症：休克、中毒性脑病、中枢性呼吸衰竭。

## 四、护理措施

### （一）一般护理

1. 休息与体位　急性期患者应卧床休息，慢性期以休养为主，中毒型菌痢患者应绝对卧床休息，专人监护，置于平卧位或休克体位，吸氧，注意保暖。

2. 饮食护理　严重腹泻伴呕吐者暂禁食，遵医嘱静脉补充营养。病情缓解能进食者，给予高热量、高蛋白、高维生素、少纤维素、易消化的流质或半流质饮食，少量多餐，避免生冷、多渣、油腻或刺激性食物。

（考点：急性菌痢的饮食护理）

3. 肛周皮肤护理　每次排便后清洗肛周皮肤，保持清洁干燥。局部涂无菌凡士林或抗生素软膏加以保护，勤换内裤。

4. 隔离与消毒　执行接触隔离措施，至临床症状消失、粪便培养连续 2 次阴性为止。对患者的粪便、呕吐物及污染物必须进行严格消毒。

（考点：细菌性痢疾隔离时间）

### （二）病情观察

密切观察排便次数，粪便颜色、性状、量及伴随症状；监测生命体征、意识状态、尿量，严格记录 24 小时出入液量；观察有无休克、脑疝的先兆表现，一旦出现，立即报告医师并配合抢救。

### （三）配合治疗护理

遵医嘱使用有效抗菌药物及其他对症治疗的药物。应用喹诺酮类药物时注意观察有无恶心、食欲缺乏、肾毒性、粒细胞减少等不良反应。应用阿托品类药物时观察患者有无口干、心动过速、尿潴留等。早期禁用止泻药，以促进毒素排出。慢性菌痢可遵医嘱给予药物保留灌肠。

（四）对症护理

对高热患者可采用温水擦浴、冰袋冷敷、2%冰氯化钠溶液低压力灌肠等降温措施，必要时遵医嘱使用药物降温。腹痛剧烈者可用热水袋热敷，或遵医嘱使用阿托品等解痉药物。伴里急后重者嘱患者不要用力排便，以免脱肛。惊厥者做好安全护理，防止跌伤或舌咬伤，避免声光刺激。休克患者应根据血压、尿量随时调整输液速度。

（五）心理护理

向患者和家属介绍隔离目的、治疗及护理措施，以取得积极配合，减轻或消除其焦虑情绪。

## 五、健康指导

1．疾病知识指导　向患者及家属解释隔离、治疗、粪便消毒的重要性，指导患者注意休息、合理饮食，避免饮食不当、劳累、情绪波动等诱发因素。加强体育锻炼，保持生活规律，拥有良好心态，提高免疫力。

2．用药指导　指导患者遵医嘱按时、按量、按疗程坚持用药，争取急性期彻底治愈，防止转变为慢性菌痢。

3．疾病预防指导　向患者、家属及社区群众宣讲菌痢的致病因素和预防措施，做好防蝇灭蝇工作，改善环境卫生条件。养成良好的个人卫生习惯，餐前便后洗手，不饮生水，不吃生冷、不洁、变质食物。从事服务性行业尤其是饮食业者定期健康检查，发现带菌者应离岗，接受治疗。

# 第6节　狂犬病患者的护理

**案例 10-4**　患者，女，25岁。被犬咬伤1小时就诊。1小时前在小区散步时，不小心被犬咬伤小腿。查体：右下肢外侧处皮肤破损，可见犬齿印，血痕。患者自诉伤口处轻微疼痛。

**问题**：1. 请对患者进行护理评估。

2. 如何进行伤口处理？

3. 患者需进行狂犬病疫苗接种，接种程序是什么？

狂犬病又称恐水症，是由狂犬病毒所致的急性人畜共患传染病，主要侵犯中枢神经系统。临床表现为恐水怕风、兴奋狂躁、咽肌痉挛、进行性瘫痪等。迄今为止，一旦发病，病死率达100%。

## 一、概　　述

1．病原学　狂犬病毒属弹状病毒科拉沙病毒属，形似子弹，病毒中心为单股负链RNA，外面为核衣壳和含脂蛋白及糖蛋白的包膜。病毒对理化因素敏感，易被紫外线、苯扎溴铵（新洁尔灭）、碘酒、高锰酸钾、乙醇等灭活，加热100℃ 2分钟可灭活。

2．发病机制　狂犬病毒自皮肤或黏膜破损处侵入人体后，因病毒对神经组织的强大亲和力，迷走、舌咽及舌下神经核受损，可出现吞咽肌及呼吸肌痉挛，临床表现为恐水、吞咽和呼吸困难等症状。交感神经受累时出现唾液分泌和出汗增多。迷走神经节、交感神经节和心脏神经节受损，可引起心血管功能紊乱或猝死。

3．转归　狂犬病是迄今为止人类病死率最高的急性传染病，本病一旦发病，病死率达100%。

## 二、护理评估

（一）流行病学资料

1．传染源　带狂犬病毒的动物是本病的传染源，我国狂犬病的传染源主要是病犬，其次为猫、猪、牛、马等家畜。狂犬病患者因唾液中病毒量少，一般不是传染源。

2．传播途径　主要由病兽通过唾液以咬伤方式传播，或抓伤、舔伤后唾液中病毒经皮肤破损处侵入人体。少数可在宰杀病兽、剥皮、切割等过程中被感染。

3．人群易感性　人群普遍易感，人被病犬咬伤后的发病率为 15%～20%。是否发病与下列因素有关：①咬伤部位，头、面、颈及手指咬伤后发病机会多。②创伤程度，伤口深而大者发病率高。③伤口处理，咬伤后及时彻底清洗者发病机会较少。④疫苗注射，及时、全程、足量注射狂犬疫苗者发病率低。⑤免疫功能低下者发病率高。

评估时应询问患者是否接触过病犬，有无被病犬或其他动物咬伤史；如有咬伤史应询问伤口处理及疫苗接种情况，询问患者有无出现恐水、怕风或恐惧等表现。

（二）身心状况

1．临床表现　潜伏期长短不一，与年龄、伤口部位、深浅、病毒数量和毒力等因素有关。大多在 3 个月内发病，潜伏期可长达 10 年以上。典型临床经过分为 3 期，病程一般不超过 6 天。

（1）前驱期：可有低热、倦怠、头痛、乏力、全身不适、恶心等类感冒症状。继而出现烦躁失眠，恐惧不安，对声、光、风等刺激敏感，并有喉头紧缩感。最有意义的早期症状为已愈合的伤口及其附近区域感觉异常，表现为痒、痛、麻及蚁走感等。本期持续 1～4 天。

（2）兴奋期：主要表现为以下方面。①高度兴奋，狂躁不安，极度恐怖，有大难临头的感觉，恐水、怕风、怕光、怕声等。恐水为本病的特征，典型者不敢饮水、见水、闻流水声，甚至提及饮水均可引起咽喉肌严重痉挛，严重时可出现全身肌肉阵发性抽搐或呼吸肌痉挛而导致呼吸困难、发绀。患者感到极度痛苦和恐惧。②体温升高（可达 38～40℃），甚至超过 40℃。③交感神经功能亢进，表现为大量流涎、大汗淋漓、心率加快、血压上升等。患者神志多清楚，少数出现精神失常或谵妄、幻觉等。本期持续 1～3 天。

（3）麻痹期：患者逐渐安静，肌肉痉挛停止，进入全身弛缓性瘫痪，逐渐进入昏迷状态，最后因呼吸、循环衰竭而死亡。本期持续 6～18 小时。

2．并发症　可并发肺炎、气胸、纵隔气肿、心律失常、心力衰竭、急性肾衰竭等。

3．心理-社会状况　患者常因症状明显、病情发展迅速、预后极差而出现恐惧、绝望、濒死感等心理反应。

（三）辅助检查

1．血、尿常规及脑脊液检查　白细胞总数轻至中度增多，中性粒细胞一般占 80%以上。尿常规可有轻度蛋白尿。脑脊液细胞数稍增高，以淋巴细胞为主，蛋白质轻度增多，糖和氯化物正常。

2．病原学检查　取患者的脑脊液或唾液直接涂片、角膜印片或咬伤处皮肤组织检测病毒抗原，阳性率高达 98%；取患者唾液、脑脊液或脑组织接种鼠脑分离到病毒，可明确诊断；取动物或死者脑组织做切片染色，镜检找到内基小体，阳性率为 70%～80%；对血清学阳性但未能分离出病毒者，用反转录聚合酶链反应（RT-PCR）法检测狂犬病毒 RNA，有助于诊断。

（四）治疗要点

本病目前尚无特效疗法，患病后以对症支持综合治疗为主。

1．一般治疗　单间病房严格隔离，防止唾液污染；及时处理伤口；保持环境安静，避免光、风、声等刺激。

2．对症治疗　监护病情，有兴奋、狂躁及痉挛时用镇静剂；保持呼吸道通畅，给氧，必要时机械通气；补充足够的营养，若不能进食可鼻饲流质饮食，必要时采用静脉输注，维持水、电解质和酸碱平衡。

3．抗病毒治疗　目前尚无有效抗狂犬病毒的药物。

## 三、护理问题

1．皮肤完整性受损　与病犬、病猫等动物咬伤或抓伤有关。

2．有受伤的危险　与患者兴奋、狂躁有关。

3．有窒息的危险　与病毒侵犯中枢神经系统致呼吸肌痉挛有关。

4．营养失调：低于机体需要量　与吞咽困难，不能进食、饮水有关。

5．恐惧　与感知疾病引起死亡有关。

## 四、护理措施

（一）一般护理

1．休息与环境　将患者安置于单人房间，在标准预防的基础上实施接触隔离，患者的分泌物、排泄物及污染物品须严格消毒。医务人员接触患者时必须穿隔离服，戴口罩及手套。保持病室安静，减少风、光、声等刺激。

2．饮食护理　吞咽困难者禁食禁饮，遵医嘱给予静脉输液，保证营养供给，维持水、电解质、酸碱平衡，记录 24 小时出入液量。

（二）病情观察

严密观察生命体征及病情变化；观察意识状态，注意有无幻觉、精神异常；观察呼吸频率、节律变化，注意有无呼吸肌痉挛、呼吸困难；记录出入液量，注意有无水、电解质、酸碱失衡。

（三）对症护理

1．伤口护理　①尽早进行伤口局部处理：暴露后尽快用 20%肥皂水或 0.1%苯扎溴铵反复冲洗至少 30 分钟，两者不能合用。尽量除去犬涎、挤出伤口污血，用 0.9%氯化钠反复冲洗后再用 2%碘酊及 75%乙醇反复消毒，伤口不宜缝合或包扎，以便排血引流。②尽早进行狂犬病疫苗接种：凡被咬伤、抓伤或皮肤破损处被带病毒唾液污染者，需进行疫苗接种。轻度咬伤者于咬伤后第 0、3、7、14 和 30 天各肌内注射 1 次，每次 2ml，共 5 次。如严重咬伤，应加至全程 10 针，即咬伤后第 0、1、2、3、4、5、10、14、30、90 天各注射一针。③必要时，尽早使用狂犬病被动免疫制剂。可在伤口底部和周围局部浸润注射抗狂犬病免疫球蛋白或免疫血清，用前须做皮试，若阳性应采用脱敏注射。

知识链接

**狂犬病暴露的定义**

狂犬病暴露是指被狂犬、疑似狂犬或者不能确定是否患有狂犬病的宿主动物咬伤、抓伤、舔舐黏膜或破损皮肤处，或者开放性伤口、黏膜直接接触可能含有狂犬病病毒的唾液或组织。

2．惊厥、抽搐　保持环境安静，各项治疗和操作尽量集中进行，动作轻柔，避免不必要的刺激，尤其是与水有关的刺激，避免让患者闻及水声、听到“水”字，输液装置应适当遮蔽。对躁动不安、出现幻觉的患者，应加强安全防护，加床栏或适当约束，防止坠床和外伤，必要时遵医嘱应用镇静剂。

3．呼吸肌痉挛　及时清除口鼻分泌物、唾液，保持呼吸道通畅，遵医嘱给予氧气吸入，备好抢救药品和器械，必要时配合医生行气管插管、气管切开，做好机械通气护理。

（四）用药护理

应用苯巴比妥等镇静剂时，观察患者有无呼吸抑制等不良反应。

（五）心理护理

向患者及家属解释病情，安慰患者，满足其身心需要，减轻恐惧心理，稳定患者和家属情绪，给予患者心理支持，避免不良刺激。

## 五、健康指导

1．疾病知识指导　向家属解释患者兴奋、狂躁的原因，避免风、光、声等刺激。向社区居民宣传狂犬病的相关知识，强调预防的重要性，伤口处理方法等。

2．疾病预防指导　管理传染源以犬的管理为主。野犬、病兽应捕杀，病死动物均应深埋或焚毁，管理和免疫家犬，对进口动物必须进行检疫。咬人动物应隔离观察 10 天，对死亡动物应取脑组织做病原学或病理学检查。高危人群如接触狂犬病的工作人员、兽医、山洞探险者等暴露前要进行疫苗预防接种，于暴露前第 0、7、21 天进行，每次 2ml，肌内注射，2～3 年加强一次。接种期间戒烟酒、注意休息。

# 第 7 节　获得性免疫缺陷综合征患者的护理

**案例 10-5**　患者，男，42 岁。既往有吸毒史，因不规则发热、腹泻、进行性体重下降 2 个月，发现颈部、腋窝等处淋巴结肿大半个月来诊。血常规：白细胞 $3.0\times10^9/L$，中性粒细胞 0.91，淋巴细胞 0.09，血小板 $260\times10^9/L$，血红蛋白 80g/L。X 线胸片提示左上肺斑片状阴影。已确认血清 HIV 抗体阳性。

**问题：** 1．该案例中患者患有何病？请对患者进行护理评估。

2．该患者有哪些护理问题？主要的护理问题是什么？

3．你将给患者采取什么护理措施？

获得性免疫缺陷综合征（AIDS）又称艾滋病，是由人类免疫缺陷病毒（HIV）引起的慢性传染病。病毒主要通过性接触和体液传播，使感染者机体细胞免疫功能受损，出现致命性获得性免疫缺陷，最终导致严重的机会性感染和恶性肿瘤而危及生命。

## 一、概　述

1. 病原学　人类免疫缺陷病毒（HIV）分两型，即 HIV-1 和 HIV-2。人类免疫缺陷病毒既是嗜淋巴细胞性又是嗜神经性病毒，感染后主要侵犯和破坏辅助性 T 淋巴细胞（$CD4^+$细胞），从而导致以细胞免疫功能受损为主的免疫缺陷。病毒对热和常用消毒剂较敏感，加热 56℃ 30 分钟、70%乙醇、2.2%次氯酸钠及 10%含氯石灰（漂白粉）均能使其灭活。

2. 转归　部分 HIV 感染者，无症状感染期可长达 10 年以上。一旦进展为艾滋病，预后不良。

知识链接

**我国艾滋病流行现状**

2015 年艾滋病学术大会公布的最新数据显示：2014 年我国新报告感染者和患者达 10.4 万例，较上年增加 14.8%。目前，全国报告存活的艾滋病病毒感染者和患者共计 78 万例，约占总人口数的 0.06%，即每 1 万人中可能有 6 人感染了艾滋病病毒。2015 年数据显示，学生比例占总患者数的 1.6%，近 5 年我国大中学生艾滋病病毒感染率年增长幅度高达 35%。从传播方式来看，以往我国艾滋病主要是通过输血和吸毒感染，但目前，性传播速度急剧上升，已成为艾滋病传播的主要途径。

## 二、护理评估

### （一）流行病学资料

1. 传染源　患者及无症状病毒携带者为本病传染源，特别是后者，更易导致疾病的传播。病毒主要存在于血液、精液、子宫和阴道分泌物中，唾液、泪液和乳汁也含有病毒，具传染性。

2. 传播途径　①性接触传播：是本病的主要传播途径。同性恋、异性恋者均可传播。②注射途径传播：包括使用含有病毒的血液及血制品，与感染者共用注射器与针头，接受病毒感染者的器官移植、人工授精，被病毒污染的针头意外刺伤等。③母婴传播：感染病毒的孕妇可以通过胎盘、哺乳等传播给胎儿或婴儿。

（考点：HIV 的传播途径）

3. 人群易感性　人群普遍易感，感染后无免疫力。男同性恋者、多性伴侣者、静脉吸毒者、经常输血及使用血制品者、病毒感染者的配偶等属于高危人群。

### （二）身心状况

1. 症状　HIV 侵入机体后，机体反应可分为 4 期，在未进入艾滋病期者被称为 HIV 感染者，之后称为艾滋病患者。艾滋病的潜伏期一般为 2～10 年。

（1）急性感染期（Ⅰ期）：在感染 HIV 2～4 周或以后，患者可出现急性病毒感染症状，表现为发热、咽痛、头痛、肌痛、关节痛、厌食、腹泻及淋巴结肿大等，持续 1～2 周或之后自行缓解。感染后 2～6 周，血清 HIV 抗体可呈阳性反应。

（2）无症状感染期（Ⅱ期）：此期可延续数月至十几年，临床上很少有症状或体征，但有传染性。

（3）持续性全身淋巴结肿大综合征期（Ⅲ期）：又称艾滋病前期，表现为全身出现 2 处或多处淋巴结肿大（腹股沟淋巴结除外），历时 3 个月以上。

（4）艾滋病期（Ⅳ期）：随着 HIV 对淋巴细胞的破坏，机体免疫功能进行性恶化，累及全身各系统及器官，临床症状复杂。从进入艾滋病期至患者死亡的时间为半年至 2 年。

1）全身症状：发热、乏力、盗汗、厌食、慢性腹泻、体重下降等全身消耗性症状加重，出现恶病质。

2）皮肤黏膜病变：表现为感染和肿瘤（图 10-1）。感染以口腔念珠菌、外阴疱疹病毒、尖锐湿疣等常见。肿瘤以卡波西肉瘤最多见，为恶性组织细胞病，常出现于下肢皮肤和口腔黏膜，为深蓝色或紫红色浸润斑块或结节，可融合成片，表面出现溃疡，并向四周扩散。

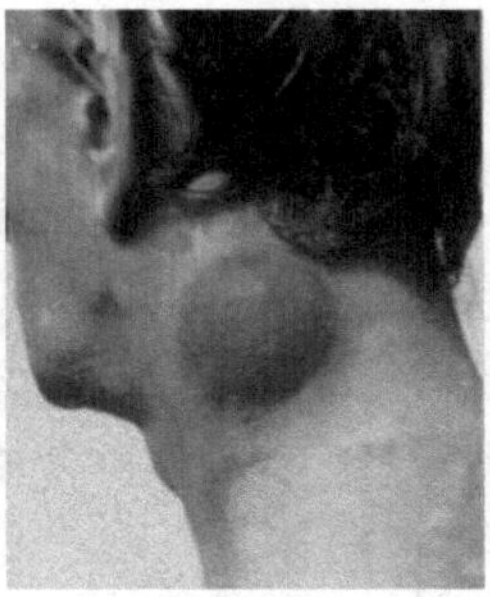

图 10-1　艾滋病患者恶性淋巴瘤

3）呼吸系统症状：多见于肺部感染。表现为慢性咳嗽、发热、进行性呼吸困难和发绀。肺孢子菌肺炎最为常见，是本病机会性感染死亡的主要原因。

4）消化系统症状：以口腔和食管的念珠菌、疱疹病毒和巨细胞病毒感染多见。表现为口腔溃疡、食管炎或食管溃疡，导致吞咽困难，食管后有烧灼感。

5）神经系统症状：由于中枢性神经系统感染及缺氧、败血症相关性脑病等，出现头晕、头痛、进行性痴呆、肢体瘫痪、痉挛性共济失调等症状。

2．体征　全身多处淋巴结肿大，口腔黏膜、皮肤等处可见溃疡、斑块或结节。晚期则出现恶病质、瘫痪、痴呆等。

3．心理-社会状况　因疾病尚无特效疗法，患者常有恐惧、绝望等感受。部分患者因担心遭人歧视而感自卑，出现悲观、报复、自杀等倾向。

（三）辅助检查

1．血常规检查　红细胞、白细胞、血小板及淋巴细胞均出现不同程度的减少。

2. 特异性抗原及病毒检测　①HIV-1 抗体检查，是目前监测 HIV 感染最常用的方法，用 ELISA 法连续两次阳性可确诊；②HIV 抗原检查。

3．免疫学检查　T 细胞绝对计数和 $CD4^+$细胞计数下降，$CD4^+/CD8^+$值＜1.0。此检查有助于判断疗效及预后。

4．HIV-RNA 的定量检测　既有助于诊断，又可判断治疗效果及预后。

（四）治疗要点

AIDS 至今尚无特效疗法，多采用综合治疗。

1．病因治疗

（1）抗病毒治疗：主要作用为抑制 HIV 的复制。常用药物：核苷类反转录酶抑制药，如齐多夫定、双脱氧胞苷、双脱氧肌苷等；非核苷类反转录酶抑制药，如奈非雷平；蛋白酶抑制药，如沙奎那韦、英地那韦等。主要不良反应有骨髓抑制、胃肠道反应、肝损害、皮疹及中枢神经系统毒性等，应予以严密观察。

（2）免疫治疗：应用免疫调节药，如干扰素、胸腺素等。中草药也有促进免疫的作用。

（考点：抗 HIV 的药物）

2．对症治疗　根据不同的机会性感染、肿瘤及患者的全身状况选择药物的种类和剂量。

## 三、护 理 问 题

1．恐惧　与症状复杂、预后不良及缺乏社会支持有关。

2．营养失调：低于机体需要量　与厌食、慢性腹泻及机体消耗过大有关。

3．活动无耐力　与长期发热、厌食、慢性腹泻有关。

## 四、护理措施

（一）一般护理

1．休息　急性感染期和艾滋病期患者应卧床休息，吸氧，保暖；协助患者做好生活护理。症状减轻后，可逐步实施活动计划，提高活动耐力。

2．饮食　能进食者，给予高热量、高蛋白、高维生素、清淡易消化的流质及半流质饮食，少量多餐；不能进食者遵医嘱给予鼻饲或静脉补充营养。

（二）病情观察

对艾滋病期的患者应监测生命体征、意识状态、皮肤黏膜的完整性，严格记录 24 小时出入量，观察患者有无感染、脱水征象。

（三）配合治疗护理

1．隔离与消毒　采取血液/体液隔离，患者的血液、排泄物应严格消毒。同时注意实施保护性隔离，减少各种机会性感染的发生。

2．用药护理　观察药物的耐药性及不良反应。观察是否出现恶心、呕吐、荨麻疹等症状。定期复查血象及肝功能，如出现骨髓抑制、肝功能损害等情况，立即报告医师停药或换药。

3．对症护理　对于发热者给予物理或药物降温，鼓励其多饮水，协助勤更衣。慢性腹泻者，遵医嘱给予止泻药或抗生素，及时补液，并做好肛周护理。口腔、食管因念珠菌感染而致咽痛、食欲缺乏者，遵医嘱给予抗真菌药及局部护理。皮肤黏膜有溃疡、斑块及结节者，做好清洁、消毒及创面保护，并注意观察。

（四）心理护理

给予患者理解和关怀，帮助患者保护隐私，正视现实。鼓励患者与家属、亲友沟通、交流，以获取更多的社会支持。

## 五、健康指导

（一）疾病预防指导

1．管理传染源　健全艾滋病监测网络，对献血人员、性病患者和吸毒者等要重点监测；及早发现感染者和患者，对接触者进行必要的检疫；HIV 感染者的血液、分泌物、排泄物应严格消毒。

2．切断传播途径　①加强性道德是预防性接触感染艾滋病的根本措施，打击卖淫、嫖娼等活动；②拒绝毒品；③避免不必要的注射、输血和使用血制品；④注意个人卫生，不共用毛巾、牙刷、剃须刀等。酒店、旅馆、澡堂、理发店、美容院、洗脚房等服务行业所用的刀、针和其他刺破或擦伤皮肤的器具必须经过严格的消毒。

（考点：疾病预防指导）

（二）疾病知识指导

1．患者教育　充分认识本病的基本知识和传播途径、预防措施及保护他人和自我监控的方法。

2．不歧视 HIV 感染者。

3．HIV 感染者的管理　①患者的日常生活用品如毛巾、牙刷、剃须刀等应独自使用，定期消毒；其血液、分泌物、排泄物应用 0.2%次氯酸钠或漂白粉进行消毒；②性生活使用安全套，严禁献血、捐献器官和精液；③易感染 HIV 的育龄女性应避免妊娠、生育，防止母婴传播，HIV 感染的哺乳期妇女应人工喂养婴儿；④出现机会性感染或肿瘤应住院治疗。

（考点：HIV 感染者的管理）

## 自测题

$A_1$型题

1. 传染病不同于其他疾病的最主要特征是（　　）
   A. 具有传染性　B. 具有流行性
   C. 具有地区性　D. 具有周期性
   E. 具有季节性
2. 构成传染病流行过程的三个基本条件是（　　）
   A. 病原体的数量、毒力、变异
   B. 病原体、环境、宿主
   C. 病原体、人、媒介
   D. 传染源、传播途径、易感人群
   E. 微生物、媒介、宿主
3. 甲类传染病在城镇发现后上报时间不超过(　　)
   A. 2 小时　B. 4 小时
   C. 6 小时　D. 8 小时
   E. 12 小时
4. 保护易感人群最重要的主动免疫措施是（　　）
   A. 接种疫苗、菌苗、类毒素
   B. 注射免疫球蛋白
   C. 应用抗生素
   D. 饭前便后洗手
   E. 注射胎盘球蛋白
5. 当疑有传染源存在时应采取（　　）
   A. 预防性消毒　B. 随时消毒
   C. 临时性消毒　D. 定时消毒
   E. 终末消毒
6. 丙型肝炎的主要传播途径是（　　）
   A. 粪-口传播　B. 水传播
   C. 食物传播　D. 血液传播
   E. 媒介传播
7. 甲型肝炎的隔离期为（　　）
   A. 发病后 1 周　B. 发病后 1～2 周
   C. 发病后 2 周　D. 发病后 3～4 周
   E. 黄疸消退后
8. 对于乙脑患者，护士应配合医师进行抢救的是针对下列哪组症状（　　）
   A. 高热、头痛、呼吸衰竭
   B. 高热、呕吐、呼吸衰竭
   C. 高热、昏迷、呼吸衰竭
   D. 高热、惊厥、呼吸衰竭
   E. 昏迷、惊厥、循环衰竭
9. 流行性乙型脑炎患者最主要的死亡原因是(　　)
   A. 高热　B. 昏迷合并肺炎
   C. 反复惊厥　D. 严重后遗症
   E. 中枢性呼吸衰竭
10. 乙脑极期的临床表现特点应除外（　　）
    A. 出现痴呆、弛缓性瘫痪
    B. 高热、惊厥
    C. 意识障碍
    D. 颅内高压及呼吸衰竭
    E. 脑膜刺激征及病理反射阳性
11. 细菌性痢疾的主要病变部位是（　　）
    A. 十二指肠　B. 空肠
    C. 回肠　D. 盲肠
    E. 乙状结肠、直肠
12. 细菌性痢疾的病原体属于（　　）
    A. 志贺菌属　B. 沙门菌属
    C. 弧菌属　D. 弯曲菌属
    E. 螺旋菌属
13. 目前细菌性痢疾的病原治疗首选（　　）
    A. 青霉素　B. 红霉素
    C. 磺胺药　D. 喹诺酮类
    E. 呋喃唑酮
14. 细菌性痢疾的确诊依据是（　　）
    A. 便培养痢疾杆菌阳性

B. 粪便镜检有巨噬细胞
C. 粪便镜检见大量红细胞
D. 粪便镜检有大量脓细胞
E. 典型菌痢临床症状

15. 狂犬病的特殊症状是（　　）
A. 怕光　　B. 恐水
C. 恐声　　D. 怕风
E. 全身抽搐

16. 关于狂犬病的描述错误的是（　　）
A. 病死率达 100%
B. 带狂犬病毒的动物是主要传染源
C. 是人畜共患传染病
D. 目前无特效药
E. 发病后鼓励患者多饮水

17. 艾滋病的各种感染主要发生于（　　）
A. 皮肤　　B. 肾
C. 血液系统　　D. 心脏
E. 肺、胃肠与神经系统

18. 护士对艾滋病患者进行健康史评估时，下列内容重要性最低的是（　　）
A. 有无输血史　　B. 有无静脉吸毒史
C. 有无器官移植史　　D. 有无同性性行为
E. 有无吸食大麻史

$A_2$型题

19. 患者，女，22 岁。突起高热，上腹不适，恶心，食欲减退，体温 38.5℃。出现黄疸，皮肤瘙痒，肝肋下 1.5cm，腹水阴性。血清谷丙转氨酶 1200U/L，初步诊断为甲型病毒性肝炎。此型肝炎的传播途径是（　　）
A. 呼吸道传播　　B. 消化道传播
C. 性传播　　D. 母婴传播
E. 血液传播

20. 患者，男，27 岁。既往体健，体检时肝功能正常，抗 HBs 阳性，HBV 其他血清病毒标志物均为阴性。其很担心自己患上乙型肝炎，护士应告知患者此时的状况是（　　）
A. 乙型肝炎且有传染病
B. 乙型肝炎但病情稳定
C. 乙型肝炎病毒携带状态
D. 处于乙型肝炎恢复期
E. 对乙型肝炎病毒具有免疫力

21. 患者，女，32 岁。因乏力、纳差 5 天，尿黄 1 天来诊，经实验室检查诊断为急性病毒性肝炎（甲型）。对于其 5 岁的儿子，适宜的做法是（　　）
A. 不需要任何措施
B. 预防性服用抗病毒药物
C. 进行相关检查，若感染可不做处理
D. 进行相关检查，若未感染可注射人丙种球蛋白
E. 进行相关检查，若未感染可注射高价特异性免疫球蛋白

22. 患者，男，37 岁。因近 2 周食欲减退、上腹部不适、疲乏无力就诊。体检：肝肋下 2cm，有轻度触痛。为明确诊断首先应检查的项目是（　　）
A. 尿胆红素　　B. 血清胆红素
C. 血清蛋白　　D. 血清谷丙转氨酶
E. 谷氨酰转酞酶

23. 患者，女，25 岁。既往体健，体检时发现肝功能正常，抗 HBs 阳性，反复查 HBV 其他血清标志物均为阴性。表示此患者为（　　）
A. 乙型肝炎有传染性
B. 乙型肝炎病情稳定
C. 乙型肝炎病毒携带者
D. 乙型肝炎恢复期
E. 对乙型肝炎病毒有免疫力

24. 患者，男，50 岁。近 1 周食欲减退、呕吐、疲乏无力，尿黄。自昨日起烦躁不安，呼气中有腥臭味，巩膜及皮肤黄染，皮肤可见瘀斑，肝未扪及，腹水征阳性。目前最主要的护理问题是（　　）
A. 体液过多
B. 活动无耐力
C. 皮肤完整性受损
D. 营养失调：低于机体需要量
E. 潜在并发症：肝性脑病

25. 某护士在给 HBsAg 阳性的慢性肝炎患者采血时，不慎刺破左手拇指，此时急需采取的重要措施是（　　）

A．立即注射乙肝疫苗
B．立即进行酒精消毒
C．定期复查肝功能和抗-HBV IgM
D．立即注射高效价乙肝免疫球蛋白，查血 HBsAg 和 HBsAb
E．立即接种乙肝疫苗，1 周内注射高效价乙肝免疫球蛋白

26．患者，女，36 岁。散步时被犬咬伤小腿，伤口较深，下列措施错误的是（　　）
A．尽快用肥皂水反复冲洗
B．挤出污血
C．包扎伤口
D．接种狂犬病疫苗
E．局部浸润注射抗狂犬病免疫球蛋白

27．患者，男，12 岁。玩耍时不慎被犬抓伤前臂，需接种狂犬病疫苗，接种次数为（　　）
A．1 次　B．2 次
C．3 次　D．4 次
E．5 次

28．患者，女，33 岁。有不洁性接触史。近 4 个月来出现发热、咳嗽、呼吸急促和发绀，疑为肺炎，经抗生素治疗无效，全身状况日渐衰竭，全身淋巴结肿大，血清抗 HIV（＋），诊断为艾滋病。艾滋病肺部感染最常见的是（　　）
A．疱疹病毒性肺炎　B．肺结核
C．支原体肺炎　D．肺炎球菌性肺炎
E．肺孢子虫肺炎

29．患者，女，30 岁。因不洁性接触史而感染艾滋病，经常低热，易患呼吸道感染。此患者含 HIV 最多的液体是（　　）
A．羊水　B．痰液
C．唾液　D．阴道分泌物
E．眼泪

$A_3/A_4$ 题型

（30～32 题共用题干）

一孕妇，29 岁。既往体健，近 1 年来发现 HBsAg 阳性，但无任何症状，肝功能正常。

30．此孕妇目前病情所处状态是（　　）
A．无症状 HBsAg 携带者
B．轻度慢性乙型肝炎
C．中度慢性乙型肝炎
D．HBV 既往感染
E．急性无黄疸型乙型肝炎

31．为阻断母婴传播，对新生儿最适宜的预防方法是注射（　　）
A．乙肝疫苗
B．丙种球蛋白
C．乙肝疫苗＋丙种球蛋白
D．高效价乙肝免疫球蛋白
E．乙肝疫苗＋高效价乙肝免疫球蛋白

32．分娩后，医生对此新生儿进行预防注射，切断的传播途径是（　　）
A．注射途径　B．母婴传播
C．消化道传播　D．血液、体液传播
E．日常生活密切接触

（杨金燕　李艳红　张利苹）

# 实 训 部 分

## 实训 1　呼吸系统常用诊疗技术及护理

### 一、体位引流术

体位引流是根据患者肺部病变部位采取适当的体位，利用重力作用促使肺、支气管、气管内分泌物排出体外的方法。

［案例设计］

患者，男，28 岁。反复咳嗽、咳大量脓痰 13 年，近 1 周来咳嗽加剧，咳黄色脓痰，量多，偶有少量咯血。查体：T 38.8℃，右下肺可闻及湿啰音，心无异常，肝、脾无异常。

讨论：

1.该患者患有什么疾病?

2.针对大量脓痰，应采取什么措施来帮助患者排痰?

［实训目的］

1．了解体位引流的目的。

2．熟悉体位引流的注意事项。

3．掌握体位引流的操作过程。

［实训准备］

1．用物准备　面巾纸、痰杯、漱口水、吸引器、吸痰器及复苏设备。

2．操作者准备　衣帽整洁，修剪指甲，洗手，向患者解释体位引流的目的、操作过程及注意事项，询问前次进餐的时间。

3．患者准备　了解体位引流的目的、操作过程及注意事项，操作过程中能积极配合。

［操作流程及护理配合］

核对患者，说明目的、操作过程及注意事项并取得配合，询问前次进餐的时间→准备物品→安置合适的体位（实训图 1-1）→指导患者有效咳嗽或胸部叩击等→病情观察→记录痰量、颜色、性质及气味→复查生命体征和肺部呼吸音的变化→安置患者休息→用漱口液漱口→整理用物、洗手。

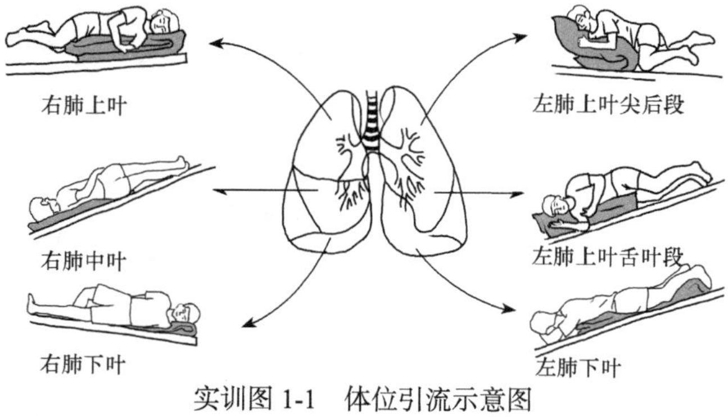


实训图 1-1　体位引流示意图

［实训评价］

操作者能描述体位引流的目的，准备用物，能独立完成体位引流的操作。

［注意事项］

1．在餐前 1 小时进行引流，否则会诱发呕吐。

2．应取患者能够接受又易于排痰的引流体位。

3．引流的时间可从每次 5～10 分钟延长到每次 15～30 分钟,每日可引流 2～3 次。

4．引流过程中观察患者的反应，如出现异常反应（面色苍白、呼吸困难、心悸等），立即停止引流，配合医生进行抢救。

［实训作业］

1．总结本次实训的主要内容，完成一份实训报告。

2．书写一份实训体会。

## 二、胸腔穿刺术

胸腔穿刺术是指对有胸腔积液或积气的患者进行胸腔穿刺抽取积液或气体，或通过胸腔穿刺给药的一门技术。

［案例设计］

患者，男，30 岁。因低热伴胸痛 1 周，呼吸困难 3 天入院。1 周前无明诱因出现午后低热，右侧胸痛，在深呼吸、咳嗽时加重，自行服止痛药，胸痛有所缓解。3 天前患者出现呼吸困难。查体：T 37.5℃，P 90 次/分，R 26 次/分。气管稍左移，右侧胸廓稍膨隆，右下肺语颤减弱，叩诊浊音，听诊呼吸音减弱。胸部 X 线示右侧胸腔中等量积液。

讨论：

1.该患者患有什么疾病？

2.为了明确病因，应进一步做什么检查？

［实训目的］

1．了解胸腔穿刺术的目的。

2．熟悉胸腔穿刺术的操作过程及配合注意事项。

3．掌握胸腔穿刺术的操作过程。

［实训准备］

1．用物准备　治疗盘、无菌胸腔穿刺包（胸腔穿刺针、5ml 注射器、止血钳 2 把、洞巾、纱布、无菌试管）、棉签、2%利多卡因或 1%普鲁卡因溶液、无菌手套、量杯、胶布等。

2．操作者准备　衣帽整洁，修剪指甲，洗手，评估患者的病情、年龄、胸腔积液及积气的情况，评估穿刺部位皮肤的情况，向患者及家属说明胸腔穿刺的目的、操作过程及有关配合注意事项。

3．患者准备 了解胸腔穿刺的目的、操作过程及注意事项，有一定的心理准备。

［操作流程及护理配合］

做好穿刺前解释工作→准备物品→安置体位（安置患者体位：嘱患者反坐在靠背椅上，双手交叉放于椅背上，头面伏于前臂上，体弱者可取床上半坐卧位，患侧上肢上举于头颈部）→确定穿刺点（穿刺抽液一般取患侧肩胛线第 7～9 肋间隙或腋中线第 6～7 肋间，气胸时一般取患侧锁

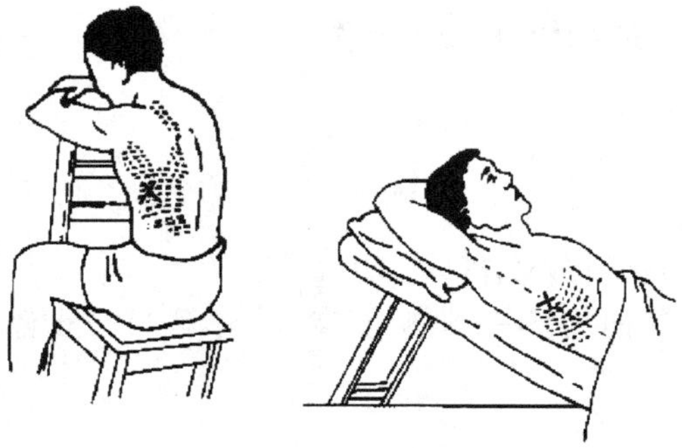
实训图 1-2 胸腔穿刺点示意图

骨中线第 2 肋间( 实训图 1-2 )→常规消毒→戴手套、铺洞巾、固定洞巾→协助抽取利多卡因局部麻醉( 用 5ml 注射器抽取 2%利多卡因对穿刺点进行皮内、皮下、胸膜壁麻醉）→协助固定穿刺针抽液或抽气→病情观察→拔出穿刺针→盖无菌纱布并固定→协助患者取平卧或半卧位→整理用物、标本送检→洗手、记录。

［实训评价］

操作者能够进行胸腔穿刺术的操作，准备用物，并做好术前、术中、术后的护理。

［注意事项］

1. 严格无菌操作，避免继发感染。

2. 术中密切观察患者有无头晕、面色苍白、出冷汗、心悸、胸部剧痛、刺激性咳嗽等胸膜反应，一旦发生立即停止抽液，协助患者平卧，必要时按医嘱皮下注射 0.1%肾上腺素。

3. 每次抽液、抽气不宜过快、过多，防止胸腔内压骤降发生肺水肿或循环障碍。首次排液总量不宜超过 600ml，抽气量不宜超过 1000ml，以后每次抽液量不超过 1000ml。诊断性胸腔穿刺，只需抽液 50～100ml。

［实训作业］

1. 总结本次实训的主要内容，完成一份实训报告。

2. 书写一份实训体会。

## 实训 2 循环系统常用诊疗技术及护理

### 冠状动脉介入性诊断及治疗

冠状动脉介入性诊断及治疗包括冠状动脉造影术和经皮冠状动脉介入治疗。

1. 冠状动脉造影术（CAG） 是将冠状动脉造影导管经动脉送至左、右冠状动脉开口部进行造影的方法。可以提供冠状动脉病变的部位、性质、范围、侧支循环状况等准确资料，有助于选择最佳治疗方案，是诊断冠心病最有效的方法。

2. 经皮冠状动脉介入治疗（PCI） 是用心导管技术疏通狭窄甚至闭塞的冠状动脉，改善心肌血流灌注的一种非外科治疗手法。包括经皮冠状动脉腔内成形术（PTCA）和冠状动脉内支架置入术，其中 PTCA 是冠状动脉介入治疗的最基本手段。冠状动脉内支架置入术是将金属制成的支架置入病变的冠状动脉内，支撑其血管壁，以保持管腔内血流通畅的方法。

［案例设计］

患者，男，62 岁。因胸痛 2 小时入院。入院前 2 小时，患者在饱餐后不久突然感到胸骨后持续性压榨样闷痛，并向颈部放射，伴大汗、心悸、恐惧。查体：血压 80/50mmHg，面色苍白，烦躁不安，心率快，心尖部闻及舒张早期奔马律。

讨论：

1. 该患者出现了什么问题？

2．除了常规治疗外，该患者是否需要行 PCI 治疗?

［实训目的］

1．了解冠状动脉造影术、经皮冠状动脉介入治疗的目的、操作过程及注意事项。

2．熟悉冠状动脉造影术、经皮冠状动脉介入治疗的术前准备、术中配合及术后护理。

3．掌握冠状动脉造影术、经皮冠状动脉介入治疗的操作过程及配合护理。

［实训准备］

1．用物准备　相应导管、射频消融仪等，冠状动脉内支架置入者备好支架；抢救药物、示波器、器械及心电图机等。

2．操作者准备　衣帽整洁，修剪指甲，洗手，评估患者的病情、年龄、心脏病变的部位与性质。正确选择穿刺部位，常用部位有股动脉、肱动脉或桡动脉。

3．患者准备 了解冠状动脉造影术、经皮冠状动脉介入治疗的目的、操作过程及注意事项，有一定的心理准备。除与心导管检查术相同外，术前 6 小时禁食、禁水，可正常服药。术前训练患者床上排尿及连续咳嗽动作。

［操作流程及护理配合］

1．冠状动脉造影术　核对患者，说明目的→安置患者平卧位→消毒穿刺部位皮肤→配合局部麻醉穿刺部位→协助医师经股动脉、肱动脉送至主动脉根部，向左、右冠状动脉口插管→注入造影剂使冠状动脉及其分支显影→注意术中观察（患者心电图、心率、心律及血压等）→协助医师拔管→协同送回病房→做好术后护理→整理用物，记录操作过程及结果。

2．经皮腔内冠状动脉成形术及冠状动脉内支架置入术　核对患者，说明目的→安置患者平卧位→消毒穿刺部位皮肤→配合局部麻醉穿刺部位→协助医师行冠状动脉造影→配合医师用指引导管将带球囊导管置入，引至狭窄病变处→造影剂注入球囊，加压，扩张狭窄病变处→术中观察（观察心电图及生命体征变化）→血管已经扩张后，回抽造影剂，逐渐减压撤出→需要冠状动脉内支架置入者将金属支架置入冠状动脉内以达到支撑管壁的作用→协助医师拔管→协同送回病房→做好术后护理→整理用物，记录操作过程及结果。

［实训评价］

操作者能够描述实训目的，准备操作用物，学会对冠状动脉造影术、经皮腔内冠状动脉成形术及冠状动脉内支架置入术的操作。

［注意事项］

1．冠状动脉造影术注意术后动脉穿刺部位按压 15～20 分钟，加压包扎、沙袋压迫 6 小时，术侧肢体制动 12 小时。

2．冠状动脉造影时，再灌注引起心律失常导致心电图和血压的变化，若有异常立即报告医师并配合抢救。

3．心绞痛患者在药物治疗中仍较重者，明确动脉病变情况，考虑介入性治疗或旁路移植手术。

［实训作业］

1．书写实训报告及实训体会。

2．思考心血管介入诊疗术后患者护理的操作过程及注意事项。

# 实训3 消化系统常用诊疗技术及护理

## 一、腹腔穿刺术

腹腔穿刺术是用腹腔穿刺针经皮肤刺入腹腔引流出腹水或向腹腔内注药的一门技术。

［案例设计］

患者，男，50岁。因腹胀、乏力5年，恶心、食欲下降、呼吸困难1周入院。患者既往有乙肝病史15年。查体：T 36.9℃，P 93次/分，R 20次/分，BP 104/66mmHg。面色晦暗，巩膜黄染，瞳孔对光反射迟钝，腹部隆起，呈蛙状腹，肝未触及，双下肢中度凹陷性水肿。B超显示有腹水。

讨论：

1. 该患者的医疗诊断是什么？
2. 为了解决患者的腹水应该采取什么措施？

［实训目的］

1. 了解腹腔穿刺术的目的及用物准备。
2. 熟悉进行腹腔穿刺的术前准备和术后护理
3. 掌握腹腔穿刺术的操作过程及术中配合。

［实训准备］

1. 用物准备　治疗盘、腹腔穿刺模拟人、常规消毒物品、腹腔穿刺包、无菌手套、2%利多卡因、胶布、无菌试管、多头腹带、皮尺、橡胶单、治疗巾、注射器、橡皮管、血压计等。

2. 操作者准备　衣帽整洁，修剪指甲，洗手，评估患者对腹腔穿刺术的认知水平及穿刺部位皮肤的完好性。

3. 患者准备　了解腹腔穿刺术的目的、操作过程及注意事项，有一定的心理准备。

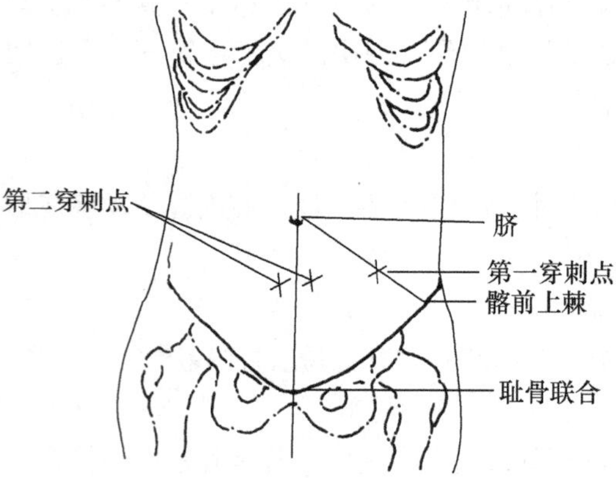

实训图 3-1　腹腔穿刺点

［操作流程及护理配合］

核对患者，做好解释→嘱患者排空尿液→准备物品→安置体位（病情较轻者可嘱患者坐在靠背椅上，衰弱者可取半卧位、平卧位或侧卧位）→确定穿刺点（实训图 3-1）→消毒穿刺部位皮肤→打开腹腔穿刺包→戴手套、铺洞巾→局部麻醉（以2%利多卡因或1%普鲁卡因自皮肤至腹膜壁层做局部麻醉。）→协助医师穿刺→抽吸、留取标本、放液或腹腔内注药→密切观察患者术中情况→拔针→无菌纱布覆盖、固定→包扎腹带→安置患者、交代注意事项→整理用物、送检标本→洗手，记录穿刺过程、放液量及患者反应。

［实训评价］

操作者能够描述腹腔穿刺术的目的，并学会腹腔穿刺术的操作，准备用物，正确进行术前、术中、术后的护理。

［注意事项］

1. 严格无菌操作，以防继发感染。

2. 放液后拔出穿刺针，乙醇消毒针孔后，局部用无菌纱布覆盖，按压数分钟后用胶布固定，大量放腹水后用多头腹带束紧。

3. 密切观察患者有无头晕、恶心、心悸、面色苍白等穿刺反应，一旦出现立即停止放液，并做相应的处理。

4. 放液量不宜过多、放液速度不宜过快，初次放液量不宜超过 3000ml。

5. 嘱患者术后平卧休息，使穿刺针孔位于上方以免腹水漏出。

**[实训作业]**

1. 思考腹腔穿刺的穿刺部位。

2. 书写实训报告和实训体会。

## 二、纤维胃镜检查

纤维胃镜检查是将胃镜经口、咽、食管插入患者的胃、十二指肠内，可直接观察食管、胃、十二指肠黏膜有无炎症、溃疡、异物等，并可通过活检进行病理学和细胞学检查，可对疾病作出定位与定性诊断，还可对急性胃出血者进行止血，摘除息肉等。

**[案例设计]**

患者，女，40 岁。因反复发作上腹部疼痛 10 余年，疼痛难忍，伴呕血、黑便 2 天入院。腹部疼痛多发生在餐后 1 小时，经 1～2 小时后逐渐缓解。查体：T 36.9℃，P 118 次/分，R 25 次/分，BP 80/60mmHg，面色苍白，心肺（－），腹软，上腹部压痛，肝脾未触及。

讨论：

1. 该患者患了什么病?

2. 为明确患者的疾病还应做什么检查?

**[实训目的]**

1. 了解纤维胃镜检查的目的。

2. 熟悉纤维胃镜检查的术前准备和术后护理。

3. 掌握纤维胃镜检查的操作流程。

**[实训准备]**

1. 用物准备　胃镜、喉头麻醉喷雾器、牙垫、2%利多卡因溶液、0.1%肾上腺素、5ml 无菌注射器、0.9%氯化钠、弯盘、无菌手套、纱布、治疗巾、润滑油、甲醛固定液标本瓶、止血药品等。

2. 操作者准备　衣帽整洁，修剪指甲，洗手，评估患者和纤维胃镜性能。

3. 患者准备

（1）向患者及家属说明检查的目的及注意事项，消除患者紧张情绪。

（2）检查前一天晚餐应进少量清淡饮食；21：00 以后直到检查前禁食、禁水。胃排空延缓者，禁食时间延长；幽门梗阻者，检查前一天晚上洗胃，将胃内容物排空。

（3）遵医嘱使用地西泮、阿托品等，目的是镇静、减少胃蠕动和胃液分泌。

（4）摘除患者的活动义齿，协助做好局部麻醉。

（5）对患者进行乙型、丙型肝炎病毒标志检测，阳性者应用专门胃镜检查，避免交叉感染。

[ **操作流程及护理配合** ]

核对患者，解释目的→物品准备→咽喉麻醉→安置患者左侧卧位，双腿弯曲→协助插胃镜（插镜过程中协助患者保持适宜位置，胃镜到达咽喉部时，嘱患者做吞咽动作，恶心时嘱患者深呼吸）→观察患者，配合医师向胃内摄影、取活体组织标本或止血→协助拔胃镜→做好患者术后指导→整理用物、送检标本、记录。

[ **实训评价** ]

操作者能够描述纤维胃镜检查的目的，准备相应用物，操作过程熟练，并能做好术前、术中、术后的护理。

[ **注意事项** ]

1. 每次使用前检查纤维胃镜的性能。

2. 彻底消毒器械，避免交叉感染。

3. 如出现咽痛、咽喉部异物感，嘱患者不要用力咳嗽，以免损伤咽喉部黏膜，可含润喉片或温水，1～2 天后症状多可消失。

4. 术后数日内应密切观察患者有无消化道穿孔、出血、感染等并发症，一旦发现及时处理。

[ **实训作业** ]

总结操作流程，书写实训报告。

## 三、森斯塔肯-布莱克莫尔管压迫止血术

森斯塔肯-布莱克莫尔管（又称双气囊三腔管）压迫止血术是因门静脉高压所致的食管下段、胃底静脉曲张破裂出血，可利用森斯塔肯-布莱克莫尔管的气囊压力直接压迫的一门急救技术。

[ **案例设计** ]

患者，男，50 岁。肝硬化病史 10 年,呕血 1 小时入院。入院前 1 小时，患者在食用油饼后突然呕吐暗红色血液 100ml。查体：BP 100/70mmHg,皮肤、巩膜黄染，腹部稍膨隆，移动性浊音阳性，脾肋下可触及。

讨论：

1. 该患者出现了什么问题？

2. 可采取什么措施止血？

[ **实训目的** ]

1. 了解森斯塔肯-布莱克莫尔管压迫止血的目的。

2. 熟悉森斯塔肯-布莱克莫尔管压迫止血的方法。

3. 掌握森斯塔肯-布莱克莫尔管压迫止血的护理。

[ **实训准备** ]

1. 用物准备　模拟人、森斯塔肯-布莱克莫尔管、液状石蜡、0.9%氯化钠溶液、注射器、止血钳、弹簧夹、牵引架、滑轮、拉绳、牵引物、纱布、胶布、治疗盘、血压计等。

2. 操作者准备　衣帽整洁，修剪指甲，洗手，评估患者和森斯塔肯-布莱克莫尔管性能。

3. 患者准备　了解森斯塔肯-布莱克莫尔管的目的、操作过程及注意事项，有一定的心理准备，能够配合，取下活动性义齿。

[ **操作流程及护理配合** ]

核对患者，向患者解释检查目的→检查森斯塔肯-布莱克莫尔管性能（检查管道是否通畅；

向胃气囊和食管气囊分别注气 200～300ml、100～150ml，用弹簧夹夹住管口后仔细检查气囊有无变形、损坏或漏气；检查漏气较可靠的方法是放入水中，察看有无气泡逸出）→安置患者取半坐卧位或平卧位头偏向一侧→协助插管，指导患者做吞咽动作→检查三腔管是否在胃内→注气压迫（向气囊内注气时注意观察患者，如有呛咳、呼吸困难、胸闷等，应暂停插管或重新插管）（实训图 3-2）→牵引、固定、标记→遵医嘱向胃管内注药或抽液→安置患者体位→观察患者、监测气囊内压（每 4～6 小时监测 1 次气囊内压，气囊内压降低时应抽尽囊内气体，重新注气。森斯塔肯-布莱克莫尔管放置 24 小时后，食管气囊应放气 15～30 分钟，同时放松牵引，并将森斯塔肯-布莱克莫尔管稍向胃内送入，以解除胃底贲门受压，然后再充气牵引，避免局部黏膜因受压过久而糜烂、坏死）→定时放气→出血停止后 24 小时拔管→整理用物、洗手、记录。

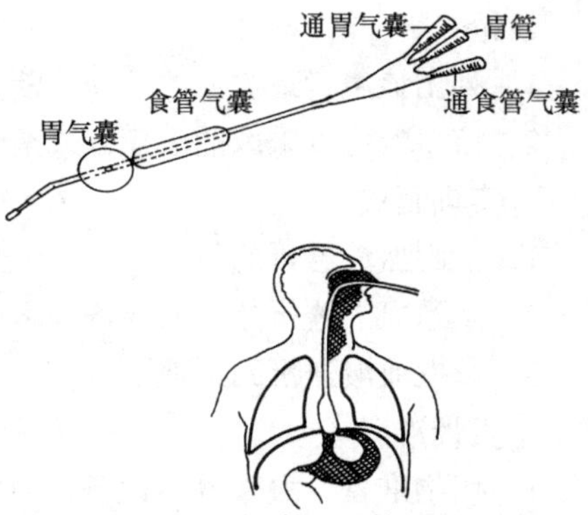

实训图 3-2　双气囊三腔管压迫止血法

［实训评价］

操作者能够描述森斯塔肯-布莱克莫尔管止血的目的，准备操作用物，能够熟练掌握操作步骤，并做好术前、术中、术后护理。

［注意事项］

1. 森斯塔肯-布莱克莫尔管的牵引应与身体纵轴一致，与鼻唇部呈 40° 角左右，防止鼻唇部过度受压坏死。

2. 出血停止后不能立即拔管，需观察 24 小时。

3. 嘱患者不要将唾液、痰液咽下，以免误入气管引起吸入性肺炎。

4. 拔管后仍应密切观察病情，如有出血征象，可再次置管压迫止血。

［实训作业］

1. 书写实训报告。

2. 书写森斯塔肯-布莱克莫尔管压迫止血术的体会。

## 实训 4　泌尿系统常用诊疗技术及护理

### 血 液 透 析

通过将体内血液引流至体外，通过弥散、对流进行物质交换，清除血液中的有害物质、维持体内电解质和酸碱平衡；同时清除体内过多的水分，补充机体需要的物质，并将经过净化的血液回输的过程称为血液透析。

［案例设计］

患者，女，32 岁。因颜面、双下肢水肿 8 年，乏力、头晕、食欲减退、体力下降半年，加重 5 天入院。查体：T 37.9℃，P 90 次/分，R 22 次/分，BP 160/120mmHg，颜面部水肿，双下肢凹陷性水肿，心肺无异常，肝脾肋下未触及。辅助检查：Hb 60g/L，RBC $3.6\times10^{12}$/L，WBC $4.0\times10^{9}$/L，PLT $55\times10^{9}$/L，尿蛋白（+++），尿红细胞 5～6 个/HP，血肌酐 875μmol/L,血尿素氮 49.1mmol/L。初步诊断为慢性肾衰竭。

讨论：

1. 列出该患者最主要的护理诊断。

2. 该患者可以采取的治疗方式是什么？

［实训目的］

1. 了解血液透析的目的。

2. 熟悉血液透析的术前准备和术后护理。

3. 掌握血液透析的护理配合。

［实训准备］

1. 用物准备　血液透析设备、急救药品（透析液、0.9%氯化钠溶液、肝素、5%碳酸氢钠溶液、异丙嗪、地塞米松等）。

2. 操作者准备　衣帽整洁，修剪指甲，洗手，熟练掌握血液透析的流程。

3. 患者准备　①心理准备。对初次透析治疗的患者，应向患者及家属解释透析的必要性，使其了解透析的目的、原理、过程及效果，以取得患者的配合。②饮食护理。应补充优质蛋白，保障充足的热量供应，透析期间严格限制水的摄入，两次透析间期体重增长不得超过 2.5kg；限制钠、钾、磷的摄入，钠盐的摄入量为 1～2g/d，注意锌及维生素的补充。③血管通路的准备。插管，并保持导管清洁无菌。

［操作流程及护理配合］

核对患者→设备准备→药物准备→患者准备→动静脉穿刺→注入一定剂量肝素→透析（以 50～100ml/min 速度引出血液）→密切观察患者反应，预防并发症→透析结束后回血→处理动静脉窦→测量患者体重，约定下次透析时间→整理用物，记录。

［实训评价］

操作者能够描述血液透析的目的，准备操作用物，熟练掌握操作流程。

［注意事项］

1. 严格无菌操作，做好透析设备的消毒灭菌。

2. 限制患者钾、钠、磷的摄入，注意锌及多种维生素的补充。

3. 密切观察患者的意识状态及生命体征，观察血流量、静脉压及透析液颜色等，预防和处理各种并发症。

4. 注意穿刺部位的压迫止血，压迫时间要充分，以彻底止血。

［实训作业］

1. 写一份实践报告

2. 总结实践体会。

## 实训 5　血液系统常用诊疗技术及护理

### 骨髓穿刺术

骨髓穿刺术是采取骨髓液的一种常用诊疗技术，检查内容包括细胞学、寄生虫和细菌学等几个方面，以协助诊断疾病。

［案例设计］

患者，女，20 岁，发热、鼻出血 1 周。查体：T 38.7℃，扁桃体肿大、表面脓苔覆盖，心肺无异常，肝脾不大。实验室检查：外周血全血细胞减少。

讨论：

1. 该患者出现了什么问题？

2. 为进一步明确诊断，应做什么检查？

**［实训目的］**

1. 了解骨髓穿刺术的目的。

2. 熟悉骨髓穿刺术的准备。

3. 掌握骨髓穿刺术的操作过程及术中护理。

**［实训准备］**

1. 用物准备　消毒治疗盘、无菌骨髓穿刺包（骨髓穿刺针、2ml 和 20ml 注射器、7 号针头、洞巾、纱布等）、棉签、1%普鲁卡因或 2%利多卡因、无菌手套、玻片、培养基、酒精灯、火柴、胶布等。

2. 操作者准备　衣帽整洁，修剪指甲，洗手，熟练掌握骨髓穿刺的流程，评估骨髓穿刺部位皮肤的完整性。

3. 患者准备　了解骨髓穿刺术的目的、操作过程及注意事项，有一定的心理准备；术前做好出凝血时间、血小板的测定；术前 24 小时做普鲁卡因皮肤过敏试验；做好穿刺部位皮肤的清洁。

**［操作流程及护理配合］**

核对患者，做好解释工作→物品准备→确定穿刺点（髂前上棘穿刺点：位于髂前上棘后 1～2cm；髂后上棘穿刺点：位于骶椎两侧，臀部上方突出的部位；胸骨穿刺点：位于胸骨柄；腰椎棘突穿刺点：位于腰椎棘突突出处）→安置患者体位（胸骨、髂前上棘穿刺者取仰卧位；髂后上棘穿刺者取侧卧位或俯卧位；腰椎棘突穿刺者取坐位）（实训图 5-1）→常规消毒穿刺部位皮肤→打

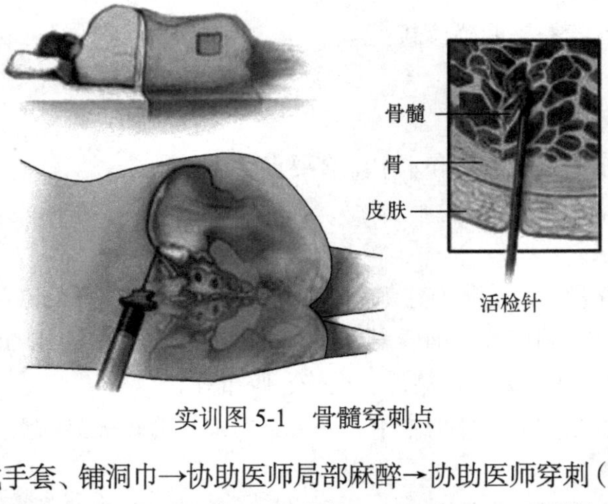


实训图 5-1　骨髓穿刺点

开无菌骨髓穿刺包→戴手套、铺洞巾→协助医师局部麻醉→协助医师穿刺（针与骨面垂直刺入）→观察患者→留取标本（穿刺针进入骨髓后拔出针芯接 10ml 或 20ml 干燥注射器，抽出骨髓液 0.1～0.2ml 滴于玻片上，制成均匀薄片）→拔针，按压数分钟→固定纱布→协助患者平卧、交代注意事项→整理用物、送检标本→洗手，记录穿刺过程及患者反应。

[实训评价]

操作者能够描述骨髓穿刺术的目的，准备相应操作用物，能完成骨髓穿刺术的操作。

[注意事项]

1. 严格无菌操作，防止感染。
2. 抽取骨髓液时，压力不应过大，量不宜过多，以免混入周围血。
3. 注射器和穿刺针必须干燥，以免溶血。
4. 抽出的骨髓液应立即涂片，以免发生凝固。
5. 术后平卧4小时，穿刺后3日内禁止沐浴，防止穿刺部位感染。

[实训作业]

1. 书写实训报告。
2. 总结本次实训的体会。

# 实训6 神经系统常用诊疗技术及护理

## 一、腰椎穿刺术

腰椎穿刺术，是从患者脊椎骨间隙内抽取一定的脑脊液，用于中枢神经系统疾病诊断和鉴别诊断，也可做鞘内注射药物、测定脑脊液压力等。

[案例设计]

患者，男，25岁。因突发剧烈头痛，伴频繁呕吐1小时入院。查体：体温36.8℃，心肺无异常，颈强直，凯尔尼格征阳性，肢体无偏瘫。

讨论：

1. 该患者患了什么疾病?
2. 应进一步做什么检查来明确诊断?

[实训目的]

1. 了解腰椎穿刺术的目的。
2. 熟悉腰椎穿刺术的用物准备和术中配合要点。
3. 掌握腰椎穿刺术的护理要点。

[实训准备]

1. 用物准备　治疗盘、无菌腰椎穿刺包（腰椎穿刺针、2ml和20ml注射器、7号注射针头、洞巾、纱布、止血钳等）、测压管、脑压表、棉签、1%普鲁卡因溶液或2%利多卡因溶液、无菌手套、注射药物、玻片、培养基、酒精灯、火柴、胶布等。

2. 操作者准备　衣帽整洁，修剪指甲，洗手，熟练掌握腰椎穿刺术的流程，评估穿刺部位皮肤的情况。

3. 患者准备　心理准备、身体准备。

[操作流程及护理配合]

核对患者，解释目的及操作过程→准备物品→安置体位（去枕侧卧位，头及双下肢最大限度屈曲，双手抱膝）（实训图6-1）→确定穿刺点（取第3、4腰椎或第4、5腰椎间隙作为穿刺点）→消毒穿刺部位皮肤→打开无菌穿刺包→戴手套、铺洞巾→协助局部麻醉→协助医师穿刺（穿刺针与椎管垂直进针，穿过硬脊膜）→协助测脑脊液压力→作动力学试验→留取标本或注入药物→拔针

→消毒穿刺点→固定无菌纱布→安置体位（患者平卧位）→交代注意事项→整理用物→送检标本→洗手、记录穿刺过程及患者反应。

［实训评价］

1．操作者能够描述腰椎穿刺术的目的，准备用物，并能完成腰椎穿刺术的操作流程。

2．操作者是否明确术前、术中、术后的护理。

［注意事项］

1．严格无菌操作，避免感染。

2．告知患者及家属术后去枕平卧 4～6 小时，不可抬高头部，24 小时内不能下床活动。

实训图 6-1　腰椎穿刺体位示意图

［实训作业］

1．交流操作体会。

2．书写实训报告。

3．思考腰椎穿刺术适用于哪些脑血管疾病?

## 二、高压氧舱治疗

高压氧舱治疗是让患者处在高于 1 个大气压的环境里吸入 100%氧气治疗疾病的过程，达到改善脑缺氧、促进神经功能恢复的目的。

［案例设计］

患者，男，25 岁。被人发现神志不清 1 小时送入院。2 天前在关闭门窗的情况下用炉火取暖，晕倒后被人发现送到医院抢救。患者神志不清，口唇呈樱桃红色。诊断：CO 中毒。

讨论：

1．患者需要进行高压氧舱治疗吗?

2．若需要，应怎样进行?

［实训目的］

1．了解高压氧舱治疗的目的。

2．熟悉高压氧舱治疗患者的护理。

3．掌握高压氧舱治疗的操作过程。

［实训准备］

1．用物准备　高压氧舱设备。

2．操作者准备　熟悉高压氧舱设备的使用。

3．患者准备　了解高压氧舱治疗的目的，做好心理准备。

［操作流程及护理配合］

核对患者，做好解释→设备检查→患者进高压氧舱→加压→观察患者情况→加压至预定压力→减压→关闭加压阀，打开供氧阀→患者带好防护设备，稳压吸氧→观察患者情况→停止吸氧→出舱后清理→整理用物→记录治疗过程及患者反应。

［实训评价］

操作者能够描述高压氧舱的目的，准备相应用物，并能完成操作流程。

[**注意事项**]

1. 严格消毒舱体，防止感染。
2. 舱内严格防火，杜绝一切火源进入舱内。
3. 严禁启动舱内一切设备。

[**实训作业**]

1. 书写实训报告。
2. 交流实训体会。
3. 思考行高压氧治疗时应注意什么?

（皮流丽）

# 参 考 文 献


陈灏珠. 1999. 实用内科学. 北京：人民卫生出版社

崔效忠，2016. 内科护理. 第 2 版. 北京：科学出版社

董燕斐，张晓萍. 2016. 内科护理. 北京：科学出版社

葛均波，徐永波. 2013. 内科学. 第 8 版. 北京：人民卫生出版社

雷寒，2009. 内科学. 第 6 版. 北京：人民卫生出版社

李丹，冯丽华. 2016. 内科护理学. 第 3 版. 北京：人民卫生出版社

马秀芬，孙建勋. 2008. 内科护理. 北京：人民卫生出版社

# 教学基本要求

## 一、课程性质和课程任务

内科护理是护理学专业必修的一门基础课程，又是具有临床综合特色的专业性课程。学习内科护理有助于学生适应现代护理发展的需要，建立整体护理观念和科学的思维方式；有助于培养学生对基础护理知识以及各专科理论知识的综合运用，使学生系统掌握内科护理学的基本理论、常用内科护理技术及各种临床常见疾病的护理知识，熟悉内科护理的工作范围与特点，为今后从事和发展内科护理工作奠定基础。

## 二、课程教学目标

### （一）职业素养目标

1. 树立全心全意为护理对象服务的思想，养成关心、爱护、尊重护理对象的行为意识，表现出对护理对象的高度责任心、同情心和爱心。

2. 具有良好的职业道德和伦理观念，自觉尊重护理对象的人格，保护其隐私。

3. 具有勤学善思的学习习惯、细心严谨的工作作风、较强的适应能力，团队合作的职业意识及良好的沟通能力，关心尊重爱护患者。

4. 具有良好的医疗安全与法律意识，自觉遵守医疗卫生相关法律法规，依法实施内科护理措施。

5. 具有终身学习的理念，在学习和实践中不断地思考问题、研究问题、解决问题。

### （二）专业知识和技能

1. 掌握内科常见疾病的基本知识和主要特点。

2. 掌握对内科疾病患者的护理评估、护理诊断及护理措施。

3. 具有对内科疾病患者进行全面护理评估、提出护理问题并采取护理措施的能力。

4. 通过内科护理实训，掌握专科护理技能。

5. 具有运用知识、团队合作、互帮互助、及时发现问题、分析问题、解决问题的能力。

**教学内容和要求**

| 教学内容 | 教学要求 | | | 教学活动参考 | 教学内容 | 教学要求 | | | 教学活动参考 |
|---|---|---|---|---|---|---|---|---|---|
| | 了解 | 熟悉 | 掌握 | | | 了解 | 熟悉 | 掌握 | |
| 第1章　绪论 | | | | 理论讲授 | 第2章　呼吸系统疾病患者的护理 | | | | |
| 一、概述 | √ | | | 多媒体演示 | | | | | |
| 二、内科护理学的内容 | √ | | | 讨论 | 第1节　概述 | √ | | | 理论讲授 |
| 三、内科护理学的学习要求与目标 | √ | | | | 第2节　呼吸系统疾病常见症状和体征的 | | | | 多媒体演示 |

续表

| 教学内容 | 教学要求 | | | 教学活动参考 |
|---|---|---|---|---|
| | 了解 | 熟悉 | 掌握 | |
| 护理 | | | | |
| 一、咳嗽、咳痰 | | | √ | 案例分析 |
| 二、咯血 | | | √ | |
| 三、胸痛 | | | √ | |
| 四、肺源性呼吸困难 | | | √ | |
| 第3节 急性上呼吸道感染患者的护理 | | | | |
| 一、概述 | | √ | | |
| 二、护理评估 | | | | |
| （一）健康史评估 | √ | | | |
| （二）身心状况评估 | | √ | | |
| （三）实验室及其他辅助检查 | | | √ | |
| （四）治疗要点 | | | √ | |
| 三、护理问题 | | | √ | |
| 四、护理措施 | | | √ | |
| 五、健康教育 | √ | | | |
| 第4节 慢性支气管炎、阻塞性肺气肿患者的护理 | | | | |
| 一、概述 | | | √ | |
| 二、护理评估 | | | | |
| （一）健康史评估 | √ | | | |
| （二）身心状况评估 | | | √ | |
| （三）实验室及其他辅助检查 | | | √ | |
| （四）治疗要点 | | | √ | |
| 三、护理问题 | | √ | | |
| 四、护理措施 | | | √ | |
| 五、健康教育 | | √ | | |
| 第5节 支气管哮喘患者的护理 | | | | |
| 一、概述 | | | √ | |
| 二、护理评估 | | | | |
| （一）健康史评估 | √ | | | |
| （二）身心状况评估 | | | √ | |
| （三）实验室及其他辅助检查 | | | √ | |
| （四）治疗要点 | | | √ | |
| 三、护理问题 | √ | | | |
| 四、护理措施 | | | √ | |
| 五、健康教育 | | √ | | |
| 第6节 肺炎患者的护理 | | | | |
| 一、概述 | | | √ | |
| 二、护理评估 | | | | |
| （一）健康史评估 | √ | | | |
| （二）身心状况评估 | | | √ | |
| （三）实验室及其他辅助检查 | | | √ | |
| （四）治疗要点 | | | √ | |
| 三、护理问题 | √ | | | |
| 四、护理措施 | | | √ | |
| 五、健康教育 | √ | | | |
| 第7节 支气管扩张患者的护理 | | | | |
| 一、概述 | | | √ | |
| 二、护理评估 | | | | |
| （一）健康史评估 | √ | | | |
| （二）身心状况评估 | | | √ | |
| （三）实验室及其他辅助检查 | | | √ | |
| （四）治疗要点 | | | √ | |
| 三、护理问题 | | √ | | |
| 四、护理措施 | | | √ | |
| 五、健康教育 | √ | | | |
| 第8节 肺结核患者的护理 | | | | |
| 一、概述 | | | √ | |
| 二、护理评估 | | | | |
| （一）健康史评估 | √ | | | |
| （二）身心状况评估 | | | √ | |
| （三）实验室及其他辅助检查 | | | √ | |
| （四）治疗要点 | | | √ | |
| 三、护理问题 | | √ | | |
| 四、护理措施 | | | √ | |
| 五、健康教育 | | | √ | |
| 第9节 原发性支气管肺癌患者的护理 | | | | |

续表

| 教学内容 | 教学要求 | | | 教学活动参考 |
| --- | --- | --- | --- | --- |
| | 了解 | 熟悉 | 掌握 | |
| 一、概述 | | √ | | |
| 二、护理评估 | | | | |
| （一）健康史评估 | √ | | | |
| （二）身心状况评估 | | √ | | |
| （三）实验室及其他辅助检查 | | | √ | |
| （四）治疗要点 | | √ | | |
| 三、护理问题 | √ | | | |
| 四、护理措施 | | √ | | |
| 五、健康教育 | √ | | | |
| 第 10 节　慢性肺源性心脏病患者的护理 | | | | |
| 一、概述 | | | √ | |
| 二、护理评估 | | | | |
| （一）健康史评估 | √ | | | |
| （二）身心状况评估 | | | √ | |
| （三）实验室及其他辅助检查 | | √ | | |
| （四）治疗要点 | | | √ | |
| 三、护理问题 | | √ | | |
| 四、护理措施 | | | √ | |
| 五、健康教育 | √ | | | |
| 第 11 节　呼吸衰竭患者的护理 | | | | |
| 一、概述 | | | √ | |
| 二、护理评估 | | | | |
| （一）健康史评估 | √ | | | |
| （二）身心状况评估 | | | √ | |
| （三）实验室及其他辅助检查 | | √ | | |
| （四）治疗要点 | | | √ | |
| 三、护理问题 | | √ | | |
| 四、护理措施 | | | √ | |
| 五、健康教育 | √ | | | |
| 第 3 章　循环系统疾病患者的护理 | | | | 理论讲授 |
| 第 1 节　概述 | √ | | | 多媒体演示 |
| 第 2 节　循环系统疾病常见症状和体征的护理 | | | | 案例分析 |
| 一、心源性呼吸困难 | | | √ | |
| 二、心源性水肿 | | | √ | |
| 三、心悸的症状与护理 | | | √ | |
| 四、心前区疼痛的症状与护理 | | | √ | |
| 五、晕厥 | | | √ | |
| 第 3 节　心力衰竭患者的护理 | | | | |
| 一、概述 | √ | | | |
| 二、慢性心衰患者护理 | | | | |
| （一）概述 | | | √ | |
| （二）护理评估 | | | | |
| 1. 健康史评估 | √ | | | |
| 2. 身心状况评估 | | | √ | |
| 3. 实验室及其他辅助检查 | √ | | | |
| 4. 治疗要点 | | | √ | |
| （三）护理问题 | | √ | | |
| （四）护理措施 | | | √ | |
| （五）健康教育 | √ | | | |
| 三、急性心力衰竭患者的护理 | | | | |
| （一）概述 | | | √ | |
| （二）护理评估 | | | | |
| 1. 健康史评估 | √ | | | |
| 2. 身心状况评估 | | | √ | |
| 3. 实验室及其他辅助检查 | | √ | | |
| 4. 治疗要点 | | | √ | |
| （三）护理问题 | √ | | | |
| （四）护理措施 | | | √ | |
| （五）健康教育 | √ | | | |
| 第 4 节　心律失常患者的护理 | | | | |
| 一、概述 | √ | | | |
| 二、护理评估 | | | | |
| （一）健康史评估 | √ | | | |
| （二）身心状况评估 | | | √ | |
| （三）实验室及其他辅助检查 | | | √ | |

续表

| 教学内容 | 教学要求 | | | 教学活动参考 |
|---|---|---|---|---|
| | 了解 | 熟悉 | 掌握 | |
| （四）治疗要点 | | | √ | |
| 三、护理问题 | √ | | | |
| 四、护理措施 | | | √ | |
| 五、健康教育 | √ | | | |
| 第5节　风湿性心脏病患者的护理 | | | | |
| 一、概述 | | | √ | |
| 二、护理评估 | | | | |
| （一）健康史评估 | √ | | | |
| （二）身心状况评估 | | | √ | |
| （三）实验室及其他辅助检查 | | √ | | |
| （四）治疗要点 | | | √ | |
| 三、护理问题 | √ | | | |
| 四、护理措施 | | √ | | |
| 五、健康教育 | √ | | | |
| 第6节　原发性高血压患者的护理 | | | | |
| 一、概述 | | | √ | |
| 二、护理评估 | | | | |
| （一）健康史评估 | √ | | | |
| （二）身心状况评估 | | | √ | |
| （三）实验室及其他辅助检查 | | √ | | |
| （四）治疗要点 | | | √ | |
| 三、护理问题 | √ | | | |
| 四、护理措施 | | | √ | |
| 五、健康教育 | | | √ | |
| 第7节　冠状动脉粥样硬化性心脏病患者的护理 | | | | |
| 一、概述 | | √ | | |
| 二、心绞痛患者的护理 | | | | |
| （一）概述 | | | √ | |
| （二）护理评估 | | | | |
| 1．健康史评估 | √ | | | |
| 2．身心状况评估 | | | √ | |
| 3．实验室及其他辅助检查 | | | √ | |
| 4．治疗要点 | | | √ | |
| （三）护理问题 | | √ | | |
| （四）护理措施 | | | √ | |
| （五）健康教育 | | √ | | |
| 三、心肌梗死患者的护理 | | | | |
| （一）概述 | | | √ | |
| （二）护理评估 | | | | |
| 1．健康史评估 | √ | | | |
| 2．身心状况评估 | | | √ | |
| 3．实验室及其他辅助检查 | | | √ | |
| 4．治疗要点 | | | √ | |
| （三）护理问题 | √ | | | |
| （四）护理措施 | | | √ | |
| （五）健康教育 | | √ | | |
| 第8节　感染性心内膜炎患者的护理 | | | | |
| 一、概述 | | | √ | |
| 二、护理评估 | | | | |
| （一）健康史评估 | √ | | | |
| （二）身心状况评估 | | | √ | |
| （三）实验室及其他辅助检查 | | √ | | |
| （四）治疗要点 | | | √ | |
| 三、护理问题 | √ | | | |
| 四、护理措施 | | √ | | |
| 五、健康教育 | | √ | | |
| 第9节　心肌炎患者的护理 | | | | |
| 一、概述 | | √ | | |
| 二、护理评估 | | | | |
| （一）健康史评估 | √ | | | |
| （二）身心状况评估 | | | √ | |
| （三）实验室及其他辅助检查 | | √ | | |
| （四）治疗要点 | | | √ | |
| 三、护理问题 | √ | | | |
| 四、护理措施 | | | √ | |

续表

| 教学内容 | 教学要求 | | | 教学活动参考 |
|---|---|---|---|---|
| | 了解 | 熟悉 | 掌握 | |
| 五、健康教育 | √ | | | |
| 第10节　心肌病患者的护理 | | | | |
| 一、概述 | | √ | | |
| 二、护理评估 | | | | |
| （一）健康史评估 | √ | | | |
| （二）身心状况评估 | | | √ | |
| （三）实验室及其他辅助检查 | | √ | | |
| （四）治疗要点 | | | √ | |
| 三、护理问题 | √ | | | |
| 四、护理措施 | | | √ | |
| 五、健康教育 | √ | | | |
| 第4章　消化系统疾病患者的护理 | | | | 理论讲授 |
| 第1节　概述 | √ | | | 多媒体演示 |
| 第2节　消化系统疾病常见症状与体征的护理 | | | | 案例分析 |
| 一、恶心、呕吐 | | | √ | 示教 |
| 二、腹痛 | | | √ | 讨论 |
| 三、腹泻 | | | √ | |
| 四、呕血与黑便 | | | √ | |
| 第3节　胃炎患者的护理 | | | | |
| 一、概述 | | √ | | |
| 二、急性胃炎患者的护理 | | | | |
| （一）概述 | | √ | | |
| （二）护理评估 | | | | |
| 1．健康史评估 | √ | | | |
| 2．身心状况评估 | | | √ | |
| 3．实验室及其他辅助检查 | | | √ | |
| 4．治疗要点 | | | √ | |
| （三）护理问题 | | √ | | |
| （四）护理措施 | | | √ | |
| （五）健康教育 | | √ | | |
| 三、慢性胃炎患者的护理 | | | | |
| （一）概述 | | | √ | |
| （二）护理评估 | | | | |
| 1．健康史评估 | √ | | | |
| 2．身心状况评估 | | | √ | |
| 3．实验室及其他辅助检查 | | | √ | |
| 4．治疗要点 | | | √ | |
| （三）护理问题 | √ | | | |
| （四）护理措施 | | | √ | |
| （五）健康教育 | | √ | | |
| 第4节　消化性溃疡患者的护理 | | | | |
| 一、概述 | | | √ | |
| 二、护理评估 | | | | |
| （一）健康史评估 | √ | | | |
| （二）身心状况评估 | | | √ | |
| （三）实验室及其他辅助检查 | | | √ | |
| （四）治疗要点 | | | √ | |
| 三、护理问题 | | √ | | |
| 四、护理措施 | | | √ | |
| 五、健康教育 | √ | | | |
| 第5节　肝硬化患者的护理 | | | | |
| 一、概述 | | | √ | |
| 二、护理评估 | | | | |
| （一）健康史评估 | √ | | | |
| （二）身心状况评估 | | | √ | |
| （三）实验室及其他辅助检查 | | | √ | |
| （四）治疗要点 | | | √ | |
| 三、护理问题 | √ | | | |
| 四、护理措施 | | | √ | |
| 五、健康教育 | √ | | | |
| 第6节　原发性肝癌患者的护理 | | | | |
| 一、概述 | | | √ | |
| 二、护理评估 | | | | |
| （一）健康史评估 | √ | | | |

续表

| 教学内容 | 教学要求 | | | 教学活动参考 |
|---|---|---|---|---|
| | 了解 | 熟悉 | 掌握 | |
| （二）身心状况评估 | | | √ | |
| （三）实验室及其他辅助检查 | | | √ | |
| （四）治疗要点 | | | √ | |
| 三、护理问题 | √ | | | |
| 四、护理措施 | | | √ | |
| 五、健康教育 | √ | | | |
| 第7节　肝性脑病患者的护理 | | | | |
| 一、概述 | | | √ | |
| 二、护理评估 | | | | |
| （一）健康史评估 | √ | | | |
| （二）身心状况评估 | | | √ | |
| （三）实验室及其他辅助检查 | √ | | | |
| （四）治疗要点 | | | √ | |
| 三、护理问题 | | √ | | |
| 四、护理措施 | | | √ | |
| 五、健康教育 | √ | | | |
| 第8节　急性胰腺炎患者的护理 | | | | |
| 一、概述 | | | √ | |
| 二、护理评估 | | | | |
| （一）健康史评估 | √ | | | |
| （二）身心状况评估 | | | √ | |
| （三）实验室及其他辅助检查 | | | √ | |
| （四）治疗要点 | | | √ | |
| 三、护理问题 | | √ | | |
| 四、护理措施 | | | √ | |
| 五、健康教育 | √ | | | |
| 第9节　上消化道出血患者的护理 | | | | |
| 一、概述 | | | √ | |
| 二、护理评估 | | | | |
| （一）健康史评估 | √ | | | |
| （二）身心状况评估 | | | √ | |
| （三）实验室及其他辅助检查 | √ | | | |
| （四）治疗要点 | | | √ | |
| 三、护理问题 | | √ | | |
| 四、护理措施 | | | √ | |
| 五、健康教育 | √ | | | |
| 第10节　溃疡性结肠炎患者的护理 | | | | |
| 一、概述 | | √ | | |
| 二、护理评估 | | | | |
| （一）健康史评估 | √ | | | |
| （二）身心状况评估 | | | √ | |
| （三）实验室及其他辅助检查 | | √ | | |
| （四）治疗要点 | | | √ | |
| 三、护理问题 | √ | | | |
| 四、护理措施 | | √ | | |
| 五、健康教育 | √ | | | |
| 第5章　泌尿系统疾病患者的护理 | | | | 理论讲授 |
| 第1节　概述 | √ | | | 多媒体演示 |
| 第2节　泌尿系统疾病常见症状和体征的护理 | | | | 案例分析 |
| 一、肾性水肿 | | | √ | 讨论 |
| 二、肾性高血压 | | | √ | |
| 三、尿液异常 | | | √ | |
| 四、膀胱刺激征 | | | √ | |
| 第3节　尿路感染患者的护理 | | | | |
| 一、概述 | | | √ | |
| 二、护理评估 | | | | |
| （一）健康史评估 | √ | | | |
| （二）身心状况评估 | | | √ | |
| （三）实验室及其他辅助检查 | | | √ | |
| （四）治疗要点 | | | √ | |
| 三、护理问题 | √ | | | |
| 四、护理措施 | | | √ | |
| 五、健康教育 | | | √ | |
| 第4节　慢性肾小球 | | | | |

续表

| 教学内容 | 教学要求 | | | 教学活动参考 |
| --- | --- | --- | --- | --- |
| | 了解 | 熟悉 | 掌握 | |
| 肾炎患者的护理 | | | | |
| 一、概述 | | √ | | |
| 二、护理评估 | | | | |
| (一)健康史评估 | √ | | | |
| (二)身心状况评估 | | | √ | |
| (三)实验室及其他辅助检查 | | | √ | |
| (四)治疗要点 | | | √ | |
| 三、护理问题 | √ | | | |
| 四、护理措施 | | √ | | |
| 五、健康教育 | | | √ | |
| 第5节　慢性肾衰竭患者的护理 | | | | |
| 一、概述 | | √ | | |
| 二、护理评估 | | | | |
| (一)健康史评估 | √ | | | |
| (二)身心状况评估 | | | √ | |
| (三)实验室及其他辅助检查 | | √ | | |
| (四)治疗要点 | | | √ | |
| 三、护理问题 | √ | | | |
| 四、护理措施 | | √ | | |
| 五、健康教育 | √ | | | |
| 第6章　血液系统疾病患者的护理 | | | | |
| 第1节　概述 | √ | | | 理论讲授 |
| 第2节　血液系统疾病常见症状和体征的护理 | | | | 多媒体演示 |
| 一、贫血 | | | √ | 案例分析 |
| 二、出血 | | | √ | 讨论 |
| 三、继发感染 | | | √ | |
| 第3节　缺铁性贫血患者的护理 | | | | |
| 一、概述 | | | √ | |
| 二、护理评估 | | | | |
| (一)健康史评估 | √ | | | |
| (二)身心状况评估 | | | √ | |
| (三)实验室及其他辅助检查 | | √ | | |
| (四)治疗要点 | | | √ | |
| 三、护理问题 | √ | | | |
| 四、护理措施 | | | √ | |
| 五、健康教育 | | √ | | |
| 第4节　再生障碍性贫血患者的护理 | | | | |
| 一、概述 | | √ | | |
| 二、护理评估 | | | | |
| (一)健康史评估 | √ | | | |
| (二)身心状况评估 | | | √ | |
| (三)实验室及其他辅助检查 | | | √ | |
| (四)治疗要点 | | | √ | |
| 三、护理问题 | √ | | | |
| 四、护理措施 | | | √ | |
| 五、健康教育 | | √ | | |
| 第5节　特发性血小板减少性紫癜患者的护理 | | | | |
| 一、概述 | | √ | | |
| 二、护理评估 | | | | |
| (一)健康史评估 | √ | | | |
| (二)身心状况评估 | | | √ | |
| (三)实验室及其他辅助检查 | | √ | | |
| (四)治疗要点 | | | √ | |
| 三、护理问题 | √ | | | |
| 四、护理措施 | | √ | | |
| 五、健康教育 | √ | | | |
| 第6节　白血病患者的护理 | | | | |
| 一、概述 | | | √ | |
| 二、护理评估 | | | | |
| (一)健康史评估 | √ | | | |
| (二)身心状况评估 | | | √ | |
| (三)实验室及其他辅助检查 | | | √ | |
| (四)治疗要点 | | | √ | |

续表

| 教学内容 | 教学要求 | | | 教学活动参考 |
|---|---|---|---|---|
| | 了解 | 熟悉 | 掌握 | |
| 三、护理问题 | | √ | | |
| 四、护理措施 | | | √ | |
| 五、健康教育 | | √ | | |
| 第 7 章　内分泌系统疾病患者的护理 | | | | 理论讲授 |
| 第 1 节　概述 | √ | | | 多媒体演示 |
| 第 2 节　内分泌系统疾病常见症状和体征的护理 | | | | 案例分析 |
| 一、消瘦 | √ | | | 情境教学 |
| 二、肥胖 | √ | | | 讨论 |
| 第 3 节　甲状腺疾病患者的护理 | | | | |
| 一、单纯性甲状腺肿患者的护理 | | | | |
| （一）概述 | | | √ | |
| （二）护理评估 | | | | |
| 1．健康史评估 | √ | | | |
| 2．身心状况评估 | | √ | | |
| 3．实验室及其他辅助检查 | | √ | | |
| 4．治疗要点 | | | √ | |
| （三）护理问题 | √ | | | |
| （四）护理措施 | | √ | | |
| （五）健康教育 | | √ | | |
| 二、甲状腺功能亢进症的护理 | | | | |
| （一）概述 | | √ | | |
| （二）护理评估 | | | | |
| 1．健康史评估 | √ | | | |
| 2．身心状况评估 | | | √ | |
| 3．实验室及其他辅助检查 | | | √ | |
| 4．治疗要点 | | | √ | |
| （三）护理问题 | | √ | | |
| （四）护理措施 | | | √ | |
| （五）健康教育 | √ | | | |
| 三、甲状腺功能减退症的护理 | | | | |
| （一）概述 | | √ | | |
| （二）护理评估 | | | | |
| 1．健康史评估 | √ | | | |
| 2．身心状况评估 | | | √ | |
| 3．实验室及其他辅助检查 | | | √ | |
| 4．治疗要点 | | | √ | |
| （三）护理问题 | √ | | | |
| （四）护理措施 | | | √ | |
| （五）健康教育 | √ | | | |
| 第 4 节　糖尿病患者的护理 | | | | |
| 一、概述 | | √ | | |
| 二、护理评估 | | | | |
| （一）健康史评估 | √ | | | |
| （二）身心状况评估 | | | √ | |
| （三）实验室及其他辅助检查 | | | √ | |
| （四）治疗要点 | | | √ | |
| 三、护理问题 | √ | | | |
| 四、护理措施 | | | √ | |
| 五、健康教育 | | | √ | |
| 第 5 节　痛风患者的护理 | | | | |
| 一、概述 | | √ | | |
| 二、护理评估 | | | | |
| （一）健康史评估 | √ | | | |
| （二）身心状况评估 | | √ | | |
| （三）实验室及其他辅助检查 | | | √ | |
| （四）治疗要点 | | | √ | |
| 三、护理问题 | √ | | | |
| 四、护理措施 | | √ | | |
| 五、健康教育 | | √ | | |
| 第 6 节　皮质醇增多症患者的护理 | | | | |
| 一、概述 | | √ | | |
| 二、护理评估 | | | | |
| （一）健康史评估 | √ | | | |

续表

| 教学内容 | 教学要求 | | | 教学活动参考 |
|---|---|---|---|---|
| | 了解 | 熟悉 | 掌握 | |
| (二)身心状况评估 | | | √ | |
| (三)实验室及其他辅助检查 | | √ | | |
| (四)治疗要点 | | | √ | |
| 三、护理问题 | √ | | | |
| 四、护理措施 | | √ | | |
| 五、健康教育 | √ | | | |
| 第8章 风湿性疾病患者的护理 | | | | 理论讲授 |
| 第1节 概述 | √ | | | 多媒体演示 |
| 第2节 风湿性疾病常见症状和体征的护理 | | | | 案例分析 |
| 一、关节疼痛与肿胀 | | | √ | 情境教学 |
| 二、皮肤损害 | | | √ | 讨论 |
| 第3节 类风湿关节炎患者的护理 | | | | |
| 一、概述 | | √ | | |
| 二、护理评估 | | | | |
| (一)健康史评估 | √ | | | |
| (二)身心状况评估 | | | √ | |
| (三)实验室及其他辅助检查 | | √ | | |
| (四)治疗要点 | | | √ | |
| 三、护理问题 | √ | | | |
| 四、护理措施 | | | √ | |
| 五、健康教育 | | √ | | |
| 第4节 系统性红斑狼疮患者的护理 | | | | |
| 一、概述 | | √ | | |
| 二、护理评估 | | | | |
| (一)健康史评估 | √ | | | |
| (二)身心状况评估 | | | √ | |
| (三)实验室及其他辅助检查 | | √ | | |
| (四)治疗要点 | | | √ | |
| 三、护理问题 | √ | | | |
| 四、护理措施 | | | √ | |
| 五、健康教育 | | √ | | |
| 第9章 神经系统疾病患者的护理 | | | | 理论讲授 |
| 第1节 概述 | √ | | | 多媒体演示 |
| 第2节 神经系统疾病常见症状和体征的护理 | | | | 案例分析 |
| 一、头痛 | | | √ | 情境教学 |
| 二、感觉障碍 | | | √ | 角色扮演 |
| 三、运动障碍 | | | √ | 讨论 |
| 四、意识障碍 | | | √ | |
| 第3节 急性炎症性脱髓鞘性多发性神经病患者的护理 | | | | |
| 一、概述 | | √ | | |
| 二、护理评估 | | | | |
| (一)健康史评估 | √ | | | |
| (二)身心状况评估 | | | √ | |
| (三)实验室及其他辅助检查 | | | √ | |
| (四)治疗要点 | | | √ | |
| 三、护理问题 | | √ | | |
| 四、护理措施 | | | √ | |
| 五、健康教育 | √ | | | |
| 第4节 面神经炎患者的护理 | | | | |
| 一、概述 | | √ | | |
| 二、护理评估 | | | | |
| (一)健康史评估 | √ | | | |
| (二)身心状况评估 | | | √ | |
| (三)实验室及其他辅助检查 | √ | | | |
| (四)治疗要点 | | | √ | |
| 三、护理问题 | √ | | | |
| 四、护理措施 | | | √ | |
| 五、健康教育 | √ | | | |
| 第5节 脑血管疾病患者的护理 | | | | |
| 一、概述 | | √ | | |
| 二、短暂性脑缺血发作 | | | | |

续表

| 教学内容 | 教学要求 | | | 教学活动参考 |
|---|---|---|---|---|
| | 了解 | 熟悉 | 掌握 | |
| （一）概述 | | | √ | |
| （二）护理评估 | | | | |
| 1．健康史评估 | √ | | | |
| 2．身心状况评估 | | | √ | |
| 3．实验室及其他辅助检查 | | √ | | |
| 4．治疗要点 | | | √ | |
| （三）护理问题 | √ | | | |
| （四）护理措施 | | | √ | |
| （五）健康教育 | | √ | | |
| 三、脑梗死 | | | | |
| （一）概述 | | | √ | |
| （二）护理评估 | | | | |
| 1．健康史评估 | √ | | | |
| 2．身心状况评估 | | | √ | |
| 3．实验室及其他辅助检查 | | | √ | |
| 4．治疗要点 | | | √ | |
| （三）护理问题 | √ | | | |
| （四）护理措施 | | | √ | |
| （五）健康教育 | √ | | | |
| 四、脑出血 | | | | |
| （一）概述 | | | √ | |
| （二）护理评估 | | | | |
| 1．健康史评估 | √ | | | |
| 2．身心状况评估 | | | √ | |
| 3．实验室及其他辅助检查 | | | √ | |
| 4．治疗要点 | | | √ | |
| （三）护理问题 | √ | | | |
| （四）护理措施 | | | √ | |
| （五）健康教育 | | √ | | |
| 五、蛛网膜下腔出血 | | | | |
| （一）概述 | | | √ | |
| （二）护理评估 | | | | |
| 1．健康史评估 | √ | | | |
| 2．身心状况评估 | | | √ | |
| 3．实验室及其他辅助检查 | | | √ | |
| 4．治疗要点 | | | √ | |
| （三）护理问题 | | √ | | |
| （四）护理措施 | | | √ | |
| （五）健康教育 | | √ | | |
| 第6节　癫痫患者的护理 | | | | |
| 一、概述 | | √ | | |
| 二、护理评估 | | | | |
| （一）健康史评估 | √ | | | |
| （二）身心状况评估 | | | √ | |
| （三）实验室及其他辅助检查 | | | √ | |
| （四）治疗要点 | | | √ | |
| 三、护理问题 | √ | | | |
| 四、护理措施 | | | √ | |
| 五、健康教育 | | | √ | |
| 第10章　传染病患者的护理 | | | | 理论讲授 |
| 第1节　概述 | | | √ | 多媒体演示 |
| 第2节　传染病常见症状和体征的护理 | | | | 案例分析 |
| 1．发热的护理 | | | √ | 情境教学 |
| 2．发疹的护理 | | | √ | 角色扮演 |
| 第3节　病毒性肝炎患者的护理 | | | | 讨论 |
| 一、概述 | | | √ | |
| 二、护理评估 | | | | |
| （一）健康史评估 | √ | | | |
| （二）身心状况评估 | | | √ | |
| （三）实验室及其他辅助检查 | | | √ | |
| （四）治疗要点 | | | √ | |
| 三、护理问题 | | √ | | |
| 四、护理措施 | | | √ | |
| 五、健康教育 | | √ | | |
| 第4节　流行性乙型脑炎患者的护理 | | | | |
| 一、概述 | | | √ | |
| 二、护理评估 | | | | |

续表

| 教学内容 | 教学要求 | | | 教学活动参考 |
|---|---|---|---|---|
| | 了解 | 熟悉 | 掌握 | |
| （一）健康史评估 | √ | | | |
| （二）身心状况评估 | | | √ | |
| （三）实验室及其他辅助检查 | | | √ | |
| （四）治疗要点 | | | √ | |
| 三、护理问题 | √ | | | |
| 四、护理措施 | | | √ | |
| 五、健康教育 | | √ | | |
| 第 5 节　细菌性痢疾患者的护理 | | | | |
| 一、概述 | √ | | | |
| 二、护理评估 | | | | |
| （一）健康史评估 | √ | | | |
| （二）身心状况评估 | | | √ | |
| （三）实验室及其他辅助检查 | | | √ | |
| （四）治疗要点 | | | √ | |
| 三、护理问题 | | √ | | |
| 四、护理措施 | | | √ | |
| 五、健康教育 | | √ | | |
| 第 6 节　狂犬病患者的护理 | | | | |
| 一、概述 | | √ | | |
| 二、护理评估 | | | | |
| （一）健康史评估 | √ | | | |
| （二）身心状况评估 | | | √ | |
| （三）实验室及其他辅助检查 | √ | | | |
| （四）治疗要点 | | | √ | |
| 三、护理问题 | √ | | | |
| 四、护理措施 | | | √ | |
| 五、健康教育 | | | √ | |
| 第 7 节　获得性免疫缺陷综合征患者的护理 | | | | |
| 一、概述 | | √ | | |
| 二、护理评估 | | | | |
| （一）健康史评估 | √ | | | |
| （二）身心状况评估 | | | √ | |
| （三）实验室及其他辅助检查 | | | √ | |
| （四）治疗要点 | | | √ | |
| 三、护理问题 | √ | | | |
| 四、护理措施 | | | √ | |
| 五、健康教育 | | | √ | |
| 实训 1　呼吸系统常用诊疗技术及护理（体位引流术、胸腔穿刺术） | 学会 | | | 技能实践 |
| 实训 2　循环系统常用诊疗技术及护理（冠状动脉介入性诊断及治疗） | 学会 | | | 技能实践 |
| 实训 3　消化系统常用诊疗技术及护理（腹腔穿刺术、纤维胃镜森斯塔肯-布莱克莫尔管压迫止血） | 学会 | | | 技能实践 |
| 实训 4　泌尿系统常用诊疗技术及护理（血液透析） | 学会 | | | 技能实践 |
| 实训 5　血液系统常用诊疗技术及护理（骨髓穿刺术） | 学会 | | | 技能实践 |
| 实训 6　神经系统常用诊疗技术及护理（腰椎穿刺术、高压氧舱治疗） | 学会 | | | |

## 三、学时分配建议（126 学时）

| 序号 | 教学内容 | 学时数 | | |
|---|---|---|---|---|
| | | 理论 | 实践 | 小计 |
| 1 | 绪论 | 1 | 0 | 1 |
| 2 | 呼吸系统疾病患者的护理 | 18 | 2 | 20 |

续表

| 序号 | 教学内容 | 学时数 | | |
| --- | --- | --- | --- | --- |
| | | 理论 | 实践 | 小计 |
| 3 | 循环系统疾病患者的护理 | 21 | 2 | 23 |
| 4 | 消化系统疾病患者的护理 | 18 | 2 | 20 |
| 5 | 泌尿系统疾病患者的护理 | 8 | 2 | 10 |
| 6 | 血液系统疾病患者的护理 | 10 | 2 | 12 |
| 7 | 内分泌系统疾病患者的护理 | 12 | 0 | 12 |
| 8 | 风湿性疾病患者的护理 | 4 | 0 | 4 |
| 9 | 神经系统疾病患者的护理 | 12 | 2 | 14 |
| 10 | 传染病患者的护理 | 10 | 0 | 10 |
| | 总计 | 114 | 12 | 126 |

## 四、教学基本要求说明

### （一）使用对象与参考学时

本教学大纲可供护理、助产等专业使用，总学时为 126 学时，其中理论 114 学时，实践 12 学时。

### （二）教学要求

1．本课程对理论教学部分要求有掌握、熟悉、了解三个层次。掌握是指对内科护理学中所学基本知识、基本理论具有深刻的认识，并能灵活运用所学知识分析。熟悉是指能够解释、领会概念的基本含义，会应用所学技能。了解是指能够简单理解、记忆所学知识。

2．本课程突出以培养能力为本位的教学理念，在实践技能方面分为熟练掌握和学会两个层次。熟练掌握是指能够独立娴熟地进行正确实践技能操作。学会是指能够在教师引导下进行实践技能操作。

### （三）教学建议

1．在教学过程中要积极采用现代化教学手段，加强直观教学，充分发挥教师的主导作用和学生的主体作用。注意理论联系实际，并组织学生开展必要的临床案例分析讨论，以培养学生分析问题和解决问题的能力，使学生加深对教学内容的理解和掌握。

2．实践教学要充分利用教学资源、案例分析讨论等教学形式，充分调动学生学习的积极性和主观能动性，加强学生的动手能力和社会实践操作。

3．应通过课堂提问、布置作业、单元目标测试、案例分析讨论、期末考试等多种形式，对学生进行学习能力、实践能力和应用新知识能力的综合考核，以期完成教学目标提出的各项任务。

# 自测题参考答案

**第2章**

1. A　2. A　3. D　4. C　5. A　6. B　7. D　8. E　9. E　10. D
11. A　12. A　13. B　14. A　15. B　16. B　17. C　18. E　19. C　20. B
21. B　22. D　23. D　24. B　25. B　26. A　27. D　28. D　29. A　30. E
31. A　32. D　33. E　34. E　35. C　36. E　37. C　38. D　39. E　40. B
41. D　42. A　43. D　44. D　45. B　46. A　47. C　48. B　49. A　50. C
51. D　52. C

**第3章**

1. B　2. A　3. E　4. E　5. A　6. C　7. D　8. B　9. B　10. C
11. D　12. D　13. A　14. B　15. A　16. D　17. A　18. D　19. C　20. E
21. E　22. A　23. E　24. C　25. B　26. C　27. C　28. A　29. E　30. D
31. A　32. A　33. C　34. B　35. C　36. B　37. C　38. C　39. D　40. A
41. D　42. D　43. C　44. B　45. E　46. D　47. D　48. E　49. A　50. A
51. A　52. D　53. D　54. A　55. A　56. B　57. E　58. C　59. B　60. E
61. A　62. B　63. B　64. C　65. B　66. C　67. E　68. E　69. C　70. C
71. C　72. D　73. A　74. A　75. E　76. C　77. E　78. D　79. D　80. E
81. E　82. C　83. D　84. E　85. D　86. D　87. B　88. C　89. C　90. E

**第4章**

1. C　2. B　3. C　4. E　5. B　6. A　7. A　8. A　9. E　10. A
11. A　12. A　13. C　14. A　15. D　16. D　17. A　18. D　19. D　20. B
21. B　22. A　23. D　24. E　25. E　26. C　27. E　28. D　29. D　30. E
31. B　32. B　33. C　34. A　35. E　36. B　37. A　38. B　39. E　40. E
41. B　42. B　43. C　44. D　45. A　46. C　47. E　48. B　49. E　50. D
51. D　52. C　53. A　54. B　55. D　56. D　57. C　58. C　59. E　60. A
61. B　62. A　63. C　64. D　65. E　66. D　67. C　68. C　69. B　70. B
71. E

**第5章**

1. B　2. C　3. E　4. D　5. A　6. E　7. D　8. C　9. E　10. A
11. A　12. D　13. B　14. C　15. A　16. D　17. D　18. B　19. D　20. C
21. E　22. D　23. C

**第6章**

1. E　2. B　3. E　4. B　5. B　6. E　7. A　8. C　9. A　10. D
11. A　12. D　13. A　14. C　15. D　16. D　17. C　18. C　19. B　20. E

21. C　22. E　23. E　24. D　25. D　26. C　27. C　28. B　29. E　30. A
31. C　32. B　33. D　34. B

**第 7 章**

1. D　2. B　3. D　4. E　5. B　6. B　7. C　8. A　9. B　10. A
11. A　12. B　13. C　14. A　15. B　16. A　17. B　18. D　19. E　20. D
21. C　22. E

**第 8 章**

1. A　2. D　3. B　4. D　5. C　6. D　7. C　8. D

**第 9 章**

1. C　2. A　3. B　4. B　5. D　6. B　7. E　8. D　9. E　10. E
11. E　12. B　13. E　14. D　15. D　16. C　17. E　18. C　19. B　20. B
21. B　22. C　23. B　24. A　25. B　26. B　27. E　28. C　29. C　30. B
31. B　32. B　33. B　34. B　35. B　36. D　37. D　38. B　39. C　40. D
41. D　42. E　43. A　44. D　45. C　46. B　47. B　48. B　49. C　50. C
51. B　52. B　53. C　54. C　55. E

**第 10 章**

1. A　2. D　3. A　4. A　5. A　6. D　7. D　8. E　9. E　10. A
11. E　12. A　13. D　14. A　15. B　16. E　17. E　18. E　19. B　20. E
21. C　22. D　23. E　24. E　25. D　26. C　27. E　28. E　29. D　30. A
31. A　32. B